交通运输类"十三五"规划教材
海船船员适任考试培训教材

船舶结构与货运
（大副）

高等学校交通运输类专业教学指导委员会
航海技术教学指导分委员会　组织编写

大连海事大学出版社

Ⓒ 高等学校交通运输类专业教学指导委员会航海技术教学指导分委员会 2018

图书在版编目(CIP)数据

船舶结构与货运:大副/高等学校交通运输类专业教学指导委员会航海技术教学指导分委员会组织编写. —大连:大连海事大学出版社,2018.11
海船船员适任考试培训材料
ISBN 978-7-5632-3726-5

Ⅰ.①船… Ⅱ.①高… Ⅲ.①船舶结构—结构设计—资格考试—教材 ②水路运输—货物运输—资格考试—教材 Ⅳ.①U663 ②U695.2

中国版本图书馆CIP数据核字(2018)第247627号

大连海事大学出版社出版

地址:大连市凌海路1号　邮编:116026　电话:0411-84728394　传真:0411-84727996
http://www.dmupress.com　E-mail:cbs@dmupress.com

大连住友彩色印刷有限公司印装　　　　　　　　　　大连海事大学出版社发行

2018年11月第1版　　　　　　　　　　　　　　　　2018年11月第1次印刷
幅面尺寸:184 mm×260 mm　　　印张:41.75　　　　字数:979千

出版人:徐华东

责任编辑:李继凯　　　　　　　　　　　　责任校对:张　华　刘长影
封面设计:张爱妮　　　　　　　　　　　　版式设计:解瑶瑶

ISBN 978-7-5632-3726-5　　　　　　　　　　　　　　定价:115.00元

《海船船员适任考试培训教材》编委会

主　　　任：刘正江
副　主　任：周明顺　陈晓琴　施祝斌　王明春
委　　　员：（按姓氏笔画排序）
　　　　　　王新辉　叶明君　朱东升　江明光　李忆星　李光正
　　　　　　李先强　李建国　吴金龙　张小军　苗永臣　范　鑫
　　　　　　范育军　金湖庭　饶滚金　黄德源　崔建辉　章文俊
　　　　　　董远志　董洪仓　舒海平　缪克银　潘书策

本册主编：（排名不分先后）
　　　　　　田佰军　崔　刚　吴汉才　吴金龙
本册参编者：（按姓氏笔画排序）
　　　　　　王文新　王启友　田佰军　兰　洋　朱永俊　伊善强
　　　　　　吴汉才　吴金龙　张斗胜　张海峰　周章海　赵　宇
　　　　　　崔　刚　熊　丁

前言

为有效履行《STCW公约马尼拉修正案》，进一步规范海船船员培训行为，提高培训质量，根据《中华人民共和国船员条例》《中华人民共和国船员培训管理规则》规定，交通运输部编制了《海船船员培训大纲(2016版)》(以下简称《培训大纲》)，并于2017年4月1日起施行。《培训大纲》的颁布实施是建立应用型船员培养模式、建立健全船员教育培训规范标准的一项重要举措，对进一步规范海船船员培训行为、提高培训质量具有很大的推动作用。

为更有效地对参加船长/大副适任考试的考生进行考前培训，帮助考生顺利通过海船船员适任考试，高等学校交通运输类专业教学指导委员会航海技术教学指导分委员会在深入解读《培训大纲》的基础上，组织业内专家，按照大纲中对考生实际操作能力进行强化训练的要求，针对参加船长/大副适任考试的考生，编写了本套培训教材及同步辅导。

本套教材具有较强的针对性、实用性，是海船船员参加船长/大副适任考试、培训的必备教材，也是航运管理相关人员良好的工作参考书。

本套教材包含《航海学——天文、地文、仪器篇》(船长/大副)、《航海学——航海气象与海洋学篇》(船长/大副)、《船舶管理》(船长/大副)、《船舶操纵与避碰——操纵篇》(船长/大副)、《船舶操纵与避碰——避碰篇》(船长/大副)、《船舶结构与货运》(大副)、《航海英语》(船长)、《航海英语》(大副)及各书的同步辅导。

本套教材的编写和出版，得到了各航海院校、海员培训机构、航运企业和大连海事大学出版社，以及业内的专家、学者的关心和大力支持，在此表示感谢。同时，我们愿与大家一起继续为建设海洋强国而努力！

编委会

2018年5月

编者的话

船舶结构与货运是主要研究船舶结构及与船舶货运有关的船舶设备，研究各类货物的海运特性、各类船舶的货运性能、货物在船上装载的基本规律以及编制和实施货物积载计划的程序和方法的一门应用学科。

本书按照国际海事组织STCW公约和Model Course对本课程要求，以中国海事局发布的《海船船员培训大纲（2016版）》为主线，设定全书章节，确定各章节内容及篇幅。为适应各类教学对象的课外自学要求，本书内容编排注意由浅入深，表述浅显易懂。书中选用了最新版本的国内外各类公约、规则和规范资料。

本书适用于无限航区和沿海航区各个等级的海船大副适任证书考试培训，也可用作高等航海院校航海技术和相关专业学生的参考用书，还可供船员或港航有关人员自学参考。

本书由田佰军、崔刚、吴汉才和吴金龙主编。全书由田佰军统稿。

由于我们水平和时间所限，疏漏和不足之处在所难免，欢迎读者批评指正。

编 者

2018年3月

目录

第一章 **船舶种类与船体结构** 1
    第一节 船舶种类及结构特点 1
    第二节 船体结构 9
    第三节 船体结构图与总布置图 48
    第四节 船舶管系 54

第二章 **货舱、舱盖及压载舱** 66
    第一节 货舱、舱盖及压载舱检查 66
    第二节 货舱、舱盖和压载舱状态的评估及保养 69

第三章 **装卸设备** 74
    第一节 甲板起重机 74
    第二节 船舶重型吊杆 80
    第三节 其他装卸设备 86
    第四节 装卸设备的检查与保养 95

第四章 **系固设备** 102
    第一节 标准货系固设备及应用 103
    第二节 半标准货与非标准货系固设备及应用 108
    第三节 系固设备的检查及保养 111
    第四节 系固设备的检验 115

第五章 **船舶货运基础知识** 117
    第一节 船型系数与船舶浮性 117
    第二节 船舶重量性能和容积性能 124
    第三节 船舶静水力资料 129
    第四节 船舶平均吃水 137
    第五节 载重线标志与载重线海图应用 141
    第六节 货物计量与交接方式 148
    第七节 货物亏舱和积载因数 152

第六章 **船舶载货能力** 157
    第一节 船舶载货能力概述 157
    第二节 航次净载重量计算 160
    第三节 充分利用船舶载货能力 166

第七章　船舶稳性 … 170
- 第一节　船舶稳性概述 … 171
- 第二节　船舶初稳性 … 173
- 第三节　影响初稳性的因素及其计算 … 177
- 第四节　船舶大倾角静稳性 … 188
- 第五节　船舶动稳性 … 201
- 第六节　船舶稳性规则 … 206
- 第七节　船舶稳性检验与调整 … 218
- 第八节　船舶稳性资料应用 … 228

第八章　船舶吃水差 … 233
- 第一节　吃水差与营运船舶性能的关系 … 234
- 第二节　船舶吃水差及首、尾吃水计算 … 235
- 第三节　载荷纵移、重量增减及舷外水密度改变对纵向浮态的影响 … 238
- 第四节　吃水差比尺 … 245
- 第五节　吃水差调整 … 248

第九章　船舶强度 … 252
- 第一节　船舶总纵强度 … 253
- 第二节　船舶局部强度 … 268
- 第三节　船舶扭转强度 … 275
- 第四节　国际船级社协会(IACS)统一要求和共同结构规范对船舶强度的要求 … 277

第十章　船舶抗沉性 … 284
- 第一节　船舶抗沉性概述 … 284
- 第二节　货船抗沉性衡准 … 286
- 第三节　破损浮态与稳性计算 … 291
- 第四节　船舶破损控制手册及其应用 … 296

第十一章　包装危险货物运输 … 300
- 第一节　包装危险货物的分类及特性 … 301
- 第二节　危险货物的包装与标志 … 313
- 第三节　危险货物的积载与隔离 … 328
- 第四节　危险货物的安全装运与管理 … 337
- 第五节　危险货物运输规则 … 342

第十二章　杂货运输 … 354
- 第一节　普通杂货分类及配积载要求 … 354
- 第二节　杂货船装卸对配积载的要求 … 363
- 第三节　普通杂货安全装运 … 366
- 第四节　杂货船积载计划编制 … 377

第十三章　特殊杂货运输 … 397
- 第一节　货物运输单元积载与系固 … 398

第二节	12种非标准货物安全积载与系固	417
第三节	重大件货物运输	429
第四节	木材货物运输	438
第五节	钢材货物运输	447
第六节	滚装货物运输	457
第七节	冷藏货物运输	460

第十四章 集装箱运输 470
第一节	集装箱分类及标志	471
第二节	集装箱配积载	487
第三节	集装箱安全装运	507

第十五章 散装谷物运输 515
第一节	船运散装谷物概述	516
第二节	散装谷物安全装运	519
第三节	散装谷物运输规则	523
第四节	散装谷物船舶稳性核算	526
第五节	散装谷物船改善稳性的方法及措施	537

第十六章 散装固体货物运输 542
第一节	散装固体货物分类及特性	543
第二节	散装固体货物装载计划编制	549
第三节	固体散装货物装运	562
第四节	SOLAS公约对散货船附加安全措施	579
第五节	国际海运固体散装货物规则	583
第六节	水尺计重	591

第十七章 散装液体货物运输 603
第一节	油船配载图编制	603
第二节	石油安全装运	608
第三节	油量计算	623
第四节	散装液体化学品装运	631
第五节	散装液化气体装运	644

参考文献 653

第一章 船舶种类与船体结构

本章学习目标

1. 了解主要货船种类及其与货物配载、装卸及安全操作相关的结构特点；
2. 掌握船体结构的分类、内容及作用；
3. 掌握船体相关结构图和船舶总布置图的识读及使用；
4. 了解船舶管系的分类、构成及操作。

　　船舶是人们从事水上运输和水上作业的主要工具。随着世界经济一体化进程的加深，作为世界贸易重要载体的国际海上货物运输也得到了前所未有的发展。海上货物运输是交通运输的重要组成部分，在运输业总量中占有相当大的比重，具有其他任何运输方式所无法替代的特殊地位和重要作用，而作为海上货物运输工具的海船也正是在这种背景下得到了飞速的发展。作为船舶管理与驾驶的人员应该掌握有关船舶的种类、船体的构造等相关知识，以便实现安全营运的目的。

第一节 船舶种类及结构特点

　　作为海运工具的船舶，其数量庞大，随着科学技术的进步、人类运输需求不断变化，船舶种类也在不断增多。国际航运领域通常以船舶的主要技术营运特征进行分类，具体依据不同，船舶分类也不一样，如按船体材料分，有木船、金属船、水泥船和玻璃钢船等；按航行区域分，有远洋船、近海船、沿海船和内河船等；按动力装置分，有蒸汽机船、内燃机船、汽轮机船、电动船和核动力船等；按推进方式分，有风帆船、明轮船、螺旋桨船、平旋推进器船和喷气推进船等；按航行方式分，有自航船和非自航船；按航行状态分，有排水型船和非排水型船。本书按照船舶的用途进行分类，对主要的运输船舶进行简单介绍。

一、客船

客船（passenger ship）是用于运送旅客及其携带行李的船舶，这类船舶多为定期定线航行，故又称客班轮或邮轮。SOLAS公约《国际海上人命安全公约》规定：凡载客超过12人的船舶均视为客船。

客船与运输相关的特点是上层建筑（superstructure）具有多层甲板（deck），设有较完善的生活设施，具有较好的抗沉性（floatability）（一般为"二舱不沉制"或"三舱不沉制"），船速较高（一般为16~20 kn，大型高速客船可达24 kn左右，另外还有短途运送旅客的气垫客船和水翼客船，其速度可达到30 kn以上）并设有减摇装置及侧推装置。

按载客性质的不同，客船可细分为：全客船（passenger ship）、客货船（passenger-cargo ship）、货客船（cargo-passenger ship）、滚装客船（ro-ro passenger ship）、渡船（ferry）及高速客船（high-speed passenger ship）等。

二、杂货船

杂货船（general cargo ship）又称普通货船，是最早出现的一种干货船，主要装运各种成捆、成包、成箱和桶装的件杂货。

杂货船与货运相关的特点是：具有多层甲板（通常2~3层），舱口尺寸较大便于装卸，并配有甲板起重机（老式船配有吊杆装置），在抗沉性方面一般设计成"一舱不沉制"。目前，杂货船正向多用途船和重大件船转型和发展。

三、散货船

散货船（bulk carrier）是指专门设计用于装运散装谷物（bulk grain）、煤炭（coal）、矿砂（ore）、糖（sugar）、盐（salt）、水泥（cement）等大宗散货的船舶。由于散货不怕压，为装卸方便，其货舱均为单层甲板，舱口也较宽大，且大多不设起货设备。

1. 根据船型和吨位分类

根据船型和吨位，散货船通常可分为：

1) 灵便型散货船

灵便型散货船（handysize bulk carrier）指载重量在2万~5万吨的散货船，其中超过4万吨的船舶又称为大灵便型散货船，低于4万吨级的称为小灵便型散货船。

2) 巴拿马型散货船

巴拿马型散货船（panamax bulk carrier）指在满载情况下可以通过原巴拿马运河的最大型散货船，其长宽受巴拿马运河船闸尺寸的限制，载重量一般在6万~8万吨。

3) T-MAX

T-MAX（termianal-max bulk carrier）载重量在8万~12万吨，该种散货船主要是为了弥补好望角型和巴拿马型散货船之间无标准型散货船而出现的。

4) 好望角型散货船

好望角型散货船（capsize bulk carrier）也叫海岬型散货船，载重量一般在12万~20万吨，该型船以运输矿石为主，早前由于尺度限制不能通过巴拿马运河和苏伊士运河，需绕行好望角和合恩角。自2008年始，由于苏伊士运河水深加深，苏伊士运河当局放宽对通过运河船舶的吃水限制，大部分好望角型船舶可以满载通过苏伊士运河。

5) 超大型矿砂船

超大型矿砂船（ultra-large ore carrier，简称ULOC，也称作very large ore carrier，简称VLOC，本书中统称为VLOC），载重量在20万吨以上，仅用于煤炭和铁矿石的远距离运输。由于油船双壳化的趋势，很多单壳VLCC（very large crude oil carrier）改造成VLOC，运输铁矿石。

2. 根据货种和船舶结构分类

根据货种和船舶结构形式的不同，散货船大体可分为：

1) 通用型散货船

通用型散货船（general bulk carrier）是指装运散装谷物、煤炭等普通散货的船舶，其中专运散装谷物的称为散粮船（bulk grain carrier），专运煤炭的称为运煤船（coal carrier）。

通用型散货船与货运相关的主要特点是：船舶为单层甲板，舱口围板（hatch coaming）高且大，货舱内横舱壁的上、下部通常设有顶凳（top stool）及底凳（lower stool）；货舱两舷侧设有顶边舱（upper side tank）及底边舱（lower side tank），故其横剖面（cross-section）成菱形，如图1-1-1所示，这样既可装满货舱，减少平舱工作，又可防止航行中因横摇过大而危及船舶的稳性；货舱四角的三角形水柜（边舱）为压载水舱（ballast tank），可用于调节吃水和稳性；船型肥大，一般单向运输；500总吨及以上国际航行散货船，按规定在货舱、压载舱和干隔舱内安装有能发出声、光报警的水位探测器。

2) 矿砂船

矿砂船（ore carrier）是指专运矿砂的散货船，为单向运输的单层甲板船舶。

矿砂船与货运相关的主要特点是：一般由两道纵向舱壁将整个装货区域分隔成中间舱

和两侧边舱，在中间舱下部设置双层底，中间舱装载矿砂，两侧边舱用作压载舱；由于矿石密度大，所占舱容小，会使船舶重心过低，航行中产生剧烈摇摆，为提高重心高度，其双层底设置较普通货船高很多，货舱两侧的压载舱（side ballast tank）也比通用型散货船压载舱大得多，如图1-1-1所示；有的矿砂船货舱横剖面设计成漏斗形（infundibuliform），这样既可提高船舶的重心高度又便于清舱；为适应所载货物的特点、减轻船体重量，一般采用高强度钢，且内底板等构件均采取加厚的措施，有的则直接对货舱结构采用重货加强措施。

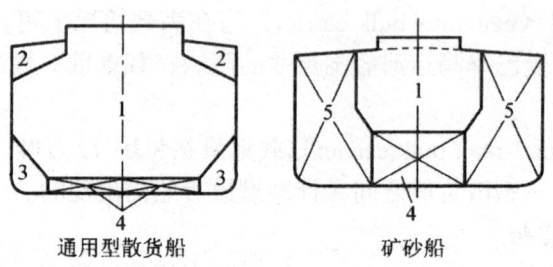

图1-1-1　散货船货舱横剖面结构示意图

1—货舱（cargo hold）；2—上边舱（upper side tank）；3—下边舱（lower side tank）；
4—双层底舱（double bottom tank）；5—边舱（side tank）

3）自卸式散货船

自卸式散货船（self-discharging bulk carrier）是一种具有自卸系统的散货船。其货舱底部呈W形，下面尖顶部位有开口，可将货物漏到下面的纵向传动皮带上，再经垂直提升机和悬臂运输皮带输送到码头上。这种船不仅停港时间短，且对码头要求不高，对需要中转的航线，也可避免码头的再装卸。

四、集装箱船

集装箱船（container ship）指以在货舱及甲板上装运集装箱货物为主的船舶，又称货柜船或货箱船。其载运能力是以国际通用的标准箱（TEU）作为换算单位来衡量的。

集装箱船基本上可以分为全集装箱船和半集装箱船两大类。

全集装箱船与货运相关的主要特点是：货舱和甲板均能装载集装箱，货舱盖强度大；大多为单层甲板，舱口宽且长，舱口总宽度可达0.7~0.8倍船宽，舱口总长度为船长的0.75~0.8倍；为保证船体强度、提高抗扭强度及提高船舶的抗沉性，船体采用双层底及双层船壳舷侧结构，两层船壳之间可作压载水舱；在双层船壳舷侧的顶部设置有抗扭箱结构，或在保证船体结构强度的前提下，采用双层底和具有抗扭箱或其他等效结构的单层船壳舷侧结构代替；在舱内集装箱角座下方的双层底内设置有纵向及横向的加强构件，水密横舱壁的顶部和底部一般设置箱型结构；为了防止货物移动和固定货箱，在甲板上设有固定集装箱的专用设施，在货舱内设置箱格导轨系统（cell guide system）；主机马力大、航速高，远洋高速集装箱船的方形系数C_b小于0.6；通常不设起货设备，利用码头上的专用设备装卸。半集装箱船因货源不稳定而在部分货舱装运集装箱，其他货舱装运杂货或散货，船上通常设有起货设备。

五、液货船

液货船（liquid cargo ship）是指运输散装液体货物的船舶，包括油船（oil tanker）、液化气船（liquefied gas carrier）、液体化学品船（liquid chemical tanker）及沥青运输船（asphalt carrier）等。

1. 油船

油船系指专门从事海上石油或石油产品运输的船舶，有原油油船、成品油油船和原油/成品油兼运船等几种。

油船和其他货船相比有许多不同之处，其与货运相关的主要特点有：为防止油船因发生海损事故而污染海洋，油船均采用双层底及双层船壳结构（老式油船为单层甲板、单层底结构）；一般采用纵骨架式船体结构，以保证纵向强度和减轻船体重量；船长、宽度比 L/B 较小，而船宽吃水比 B/d 和方形系数 C_b 较大，属肥胖型船；尾机型，机舱、锅炉舱布置在船尾部，使货油舱连接成一个整体，增加货舱容积，对于防火、防爆、油密等亦有利；为减少自由液面对稳性的影响及提高船舶的总纵强度，设置纵向舱壁（对于船长大于 90 m 的油船，要求在货油舱区域设置两道纵向连续的纵舱壁）；为保证足够的横向强度及适装不同品种的油类，设置多道横舱壁和大型肋骨框架；在货油舱区域的前后两端设隔离空舱，使其与机炉舱、干货舱及居住舱室等隔开，以防止油类的渗漏和防火、防爆；隔离空舱可遮隔全部货油舱端部舱壁面积，且其舱壁间的距离应不小于 760 mm，也有用泵舱、压载舱、污油水舱及燃油舱兼作隔离舱的；设有专用压载舱。

设置专用压载舱的优点是：防止含油压载水排放造成海洋污染；减轻货油舱装压载水时压载水对舱内结构的锈蚀；提高了结构强度和抗沉性；可在装卸油的同时排出或打入压载水，缩短了停港的时间。

设置专用压载舱的缺点是：减少了油船的有效载货舱容，船体重量及造价均有所增加。

2. 液化气船

按所载运液化气分类，液化气运输船有液化天然气运输船、液化石油气运输船及液化乙烯运输船三种。

1) 液化天然气船

天然气的主要成分是甲烷，为便于运输，通常采用在常压下极低温（-165 ℃）冷冻的方法使其液化。

液化天然气船（liquid natural gas carrier，LNG carrier）与货运有关的结构特点有：液货舱通常采用特殊的镍合金钢或铝合金制造，液货舱有严格的隔热结构，能保证液舱恒定低温，且能避免低温对船体钢结构造成脆性破坏；设有绝热装置和再液化装置，船舶规模较大；常见的货舱形状有球形和矩形，也有极少数液舱设计成棱柱形或圆筒形。

2）液化石油气船（liquid petroleum gas carrier，LPG carrier）

石油气的主要成分是丙烷和丁烷，目前运输液化石油气的方法有三种：第一种是将其加压液化，可在常温下进行装卸，采取这种运输方式的石油气船叫全加压式液化石油气船，其货舱常为球形或圆柱形罐，船体结构相对比较简单，舱容利用率较低。第二种是冷冻液化，采取这种运输方式的石油气船叫全冷冻式液化石油气船，其货舱多为棱柱形，需设置良好的隔热层，舱容利用率较高；船舶为双层壳结构，液货舱用耐低温的合金钢制造并衬以绝热材料；设有气体再液化装置，可将蒸发出来的石油气再液化送回液货舱。第三种是既加压又冷冻液化，采取这种运输方式的石油气船叫半加压半冷冻式液化石油气船，其货舱为球形或圆柱形罐，货舱与船体结构间设有隔热保护层，设有气体再液化装置，可将蒸发出来的石油气再液化送回液货舱。

3）液化乙烯运输船（ethylene tanker）

运输乙烯的通常做法是将其加压液化，可在常温下进行装卸，液化乙烯运输船的货舱常为球形或圆柱形；也有采用半加压半冷冻使乙烯液化的，采用这种运输方式的货舱为圆柱形。

3. 液体化学品运输船

液体化学品船（liquid chemical tanker）是为了运输石油化工产品、煤焦油产品、碳水化合物的衍生物（糖蜜、酒精制品、动植物油）、强化学剂等液体化学物质而设计建造的船舶。

液体化学品船与货运相关的特点有：液货舱与油船相比分得更小，数目更多，货舱内壁结构和管系采用高强度不锈钢或一般强度船体结构钢加特殊涂层制成；具有多个泵舱，以便装载多种不同的液体化学品；为防止船底破损后造成化学品液体外漏而污染海洋，均设有双层底及双层舷侧结构；舱内除槽形舱壁有曲折外，其他内表面均光滑无突起，各种支撑骨架均设置在双层底与双层壳内及上甲板的上表面；货物配载时，应将有毒物品装于中间一列货舱内，不可装在两舷侧的舱内。

4. 沥青船

沥青船（asphalt carrier）是为运输液态沥青而设计建造的船舶。沥青是一种棕黑色有机胶凝状物质，主要成分是沥青质和树脂及少量的氧、硫和氯的化合物，在常温下呈半固态或固态。沥青主要以液态运输，驳运沥青适宜的温度为160 ℃左右。

沥青船是一种特殊的油船，它与普通油船在结构上有相似之处，但也有其独特之处。它具有如下独特的特点：用特殊的保温材料组成独立（或整体）的沥青液货舱进行运输，使用特殊的隔热支撑装置对液货舱进行支撑，既能保证独立液货舱的稳定，又能较好地防止热量传递到船体上，避免船体的局部热应力过高；设置独立的加热保温系统，采用热油作为加热介质，利用热油循环泵强制导热油在贴附于液货舱外部的加热盘管内循环，将热能输送给用热单元，冷油返回到锅炉重新加热；沥青装卸系统附有保温材料及伴热管系，使整个管群的温度下降不会太大，以保证沥青在货油管内的顺利流动；液货舱内设置了与液货相关的监测报警系统，报警显示延伸到驾驶室，以便对液货的各种情况进行监视。

六、滚装船

滚装船（roll-on/roll-off ship，Ro/Ro ship）是一种为装载车辆或装载固放在车辆上的集装箱或托盘货物而设计建造的专用船舶。将传统的船舶垂直上下装卸改成水平方向的滚动装卸。装卸时，在船的尾部、舷侧或首部，有跳板放到码头上（其中尾跳板有尾直跳板和尾斜跳板），汽车或拖车通过跳板开上开下，实现货物的装卸，滚装船又称开上开下船或滚上滚下船。

滚装船与货运相关的主要特点有：上层建筑高大，上甲板平整，无舷弧和梁拱，露天甲板上无起货设备；具有多层甲板和双层底结构，货舱内支柱极少，一般为纵通甲板，抗沉性较差，主甲板以下设有双层船壳，两层船壳之间可作为压载水舱；为便于车辆开进开出，货舱区域内不设横舱壁，而采用设置局部横舱壁或强横梁和强肋骨保证横向强度；在各层甲板上设有升降平台或内跳板供车辆行驶；为保证航行安全，在滚装船跳板的外侧船壳处设置尾门、舷门、首门，并在其内侧布置内门；舱容利用率低，但装卸效率较普通船舶高很多，造价高，船速快。

七、木材船

木材船（timber carrier）是专门运输原木和木材，备有专用木材系固设备的船舶。木材船与货运相关的特点是：为便于装卸和堆放，货舱长而大，舱口大，舱内无支柱；因甲板需装载木材，故甲板强度高；为防止甲板木材滚落舷外，两舷设立柱，而且舷墙也较高；干舷较普通船舶小；装卸设备以起重机为主，如配备吊杆式装卸设备，为不影响货物堆放和人员操作，起货机均安装在桅楼平台上。

八、冷藏船

冷藏船（refrigerator ship）是运送鱼、肉、蛋、水果等易腐货物的专用船。冷藏船与货运相关的特点是：具有良好的隔热设施和制冷设备，货舱口较小，货舱甲板层数较多（3~4层）；因货源限制，吨位一般不大。由于更便捷的冷藏集装箱的出现并大部分地代替了冷藏船运输，故冷藏船的数量也在逐年减少。

九、半潜船

半潜船（semi-submersible ship）又称半潜式母船，是为运输无法分割的超大型整体设备、特重、特长的重大件货物而设计建造的专用船舶。半潜船按其航行方式可分为自航式半潜船和非自航式半潜船两种类型。一般非自航式半潜船排水量较小，船舶自身不产生推进力，依靠拖船的动力在近海或邻近国家海域之间从事运输作业。自航式半潜船是真正意义上的专门从事远洋运输重大件货物的专用船，这种船舶有自己的动力系统，能够产生推进力推动船舶航行；甲板经特别加强，具有数目多且容量大的压载舱，以便调节船舶至半潜状态进行装货，此类船舶一般采用水平装卸方式装卸货物。

十、牲畜运输船

牲畜运输船（livestock carrier）是用于运输羊、牛等牲畜的专用船舶。船上设有多层甲板（有开敞式和封闭式两种），每层甲板上又设有许多围栏，用于安置牲畜。

牲畜运输船与货运相关的特点是：上层建筑高大；设有多层甲板以安置数量巨大的牲畜；通风能力强，为牲畜提供良好的生存环境；设有大容量淡水舱和饲料舱并设有海水淡化装置；现代化船上供水、供饲料均为自动操作；航速较高，一般在18 kn左右。

十一、载驳船

载驳船（barge carrier）是用于运输载货驳船的专用船舶，又称子母船。作业过程是先将货物装到驳船上，再将驳船装到大船（母船）上一起运输，到达目的港后将驳船卸下，由拖船将驳船拖至码头装卸货物。

载驳船通常有三种类型：驳船靠母船尾部的龙门吊进行装卸的LASH（lighter aboard ship）型载驳船；驳船由母船尾部的升降平台从水中托起，再由输送机运到舱内的Sea-bee型载驳船；驳船靠拖船直接浮进浮出，以浮船坞原理进行装卸的Baco型载驳船。三种类型载驳船的特点各不相同，但共同特点是装卸效率高，不需要码头，非常适合海河联运，桥楼位于船首，船型瘦长，航速较高。缺点是造价高，货驳集散组织复杂。正是由于这个原因，载驳船的发展受到了限制。

十二、兼用船

1. 矿/油两用船

矿/油两用船（ore/oil carrier）用于运输矿砂和原油，简称O.O船。由两道纵舱壁将整个装货区域分隔成中间舱（一般占整个船舶货舱舱容的40%~50%）和左、右两侧边舱，双层底设于中间舱下部且没有矿砂船那样高。运输矿砂时，装在中间货舱内；而运输原油时，装在两侧边舱和中间舱内，如图1-1-2所示。

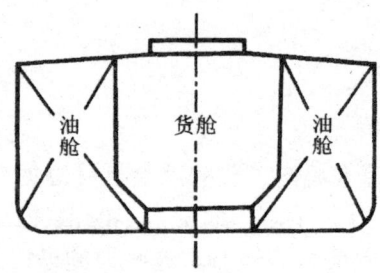

图1-1-2 矿/油两用船

2. 矿/散/油三用船

矿/散/油三用船（ore/bulk/oil carrier）用于运输矿砂、较轻的散货和原油，简称O.B.O船。其货舱的横剖面形状和散货船的货舱类似成菱形，一般为双层船壳并具有双层底舱和上、下边舱。中间舱（占整个船舶货舱容积的70%~75%）的全部或大部分用来装载散货或矿砂，两侧边舱、上边舱和部分中间舱用来装载原油，下边舱为压载舱，如图1-1-3所示。

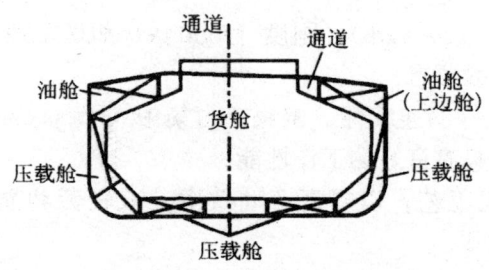

图1-1-3 矿/散/油三用船

除了上述各种主要运输船舶外，还有一些工程船舶和工作船舶，如挖泥船、敷缆船、拖船、科学考察船、破冰船等，限于篇幅，此处不再赘述。

第二节 船体结构

为使船舶能在恶劣天气条件下承受各种外力对船体的冲击和作用，实现安全营运，船舶必须按《钢质海船入级规范》的技术要求进行建造，并需经由主管机关授权的中国船级社或指定的验船师按《钢质海船入级规范》的相关规定检验合格后方可投入营运。作为船舶驾驶人员亦应掌握船体结构的基础知识，这对从事船舶操纵、货物配载和船舶维修保养等工作是必不可少的。

一、船体结构概述

无论是航行、停泊，还是在坞内，船舶都会不可避免地受到各种力的作用，归纳起来主要有：船舶重力、货物重力、浮力、水压力、波浪冲击力、扭力、冰块挤压力、水阻力、推力和机械震动力及坞墩反力等外力。这些力的最终效果就是使船舶产生总纵弯曲、扭转、横向及局部变形。因此，船体结构必须具有承受和抵抗上述各种变形的能力，这种能力就叫作船体强度，也就是说船体应能在保证船体总纵强度（total longitudinal strength）、扭转强度（torsional strength）、横向强度（transverse strength）和局部强度（local strength）及坐坞强度（docking strength）的基础上，保持船舶的形状空间，保证船舶的水密，以安装各种船舶设备和生活设施，载运旅客和货物。

1. 对船体结构的设计与建造要求

不同种类和航区的船舶在船体结构的设计和建造方面虽有着各自的特点，但不论何种结构均应做到：

（1）具有足够的强度（strength）、刚度（rigidity）和稳定性（stability），保持可靠的水密性，并能满足营运上的要求；

（2）构件本身应有良好的连续性，避免应力集中（stress concentration），同时应能保证安装在其上的机械设备具有良好的工作性能；

（3）应有合理的施工工艺，以提高劳动效率，减轻劳动强度，缩短船台（building berth）建造周期，降低成本；

（4）充分考虑整个船体的美观和今后维修保养的方便性。

2. 船体结构形式

研究船体结构，主要是研究主船体的结构。主船体是指上甲板（upper deck）以下包括船底（bottom）、舷侧（broadside）、各层甲板（deck）、舱壁（bulkhead）和首尾（fore and aft）等结构所组成的大型水密（watertight）刚性空腔。巨大的空腔可以排开大量的水，获得巨大的浮力，空腔内部的容积又为货物的装载提供了必要的空间。由钢板和骨架构成的结构称为板架结构，再由各种相应的板架组成整个船体。

1）船体板架结构形式

船体板架中，骨材一般沿着船长和船宽方向布置，形成纵横交错的方格，沿某一方向布置数量多的一组骨材，在结构术语中称为主向梁，而与之垂直的另一个方向上的骨材称为交叉构件。一般情况下，交叉构件的尺寸都要比主向梁的尺寸大，是船体的主要支撑构件，所以也称交叉构件为主要构件。如强肋骨、舷侧纵桁、强横梁、甲板纵桁、实肋板、船底桁材、舱壁桁材等。而主向梁则称为次要构件，一般是指板的扶强构件，如肋骨、纵骨、横梁、舱壁扶强材、组合肋板的骨材等。

（1）横骨架式板架结构

横骨架式板架结构主向梁沿船宽方向布置，由主向梁和交叉构件所形成的方格的短边沿船长方向分布，这种骨架形式横向构件密集而尺寸较小，纵向构件排列的间距大，尺寸也大。

（2）纵骨架式板架结构

纵骨架式板架结构主向梁沿船长方向布置，由主向梁和交叉构件所形成的方格的长边沿船长方向分布，纵向构件排列密尺寸较小，横向构件排列间距大尺寸大。

2）船体结构形式

上述的纵、横式板架结构是船上局部的板架结构形式，而整个船体是由若干板架结构组成的，根据板架结构在船上的布置情况，船体结构的形式可分为三种，即横骨架式、纵骨架式和纵横混合骨架式。

（1）横骨架式

横骨架式（transverse framing system）船体结构全部由横骨架式板架结构组成，横向构件（transverse member）排列密，尺寸小、数目多，纵向构件（longitudinal member）排列间距大，尺寸大、数目少，如图1-2-1所示。这种骨架形式的特点是结构简单、建造容易、横向强度和局部强度好，又因其肋骨（frame）和横梁（beam）尺寸较小，故舱容（hold capacity）利用率较高，且便于装卸。横骨架式船舶的总纵强度主要由外板（shell plate）、内底板（inner bottom plating）、甲板板（deck plating）以及分布在其上的纵向构件（longitudinal member）来保证，在较长的船上则需加厚钢板来保证总纵强度，因此增加了船舶的自重（sole weight），同时这种结构在每个肋位上都设置横向构件，船舶的横向强度比纵向强度大，所以横骨架式结构主要用于对总纵强度要求不高的沿海中小型船舶和内河船舶。

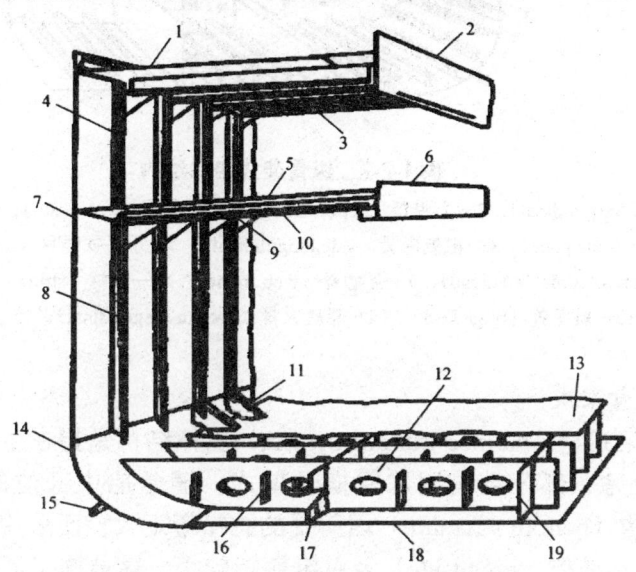

图1-2-1 有二层甲板横骨架式船体结构

1—上甲板（upper deck）；2—舱口围板（hatch coaming）；3—横梁（deck beam）；4—甲板间肋骨（tweendeck frame）；5—下甲板（lower deck）；6—舱口围板（hatch coaming）；7—舷侧外板（side plate）；8—肋骨（frame）；9—肘板（bracket）；10—横梁（beam）；11—舭肘板（bilge bracket）；12—主肋板（main floor）；13—内底板（inner bottom plate）；14—舭部外板（bilge strake）；15—舭龙骨（bilge keel）；16—扶强材（rib）；17—旁桁材（side girder）；18—船底板（bottom plate）；19—中桁材（central girder）

(2) 纵骨架式

纵骨架式（longitudinal framing system）船体结构全部由纵骨架式板架结构组成，纵向构件（longitudinal member）排列密，尺寸小、数目多；横向构件（transverse member）排列间距大，尺寸大、数目少，如图1-2-2所示。由于纵向构件的增多大大提高了船体的总纵强度，因此可选用较薄的板材，使船舶自重减轻；但施工建造比较复杂，同时由于横向构件尺寸的加大使货舱舱容得不到充分利用而影响载货量，且装卸也不便。因此纵骨架式结构常见于对总纵强度要求较高的大型油船和矿砂船。

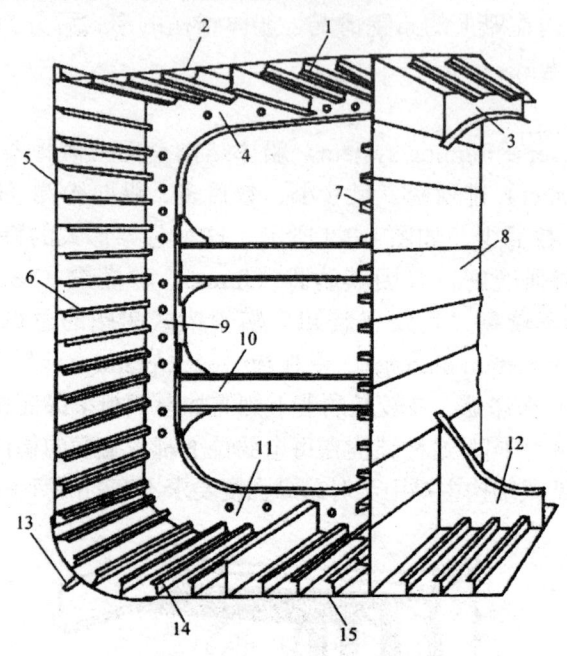

图1-2-2 纵骨架式船体结构

1—甲板纵骨（deck longitudinal）；2—上甲板（upper deck）；3—强横梁（web beam）；4—强横梁（web beam）；
5—舷侧外板（side plate）；6—舷侧纵骨（side longitudinal）；7—水平扶强材（horizontal stiffener）；
8—纵舱壁（longitudinal bulkhead）；9—强肋骨（web frame）；10—撑材（strut）；11—肋板（floor）；
12—肋板（floor）；13—舭龙骨（bilge keel）；14—船底纵骨（bottom longitudinal）；15—船底外板（bottom plate）

3）纵横混合骨架式

纵横混合骨架式（combined framing system）船体结构是指在主船体中的一部分结构采用纵骨架式而另一部分结构则采用横骨架式。通常船中部位的强力甲板（strength deck）和船底结构（bottom structure）因所受的总纵弯矩大，而采用纵骨架形式；而下甲板（lower deck）和舷侧（broadside）及总纵弯矩较小、建造施工不便、受波浪冲击较大的船首、尾部则采用横骨架式。在图1-2-3中，船底和上甲板结构采用了纵骨架式，二层甲板（tween deck）和舷侧则采用了横骨架式结构。混合骨架式综合了上述两种骨架形式的优点，既保证了总纵强度，又有较好的横向强度。同时，这种骨架形式也减轻了结构重量，简化了施工工艺，并比较充分地利用了舱容且方便装卸。但在纵横构件交界处结构的连接性较差，在连接节处容易产生较大的应力集中。纵横混合骨架式结构主要应用于大中型干散货船。

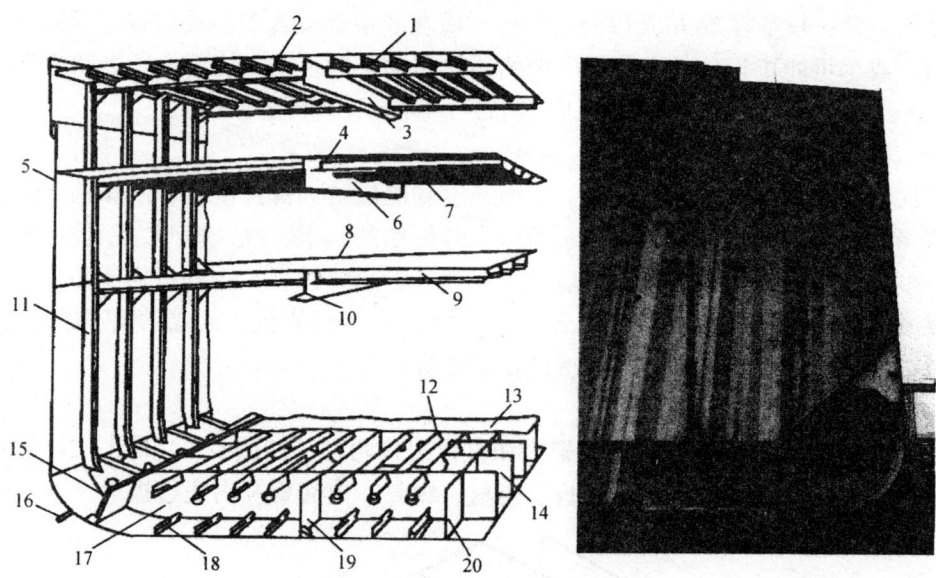

图 1-2-3 纵横混合式船体结构

1—甲板纵骨（deck longitudinal）；2—上甲板（upper deck）；3—甲板纵桁（deck girder）；4—第二甲板（second deck）；
5—舷侧外板（side plate）；6—甲板纵桁（deck girder）；7—甲板横梁（deck beam）；8—第三甲板（third deck）；
9—甲板横梁（deck beam）；10—甲板纵桁（deck girder）；11—肋骨（frame）；
12—内底纵骨（inner bottom longitudinal）；13—内底板（inner bottom）；14—肘板（bracket）；
15—内底边板（margin plate）；16—舭龙骨（bilge keel）；17—主肋板（main floor）；
18—船底纵骨（bottom longitudinal）；19—旁桁材（side girder）；20—中桁材（center girder）

二、船底结构

船底结构（bottom construction）是船体的基石，是保证船体总纵强度、横向强度和船底局部强度的重要结构。作用于船底上的外力有水压力、机械设备和货物的负载、总纵弯曲引起的拉伸力和压缩力、进坞坐墩时墩木的反力、机械设备运转时的振动力等等。

船底结构主要有双层底结构和单层底结构两种类型，按其骨架形式又可分为横骨架式和纵骨架式船底结构。

1. 双层底结构

双层底结构（double bottom construction），是指由船底板（bottom plating）、内底板（inner bottom plating）、内底边板（margin plate）、舭列板（bilge strake）及其骨架（framing）组成的船舶底部空间。根据《钢质海船入级规范》的要求，船舶应尽可能在船首防撞舱壁（fore collision bulkhead）至船尾尾尖舱舱壁（afterpeak bulkhead）间设置双层底（double bottom）。对于客船，双层底的设置还应符合下述要求：长度在 50 m 至 61 m 以下的船舶，应至少自机器处所至首尖舱舱壁或尽可能接近该处之间设置双层底；长度在 61 m

至76 m以下的船舶，应至少在机器处所外设置双层底，并应延伸至首、尾尖舱舱壁，或尽可能接近该处；长度在76 m及以上的船舶，应在船中部设置双层底，并应延伸至首、尾尖舱舱壁，或尽可能接近该处。双层底内的油舱与锅炉给水舱、饮用水舱之间应设置隔离空舱（cofferdam），其舱壁之间的距离应不小于760 mm，以便于人员进入。

1）双层底的作用

双层底可以增加船体的总纵强度、横向强度和船底的局部强度；可用作油水舱，装载燃油、润滑油和淡水；也可用作压载水舱以调整船舶的吃水，纵、横倾，稳性和提高空载时车叶和舵的效率，进而改善航行性能；万一船底板意外破损，内底板仍能防止海水进入舱内，从而提高了船舶的抗沉性（floatability），对液货船来说亦可提高船体的抗泄漏能力。此外，它还能承受舱内货物和机械设备的重量。

2）双层底的组成

双层底按骨架形式的不同分横骨架式和纵骨架式两种，如图1-2-4和图1-2-5所示。其主要组成部分有船底板、肋板、舭肘板、桁材、纵骨、内底板及内底边板等。

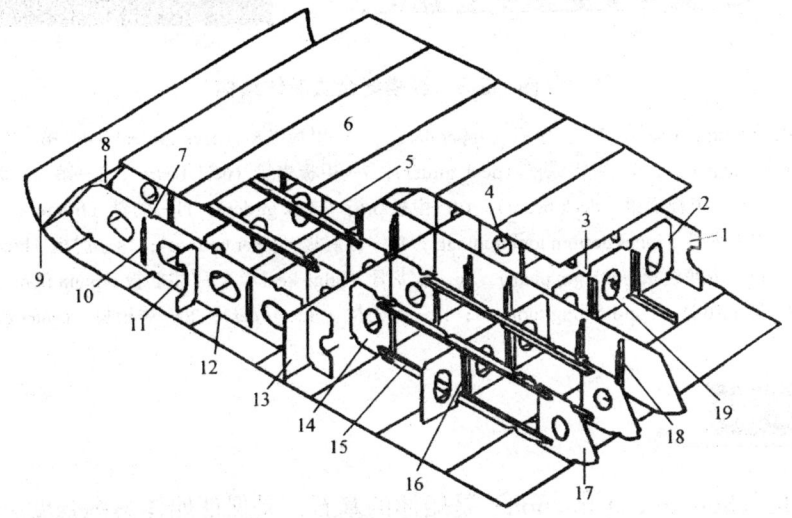

图1-2-4　横骨架式双层底结构

1—主肋板（main floor）；2—旁桁材（side girder）；3—透气孔（air hole）；4—减轻孔（lightening hole）；
5—内底横骨（inner bottom frame）；6—内底板（inner bottom）；7—透气孔（air hole）；8—内底边板（margin plate）；
9—舭列板（bilge plate）；10—加强筋（stiffener）；11—主肋板（main floor）；12—流水孔（drain hole）；
13—中桁材（center girder）；14—框架肋板（bracket floor）；15—船底横骨（bottom frame）；16—扶强材（rib）；
17—肘板（bracket）；18—加强筋（stiffener）；19—人孔（manhole）

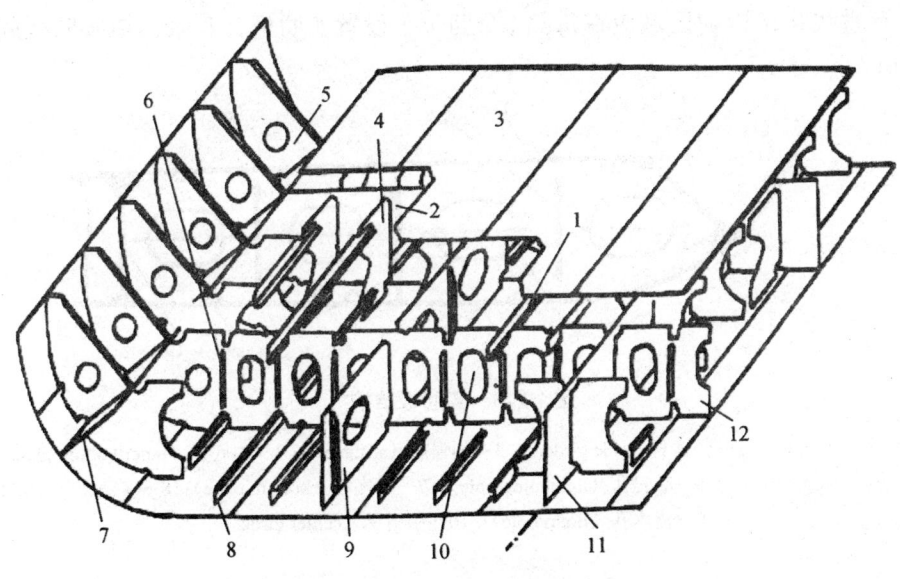

图 1-2-5 纵骨架式双层底结构

1—内底纵骨（inner bottom longitudinal）；2—水密肋板（watertight floor）；3—内底板（inner bottom）；
4—肘板（bracket）；5—舭肘板（bilge bracket）；6—加强筋（stiffener）；7—内底边板（margin plate）；
8—船底纵骨（bottom longitudinal）；9—旁桁材（side girder）；10—人孔（manhole）；
11—中桁材（center girder）；12—实肋板（solid floor）

1）横向构件
（1）肋板

肋板（floor）是连接内底板和船底板的横向构件，并是保证船体横向强度和船底局部强度的重要构件。按其结构与用途的不同可分成实肋板、水密肋板、组合肋板和轻型肋板。

①实肋板

实肋板（solid floor）又称主肋板，是非水密的横向构件。为减轻结构重量及便于舱室之间空气和油水的流动其上设有气孔（air hole）和流水孔（drain hole），有些减轻孔专门设计成便于人员通过的人孔（manhole）。除轻型肋板外，人孔的高度应不大于该处双层底高度的50%，且其位置在船长方向上应尽量按直线排列，以便人员出入。同时为增加其强度，在上面焊有加强筋（stiffener），如图 1-2-6 所示。

对于横骨架式双层底结构，应至少每隔 4 个肋距设置实肋板，且间距不大于 3.2 m。船长超过 90 m 或肋板高度超过 0.9 m 时，实肋板上应设置垂直加强筋，其间距不大于 1.5 m，厚度与肋板相同，宽度为肋板高度的 1/10。机舱、锅炉座下、推力轴承座下应每个肋位上设置实肋板。横舱壁以及支柱下应设置实肋板，距首垂线 0.2L 以前区域应每个肋位上设置实肋板。

对于纵骨架式双层底结构，在机舱区域，至少每隔 1 个肋位上应设置实肋板，但在主机座、锅炉座、推力轴承座下的每个肋位处均应设置实肋板。横舱壁下和支柱下应设置实肋板，距首垂线0.2L以前区域应在每隔1个肋位上设置实肋板，其余区域实肋板间距应不大于3.6 m。

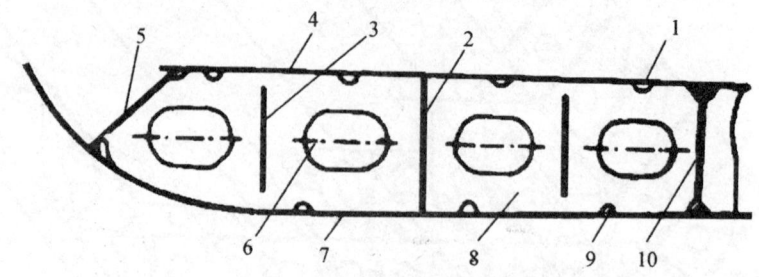

图1-2-6 实肋板结构

1—气孔（air hole）；2—旁桁材（side girder）；3—加强筋（stiffener）；4—内底板（inner bottom plate）；
5—内底边板（margin plate）；6—减轻孔（lightening hole）；7—船底板（bottom plate）；8—实肋板（solid floor）；
9—流水孔（drain hole）；10—中桁材（center girder）

②水密肋板

水密肋板（watertight floor）在纵向上将双层底分隔成若干个互不相通的舱室，其上无开口。一般在水密横舱壁（watertight bulkhead）下均设有水密肋板。因它可能会受单面水的压力，故其厚度比实肋板厚度增加2 mm，但一般不必大于15 mm，垂直加强筋（stiffener）也应设置得密一些，如图1-2-7所示。

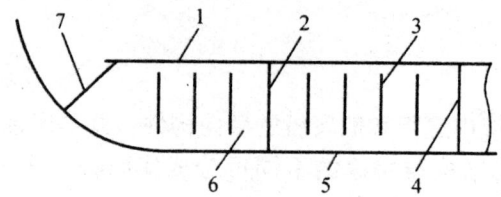

图1-2-7 水密肋板结构

1—内底板（inner bottom plate）；2—旁桁材（side girder）；3—加强筋（stiffener）；4—中桁材（center girder）；
5—船底板（bottom plate）；6—水密肋板（watertight floor）；7—内底边板（margin plate）

③组合肋板

组合肋板（bracket floor）又称框架肋板，由内底横骨（inner bottom frame）、船底横骨（bottom frame）、肘板（bracket）和旁桁材（side girder）的扶强材（rib）组成。设置于不设实肋板的肋位上，并多见于横骨架式双层底结构（transversely framed double bottom construction）中，可以减轻船体重量、节约材料。但这种肋板需要大量焊接工作，工艺复杂，且减轻的船体重量也不大，目前已较少采用，其结构如图1-2-8所示。

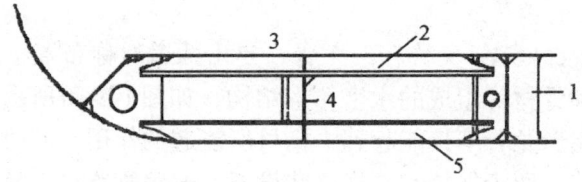

图1-2-8 组合肋板结构

1—肘板（bracket）；2—内底横骨（inner bottom frame）；3—内底板（inner bottom）；
4—旁桁材（side girder）；5—船底横骨（bottom frame）

组合肋板可用轻型肋板（lightened floor）代替，该肋板的厚度与高度均和实肋板相同，但允许有较大的减轻孔，且与组合肋板相比，施工方便。轻型肋板结构如图1-2-9所示。

（2）舭肘板

舭肘板（bilge bracket）是连接肋板和肋骨使其组成横向框架的一块板材，俗称污水沟三角板，应在每个肋位上设置。其上有面板（face plate）或折边（flanging）以增强其刚度，面板或折边的宽度一般为其厚度的10倍。板上开有减轻孔和污水孔，但孔缘任何地方的板宽均应不小于舭肘板宽度的1/3。如图1-2-9所示。它可保证舭部的局部强度和船体的横向强度。

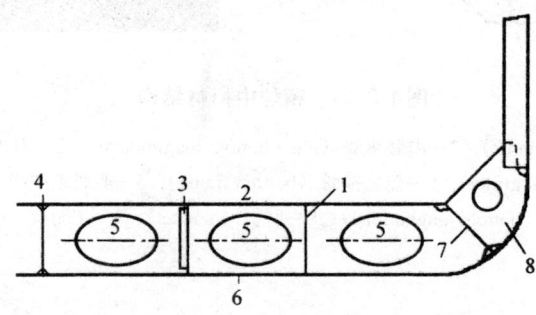

图1-2-9 轻型肋板结构

1—旁桁材（side girder）；2—内底板（inner bottom plate）；3—加强筋（stiffener）；4—中桁材（center girder）；
5—减轻孔（lightening hole）；6—船底板（bottom plate）；7—内底边板（margin plate）；8—舭肘板（bilge bracket）

2）纵向构件

（1）桁材

①中桁材

中桁材（center girder）又称中底桁，是置于船底首尾中心线上的纵向梁，它与平板龙骨（flat plate keel）、中内底板（center inner bottom plating）组成工字形纵向构件，是船底结构中重要的强力构件，俗称龙骨（keel）。规范规定在船中0.75L区域内，中桁材上不得开人孔或减轻孔，且应尽量向首、尾柱延伸，并应在中部0.75L范围内保持连续，其厚度在船端0.075L区域内可比船中0.4L区域内减少2 mm，炉舱内应较船中0.4L区域内增厚2.5 mm。

②箱形中桁材

箱形中桁材（duct keel）又称箱形龙骨，是由两道对称布置于船底纵中线两侧的纵桁及内底板、船底板和骨材等组成的水密箱形结构，如图1-2-10所示，一般设置于机舱舱壁与防撞舱壁之间。箱形龙骨不仅能起到中桁材所能起的作用，同时还能将其用于集中布置各种管路和电气线路，便于保护和维修这些设备，避免管路穿过货舱而妨碍装卸货，故又称管隧（pipe tunnel）。其缺点是要占去一部分双层底舱容。按规定，箱形中桁材侧板厚度应不小于水密肋板的厚度，两侧板之间的距离应不超过2 m，且箱形中桁材区域的船底板和内底板应适当增厚。箱型中桁材设有水密人孔和通向露天甲板的应急出口，其出口的关闭装置能两面操纵。

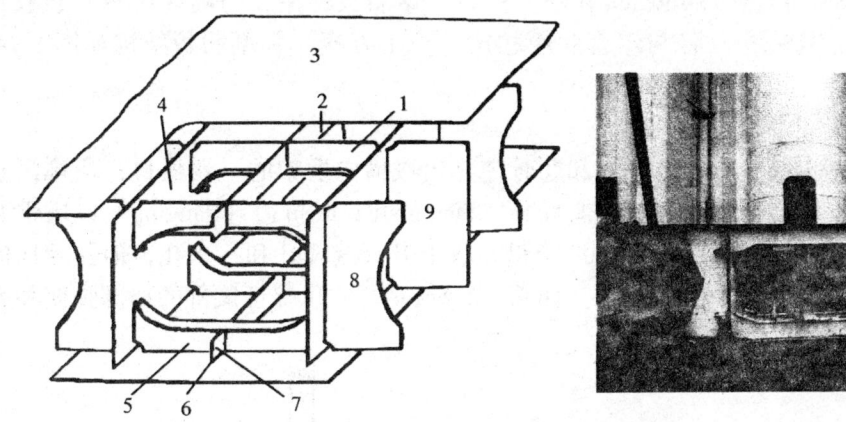

图1-2-10　箱型中桁材结构

1—内底横骨（inner bottom frame）；2—内底纵骨（inner bottom longitudinal）；3—内底板（inner bottom plate）；
4—水密纵桁（watertight girder）；5—船底横骨（bottom frame）；6—船底纵中线（bottom centerline）；
7—船底纵骨（bottom longitudinal）；8—肘板（bracket）；9—主肋板（main floor）

③旁桁材

旁桁材（side girder）又称旁底桁，对称设置于中桁材两侧且平行于中桁材，并与船底板和内底板相连，其上开有减轻孔、流水孔和气孔等，一般间断于实肋板之间。其厚度可比中桁材减少3 mm，但均不小于相应的肋板厚度。旁桁材的数量根据船宽确定，但应尽可能均匀设置。在横骨架式船底结构中，船宽大于10 m的船舶，中桁材两侧至少各设1道旁桁材；船宽大于18 m时，中桁材两侧至少各设2道旁桁材，桁材之间的间距一般不大于4 m。但距首垂线0.2L以前区域，旁桁材设置间距应不大于3个肋距。在纵骨架式船底结构中，对船宽大于12 m但不大于20 m的船舶，中桁材两侧至少应各设1道旁桁材。对船宽大于20 m的船舶，中桁材两侧至少应各设2道旁桁材，桁材之间的间距一般不大于5 m。

（2）纵骨

纵骨（longitudinal）是纵骨架式船底结构中设置的纵向构件，一般用尺寸较小的不等边角钢制成，是保证船体总纵强度的重要构件。有内底纵骨（inner bottom longitudinal）

和船底纵骨（bottom longitudinal）两种，分别连接在内底板和船底板上，上下对应。它是连续构件，穿过实肋板。当船长超过 200 m 或纵骨采用了高强度钢时，船底纵骨应穿过水密肋板，但也可采用相应的替代结构。内底纵骨的剖面模数为船底纵骨剖面模数的 85%，且船底纵骨的最大间距应不大于 1 m。

3）内底板和内底边板

（1）内底板

内底板（inner bottom plating）是双层底上面的水密铺板，其两侧边缘与舭列板相连接的一列板叫内底边板（margin plate）。内底板和内底边板构成了双层底的内底，其长度也就是双层底的长度。

内底板的厚度分布情况与船底板相似，即船中部较厚，两端稍薄，而中内底板因与中桁材相连接，受力较大，其厚度也稍厚一些。在船端部 $0.075L$ 区域内的厚度为船中部 $0.4L$ 区域内厚度的 0.9 倍。其他区域的厚度应自船中部 $0.4L$ 区域的厚度向端部的厚度逐渐过渡。双层底内为燃油舱的区域，内底板厚度应不小于 8 mm；货舱舱口下未铺设木铺板时，应将舱口下内底板至少增厚 2 mm。

此外，为便于人员进入双层底进行施工、清舱和检修，并从有利于通风的角度出发，在每个双层底舱的内底板上至少开设有两个成对角线布置的椭圆形或圆形人孔（manhole），同时配有水密的人孔盖（manhole cover），如图 1-2-11。

（2）内底边板

内底边板处于船底结构向舷侧结构过渡的舭部位置，受力较复杂，且内底边板处易积水、腐蚀，故比内底板厚些。其结构形式有下倾式、水平式、上倾式和折曲式四种，如图 1-2-11 所示。

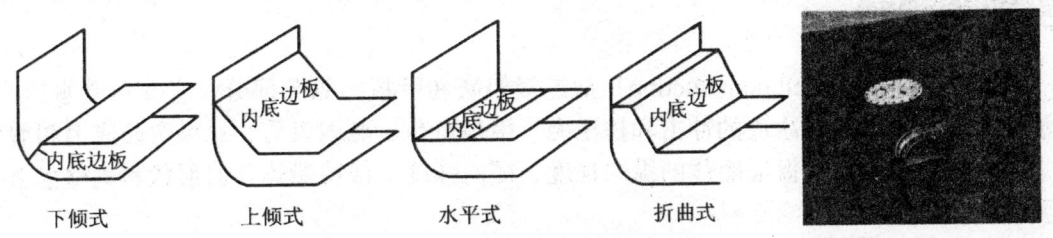

图 1-2-11　内底边板的形式与舱底人孔

下倾式内底边板与舭列板可构成污水沟（bilge drainage），普通干货船较多采用；水平式内底边板施工方便，舱内平坦且强度好，一般客船、集装箱船、油船的油舱区域、一些干货船的货舱区域及其他船舶的近首尾区域较多采用；上倾式内底边板便于散货的装卸，故散货船较多采用；而折曲式内底边板则因其结构特殊，相比可提高船舶的抗沉性，主要用于经常航行在有浅滩、暗礁等复杂水域的船舶。

上述四种内底边板的结构形式除下倾式外，其他三种均只能在舭部设置污水井（bilge well）。

2. 单层底结构

单层底结构（single bottom construction）主要用于小型船舶、老式油船及内河船舶。

结构简单，施工方便，但抗沉性和防泄漏能力差。主要构件有中内龙骨（center keelson）、旁内龙骨（side keelson）、船底纵骨（bottom longitudinal）和肋板（floor）等，如图1-2-12所示。

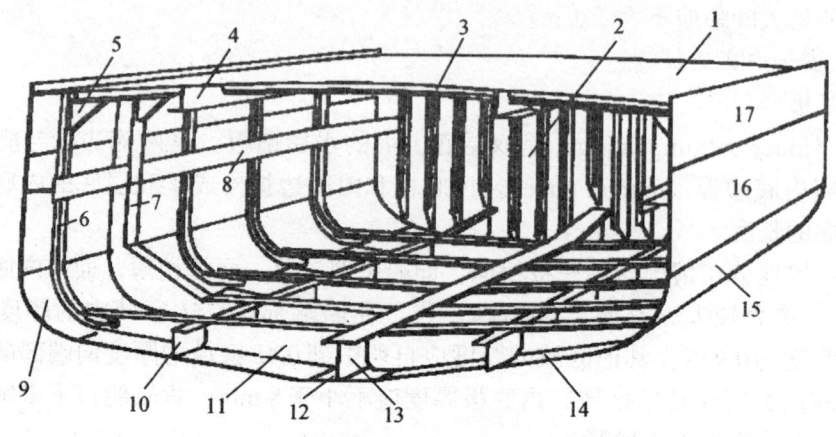

图1-2-12　单层底结构

1—甲板板（decked plate）；2—横舱壁板（transverse bulkhead plate）；3—横梁（beam）；4—甲板纵桁（deck girder）；5—梁肘板（beam knee）；6—肋骨（frame）；7—强肋骨（web frame）；8—舷侧纵桁（side stringer）；9—舭列板（bilge strake）；10—旁内龙骨（side keelson）；11—肋板（floor）；12—平板龙骨（plate keel）；13—中内龙骨（center keelson）；14—船底板（bottom plate）；15—舭列板（bilge strake）；16—舷侧列板（side plate）；17—舷顶列板（sheer strake）

三、舷侧结构

舷侧结构（side shell construction）指连接船底和甲板的侧壁部分，它要承受水压力、波浪冲击力、碰撞力、冰块的冲击和挤压力、甲板负荷、舱内负荷、总纵弯曲应力和剪切应力等外力的作用，是保证船体的纵向强度、横向强度，保持船体几何形状和侧壁水密的重要结构。

对于大部分船舶来说，舷侧部位只有一层外板，但某些大型油船和具有甲板大开口的船上，有时将舷侧做成双层壳。舷侧结构按骨架排列形式的不同有横骨架式和纵骨架式两大类，其主要组成部分有：肋骨、强肋骨、舷侧纵桁、舷侧纵骨及舷边等。

1. 肋骨

肋骨（frame）是从肋板（floor）、舭肘板（bilge bracket）向上延伸，并与梁肘板（beam knee）和横梁（beam）组成船体横向框架的横向构件。肋骨的间距一般为500~900 mm，最大间距不得大于1000 mm。

1）肋骨的作用

肋骨的作用是支持舷侧外板，保证舷侧的强度和刚性。与其他横向构件组成坚固的框架，保证船体的横向强度，防止船舶在摇摆和横倾时产生过大的横向变形。

2）肋骨的分类

（1）按位置分类

肋骨按其所在位置一般可分为主肋骨（main frame）、甲板间肋骨（tweendeck frame）和尖舱肋骨（peak frame）三种。

主肋骨是位于防撞舱壁与尾尖舱舱壁之间，在最下层甲板以下船舱内的肋骨。甲板间肋骨是位于两层甲板之间的肋骨，又称间舱肋骨。由于跨距和受力均较小，故尺寸也比主肋骨小。尖舱肋骨是指位于首、尾尖舱内的肋骨。对某些需要进行局部加强（如冰区加强）的船舶，还需在位于水线附近每一肋距（frame space）中间增设一短肋骨——中间肋骨（intermediate frame）。其作用是加强舷侧外板以抵抗浮冰的撞击和冰块的挤压。中间肋骨一般采用比主肋骨小的型钢制成，两端削斜，为自由端，不与甲板及船底连接。图1-2-13为横骨架式舷侧结构，图1-2-14为中间肋骨结构。

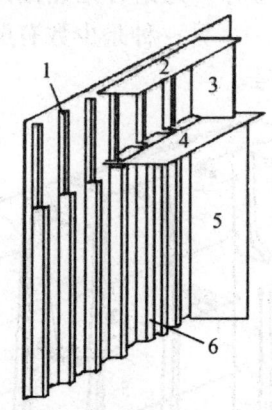

图1-2-13 主肋骨与甲板间肋骨

1—甲板间肋骨（tweendeck frame）；2—上甲板（upper deck）；3—横舱壁（transverse bulkhead）；
4—下甲板（lower deck）；5—横舱壁（transverse bulkhead）；6—主肋骨（main frame）

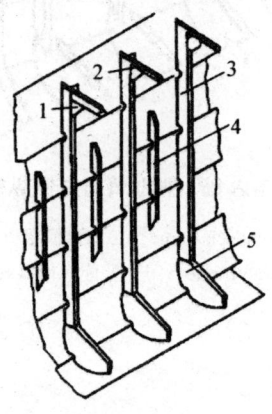

图1-2-14 冰区加强的中间肋骨

1—梁肘板（beam knee）；2—横梁（beam）；3—主肋骨（main frame）；
4—中间肋骨（intermediate frame）；5—舭肘板（bilge bracket）

（2）按受力分类

按肋骨的受力不同可分成普通肋骨（ordinary frame）和强肋骨（web frame）两种。

普通肋骨一般可用不等边角钢、球扁钢做成，如前述的主肋骨、甲板间肋骨和尖舱肋骨等；而强肋骨则由尺寸较大的T形组合材或折边钢板制成，强度要比普通肋骨大得多。在横骨架式舷侧结构中，一般每隔几个肋位设置一强肋骨，其目的是增加局部强度，如机舱、货舱的舱口端横梁处等；在纵骨架式舷侧结构中，强肋骨是唯一的横向构件，其在支持舷侧纵骨的同时，还起着保证船体横向强度的作用，如图1-2-15所示。

3）肋骨编号

为便于在船舶修造中指明肋骨位置及海损事故后能迅速准确地报告受损部位，必须对肋骨进行编号。肋骨编号以尾垂线为基准，主要有两种方法：一种是较普遍采用的编号方法，即以舵杆中心线处的肋骨为0号（无论有无舵柱），向船首排列取正号1、2、3……，向船尾排列取负号–1、–2、–3……；另一种是少数有舵柱的船舶以舵柱后缘为0号，向船首排列取正号，向船尾排列取负号。

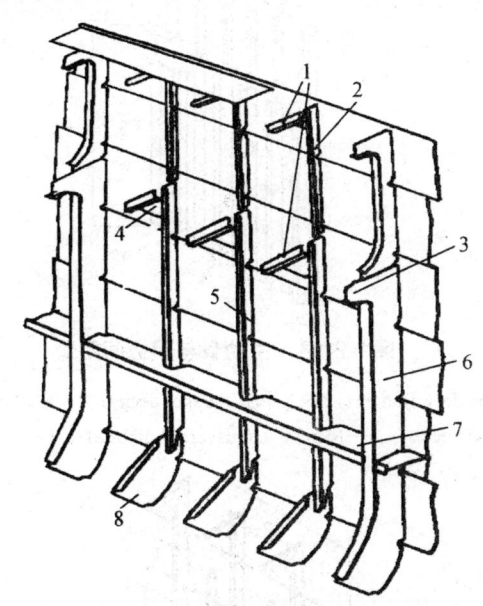

图1-2-15 强肋骨与舷侧纵桁

1—横梁（beam）；2—甲板间肋骨（tweendeck frame）；3—强横梁（web beam）；4—梁肘板（beam knee）；5—主肋骨（main frame）；6—强肋骨（web frame）；7—舷侧纵桁（side stringer）；8—舭肘板（bilge bracket）

2. 舷侧纵桁和舷侧纵骨

舷侧纵桁（side stringer）多为横骨架式舷侧结构中设置的纵向构件，如图1-2-15所示。通常采用T形组合材或折边钢板做成，其腹板（web）与强肋骨（web frame）腹板同高，主要用来支承肋骨。遇主肋骨时，覆板开口让主肋骨通过；遇强肋骨时，切断舷侧纵桁使强肋骨保持连续。舷侧纵骨（side longitudinal）是纵骨架式舷侧结构中的主要纵向构件，一般用尺寸较小的不等边角钢或球扁钢制成。舷侧纵骨的作用是参与总纵强度，支持外板并承受舷外水压力，故在遇到强肋骨时穿过强肋骨的腹板保持连续，但在水密横舱壁处截断。舷侧纵骨的间距一般为600~900 mm，最大不超过1000 mm。

3. 护舷条

装运杂货的处所，应沿船舷内侧装设护舷条，一般为木质材料制成。其边缘之间距应不超过300 mm，其宽度与厚度应根据船长 L 按下列规定选取：

$L \leq 60$ m　　　　　　　宽度应不小于100 mm，厚度应不小于30 mm

60 m $< L \leq 90$ m　　　宽度应不小于120 mm，厚度应不小于40 mm

$L > 90$ m　　　　　　　宽度应不小于150 mm，厚度应不小于50 mm

护舷条亦可采用钢质材料制成。

4. 舷边

舷顶列板与甲板边板的连接处称为舷边（gunwale）。舷边处于高应力区域，受力大，此处的连接强度对于船体承受总纵弯曲的能力产生重要作用，因此有其特殊的连接方法，一般有下列三种：

1）舷边角钢铆接法

舷边角钢铆接法是一种老式的舷边连接方法，它是将等边角钢，即舷边角钢（gunwale angle bar）的两边分别与舷顶列板和甲板边板铆接，如图1-2-16（a）所示。这种方法利用了铆接能重新分布应力（stress）和止裂（crack arrest）的特点，但其工艺复杂、工作量大，不适合现代化工艺的要求，因此在有些船上用扁钢代替角钢，即先将扁钢垂直焊接在甲板边板上，再把扁钢与舷顶列板铆接，如图1-2-16（b）所示，这种形式仅作为过渡连接形式，最终也将会被淘汰。

2）圆弧连接法

圆弧连接法是通过圆弧舷板使舷顶列板和甲板边板连成一个整体，如图1-2-16（c）所示。采用这种连接方法能使甲板和舷侧的应力过渡较为顺利、分布均匀，且结构刚性较大，但甲板有效利用面积减少，甲板排水易弄脏舷侧。此外，由于线型变化，这种方法较适用于船中部位。规范规定圆弧舷板厚度至少应等于甲板板厚度，它的圆弧半径不得小于板厚的15倍，且在船中$0.5L$区域内的圆弧舷板上应尽量避免焊接甲板装置。

3）舷边直角焊接法

舷边直角焊接法是把舷顶列板和甲板边板直接焊接起来，如图1-2-16（d）和（e）所示。此种连接法施工简单，但易造成应力集中而产生裂缝，多用于中小型船舶及有舷边水柜的散货船等。

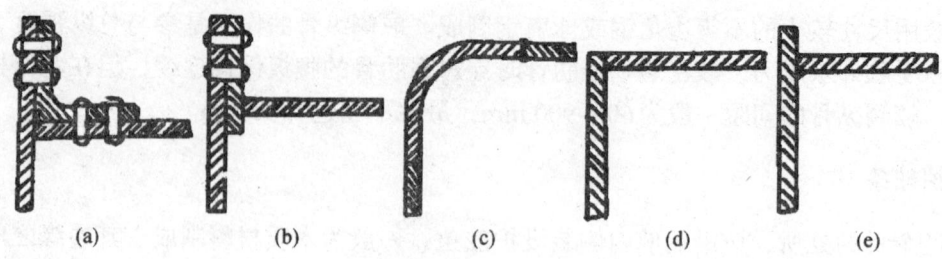

图 1-2-16 舷边结构

5. 舷墙与栏杆

船舶在露天甲板以及在上层建筑和甲板室甲板的露天部分均设置舷墙或栏杆。按规定，露天干舷甲板及上层建筑甲板和第一层甲板室甲板的舷墙或栏杆的高度除经特别同意可适当降低高度外，其高度应不小于 1.0 m。对甲板上设计成装运木材的船舶，其舷墙高度至少应为 1.0 m。

1）舷墙

为保障人员安全，减少甲板上浪，防止甲板上的物品滚落入海，一般在舷边设置舷墙（bulwark），如图 1-2-17 所示。舷墙由舷墙板（bulwark plating）、支撑肘板（buttress bracket）和扶手（armrest）等组成。在船中部，舷墙板不和舷顶列板连接，而是由支撑肘板支撑在甲板边板上，其下端与舷顶列板上端间留有一定空隙以利于排水，上端由扁钢或型钢做成扶手。对于船长等于或大于 65 m 的船舶，干舷甲板上的舷墙板厚度应不小于 6 mm。露天甲板舷墙上开有导缆孔或有吊杆稳索系固的地方，舷墙板必须加厚，其他开口处也需局部加强。甲板装货船舶和木材船的舷墙结构应特别加强。舷墙不参与总纵弯曲。

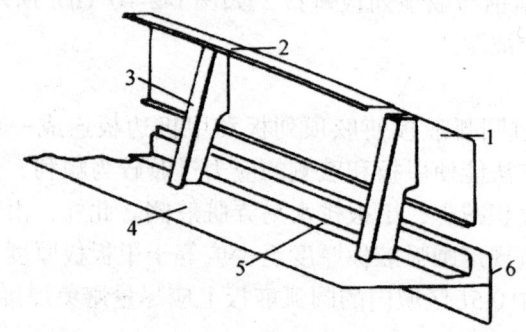

图 1-2-17 舷墙结构

1—舷墙板（bulwark plate）；2—扶手（handrail）；3—支撑肘板（buttress bracket）；4—甲板边板（deck stringer）；5—舷边角钢（gunwale angle bar）；6—舷顶列板（sheer strake）

2）栏杆

栏杆（hand rail）的作用主要是保障人员安全，防止甲板上的物品滚落入海。栏杆的最低一根横杆距甲板应不超过 230 mm，其他横杆的间距应不超过 380 mm。

四、甲板结构

甲板结构（deck construction）须承受总纵弯曲应力，货物的负载和波浪的冲击力等外力的作用，是保证船体总纵强度、横向强度，保持船体几何形状及保证船体上部水密的重要结构。由于营运、安装设备和进出人员的需要，在甲板上设置了各种不同的开口。这些开口破坏了甲板的连续性，减弱了结构的强度、刚度和稳定性，并在开口的角隅处易造成应力集中现象，因此在开口处都要对结构进行加强，从而使甲板结构显得比较复杂。

按骨架结构形式的不同，甲板结构可分成横骨架式（图1-2-18）和纵骨架式（图1-2-19）两种，其主要组成部分有甲板板（deck plating）、横梁（beam）、甲板纵桁（deck girder）、甲板纵骨（deck longitudinal）、舱口围板（hatch coaming）及支柱（pillar）等。

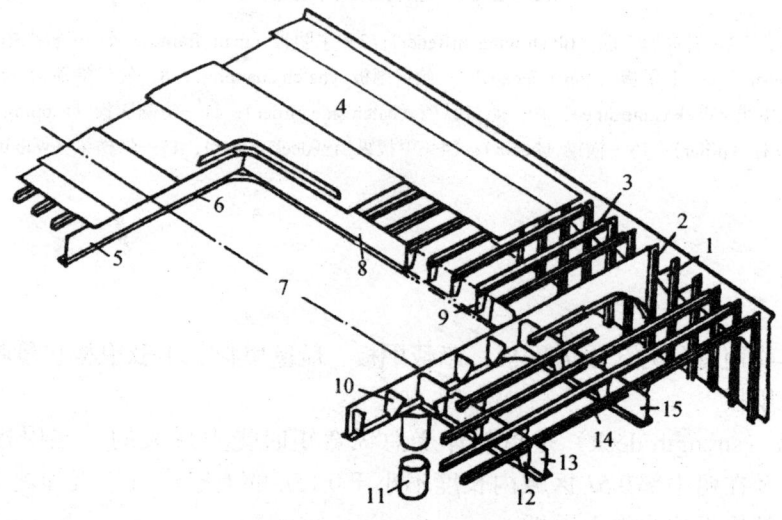

图1-2-18　横骨架式甲板结构

1—梁肘板（beam knee）；2—主肋骨（main frame）；3—半梁（half beam）；4—下甲板（lower deck）；
5—舱口端横梁（hatch end beam）；6—圆钢（round bar）；7—甲板纵中线（deck centerline）；
8—舱口纵桁（hatch side girder）；9—肘板（bracket）；10—防倾肘板（tripping bracket）；11—支柱（pillar）；
12—防倾肘板（tripping bracket）；13—甲板纵桁（deck girder）；14—横梁（beam）；15—甲板纵桁（deck girder）

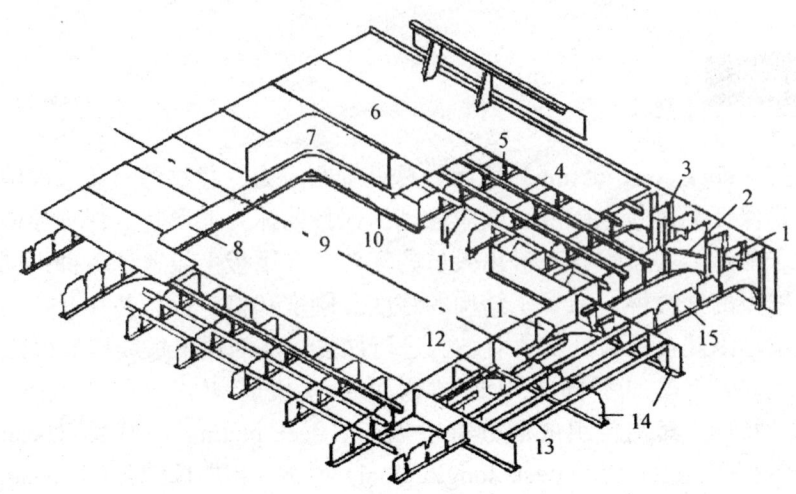

图1-2-19 纵骨架式甲板结构

1—肘板（bracket）；2—斜置加强筋（tilt stowing stiffener）；3—主肋骨（main frame）；4—甲板纵桁（deck girder）；5—加强筋（stiffener）；6—上甲板（upper deck）；7—舱口围板（hatch coaming）；8—舱口端横梁（hatch end beam）；9—甲板纵中线（deck centerline）；10—舱口纵桁（hatch side girder）；11—防倾肘板（tripping bracket）；12—支柱（pillar）；13—横梁（beam）；14—甲板纵桁（deck girder）；15—强横梁（web beam）

1. 甲板

1）分类

甲板按其作用可分为：强力甲板、遮蔽甲板、舱壁甲板、干舷甲板、量吨甲板等。

（1）强力甲板

强力甲板（strength deck）是指船体受总纵弯矩时受力最大的一层甲板，如上甲板（upper deck）及在船中部 $0.5L$ 区域内长度不小于 $0.15L$ 的上层建筑甲板和此上层建筑区域以外的上层连续甲板均为强力甲板。

（2）遮蔽甲板

20世纪60年代建造的某些船舶，在其甲板上设有吨位舱口的开口，并在舱口设暂时性非水密封闭装置，这种甲板间舱（tween deck space）既可装货又不计入总吨位和净吨位的甲板叫遮蔽甲板（shelter deck）。遮蔽甲板不可作为干舷甲板和量吨甲板。

（3）舱壁甲板

舱壁甲板（bulkhead deck）是指水密横舱壁上伸到达的最高一层连续甲板。

（4）干舷甲板

按《1966年国际载重线公约》量计干舷高度的甲板称为干舷甲板（freeboard deck），通常为上甲板。

（5）量吨甲板

按《1969年国际船舶吨位丈量公约》丈量船舶吨位时的基准甲板称为量吨甲板（tonnage deck），通常也为上甲板。

2）规范要求

如果货舱内有多层甲板，对总纵强度贡献最大的强力甲板（上甲板）的厚度应是各层甲板中最厚的，规范规定强力甲板（包括端部甲板）的最小厚度应不小于6 mm，在船中部0.4L区域内强力甲板的厚度应保持相同，并逐渐向端部甲板厚度过渡。甲板沿着舷边的一列板称为甲板边板（deck stringer）。它首尾连续，参与总纵弯曲，在甲板板中受力最大，并且容易被甲板积水所腐蚀，因而在甲板板中厚度最大。在舱口之间的甲板板，由于被舱口切断，不参与总纵弯曲，其厚度较其他甲板板薄。为防止甲板开口角隅处因应力集中而产生裂缝，该处应为抛物线形、椭圆形或圆形，并应采取加强措施。

2. 横梁

横梁（beam）是甲板结构中的横向构件，起着承受甲板货、机器设备和甲板上浪时的水的压力作用，同时还支撑舷侧，保证船体的横向强度。横梁按其设置位置和剖面尺寸大小的不同可分为：普通横梁、半梁、强横梁和舱口端横梁。

1）普通横梁

普通横梁（deck beam）是仅在横骨架式甲板结构中采用的横向构件，一般用尺寸较小的不等边角钢制成，并装设在每一肋位上用肘板（beam knee）与舷侧肋骨连接。

2）半梁

半梁（half beam）是横骨架式甲板结构中被舱口截断的普通横梁，它的一端与舱口纵桁用肘板相连，另一端用梁肘板与主肋骨连接。

3）强横梁

强横梁（web beam）由尺寸较大的T形型材或折边钢板做成。在纵骨架式甲板结构中，强横梁是主要的横向构件，一般每隔3~5个肋位装设一道，其作用是支持甲板纵骨，保证横向强度。

4）舱口端横梁

舱口端横梁（hatch end beam）是位于货舱口前后端横围板下的横梁，与强横梁一样采用剖面尺寸较大的T形组合材做成，与舱口围板下半部做成一个整体。其主要作用是增加舱口处的强度。

3. 甲板纵桁与甲板纵骨

1）甲板纵桁

甲板纵桁（deck girder）是甲板结构中沿舱口两边和甲板中心线布置的纵向构件，用尺寸较大的T形组合材制成。其作用是支撑横梁，承受总纵弯矩，增加舱口处的强度。

2）甲板纵骨

甲板纵骨（deck longitudinal）是仅在纵骨架式甲板结构中设置的纵向构件，一般用不等边角钢或球扁钢制成，其间距与船底纵骨相同。主要用来保证船体的总纵强度，增加甲板板的稳定性，承受甲板上的载荷。

4. 舱口围板

舱口围板（hatch coaming）是指设置于露天甲板（上甲板）货舱开口四周的纵向和横向并与甲板垂直的围板。其作用是保障工作人员安全，防止海水灌入舱内和增加甲板开口处的强度。

舱口围板在甲板上的高度是依据《1966年国际载重线公约》来确定的。若舱口位于（图1-2-20位置1）"露天的干舷甲板上和后升高甲板上以及位于自首垂线起0.25L以前的露天上层建筑甲板上"，其最小高度应不小于600 mm；若舱口位于（位置2）"自首垂线起0.25L以后，且在干舷甲板以上至少一个标准上层建筑高度的露天上层建筑甲板上，以及在位于自首垂线起0.25L以前，且在干舷甲板以上至少两个标准上层建筑高度的露天上层建筑甲板上"，则其最小高度应不小于450 mm。

舱口围板上缘一般用半圆钢加强，围板的外侧还有水平加强筋（horizontal stiffener）和防倾肘板（tripping bracket），以增加围板的刚性和防倾，纵向围板的下部与甲板纵桁处于同一直线上，兼作甲板纵桁的一部分。

舱口角隅处的加强方法有两种：一种是将舱口围板下伸超过甲板，与甲板开口四周焊接，这种形式有利于减轻角隅处的应力集中，并且围板下缘光滑，不会磨损吊货索；另一种是将围板分成两块，分别焊在甲板开口边缘的上下面，在下面用菱形面板加强，如图1-2-20所示。

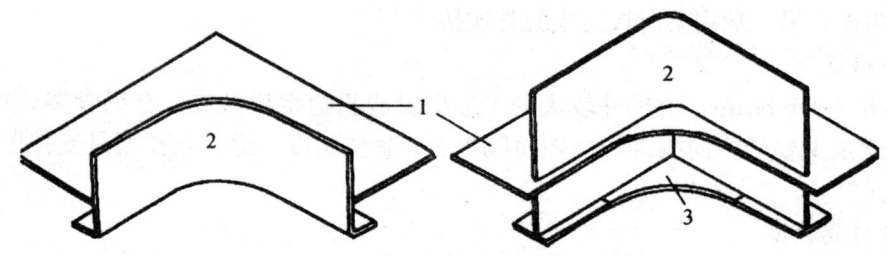

图1-2-20　舱口角隅的加强方法

1—甲板（deck）；2—舱口围板（hatch coaming）；3—菱形面板（diamond plate）

5. 支柱

支柱（pillar）是舱内的竖向构件，由钢管或工字钢等做成，如图1-2-21所示。其作用是支撑甲板骨架，承受轴向压缩力，保持船体竖向形状。

货舱内支柱数目应尽可能少，以免妨碍装卸货物。通常用四根设置在舱口的四角或用两根设置在舱口端横梁的中点。为了有效地支持甲板骨架，实现力的传递，支柱上下端应尽量设置在强骨材的交叉点上，即支柱的上端应位于甲板纵桁和横梁的交叉节点处，下端应在船底纵桁与肋板的交叉节点处。多层甲板船上下层甲板间的支柱一般应设置在同一垂直线上。

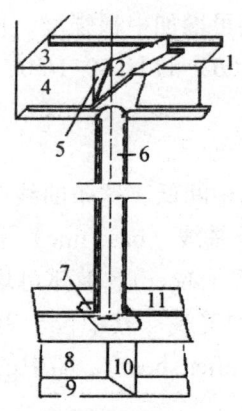

图 1-2-21 甲板间支柱结构

1—横梁（beam）；2—甲板纵桁（deck girder）；3—甲板（deck）；4—舱口端横梁（hatch end beam）；
5—肘板（bracket）；6—支柱（pillar）；7—垫板（template）；8—肋板（floor）；9—船底外板（bottom plate）；
10—纵桁（girder）；11—内底板（inner bottom plate）

6. 舱口悬臂梁

对于一些载运超长、特大或特重货物的货船，为不妨碍货物的装卸，其舱口较大且舱内不设支柱，为了保证甲板具有足够的强度，通常采用悬臂梁（cantilever beam）结构的形式来代替支柱，如图 1-2-22 所示。

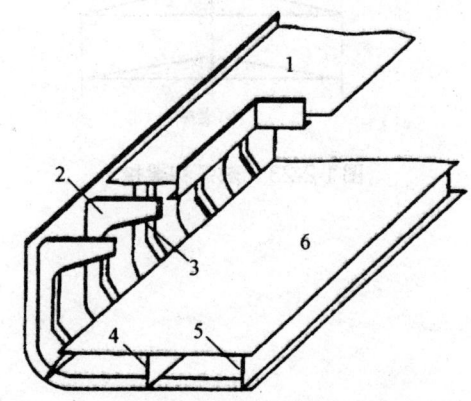

图 1-2-22 甲板货舱口处悬臂梁结构

1—甲板（deck）；2—悬臂梁（cantilever beam）；3—肋骨（frame）；4—旁桁材（side girder）；
5—中桁材（center girder）；6—内底板（inner bottom plate）

7. 梁拱和舷弧

船舶的上甲板并不是一块平整的钢板，它有横向和纵向的曲度，横向上的曲度为梁拱，纵向上的曲度为舷弧，如图 1-2-23 所示。

1）梁拱

梁拱（camber）是甲板板在两舷与舷顶列板交点的连线与纵中剖面的交点至纵中剖面

与甲板板交点的垂直距离。梁拱可增加甲板强度，便于排泄甲板积水以及增加船舶的储备浮力。其取值范围一般为船宽（B）的1/100~1/50，干货船的梁拱通常取$B/50$，客船的梁拱取$B/80$。

2）舷弧

在甲板的纵向上，首尾高而中间低，这条曲线叫舷弧线（sheer curve）。在船长中点处的舷弧线最低，从该点画一条与基线（base line）平行的直线，则舷弧线上任一点量至该线的垂直距离就称为该点的舷弧（sheer）。舷弧可增加储备浮力，减少甲板上浪，便于甲板排水以及使船体外形显得更加美观。其中位于首垂线处的舷弧叫首舷弧（fore sheer），位于尾垂线处的舷弧叫尾舷弧（after sheer），船中的舷弧为0，首舷弧为尾舷弧的2倍。其值为：

标准首舷弧 = 50（$L/3 + 10$）（mm）

标准尾舷弧 = 25（$L/3 + 10$）（mm）

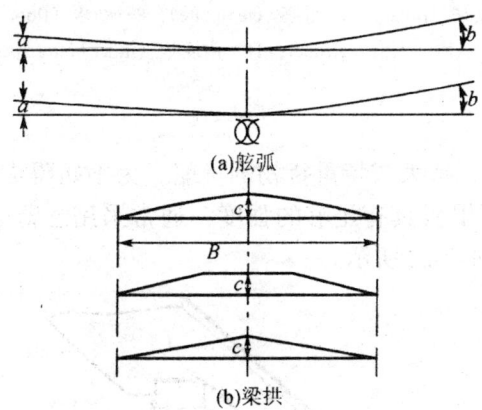

图1-2-23 舷弧和梁拱

五、舱壁结构

1. 舱壁的作用

主船体（main hull）在设计和建造时按要求设置了若干的横向和纵向舱壁（bulkhead），这些舱壁所起的作用归纳起来有如下几个方面：

将船体内部分隔成若干个舱室，以便安装各种机械设备及装载货物、燃油、淡水、备品和压载水等。

横舱壁（transverse bulkhead）对保证船体的横向强度和刚性起很大作用，它是船底、舷侧和甲板等结构的支座，可使船体各部位构件之间的作用力相互传递，其中水密横舱壁（watertight transverse bulkhead）是保证船舶抗沉性能的重要结构。

纵舱壁（longitudinal bulkhead）可有效减少自由液面对船舶稳性的影响，较长的纵舱壁还可增强船舶的总纵强度（longitudinal strength）。

某些舱壁采用了防火结构，可在一定时间内防止火灾蔓延。

2. 舱壁的分类

舱壁一般按用途和结构形式两种分类依据来分类。

1）按用途分类

（1）水密舱壁

水密舱壁（watertight bulkhead）是自船底（船底板或内底板）至舱壁甲板（上甲板）的主舱壁（main bulkhead），它将船体分隔成若干个水密舱室。

水密舱壁主要有两种：

一种是水密横舱壁（watertight transverse bulkhead）。这种舱壁能保证船体因海损事故造成某舱破损进水时不会蔓延至其他相邻舱室，使船舶仍有一定的浮力和稳性，从而提高船舶的抗沉性能。其设置数量依据船长和船型不同而异，一般万吨级船按规定需设置6~7道，其中位于首尖舱（fore peak tank）与货舱（cargo hold）之间的首尖舱舱壁（fore peak tank bulkhead）即船舶最前的一道水密横舱壁，又称防撞舱壁（collision bulkhead），也是最重要的一道水密横舱壁，其上不得开设任何门、人孔、通风管道或任何其他开口，且应水密延伸到干舷甲板。位于船尾的最后一道水密横舱壁即为尾尖舱舱壁（after peak tank bulkhead）。

另一种是水密纵舱壁（watertight longitudinal bulkhead），一般仅见于液货船（liquid cargo ship）。

（2）防火舱壁

防火舱壁（fireproof bulkhead）是根据规范对船舶防火结构要求而设置的具有一定隔热能力并能在一定时间内防止火灾蔓延的舱壁。按规定，机舱和客船起居处所的舱壁应采用防火舱壁。

（3）液体舱壁

液体舱壁（liquid bulkhead）是液舱（油舱、水舱等）的界壁，它经常承受液体压力与振荡冲击力，故舱壁板较厚且其上的骨架尺寸也较大，并需保证水密或油密（oil tight）。

（4）制荡舱壁

制荡舱壁（wash bulkhead）是设于液舱内的舱壁，主要用来减小自由液面的影响。多为纵向设置，一些较长的液舱里也有横向设置的，与水密纵舱壁不同，其上开有气孔、油水孔和减轻孔。

2）按结构分类

按舱壁的结构形式来分，可将其分成平面舱壁、槽形舱壁及双层板舱壁等。

（1）平面舱壁

平面舱壁（plain bulkhead）由舱壁板（bulkhead plate）和其上的垂直与水平骨架组成。大型船舶舱壁板的钢板长边沿水平方向布置，其厚度自下而上逐渐减薄，其上骨架竖向排列的称为扶强材（bulkhead stiffener），水平方向排列的称为水平桁（horizontal girder）。

（2）槽形舱壁

槽形舱壁（corrugated bulkhead）由钢板压制而成，以其槽形曲折来代替扶强材。其优点是在保证具有同等强度的条件下，可减轻结构的重量，节约钢材，减少装配与焊接的工作量，便于清舱。缺点是所占舱容较大，不利于舱容的有效利用，故一般用于油船和散货船。槽形舱壁的剖面形状有三角形、矩形、梯形和弧形，其中梯形和弧形用得较为广泛，如图1-2-24、图1-2-25及图1-2-26所示。

图1-2-24 槽型舱壁剖面形状

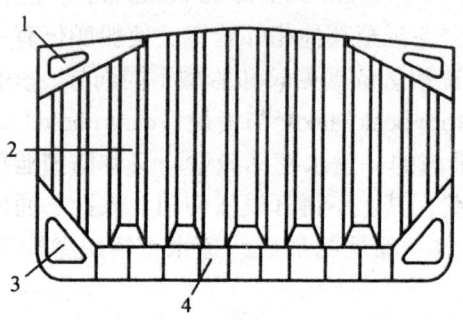

图1-2-25 无底凳对称梯形舱壁

1—顶边舱（top side tank）；2—对称梯形舱壁（symmetrical trapezoid bulkhead）；
3—底边舱（lower side tank）；4—双层底（double bottom tank）

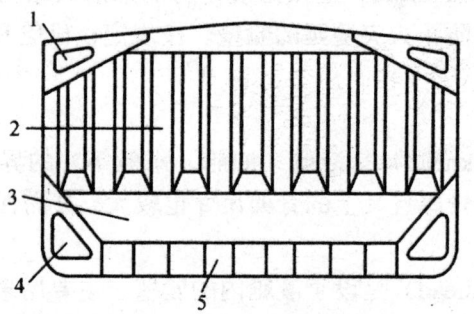

图1-2-26 有底凳对称梯形舱壁

1—顶边舱（top side tank）；2—对称梯形舱壁（symmetrical trapezoid bulkhead）；3—底凳（lower stool）；
4—底边舱（lower side tank）；5—双层底（double bottom tank）

六、首尾结构

　　船舶的首部和尾部位于船舶的最前端和最后端，首尾线型变化复杂，受总纵弯曲作用较小，而受局部作用力较大，如首部的碰撞力、拍底力，尾部的转舵力、螺旋桨振动力等，因此，首、尾部结构与船体中部有很大不同，多采用横骨架式结构，并做特别加强。

1. 首、尾端的形状

1）首端形状

船舶首端形状如图 1-2-27 所示，一般有五种：

（1）直立型首

直立型首（straight bow）首柱（stem）呈直线型，与基线（baseline）基本垂直，多见于驳船（barge）和特种船。

（2）前倾型首

前倾型首（raked bow）首柱呈直线前倾或微带曲线前倾，这种类型的首部不易上浪，万一发生碰撞，船首水线以下部分也不易受损。

（3）飞剪型首

飞剪型首（clipper bow）设计水线以上呈凹形曲线，有较大的首楼甲板（forecastle deck）有利于锚和系泊设备的布置，船首也不易上浪。

（4）破冰型首

破冰型首（ice resistant bow）设计水线以下首柱呈倾斜状，与基线成30°夹角，一般多见于破冰船（ice breaker）。

（5）球鼻型首

球鼻型首（bulbous bow）设计水线以下首部前端有球鼻型突出体，其作用是减小兴波阻力（wave making resistance）和形状阻力（form resistance），目前海船广泛采用。

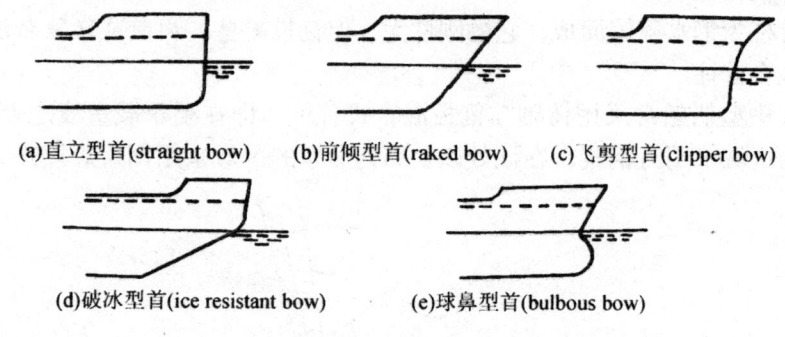

图 1-2-27　首端形状

2）尾端形状

船舶尾端形状如图 1-2-28 所示，一般有三种：

（1）椭圆型尾

椭圆型尾（elliptical stern）船尾有短的尾伸部，折角线以上呈椭圆体向上扩展。

（2）巡洋舰型尾

巡洋舰型尾（cruiser stern）有光顺曲面的尾伸部，有利于减少阻力，保护车叶与舵叶，海船广泛采用。

（3）方型尾

方型尾（transom stern）尾端有横向的尾封板（stern transom plate），以往多用于军舰，近年来商船也采用，如集装箱船。

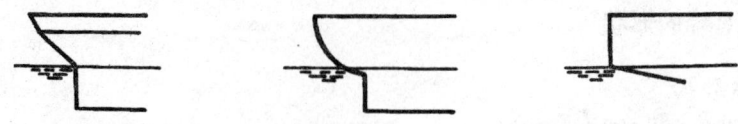

(a) 椭圆型尾(elliptical stern)　　(b) 巡洋舰型尾(cruiser stern)　　(c) 方型尾(transom stern)

图 1-2-28　尾端形状

2. 船首结构的加强

船首结构（bow construction）通常是指从首部船底平坦部分起向着船首部分的船体结构。首部要受波浪、冰块的冲击和水阻力的作用，一旦发生碰撞，应有足够的强度保证船舶的安全，同时船壳外板在此汇拢，其外形应尽可能减少水阻力，为此，需要对船首结构的各部分进行加强。

1）首柱

首柱（stem）位于船体最前端，是汇拢船首外板、保持船首形状及保证船首局部强度的强力构件（strength member），如图1-2-29所示。首柱有钢板焊接、铸钢和混合首柱三种。

（1）钢板首柱

钢板首柱由厚钢板弯曲焊接而成，其内侧设有水平的和竖向的扶强材，以增加刚性。其特点是制造方便、重量轻、成本低、碰撞时仅局部变形、容易修理。

（2）铸钢首柱

铸钢首柱为钢水浇铸而成，它的刚性大，但韧性差些，可制成较复杂的断面形状。

（3）混合首柱

现代大中型船舶常采用铸钢与钢板混合式首柱，即在夏季载重线之上0.5 m处以下结构较复杂的区域采用铸钢式，在该处以上结构简单的区域采用钢板焊接式。

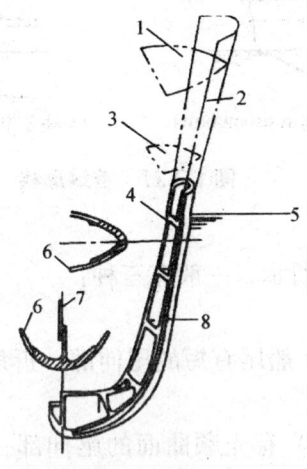

图 1-2-29　首柱结构

1—上甲板（upper deck）；2—钢板首柱（steel plate stem）；3—下甲板（lower deck）；4—加强筋（stiffener）；
5—满载水线（full load waterline）；6—外板（plate）；7—中内龙骨（center keelson）；
8—铸钢首柱（cast steel stem post）

2）首尖舱区域的加强

首尖舱（forepeak tank）区域采用下列几种方法加强，如图1-2-30所示：

（1）在每档肋位处设置实肋板，因其高度向船首逐渐升高，故又称为升高肋板（raised floor）。

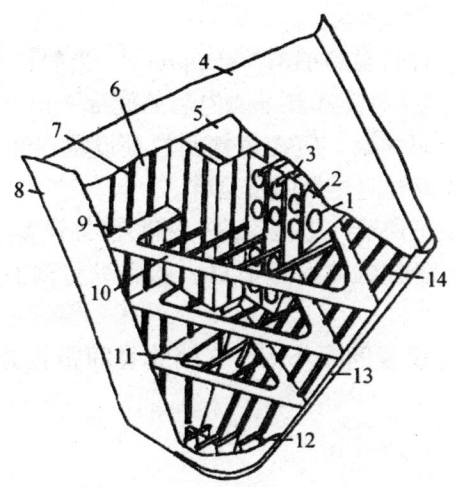

图1-2-30　首端结构立体视图

1—减轻孔（lightening hole）；2—制荡舱壁（wash bulkhead）；3—横梁（beam）；4—甲板（deck）；
5—锚链舱（chain locker）；6—首尖舱舱壁（forepeak tank bulkhead）；7—舱壁扶强材（bulkhead stiffener）；
8—外板（shell plate）；9—水平桁（horizontal girder）；10—舷侧纵桁（side stringer）；11—强胸横梁（panting beam）；
12—升高肋板（raised floor）；13—首柱（stem）；14—肋骨（frame）

（2）在中纵剖面处设置与升高肋板等高、等厚和具有同样面板的中内龙骨（center keelson），并延伸至与首柱牢固连接。

（3）当该区域的舷侧为横骨架式时，应在每隔一档肋位处从肋板的上缘至最下层甲板间垂向设置垂向间距不大于2 m的强胸横梁（panting beam），且至少应达到满载水线以上1 m处，在每道强胸横梁处还应设置舷侧纵桁，并用肘板（bracket）与肋骨连接。当用开孔平台（trepanned platporm）结构代替强胸横梁和舷侧纵桁结构时，其垂向间距应不大于2.5 m，设置的范围为从肋板的上缘至不低于满载水线以上1.0 m，且每一开孔平台的开孔面积应不小于总面积的10%。当舱深超过10 m时，必须在舱深中点处设置开孔平台。

（4）当该区域的舷侧为纵骨架式且舱深超过10 m时，应在适当位置设置一层或多层开孔平台，或者在每根强肋骨处设置一道或多道强胸横梁，并用肘板与强肋骨连接。

（5）当首尖舱被用作液舱且其最宽处的宽度超过0.5B时，应在中纵剖面处设置有效的支撑构件或制荡舱壁（wash bulkhead），以支持强胸横梁。

（6）当首尖舱长度超过10 m时，还应在舱内设置横向的制荡舱壁或强肋骨，以对其做横向的附加加强。

3）首尖舱外舷侧的加强

当舷侧为横骨架式时，对于从防撞舱壁（collision bulkhead）后至距首垂线0.15L区域内舷侧结构的加强措施如下：

（1）设置间断的舷侧纵桁（side girder），其腹板（web）与肋骨同高且与首尖舱纵桁同厚。

（2）若不设上述纵桁，则应加厚舷侧外板。

4）船首底部的加强

为抵抗船舶空载时波浪对船底的拍击（slapping），当船长 L 等于或大于 65 m，且航行中最小首吃水小于 $0.04L$ 时，应对其从首垂线向后的底部平坦部分进行加强。

（1）对横骨架式的双层底骨架，应在每档肋位处设置实肋板，并应设置间距不大于3档肋骨间距的旁桁材，该旁桁材应尽量向首延伸。

（2）对纵骨架式的双层底骨架，应在每隔一档肋位处设置实肋板，同时应设置间距不大于3倍纵骨间距并尽量向船首延伸的旁桁材。船底纵骨剖面模数（section modulus）应比中部大10%。

（3）对单层底骨架，应设置间距不大于3档肋骨间距且旁内龙骨应尽可能地向船首延伸。

（4）船底板适当加厚。

5）球鼻首结构

近年来有许多大型货船和油船采用了球鼻首，球鼻首的优点是在波浪中航行时可以降低兴波阻力。但装有球鼻的船首，对抛锚、起锚和船舶靠码头有一定的妨碍，并且球鼻突出体使得结构和工艺更复杂，如图1-2-31所示。

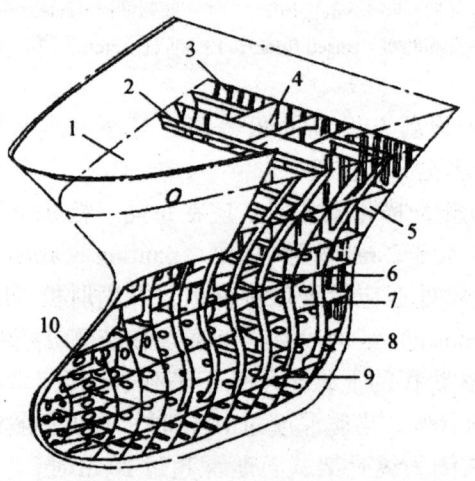

图1-2-31　球鼻首结构立体视图

1—上甲板（upper deck）；2—甲板横梁（deck beam）；3—扶强材（stiffener）；4—锚链舱（chain locker）；
5—首尖舱壁（forepeak bulkhead）；6—抗拍击横梁（panting beam）；7—抗拍击纵桁（panting stringer plate）；
8—肋骨（frame）；9—舷侧纵桁（side stringer）；10—首柱（stem post）

球鼻是首尖舱向首部水线以下的延伸部分，突出体受力较大，故应有足够的支持，并与首尖舱结构组成一个整体。一般应按下列要求加强：

（1）在球鼻首前端应设置间隔约 1 m 的水平隔板，并与中纵桁连接。
（2）由首尖舱肋骨到球鼻首肋骨的过渡区域应装设横向垂直隔板。
（3）对于长球鼻，一般应设置横向制荡舱壁作附加加强或每隔 5 个肋距设置强肋骨。
（4）对于宽球鼻，一般应在中纵剖面处设置制荡舱壁作附加加强。
（5）球鼻前端以及易受锚和锚链碰损部分的外板应予增厚，加厚板的厚度可取为钢板首柱的厚度。

3. 船尾结构的加强

船尾结构（stern construction）通常是指尾尖舱舱壁（after peak tank bulkhead）以后的区域。该区域需承受水压力、车叶转动时的振动力和水动力、舵的水动力及车叶与舵叶的荷重等作用，因此必须对组成船尾结构的各部分进行加强。

1）尾柱

尾柱（stern post）是船尾结构中的强力构件（strength member），它位于船尾结构下部的最后端。其作用是汇拢两侧外板，并支持和保护螺旋桨与舵，同时承受它们工作时的振动力和水动力，增强船尾的结构强度。

尾柱的上端应与尾肋板（transom floor）或舱壁（bulkhead）连接，底骨（sole piece）应向船首方向延伸至少 3 个肋距（frame space）并与平板龙骨（plate keel）连接。尾柱的形状比较复杂，一般采用铸造件，大型船舶尾柱可先分段铸造后再焊接装配，如图 1-2-32 所示。

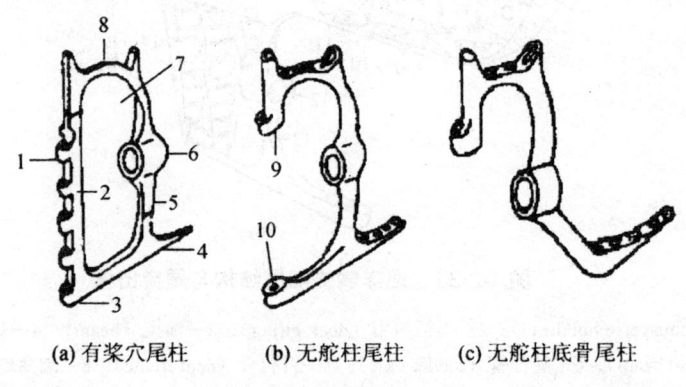

(a) 有桨穴尾柱　　(b) 无舵柱尾柱　　(c) 无舵柱底骨尾柱

图 1-2-32　尾柱形式

1—舵钮（rudder gudgeon）；2—舵柱（rudder post）；3—尾柱跟（heel piece）；4—尾柱踵材（shoe piece）；5—螺旋桨柱（propeller post）；6—轴毂（shaft bossing）；7—桨穴（propeller cave）；8—梁拱（arched beam）；9—上舵钮（upper rudder gudgeon）；10—下舵钮（lower rudder gudgeon）

2）尾尖舱的加强

对尾尖舱（after peak tank）区域的加强措施有：
（1）在每档肋位处设置实肋板，其厚度较首尖舱肋板加厚 1.5 mm。
（2）对于单螺旋桨船，其肋板应升高至尾轴管（stern tube）以上足够高度。
（3）当该区域的舷侧为横骨架式时，在肋板以上设置垂向间距不大于 2.5 m 的强胸横梁和舷侧纵桁或开孔平台；当为纵骨架式时，应在舱顶设置适当数量的强横梁。

（4）尾尖舱上部和尾突出体或巡洋舰尾的中纵剖面处应设置制荡舱壁（wash bulkhead）。

3）尾尖舱以上舷侧的加强

尾尖舱以上舷侧结构部分的加强措施有：

（1）加设强肋骨。

（2）加设腹板与肋骨同高的间断舷侧纵桁或加厚舷侧外板。

4）尾突出体

为扩大尾部甲板面积，安装舵机，保护车叶和舵，并改善航行性能，在设计船尾时有意将尾部向后悬伸一部分，此悬伸的部分称尾突出体，其大部分在设计水线（designed waterline）以上。图1-2-33所示为采用扇形斜肋骨（cant frame）和斜横梁（cant beam）的巡洋舰式尾突出体。

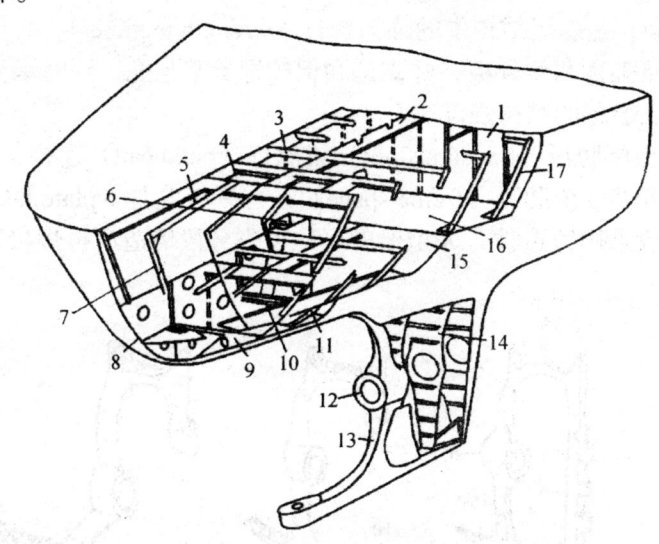

图1-2-33 巡洋舰式船尾结构与尾突出体

1—横舱壁（transverse bulkhead）；2—甲板纵桁（deck girder）；3—横梁（beam）；4—强横梁（web beam）；5—斜横梁（cant beam）；6—舵杆管（rudder case）；7—斜肋骨（cant frame）；8—制荡舱壁（wash bulkhead）；9—肋板（floor）；10—强胸横梁（panting beam）；11—舷侧纵桁（side stringer）；12—轴毂（propeller boss）；13—尾柱（stern post）；14—尾升高肋板（stern raised floor）；15—尾尖舱舱壁（after peak tank bulkhead）；16—舵机舱平台（steering gear room platform）；17—肋骨（frame）

七、防火结构

从预防火灾发生的角度出发，船舶设立有一整套完善的防火措施（fire precaution），这些措施主要包括：控制可燃物、控制热源（火源）及控制通风等，同时为了在船舶一旦发生火灾事故后能有效地控制火势的任意蔓延，SOLAS公约及我国规范均规定船舶在设计和建造时，就应采取一定的防火结构（fire structure），即用符合规定的耐火材料（refractory material）将船舶划分为若干个主竖区。

1. 基本概念

1）起居处所

起居处所（accommodation spaces）指用作公共处所（public space）、走廊（corridor）、盥洗室（lavatory）、居住舱室（cabin）、办公室（office）、医务室（hospital）、电影院（cinema）、游戏娱乐室（game & hobby room）、理发室（barber shop）、无烹调设备的配膳室（pantry of containing no cooking appliances）等处所以及类似的处所。

2）公共处所

公共处所（public space）指起居处所中用作大厅（hall）、餐厅（dining room）、休息室（lounge）的部分以及类似的固定围蔽处所（similar permanently enclosed spaces）。

3）服务处所

服务处所（service spaces）指用作厨房（galley）、设有烹调设备的配膳室（pantry of containing cooking appliances）、储物间（locker）、邮件及贵重物品室（mail & specie room）、储藏室（store room）、不属于机器处所（machinery spaces）组成部分的工作间（work shop）以及类似处所和通往这些处所的围蔽通道（trunk）。

4）主竖区

主竖区（main vertical zones）指船体、上层建筑和甲板室以"A级分隔"分成的区段，它在任何一层甲板上的平均长度和宽度一般不超过40 m。

5）等效材料

等效材料（other equivalent material）指任何不燃材料本身或由于所设隔热物，经标准耐火试验规定的相应曝火时间后，在结构性和完整性上与钢具有同等的效能（如设有适当隔热材料的铝合金等）的材料。

6）不燃材料

不燃材料（non-combustible material）指某种材料加热至约750 ℃时，既不燃烧，也不发生足量的能造成自燃（auto-ignition）的易燃气体（inflammable gas）。这是按照《耐火试验程序规则》中的相关规定并经主管机关同意所确定的材料，除此以外的任何其他材料均为"可燃材料（combustible material）"。

2. 防火结构的相关要求

（1）船体上层建筑、甲板室应以钢材或其他等效材料制成，载客超过36人的客船船体、上层建筑及甲板室应以A-60级分隔分成若干主竖区；载客不超过36人的客船，在其起居处所和服务处所的船体、上层建筑及甲板室应以A级分隔分为若干个主竖区。

（2）客船只要实际可行，舱壁甲板以上形成主竖区限界面的舱壁，应与直接在舱壁甲板以下的水密分舱舱壁位于同一直线上。主竖区的长度和宽度最大可以延伸至48 m，以便将主竖区的两端与分舱水密舱壁相重合，但主竖区的全部面积在任何一层甲板应不大于1600 m²；主竖区的长度和宽度范围为主竖区限界舱壁的最远点之间的最大距离。

（3）起居处所与相邻的机器、货舱、服务处所之间应采用A级分隔。

（4）舱壁或甲板必须有不燃隔热层，受火时火焰不能穿过，并要限制背火面的温升。

（5）对于起居处所来说，除液货船以外的货船，在任何情况下任一起居处所用A级或B级分隔的各处所的面积不得超过50 m²。

3. 防火分隔（耐火分隔）

用于船舶防火分隔（fire resisting division）的舱壁和甲板有A、B、C三种级别。

1）A级分隔

A级分隔（A class division）即甲级分隔，系指由符合下列要求的舱壁与甲板所组成的分隔：

（1）应以钢或其他等效材料作分隔材料，并有适当的防挠加强。

（2）其构造应在1 h的标准耐火试验至结束时，能防止烟及火焰通过。

（3）应用认可的不燃材料隔热，使在下列时间内，其背火一面的平均温度与原始温度相比，升高不超过140 ℃，且任何一点包括任何接头在内的温度较原始温度升高不超过180 ℃：

"A-60"级　　60 min
"A-30"级　　30 min
"A-15"级　　15 min
"A-0" 级　　0 min

（4）根据需要，主管机关可要求将原型的舱壁或甲板按照《耐火试验程序规则》进行一次试验，以保证满足上述完整性及温升的要求。

2）B级分隔

B级分隔（B class division）即乙级分隔，系指由符合下列要求的舱壁、甲板、天花板或衬板（furring）所组成的分隔：

（1）其构造应在最初半小时的标准耐火试验至结束时，能防止火焰通过；

（2）应具有这样的隔热值，即在下列时间内，其背火一面的平均温度与原始温度相比，升高不超过140 ℃，且在包括任何接头在内的任何一点的温度较原始温度升高不超过225 ℃：

"B—15"级　　15 min
"B—0" 级　　0 min

（3）应以认可的不燃材料制成。

（4）根据需要，主管机关可要求将原型分隔按照《耐火试验程序规则》进行一次试验，以保证满足上述完整性和温升的要求。

3）C级分隔

C级分隔（C class division）即丙级分隔，应以认可的不燃材料制成，它们不需要满足有关防止烟和火焰通过以及限制温升的要求，并允许使用厚度不超过2.5 mm的可燃装饰板。

八、冰区结构加强

对航行于冰区（ice zone）的船舶需按规范的规定进行加强，加强部位主要有甲板、外板、舷侧骨架及首尾结构等。加强的方法主要是增加板厚、加大骨架尺寸及缩小骨架间距，具体细则在规范中有详细的规定。

1. 冰级标志

按照不同的冰况，CCS对航行于冰区船舶的结构加强分为五个冰级（ice class），其标志分别是：

B1*　　最严重的冰况；
B1　　 严重的冰况；
B2　　 中等的冰况；
B3　　 轻度的冰况；
B　　　除大块固定冰以外的漂流浮冰，如中国沿海情况。

B1*、B1、B2和B3冰级标志的加强要求分别符合1985年《芬兰-瑞典冰级规则》附件Ⅰ中对ⅠA super、ⅠA、ⅠB及ⅠC的有关规定，主要适用于在冬季航行于北波罗的海的船舶。对B冰级的有关规定适用于在中国沿海航行的船舶。

当船舶航行于冰区时，吃水线应不超过LWL线（指船首、船中和船尾最大吃水的允许折线连线）；当船舶航行于冰区时，至少应装载至BWL线（指船首和船尾最小吃水的连线）。

2. B级冰区加强

冰带外板厚度至少应为船中部外板厚度的1.25倍，但不必大于25 mm。如设置中间肋骨，则其垂向设置范围为压载水线以下1000 mm至满载水线以上1000 mm处；如不设置中间肋骨，则肋骨间距应为船中部肋骨间距的60%，但应不大于500 mm。钢板焊接首柱自满载水线以上600 mm处以下部分的板厚应为规范值的1.1倍，但不必大于25 mm。

九、其他结构

1. 轴隧结构

轴隧（shaft tunnel）主要用来保护推进器轴（propeller shaft），同时也可作为机舱至尾室的通道，便于人员对尾轴和轴承进行保养和维修。在尾室后端近尾尖舱舱壁处设有向上直通至上甲板的应急通道，即逃生孔（escape trunk），故轴隧亦可作为应急时逃生之用，也可作为自然通风口。中机型船（amidship-engined ship）的轴隧较长，要经过货舱；尾机型船（stern-engined ship）的轴隧较短。双桨船（double-screw ship）对称于船体中线而设左、右两个轴隧，两轴隧间还设有通道。单桨船（single-screw ship）的轴隧不对称于中线面，通常偏于船右舷。为便于尾轴的安装与拆卸以及人员进入工作，轴隧的侧壁离螺旋桨法兰盘应不少于60 mm的间距，另一侧壁距螺旋桨法兰盘不小于600 mm。

轴隧有两种形式，一种是拱顶轴隧，一种是平顶轴隧，前者强度较好，后者便于装货。在货舱口下的轴隧顶板（top plating），考虑到装卸货时的磨损，应另外加厚2 mm，否则应加木铺板（batten ceiling）。轴隧必须水密，在机舱和轴隧间舱壁上应设有符合规范规定的滑动式水密门（slid watertight door）。应急通道的围壁应水密，其关闭装置应能两面操纵。如图1-2-34所示为常见的轴隧横断面，其中左图中为拱形顶板（arch top plating），右图中为平面顶板（flat top plating）。

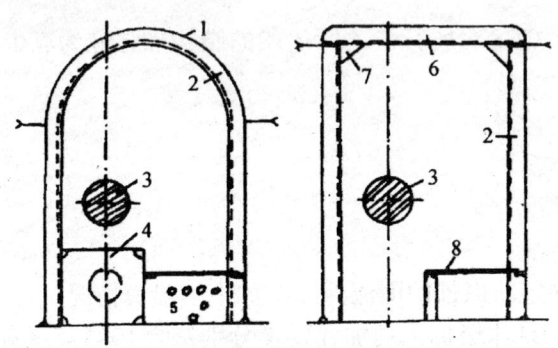

图 1-2-34 轴隧的结构

1—拱形顶板（arch top plating）；2—扶强材（stiffener）；3—推进器轴（propeller shaft）；4—轴承基座（stool supporting shaft bearing）；5—管系（piping）；6—平顶板（flat top plating）；7—肘板（bracket）；8—格子板（grating）

2. 减摇装置

船舶减摇装置（ship-stabilizing gear）是利用升力或重力形成稳定力矩，以减小船舶摇荡幅度的装置，主要用以减小横摇幅度。船舶减摇装置主要有舭龙骨、减摇水舱、减摇鳍、减摇陀螺、舵减摇以及几种减摇装置联合工作的联合减摇装置等几种类型。此处只介绍舭龙骨、减摇水舱与减摇鳍等船上常用的减摇装置。

1）舭龙骨

舭龙骨（bilge keel）又称减摇龙骨，是设于船中部舭列板外侧一列纵向的类似于鳍的结构，是一种简单有效的减摇装置。舭龙骨的位置尽量与舷外水流线的走向一致，以使其在船舶航行时产生最小的水阻力，正确位置由船模试验的结果确定。

舭龙骨的长度根据船型而定，一般为船长的1/4~1/3，这样可以获得较好的减摇效果。舭龙骨的宽度视船舶大小及用途而定，一般为200~1200 mm，但不能超出船舶的舷侧外板型线与船底板型线所围成的区域，以免靠离码头或进坞时被碰坏，如图1-2-35所示。宽度小于600 mm的舭龙骨可采用单层板结构，超过600 mm的可采用双层板结构，舭龙骨与舭列板应尽可能垂直相交，如图1-2-36、图1-2-37所示。

舭龙骨不承受船体的总纵弯曲强度，一般不将其直接焊在舭部外板上，而用一块覆板垫在中间。

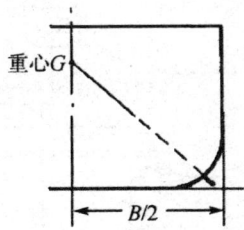

图1-2-35 舭龙骨的设置

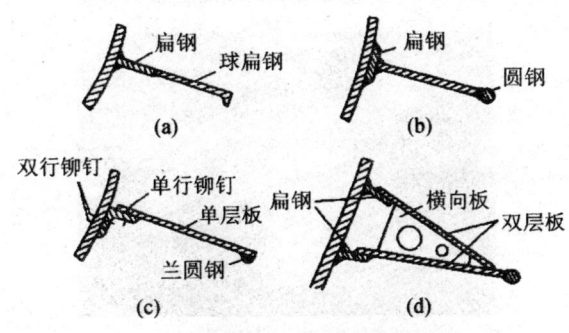

图1-2-36 舭龙骨的结构

图1-2-37 双层板舭龙骨

2）减摇水舱

船舶减摇水舱（anti-rolling tank）是在船体内部设置的左、右舷连通的水舱，其原理是借助船舶横摇时水舱内液体的移动产生对抗力矩以减少船舶的横摇运动幅度。从结构上可分为U型减摇水舱（图1-2-38）和槽形减摇水舱（图1-2-39）两大类。其中U型减摇水舱又可分为被动式、可控被动式及主动式减摇水舱。

其特点是减摇效果与航速没有直接关系，可以在任何航速下减摇。对被动式水舱而言，还具有功率小，成本低等优点。但因在船体内部要单独设置水舱，故其占用空间较大，相比其他减摇装置减摇效果相对较差，且有在低频扰动下易增摇等缺点。

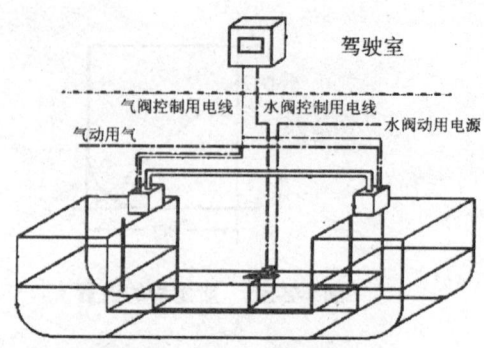

图1-2-38　可控被动式减摇水舱示意图

图1-2-39　槽型减摇水舱示意图

3）减摇鳍

减摇鳍（ship stabilizing fin）是目前减摇效果最好的减摇装置。装于船中两舷舭部，剖面为机翼形，又称侧舵。通过操纵机构转动减摇鳍，使水流在其上产生作用力，从而形成减摇力矩，减小船舶的摇摆幅度。其特点是结构复杂，造价较高，且效果取决于航速，航速越高，效果越好，故多用于高速船舶，如图1-2-40所示。

减摇鳍可分为非收放式（固定式）减摇鳍和收放式减摇鳍两大系列，收放式减摇鳍又有折叠式和伸缩式两种收放方式，如图1-2-41、图1-2-42、图1-2-43所示。其中非收放式减摇鳍的设置同舭龙骨一样，不能超出船舶的舷侧外板型线与船底板型线所围成的区域，以免靠离码头或进坞时被碰坏。

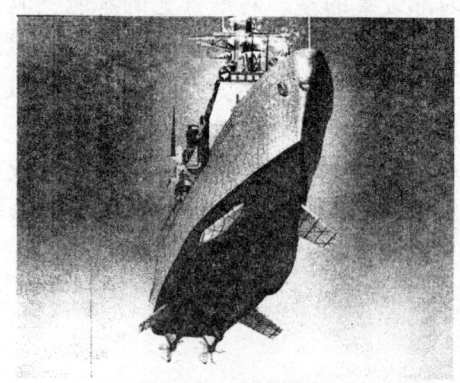

图1-2-40　船舶装备减摇鳍效果图

图1-2-41　非收放式减摇鳍

第一章 船舶种类与船体结构

图 1-2-42 折叠式减摇鳍

图 1-2-43 伸缩式减摇鳍

3. 船底塞

为便于坞修（dock repair）时能排除舱内积水，一般在双层底舱和首、尾尖舱及其他紧靠船底的每个水舱内至少设置有一个船底塞（docking plug），如图 1-2-44 所示。

船底塞设置在每一水舱后部的水密肋板前一档肋距处，且在平板龙骨的两侧，并离开舱壁一段距离，以免被坞墩（docking block）堵塞而无法拆装。

为防止海水腐蚀及脱落，船底塞一般用锰黄铜（manganese brass）或不锈钢（stainless steel）制成，并应在拆装完成后、出坞前在船底塞外面用水泥封涂成一个半球形的水泥包。

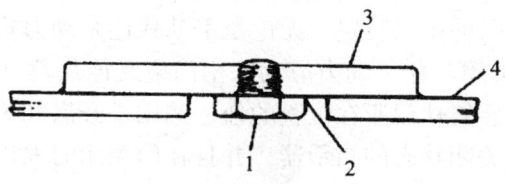

图 1-2-44 船底塞

1—船底塞（docking plug）；2—垫圈（insertion）；3—垫板（pad）；4—船底板（bottom plating）

十、水密与抗沉结构

船舶在营运中，可能会因碰撞、触礁、搁浅、船体年久失修等造成船体破损进水。船体大量进水时，会使船舶丧失浮性和稳性，以致沉没。为使船舶在进水后仍能保持一定的航行性能，船舶在建造时，已充分考虑了船舶的抗沉性能，如设置双层底、水密横舱壁、水密门、水密舱盖以及排水系统等。

船体水密与抗沉结构主要包括水密横舱壁、双层底、双层舷侧及各种开口的水密装置（如水密门、水密窗、水密舱盖与道门盖等）。

1. 对船体内水密横舱壁设置的特别要求

除本节"五、舱壁结构"所述对水密横舱壁设置道数的要求外，还应该满足如下的特别要求。

1) 对客船

（1）应设置首尖舱舱壁或防撞舱壁，该舱壁应水密延伸至舱壁甲板。除有特别说明外，该舱壁应位于距首垂线不小于船长的 5% 而不大于船长的 5% 加 3 m 处。

(2) 应设置尾尖舱舱壁和将机器处所与前后客、货处所隔开的水密舱壁，这些舱壁应水密延伸至舱壁甲板。

2) 对货船

(1) 应设置防撞舱壁，该舱壁应水密延伸至干舷甲板。除有特别说明外，该舱壁与首垂线间的距离不小于船长的5%或10 m（取较小者），但经主管机关允许，可不大于船长的8%或5%加3 m（取大者）。

(2) 应设置舱壁将机器处所与前后客、货处所隔开，这些舱壁应水密延伸至干舷甲板。

2. 船体上开口的关闭设备

1) 水密舱壁上开口的关闭设备

(1) 防撞舱壁

防撞舱壁上不准开任何门或人孔、通风管道或任何其他开口。

凡穿过防撞舱壁的管子都设有在舱壁甲板能控制的截止阀，该阀设在首尖舱一侧的防撞舱壁上，以便在首部破损时能立即将它关闭。

(2) 水密舱壁上的水密门

任何动力滑动水密门的操纵装置，无论是手动式还是动力式，均能在船舶向任一舷横倾至15°的情况下将门关闭。任一动力滑动水密门应既能从驾驶室遥控关闭，也能用设置的独立的手动机械操纵装置从门所在位置的任一侧用手开启和关闭该门。在控制位置应装设显示门是处于开启或关闭状态的指示器，并且在门关闭时发出声响报警。在主动力失灵时，动力、控制和指示器应能工作。

除所规定的航行中可以开启的门外，所有水密门在航行中应保持关闭。此类门在港内开启的时间和船舶离港前关闭的时间应记入航海日志。

①客船水密舱壁上的水密门

a. 结构与遥控操纵要求：每一动力滑动水密门，应为竖动式或横动式，最大净开口宽度一般限制为1.2 m。其动力系统应和任何其他动力系统分开，且其遥控操纵位置设在符合要求的驾驶室内和舱壁甲板以上的手动操纵处。

b. 操作位置：现场用独立的手动机械装置从门所在舱壁的任一侧用手开启和关闭门，其控制手柄应装设在舱壁两侧地板以上至少1.6 m的高度处。开启与关闭门时手柄的运动方向与门的移动方向一致，并清楚地标明。驾驶室集控台集中遥控关闭所有门（不能从集控台遥控开启任何一扇门）。在舱壁甲板上可到达之处用全周旋摇柄转动或主管机关认可的具有同样安全程度的其他动作关闭该门。

c. 在船舶正浮时应满足的关门时间要求：现场手动机械装置将门完全关闭的时间应不超过90 s。从驾驶室集控室遥控同时关闭所有门的时间应不超过60 s。用动力关闭门时关闭速率应大致均匀，确保从门开始移动到门完全关闭的时间，在任何情况下应不少于20 s或不大于40 s。

d. 应设置一个与该区域内其他警报器不同的声响警报器。当该门用动力遥控关闭时，这种警报器应在门开始移动前至少5 s但不超过10 s发出声响，且连续发声报警直至该门完全关闭。在手动遥控操纵的情况下，只要当门移动时音响警报器能发出声响即可。此外，在乘客区域和高环境噪声区域，可以在门上的声响警报器增配一个间歇发光信号器。

e. 驾驶室内的集控台应设有标明每扇门位置的图，并附有发光指示器，以显示出每扇门的开启或关闭状态。用红灯表示一扇门完全开启，而绿灯表示一扇门完全关闭。当遥控关闭门时，红灯应以闪烁表示门处于关闭过程中。指示器电路应与每扇门的控制电路分开。

f. 动力滑动水密门需要的电源应由应急配电板直接供电，或由位于舱壁甲板上方的专用配电板供电。

g. 在甲板处所之间分隔货舱的水密舱壁上装设的水密门可为铰链式、滚动式或滑动式，但不必是遥控的。它们应装在最高处并尽可能远离外板。此类门应在开航前关妥，并应在航行中保持关闭，其在港内开启的时间和船舶离港前关闭的时间应记入航海日志中。其关闭时间无 60 s 内关闭的要求。

②货船上的水密门和舱盖

a. 用以保证内部开口的水密完整性且通常在航行时关闭的出入门和舱盖，应在该处和驾驶室装设显示这些门或舱盖是开启还是关闭的设施。这类门或舱盖的使用应经值班驾驶员批准。

b. 可以装设结构良好的水密门用作大型货物处所的内部分隔，这些门可以是铰链的、滚动的或滑动的门，但不应是遥控操纵的。此类门应在开航前关妥，并应在航行中保持关闭。此类门在港内开启的时间和船舶离港前关闭的时间应记入航海日志中。

2）船壳板上的关闭设备

在限界线以下的船壳板上的开口越少越好。并应根据用途和位置设置相应的关闭设备。

在封闭甲板以下处所或封闭的上层建筑处所的舷窗，应装设铰链式可靠的内侧舷窗，其装置应能有效地关闭和保证水密。

限界线以下的舷窗都采用水密性和抗风浪性强的圆形舷窗并装有可靠的铰链舷窗盖。根据其在重载水线上的不同高度有不同的关闭要求，主要有永久性关闭的舷窗、离港前关闭到港后方可开启的舷窗（启闭时间应记入航海日志）及航行中由船长决定是否关闭的舷窗三种。

船壳板上的排水孔都有防止海水意外进入船内的装置。从舱壁甲板以下通到船壳板外的排水孔都配有自动止回阀，并在舱壁甲板上设有可以强制关闭的装置，或者设两个止回阀，其中一个的高度能使其随时可以检查并且是经常关闭型的。

与机器连通的海水进水孔及排水孔，在管系与船壳板间或管系与装配在船壳板上的阀箱间装有易到达且可就地控制的阀，设有表明阀处于开启或关闭的指示器。

3. 舱壁甲板以上的水密设施

舱壁甲板以上也需采取水密措施以保证限界线以上水密的完整性：

——舱壁甲板和舱壁甲板上一层甲板均不透风雨。露天甲板上的所有开口都可以关闭。

——舱壁甲板以上、第一层甲板以下所有舷窗都有舷窗盖，可以有效地关闭并保证水密。

——露天甲板上设有排水口或排水孔，可以在任何气候情况下将水迅速排出舷外。

第三节 船体结构图与总布置图

正确认识、掌握船体相关结构图和船舶总布置图的识读及使用，是船长、大副等船舶管理人员必须具备的一项基本功，对正确合理地使用和管理船舶（如货物配载、船舶维护、保养及修理等）具有十分重要的现实意义。

船体结构图的用途主要表现在三个方面：首先，通过该图可以了解本船船体结构的尺度；其次，该图亦是造船时计算强度和选用构件的依据；同时，修船时亦可根据图上标明的板材和骨架的厚度与尺寸用船体允许的蚀耗表算出允许蚀耗，对照实测结果来决定是否需要换新。

一、基本结构图

基本结构图（basic construction plan）反映了船体纵、横构件布置和结构情况，是全船性的结构图样之一。修造船中，它可作为绘制其他结构图样的依据，又是具体施工时的一张指导性图纸。

基本结构图由船中纵剖面结构图、各层平台和甲板结构图及内底结构图组成。采用重叠投影法、阶梯剖面法及两次剖切法，把平行的不同剖面的结构表示在同一视图中。

1. 中纵剖面结构图

中纵剖面结构图（central fore-and-aft plane construction plan）上注有肋骨尺寸和间距、甲板纵桁尺寸、各种支柱尺寸、纵舱壁厚度及其上面的扶强材尺寸、上层建筑的高度以及板的厚度和扶强材尺寸等。

2. 各层甲板图

各层甲板图（deck plan）上注有甲板板的厚度、甲板纵桁的尺寸和间距、横梁尺寸、舷边角钢尺度及各开口的位置和尺寸等，如图1-3-1所示。

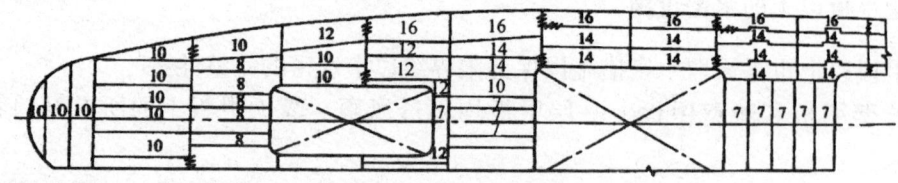

图1-3-1　各层甲板图

3. 内底结构图

内底结构图（inner bottom construction plan）上注有内底板和内底边板的厚度、舭肘板尺寸、内底和船底纵骨的尺寸、肋板的厚度和尺寸、中桁材和旁桁材的尺寸等。该图也叫双层底图。

二、外板展开图

为了布置外板及船体放样等需要，在船舶设计过程中需绘制外板展开图（shell expansion plan）。外板展开图是造船或修理时确定船体钢板的规格和数量，申请备料和订货的主要依据，因此是船上必备的一张重要图纸。船体的形状是左右舷对称的，故外板的布置也是左右对称的，所以外板展开图只绘出一半，习惯上只绘制右舷的外板展开图，如图1-3-2所示。

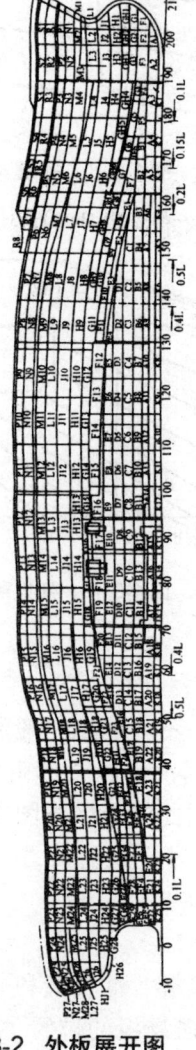

图1-3-2 外板展开图

1. 船体外板的组成

船体外板也叫船壳板,是由许多块钢板焊接而成的,钢板的长边沿船长方向布置。钢板的长边与长边相接叫边接,焊缝为边接缝(seam);短边与短边相接叫端接,焊缝为端接缝(butt),如图 1-3-3 所示。钢板逐块端接而成的连续长条板称为列板(strake)。各列板根据其所处的位置不同而有不同的名称。组成船壳外板各列板的名称如图 1-3-4 所示。位于船底平坦部分的各列板称为船底板(bottom plate);位于船底纵中线的一列船底板称为平板龙骨(flat plate keel);由船底过渡到舷侧的圆弧部分称为舭部(bilge),该处的列板称为舭列板(bilge strake);舭列板以上的列板称为舷侧列板(side strake),其中与上甲板甲板边板(deck stringer)连接的这一列板称为舷顶列板(sheer strake)。在船舶首尾部,由于船体瘦削,某两列板会合并成一列板,这合并而成的一列板称为并板(stealer strake)。

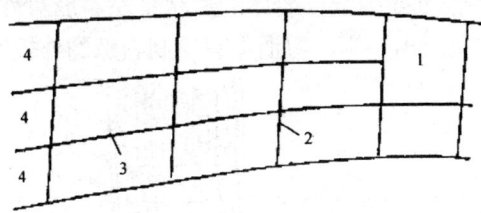

图 1-3-3 接缝与列板

1—并板(stealer strake);2—端接缝(butt);3—边接缝(seam);4—列板(strake)

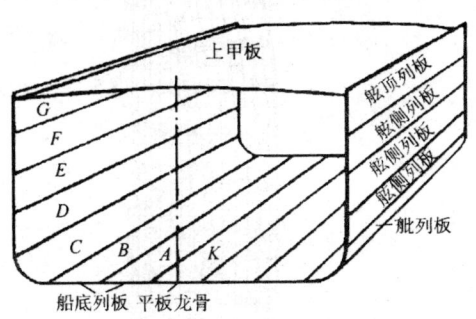

图 1-3-4 列板的名称

2. 外板展开方法

因为船体表面具有双重曲度,不可能用一般的几何方法展开成平面图,所以外板展开图只表示船体外板横向曲度展开后的形状,即由船壳外板沿基线(base line)横向展开而成,而对其纵向曲度不加展开,因此外板展开图中钢板的宽度与其实际尺寸相同,而钢板的长度是其在基线上的投影长度,小于实际尺寸。

3. 外板展开图内容

外板展开图上绘有外板的边接缝、端接缝和分段线;标有每块钢板的编号、厚度和规格尺寸;标有外板上的开口和加强复板的位置、形状和尺寸;绘有船体纵、横构件位置线，如各层甲板、内底板、船底桁材、舷侧桁材、各道舱壁、肋骨及肋板等，表示外板接缝与这些构件的相对位置。

4. 外板的编号方法

组成船壳外板的每块钢板在外板展开图中的确切位置用编号的方式表示。编号由列板与钢板序号两部分组成，用英文字母表示列板的编号，以位于船体纵中线的平板龙骨为基准将船体分成左右两部分，并冠以左舷（P）或右舷（S）。平板龙骨称为K列板，与其相邻的列板为A列板，再次的列板为B列板，以此类推，但I、O、Q三字母不参与编号；对于同一列板中每块钢板的排列序号可从船首排起，也可从船尾排起，用阿拉伯数字表示。如图1-3-4中船壳外板左舷C列第四块板（从船首算起），则可表示为"PC4"，同样"K6"则表示平板龙骨第六块板（从船首算起）。

三、横剖面图

横剖面图（transverse section plan）主要包括中横剖面图（midship transverse section plan）、机舱处横剖面图（engineroom transverse section plan）及货舱口处横剖面图（cargo hatch transverse section plan）。其上有一些重要的船舶尺度、横剖面形状及剖面处各构件的尺度等内容，图1-3-5所示为某船的中横剖面图。

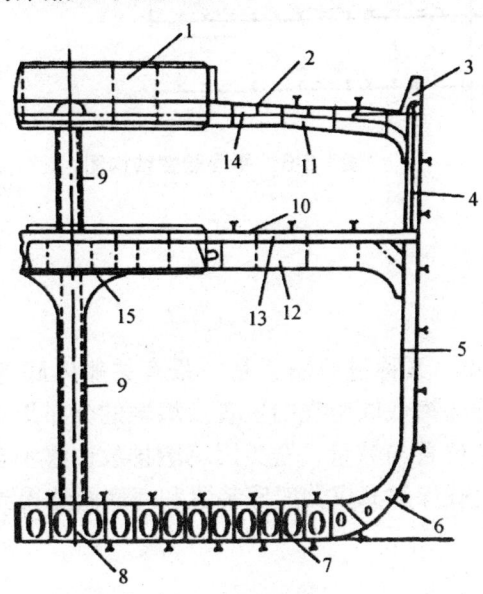

图1-3-5　中横剖面图

1—舱口围板（hatch coaming）；2—上甲板（upper deck）；3—舷墙扶强材（bulwark stiffener）；
4—甲板间肋骨（tweendeck frame）；5—主肋骨（main frame）；6—舭肘板（bilge bracket）；7—实肋板（solid floor）；
8—中桁材（center girder）；9—支柱（pillar）；10—下甲板甲板板（lower deck deckplate）；
11—舱口端梁（hatch end beam）；12—下甲板舱口端梁（lower deck hatch end beam）；
13—下甲板横梁（lower deck beam）；14—上甲板横梁（upper deck beam）；15—支柱肘板（pillar bracket）

四、舱壁图

舱壁图（bulkhead plan）上注有舱壁板的排列和厚度、扶强材及其肘板的尺度和水平桁材尺度等，图1-3-6所示为某船的平面舱壁结构图。

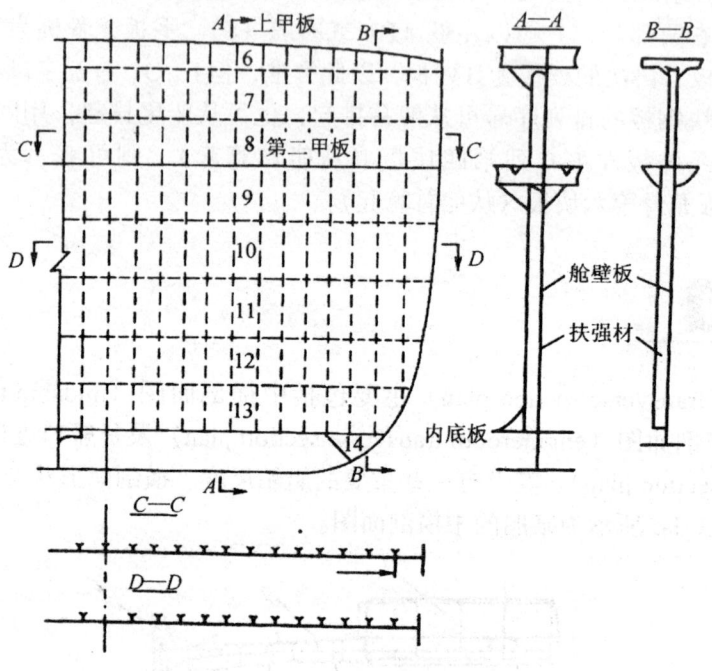

图1-3-6　平面舱壁结构图

五、坞墩图

坞墩图（docking plan）又称进坞图，是一张有关船体底部船壳型线的图纸。图上标明有船底骨架、航海仪器与海底阀所在的位置及坞墩的分布形式及数量。其作用是指明船舶进坞时坞墩的正确排放位置与数量，避免因坞墩排放位置不合适而损坏船体、航海仪器船底装置或堵住海底阀，确保航海仪器船底装置和海底阀能得到及时检修。

六、总布置图

总布置图（general arrangement plan）是船舶各舱室的划分与位置、各种设备及位置的布置图，该图反映了全船总体的布置情况，比较集中地体现了船舶的用途、任务及经济性能，是重要的全船性基本图样之一。总布置图主要由右舷侧视图、各层甲板与平台平面图、舱底平面图及船体主要尺度和技术数据等组成。

第一章 船舶种类与船体结构

总布置图的主要作用有：表示船舶上层建筑的形式以及舱室、设备、门窗、通道等的布置情况；进行其他设计和计算的依据，如进行全船重力和中心位置计算，船舶设备和结构设计等的依据；作为绘制其他图样的依据，如绘制各类设备、系统布置图；门、窗、扶梯布置图；家具、绝缘布置图等的依据；在施工时，可作为对舾装工作的指导性图样，并能起到协调各机械、设备的相互关系的作用。

1. 船舶主要尺度和技术数据

船舶主要尺度和技术数据（principal particulars）以文字形式表示，主要有最大长度、两柱间长（型长）、型宽、型深、设计吃水、满载排水量、服务航速、总吨与净吨、主机型号及功率、续航力、人员定额及船级等。

2. 右舷侧视图

右舷侧视图（starboard side profile plan）是将船舶的右舷侧面向中线面投影所得到的视图，该图主要包括全船的侧面概貌，如主船体轮廓，上层建筑位置、形式等；主船体内部舱室划分情况，如机舱位置、货舱分布与数量、横舱壁位置和数量、甲板及平台位置和数量等；船舶设备的布置情况，如锚设备、系泊设备、救生设备及起货设备等。

3. 货舱正视横剖面图

货舱正视横剖面图（hold section plan）是从船首正前方投影船舶货舱所得到的视图。该图主要包括货舱、船底及舷侧的布置形式、上层建筑布置形式与层高等内容。

4. 各层甲板和平台平面图

该图是各层平台和甲板的俯视图，主要包括：主船体所具有的各层甲板的俯视图；上层建筑（如首楼、尾楼、桥楼及甲板室等）各层甲板及平台的俯视图；各层甲板及平台上有关开口、舱室位置及大小；各层甲板和平台上的门、舷窗、通道、扶梯等的位置和方向；各层甲板和平台上的各种设备、家具、用具等的具体位置。

5. 舱底平面图

舱底剖面图（tank top view plan）是船底的俯视图，主要包括：对于单层底船舶，表示船底上的布置情况；对于双层底船舶，表示内底板上的舱室和设备的布置位置和数量及双层底内部有关舱室（如液舱、隔离空舱等）的位置划分和数量等。

第四节 船舶管系

 舱底水管系

舱底水管系（bilge piping system）俗称污水管系，主要用来排除因船舶舱口盖（hatch cover）水密装置的老化渗漏、清洗舱室水及湿空气冷凝水、尾轴与舵杆套筒填料函的老化渗漏、机器与管路的渗漏等最终集聚于货舱与机舱底部而形成的污水（bilge water）。此外，在船舶发生海损事故而使舱室进水时，舱底水管系也可用来作辅助排水设备进行排水，以便争取时间堵漏。

为能抽除及排干任何水密舱室中的水，所有船舶除固定用来装载淡水、压载水、燃油或液体货物以及设有在所有实际可能情况下能够使用的其他有效抽除设施的舱室外，其他水密舱室均应设有有效的舱底水管系。

舱底水管系由下列几部分组成：

1. 污水沟与污水井

污水沟（bilge drainage）或污水井（bilge well）用来积聚舱内污水。污水沟位于舱内舭部，由下倾式内底边板和舭列板所围成。在其他形式的内底边板结构上，由于无法形成沟而在船舱内底板上设置凹入双层底的污水井以便积聚污水，规范规定污水井的容积应不小于 0.15 m^3。污水井通常由肋板将其分为前后两个部分，且容积前大后小，容积比一般为 3∶1，这样可最大限度地减少污物进入吸口所在的污水井后部区域，减少堵塞污水管系的可能性。

2. 吸口与舱底水管路

吸口（suction）与舱底水管路（bilge pipe）是将污水沟或污水井内的污水排出舷外的通道。规范规定每舷的污水沟或污水井内均应设置一个吸口，但对内底板向两舷升高及首、尾端狭窄的货舱，则在中纵剖面处设置一个吸口；对仅有一个货舱且该舱长度大于 35 m 的，则在舱的前后端均应设置一个吸口。任何舱室或水密区域内的积水，均能通过至少一个吸口排出。

因船舶多数情况下处于尾倾状态，污水管吸口均布置在各舱后部的最低处。为防污物堵塞舱底水管路，在吸口处设置过滤器（filter），俗称黄蜂巢。过滤器（过滤网箱）的网孔直径应不大于 10 mm，且过滤网箱的流通面积不小于舱底水吸入管截面积的 2 倍。

舱底水管路一般布置在双层底内，也有布置在污水沟内的，具有管隧结构的大型船舶，总管布置在管隧内。为防止污水倒灌及不同舱室间相互沟通，在舱底泵与舱底水总管（bilge main line）的连接管、舱底泵或舱底水总管上舱底水吸入软管的接口处、直通舱底泵吸入管、舱底水分配阀箱或舱底水支管处均应设置止回阀（non-return valve）。

舱底水管路的布置应能满足船舶在正浮或向任何一舷横倾小于5°时，均能排干污水。除轴隧舱底水支管（内径一般应不小于65 mm）外，一般舱底水支管内径不小于50 mm。直通舱底泵的舱底水管内径应不小于该船舱底水总管的内径，且在任何情况下，舱底水总管的内径应不小于最大舱底水支管的内径。连接舱底水总管和分配阀箱的连接管的截面积，应不小于连接于该阀箱的两个最大舱底水支管的规定截面积的总和，也不必大于所规定的舱底水总管的截面积。所有舱底水吸入管路，直至与舱底泵吸入阀箱连接之前，不应与其他管路有任何连接。

3. 舱底泵

当客船业务衡准数等于或大于30时，至少应配备四台动力舱底泵（bilge pump），其中三台应为独立动力泵，另一台可由主机带动或仍为独立动力泵；当客船业务衡准数小于30时，至少应配备三台动力舱底泵，其中两台应为独立动力泵，另一台可由主机带动或仍为独立动力泵。除客船外的其他船舶，当船长大于91.5 m时，至少应配备两台独立的动力舱底泵；当船长等于及小于91.5 m时，至少应配备两台动力舱底泵，其中一台可由主机带动或仍为独立动力泵。

所有的动力舱底泵均应为自吸式或带自吸装置的泵。每台动力舱底泵应能使流经所需的舱底水总管的水流速度不小于2 m/s。若独立动力的卫生泵、压载泵及总用泵的排量足够且为自吸式或带自吸装置的泵并与舱底水管系有适当的连接，也可作为独立动力的舱底泵。

舱底泵与舱底水管系的连接，应确保当其他舱底泵在拆开检修时，至少有一台泵仍能继续工作；且泵及其管路的布置，应能使所连接的任何泵的工作不受同时工作的其他泵的影响。

4. 阀箱

为便于集中控制与简化管路，一般在机舱里设置若干阀箱（valve casing），当需要将某舱污水排出时，只要将该舱所属的阀门打开，舱底泵工作就能将污水经舷侧截止止回排水阀（non-return valve）排出。

5. 泥箱和油水分离器

泥箱（mud box）用于过滤污水，使污泥和杂质沉积在泥箱里，防止污物进入管路产生堵塞或损坏泵阀。

油水分离器（oil-water separator）用于分离出污水中的残油，以防止污水排出时带出残油而污染海洋。

6. 测量管

各舱的污水沟或污水井内均设有一根直通至舱壁甲板以上（一般为主甲板）用来测量其水位的测量管（sounding pipe），又称测深管。该管的上口设有旋塞（faucet）或螺纹盖（thread cap），以防污物进入管内，盖上有标明所属舱室的铭牌。下口位于水位最深处（吸口处），管口有开式和闭式两种形式，如图1-4-1所示。若管口为开式，为避免测量尺下端的重锤（或棒）对船底板频繁敲击而损伤船底板，在下口处的船底板上焊有一圆形垫板，称防击板（striking plate）。

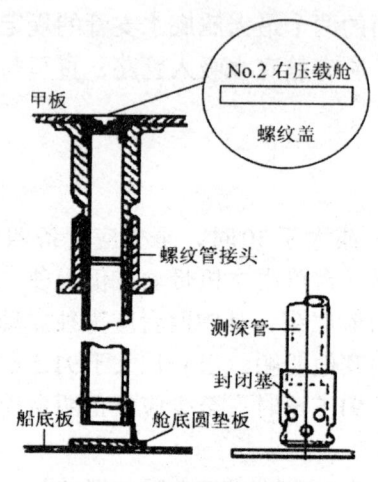

图1-4-1 测量管

在机舱或轴隧内的测量管，其上端口只延伸到机舱铺板、轴隧铺板（花钢板）以上1 m左右。为了避免注入油、水时从测量管溢出，在管口设有自动关闭阀（self-closing device），如图1-4-2所示。图示是一种重锤式自动关闭阀，重锤的重量使锤杆处于铅垂位置，自闭阀处于关闭状态。测量时只要将锤杆提至水平位置，阀口与管口对直，便可伸入测深棒。

除舱底水管系外，所有的液舱、隔离空舱及管隧等均应设置测量管，以便测量液位。测量管的内径不得小于32 mm。

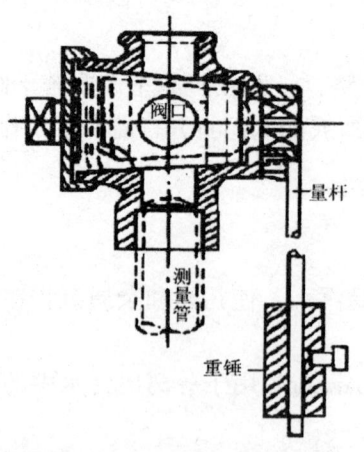

图1-4-2 重锤式自动关闭阀

二、压载管系

压载管系（ballast system）主要用于将压载水（ballast water）注入双层底舱、首尾尖舱、深舱、边舱、上下边舱及顶凳和底凳等用于压载的舱室（ballast tank）或从压载舱内排出舷外，还可把某一压载舱内的水调驳到其他压载舱内，以调整船舶的纵倾、横倾、吃水差和稳性等航海性能。此外，在船舶发生海损事故造成破损进水的部位处于压载舱所在区域或与压载舱相有连通时，压载管系可用于排除进水。对于不对称的进水，也可以利用压载管系消除横倾。对于一些特殊船舶，如破冰船可利用压载管系实施破冰作业，半潜船或潜水船等可利用其实现船体的沉浮作业。

压载管系由下列几部分组成：

1. 压载管路和吸口

压载管路（ballast pipe）用来输送压载水，通向各用于压载的舱室。压载管的布置和各压载舱吸口的数量，应能满足船舶在正常营运条件下处于正浮和倾斜位置时均能将压载水注入或排出各压载舱，即在机舱前的各压载支管，应布置在内底板以下双层底内或管隧（箱型中桁材）内，机舱里的压载支管应布置在内底板上，机舱以后的压载支管应布置在轴隧里，同时为便于集中控制，压载总管布置于机舱内。吸口设在各压载舱的后部最深处，但当某压载舱长度超过35 m时，则应在前后均设吸口，吸口处还应设过滤器。

船上压载管系的布置方式大致有独立式、单总管式、环形总管式、分组形总管式及重力排水式五种。其中散货船及矿砂船多采用单总管式，有的散货船也采用重力排水式。

2. 调驳阀箱

为便于集中控制，调驳阀箱（control valve casing）设在机舱内，与各压载支管、总管和压载泵（ballast pump）相连接。阀门主要有各压载支管的截止阀（stop valve）、排出舷外的舷侧排水阀（为截止止回阀，以防海水倒灌）、海底阀（或称通海阀 sea suction valve，为截止阀）。调驳阀箱用来控制将舷外海水通过海底阀注入所需的压载舱，或将压载舱内的压载水通过舷侧排水阀（overboard discharge valve）排出舷外，以及在各压载舱之间实现调驳。

3. 空气管和测量管

空气管（air pipe）通常由空气管头（也称空气帽）和空气管筒体两部分通过法兰连接组成，空气管头的型式有浮筒（浮子）式、浮球式、帽式、鹅颈式及测深兼透气式等几种。图1-4-3所示为浮子式空气帽。

图1-4-3　浮子式空气帽

按规范规定，除污水沟（井）外，所有的液舱（水舱、油舱）、隔离空舱及管隧均应装设空气管，必要时轴隧也要装设空气管，以便液舱在注入或排出液体时，空气能自由地被排出或进入液舱。

空气管的下口应置于各液舱前部最高处的顶板上，上口一般应升高至干舷甲板以上的露天地点（如上甲板、上层建筑甲板等）或舱壁甲板以上或机器处所内较小的舱室空气管终止于机器处所内，其中双层底舱空气管的上口应升高至舱壁甲板以上。燃油舱柜和货油舱柜空气管的管端，装设有耐腐蚀且便于更换的金属防火网。

空气管在干舷甲板上离甲板的高度应不小于760 mm，在上层建筑甲板上的高度应不小于450 mm。对无法实现独立布置空气管的船舶（如客船），可将储存同类液体的舱柜空气管引至舱壁甲板以上后，与空气总管连接，并将该总管引至露天甲板以上，但空气总管的布置一般要有5°左右的斜度，以免管内积存液体。

一般空气管的内径不得小于50 mm（轴隧与管隧的空气管内径不小于75 mm，油船空气管内径不小于100 mm），且不得兼作测量管。

各压载舱均设有测量管，设置要求同舱底水管系。

三、通风管系

通风管系（ventilating system）用于对货舱、机舱、客舱、船员起居室和厨房等舱室进行通风，排除废气，补充新鲜空气，调节舱内的温度和湿度，防止承运的货物变质或自燃，改善旅客和船员的居住与工作条件。

船上常见的通风系统有自然通风、机械通风和空调系统三种。

1. 自然通风

自然通风（natural ventilation）是利用空气流动时通风筒内外的压力差，使空气经通风筒排出舱外或进入舱内，或把通风筒对着风向使外界的空气经通风筒进入舱内以达到通风目的的系统。常用的通风筒有下列几种：

1）烟斗式通风筒

图1-4-4所示为烟斗式通风筒（cowl-head ventilator）。图中风斗套在座管上，风斗上

的把手用来转动或取下风斗。这种通风筒主要是向舱内送入新鲜空气，排出废气的效果不如排风筒。小型船舶的货舱和机舱用得较多，且在大风浪天气时需将风斗取下，用木盖盖住座管口并套上帆布罩扎紧，以防海水侵入舱室。

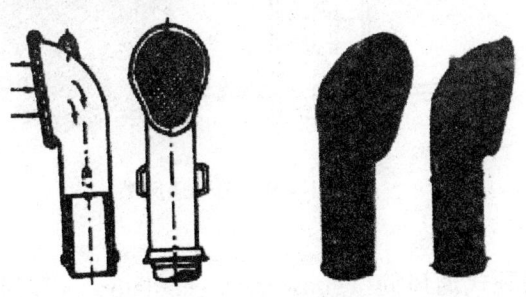

图 1-4-4　烟斗式通风筒

2）排风筒

图 1-4-5 所示为排风筒（uptake ventilator），风斗呈喇叭形，风从小口吹入，气流在座管上方加速而使其压力降低，舱内空气则经座管从大口处排出。该种通风筒在小型船舶靠近两舷的舱室用得较多。

图 1-4-5　排风筒

3）菌形通风筒

图 1-4-6 所示为菌形（又称蘑菇形）通风筒（mushroom ventilator），它的结构是在座管上设置一形如菌帽的圆盖。有些杂货船和多用途船利用起重柱（samson post）作为座管，在其上加设固定的菌形帽盖而构成货舱的通风筒。用于厨房和起居舱室的通风筒装有可调节螺杆，只需在室内旋转调节手轮就可达到调节开口大小的目的。这种通风筒船上使用较为广泛。

为满足一旦通风筒所在舱室发生火灾事故后能在外部将其关闭，菌形通风筒均在菌形帽盖的顶部或在筒体侧面设置操作手轮，以用于紧急情况时手动操作关闭通风筒，该类通风筒有的同时配备有风机和金属防火网。

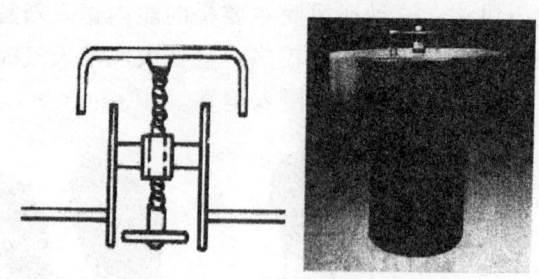

图 1-4-6　菌形通风筒

4）鹅颈通风筒

图 1-4-7 所示为鹅颈式通风筒（goose neck ventilator），有圆形、矩形和扁圆形三种型式，筒口除设有铰链式盖板外，还设有防鼠网，有的则设计成防浪型，主要用于物料间、储物间及类似舱室，多为中小型船舶使用。

图 1-4-7　鹅颈通风筒

2. 机械通风

机械通风（mechanical ventilation）是用风机（aerator）和管道把新鲜空气鼓入舱内或把舱内空气抽出，以达到通风的目的，主要用于起居舱室和货舱。图 1-4-8 为机械通风管系布置示意图。为避免在恶劣或潮湿天气时因通风的原因而使湿空气进入货舱引起货物潮湿，甚至发霉变质造成货损，可在普通机械通风机上加置除湿机或除湿剂，从而使输入舱内的新鲜空气变干燥。

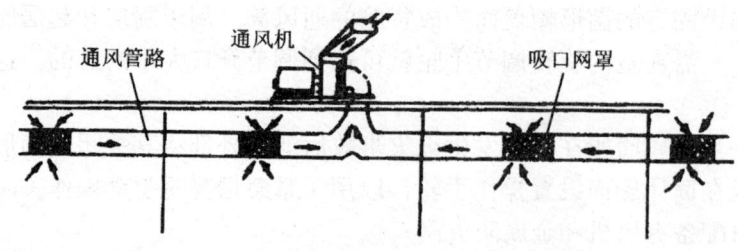

图 1-4-8　机械通风管路布置示意图

3. 空调系统

空调系统（air conditioning system）对外界空气进行过滤、加热（或冷却）和加湿

（或去湿），并把处理后的空气送至各舱室。其作用是调节舱室内的温度和湿度，制造人工小气候，并最终改善船员和旅客的生活居住条件。图1-4-9为空调系统示意图。

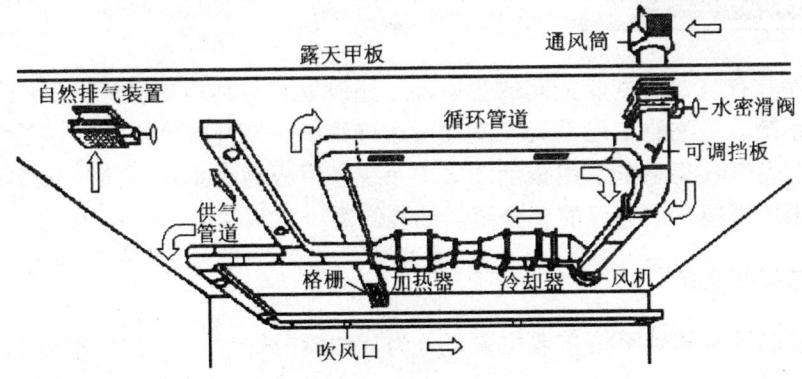

图1-4-9　空调系统示意图

船用空调系统一般有下述三种设置形式：

1）中央集中式

中央集中式是在船上设置一个中央空调，由其集中处理空气，然后用通风管路送至各舱室来调节舱室内的温度和湿度。这种形式多见于货船。

2）分组集中式

分组集中式是在船上设置几个中央空调，分别负担部分舱室，这种形式多见于客船。

3）独立式

独立式是在所需舱室安装的小型空调，仅对所设置的舱室起空调作用。

4. 通风管系的布置要求

（1）通风帽（筒口）应设在开敞甲板上，并尽量远离排气管口、天窗及升降口等处。

（2）依据《国际航行海船法定检验技术规则》及《1966年国际载重线公约》附则Ⅰ的有关规定，若通风筒位于"露天的干舷甲板和后升高甲板上，以及位于自首垂线起0.25L以前的露天上层建筑甲板上"，其在甲板以上的围板高度应不小于900 mm；若舱口位于"自首垂线起0.25L以后，且在干舷甲板以上至少一个标准上层建筑高度的露天上层建筑甲板上，以及在位于自首垂线起0.25L以前，且在干舷甲板以上至少两个标准上层建筑高度的露天上层建筑甲板上"，则其在甲板以上的围板高度应不小于760 mm。

（3）通风筒结构应坚固，并与甲板牢固连接，当任何通风筒的围板高度超过900 mm时，必须有专门的支撑。

（4）通风管不得穿过舱壁甲板以下的水密舱壁。

（5）应设有能在外部关闭通风筒的有效装置，以便在一旦发生火灾时能利用其迅速关闭通风筒控制火势。

（6）必要时通风筒口应设风雨密装置。

四、油船货油管系

油船除具有与普通货船相同的管系外，还设置有与其他船舶完全不同的各种系统，如货油装卸系统、货油舱扫舱系统、货油舱透气系统、惰性气体系统、洗舱系统、专用压载水系统、蒸发气收集系统、甲板泡沫灭火系统、甲板洒水系统、液位遥测系统、阀门遥控系统等。限于篇幅，本节仅简要介绍货油装卸系统、货油舱扫舱系统。

1. 货油装卸系统

一般油船的装卸管路按布置位置可分为货油舱内管系、油泵舱管系及货油甲板管系三部分。

1) 货油舱内管系

（1）货油舱内管系的类别

舱内管系的布置分线形总管式和环形总管式两类，环形总管又分单环式、双环式和多环式。线形总管式原则上每一货油泵设置一根总管，按装油配置要求（计及不同油种的装载分布）从各总管引出支管至相应油舱。线形总管式管系布置简单、操作方便、隔离可靠和混油可能性小；但装载油种的机动性不高，适用于运输油种固定、运量固定、航线固定的中小型油船。环形总管式是将两根线形总管相接，配以相应阀门，即成单环式总管；对具有3台货油泵的船舶，可形成两个或多个环形总管。环形总管式布置机动性好，但为避免混油需设置较多的隔离阀，操作管理较为复杂。

2) 舱内管系设计及安装要求

（1）各总管在第一个油舱内必须设有膨胀接头或弯头，以补偿管子的热胀应力，如用膨胀接头则应为伸缩型膨胀接头。

（2）应防止混油现象的发生，对装载两种或两种以上油品的油船，在环形总管的连接处以及总管与吸口之间均须设置两道阀隔离。

（3）除不足600 DWT（载重吨）的油船外，货油舱均设有双层底，为此吸油口可布置在油舱的底面以上或设置在凹入的吸油井内，吸油口应布置在船舶卸油状态时的最低点，距舱底应不超过100 mm。

（4）如货油舱为直接注油型设计，注入管应伸入舱内，其开口应使货油沿舱壁流下并尽可能接近舱底，以减少产生静电的可能性。

（5）当考虑通过吸入管装注货油时，应设有旁通管，绕过货油泵，将吸入管与甲板输出管连通（旁通管上设截止阀）。

3) 油泵舱管系

油船一般都在机舱前部设有油泵舱，为货油舱服务的大部分设备均安装在泵舱内，主要有货油泵、专用压载泵、扫舱泵、洗舱加热器等。

泵舱内管系的设计应满足下列要求：

（1）各货油泵的吸入管接自舱内管系的各总管，各总管接入泵舱后，必须设置防火型隔离阀。

（2）如果货油舱内采用环形总管，则各货油泵之间不必连通；如果货油舱内采用线形总管，则各货油泵的吸入管应相互连通，以便任一台泵发生故障时，可以由其他泵代替工作。

（3）各货油泵的吸入端应装有气体分离器（真空装置），以去除货油中的空气，防止油泵的损坏。对于原油船，还应装有过滤器；但对于成品油船或其他装载干净油种的油船可以不设过滤器。

（4）如某一货油舱需作为油船的应急风暴压载舱，则货油泵应能经海底阀吸入海水压至该舱，并能从该舱抽出污压载水，按防污染要求直接排至舷外、污油水舱或岸上接收设备。

（5）离心式货油泵的排出端应设排量调节阀和止回阀，用于调节货油泵的排量及压力和防止各货油泵出口因连通而发生混油。

（6）每台货油泵均由一根独立排出管引出泵舱与上甲板货油管系接通。

（7）用货油泵进行原油洗舱的原油船，洗舱原油供给管可接在货油泵出口排量调节阀之后，以便调节洗舱油压。

4）甲板管系

货油甲板管系接自货油泵的排出管，由纵向总管、横向总管及装卸油站等组成。

（1）纵向总管

纵向总管自货油泵排出管引出，至船中部与横向总管相接。在纵向管路上每隔15~30 m应设置一只膨胀接头，各管段的法兰连接处应用导体进行电气连接，并最终接地，防止由摩擦或静电产生火花而发生火灾。

（2）横向总管

横向总管由纵向总管引向两舷的装卸油站。每一根横向总管上还设有与货油舱总管连通的支管，以便货油可直接通过货油舱内的货油总管注入各货油舱；为方便货油的装卸，各横向总管之间还相互连通，连通管上应装设双道隔离阀。

（3）装卸油站

装卸油站设于横向总管的两舷，用于货油的装卸、燃油和柴油注入及蒸发气收集系统的接岸。总管末端下方设有集油槽，货油装卸管位于装卸油站的中间，两边为燃油和柴油的注入管，最外档的是两根蒸发气接岸总管。

2. 货油舱扫舱系统

在油船上，货油装卸管路吸油口的口径较大，不可能完全贴近舱底，因此卸油时油位低到一定程度后，油类不能及时地从各处流至吸油口附近，流体就会产生旋涡，使空气通过吸油口进入管内，从而影响泵的排量，甚至吸不上货油。所以当油位低于一定高度时，必须利用扫舱系统继续完成卸油工作。

1）货油舱扫舱系统的作用

（1）抽吸货油舱内的残油、使留舱残油尽可能少；

（2）抽吸货油管内及货油泵等设备内的残油；

(3) 在洗舱时，舱内的积水可用扫舱系统排出。

2) 扫舱系统的形式

扫舱系统主要有自动扫舱系统和独立式扫舱系统两种。

(1) 自动扫舱系统

自动扫舱系统适用于采用离心泵作为货油泵的大中型油船，主要用于抽吸货油舱内的残油，使留舱残油达到最少。由于这种系统仍利用货油泵进行扫舱，因而一般仍需设置一台小排量扫舱泵，以抽空货油管及货油泵中的残余货油。

自动扫舱系统主要有真空式自动扫舱系统、喷射式自动扫舱系统及再循环自动扫舱系统三种形式，目前应用最多的是真空式自动扫舱系统。

(2) 独立式扫舱系统

独立式扫舱系统仅利用扫舱泵进行，设置独立的扫舱总管，一般适用于中小型油船。

3) 扫舱管路

(1) 扫舱支管

对于大中型油船，因设置自动扫舱系统，且为简化货油管系，一般不设专用扫舱管路，而以货油吸入管兼作扫舱总管。每个货油舱内装设管径较小的扫舱支管和吸口，接至货油总管。卸油时，当舱内油位下降至接近主吸油口时，关闭主吸油阀并开启扫舱吸油阀，同时用扫舱泵进行扫舱卸油。

(2) 独立扫舱管路

独立扫舱管路的扫舱总管和货油总管并行敷设，各货油舱都有扫舱支管和扫舱总管相连，扫舱总管和扫舱泵连接，此种设置大中型船舶很少使用。

(3) 扫舱吸口

扫舱吸口的位置应低于货油主吸口，并尽可能接近货舱底部。如货油舱内设有吸油井，则扫舱吸口应尽量布置在吸油井内。

4) 扫舱泵

扫舱泵一般应采用自吸性能好的蒸汽往复泵或电动螺杆泵。其作用是抽除货油舱内的残油，货油总管内的油，Ⅰ、Ⅱ级污油水舱内的污油，货油泵排出总管内的油，货油设备的泄放油，泵舱舱底水和海水（如兼洗舱）等。

五、其他管系

1. 消防管系

消防管系（fire extinguishing system）是指船舶按规范规定设置的各种固定式灭火系统。船上常用的固定式灭火系统有：水灭火系统（water fire extinguishing system）、气体灭火系统（gas fire extinguishing system）、泡沫灭火系统（foam fire extinguish system）、水雾灭火系统（water fog fire extinguishing system）、自动喷水系统（automatic sprinkling fire extinguishing system）及惰性气体系统（inert gas system）等，有关规范对上述灭火系统均做了非常严格和明确的规定。

在上述各灭火系统中，水灭火系统的甲板管系除用于灭火外，平时还可用于冲洗甲板，起锚时冲洗锚链和锚；与手提式泡沫枪装置配套使用；散货船与可装载散装货的多用途船用其对货舱进行初洗；老式散装货船用其向顶边舱灌装压载水等。

2. 日用水管系

日用水管系（domestic water supply system）用于供应船舶管理和船员生活用水，主要有日用淡水系统（domestic freshwater system）、日用热水系统（domestic warm water system）及饮用水系统（potable water system）等，一般有重力水柜、压力水柜、循环泵三种供水法。

3. 甲板排水管系

甲板排水管系（deck scupper system）是用于排除甲板或地板积水的系统，主要由甲板排水器（deck scupper）和排水管（deck scupper pipe）组成。

甲板排水管系应满足如下要求：

（1）为防止污物进入排水口而堵塞排水管，在排水口处设有多孔的盖板；

（2）非封闭的上层建筑和甲板室的排水管和泄水管应引至舷外；

（3）排水孔应避免开在救生艇及舷梯的吊放区域内，否则必须设置挡水罩或其他有效装置；

（4）穿过外板的排水管和泄水管管壁必须加厚；

（5）为防止海水倒灌，在所有开口排至舷外的排水管下口设有止回装置，即起源于非封闭处所的任何水平面上的泄水孔和排水管，不论是在干舷甲板以下大于450 mm处或是在夏季载重水线以上小于600 mm处穿过外板，均应在外板处设置止回阀（除满足有关要求者可省略外）。

4. 卫生排泄系统

卫生排泄系统（sanitary water system）是船上冲洗卫生设备的系统。为防止造成海洋污染，必须先经粪便处理系统处理，方可排放入海。

第二章 货舱、舱盖及压载舱

本章学习目标

1. 掌握货舱、舱盖及压载舱PSC检查的内容；
2. 熟悉货舱、舱盖及压载舱的状态评估及保养方式。

第一节 货舱、舱盖及压载舱检查

一、散货船舱内水位探测报警系统

散货船货舱水位探测报警系统（water ingress detection alarm system）的安装目的是及时了解船舶货舱意外进水的情况，以便及时采取相应的措施，保障海上生命财产的安全。

1. 安装规定

500总吨及以上国际航行的所有散货船，在货舱、压载舱和干燥处所安装符合规定要求和型式认可的水位探测器。

2. 具体要求

（1）在每一货舱内，当水位达到或高出任何货舱内底0.5 m时应发出一个听觉和视觉报警，并在水位高度达到不小于货舱深度15%但不超过2 m时也应发出一个听觉和视觉报警。

(2) 对于用作水压载的货舱,可安装一个报警越控设备。

(3) 听觉和视觉报警器应能将每一货舱中探测到的两种不同的水位明显区分开。

(4) 防撞舱壁前方的任一压载舱中,当舱内的液位达到不超过舱容的10%时应发出一个听觉和视觉报警。应安装一个报警越控设备以便当使用该舱时,使其水位报警越控。

(5) 除锚链舱以外,任何干燥处所或空舱,延伸至首货舱前方的任何部分,在水位高出甲板0.1 m时应发出一个听觉和视觉报警。但在容量不超过船舶最大排水量的0.1%的围蔽处所,不必安装此类报警器。

(6) 探测系统的听觉和视觉警报器应安装在驾驶室。

(7) 探测设备包括安装在货舱和其他处所的传感器、过滤器以及探测器的保护装置。探测设备应有适于所有拟装货物的腐蚀保护。

(8) 水位探测系统应由两个独立的电源供电,并有故障报警指示。

(9) 对水位探测器的安装要求:

① 传感器应尽可能安装在货舱后部靠近中心线,或货舱的左右舷有保护的位置上,该位置应使传感器测出的水位能代表货舱的实际水位;

② 探测器的安装不应阻碍任何测深管或其他用于测量货舱或其他舱室水位测量器具的使用;

③ 传感器和设备应安装在便于对其进行检验、维护和修理的地方;

④ 探测器设有的任何过滤器部件应能在装货之前予以清洗;

⑤ 安装在货舱内的电缆和任何相关联的设备应有防护,例如装在结构牢固的管道内或有类似防护的位置上,以免其被货物或与散货船操作相关的装卸机械损坏;

⑥ 船舶结构、电气系统或管系的任何改变或改装(如涉及切割或焊接)应在施工之前经相应船级社批准。

二、港口国监督检查对货舱、舱盖及压载舱的检查情况

港口国监督(PSC)在世界各地的发展和普及及监督标准的提高,随之带来的是检查程序更加严格、范围更广及频度更高。为了应对PSC检查,对船舶的货舱、舱盖及压载舱进行有效的检查、评估和报告是十分必要的,以免被滞留而使船期延误,甚至严重影响船公司和中国船旗的声誉。

1. PSC检查的一般过程

舱盖及货舱等部分状况不仅是形成最初印象的重要内容,也是SOLAS公约中关于船舶稳性与结构等具体要求的重要内容。

港口国监督检查官(PSCO)在登轮前,一般首先要对船舶外观总体状况进行观察,以获得对船舶的最初印象。然后检查证书、巡视各层甲板及有关舱室、设备等,从而获得对船舶的实际总体印象。如未发现明显缺陷依据,则结束检查;如怀疑船舶可能存在严重缺陷,则进行详细检查。对在详细检查中发现严重缺陷,且足以构成滞留的,便采取滞留

船舶的措施。当然，在初步检查过程中也可能发现严重的可滞留缺陷，从而滞留船舶。

船舶纠正缺陷后，可申请复查，经港口国监督检查官员复查合格后，解除船舶滞留。对一般缺陷，港口国监督检查官员给出处理意见，如需复查，经复查合格后，船舶可以开航。

2. 货舱、舱盖及压载舱PSC检查现状分析

根据对近几年亚太地区与货舱、舱盖及压载舱有关的滞留缺陷进行分析，这些缺陷主要涉及船体结构及载重线两个方面。

1）涉及船体结构方面的缺陷

（1）压载舱和货舱内结构

压载舱和货舱内的构件，经常会出现因腐蚀（海水、货物）、应力集中等引发的断裂、严重减薄（形状如刀片）等严重缺陷，这主要是船舶厂修、维护保养不到位所致。压载舱内经常发现缺陷的构件有甲板纵骨、舷侧纵骨、环型框架、加强筋、三角肘板等，货舱内经常发现缺陷的构件有舱盖内框架、舷侧肋骨下肘板、内底板等。

（2）船壳板、甲板及舱壁结构

在港口国监督检查中，经常因船壳外板、甲板、舱壁方面的严重缺陷而导致船舶滞留。在这方面较多的缺陷主要有因锈蚀或损坏导致舱壁、甲板等穿孔或开裂，如顶边舱横舱壁、双层底舱横舱壁、上层建筑和甲板室围壁、CO_2间围壁，或甲板、主甲板、舱口间甲板等。

需注意的是，因操作不当或天气原因致使船体损坏，存在影响船舶安全航行的缺陷，而船舶和公司又未能及时报告给船级社和港口国当局的。存在这类缺陷，港口国监督检查官将会滞留船舶，一个原因是船舶确实存在缺陷，另一个原因是船舶没有按照安全管理体系的要求进行及时处理。有多艘船舶因发生碰撞、搁浅造成船体损坏没有及时报告而导致被滞留。

2）涉及载重线方面的缺陷

涉及载重线方面的缺陷主要包括货舱舱盖和舱口围、通风筒和空气管、人孔和甲板开口、栏杆、载重线标志、门等。其中通风筒和空气管、舱盖和舱口围等构件的缺陷是港口国监督检查中常见的缺陷，也是导致船舶滞留的一个主要方面。

（1）舱盖和舱口围

舱盖严重锈蚀或洞穿，锁紧装置（夹扣、锁紧装置、螺栓）损坏，密封胶条老化或损坏，链条和钢丝绳状况不好等，致使无法保证舱盖水密。舱口围及其加强结构锈蚀严重、破损以及舱口围变形（此种情况主要发生在木材运输船上）。

（2）通风筒和空气管

通风筒和空气管方面的缺陷，是船舶发生滞留的高发项目，在澳大利亚尤为突出。常见的缺陷有：通风筒或空气管不能正常关闭或其关闭装置丢失，通风筒或空气管管壁锈蚀穿孔或损坏，通风筒或空气管高度不够，空气管管头或浮子严重锈蚀等。

（3）风雨密门

风雨密门方面的缺陷主要有两类，一类是首楼和主甲板上门的门槛高度不够，另一类是部分水密门或风雨密门因变形、门边缘严重锈蚀或胶条老化等，无法保证风雨密或水密。

（4）栏杆、通道

部分运输大型桥吊的船舶，因装卸货需要，在装卸货时需要把栏杆割除，但在装卸货完成后未能及时把栏杆焊接回去，造成船舶两舷没有栏杆；船舶栏杆损坏严重或生活区的楼梯没有护栏，楼梯踏板严重锈蚀，影响到船员的安全。

（5）除舱口外的各种开口

舷窗风暴盖丢失或缺少锁紧螺栓，舷窗玻璃破损，窗户边框翘曲等，这多与船员日常维护工作不到位有直接关系；舷侧排水孔因杂物堵塞，甲板上测深孔没有盖子或者盖子不是螺纹盖等；人孔围板高度不够，人孔或小舱口围壁过渡锈蚀甚至锈穿；另外，人孔或小舱口盖的螺栓状况不好或者丢失，也比较常见。

（6）载重线标志

船舶缺乏必要的保养，使得船舶载重线标志不清楚无法识别，也是港口国检查中常发现的缺陷。

第二节　货舱、舱盖和压载舱状态的评估及保养

一、货舱、舱盖和压载舱状态的评估

针对货舱、舱盖和压载舱的PSC检查，船舶应有的自查与评估是必须的。

船体和甲板基本保养状况的优劣程度是PSCO对船体结构好坏认定的第一印象，尤其是船壳板、舱盖及舱口、梯道、栏杆和管路盖板的锈蚀程度和损坏情况将直接影响到检查官员是否需要进行"更详细检查"的重要依据，因此，优秀的保养状态、良好的船容船貌是顺利通过船体结构检查的首要因素。

其次，根据船舶抵港前货舱、舱盖与压载舱部分PSC自查项目表（如表2-2-1）所示进行自查，也是有效的手段之一。

表 2-2-1　船舶抵港前货舱、舱盖与压载舱部分 PSC 自查项目表

类别	检查项目	检查要求	自查结果
文件	维护计划	船舶结构与设备的维护保养已按照计划进行,状况良好,无明显缺陷或缺陷已经按照程序要求上报公司	
与载重线有关的结构与设备	通风筒	通风筒的围壁、支撑结构状况良好,无明显锈迹及破损洞穿或其他临时性修理措施(如粘贴胶布等)	
		通风挡板完整、活络、无破损洞穿	
		风雨密关闭装置结构完好,开关活络,能有效开启和关闭,"开""关"方向及舱名标志清晰	
	空气管	空气管及管头结构(特别是管子根部及背部不易保养的部位)良好,无明显锈迹及破损洞穿。浮球活络水密,工作正常,防火网无破损	
	水密门	水密门结构状况良好,能有效关闭,就地及遥控开关正常,声光报警正常,液压系统无渗漏痕迹	
	载重线标志	甲板线、所有载重线标识清晰、准确且与背景颜色反差明显	
	货舱舱口	舱盖、舱口围板及附连的肘板结构良好,无明显锈蚀、裂纹、破损洞穿及变形	
		舱盖关闭正常,橡皮胶条完整且有弹性,表面无油漆,无明显漏水痕迹	
		开关装置的滚轮、导轨、铰链状态正常,无过度腐蚀,液压管路无泄漏,系固螺栓完好且无过度腐蚀,舱盖上的卡扣、舱口围下的止回泄水阀状况良好	
	干舷甲板上除货舱舱口外的各种开口	盖板、围板及附连的加强结构良好,无明显锈迹、破损洞穿及变形	
		盖板关闭正常,橡皮胶条完整且有弹性,表面无油漆,无明显漏水痕迹	
		各种人孔、小导门、测量管结构良好,无明显锈迹、破损洞穿及变形	
		盖板关闭正常,橡皮胶条完整且有弹性,表面无油漆,无明显漏水痕迹	
		各种标识清楚	
船体结构	船壳板	水线上船壳板无开裂、洞穿、严重变形(每档肋距范围内不超过 8 mm),无漏水现象	
	压载舱	压载舱液位无异常变化,其周围处所无进水发生,压载舱导门状况良好,无严重锈蚀、螺栓丢失	
		压载舱内构件无严重腐蚀、裂纹或洞穿	
	货舱	货舱污水井液位无异常变化,具备条件时进入货舱对货舱内部构件进行目视检查,无明显锈迹、洞穿、裂纹及严重变形(每档肋距范围内不超过 8 mm),无明显渗水痕迹	
	舱壁	货舱舱壁、边舱横舱壁、双层底横舱壁等表面无严重锈蚀、洞穿、裂纹及严重变形,无明显渗水痕迹	
	甲板	主甲板结构良好,无明显破损、洞穿、裂纹及严重变形(每档肋距范围内不超过 8 mm),无明显渗水痕迹	
其他	散货船舱内水位探测报警系统	散货船货舱、压载舱、干隔舱进水报警系统试验正常	

二、货舱、舱盖和压载舱的保养

1. 每次货物装卸后进行的维护保养措施

（1）清扫舱口围板顶部并移除任何的残渣或设备。

（2）清除排水孔及阀的货物残渣。

（3）排水阀盖应用链条连接，但不能拧紧，必须准备好一旦在货舱失火或进行熏蒸作业时能立即进行操作。

（4）清扫舱口围时，检查围板的损坏及磨损情况，特别是压杆、降落垫、轮轨和任何开槽的围板顶部，尽可能将严重的或需将来修理的损坏做好记录。

（5）如果货物是细颗粒状，注意检查及清扫密封胶条的表面，并对其特别保护。

（6）卸货完成后，检查梯子、测量管、支架和舱口围板内表面等货舱内部结构的机械损坏情况。

（7）确认测量管清爽且没有损坏。

（8）检查液压系统的渗漏情况，特别是接头、阀箱、管子及软管，必要时进行维修。

（9）检查由抓斗或货物引起的舱口围板焊缝的损坏情况，并视情况对其进行修理。

（10）检查舱口围板内侧条状锈迹，这表明舱盖有渗漏，采取措施进行修理并清除旧的锈迹和污渍。

2. 每三个月进行一次的维护保养措施

1）各种机械装置

（1）对轮轴、导索滑车轴、铰链轴等加油润滑，对液压钢瓶加装保护套。

（2）检查铰链轴的损坏情况，必要时进行修理。损坏的铰链轴会导致盖板侧滑及盖板横接缝密封失效。

（3）对栓楔、驱动链轮、齿条及液压钢瓶的球形轴承加油润滑。

（4）检查并校正驱动及牵引链器。

（5）确保舱盖连杆销套及链条没有过度磨损或失调。

（6）舱盖板间的牵引链条应经常调校或成对换新，绝不可使链环扭曲而变长，也不得减少或增加链环。

（7）从制造商提供的使用手册中可查得精确的牵引链条长度尺寸，如果使用手册中没有此数据，则牵引链条中间部位的下沉量与拉直状态相比约等于一个拳头的宽度是合适的。

（8）应注意的是，过度的压紧舱盖板并不能增加舱盖的防水能力。

2）密封胶条

（1）检查密封胶条是否老化，是否有机械损伤或永久变形。

（2）当压力过大导致密封胶条厚度减少 12~16 mm 时，舱盖钢板与舱口围板钢板会直接接触，注意查看制造商提供的使用手册或联系制造商得到准确的压力值。

（3）当舱盖完全打开时，密封胶条应恢复到初始的状态，当然，新胶条在初次使用后会出现1~2 mm的永久变形。

（4）一旦密封胶条的永久凹陷达到其承受设计压力时形态的70%，将会导致舱盖发生渗漏现象。

（5）除非船舶即将进入极寒的环境，否则不得将橡胶密封垫或密封胶条等涂润滑油。甘油基润滑油可用于压杆的润滑，以防与保护套的粘连。

（6）油漆舱盖板时，确保密封胶条不得涂刷油漆，以防密封胶条表面发生油漆粘连。

（7）更换密封胶条时，检查并确保所有钢制部件处于良好的状况，胶条与钢制部件间的缝隙不超过允许的公差；密封胶条固定槽及压杆应笔直无弯曲且无锈迹。

（8）对于新安装的密封胶条，应注意如果忽略对钢制部件与钢制部件或橡胶部件与钢制部件连接处接触部件的检查，则可能导致过度挤压、变形及撕裂情况发生。除非时间很短，否则应避免此类情况的发生。

（9）更换密封胶条时，需清扫胶条固定槽，并用对胶条无损的防腐油漆涂刷，且应使用制造商提供的特殊胶黏剂粘贴。

（10）胶条一旦需要更换，通常是整体更换，比如整个舱盖板横接缝或整根边条。如果在紧急情况下只更换部分长度，则在接头处加入一由硬橡胶做成的楔形嵌接头，将嵌接头以认可的方式嵌入旧胶条中，使接头处旧胶条的表面抬高与新胶条表面一致，且这个长度在任何情况下都不得超过1 m。

（11）如果没有备用密封胶条，作为短期的修理，则可使用5 mm或10 mm的衬垫橡胶包裹在原胶条的外部以帮助恢复胶条的压力。

（12）通常情况下，宁可修理密封胶条也不要使用舱口封胶带，经常性的使用舱口封胶带会从根本上导致局部严重的腐蚀甚至发生严重的水密性问题。

3）液压系统

（1）检查顶油箱油位，需要时加满；检查所有液压阀看是否有泄漏迹象。

（2）检查液压钢瓶阀门的平衡状态，不正确的平衡会导致舱盖板扭曲或坠落舱内。

（3）每5年或在大的修理后冲洗液压系统，此操作需由专业人员执行。

4）结构方面

（1）检查舱盖牵引装置面板、容器托架周围的钢结构、系固点及夹具支架等，以防因焊接或锈蚀导致的裂纹。

（2）特别注意液压钢瓶托架、附属装置及舱口围板支撑构件的任何过度磨损、变形或裂纹迹象。

（3）检查舱盖板横接缝及侧板上的钢制部件与钢制部件接触表面的状况，盖板横接缝的泄漏是货舱进水的主要原因，因此，在此处适当的钢制部件与钢制部件连接措施和准确的压力维护是必要的。橡胶密封垫损坏的最常见原因是钢制部件与钢制部件连接处的不良保养。

（4）最初建造时，相邻面板的顶钢板处于同一平面上，在钢制部件与钢制部件连接处的顶钢板间有任何的高低不平偏差时，必须对其加以修正。

（5）检查梯子及扶手的焊接情况。

(6) 检查将要开启的通风机状况，其密封应是完整的。

(7) 检查所有将要启动的防火挡板，打开所有关闭的销轴并加油润滑使之处于良好状态。

(8) 检查货舱道门的锁紧机构、门封及背面锁紧机构。

(9) 检查空气管及测量管的关闭面板。

3. 每九个月进行一次的维护保养措施

这一小节的维护保养措施须在已经进行了前两次的维护保养之后进行。

(1) 检查船上所携带备用品的数量和状况，使之处于良好状态。

(2) 注意橡胶密封垫和橡胶黏合剂都有使用期限，所以在从制造商处购买时应注意其生产日期。

(3) 通过分析来检查系统中液压油的状况。

(4) 检查安全锁紧装置和液压系统的保险开关，在运转中对其进行试验。

(5) 检查所有甲板上的测量管、注入管和空气管的焊接状况。

(6) 检查货舱梯子的拉索及其附属焊接装置，有任何缺陷进行修复。

(7) 注意任何与上一次报告的变化及任何需要关注的缺陷，或者在下一个维修周期需要永久修复的部位。

4. 平时维护保养和自查时应注意的事项

(1) 对船体结构因锈蚀或受损而造成的穿孔、裂口、裂缝等应进行永久性修复。

(2) 舱盖、通风筒、水密门、货舱道门都要保持良好的水密性能与封闭功能。

(3) 测量孔盖齐全有效。

(4) 压载舱空气管透气正常。

(5) 载重线标志、水尺标志、船名、船籍港标志清晰。

(6) 积载应符合船体局部强度和总纵强度要求，不能超载且要达到适航的稳性值和浮态。

(7) 散装船要特别注意各横舱壁、顶边舱的纵桁、横框架、斜底板等处是否有扭曲变形现象。

第三章 装卸设备

  本章学习目标

1. 了解货物装卸设备（起重机、重型吊杆等）的种类、结构及其操作；
2. 掌握货物装卸设备的检查、维护和保养。

装卸设备也称为起重设备，系指安装于船上或海上设施上的吊杆装置、吊杆式起重机、起重机以及升降机和跳板等，用以吊运或载运货物、设备、物品及人员等的设备。

目前，现代船舶上普遍采用的装卸设备是起重机，而吊杆式起重机和吊杆装置是货船传统的装卸设备，在早期的货船上广泛使用，现已很少有船上还有此类设备。故本章仅介绍起重机、重型吊杆及装卸设备的检查、保养、试验等内容。

第一节 甲板起重机

甲板起重机俗称克令吊（crane），于20世纪60年代开始在船上使用。它的优点是工作面积大，机动灵活，操作方便，在装卸作业前后没有烦琐的准备和收检索具等工作，并且重量轻，占地少，装卸效率高等。因此，起重机是目前现代船舶上采用最为普遍的一种起重设备。其缺点是结构复杂，投资高，维修难度较大。

第三章 装卸设备

一、起重机的种类、结构及其操作

船用起重机按其动力源的不同，可分为电动式和液压式两种。其中电动式起重机使用比较广泛。按其使用方式的不同，又可分为回转式、悬臂式和组合式三种。

1. 回转式甲板起重机

1）回转式甲板起重机的结构

回转式甲板起重机（whirley crane）由基座、回转塔架、吊臂、操纵室和操纵装置等组成。如图3-1-1所示。

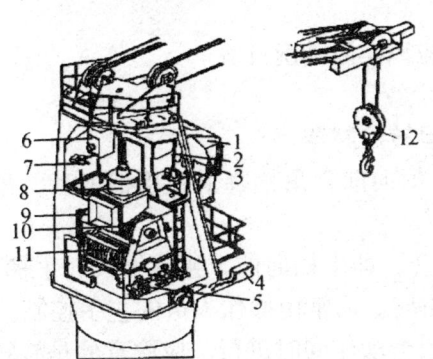

图3-1-1　回转式起重机

1—操纵室（cabin）；2—变幅/旋转操纵杆（control lever for slewing / luffing）；
3—起货操纵杆（control lever for hoisting）；4—吊臂（jib）；5—油马达（oil motor）；6—上油柜（head tank）；
7—过滤器（oil strainer）；8—冷却器（oil cooler）；9—限位器箱（differential limit switch box）；
10—变幅绞车（luffing winch）；11—起货绞车（hoisting winch）；12—吊货滑车（falling block）

起重机基座一般穿过甲板与船体主结构进行有效连接，并有旋转支承装置（即上座圈、下座圈、外围支承板）和旋转结构（即电动机、小齿轮、大齿轮）。回转塔架支撑在基座上，包括上、下两层，上层为操纵室，下层装有三部电机，分别控制吊货索起升、吊臂的变幅及塔架旋转。吊臂根部固定在回转塔架底部，可绕根部支点上下俯仰，其头部有两套滑轮组供吊货索和千斤索用。

起重机参数随重机使用方式不同而有所不同。例如：

上海船厂制造的电动式甲板起重机，其基本参数如下：

起重量　　　　　5 t；
起升速度　　　　18.9/36/73 m/min；
旋转速度　　　　1.1/0.53/0.28 r/min；
变幅时间　　　　27.8/57/109 s；
工作倾角　　　　27°~79°；

最低放置角	8°;
工作幅度	3.5~16 m;
回转角度	360°;
船舶倾角	横倾5°，纵倾2°，超过时应以实际情况计算。

日本三菱重工生产的液压式甲板起重机，其基本参数如下：

起重量	30 t;
起升速度	16.5/33/60 m/min;
旋转速度	0.8 r/min;
变幅时间	37 s（在4.0~22 m工作范围内）;
工作幅度	4.0~22 m;
回转角度	360°;
船舶倾角	横倾5°，纵倾2°，超过时应以实际情况计算。

2）回转式甲板起重机的操作主令

在起重机操纵室里，座椅两侧分别装有电机运转控制器。

单主令：控制吊货索升降的为单主令，即手柄向前，吊钩降下；手柄向后，吊钩上升。通常由操作人员的右手控制。

双主令：控制吊臂变幅和塔架旋转的为双主令，即手柄向前，幅度增大；手柄向后，幅度减小；手柄向左，塔架左转；手柄向右，则右转。通常由操作人员的左手控制。

以上三个动作可单独，也可两两组合，甚至三个动作同时进行。应注意的是旋转手柄在"0"挡时，刹车合上，定子断电，转子为自由状态；"0"挡左、右位各有一空挡，此时刹车松开，定子断电，转子为自由状态。

2. 悬臂式甲板起重机

除回转式甲板起重机外，有的船舶配备了悬臂式甲板起重机（cantilever crane），主要用于集装箱类货物的装卸。图3-1-2所示的是一种比较新型的甲板起重机。它利用伸出舷外的水平悬臂和在悬臂上行走的滑车组来吊装货物。其工作原理为：

（1）起重机可沿甲板上的轨道前后移动，悬臂可向两舷侧伸出；

（2）在起重柱上设有水平悬臂代替吊杆，利用悬臂牵索把悬臂拉出舷外，而滑车组可沿着悬臂前后滚动。

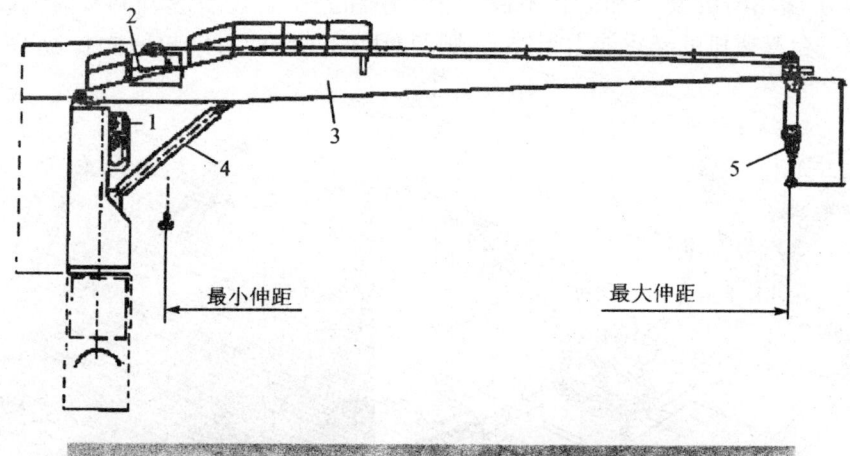

图3-1-2 悬臂式起重机

1—操纵室（cabin）；2—起货机（hoisting winch）；3—吊臂（jib）；4—液压千斤顶（hydraulic cylinder）；
5—吊货滑车（falling block）

3. 组合式甲板起重机

组合式甲板起重机（team cranes）又称双联回转式起重机（twins crane），其结构特点是：由两个单回转式起重机装于同一个转动平台上，它们可以各自进行独立的作业，也可以合并在一起作业，用于起吊重量大的货物，如重大件货、集装箱等。它是随着货物运输的多样化、装卸设备的多用途、大吨位发展而出现的。这种起重机采用电子计算机控制，可以在操纵室内控制，也可进行遥控操作，使并机工作实现在三个自由度的同步作业。

当两台起重机单独作业时，应将操纵室内的转换开关置于"单吊"位置，安装在公用大转盘上的两台起重机互相脱开，分别绕各自的小转盘旋转。最大旋转角度为220°左右，这样如两个起重机同时作业于相邻的两舱，回转时可能进入干涉区域，为了有效地防止两起重机相互碰撞，设置了相应的安全装置，即在140°的范围内设置相应的极限开关。当一台起重机进入干涉区时，极限开关工作，另一台起重机不能越出140°的范围，从而避免两吊发生碰撞。

当两台起重机组合起吊重大件时，将操纵室的转换开关置于"双吊"位置，两台起重机相互连锁，绕公共大转盘一起转动，由主吊的操纵手柄控制起重机操作，可回转360°，两台起重机的吊货钩通过"吊货横梁"连接起来。组合后的起重机有主吊和副吊之分，为了保证双吊使用时的安全和运转平稳,在主吊和副吊上设有起升同步装置和变幅同步装置。如果一台起重机的起重能力为25 t,则两台联合工作时可以起吊50 t,如图3-1-3所示。

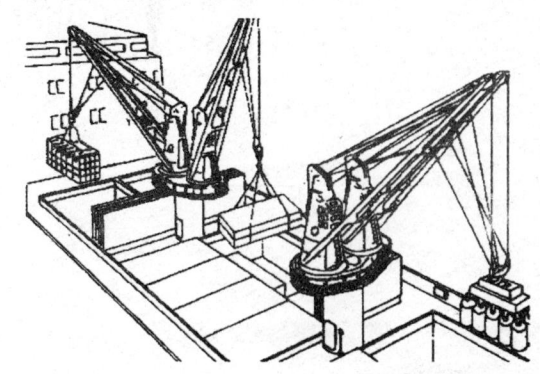

图3-1-3　组合式甲板起重机

二、起重机的控制与安全装置

1. 起重机的控制装置

起重机设有起升、回转、变幅和行走(如适用时)机构的控制系统,能够有效控制速度、运转方向与停止运转确保作业安全。

2. 起重机的安全装置

(1)起重机设有保险限位装置:

①起升高度限位器:限制吊钩组合进入吊臂头部是由差动型装置来限制的,不管吊臂在什么位置,当吊钩组合在距吊臂头部一定距离时(约2 m),起升的上升方向与变幅的下降方向自动停止,但吊钩能放下,吊臂能上扬。

②最大与最小臂幅限位器:起重机工作幅度都设计有一定的范围,相应的吊臂仰角也有设计的最小和最大角度范围(例如27°~79°)。其角度的限制由装在塔架转台侧面受吊臂脚撞触的限位开关来保证。当仰角大于设计最大角度时,塔架头上装有两个缓冲器顶住吊臂的横档。如起重机某机构需要越过限位器所限制的位置(如需将臂架放平于支架),则设有可停止限位器动作的越控开关,此开关应适当保护,防止发生意外动作。吊臂需要放置于支架时,通过转换越控开关取消最小仰角限制。

③回转角度限位器:非全回转的甲板起重机回转角度受限制,需设此限位器。

④行程限位器:适用于行走式起重机与桥式起重机的行走吊车。行走式起重机与行走式吊车在行程限位器后还应设有缓冲器与缓冲挡座。

上述限位器动作后,应发出报警,切断运转动力并应能将吊运的载荷与起重机保持在限位器动作时的位置上,辅助起重机(如食物吊等)除外。

（2）起重机应设有超负荷保护或负荷指示器。超负荷保护应调整在不超过110%安全工作负荷时动作。具有不同安全工作负荷相应于不同臂幅的起重机，应设有臂幅指示器和在给定臂幅能自动显示最大安全工作负荷的载荷指示器，并在载荷到达95%安全工作负荷时应发出报警，到达110%安全工作负荷时能自动切断运转动力。

（3）起重机的各机构应设有制动器。起升与变幅机构的制动器应为常闭式，并应具有应急释放的装置以使任何载荷能下降与就位，制动器的安全系数（制动力矩与额定力矩之比）应不小于1.5。

（4）行走式起重机应装有夹轨装置，以防止起重机在风力或船倾作用下自动滑行，设有锚定装置，以供起重机停用时予以固定。

（5）起重机应设有声光信号装置。行走式起重机在轨道上行走时，应同时发出声光信号。

（6）紧急停止：起重机控制站应设有应急切断装置。用于在应急情况下停止起重设备工作，使起重机的升降、回转和变幅等动作立即停止。此应急切断装置应独立于起重机控制系统，并应具有清楚的标志与适当的保护以防止发生意外动作。

另外，吊臂最高、最低位置的限制由起升卷筒旁边的限位装置保证，同时防止钢丝绳松脱。吊钩放到最低位置（碰舱底板边角）时，卷筒上留有钢丝绳不少于3圈，吊钩升到最高位置时，卷筒上留出空槽约1圈。

三、起重机的操作注意事项

以回转式起重机为例：

1. 使用准备

（1）打开水密门以便检查或通风，天热时，须启动轴流风机。
（2）检查卷筒上的钢丝绳排列是否正常。
（3）升起吊臂，使仰角大于27°。
（4）检查刹车情况及安全装置的可靠性。

2. 运转要点

（1）禁止横向斜拉货物。
（2）平稳操作，避免急速启动和急速停止。
（3）注意吊钩位置，在吊钩着地后不得再松钢丝绳，也不得在地上拖吊钩。
（4）传动失灵时，可将货物放在地上和将吊臂放下，将电机的刹车小心、慢慢松开。
（5）切记起升吊货索应避免在舱口摩擦，平时应加强检查。
（6）发生紧急情况，按紧急开关使各动作停止。
（7）船舶横倾角较大（接近5°）和刮大风时，应避免在最大幅度旋转。
（8）在吊着货物时，操作者不能离开。

3. 放置

装卸作业结束后，应先将吊臂转到支架上方，再把旋转手柄放在空挡位置，然后脚踏转换开关，将吊臂落到支架上，再将旋转手柄回到零位。此时，变幅钢丝绳稍有收紧，切忌很紧或很松，以免钢丝绳在卷筒上松脱或乱绕，然后关闭各门窗。

第二节 船舶重型吊杆

为了满足装运大件货物的需要，有些杂货船除装置了轻型吊杆外，还在中间舱口或重点货舱口配备了重型吊杆（heavy derrick）。

重型吊杆系指安全工作负荷（SWL）大于 98 kN（10 t）的吊杆装置和吊杆式起重机。

一、重型吊杆的特点和种类

1. 重型吊杆的特点

由于重型吊杆的起重量大，其结构装置与轻型吊杆有所不同，主要表现在吊杆的根部、头部和索具三个方面，如图 3-2-1 所示。

（1）重型吊杆根部的承座通常不设在桅或起重柱的下部，而是直接安装在甲板或专用平台上，以承受巨大的吊杆轴向压力，另外，承座所在的甲板或平台下面设有支撑等加强结构。

（2）有的吊杆头部设有嵌入滑轮，其作用是改变吊货索的走向，减少吊杆的轴向压力。

（3）重型吊杆的千斤索和吊货索均采用多饼滑轮组，以减少起货机的负荷。

（4）为了提高重吊的利用率，有的重吊通过舱口倒换可供相邻的两个货舱使用。

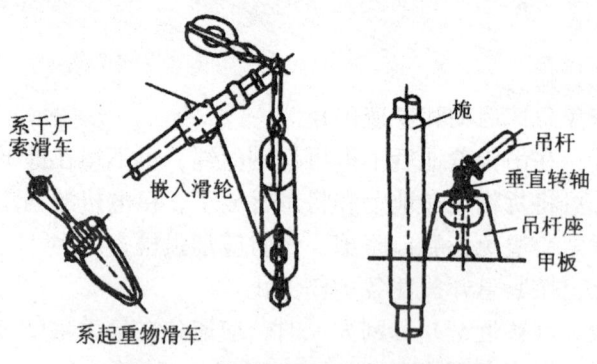

图 3-2-1　普通型重吊各部分示意图

2. 重型吊杆的种类

目前，船舶常用的重型吊杆有以下几种：

1) 普通型重吊

普通型重吊又称带嵌入滑轮重型吊杆，结构如图3-2-2所示。吊杆头部设有一个嵌入滑轮，吊货索的力端从吊货索滑车组的下部引出，经过嵌入滑轮和设在桅肩上的吊货索导向滑车引向起货机，这样通过嵌入滑轮的设置改变了吊货索的走向，从而减少了吊杆的轴向压力和千斤索的张力。千斤索也采用多饼滑车组，其动端从吊杆头部的千斤索滑车引出，穿过在桅肩上的千斤索导向滑车引向千斤索绞车。设置在吊杆头部左右的两根稳索则通过设在甲板上的导向滑车，由相邻货舱口上的起货机来操纵，吊杆的摆动是由收绞一边的牵索和松放另一边的牵索来完成的。

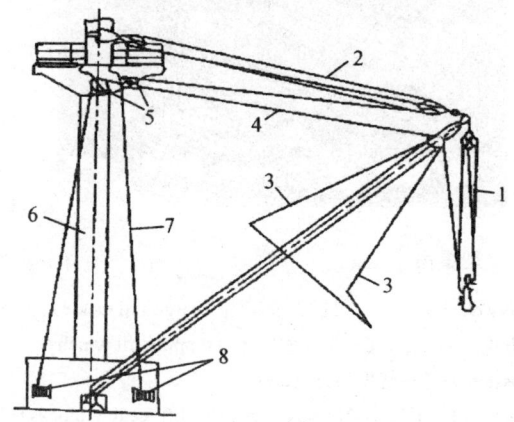

图3-2-2 普通型重吊

1—吊货索滑车组（cargo fall tackle）；2—千斤索滑车组（topping lift tackle）；3—稳索（guy）；
4—吊货索（cargo fall）；5—导向滑车（leading block）；6—桅柱（mast）；
7—千斤索（topping lift）；8—起货机（winch）

2) V型重吊

(1) V型重吊的组成及特点

V型重吊又称施特尔根（Stulken）重吊，它不仅改善了普通型重吊的操纵使用性能，而且起重能力大大增加，最大的可达500 t以上。其结构如图3-2-3所示。

V型重吊主要由两根呈V形布置的起重柱，一根重型吊杆，两台起货绞车，两台千斤索绞车，左、右两套千斤索索具和适用于其相邻两舱的吊货索索具等组成。

V型重吊无稳索装置，吊杆头部由两副千斤索滑车组引导，每一副滑车组由一个起货机带动，吊杆的变幅与旋转通过收绞或松放两根千斤索完成。同时收绞或松放千斤索可使吊杆仰起或俯下，单独收绞一舷的千斤索将使吊杆向同一舷旋转并慢慢仰起，单独松放一舷的千斤索将使吊杆向另一舷旋转并慢慢俯下。如果以同一速度收绞一舷的千斤索并松放另一舷的千斤索将使吊杆以大致相同的高度向绞收一舷做较快的旋转。如果两千斤索以不同的速度收绞，吊杆将向收绞速度较快的方向旋转上升；如果以不同的速度松放，吊杆将背向松出速度较快的方向旋转下降。

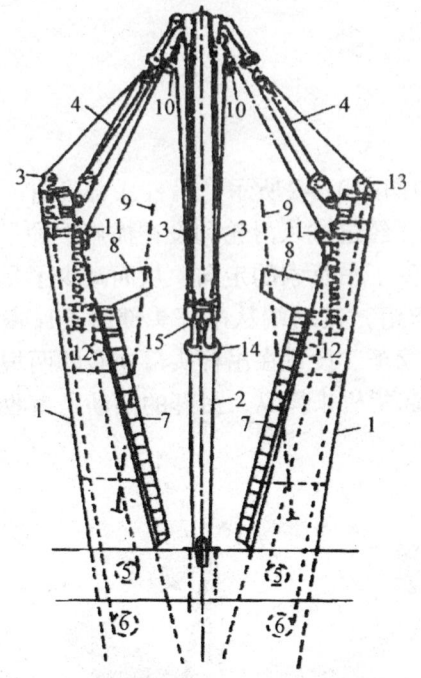

图3-2-3　V型重吊

1—起重柱（Samson post，SP）；2—重型吊杆（heavy derrick）；3—吊货索滑车组（cargo fall tackle）；
4—千斤索滑车组（topping lift tackle）；5—重吊起重机（winch）；6—千斤索绞车（topping lift winch）；
7—梯（ladder）；8—控制台（crosstree）；9—轻型吊杆（derrick）；
10、11、12—吊货索导向滑车（cargo fall leading blocks）；13—千斤索导向滑车（topping lift leading blocks）；
14—山字吊货钩（Flemish hook）；15—连接横杆（connecting traverse）

吊货滑车组采用无端法穿引，由两个上部吊货滑车和两个下部吊货滑车组合。滑车组钢丝绳的每一端先引向对应的转动头的滑车支座上的导向滑车，再引向吊货绞车。吊货滑车组由两部绞车来绞动，若只开动其中一部绞车，吊货钩升降的速度减半。

使用双吊货滑车组时，两个下部吊货滑车并接于一个连接横杆、山字钩，能吊起全部安全负荷。若使用单滑车组时则不需要连接横杆，山字钩与作业的滑车组相连接，只能吊起安全负荷的一半。

（2）V型重吊倒换舱口操作

V型重吊可通过倒换舱口供相邻的两个货舱使用，大大提高了重吊的利用率。吊杆越过双桅做前后方向倒换舱口操作有两种方法，但操作前，应严格按使用说明书允许的纵倾（吃水差）角度要求进行。

① 依靠吊货滑车组来操作

将两副千斤索同时以同样速度绞进，使吊杆仰角达86°~88°。这时应特别注意，由于吊杆与水平面接近垂直，若不注意，继续猛绞，会使千斤索眼板、滑车受到向下的拉力越来越大，以致把吊杆索具损坏。

将吊货钩及连接梁从下滑车拆下,其中一个滑车系在吊杆根部的固定眼板上,如图3-2-4所示。另一个滑车装上吊货钩,并把连接横杆系在吊货钩上,再用一绳索把吊货钩系在甲板的眼板上。因为吊货索是采用无端法穿引的,所以用起货机绞进吊货索,就能把吊杆倒换到另一个舱口上。

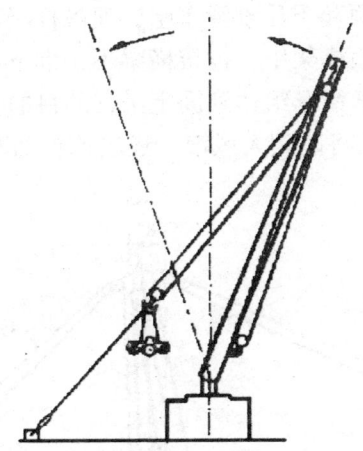

图3-2-4　V型重吊倒换舱口操作(依靠吊货滑车组)

② 利用拉索绞换来操作

如图3-2-5所示为操作过程。首先用同样的速度绞紧两副千斤索滑车组,使吊杆缓慢上升至仰角约85°为止。这时不能再绞,然后用拉索缠在绞车上,将吊杆拉过止点(仰角为90°),千斤索配合绞紧或放松,以免吊杆拉过止点时产生摇晃。在操作过程中,不可操之过急,以免拉坏索具。当吊杆越过止点后,利用吊杆重力即可倒换过去,而无须再收绞拉索。

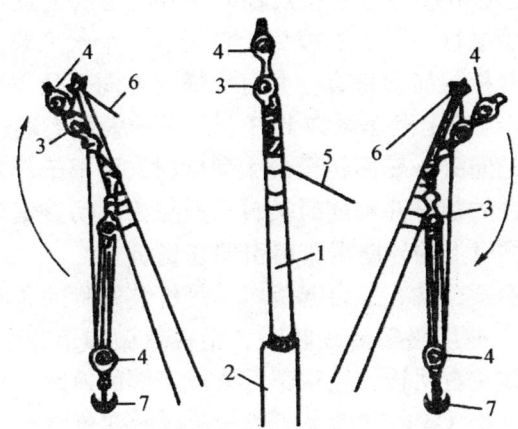

图3-2-5　V型重吊倒换舱口操作（利用拉索）

1—吊杆（boom）；2—起重柱（Samson post，SP）；3、4—吊货滑车组（cargo fall tackle）；
5—拉索（pull guy）；6—吊货索（cargo fall）；7—山字吊货钩（Flemish hook）

(3) V型重吊的固定

重型吊杆使用完毕开航前必须进行固定，以免航行途中因风浪及船舶摇摆引起吊杆晃动时损坏吊杆、绳索及索具，甚至影响航行安全。

图3-2-6所示为V型重吊的固定方法：

① 以同样的速度缓慢绞收两套千斤索滑车组，使吊杆竖起并与垂线夹角约成8°；
② 拆下吊货钩并放妥在专用槽架中，连接横梁不必拆下，并将其固定在支架上；
③ 绞紧全部吊货索及千斤索滑车组达到固定吊杆的目的。

如果航行时间较长或可预见将碰到大风浪，还应该再加两副系紧滑车组，并用起货机绞紧两副系紧滑车组。

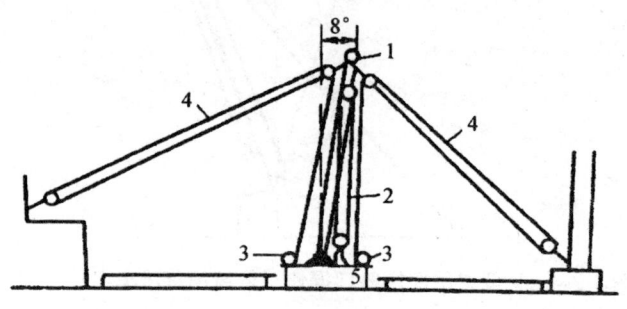

图3-2-6　V型重吊的固定

1—吊杆（boom）；2—吊货滑车组（cargo fall tackle）；3—起货机（cargo winch）；
4—系紧滑车组（securing tackle）；5—连接横杆支架（connecting traverse bracket）

3）哈列恩式重型吊杆

哈列恩（Hallen）式重型吊杆与双千斤索轻型吊杆的结构大致相同，不同点（也是最大的改进）是哈列恩式重型吊杆在左、右桅肩上各设有一个水平臂杆，水平臂杆设垂向和外侧牵索各一根，以确保臂杆与桅肩垂直，并可在横向方向上从与桅肩垂直状态各自向外侧转动90°。而千斤索滑车组的定滑车系在臂杆上，千斤索的力端经过导向滑车后引向千斤索绞车。这样，吊杆无论向哪一舷回转至最大角度时，两根千斤索均能维持一定的夹角并受力，从而，确保了吊杆的稳定并可随时被转回至舷内。吊货索采用滑车组，其力端经吊杆头部的嵌入式滑车和桅肩上的导向滑车后引向起货机。

哈列恩式重型吊杆无稳索，共有三台起货机，吊杆装卸货的所有动作均由两根千斤索完成，即当双千斤索以同一速度松放或绞收时，吊杆仅做仰角改变；当双千斤索以同一速度一松一绞时，吊杆仅做左右回转；当双千斤索以不同的速度一松一绞时，吊杆在向绞收一侧回转的同时，仰角改变（绞收速度大于松放速度时仰角增大，反之减小）。

二、重型吊杆的受力特点与操作注意事项

1. 重型吊杆的受力特点

由重型吊杆的受力分析结果可得出如下的结论：

（1）重型吊杆由于吊杆采用了嵌入滑轮，改变了吊货索牵引力的方向，与轻型单杆比较在同样载荷情况下，可使吊杆与千斤索受力均减少。

（2）采用吊货索滑车组，在轻型单吊杆装置的情况下，对 R 有影响，而对 T 无影响，但是在重型吊杆装置的情况下，则反之。

（3）吊货索与千斤索在到达绞车之前均还要经过若干导向滑车，其张力逐渐增大，故应按最后末端张力来选取吊货索及千斤索。

（4）重型吊杆稳索受力与轻型单杆类同，但要充分估计到因吊举重大物件引起船舶横倾所产生的惯性力及吊杆支承转轴转动时的摩擦力。

2. 重型吊杆操作注意事项

重型吊杆的使用形式与轻型吊杆相类似。重型吊杆起重量大，又需要较大的舷外跨距，因此，除了按单吊杆的操作方法外，还须考虑船舶稳性及桅或起重柱的强度，使用重型吊杆时应注意以下几个方面：

（1）增加桅和起重柱的强度：根据各船重吊的布置特点，若要配临时桅支索，吊货前应先将桅支索装好，防止摇晃。

（2）清理好索具：一切索具要整理清楚，对滑车及转动部件事先要进行检查并加油，选用的索具应有足够的强度。

（3）切实掌握船舶稳性：在装卸重物以前，操作人员应对船舶的稳性心中有数。如果船舶的稳性不能确定，在重物吊运过程中应停止数次，以便观测船舶的倾侧情况。

（4）增大稳性力矩：为满足重大件的装卸，重型吊杆需要较大的舷外跨距。当装卸货物到达舷外最大跨距时，倾侧力矩大大增加，重心也有所提高，致使稳性力矩减弱。因此，装卸时，船身力求正浮，不要有横倾及纵倾现象存在。压载舱要注满，油水柜不应有自由液面存在。如果不可能的话，旋转操作必须断续进行，使液体有时间跟随船舶流动。当吊杆头未越过船舷时，横倾角不得大于8°，越过船舷时，一般不超过12°。

（5）重吊作业的仰角一般应在25°~75°范围内，回转角不大于80°。

（6）正确指挥操作：大副、水手长要亲自在现场检查并指挥操作。起货机操纵应力求平稳，货物吊起后应仔细检查吊杆及属具情况，认为确实可靠后再继续吊起。货物离甲板不宜过高，吊杆旋转要慢，在旋转过程中还得停下几次，仔细观察稳性状态，尤其向舷外旋转更应缓慢，以免随着吊杆向外旋转而使船的横倾加大。

（7）为了防止吊货滑车组扭结及货物的悠荡，应在货物两端系上牵索。

（8）船舶受风摇摆时，不宜进行重吊作业。

第三节 其他装卸设备

一、岸边集装箱起重机

岸边集装箱起重机（container crane）也叫集装箱桥吊（bridge crane）（简称岸桥或桥吊，以下均称桥吊）是专门用于集装箱码头对集装箱船进行装卸作业的专业设备，一般安装在港口码头岸边，其作业能力决定着一个码头的货物吞吐能力。

1. 集装箱桥吊的发展概况

桥吊的发展，主要体现在其技术指标的发展上，其装卸能力、起升高度、前伸距等技术指标大体上经历了四个大的跨越式发展，完成了桥吊的更新换代。

第一代桥吊：约20世纪70年代出现，能吊起30.5 t的货物重量，起升高度可达25 m，前伸距可达35 m，采用电动机组发电机。

第二代桥吊：约20世纪90年代初出现，世界上主要港口配备的装卸桥的起重量增加到40~45 t，起升高度增加到32 m，前伸距达40 m，采用可控硅直流调速系统。

第三代桥吊：约20世纪90年代末出现，装卸桥的起重量增加到50 t，起升高度增加到36 m，前伸距达50 m，采用智能交流变频驱动控制系统。

第四代桥吊：进入21世纪后，随着超巴拿马型集装箱船只的投入运营，超巴拿马型桥吊成为世界主要港口主要设备。超巴拿马桥吊的主要参数都发生了很大的变化。起重量增加到65~100 t，起升高度增加到45 m，前伸距增加到70 m，采用智能交流变频驱动装置。

随着集装箱船的班轮化、大型化发展，特别是超巴拿马型船舶的出现，码头公司对装卸效率的要求越来越高，桥吊制造厂商又制造出了可以提高装卸效率的桥吊。

（1）双小车桥吊：采用前后两个小车，前小车将集装箱卸到中转平台，后小车将集装箱吊装到集卡上。采用这种桥吊，可以使装卸效率提高很多。

（2）双吊具桥吊：采用2个伸缩的中锁可移动的双箱吊具，可以同时装卸4个20 ft或2个40 ft的集装箱，使装卸效率大为提高。

（3）双小车双吊具桥吊：采用前后2个小车，2个伸缩的中锁可移动的双箱吊具，该桥吊综合了双小车桥吊和双吊具桥吊的优点，同时克服了两者的不足，理论上装卸效率可提高70%。图3-3-1所示为双小车双吊具集装箱桥吊。

图3-3-1 双小车双吊具集装箱桥吊

2. 集装箱桥吊的组成

桥吊主要由四个部分组成，分别是起升机构、俯仰机构、小车机构和大车机构。

1）起升机构

起升机构通过两个起升电机带动卷筒卷取和释放钢丝绳来完成集装箱或吊具升降运动，是桥吊最主要的工作机构。

起升既可以用司机室联动台的主令操作手柄来人工操作，也可以从机房操作站或大车操作站启动半自动控制来自动运行。

起升机构与大车机构共享一台驱动器，采用先到先服务的原则。所以起升与大车不可以同时运行。起升减速为智能减速，不同的速度和高度设置不同的减速区域，以使吊具在指定高度停止。

2）俯仰机构

俯仰机构是通过一个电机带动卷筒卷取和释放钢丝绳来完成悬臂的俯仰动作的一套机构。

俯仰操作分司机室操作和俯仰操作室操作两种。司机室操作可以将前大梁收至60°位，便于大车做大船时移位做箱。俯仰操作室操作可以将前大梁全程收放，并提供了手动和自动两种操作模式，以及快速和慢速两种收放速度。悬臂有三种状态：水平位置、60°位置、挂钩位置，其中水平位置为正常作业位置。悬臂俯仰全程大约需要5 min。

俯仰机构与小车机构共用一个驱动器，采用先到先服务的方法。小车不动作时俯仰允许动作，此时小车必须在停车位置，同时起升和大车都不允许动作。俯仰机构设有上停止限位、上极限限位、松绳限位、抬钩限位、进钩限位等安全装置，用于控制前大梁在水平位置和收起位置时的状态。

3）小车机构

小车机构是通过一个电机带动卷筒卷取和释放钢丝绳来完成小车在轨道上移动，最终使集装箱或吊具实现水平往复运动的机构。

小车采用牵引式居多，既可以用司机室联动台的操作手柄来人工操作，也可以通过机房操作站控制运行。

小车机构和俯仰机构共用一个驱动器，所以当俯仰运行时，小车不能运行。小车轨道上设有后极限、后停止、后减速检测、停车位、前停止（悬臂收起）、前减速检测、前停止、前极限等位置限位用来进行位置和速度控制。小车的减速与起升一样是智能减速。小车只能在俯仰水平位置或挂钩位置时才能动作，在俯仰挂钩位置时，小车只能慢速行驶。

4) 大车机构

大车机构是通过16个电机来驱动大车在轨道上左右行走，实现整机沿着轨道做水平运动的机构。

大车运行可在司机室或地面操作站操作，司机室操作可以用挡位控制大车速度，地面操作站只可进行快速和慢速操作。

起升机构和大车机构共用一个驱动器，起升和大车不能同时动作，一旦大车机构启动，起升被禁止直到大车完全停止；大车根据大车电缆所在电缆坑位置可相应左右移动约300 m距离，当高压电缆凸轮卷空和卷满限位装置动作时，说明大车已到行驶极限，不能再继续向此方向行走，只能往反方向行走。在大车机构海侧支腿两端装有红外线减速限位装置和大车行进停止限位装置，用于两车接近时减速和防止两车发生直接碰撞。大车机构设有16个夹轮器，它们的释放都有相应的限位感应，大车行走时应首先释放这些装置；大车机构还有两个锚定装置，用于桥吊不使用时泊车之用，桥吊使用时应首先解除锚定。

大车行走可以分别在司机室或大车操作站进行，且同一时间只能有一个操作站可以进行操作。司机室操作时，可以通过右联动台的按钮释放夹轮器，指示灯亮后通过操作手柄的左右拨动实现大车的左右行走，改变手柄挡位来改变行走速度。大车操作站操作时，应先在站内合上主控，释放夹轮器和顶轨器，当指示灯亮后，可以按住左行按钮和右行按钮实现行走，站内有速度选择开关，可选择快速和慢速行驶。

3. 集装箱桥吊的安全装置

为保证安全作业，桥吊的每一个机构都有许多相应的安全连锁装置来控制其在规定的安全范围内运行。

1) 起升机构主要安全连锁装置

（1）超负荷保护：当吊具下起升载荷达到额定负荷时，在司机室给司机延时声、光报警；当吊具下起升载荷达到110%额定负荷时，给司机以声、光报警，并且自动停止起升动作。

（2）过速保护：当起升/下降速度超过115%的电机额定速度时，切断主控制电源，并紧急制动。

（3）接近起升正常停止位置前的上、下减速限位连锁。

（4）达到起升正常停止位置时的上、下停止限位连锁。

（5）吊具下降至距离码头面6 m高度时进行减速运行的限位开关。但在离开码头边沿时，作用解除。

（6）防止钢丝绳过度松弛的限位连锁。
（7）正确判断40英尺箱或两个20英尺箱的限位连锁。
2）俯仰机构主要安全连锁装置
（1）外伸梁的俯仰速度超过额定速度115%时，使外伸梁紧急制动的超速保护限位开关。
（2）接近俯仰正常停止位置前的上、下减速限位连锁。
（3）达到俯仰正常停止位置时的上、下停止限位连锁。
（4）防止钢丝绳过度松弛的限位连锁。
（5）俯仰钢丝绳松绳开关与起升机构和小车的连锁。
3）小车机构主要安全连锁装置
（1）小车运行至正常停止位置前的前、后减速限位连锁。
（2）小车运行至正常停止位置时的前、后停止限位连锁。
（3）小车未离开外伸梁时，防止外伸梁仰起的连锁。
（4）当外伸梁处于仰起挂牢状态时，小车只能在主梁指定区域内慢速运行的连锁。
（5）当去司机室的通道的门未关闭时，小车不能运行的连锁。
（6）当外伸梁未处于水平状态时，小车不能运行的连锁。
4）大车机构主要安全连锁装置
（1）大车锚定、夹轮器、防风系缆、防撞装置及电缆卷筒等与大车机构运行有连锁。
（2）大车运行至终端前的两边减速限位连锁。
（3）大车运行至终端时的两边停止限位连锁。
（4）两台桥吊互相接近时的停止和减速限位连锁。
（5）为方便大车机构锚定时的对位，在机侧操作屏（陆侧支腿中部距地面1.4 m处）设有点动慢速运行按钮。

二、散货装船机

1. 散货装船机的结构及原理

散货装船机（bulk ship loader）是与后方供料输送机系统相衔接，用于大宗散货装船作业的连续式装卸机械，按整机的结构特点及作业方式可分为固定式、移动式和摆动式三大类。图3-3-2所示为移动式散货装船机。各类装船机主要由机上输送机、装船溜筒、工作机构（如臂架伸缩、俯仰、回转及整机行走等机构）和金属结构、驱动系统、控制系统等组成。

散货装船机工作原理相对简单：码头供料输送机上的物料经装船机上的漏斗转接至机上输送机，机上输送机将物料输送到臂架端部的溜筒，然后由溜筒落料装船，为减少装船作业时的扬尘，溜筒通常设计为可伸缩作业方式。

散货装船机设计装船能力时一般与后方供料输送机的能力相匹配，同时需要考虑船型大小、物料特性等参数，装船能力从每小时几百吨到几千吨不等。

图 3-3-2 移动式散货装船机

2. 散货装船机的发展趋势

全球贸易一体化的发展促进了全球范围内对散货运输的需求，从大类商品来看，铁矿石、煤、粮食等散货的海运量上升呈快速增长的态势。伴随这一发展的是远洋散货运输船舶的不断更新。随之带来的就是能够停靠和接卸这些大型船舶的超级大港的建设对散货装卸船设备的需求，散货船型的加大也为散货装卸船机设备的设计和制造提出新的挑战。根据散货自动化发展的趋势，可预测装船机的一些发展趋势。

（1）自动化

目前散货装船系统自动化程度较低，基本上靠人工现场操作。而采用现场人工操作一方面由于散货码头恶劣的工作条件（高温、高粉尘、高噪声等）会危害现场工作人员的身心健康，另一方面由于恶劣的工作条件和长时间的货物装载，极易引起工人疲劳或不规范操作，造成装船过程中的事故。因此，未来装船机的一个最大发展趋势为自动化程度会越来越高。

（2）大型化

大型装船设备所占比例越来越大，目前世界上最大矿石装船机生产率高达 20000 t/h，外伸距适用于 32 万吨船型。

（3）专业化

运送物料的不同（如煤、矿石、水泥、粮食、化肥等）使装船设备的设计也越来越专业化，如防爆、防腐、防尘、防污染设计要求，设计标准也会日趋完善。

（4）环保化

环保是发展的前提，开发与应用机械密封、水雾压尘、气流导向或阻隔等有效方式，设置独立运行的防尘集料系统成为现代装船机设计的研究课题之一，将不断加强设备的防尘、防腐、低噪声、无污染等方面的技术。

(5) 人文化

人文化设计是设计发展的标志，设备的主要部件满足安装、操作、维护的简易、快捷的要求，不但保证其内在性能，也同时考虑外观简洁、美观，考虑设备、部件的色彩搭配，使设备符合时代的审美观。

三、散货卸船机

散货卸船机（bulk ship unloader）可分为间歇式卸船机和连续式卸船机两大类。间歇式卸船机是指各类抓斗式卸船机，如船吊抓斗、门机抓斗、桥式抓斗卸船机等。连续式卸船机主要有气力式、夹带式、埋刮板式、螺旋式、波纹挡边带式、链斗式、斗轮式、绳斗式卸船机等，其中前五种卸船机常见于粮食接卸作业。限于篇幅，本节仅简单介绍比较常见的抓斗式、气力式、螺旋式、链斗式及斗轮式几种卸船机。

1. 抓斗式卸船机

目前，我国煤炭、矿石码头的卸船机大部分采用抓斗式卸船机。桥式抓斗卸船机由起升机构/开闭机构、小车牵引机构、俯仰机构、大车行走机构、落料回收装置、臂架挂钩与金属结构、电气与控制系统设备等构成，图3-3-3所示为最新四卷筒桥式抓斗卸船机。作业时抓斗从船舱内抓取物料提升至料斗上方放料，物料经振动给料器送至下方码头带式输送机系统。

抓斗式卸船机的使用特点：

（1）机械的结构简单，造价低，维修保养方便。
（2）对船型和货种的适应性强。
（3）船舶装卸效率低、能耗大。
（4）抓斗闭合不严密，卸船作业过程中散货撒落现象较为严重。
（5）粉尘污染大。

图3-3-3　四卷筒桥式抓斗卸船机

2. 气力式卸船机

气力式卸船机常称为吸粮机，主要用于散粮卸船作业，在国外已成为现代化散粮专业码头的主要卸船设备，我国也有不少地方使用。目前吸粮机单机产量最大可达1000 t/h。需注意的是，在实际工作中，气力式卸船机不宜接卸如烘干玉米等易碎、不耐冲击的物料。

气力式卸船机主要构件包括有吸嘴、输送管、分离器、除尘器、卸料器、风机和消声器等，因涉及气力输送，因而对风机的要求较高。图3-3-4所示为气力式卸船机。

作业时，将配有软管的吸嘴贴近粮食表层，通过风机的作用，产生足够速度的气流克服粮粒的重力及摩擦力，使进入吸嘴的粮食处于悬浮状态而在垂直和水平输送管道中运动，通过分离器、卸料器及输送机把物料输送到码头的指定地方。

气力式卸船机的使用特点：
（1）结构简单紧凑，操作简单，性能可靠，维修方便。
（2）作业时不损伤舱底，对船舶的适应能力强
（3）清舱效果好，作业没有扬尘。
（4）作业噪声大，动力消耗相对较大，效率低，在目前使用的连续卸船机中，同等作业条件下其吸粮能耗最高。

图3-3-4 气力式卸船机

3. 螺旋式卸船机

螺旋式卸船机是以螺旋机取料并利用垂直螺旋输送机提升的卸船机，常用产量500~2000 t/h，国内外很多港口在使用，主要用于接卸煤矿和化肥的场合，有时也用于粮食卸船。

螺旋卸船机主要由垂直臂、水平臂、旋转塔、末端螺旋输送机和门架等构件组成，垂

直臂包括箱形罩和垂直螺旋输送机。垂直螺旋输送机由内螺旋、机壳外螺旋组成，内螺旋用于垂直提升物料，外螺旋用于物料松散及供料。水平臂包括箱型臂架和水平螺旋输送机两部分。图3-3-5所示为螺旋式卸船机。

卸船时，先把反面螺旋喂料装置降入待卸物料中，物料在喂料装置中的正向螺旋的作用下向下推送，继而由取料螺旋向中心提升反向螺旋处挤送，反向螺旋则将物料输送到螺旋提升管中，接着内螺旋便把物料垂直提升，然后通过水平输送机把物料输送到预定的接料处。

螺旋式卸船机的使用特点：
（1）结构轻巧，完全密封，性能良好。
（2）可较好防止粉尘外泄及噪声污染。
（3）操作容易，现场人员劳动强度低。
（4）比较适用于流动性较差的物料（如结块物料）的卸船。
（5）与同样生产率的卸船机相比，它的自重最轻。
（6）能耗比其他连续散粮卸船机相对高。
（7）对物料的额外破损比较大。

图3-3-5　螺旋式卸船机

4. 链斗式卸船机

链斗式卸船机主要用于铁矿石、煤炭等大宗散货的接卸，单机额定生产能力可达3600 t/h。其主要由链斗取料提升机构、斗式提升机头旋转机构、受料机构、臂架旋转机构、臂架俯仰机构、行走机构及带式输送机系统等组成。图3-3-6所示为链斗式卸船机。

卸船作业时，链斗从船舱内将物料挖起，通过提升卸入受料机构，再转入臂架中的带式输送机，最后通过中心漏斗、出料带式输送机进入码头上的带式输送机系统。

链斗式卸船机的使用特点：

（1）卸船效率高，后续投资少。

（2）环境污染小，不会造成物料的撒漏及扬尘。

（3）节约能源。

（4）受波浪力影响大，一旦波浪力产生超过600 mm的舱底高差，将不同程度地对卸船机或散货船的舱底产生损伤。

（5）对超大块和异形块比较敏感，易引起堵料，链条和链斗易磨损，维护成本相对较高。

（6）须配备专门的链斗清洗池对链斗进行清理。

图3-3-6　链斗式卸船机

5. 斗轮式卸船机

斗轮式卸船机取料装置采用低速旋转的斗轮，由于刚性斗轮具有巨大的挖掘能力，它几乎可用来卸任何散粒物料，如易结块的或磨削性大的散盐、煤炭和铁矿石等。

斗轮式卸船机有如下各种机构：具有沿码头前沿轨道移动的大车运行机构，使机身绕中心旋转的旋转机构，使水平臂做上下俯仰的液压油缸驱动装置，使斗轮和波纹挡边带式提升机绕臂架端部旋转的旋转机构，斗轮驱动机构，波纹挡边带式提升机驱动机构，臂架端部转载漏斗，臂架带式输送机，门架中心缓冲仓及伸缩式带式输送机等。图3-3-7所示为斗轮式卸船机。

卸载时，斗轮挖取的物料经卸料槽卸在一短的喂料皮带机上，喂料皮带机将物料转载到波纹挡边带式提升机上，提升机将物料提升到顶部经卸料管落入臂架端部的转载漏斗中，转载漏斗将物料供给臂架带式输送机，从臂架带式输送机出来的物料经料槽落入缓冲仓内，缓冲仓下安装一带式给料机，物料由给料机供给伸缩带式输送机，伸缩带式输送机将物料供给码头敷设的带式输送机系统。

斗轮式卸船机的使用特点：
(1) 工作时卸船机作用于码头上的载荷比较小，对码头建造的要求低。
(2) 所需动力小。
(3) 具有较高的平均卸船能力。
(4) 能适应多种尺寸的船舶和潮位条件。
(5) 因料流是封闭的，最大限度降低了噪声和扬尘，码头的清扫工作大大减轻。
(6) 工作可靠性高，设备维修工作量少。

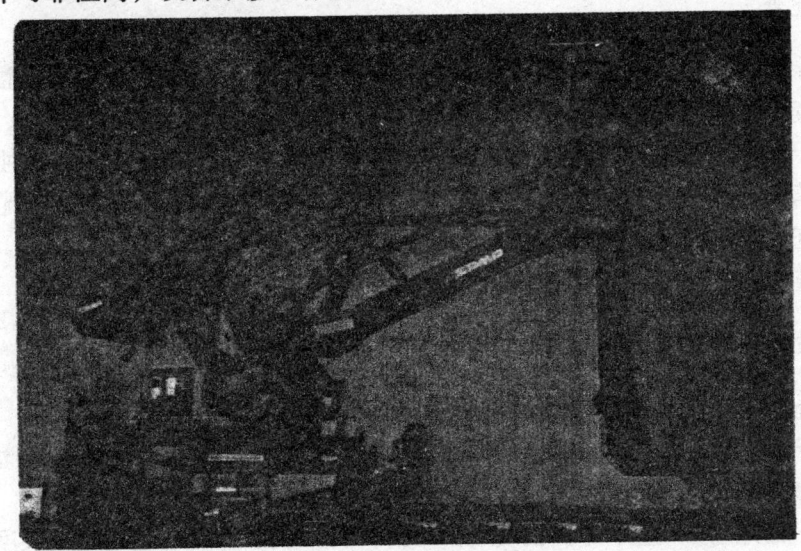

图 3-3-7　斗轮式卸船机

第四节　装卸设备的检查与保养

一、装卸设备的检查与保养

1. 航次检查

(1) 对吊杆头部的卸扣、滑车、环等进行外部检查，并用小锤轻敲，听是否有碎声。
(2) 对吊货滑车、导向滑车、卸扣、转环等加油润滑。

（3）钢丝绳发现有断丝时，每月至少检查一次，一旦发现超过断丝数量，应立即换新。

（4）检查起货机与千斤索绞车制动的可靠性及钢丝在卷筒上的排列是否整齐。

（5）注意绑扎卸扣销子的细钢丝，如果脱落或锈蚀断裂，应换新。

2. 季度检查

（1）对吊货滑车、导向滑车进行拆装，清洁加油，并记录滑车轴、衬套等的磨损情况。

（2）检查吊杆头部眼板和眼箍的磨损情况。

（3）检查稳索的眼板（环）和其他转环、索眼、卸扣、吊货钩等磨损情况。

3. 半年检查

（1）千斤索滑车拆下检查加油，记录滑车轴、衬套及转环等受力部分的磨损情况。

（2）检查千斤索攀头竖销、横销的磨损。

（3）对千斤索进行除锈、清洁和加油，查看有无断丝和眼环插接处的锈蚀情况。

（4）对鹅颈轴进行拆装加油，测量颈径和颈座内径及青铜垫片的磨损情况。

（5）检查稳索及稳索上的滑车，并保证其清洁。

（6）检查吊杆承座横销的磨损情况。

4. 装卸设备各零部件蚀耗标准

装卸设备的零部件不允许存在下列缺陷：

（1）吊杆、臂架、桅柱等金属构件的焊缝表面应均匀，不得有裂纹、焊瘤、咬口、气孔及未填满的凹陷存在。任何情况下，钢质吊杆的壁厚应不小于4 mm。

（2）吊杆轴线挠度不应超过其长度的1/1500，臂架轴线挠度不应超过其长度的1/1000。

（3）装卸设备的金属结构件和固定零部件的最大蚀耗超过原尺寸10%或有裂纹、显著变形者，不许继续使用（绞车基座及周围构件的腐蚀极限为25%）。

（4）可卸零部件的耳环、链条环、环栓、拉板与吊钩等的最大蚀耗超过原尺寸10%，销轴最大蚀耗超过原直径6%或有裂纹、显著变形者，以及滑轮轮缘有裂纹或折断者，不允许继续使用。

（5）吊货钩钩尖开口部分的伸长超过原有间距的15%或有裂纹时，必须换新。

（6）在转环或转钩的环栓上发现有显著变形或不能保证转动时，必须换新。

（7）钢索有过度磨损、严重腐蚀或钢索在其10倍直径长度内有5%钢丝折断者，必须换新。

（8）装卸设备的制动器衬垫有显著磨损，在摩擦面上露出固定衬垫的铆钉时，必须换新。

（9）滑车的滑轮衬套或轮毂有显著磨损，轮缘折断或裂纹，滑车轴及耳环弯曲或显著磨损时，不许继续使用。

（10）传动齿轮牙齿损坏或轮缘、轮辐和轮壳上有裂纹时，不允许继续使用。

第三章 装卸设备

二、装卸设备的试验和检验

1. 试验

1）一般规定

（1）装卸设备在首次使用前应进行试验。装卸设备在投入使用后应定期进行重复试验。

（2）装卸设备在投入使用后，如有影响强度的部件进行更换或修理，应按规定进行重复试验。

（3）可卸零部件在首次使用前以及进行更换或修理影响强度的部件，应按规定进行验证试验。

2）可卸零部件的试验

每个可卸零部件应进行验证试验，验证负荷应符合表3-4-1及其附注的要求，验证负荷可用试验机或悬重法进行，保持验证负荷的时间应不少于5 min。

表3-4-1 活动零部件的验证负荷

序号	名称	验证负荷(kN)
1	单饼滑车①	$4 \times SWL$
2	多饼滑车② $SWL \leqslant 245$ kN 245 kN $< SWL \leqslant 1568$ kN $SWL > 1568$ kN	$2 \times SWL$ $0.933 \times SWL + 265$ $1.1 \times SWL$
3	链条、吊钩、环、卸扣、转环等 $SWL \leqslant 245$ kN $SWL > 245$ kN	$2 \times SWL$ $1.22 \times SWL + 196$
4	吊梁、吊框、吊架与类似设备 $SWL \leqslant 98$ kN 98 kN $< SWL \leqslant 1568$ kN $SWL > 1568$ kN	$2 \times SWL$ $1.04 \times SWL + 94$ $1.1 \times SWL$

注：①单饼滑车的安全工作负荷，包括有绳眼的单饼滑车，应取吊环上载荷的一半。
②多饼滑车的安全工作负荷应取吊环载荷。

可卸零部件验证试验后，应进行全面检查，不允许存在残余变形、裂纹或其他缺陷；对能转动的部件，应检查其是否能自由转动。

链条（长环或短环）除按规定进行验证试验外，尚应进行破断试验，一般每55 m链条长度割取5环试样做破断试验，破断负荷应不小于4倍链条的安全工作负荷。

3）起重机试验

（1）每台起重机应按表3-4-2规定的试验负荷进行，臂架应放置在经批准的设计图纸所规定的最大臂幅位置。试验应使用具有质量证明的重物悬挂于吊钩或吊具上进行，重物吊离甲板后保持悬挂时间不少于5 min。

表3-4-2　装卸设备的试验负荷

安全工作负荷SWL(kN)	试验负荷(kN)
$SWL \leqslant 196$	$1.25 \times SWL$
$196 < SWL \leqslant 490$	$SWL + 49$
$SWL > 490$	$1.1 \times SWL$

（2）负荷试验前，应进行空载试验，即变幅、回转、制动、上下仰角的限位和可行走的起重机行走试验，检查起重机系统是否处于有效的工作状态。然后在试验负荷下进行慢速起升、回转与变幅试验，同时还应进行起升、回转与变幅机构的制动试验。可行走的起重机还应在试验负荷下进行慢速全程行走试验。

（3）具有不同臂幅对应不同安全工作负荷的起重机，应在各个不同臂幅对应的试验负荷下进行试验，对要求减少中间臂幅试验负荷的试验，将予以特别考虑。

（4）对超负荷、超力矩保护装置应进行动作试验。

（5）液压起重机如起升全部试验负荷不现实时，可减少试验负荷进行试验，但在任何情况下所采用的试验负荷，应不少于1.1倍安全工作负荷。

（6）起重机经超负荷试验后，应进行安全工作负荷下的操作试验，试验起升、回转和变幅的各挡运转速度以表明运转情况、超负荷效能、负荷指示器与限位器等处于良好工作状态。

（7）起重机试验完毕后应进行全面检查，核实是否有变形或其他缺陷存在。

2. 检验

1）一般要求

（1）装卸设备在投入使用前应进行初次检验。装卸设备投入使用后，应进行定期试验和检验。

（2）装卸设备可卸零部件在首次使用前，以及在使用中更换或修理影响其强度的部件，应进行验证试验和全面检查。

（3）当装卸设备发生重大事故或发现重大缺陷，更换或修理影响其强度的部件时，船长或船东应及时报告船级社，以便能及时对装卸设备进行检验。

（4）可卸零部件和钢索在每次使用前，应由船上职能人员进行检查，但在最近3个月内通过检查者可例外。对发现有断丝的钢索，每月至少应检查一次。

2）装卸设备的检验种类

（1）初次检验

初次检验应包括：

①申请单位应按规定提供图纸资料一式三份供批准和备查。

第三章 装卸设备

②核查业经批准的装卸设备设计图纸和技术文件。

③对装卸设备主要结构件、尺寸、装置、布置、材料、焊接和制造工艺的检查。

④逐个检查装卸设备的零件，并检查证件、核对标记。

⑤装卸设备在安装过程中应进行全面检查，安装完毕后，应按要求进行试验，确认整个设备有效安全地工作，任何停车、控制和类似装置的功能应正确。试验后，装置及其支承结构均应经检验确信无变形或扭曲。

起重机的产品出厂试验不能代替船上安装后的试验。

初次检验合格后应签发相应的证书，并在起重和起货设备检验簿上签署。

（2）年度检验

年度检验应在初次检验或换证检验每周年日前或后3个月内进行，检验的项目有：

①吊杆装置的吊货杆和附连于吊货杆、桅或起重柱和甲板上的固定零部件应进行外部检查。

②可卸零部件应进行全面检查。

③钢索应进行外部检查。

④绞车、起重机、货物升降机、车辆跳板，应进行全面检查。

⑤检查起重机械、绞车等装置的使用、保养和修理记录，以确认其装置处于正常的维修保养状态。

年度检验合格后应在起重和起货设备检验簿上签署。

（3）换证检验

在初次检验或换证检验后，每隔4年，应进行以下项目的换证检验：

①吊杆装置的吊货杆和附连于吊货杆、桅或起重柱和甲板上的固定零部件应进行全面检查。吊杆装置应按要求进行负荷试验。

②起重机、货物升降机、车辆跳板及可卸零部件应进行全面检查，起重机、货物升降机、车辆跳板应按要求做负荷试验，确认在试验负荷下操作状况是满意的，超负荷和负荷指示器及限位开关工作有效。

换证检验合格后应签发装卸设备检验与试验证书或双杆检验与试验证书（如适用时），并在起重和起货设备检验簿上做相应的签署。

（4）损坏和修理检验

装卸设备的损坏和修理，应及时通知船级社进行检验，其检验范围应为验船师能查明的损坏程度和原因所必需的范围。

装卸设备检验时，发现显著磨损或锈蚀超过以下规定时，应立即予以更换或修理：

①装卸设备的金属结构件和固定零部件的最大蚀耗超过原尺寸10%或有裂纹、显著变形者。

②可卸零部件的耳环、链条环、环栓、拉板与吊钩等的最大蚀耗超过原尺寸10%，销轴的最大蚀耗超过原直径6%，或有裂纹、显著变形者，以及滑轮轮缘有裂纹或折断者。

③钢索有过度磨损、严重腐蚀或钢索在其10倍直径长度内有5%钢丝折断者。

④装卸设备的制动器衬垫有显著磨损，在摩擦面上露出固定衬垫的铆钉者。

⑤传动齿轮牙齿损坏或轮缘、轮辐与轮壳上有裂纹者。

修理中更换的零件应附有试验证明，更换的构件材料应与原材料相当。

修理完成后应按规定进行负荷试验，合格后签发装卸设备试验与检验证书，并在起重和起货设备检验簿上签署，尚未完成修理的设备应签注，该设备直到完成修理和试验前不能使用。

损坏和修理检验完成后，可签发检验情况报告，其内容应清楚地阐明以下方面：出席损坏检验人员、说明损坏原因、发现的损坏程度和特征、进行过修理的范围和性质以及是否修复、试验负荷。

（5）展期检验

应船东申请，换证试验可推迟进行，但两次换证试验的间隔期不超过5年，且应是船旗国当局同意并授权CCS进行。

展期检验范围应不少于规定的年度检验范围，以确认其适合于预定用途并处于正常工作状态。

展期检验合格后应在起重和起货设备检验簿上做相应的签署。

另外，若装卸设备搁置或修理时间为12个月以上时，在重新投入使用之前应进行一次检查。试验和检验的范围根据搁置和修理期间应进行的检验种类而定，如换证检验和负荷试验到期，则应按规定完成试验和检验，并签发证书，新的换证检验周期应从此次试验和检验完成的日期开始。

三、装卸设备的标记

1. 可卸零部件的标记

（1）标记应包括以下各项：
①可卸零部件的安全工作负荷，kN；
②试验年月；
③可卸零部件的编号；
④制造厂或试验单位的标记。

（2）标记应打在明显的部位，以便检查，但应避免打在高应力区或应力集中的部位。标记的部位规定如下：
①吊钩：打在吊钩本体宽阔处，但不打在弯曲处。
②滑车：打在滑车的拉条或夹板上。
③卸扣：打在销孔附近的侧臂上。
④转环：打在转环的两个侧面上。
⑤链条：打在链条两端的链环两侧。
⑥有节定位索：打在每个定位节上。

对于小尺寸的可卸零部件，打标记的位置受限制时，允许不打零件编号与日期。

2. 装卸设备的标记

(1) 装卸设备经初次试验与检验完毕后,应在吊货杆、臂架或相应的部件上离根部约 50 cm 处打上试验标记。营运中的装卸设备经改建或变更安全工作负荷,并经试验与检查完毕后,应在上述位置打上新的标记。

(2) 标记应包括下列各项:

①安全工作负荷,kN;

②试验年月;

③试验时吊货杆与水平所成的仰角或臂架幅度;

④检验单位钢印标记。

第四章 系固设备

本章学习目标

1. 了解货物系固设备的定义、分类；
2. 掌握标准货物、半标准货物、非标准货物系固设备的应用；
3. 熟悉货物系固设备的检查与保养方法；
4. 了解货物系固设备的检验。

对海上运输的货物单元进行适当的积载和系固对于海上人命安全是相当重要的。不当的积载和系固已经造成了许多严重的船舶事故及人员伤亡。为了避免船上由于货物单元的不当积载和系固而造成的危险，国际海事组织已将1991年11月6日通过并经修正的《货物积载与系固安全操作规则》（Code of Safe Practice for Cargo Stowage and Securing，CSS）列入《国际海上人命安全公约》（SOLAS），作为强制性要求。

根据该规则的要求，除移动平台、渔船、仅装载散装液体或固体货物的船舶及符合IMO《国际高速船安全规则》的高速船外，所有国际航行的船舶均应在装载货物单元时随船配备经批准的货物系固手册（Cargo Securing Manual，CSM）。非国际航行的船舶可参照有关规定来配备，但为非强制性规定。本章将就货物系固手册的核心组成部分——货物系固设备做一专门介绍。

货物单元（cargo unit）系指车辆（如公路车辆、滚装拖车）、铁路车辆、集装箱、板材、托盘、便携式容器、可拆集装箱构件、包装单元、成组货，以及其他货物运输单元如船运箱盒、件杂货如线材卷、重货如火车头和变压器等。不是永久固定在船上的船舶自带装载设备或其他部件，也被视作货物单元。

第四章 系固设备

第一节 标准货系固设备及应用

标准货（standardized cargo）指已根据货物单元的特定形式在船上设置了经批准的系固系统的货物（如集装箱）。

货物系固设备（cargo securing devices）系指所有用于系固（secure）和支持（support）货物单元的设备，有固定式和便携式两种。固定式系固设备（fixed securing device）系指焊接在船体结构内部（主要指货舱）及外部甲板、舱盖与支柱上的货物系固点及其支撑结构。便携式系固设备（portable securing device）系指用于货物单元系固和支撑的移动式设备。

一、固定式系固设备

按标准货的定义，用于固定专用集装箱船及多用途船（适用时）在装载集装箱时所使用的设备即为标准货系固设备。该类系固设备是经批准的专用设备。

1. 底座

底座（foundation）直接焊接在舱底、甲板、支柱及舱盖上，相互之间的间距按集装箱四角角件孔的尺寸设计，并通过安放在其上的扭锁、底座扭锁或定位锥来对集装箱进行定位和固定。底座的种类主要有以下几种：

（1）突出式底座（foundation）：主要用于舱盖、支柱及甲板上，其主体部分突出在上述结构的表面，用于安装并固定扭锁。

（2）突出式滑移底座（sliding foundation）：焊接位置同突出式底座，这种滑移式底座允许适当调整底座间的间距。

（3）埋入式底座（imbed foundation）：主要用于舱底，也有用于舱盖上的，其结构表面略高于前述结构表面。

（4）燕尾底座（dovetail foundation）：又称燕尾槽，主要用于舱盖及甲板支柱上，并专用于固定底座扭锁。

（5）板式底座（doubling plate foundation）：主要用于舱底，并与堆锥配套使用。

（6）插座（socket）：一般用于舱内，并与底座堆锥配套使用。

2. 固定锥

固定锥（welding cone）通过一覆板直接焊接在舱底的前后端导轨底脚处，用于固定舱内最底层集装箱（固定锥插入集装箱的角件孔内）。

3. 可折地令

可折地令（lashing eye，D-ring）又称D形环，主要用于舱盖、甲板、集装箱支柱及绑扎桥上，多用途船也将其用于舱底。主要作用是作为一个系固点与花篮螺丝、绑扎杆等组成一系固系统固定集装箱。

4. 眼板

眼板（lashing plate）使用位置与作用同地令，但一般不用于舱内。

5. 箱格导轨系统

箱格导轨系统（cellguide system）设置于舱内，也有在甲板上无舱口的位置处设置该系统的，如图4-1-1所示。

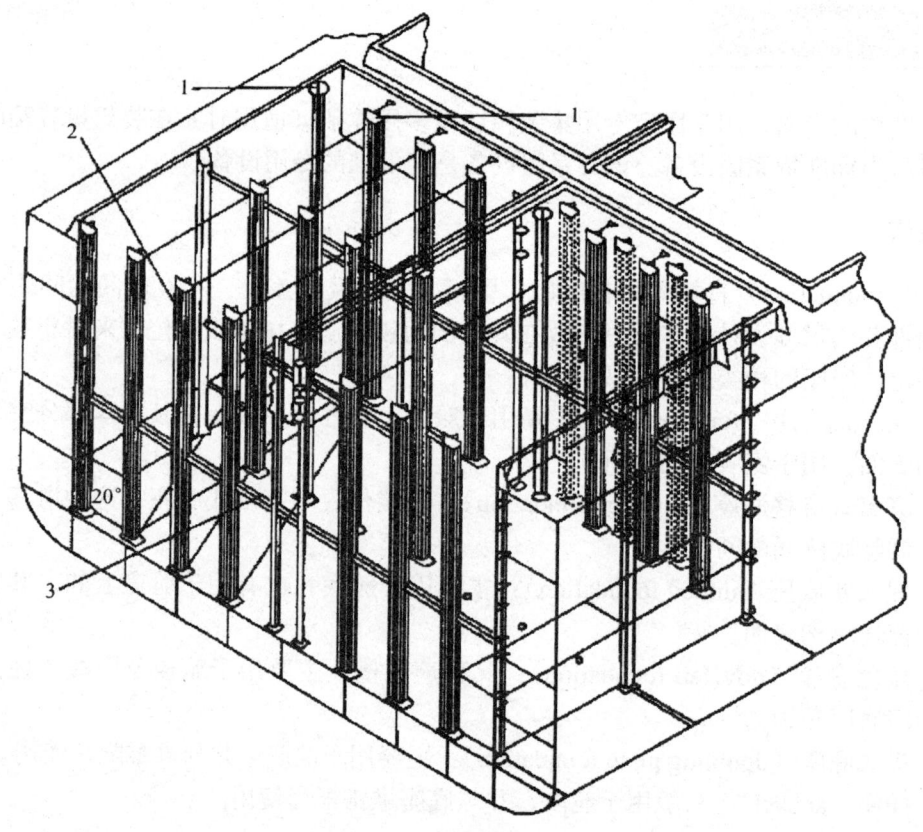

图4-1-1 箱格导轨系统

1—导箱构件；2—导轨；3—横撑材

箱格导轨系统一般由钢板和型钢构成，主要由导轨（cellguide）、横撑材（transverse prop）、导箱构件（container guide member）等组成，导轨从内底延伸至导箱构件的下缘，整个系统的作用是控制集装箱的歪斜、倾覆与滑移，其中导箱构件又是引导集装箱进入箱格导轨系统的重要构件，一般安装在导轨的顶部。

按《钢质海船入级规范》的要求，专用集装箱船箱格导轨系统应满足：

（1）不应与船体结构形成整体结构，且应不受船体主应力的影响。

（2）应能将因船舶运动时产生的集装箱负荷传递到船体结构，并能承受由集装箱装卸时产生的负荷及阻止集装箱移动。

（3）为确保顺利吊装集装箱，每只集装箱与导轨之间的横向间隙之和应不超过25 mm，纵向间隙之和不超过40 mm。

6. 横向支撑底座

横向支撑底座（lateral support foundation）一般设置于多用途船舱内两舷侧，其作用是与横向支撑装置组成一支撑系统，以控制舱内上层集装箱因船舶运动可能产生的横向歪斜、倾覆、移动。

7. 集装箱绑扎桥

集装箱绑扎桥（lashing bridge）设置于大型集装箱专用船甲板，其上设有眼板、D形环或可左右转动的眼板，用于系固高层集装箱。

二、便携式系固设备

1. 扭锁

1）普通扭锁

普通扭锁（twistlock）主要用于甲板上上、下层集装箱之间的连接锁紧或底层集装箱与突出式底座之间的连接锁紧，以防集装箱的倾覆及滑移。

扭锁有左旋锁与右旋锁之分，使用时，应首先将操作手柄置于非锁紧状态并将其放置在下层集装箱顶部的角件孔或突出式底座内，待上层集装箱堆放妥当后，转动操作手柄，即可将箱与箱或箱与底座连接起来。卸箱时应首先用扭锁操作杆（operating rod）将操作手柄转至扭锁非锁紧位置方可卸箱。

2）半自动扭锁

半自动扭锁（semi-automatic twistlock）作用同扭锁。半自动扭锁具有无须装卸工人爬到集装箱上将其安装和取下这一优点，故能最大限度地减少工人上高作业的危险，从而保证安全。因此，该种扭锁不仅得到了大力推广应用，同时也是某些国家港口当局强制要求使用的（如美国）。

半自动扭锁是在码头上当桥吊将集装箱吊起至人手臂举起的高度时，从下向上将其插入集装箱角件孔内，待吊上船并对准突出式底座或另一集装箱角件孔时放下，该锁的自动装置即起作用并转动锁锥将箱与底座或箱与箱连接锁紧。

卸箱时，应首先用操作杆将锁销（locking pin）拉出，从而打开扭锁与突出式底座或另一集装箱顶部角件孔的连接，吊起集装箱至码头，用人工将其卸下。

3）全自动扭锁

全自动扭锁（automatic twistlock）在装载和卸载集装箱时皆可自动完成，较半自动扭锁的人工手动解锁更省时和安全，同时还具有强制连锁的功能，可以手动锁上全自动扭锁。该特性有助于限制绑扎杆和花篮螺丝的峰值力，提高货物的安全性。虽然全自动扭锁为集装箱装卸提供了一种可能，但也曾出现过由于全自动扭锁松脱而造成集装箱掉落海中的事故。但从经济角度和确保码头装卸安全的角度来看，全自动扭锁的推广使用势在必行。

4）底座扭锁

底座扭锁（bottom twistlock）仅与燕尾底座配套使用，其作用与操作使用方法同扭锁。

2. 堆锥

堆锥（stacking cone）按使用位置及功能的不同，可分为以下几种：

1）中间堆锥

中间堆锥（inter-bridge stacking cone）上、下锥头固定，垂向方向无锁紧功能，故仅用于舱内箱与箱之间的连接。

2）底座堆锥

底座堆锥（bottom stacking cone）之一又称可移动锥板（removable cone plate），其结构特点是上为锥头下为插杆，仅与插座配套使用。另一种底座堆锥为单头，但上下均为锥头。这种堆锥与板式底座配套使用。

3）自动定位锥

自动定位锥（automatic fixing cone）用于固定甲板上 40 ft 箱位处在装 20 ft 箱时位于中间的箱角，并与半自动扭锁配合使用，即 40 ft 箱位的前后两端用半自动扭锁，中间（20 ft 处）用自动定位锥，这样不仅可起到半自动扭锁的作用，同时也克服了 40 ft 中间狭窄空间处无法操作的缺陷。目前自动定位锥已得到了较为广泛的使用，并且是美国等少数发达国家港口当局强制要求配备的。

自动定位锥的使用方法与半自动扭锁相似，所不同的是它不存在卸箱时必须先由人工将锁销拉出这一过程，而是靠锁紧装置（locking device）自动将定位锥转换成非锁紧状态。即首先将 20 ft 集装箱一端的半自动扭锁锁销由人工拉出，使之转为非锁紧状态，桥吊缓慢起吊，此时自动定位锥将会在桥吊的拉力作用下，锁紧装置动作并解锁，从而完成卸箱工作。

4）调整堆锥

调整堆锥（leveling stacking cone）又称高度补偿器，用于在装载某些非标准高度的集装箱时调整其高度至标准状态。

3. 桥锁（bridge fitting）

桥锁（bridge fitting）用于对相邻两列最上层集装箱进行横向连接，以分散主绑扎设备的负荷。

桥锁的使用方法较简单，只需将桥锁的两个锁钩（头）分别插入相邻两集装箱的角件孔中，再旋转调节螺母，即可把集装箱连接并拉紧。

4. 花篮螺丝与绑扎杆

花篮螺丝（turnbuckle）又称松紧螺旋扣；绑扎杆（lashing bar）又称绑扎棒。这两种设备通常需组合成一个整体方可达到系固集装箱的目的。

图4-1-2为利用花篮螺丝与绑扎杆组合系固集装箱的示意图，其操作方法是：首先将绑扎杆的一头插入集装箱的角件孔中，另一头与花篮螺丝相连；再通过花篮螺丝与地令或眼板相连；最后调整花篮螺丝，使整个系固系统紧固。

有时在利用上述系固系统系固时，因绑扎杆长度的原因，或有特殊系固要求，需加长绑扎杆，为此需要使用加长钩（lengthening hook），以满足系固需求。

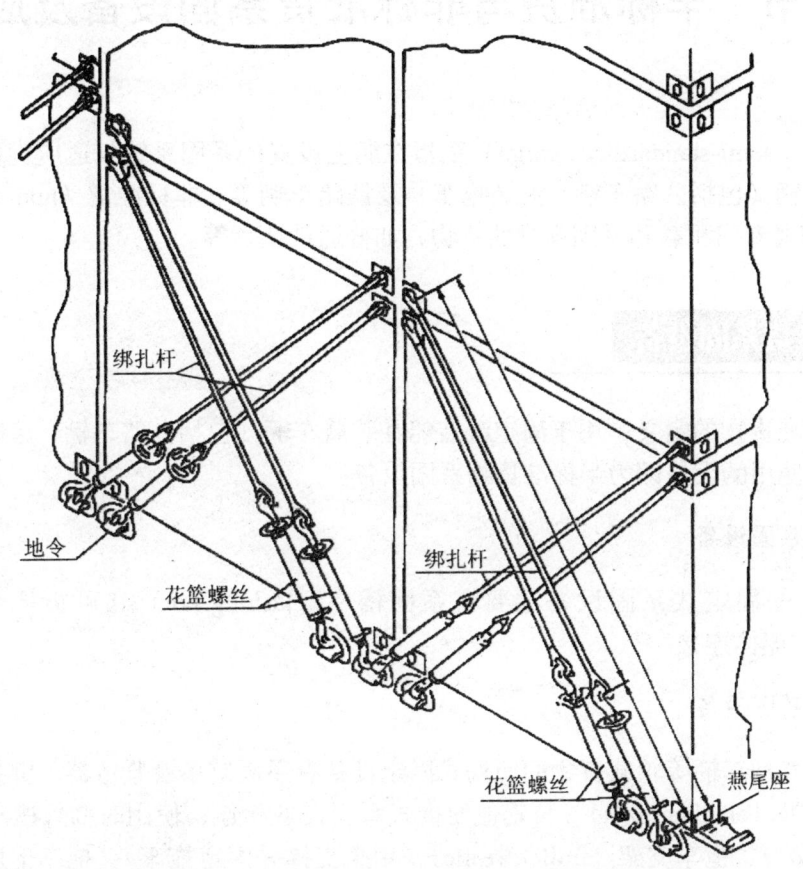

图4-1-2 花篮螺丝与绑扎杆组合紧固集装箱示意图

5. 横向撑柱

横向撑柱（lateral support element）用于舱内无箱格导轨或多用途船舱内装载集装箱时，对舱内紧靠两舷侧的最上层集装箱进行支撑，以防集装箱歪斜、倾覆或横移。

使用时，将横向撑柱的一端插入其专用底座，另一端插入紧邻的集装箱角件孔内，再利用调整装置使其拉紧受力。

6. 辅助工具

便携式系固设备所用辅助工具（accessory appliances）主要有两类：一类是扭锁操作杆（twistlock operating rods），另一类是花篮螺丝操作工具（turnbuckle operating tools）。扭锁操作杆的作用是控制扭锁的手柄或锁销，达到解锁的目的；花篮螺丝操作工具的作用是将花篮螺丝收紧或松开。

第二节 半标准货与非标准货系固设备及应用

半标准货（semi-standardized cargo）系指在船上设置的系固系统仅适应货物单元的有限变化，如车辆（包括公路车辆、滚装拖车）及铁路车辆等。非标准货（non-standardized cargo）系指需要专门积载和系固安排的货物，如普通件杂货等。

一、半标准货系固设备

依据半标准货物的定义，用于固定滚装船在装载车辆（包括公路车辆、滚装拖车）及铁路车辆时所使用的设备即为半标准货物系固设备。

1. 固定式系固设备

滚装船上的固定式系固设备主要有系固槽座（lashing pot）和可折地令（lashing eye）将系索与船体连接。

2. 便携式系固设备

用于绑扎各种车辆等轮载货物的便携式固定设备有系固链条及紧链器、绑扎带（lashing band）、象脚（elephant feet）（与其他便携式系固设备相连，使用时插入槽座即可达到紧固货物之目的）、拖车支架（trailer trestle）（用来支撑并固定拖车）、拖车千斤顶（trailer support jack）、轮楔（wheel chock）、系固钢丝（lashing wire）、快速释放紧索器（quick release lashing）（用于收紧并可快速释放系固钢丝）、花篮螺丝（turnbuckle）等。

3. 便携式系固设备的配套使用方法与系固

便携式系固设备的配套使用方法如图4-2-1所示,其中(a)为系固链条、紧链器与象脚配套使用,并利用紧链器收紧系固链条;(b)为系固钢丝、花篮螺丝与象脚配套使用;(c)为系固链条、花篮螺丝与象脚配套使用;(d)为系固钢丝与快速释放紧索器及象脚配套使用,并利用快速释放紧索器收紧系固钢丝。

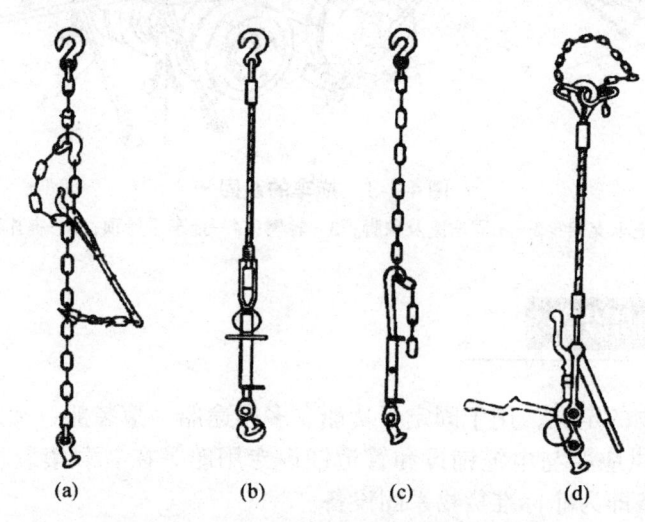

图4-2-1 便携式系固设备的配套使用方法

典型半标准货的系固方法如图4-2-2、图4-2-3所示。

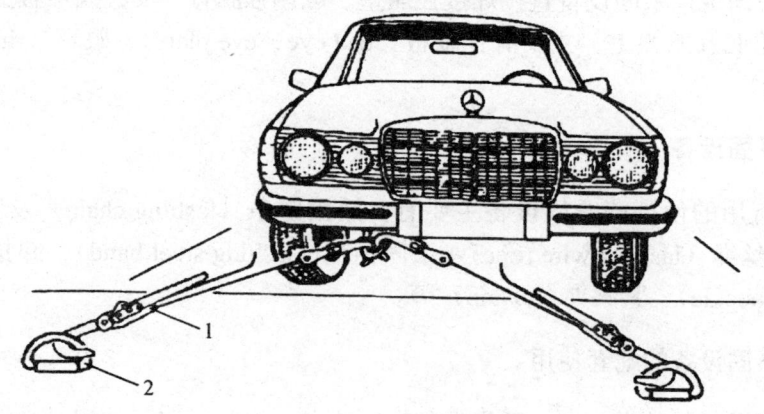

图4-2-2 汽车的系固
1—绑扎带;2—可折地令

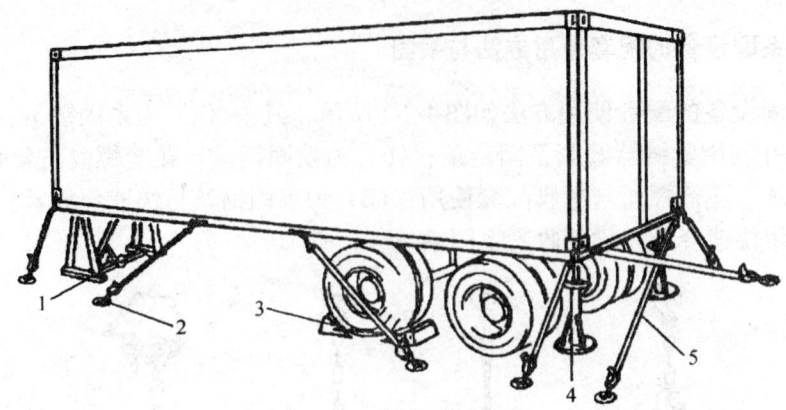

图 4-2-3 拖车的系固
1—拖车支架；2—系固槽座及象脚；3—轮楔；4—拖车千斤顶；5—绑扎带

二、非标准货系固设备

依据非标准货物的定义，用于固定干货船、多用途船、滚装船、装载货物单元的散装货船和客船及近海供应船与电缆铺设和管道铺设专用船等在装载集装箱（无专用系固设备）等时所用的设备即为非标准货物系固设备。

1. 固定式系固设备

该类船舶的固定式系固设备直接焊接在舱壁、舷侧强肋骨、支柱及甲板上，必要时也可直接焊接在舱底及舱盖上，主要有：眼板（pad eye，eye plate）、眼环（ring plate）、地令（lashing ring）。

2. 便携式系固设备

该类船舶所用的便携式系固设备主要有：系固链条（lashing chain）及紧链器（tension lever）、钢丝绳（lashing wire rope）、系固钢带（lashing steel band）、卸扣（shackle）、花篮螺丝（turnbuckle）、紧索夹（clamp）等。

3. 便携式系固设备的配套使用

便携式系固设备的种类较多，且具有各自的特点。因此，实际使用时必须紧密结合各自的特点与要求配套使用。如钢丝绳必须与紧索夹、花篮螺丝配套或与紧索夹、花篮螺丝及卸扣配套，系固链条只有在利用紧链器的情况下，方可系紧货物。

第三节 系固设备的检查及保养

一、系固设备的强度

强度（intensity）是指零件承受载荷后抵抗发生断裂或超过容许限度的残余变形的能力。也就是说，强度是衡量零件本身承载能力（即抵抗失效能力）的重要指标。

1. 破断强度

将设备逐渐均匀拉伸，直至将其拉断时所需的拉力为该设备的破断强度（breaking load，BL），也称为该设备的破断力。

2. 安全工作负荷

为保证安全，不使设备因受力过大断裂而发生事故，一般都规定一个设备允许使用的最大负荷，即安全工作负荷（safety working load，SWL）。须注意的是，在船上使用的设备上或其产品证书上均有明确规定的SWL，使用时应以此为准。

3. 最大系固负荷

最大系固负荷（maximum securing load，MSL）系指船上系固设备的许用负荷，不同设备其最大许用负荷也不同，一般由破断强度乘以一个比1小的系数得到。当能提供等同或较高的强度时，安全工作负荷可代替最大系固负荷。

一些系固设备MSL的确定方法如表4-3-1所示。

表4-3-1　由破断负荷确定MSL

系固设备	MSL
卸扣、环、甲板孔、低碳钢花篮螺丝	50%破断强度
纤维绳	33%破断强度
纤维网状绑扎件	70%破断强度
钢丝绳(一次性使用)	80%破断强度
钢丝绳(可重复使用)	30%破断强度
钢带(一次性使用)	70%破断强度
链	50%破断强度

4. 计算强度

计算强度（calculated strength，CS）是在货物系固有效性评估中进行货件约束力计算时使用的强度。具体计算方法为系固设备的最大系固负荷除以一个1.35的安全系数，即 $CS = MSL/1.35$。

二、系固原则

（1）船长必须关注系固方案的制定、作业计划的安排与实施及监督工作，且均应事先做出计划，具体有以下几个要点：

①系固方案是否有效且可靠，有无考虑船舶航行中可能遇到的最恶劣天气的影响。
②能否确保货物单元在被系固后所受应力分布均匀，如有疑问，应对系固方案进行核对计算。
③船上系固设备是否适于所载货物单元，是否具有足够的强度且保养充分得当。
④系固设备是否足够，是否备有系固手册所规定的总数10%的系固设备备品。
⑤参与系固作业的人员是否具有相应的资质和经验，并充分了解有关作业原则。
⑥所用的系固钢索应长短适中。
⑦应确保在船舶离港前完成系固作业。

（2）如认为有必要，应要求货方提供货物单元的装载与系固声明，说明其货物单元在集装箱和车辆中的包装、堆装、绑扎和系固方法均符合国际海事组织和国际劳工组织的《集装箱和车辆货物装载指南》（Guidelines for Packing Cargo in Freight Containers or Vehicles）的有关规定。

（3）系固布置应确保货物单元不会发生危及船舶安全的移动，如采取措施避免因货物单元变形和收缩致使系固系统松动。对摩擦系数较小的货物单元，应在横向上紧密积载以防止其在航行中滑动，必要时可用软质木板或类似垫料加以衬垫，以增加摩擦力。

（4）应确保系固通道畅通无阻，以便对货物单元进行系固和在航行中对系固的有效性做进一步检查。

（5）船舶靠妥泊前，未经船长许可，不得破坏系固系统的完整性。

三、系固设备的检查与保养

船上系固设备应在船长负责下进行定期的检查和维护保养，清点船上现有系固设备及备品数量，使其满足规定的要求，并应按主管机关的规定接受授权的验船师对系固设备进行各项检查与检验。

1. 所有零部件的日常外观检查和保养要求

（1）所有固定式系固设备，在使用完成以后，应立即进行受损检查。重新使用前，对已损坏或怀疑受损部件应修复并进行适当的强度测试。

（2）所有便携式系固设备在使用完后及再次使用前应有专门人员负责损坏检查。种类不同的设备、已检查和尚未检查的设备、常用和备用设备均应分类并整齐地加以存放。每隔3个月，应对所有可移动系固设备进行一次详细检查和加油活络。

（3）上述检查和维修保养在经历了恶劣天气、海况以后和特别加固用途以前应进行更加严格的检查。

2. 不同种类系固设备的检查和保养要求

应对每一设备的损坏和磨损情况进行检查，以发现有损于充分、安全地发挥其设计性能以及可能导致人身伤害的缺陷。如需用于特殊目的，使用前应对其进行检查，以确定其强度和功效是否适用。

1）各种底座、系固眼板、地令、固定锥、槽座及集装箱箱格导轨系统

（1）应检查这些固定式系固设备与船体结构的焊接部位，如有缺陷和裂缝，则应开槽后复焊。如船体本身存有缺陷（如不平整），则应先将该设备将要重新焊接处的船体部分用合适的方式予以修复。该船体部分包括舱底、横舱壁、舱盖、舷侧、集装箱支柱及甲板等。

（2）应检查其磨损、变形和其他缺陷。如该设备缺陷轻微且不影响其功能，可暂不修理；如有较严重的缺陷，则应用至少同等强度的设备进行更换（同型号或其他型号）；该设备重新附着船体的焊接操作应由持有相应证书的电焊工进行，并严格按照焊接工艺操作，特别是靠近油舱的焊接操作。

（3）在使用该设备前，应将该设备处的灰尘、碎石以及前几航次的残留物清除干净。

（4）集装箱箱格导轨系统应定期检查，以防止因变形、损坏而影响装卸货及货运安全，对变形和损坏的部分应及时修复。

（5）正常的除锈、油漆保养工作。

2）花篮螺丝及绑扎杆

（1）花篮螺丝应经常加油活络，防止因锈蚀而咬死无法转动。

（2）应检查花篮螺丝的螺纹损坏情况，防止由于错咬而无法转动，当螺纹损坏严重时应予以换新。

（3）应检查与绑扎杆连接端的磨损情况，如磨损严重应予换新，若一端为卸扣，应同时检查卸扣端弹簧栓的状况。

（4）绑扎杆除应注意检查本体外，还应注意检查两端的磨损情况，若磨损严重或不能有效地绑扎，应予换新。

（5）上述本体如有裂纹出现，则应立即更换。

3）扭锁、桥锁、堆锥（包括自动定位锥）及横向撑柱

（1）在使用前，应检查其变形、损坏情况，如发现扭锁转不动、手柄断裂，应予修复，使其恢复功能，对损坏严重以致影响其功能的，应予换新。在此应特别注意半自动扭

锁及自动定位锥的自动功能，如已失去此功能，应及时修复，无法修复的则应换新。

（2）桥锁及横向撑柱应经常加油活络，并检查螺纹的情况。

（3）如发现上述设备本体有裂纹，则应立即换新。

（4）在集装箱的装卸、系固和拆系过程中，上述设备容易受到损坏，特别是在提升和放落这些设备时应避免野蛮操作而造成损坏。

（5）使用完毕后，此类设备应及时收集在专用的盛具内，以防丢失。

4）系固钢丝绳、系固链条、快速释放紧索器及紧链器

（1）应详细检查系固钢丝绳（包括一般系固用钢丝绳），看其是否有永久性扭结、压扁，油麻芯或纤维芯干枯或外露，如有发现此类影响使用强度的情况，应及时予以更换。

（2）在系固钢丝绳的整个长度范围内，若在其10倍直径长度内发现有超过5%的钢丝断裂、磨损或严重锈蚀，则应予以换新。

（3）系固钢丝应定期涂钢丝油润滑，以防因锈蚀而缩短其使用寿命。

（4）存放于露天甲板的系固钢丝绳应用帆布罩罩好，避免日晒雨淋使其受损。

（5）必须注意检查快速释放紧索器，以保证其操作灵活、可靠。

（6）对于系固链条和紧链器，如发现其严重锈蚀或损坏，则应予换新。

（7）应仔细检查系固链条和紧链器每一链环的状况，若发现其本体有裂纹出现，则应立即换新。如仅为轻微变形、磨损、腐蚀但不影响其强度和功能，则无须更换。

5）卸扣和紧索夹

（1）应经常加油活络，防止因腐蚀而咬死无法转动。

（2）本体如有裂纹出现，则应立即更换。

（3）应检查螺纹损坏情况，防止由于错咬而无法转动，当螺纹损坏严重时应予换新。

3. 系固设备的检查和维修保养记录簿

船上应有系固设备检查和维修保养的记录，以证明船舶对系固设备进行检查和维修保养所采取的行动。船舶系固设备记录簿应由大副记录和保管。

四、系固设备的使用注意事项

为保证系固的可靠性，确保航行安全，在使用系固设备的过程中必须注意下列事项：

（1）所有系固设备必须具有由主管机关签发的证书。对正在使用但又无相应主管机关签发证书的现有系固设备，使用前务必确认其系固的可靠性，如无法确认，则应弃之不用。

（2）配套使用系固设备时，必须注重考虑各自最大系固负荷（MSL）的协调性，且应以系固设备中最小的MSL作为整个系固系统的MSL。

（3）补充或更新普通扭锁时，应注意新上扭锁与现有扭锁的转锁方向必须保持一致，否则将会给装箱后的系固带来极大麻烦。

第四节 系固设备的检验

根据《钢质海船入级规范》的规定，船舶系固设备应接受的检验种类与船舶应接受的检验种类相同，具体如下。

一、入级检验

对系固设备的入级检验与对船舶的入级检验同时进行。
（1）拟申请"配备集装箱系固设备"附加标志的船舶，应将下列图纸资料提交批准：
①集装箱排列和重量布置图；
②导轨结构图（如有）；
③非箱格导轨集装箱系固设备布置图；
④系固设备和配件详图；
⑤集装箱系固手册（船上应配有经主管机关批准的集装箱系固手册）。
（2）建造中检验时，应对系固设备的材料、工艺及其布置做全面的检验。
（3）船上应备有随时可查的系固手册，其内容至少应包括：
①系固设备简图；
②系固设备名称；
③系固设备制造厂标志或代号；
④系固设备的破断负荷；
⑤各系固设备的数量；
⑥原型试验证书的编号及日期；
⑦船用产品检验证书；
⑧集装箱堆装和布置图；
⑨系固设备布置图。

二、年度检验

对系固设备的年度检验与对船舶的年度检验同时进行，目的是对系固设备进行一般性检查，以确认其是否处于有效的技术状态，主要包括：
（1）确认系固设备和系固手册的有效性。

（2）检查焊接在船体结构或货舱盖上的集装箱底座，核查是否存在裂纹和变形情况。
（3）检查导轨和相关构件是否存在裂纹、变形或腐蚀情况。

三、中间检验

对系固设备的年度检验与对船舶的中间检验同时进行。其要求与年度检验的要求相同。

四、特别检验

对系固设备的年度检验与对船舶的特别检验同时进行。

检验项目有：

（1）对箱格导轨结构做全面检查，特别是垂直导轨与横撑材间的连接节点，导轨与导箱装置应处于良好的技术状态。
（2）全面检查可拆卸式框架或其他的约束装置。
（3）检查固定在船体结构上的配件，对位于液舱区域的配件，其四周应无泄漏。
（4）对照《船舶系固手册》全面检查所有的便携式系固设备。
（5）若发现系固钢丝绳在等于其直径10倍的任何长度内有超过5%的钢丝断裂、磨耗或腐蚀，则应予换新；若发现钢链发生蚀耗或损坏，也应予换新。
（6）如需更新系固设备，则新的系固设备应为认可的型式和产品。如无试验证书，则应按有关要求对新的系固设备进行相应的试验。

第五章

船舶货运基础知识

本章学习目标

1. 了解船型系数的表示及作用；
2. 了解船舶浮态的特征；
3. 掌握船舶重量性能和容积性能的衡量指标及其应用；
4. 掌握船舶静水力资料图表的使用方法；
5. 掌握平均吃水的计算方法；
6. 熟悉载重线标志和载重线海图的使用；
7. 熟悉货物计量与交接方式；
8. 掌握自然损耗的处理方式；
9. 掌握亏舱和积载因数的应用。

第一节 船型系数与船舶浮性

船体形状参数，如船舶型线图、水线面系数、中横剖面系数、方形系数、棱形系数、垂向棱形系数。这些参数都反映了船体的几何形状，进而反映出船体的大小、形状、肥瘦及表面光顺程度，它与船舶航海性能、船体强度等密切相关。

通过熟悉船舶平衡条件、船用坐标系、船舶吃水及水尺标志、船舶浮态，认识船舶的浮性。船舶浮性是船舶在各种装载状态下具有漂浮在水面上保持平衡位置的能力，它是船舶的基本性能之一。

一、船型系数

1. 船舶型线图

船体外形一般都是双向曲面，其形状的基本图形表示方法是型线图。型线图是船舶设计、计算和建造的重要依据，因而是关系到船舶全局的一张图纸。型线图所表示的船体外形为船体型表面。钢船的型表面为外板的内表面，水泥船和木船则为船壳的外表面。

为了绘制型线图，需要建立三个相互垂直的基准面作为基本投影面，如图5-1-1所示，包括中线面、中站面、基平面。

1）中线面

中线面是通过船宽中央的纵向垂直平面。通常情况下它将船体分为左右对称的两部分。

2）中站面

中站面是通过船长中点且垂直于船舶的中线面的横向垂直平面。它将船体分为首尾两部分。

3）基平面

基平面是通过中线面和中站面交线上的船底板上边缘、平行于设计水线面且与中线面和中站面相互垂直的平面。基平面与中线面的交线称为基线。

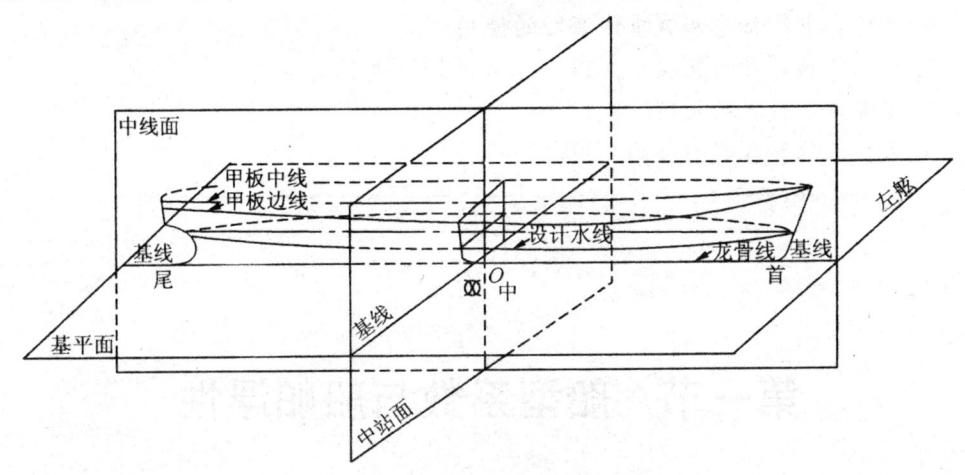

图5-1-1 三个相互垂直的基准面

2. 船型系数

船型系数是表示船体水下部分面积或体积肥瘦程度的无因次系数，这些系数对分析船型和船舶性能等有很大的用处。

1）水线面系数

如图5-1-2所示，水线面系数C_W是水线面面积A_W与船长L_{bp}和型宽B确定的矩形面积之比。C_W值的大小表示水线面形状的肥瘦程度，即

$$C_W = \frac{A_W}{L_{bp} \times B} \tag{5-1-1}$$

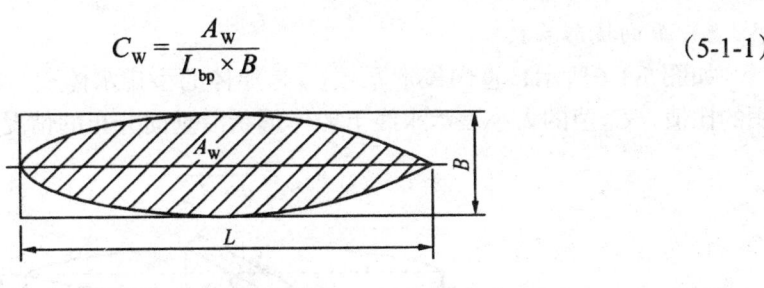

图 5-1-2　水线面系数

2）中横剖面系数

如图 5-1-3 所示，中横剖面系数 C_M 是在 1/2 型长处水线下横剖面（中横剖面）面积 A_M 与型宽 B 和吃水 d 确定的矩形面积之比。A_M 值的大小表示水线面形状的肥瘦程度，即

$$C_M = \frac{A_M}{B \times d} \tag{5-1-2}$$

图 5-1-3　中横剖面系数

3）方形系数

如图 5-1-4 所示，方形系数 C_b 是船体的型排水体积与由船长 L_{bp}、型宽 B、型吃水 d 所构成的长方体体积之比。C_b 值的大小表示船体水下体积的肥瘦程度，即

$$C_b = \frac{\nabla}{L_{bp} \times B \times d} \tag{5-1-3}$$

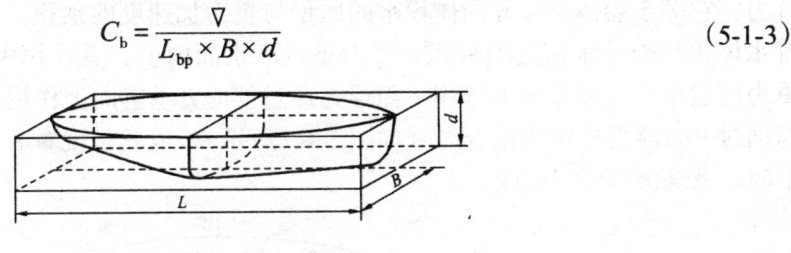

图 5-1-4　方形系数

4）棱形系数

如图 5-1-5 所示，棱形系数 C_p 是船体的型排水体积与由相对应的中横剖面面积 A_M 和船长 L_{bp} 所构成的棱柱体体积之比。棱形系数又称为纵向棱形系数，其值大小表示水线下船体形状沿纵向分布的情况，即

$$C_p = \frac{\nabla}{L_{bp} \times A_M} \tag{5-1-4}$$

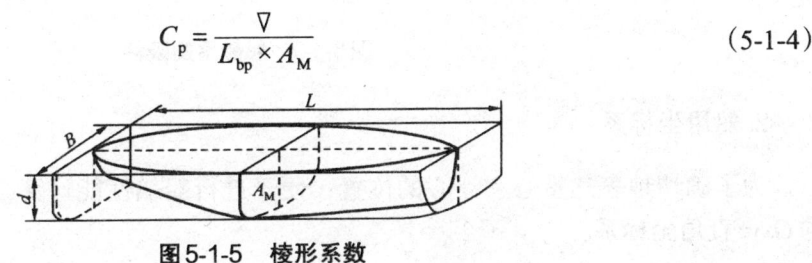

图 5-1-5　棱形系数

5）垂向棱形系数

如图5-1-6所示，垂向棱形系数C_{vp}是船体的型排水体积与吃水d乘以水线面面积A_W之积的比值。C_{vp}值的大小表示水线下船体形状沿垂向分布的情况，即

$$C_{vp} = \frac{\nabla}{d \times A_W} \tag{5-1-5}$$

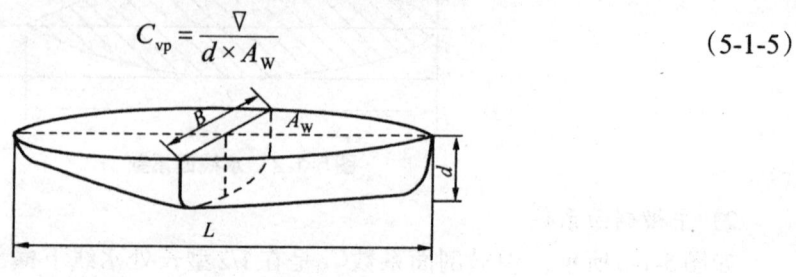

图5-1-6　垂向棱形系数

二、船舶浮性

1. 船舶平衡条件

船舶在装载情况下，漂浮于水面（或浸没于水中）一定位置时，是一个处于平衡状态的浮体。这时，作用在船上的力，有船舶本身的重力以及静水压力所形成的浮力。作用在船上的重力由船舶本身各部分的重量所组成，如船体构件、机电设备、货物、人员及行李等的重量，军舰还有武备、弹药等。这些重量形成一个垂直向下的合力，此合力就是船舶的重力，其作用中心称为船舶的重心，用G表示。浮力为作用于船舶水线下静水压力的合力，它等于船体所排开同体积水的质量与重力加速度的乘积，而船舶排水质量为水线下排水体积与舷外水密度的乘积，浮力垂直于水面向上，其作用中心称为浮心，用B表示。重力通过重心G垂直向下作用，而浮力通过浮心B垂直向上作用。当通过G的重力作用线与通过B的浮力作用线重合时（如图5-1-7所示），也就是说重心G和浮心B处于同一垂线上时，船舶所受合力为零。

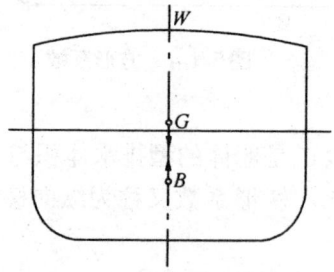

图5-1-7　船舶平衡条件

2. 船用坐标系

为了确切地表达重心和浮心的位置，便于进行船舶性能计算，通常采用图5-1-8所示的$Oxyz$直角坐标系。

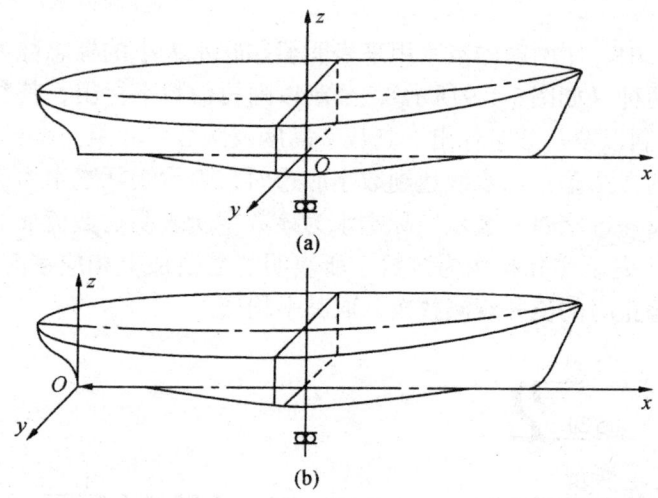

图 5-1-8 船用坐标系

1）坐标原点 O

坐标原点 O 通常取在中纵剖面、中横剖面和龙骨基线平面的交点处（船中坐标系）或取在中纵剖面、尾垂线剖面和龙骨基线平面的交点处（船尾坐标系），但有的船舶资料中原点则取在中纵剖面、首垂线剖面和龙骨基线平面的交点处（船首坐标系）。根据坐标原点的不同位置，通常将船用坐标系分为船中、船尾和船首坐标系三种。

2）纵坐标 x 轴

中纵剖面与龙骨基线平面的交线为 x 轴，是沿船长方向的坐标轴，亦称纵轴，x 轴上的值则称为纵向坐标。其 x 坐标通常规定船中前为"+"，船中后为"−"，但也有与其相反者，如日本等国。对于船尾坐标系，其 x 轴坐标首向为"+"。对于船首坐标系，其 x 轴首向为"−"。

3）横坐标 y 轴

对于船中坐标系，y 轴为中横剖面与龙骨基线平面的交线，y 轴亦称为横轴，y 轴上的值称为横向坐标。对于船尾（首）坐标系，则 y 轴为尾（首）垂线横剖面和龙骨基线平面的交线。

4）垂向坐标 z 轴

对于船中坐标系，中纵剖面和中横剖面的交线为 z 轴，z 轴也称为垂向轴，z 轴上的值称为垂向坐标。对于船尾（首）坐标系，则 z 轴为中纵剖面和尾（首）垂线处横剖面的交线。

按我国规范建造的船舶，通常采用船中坐标系且船首方向规定为正向。

3. 船舶吃水及水尺标志

船舶吃水是指水线面下船体的深度，即水线面与船底间的垂直距离。根据量取方法和作用的不同，吃水可分为型吃水和实际吃水。型吃水是指水线面到龙骨板上边缘（龙骨基线）的垂直距离；实际吃水则为水线面到龙骨板下边缘的垂直距离，两者相差一龙骨板厚度。

标绘于船舶首、中、尾两舷的数字用来表明船舶吃水大小的标志称为水尺标志。水尺标志有公制和英制两种（如图5-1-9所示），公制以阿拉伯数字标出，其数字高度及两数字间距均为10 cm；英制以罗马数字标出，其数字高度及两数字间距为6 in。

观察实际吃水的方法是：当水线达到数字底边时，表示实际吃水为该数字所表明的数值；当水线刚好淹没该数字时，表示实际吃水为该数字所表明的数值加上相应字高；当水线达到数字中间时，表示实际吃水为该数字所表明的数值加上相应字高的1/2；水面有波动时，应取其瞬间静止时的值并观测数次，取其平均值。

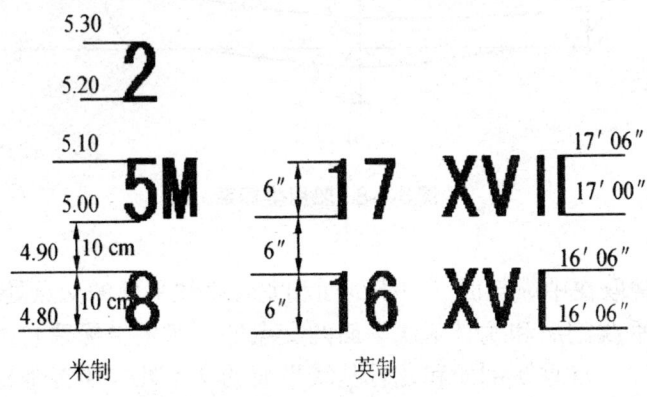

图5-1-9　水尺标志

4. 船舶浮态

船舶浮于静水的平衡状态称为浮态，通常可分为：正浮、横倾、纵倾、任意浮态。

1）正浮

正浮状态（图5-1-10）是船舶中纵剖面和中横剖面均垂直于静止水面时的浮态。船舶重心 G 与浮心 B 的纵坐标和横坐标均对应相同，首、中、尾六面吃水相等。

在正浮状态下，船舶的平衡条件可表示为：

$$\begin{cases} W = \Delta = \rho \nabla \\ x_g = x_b \\ y_g = y_b = 0 \end{cases} \tag{5-1-6}$$

式中：

W——船舶重力（9.81 kN）；

Δ——船舶浮力，即船舶排水量（9.81 kN）；

ρ——舷外水密度（g/cm³）；

∇——船舶排水体积（m³）；

x_g——船舶重心纵坐标（m）；

x_b——船舶浮心纵坐标（m）；

y_g——船舶重心横坐标（m）；

y_b——船舶浮心横坐标（m）。

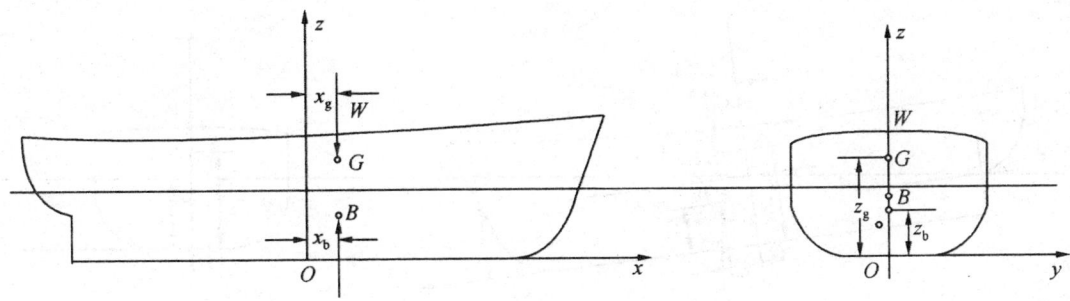

图 5-1-10 船舶正浮状态

2) 横倾

船舶重心 G 与浮心 B 的横坐标不同，船舶左、右舷吃水不相同，该漂浮状态称为横倾。横倾状态（图 5-1-11）是船舶中横剖面垂直于静止水面，但中纵剖面与铅垂平面成一横倾角时的浮态。当重心 G 偏离中纵剖面即 $y_g \neq 0$ 时，重心 G 和正浮时浮心 B 不再共垂线，重力和浮力所产生的力矩作用，将迫使船舶横向倾斜，船舶倾斜后，浮心移至 B_1，重心 G 和浮心 B_1 位于同一垂线上，达到新的平衡，船舶出现横倾角 θ。

船舶横倾时的平衡条件可表述为：

$$\begin{cases} W = \Delta = \rho \nabla \\ x_g = x_b \\ y_g \neq y_b = 0 \end{cases} \tag{5-1-7}$$

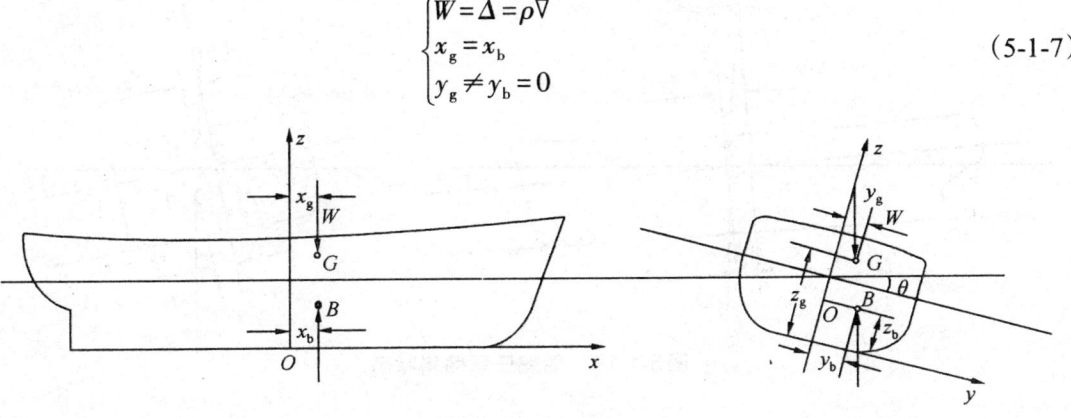

图 5-1-11 船舶横倾状态

3) 纵倾

船舶首、尾吃水不相同对应的浮态称为纵倾。纵倾状态（图 5-1-12）是船舶中纵剖面垂直于静止水面，但中横剖面与铅垂平面成一纵倾角 θ 时的浮态，纵倾角 θ 通常以向首部倾斜（首倾）为正，向尾部倾斜（尾倾）为负。当重心 G 和正浮时的浮心 B 不在同一垂线上，重力和浮力形成的力矩将迫使船舶纵向倾斜，纵倾后达到新的平衡，船舶出现纵横倾角 φ。

船舶纵倾时的平衡条件可表示为：

$$\begin{cases} W = \Delta = \rho \nabla \\ x_g \neq x_b \\ y_g = y_b = 0 \end{cases} \tag{5-1-8}$$

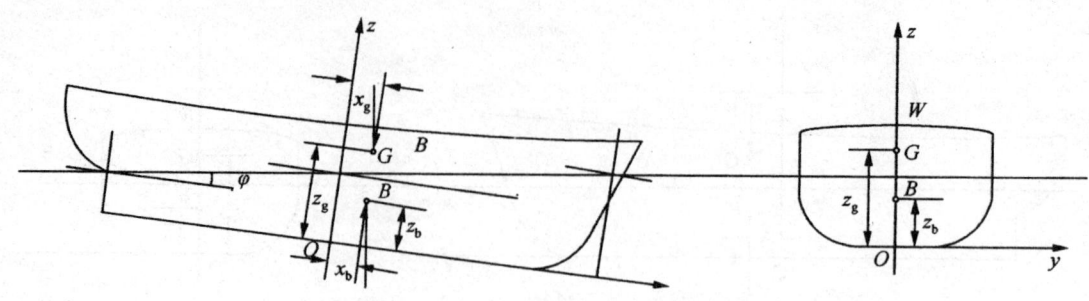

图5-1-12　船舶纵倾状态

4）任意倾斜

任意浮态（图5-1-13）是船舶既有横倾又有纵倾时的浮态，即船舶的中纵剖面与铅垂平面有一横倾角，同时中横剖面与铅垂平面也有一纵倾角。船舶任意倾斜状态实际上是横倾与纵倾叠加后的结果，船舶六面吃水均不对应相等，因此，其判断条件为：

$$\begin{cases} W = \Delta = \rho \nabla \\ x_g \neq x_b \\ y_g \neq y_b = 0 \end{cases} \tag{5-1-9}$$

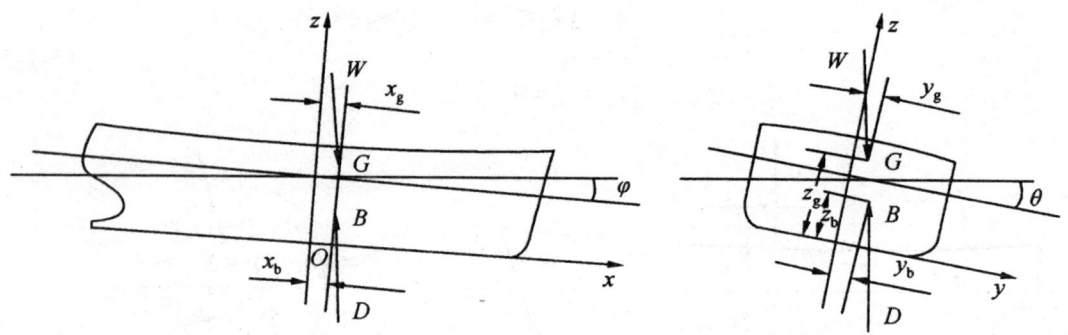

图5-1-13　船舶任意倾斜状态

第二节　船舶重量性能和容积性能

为满足船舶所载的货物、所携带的航次备品及其他载荷在重量上和体积上的需求，船舶必须具有一定的重量性能和容积性能。

一、船舶重量性能

船舶在最大允许吃水范围内，反映吃水与船舶载重关系的性能，称为船舶重量性能。船舶重量性能的某些指标是决定装载货物重量能力的主要因素。

船舶重量性能包括排水量和载重量，计量单位为吨。

1. 排水量

排水量是指船舶自由漂浮于静水中保持静态平衡时，船体水线下体积所排开水的重量。按船舶装载状态不同，排水量可分为空船排水量、满载排水量和装载排水量。按照阿基米德定律，其计算公式为：

$$\Delta = \rho \cdot V \qquad (5\text{-}2\text{-}1)$$

式中：

Δ——船舶排水量（t）；

ρ——舷外水密度（g/cm^3）；

V——船舶排水体积（m^3）。

1）空船排水量 Δ_L

空船排水量是指船舶装备齐全但无载重时的排水量，是船体、机器及设备、可供试车用的但无航行所需的锅炉中的燃料和水、冷凝器中的淡水等重量的总和。海上货物运输课程所指空船重量是一定值，指新船出厂时的空船排水量，其值可从船舶资料中查得。

2）满载排水量 Δ_s

满载排水量是指船舶装载到规定满载水线时的排水量，通常指夏季满载排水量。满载排水量等于在满载状态下船舶的总重量，包括空船重量加上全部可变载荷（货物、航次所需的燃料、淡水、压载水、食物、船员和行李、其他供应品和备品及船舶常数）重量。

对于具体船舶，夏季满载排水量为一定值，相应的船舶吃水为夏季满载吃水，其值均可在船舶资料中查得。夏季满载排水量是表征船舶重量性能的指标，而夏季满载吃水则是限定船舶装载吃水以保证船舶浮性的指标。

3）装载排水量 Δ

装载排水量是指船舶装载后实际排开水的重量，通常介于空船排水量与满载排水量之间，其值为该装载状态下空船重量、货物重量、航次储备量、压载水重量和船舶常数等重量总和。装载排水量对应的水线有无数条。

2. 载重量

船舶所能装载的载荷重量称为载重量。依据载荷种类不同，载重量分为总载重量和净载重量。

1）总载重量 DW

总载重量是指船舶在任意吃水状况下所装载的最大重量。它是在该吃水条件下船上所

能装载货物、航次储备、压载水及其他重量的总和，其值为
$$DW = \Delta - \Delta_L \tag{5-2-2}$$

总载重量的大小可根据给定的船舶装载状态按其构成成分叠加获得，也可根据船舶吃水从相关船舶静水力资料中获取相应排水量后由式（5-2-2）确定。

总载重量的大小是随着船舶排水量的变化而变化的，与航行区域、航行季节和港口航道的水深等有关。在船舶资料中，总载重量是指船舶夏季满载排水量与船舶空船排水量之差，其值为定值，是船舶载重能力的重要指标，即
$$DW_S = \Delta_S - \Delta_L \tag{5-2-3}$$

DW_S作为船舶载重能力大小的重要指标，通常用来表征船舶大小和统计船舶拥有量，作为签订租船合同及航线配船、定舱配载、船舶配载的依据。

2）净载重量 NDW

净载重量指船舶具体航次中所能装载货物重量的最大能力，其值等于具体航次中所允许使用的最大总载重量与航次储备量及船舶常数的差值，即
$$NDW = DW - \sum G - C \tag{5-2-4}$$

式中：

$\sum G$——航次储备量（t）；

C——船舶常数（t）。

船舶净载重量因不同航次的航线、航程等因素的不同而变化，主要作为确定航次货运量的依据。

3. 航次储备量

船舶具体航次中为维持正常航行及停泊需要所储备的消耗物质重量总和即为航次储备量，按其构成可分为固定储备量和可变储备量两类。

1）固定储备量

固定储备量包括船员、行李、粮食、供应品及船用备品。由于构成的各部分在航次储备量中所占比例很小，因此，无论航次时间长短，在计算时可将取一定值，故称其为固定储备量。

2）可变储备量

航次储备量中随航次时间长短及补给方案不同而变化的那部分物质的重量，它包括燃料、润料和淡水等。

4. 船舶常数

船舶参加营运后的空船重量与新船出厂时的空船重量之差称为船舶常数。船舶常数通常包括以下几部分：

（1）船舶定期修理和局部改装引起的空船重量改变量；

（2）货舱内货物、衬垫物料及垃圾的残留重量；

（3）液体舱柜、污水井内油、水的残留物或沉淀物；

（4）船上库存的废旧机件、器材及物料；

(5) 为改善船舶性能而设置的固定压载物；
(6) 船体外附着的海生物重量与其所受浮力的差值。

二、船舶容积性能

船舶所具有的容纳各类载荷体积的能力称为船舶容积性能，用来表征船舶容积性能的指标包括舱室容积、舱容系数、登记吨位。

1. 舱室容积

1) 散装容积

散装容积是指货舱内能够被无包装且呈颗粒、粉末、小块、球团等状的固体散货所利用的最大空间体积。其大小为两舷侧板内缘、前后横舱壁内缘、内底板或舱底板上缘至甲板下缘所围体积及舱口围板与舱口盖板下缘所围体积之和，并扣除舱内骨架、支柱、货舱护条、通风筒等所占空间体积。

2) 包装容积

包装容积是指货舱内能为包装货物或具有一定尺度的裸装货物所利用的最大空间体积。其大小为包括舱口围板所围体积在内，量自两舷侧肋骨或纵桁内缘、前后横舱壁骨架的自由翼缘、内底板或舱底板上缘至甲板横梁或纵骨下缘所围空间体积，并扣除舱内支柱、通风筒等舱内设备所占体积。一般货舱的包装容积比散装容积少5%~10%。在件杂货运输时，均使用包装舱容。

3) 液货舱容积

液货舱容积指货舱装载液体散装货物时可利用的最大空间容积。其大小为甲板下缘所围体积扣除舱内骨架及有关设施等所占空间体积。

4) 液舱柜容积

液舱柜容积是指船舶能够为燃料、润料、淡水、压载水所利用的专用舱柜的最大容积。

船舶资料中均包括总布置图、货舱容积表和液舱柜容积表，提供了各货舱和液体舱柜的位置、形状、尺寸、容积及几何中心位置，是驾驶人员工作中的必备资料。

当各舱室未装至最大容积，可根据实际装舱深度查取相应舱室的舱容曲线或舱容表，从而确定实际装舱容积及重心位置。

5) 甲板货位

对于某些种类的船舶，允许或适合于在上甲板装载一定数量的货物，如集装箱船、木材运输船、杂货船，而允许利用的甲板货位受到船舶稳性、安全瞭望、货物系固、甲板强度等方面的限制。集装箱船甲板可用货位与舱内容积之比为1∶2~1∶1，而木材船甲板可用货位与舱内容积相比也基本接近。

2. 舱容系数 μ

舱容系数指全船货舱总容积与船舶净载重量之比，即每一净载重吨所占有的货舱容积。

$$\mu = \frac{\sum V_{ch}}{NDW} \tag{5-2-5}$$

式中：

μ——舱容系数（m³/t）；

$\sum V_{ch}$——全船货舱总容积（m³），取包装容积或散装容积。

各具体航次 NDW 不同，因此相应的舱容系数也不同。船舶资料中的舱容系数是船舶在满载吃水状态下保持最大续航能力时的数值。

船舶舱容系数是表征船舶对轻货或重货适装能力的指标。舱容系数较大的船，适合于装载轻货，若装载重货，则货舱容积未得到充分应用；相反，舱容系数较小的船，适合于装载重货，若装载轻货，则载重量未得到充分应用。一般杂货船的舱容系数为 1.5~2.1 m³/t。

3. 登记吨位

船舶登记吨是指船舶为登记注册及便利海上运输的需要，按有关国家主管机关指定的丈量规范的规定丈量的船舶内部容积，以吨位表示其大小。凡船长不小于 24 m 的我国海上航行船舶，根据中华人民共和国海事局《船舶与海上设施法定检验规则》（以下简称《法定规则》）中关于吨位丈量的规定丈量并核算船舶登记吨，其数值记入船舶必备的"吨位证书"中。我国政府已参加了 IMO《1969 年国际船舶吨位丈量公约》，《法定规则》中有关国际航行船舶的吨位丈量方法与该国际公约一致。

根据适用的公约、规则及船舶丈量的范围和用途不同，登记吨位可分为公约吨（满足 IMO《1969 年国际船舶吨位丈量公约》）和运河吨（满足运河港口当局制定的丈量公约），两者均包括总吨和净吨。

1）公约吨

（1）总吨

根据国家主管机关规定的吨位丈量规范规定，丈量船舶所有围蔽处所总容积后所核算的专门吨位为船舶总吨（gross tonnage）。

船舶总吨的用途主要有：

①表征船舶建造规模大小，作为船舶拥有量的统计单位；

②船舶建造、买卖、租赁费用及海损事故赔偿费的计算基准；

③国际公约、船舶规范中划分船舶等级、提出技术管理和设备要求的基准；

④作为船舶登记、检验、丈量等计费的依据；

⑤作为一些港口使费的计算基准；

⑥作为计算净吨的基础。

第五章 船舶货运基础知识

（2）净吨

根据国家主管机关指定的吨位丈量规范丈量确定的船舶有效容积所核算的专门吨位为船舶净吨（net tonnage）。有效容积可理解为船舶用于载货和载客处所的容积。对于货船，净吨除与船舶有效容积有关外，还与船舶型深和型吃水有关。

净吨主要用作计收各种港口使费（如港务费、引航费、码头费、灯塔费等）和税金（吨税）的依据。各国港口规定不同，其中也有按总吨、吃水等收取港口使费的。

2）运河吨

苏伊士运河当局和巴拿马运河当局为维护各自国家的经济利益，均制定了相应的吨位丈量规范，运河吨（canal tonnage）就是按运河当局颁发的丈量方法丈量后确定的登记吨位。运河当局颁布运河吨位丈量规则，授权世界上一些主要船级社对船舶进行丈量，并签发运河吨位证书，它分为运河总吨和运河净吨两种。船舶在通过运河时，运河当局按运河净吨大小交纳运河通过费，通常使用运河净吨位作为计费依据，但巴拿马运河当局后来对此做了部分更改，如对集装箱船按其载货能力计费。凡航经运河的船舶，必须具备运河当局主管部门核定的运河吨位证书。表5-2-1所示为Y轮登记吨位表。

表 5-2-1　Y 轮登记吨位表

按IMO公约丈量的登记吨位		苏伊士运河吨		巴拿马运河吨	
GRT(GT)	NRT(NT)	GRT(GT)	NRT(NT)	GRT(GT)	NRT(NT)
10456	6407	10663	8467	11451	8781

第三节　船舶静水力资料

船舶在营运过程中，可以通过船舶的静水力资料查取船舶实际装载情况下的一些性能参数，而船舶静水力资料是船舶设计部门根据船舶的型线图编制而成的，主要包括静水力曲线图、载重表尺和静水力参数表。

一、静水力曲线图

静水力曲线图是表示船舶在静止正浮时的浮性参数、稳性参数和船型系数与船舶型吃水关系的一组曲线。

1. 浮性参数曲线

浮性参数曲线包括：

1) 排水体积曲线

排水体积曲线是表示船舶排水体积随吃水变化而变化关系的曲线。在静水力曲线图中排水体积是根据船体型线图计算所得，并未包括水线以下部分船壳及附体（螺旋桨、舵、舭龙骨等）的体积，因此称为型排水体积，而实际排水体积应为型排水体积与水线下船壳及附体体积之和。

为方便计算，一般将型排水体积乘以一个大于1的系数 k，该系数称为船壳系数，则有式 (5-3-1)：

$$V = k \cdot V_M \tag{5-3-1}$$

式中：

V_M——型排水体积；

V——实际排水体积。

通常船壳系数 k 在 $1.006 \sim 1.030$ 范围内。对于不同船舶，小船 k 值一般较大，大船 k 值一般较小；对于同一船舶，吃水较小时 k 取大些，吃水较大时 k 取小些。新船 k 值可在船舶资料中查取。

2) 排水量曲线

排水量曲线是表示船舶排水量随吃水变化而变化关系的曲线，通常包括标准海水排水量和标准淡水排水量两条曲线。

通常船型在船舶吃水较小时，排水量随吃水变化较慢，而在船舶吃水较大时排水量随吃水变化较快，因此排水体积曲线和排水量曲线呈上凸趋势。

3) 浮心距基线高度曲线

浮心距基线高度曲线，简称 ZB 或 KB 曲线，是表示浮心的垂向坐标随吃水变化而变化关系的曲线。

4) 浮心距船中距离曲线

浮心距船中距离曲线是表示浮心纵坐标随吃水变化而变化关系的曲线。在船中坐标系中，我国规定：浮心在船中前，x_b 为正值；浮心在船中后，x_b 为负值。

5) 水线面面积曲线

水线面面积曲线，简称 A_W 曲线。船舶漂浮于水面上，水面与船体相交的平面即为水线面。船舶水线面面积曲线是表示未包括船壳板厚度在内的水线面面积随吃水变化而变化关系的曲线。由水线面面积可计算出船舶在不同水密度水域中每厘米吃水吨数 TPC 值。

6) 漂心距船中距离曲线

船舶水线面的几何中心称为漂心 f。漂心距船中距离曲线是表示漂心纵坐标随吃水变化而变化关系的曲线。在船中坐标系中，我国规定：漂心在船中前，x_f 为正值；漂心在船中后，x_f 为负值。

漂心位置以 x_f 和 y_f 表示。由于水线面形状左右对称于中纵剖面，故 $y_f=0$。而水线面形状一般都不对称于中横剖面，故 x_f 通常为不为零，而在船中附近。

7）每厘米吃水吨数曲线

每厘米吃水吨数曲线，简称 TPC 曲线。每厘米吃水吨数是船舶平均吃水变化 1 cm 时对应排水量的改变量，用 TPC 来表示。设船舶平均吃水变化 1 cm 时排水体积改变 δV，其大小为：

$$\delta V = 0.01 A_w \tag{5-3-2}$$

则排水量的改变量 $\delta \Delta$ 为：

$$\delta \Delta = 0.01 \rho \cdot A_w \tag{5-3-3}$$

于是，可得每厘米吃水吨数表达式为：

$$TPC = 0.01 \rho \cdot A_w \tag{5-3-4}$$

TPC 曲线是表示船舶在不同吃水时每厘米吃水吨数变化规律的曲线。静水力曲线图中各吃水时的 TPC 值一般为在海水中的数值。对于普通船舶，吃水不同时水线面积亦不同，且通常随吃水增大而增大，因此，每厘米吃水吨数 TPC 和水线面积随吃水变化的趋势是一致的。对于箱形驳船，其水线面积不随吃水变化而变化，故每厘米吃水吨数 TPC 为一定值。

2. 稳性参数曲线

稳性参数曲线包括：

1）横稳心距基线高度曲线

横稳心距基线高度曲线，简称 KM 曲线，是表示船舶不同吃水时横稳心距基线高度变化规律的曲线。

2）纵稳心距基线高度曲线

纵稳心距基线高度曲线，简称 KML 曲线，是表示船舶不同吃水时纵稳心距基线高度变化规律的曲线。

3）每厘米纵倾力矩曲线

每厘米纵倾力矩曲线，简称 MTC 曲线，是表示吃水差变化 1 cm 所需要的纵倾力矩随吃水变化而变化的关系曲线。

3. 船形系数曲线

船形系数主要用来表示型船体的几何特征，在一定程度上反映船舶性能的优劣。静水力曲线图中的船形系数曲线表示船形系数随平均吃水变化的关系曲线。

船形系数曲线包括：

方形系数曲线、水线面系数曲线、中横剖面系数曲线、棱形系数曲线和垂向棱形系数曲线。

4. 静水力曲线图的查取方法及使用

静水力曲线图的垂向坐标代表船舶平均型吃水，横坐标代表船舶不同参数，以厘米数表示，各参数与厘米数的比例标于图中。各曲线厘米数的起算点可分为 3 种情况。

（1）坐标系原点，适用于除浮心距船中距离曲线和漂心距船中距离曲线以外的其他浮性参数和稳性参数曲线；

(2) 以符号⊗表示的船中，适用于浮心距船中距离曲线和漂心距船中距离曲线；

(3) 在不同的厘米数处直接标出小于1的小数，适用于船形系数曲线。

图5-3-1为某轮静水力曲线图。其查取方法是：作船舶装载状态下平均型吃水的水平线，与所查曲线相交，读取交点对应横坐标上的厘米数，并按所查参数与厘米数比例换算成实际参数值。

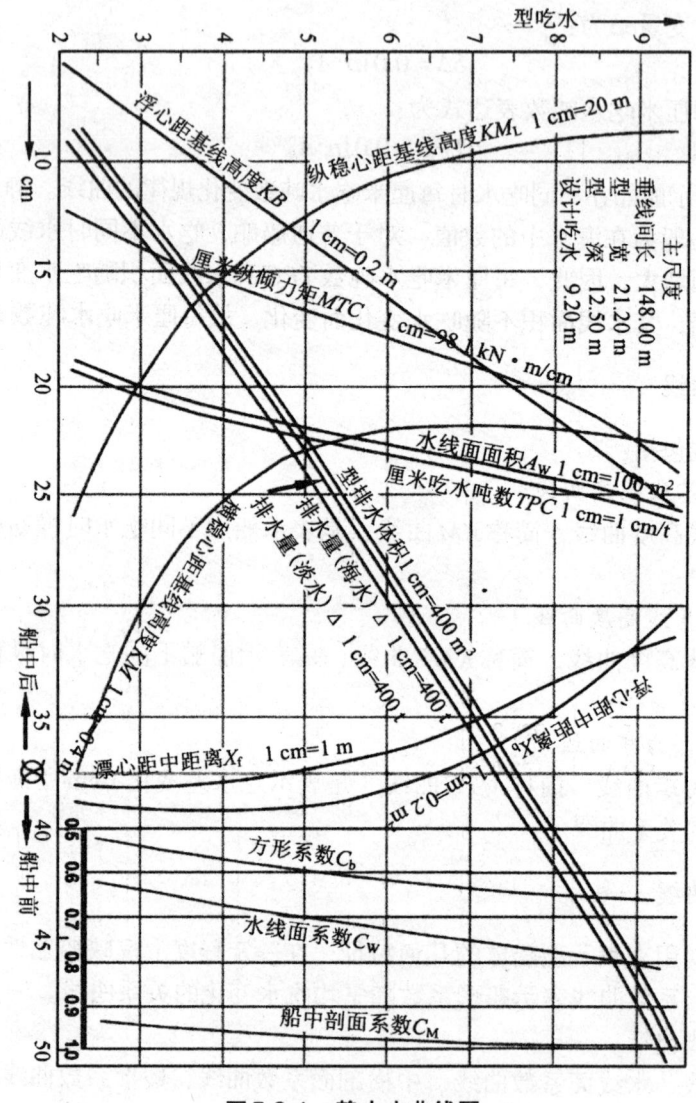

图5-3-1 静水力曲线图

二、载重表尺

1. 载重表尺的内容

载重表尺是指船舶在静止、正浮状态时常用浮性和稳性参数随吃水变化而变化的关系

第五章 船舶货运基础知识

图表。载重表尺中给出了不同吃水时的海水中、淡水中和半淡水中的排水量 Δ、总载重量 DW、每厘米吃水吨数 TPC 以及每厘米纵倾力矩 MTC、横稳心距基线高度 KM、浮心距船中距离 x_b、漂心距船中距离 x_f 等值。在提供给船上的载重表尺中，其所列参数种类也不尽相同，如图5-3-2所示。

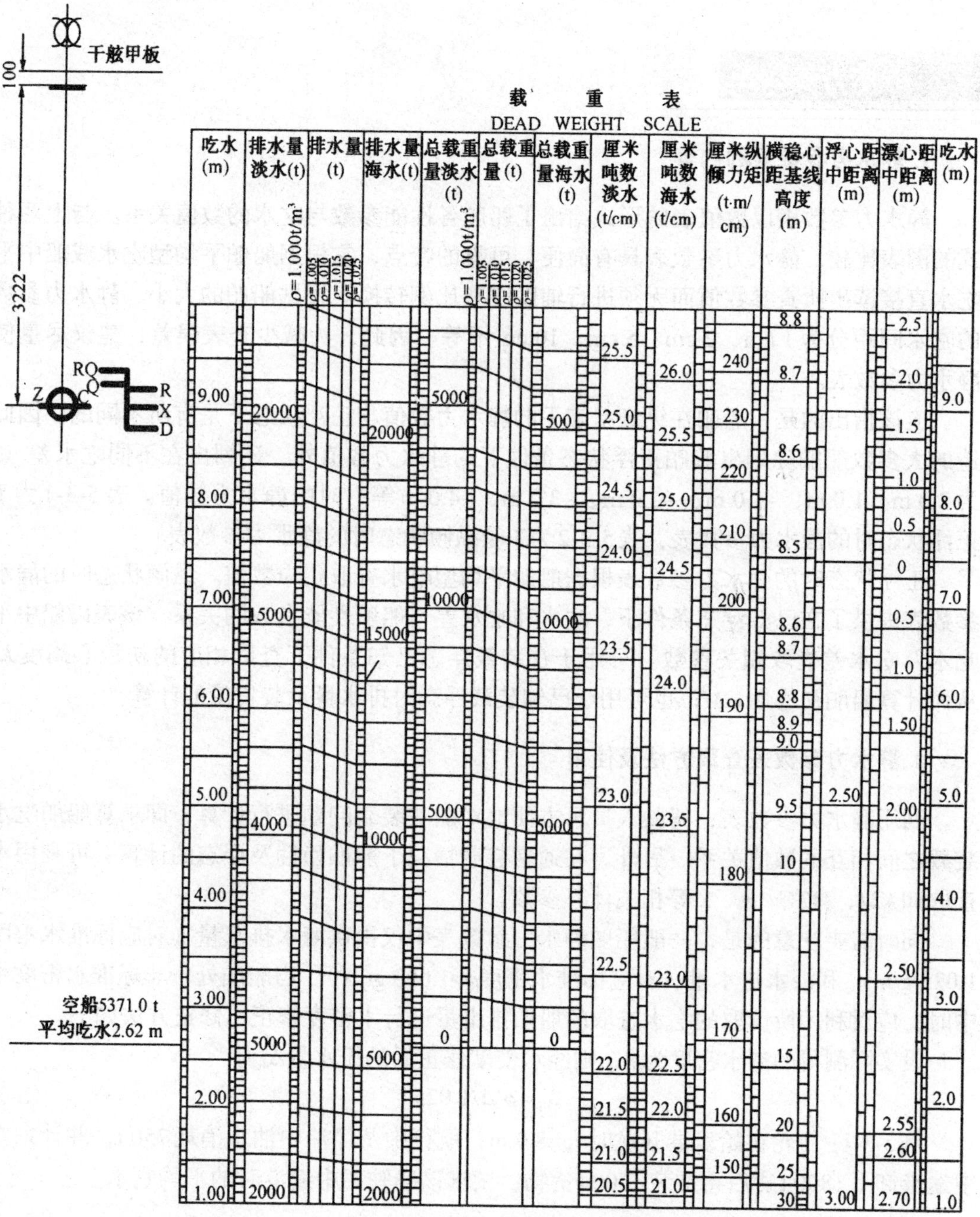

图5-3-2 载重表尺

2. 载重表尺的查取方法及使用

载重表尺比静水力曲线图更方便、实用，其查取方法为：根据装载状态下的实际平均吃水作一水平线，该线与所查参数栏刻度相交，直接读出刻度对应数值即为所查参数值。

三、静水力参数表

1. 静水力参数表的内容

静水力参数表以数值表的形式给出了船舶各性能参数与吃水的数值关系。与上两种形式的图表比较，静水力参数表具有简便、可靠的特点，它根据船舶平均型吃水或船中平均吃水直接读出所查参数值而无须进行辅助线和比例转换。根据船舶的大小，静水力参数表的吃水间距分为 1 cm、2 cm、5 cm、10 cm 不等。因此，为减少查表误差，建议尽量使用静水力参数表。

应该指出的是，船舶在纵倾状态下的静水力数值与正浮状态下是有所不同的。因此新造的大多数船舶除列出船舶正浮状态条件下的静水力数值外，还列出在不同吃水差（如 t 为 2.0 m、1.0 m、-1.0 m、-2.0 m、-3.0 m、-4.0 m 等）时的静水力数值。表 5-3-1 为 T 轮正浮状态时的静水力参数表，表 5-3-2 为 T 轮纵倾状态时的静水力参数表。

正浮状态时的静水力参数表根据船舶平均型吃水查取相应数值。纵倾状态时的静水力参数表提供了在已知浮态条件下，吃水和吃水差与船舶性能参数的关系，该表以船中平均吃水及吃水差查取相关参数。可用于在装载浮态已知条件下查取相应的初稳心高度 KM，从而计算船舶初稳性 GM；也可用于已知装载浮态时排水量及装货量的计算。

2. 静水力参数表查取方法及使用

利用静水力参数表，驾驶人员可方便地对船舶装载问题进行计算，即求算船舶吃水与装载之间相互的数值关系。另外，在通常装载情况下船舶稳性及浮态的计算，可利用本表查取如 KM、MTC、x_b、x_f 等相关计算参数。

同时需要注意的是，一般船舶静水力参数表中仅提供海水排水量（对应标准水密度 $\rho=1.025\ g/m^3$）和淡水排水量（对应标准水密度 $\rho=1.000\ g/m^3$）。当船舶处于非标准水密度水域中时，应对利用所读取的吃水查取的船舶排水量进行水密度修正，修正方法如下。

设实际测得的港水密度为 ρ'，则经水密度修正后的排水量 Δ_d 为：

$$\Delta_d = \rho' \Delta / 1.025 \qquad (5\text{-}3\text{-}5)$$

例 5-3-1：T 轮在始发港开航时 $d_M=8.9\ m$，航行中及停泊中油水消耗 750 t，并计划在该中途港卸下 1800 t 货后再加装 1600 t 货物，试求该船驶离中途港时的平均吃水。

解：
方法1：
(1) 查取始发港开航时的排水量Δ_1
由d_M=8.9 m查静水力参数表，得
$$\Delta_1 = 20628 \text{ t}$$
(2) 计算驶离中途港时的排水量Δ_2
$$\Delta_2 = 20628 - 750 - 1800 + 1600 = 19678 \text{ t}$$
(3) 根据Δ_2查取驶离中途港时的平均吃水d_{M2}
由Δ_2=19678 t查静水力参数表，得
$$d_{M2} = 8.53 \text{ m}$$

方法2：
(1) 查取每厘米吃水吨数TPC
由d_M=8.9 m查静水力参数表，得
$$TPC = 25.67 \text{ t/m}$$
(2) 计算油水消耗和中途港装卸货后平均吃水改变量δd
$$\delta d = \frac{\sum p_i}{100 TPC}$$
$$= \frac{-750 - 1800 + 1600}{100 \times 25.67} = -0.37 \text{ m}$$
(3) 计算驶离中途港时平均吃水d_{M2}
$$d_{M2} = d_{M1} + \delta d = 8.90 - 0.37 = 8.53 \text{ m}$$

四、三种形式静水力资料的比较

三种形式的静水力资料查表引数不同，适用条件也不同，特点也有差异。静水力曲线图和静水力参数表的查表引数为船舶的型吃水，而载重表尺查表引数为船舶的实际吃水；静水力曲线图和载重表尺适用于船舶平吃水时查取，而静水力参数表适用于船舶不同的吃水差；静水力曲线图数据最完整，但查取不方便，误差较大，静水力参数表精度最高，然后是载重表尺，但静水力参数表查取时有些数值表内没有体现，需要内插计算。

表 5-3-1 T轮静水力参数表（t=0 m）

d (m)	Δ(SW) (t)	Δ(FW) (t)	TPC (SW) (t)	TPC (FW) (t/cm)	MTC (t·m/cm)	KM (m)	KB (m)	x_b (m)	x_f (m)
10.00	23520	22946	26.49	25.84	249.9	8.905	5.225	1.105	-2.615
9.80	22980	22420	26.32	25.67	245.8	8.860	5.115	1.189	-2.442
9.60	22443	21896	26.16	25.52	241.9	8.815	5.008	1.271	-2.270
9.40	21923	21388	26.02	25.38	238.2	8.775	4.902	1.349	-2.099
9.20	21401	20879	25.88	25.25	234.6	8.735	4.810	1.420	-1.934
9.00	20881	20371	25.75	25.12	230.9	8.690	4.696	1.492	-1.767
8.80	20375	19878	25.60	24.97	227.1	8.661	4.581	1.572	-1.543
8.60	19869	19384	25.45	24.83	223.1	8.618	4.416	1.655	-1.305
8.40	19361	18889	25.32	24.70	219.5	8.599	4.371	1.730	-1.099
8.20	18849	18389	25.15	24.54	216.0	8.589	4.270	1.801	-0.917
8.00	18334	17886	25.02	24.40	212.4	8.575	4.167	1.873	-0.715
7.80	17836	17401	24.93	24.32	209.2	8.529	4.060	1.939	-0.502
7.60	17337	16914	24.86	24.25	205.7	8.542	3.950	2.018	-0.290
7.40	16842	16431	24.74	24.14	202.8	8.563	3.846	2.072	-0.083
7.20	16384	15949	24.57	23.97	200.0	8.584	3.745	2.111	0.120
7.00	15855	15468	24.39	23.79	196.9	8.599	3.642	2.153	0.323
6.80	15375	14982	24.31	23.71	195.1	8.642	3.542	2.209	0.539
6.60	14853	14491	24.22	23.63	193.3	8.683	3.445	2.268	0.758
6.40	14368	14018	24.15	23.56	191.7	8.730	3.342	2.314	0.961
6.20	13897	13558	24.08	23.50	190.2	8.779	3.232	2.352	1.158
6.00	13421	13093	24.02	23.43	188.9	8.833	3.123	2.391	1.355
5.80	12937	12621	23.93	23.35	187.6	8.914	3.027	2.437	1.506
5.60	12448	12144	23.84	23.26	186.4	9.008	2.939	2.482	1.671
5.40	11968	11676	23.77	23.19	185.3	9.114	2.833	2.519	1.800
5.20	11491	11210	23.70	23.12	184.3	9.255	2.719	2.548	1.890
5.00	11014	10745	23.64	23.06	183.3	9.388	2.606	2.573	1.980
4.80	10536	10279	23.57	23.00	182.3	9.557	2.492	2.589	2.071
4.60	10059	9814	23.51	22.94	181.3	9.712	2.380	2.597	2.162
4.40	9587	9353	23.46	22.89	180.3	9.936	2.275	2.621	2.247
4.20	9120	8897	23.24	22.85	179.1	10.222	2.186	2.659	2.329
4.00	8653	8441	23.39	22.81	177.9	10.482	2.090	2.695	2.404
3.80	8185	7985	23.27	22.71	176.7	10.813	1.980	2.702	2.449
3.60	7717	7529	23.17	22.60	175.5	11.198	1.867	2.708	2.493
3.40	7251	7074	23.07	22.50	174.2	11.613	1.764	2.715	2.536
3.20	6791	6626	22.97	22.41	172.8	12.136	1.670	2.729	2.579
3.00	6333	5187	22.89	22.33	171.5	12.657	1.571	2.741	2.622

表 5-3-2 T轮静水力参数表（t=-2.0 m）

d (m)	Δ(t)	V (m³)	TPC (t)	MTC (t·m/cm)	KM (m)	KB (m)	x_b (m)	x_f (m)
2.50	8203	7979	35.99	326.4	25.61	1.31	−2.18	4.01
2.60	8562	8328	36.10	329.1	24.65	1.36	−1.89	4.03
5.50	19767	19227	27.76	370.22	13.67	2.89	8.97	4.24
5.60	20144	19594	37.81	371.48	13.54	2.94	8.88	4.12
5.70	20523	19962	37.86	372.75	13.41	3.00	8.79	4.00
5.80	20901	20331	37.91	374.02	13.29	3.05	8.70	3.87
5.90	21280	20699	37.96	375.30	13.18	3.10	8.61	3.74
6.00	21660	21068	28.01	376.59	13.08	2.15	8.53	2.59
6.10	22040	21438	38.06	377.91	12.99	3.20	8.44	3.44
6.20	22421	21809	38.11	379.31	12.90	3.25	8.36	3.29
6.30	22802	22180	38.17	380.77	12.81	3.30	8.27	3.13
6.40	22184	22551	28.23	382.29	12.72	2.35	8.19	2.98
6.50	22567	22923	28.29	382.87	12.64	2.40	8.10	2.82
8.00	29391	28588	39.5	417.3	11.89	4.17	6.83	0.54
8.10	29786	28972	39.6	420.4	11.87	4.22	6.74	0.39
8.20	30182	29358	39.7	423.7	11.84	4.27	6.66	0.23
8.20	30579	29744	29.9	427.1	11.82	4.32	6.57	0.08
8.40	30978	30132	39.9	430.6	11.80	4.38	6.49	−0.18
8.50	31377	30520	40.1	434.4	11.78	4.43	6.40	−0.24
8.60	31778	30910	40.1	438.3	11.76	4.48	6.32	−0.43
8.70	32179	31200	40.3	442.3	11.74	4.53	6.23	−0.57
8.80	32582	31692	40.4	446.2	11.72	4.58	6.15	−0.73
8.90	32986	32086	40.6	450.2	11.71	4.64	6.06	−0.9
9.00	33392	32481	40.8	454.3	11.70	4.69	5.98	−1.06
9.10	33800	32877	40.9	458.5	11.69	4.74	5.89	−1.22
9.20	34209	33274	40.9	462.8	11.69	4.79	5.80	−1.39
9.20	34618	33673	41.1	467.1	11.68	4.85	5.72	−1.55
9.40	35029	34073	41.2	471.5	11.67	4.90	5.63	−1.71
9.50	35441	34473	41.2	475.8	11.67	4.95	5.55	−1.86

第四节 船舶平均吃水

由于船舶装载后的浮态不同，其平均吃水的计算方法也有所不同；此外，船舶航行于不同水域之间，舷外水的密度也经常发生变化。在船舶总重量不变的情况下，舷外水密度的变化导致船舶排水体积改变,为保持重力与浮力的平衡,船舶吃水必然发生改变。

一、船舶平均吃水概念

船舶装载后排水量为某一数值,当船舶存在纵倾或横倾时,船首、中、尾处的左、右舷吃水是不同的。所谓平均吃水是指在该排水量条件下对应船舶正浮状态时的吃水。

在小角度横倾和纵倾条件下,某一平均吃水必然有一确定的船舶排水量或排水体积与其对应,无论船舶纵倾或横倾状态怎样改变,仅影响排水体积的形状,而不影响排水体积的大小,因此,平均吃水亦称等容吃水。

二、船舶平均吃水计算

由于船舶装载后的浮态不同,其平均吃水的计算方法也有所不同。

1. 正浮

船舶装载后为正浮状态时,船体各处吃水相等,该吃水值根据定义即为平均吃水。

$$d_M = d_F = d_\varpi = d_A \tag{5-4-1}$$

式中:

d_M——船舶平均吃水(m);

d_F——船舶首吃水(m);

d_A——船舶尾吃水(m);

d_ϖ——船中吃水(m)。

2. 仅横倾

当船舶处于横倾状态时,左右舷吃水不相等,其平均吃水为:

$$d_M = \frac{d_{FP} + d_{FS}}{2} + \frac{d_{\varpi P} + d_{\varpi S}}{2} + \frac{d_{AP} + d_{AS}}{2} \tag{5-4-2}$$

吃水差 t 为:

$$t = \frac{d_{FP} + d_{FS}}{2} - \frac{d_{AP} + d_{AS}}{2} \tag{5-4-3}$$

式中:

d_{FP}、d_{FS}——船首左、右舷吃水(m);

d_{AP}、d_{AS}——船尾左、右舷吃水(m);

$d_{\varpi P}$、$d_{\varpi S}$——船中左、右舷吃水(m)。

3. 仅纵倾

当船舶处于纵倾状态时,首尾吃水不相等,两者差值称吃水差,船舶平均吃水的计算可表示为：

$$d_M = \frac{d_F + d_A}{2} + \frac{t \cdot x_f}{L_{bp}} \tag{5-4-4}$$

吃水差 t 为：

$$t = d_F - d_A \tag{5-4-5}$$

式中：

t——船舶吃水差（m）；

x_f——正浮水线漂心纵坐标（m）；

L_{bp}——船舶型长（m），通常称船长；

$\dfrac{t \cdot x_f}{L_{bp}}$——船舶平均吃水的漂心修正量（m），或称纵倾修正。

若船舶吃水差较小（$|t|<0.30$ m），漂心修正可忽略，则船舶平均吃水为：

$$d_M = \frac{d_F + d_A}{2} \tag{5-4-6}$$

4. 任意倾斜

当船舶同时存在纵倾和横倾时，六面吃水均不相等，该浮态对应的平均吃水可按下式算出：

$$d_M = \frac{d_{FP} + d_{FS} + d_{\varpi P} + d_{\varpi S} + d_{AP} + d_{AS}}{6} + \frac{t \cdot x_f}{L_{bp}} \tag{5-4-7}$$

吃水差 t 为：

$$t = \frac{d_{FP} + d_{FS}}{2} - \frac{d_{AP} + d_{AS}}{2} \tag{5-4-8}$$

5. 船体有拱垂变形时平均吃水的计算

以上求取船舶平均吃水时均将船体视为刚体，而实际上船体为一弹性体。因此，船舶在某一浮态下会存在一定纵向弯曲变形，引起船舶吃水的改变。

船体纵向弯曲变形后，在船中处测得船中吃水为 d_ϖ，与弯曲变形前平均吃水 d_M 有一差值 δd_ϖ。在船中下垂（中垂，sagging）的情况下，δd_ϖ 为正值；而在船中上拱（中拱，hogging）的情况下，δd_ϖ 为负值。由此可见，当船舶存在拱垂变形时，按上述方法求得的平均吃水与实际平均吃水相比，存在一定误差，应予以修正。考虑拱垂变形影响后，船舶平均吃水可按下式计算：

$$d_M = \frac{d_F + 6d_\varpi + d_A}{8} + \frac{t \cdot x_f}{L_{bp}} \tag{5-4-9}$$

上式的实质是，船舶中部的排水体积较大，在计算平均吃水时船中吃水取较大权数。应该指出，当货物交接以水尺检量方法确定的货物重量为准时，尚应对上述方法求得的平均吃水再加以修正，以达到更高的精度要求。

三、舷外水密度改变对吃水的修正

船舶航行于不同水域,舷外水的密度也时常发生变化。在船舶总重量不变的情况下,舷外水密度的变化导致船舶排水体积改变,为保持重力与浮力的平衡,船舶吃水必然发生改变。

1. 舷外水密度改变对吃水修正的基本公式

设舷外水密度由 ρ_1 变化到 ρ_2,且船舶排水量 Δ 保持不变,根据船舶在标准海水密度中的 TPC 与 A_W 的关系式,可得到船舶进出不同水密度水域时平均吃水变化量为:

$$\delta d_\rho = \frac{\Delta}{100TPC} \times (\frac{\rho_S}{\rho_2} - \frac{\rho_S}{\rho_1}) \tag{5-4-10}$$

式中:

ρ_1——原水域舷外水密度（g/cm³）;

ρ_2——新水域舷外水密度（g/cm³）;

ρ_S——标准海水密度（g/cm³）,取 ρ_S =1.025 g/cm³;

TPC——标准海水中的每厘米吃水吨数（t/cm）。

2. 淡水水尺超额量和半淡水水尺超额量

船舶由标准海水密度（ρ_1=1.025 g/cm³）水域进入标准淡水密度（ρ_1=1.000 g/cm³）水域时,平均吃水的增加量称为淡水水尺超额量（fresh water allowance, FWA）。由式（5-4-10）可得:

$$FWA = \frac{\Delta}{4000TPC}(m) = \frac{\Delta}{40TPC}(cm) \tag{5-4-11}$$

船舶由标准海水密度水域进入水密度为 1.000 g/cm³<ρ_2<1.025 g/cm³ 的水域时,平均吃水增加量称为半淡水水尺超额量,可按以下公式求取。

$$\delta d_\rho = (41 - 40\rho_2)FWA$$

或

$$\delta d_\rho = 40FWA \times (1.025 - \rho_2) \tag{5-4-12}$$

3. 新水域船舶平均吃水的近似计算

设船舶在原水域的水密度为 ρ_1,平均吃水 d_1;进入新水域时水密度为 ρ_2,平均吃水 d_2,船舶进入新水域近似平均吃水为:

$$d_1\rho_1 = d_2\rho_2 \tag{5-4-13}$$

在对吃水计算精度要求不高的情况下,应用式（5-4-13）可免去查表及烦琐计算。在实际工作中,可根据具体情况选取不同的计算公式,区别对待。

第五节 载重线标志与载重线海图应用

为保障船舶航行安全和发生海损时仍能保持一定的航海性能，并使船舶具有尽可能大的装载能力，必须在船舶两舷勘绘载重线标志，以限制船舶满载时的最大吃水。

一、载重线标志

船舶载重线决定了船舶在不同时期、不同区域时船舶的最小干舷，而船舶干舷的大小决定了储备浮力的大小。

1. 储备浮力

船舶能够漂浮于水面上，必须具备浮力与重力相等的平衡条件。当船舶在波浪中或冰区航行时，甲板上浪和水线以上船体结冰，船体破损使舱内进水等均会使船舶重量增加。为了保证船舶浮性，需要在满载水线以上储备一定的水密船体容积，以适应临时性载荷增加而使船体提供相应浮力的需要。满载水线以上船体水密空间所具有的浮力称为储备浮力（reserved buoyancy）。

储备浮力是船舶适航性的重要指标，它包括满载水线至干舷甲板间水密空间及满足强度要求的舱壁和水密封闭装置的上层建筑内部的空间容积所提供的浮力。储备浮力的大小与船舶尺度、类型、航区和航行季节等因素有关，海船的储备浮力为排水量的25%~40%，河船的储备浮力为排水量的10%~15%。

2. 船舶干舷

船舶干舷 F（free boards）是指在船中处从干甲板上边缘向下量到载重线上边缘（或满载水线）的垂直距离。干舷甲板指用以计算干舷的甲板，通常指最高一层露天全通甲板。

船舶干舷 F 与型深 D、型吃水 d 的关系为：

$$F=D+\varepsilon-d\approx D-d \tag{5-5-1}$$

式中：

ε——干舷甲板边板厚度（m）。

显然，干舷可以作为衡量储备浮力大小的尺度。干舷越大，储备浮力也越大。干舷大小与船舶装载及航行安全有着密切关系。一艘船载重越多，吃水越大，干舷就越小，储备浮力越小。为了保障船舶安全并使船舶具有尽可能大的装载能力，公约和规则规定了船舶在任何装载情况下应具有的最小干舷值。

应该清楚，公约和规则中规定的最小干舷值，是顾及船舶形状、类型，航区及航行季节等因素所需具有的储备浮力大小而确定的，但是以强度、稳性，抗沉性均符合有关法规的要求为前提条件。当由储备浮力确定的最小干舷若与强度、稳性及分舱等要求所决定的干舷不一致时，应取其大者。

船舶干舷分为夏季、热带、冬季、北大西洋冬季和淡水干舷，其中夏季干舷是确定其他干舷的基准。而夏季干舷是由船舶主尺度、丰满度、船舶类型、上层建筑、舷弧等因素所决定的。根据公约，夏季干舷计算时分为 A 型船舶和 B 型船舶，其中 A 型船舶是指专为载运散装液体货物而设计的，B 型船舶是指除 A 型船舶外的其他船舶，此外 B 型船舶中还有 B-60 型和 B-100 型两种。

3. 船舶载重线标志

除木材甲板货运输船以外的国际航行船舶的载重线标志由三部分组成：甲板线、载重线圈及各载重线。

1）甲板线

甲板线（deck line）指长为 300 mm、宽为 25 mm 的水平线，该线勘绘于船中的左、右舷，用以表明干舷甲板位置，作为量取最小干舷的基准线，如图 5-5-1 所示。其上边缘一般应经过干舷甲板的上表面向外延伸与船壳板外表面的交点。如按此勘绘有困难，甲板线也可勘绘在船中每舷的某一适当位置，但应对干舷做相应的修正，并在船舶载重线证书中标明。

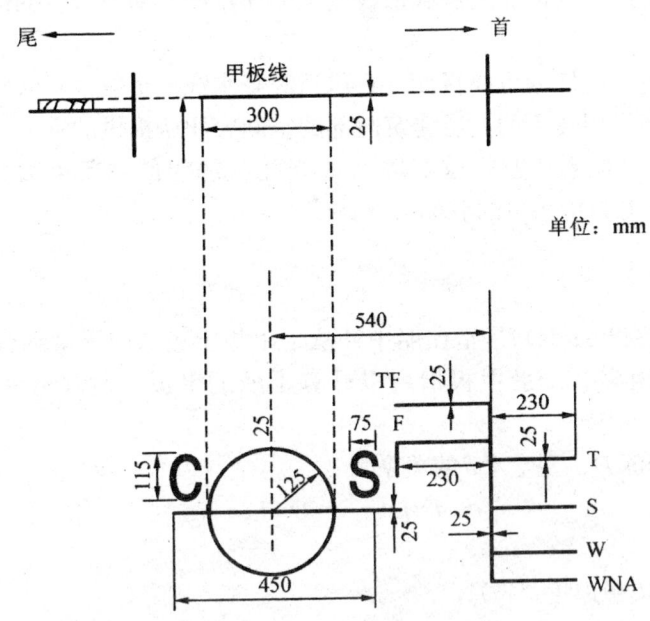

图 5-5-1 甲板线和载重线标志

2) 载重线圈

载重线圈标志由一圆环和一水平线相交组成，其圆环的中心在船中处，圆环两侧各标有一字母代表船级社名称，如字母"CS"为中国船级社缩写，"LR"为英国劳氏船级社，"BV"为法国船级社。水平线上边缘通过圆环中心。圆环的中心至甲板线上边缘的垂直距离为夏季干舷。

3) 国际航行非木材甲板货船载重线标志

位于载重线标志船首方向的若干水平线表示不同种类的载重线（load lines），由甲板线上边缘至各载重线上边缘的垂直距离即为相应干舷大小。载重线共有以下6种：

(1) 夏季载重线（summer load line）：其高度与载重线圈中的水平线一致，标有缩写字母"S"，通常所说的船舶满载吃水是指龙骨基线至夏季载重线上边缘的垂直距离，称夏季吃水。

(2) 热带载重线（tropical load line）：标有缩写字母"T"，热带最小干舷较夏季最小干舷小1/48的夏季吃水。

(3) 冬季载重线（winter load line）：标有缩写字母"W"，冬季最小干舷较夏季最小干舷大1/48的夏季吃水。

(4) 夏季淡水载重线（fresh water load line in summer）：较夏季载重线高$\Delta_s/40TPC$ (cm)或1/48的夏季吃水，标有缩写字母"F"。

(5) 热带淡水载重线（Tropical fresh water load line）：较热带载重线高$\Delta_s/40TPC$ (cm)或1/48的夏季吃水，标有缩写字母"TF"。

对于船长不大于100 m的船舶，尚应加绘北大西洋冬季载重线（winter North Atlantis loadline），较冬季干舷大50 mm，标有缩写字母"WNA"。

表5-5-1为Q轮在不同载重线时对应的船舶吃水、干舷、排水量和总载重量。

表5-5-1 Q轮不同载重线时的船舶参数

载重线	实际吃水(m)	干舷(m)	排水量(t)		总载重量(t)	
			淡水	海水	淡水	海水
空船	2.642	9.680	5371		0	
夏季	9.022	3.322		20881		15510
冬季	8.835	3.510		20405		15034
热带	9.210	3.135		21367		15996
夏季淡水	9.224	3.120	20881		15510	
热带淡水	9.412	2.933	21367		15996	

4) 国际航行木材甲板货船载重线标志

公约和规则规定，对于在干舷甲板或上层建筑的露天部分装载木材货物，且船舶结构、设备和装载均满足公约和规则要求的木材船，可勘绘和使用木材载重线。木材甲板货给船舶提供了一定的附加浮力，增加了抗御海浪的能力，因而木材船最小干舷比相应的其他船舶最小干舷小些。木材载重线在通常载重线以外另行勘绘，位于载重线标志后方一定距离处。各载重线一端在规定字母前加标"L"，LT载重线对应的干舷较LS载重线对应的干舷小1/48的夏季木材吃水，LW载重线对应的干舷较LS载重线对应的干舷大1/36的夏季木材吃水，LWNA载重线对应的干舷与WNA载重线对应的干舷相同，对于淡水木材干舷的规定同其他货船，木材载重线标志如图5-5-2所示。

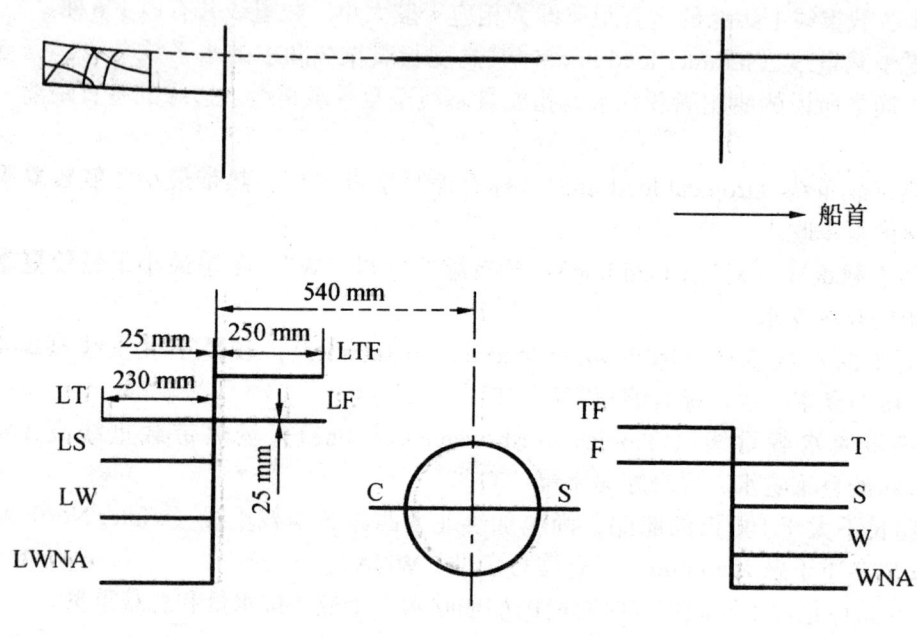

图5-5-2 木材船载重线标志

5）国际航行客货船载重线标志

国际航行的客货船除绘有通常的货船载重线标志外，根据海船分舱与破损稳性规则的规定，为了保持所要求的分舱程度，应在船舶两舷勘绘相当于所核准的分舱吃水的载重线标志。分舱载重线是用以决定船舶分舱的水线，与通常的载重线标志勘绘在一起，位于垂直线的船尾方向并与之垂直，如图5-5-3所示，C1为客船分舱载重线，C2为交替运载客货分舱载重线。C1说明主要载客时要保留的最小干舷；C2说明交替使用的舱室作为客运舱室时要保留的最小干舷。

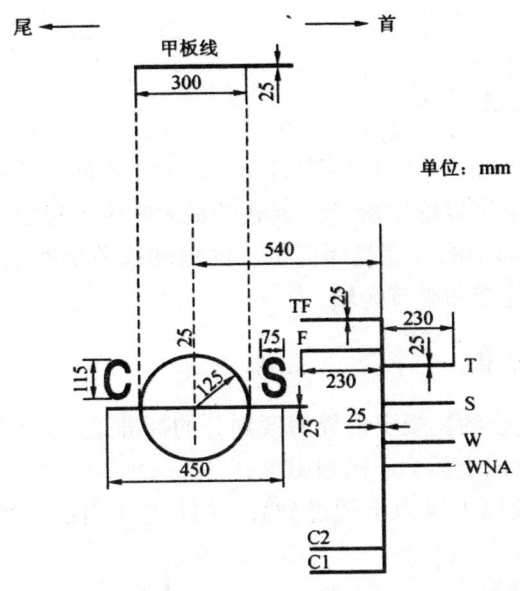

图5-5-3 客货船载重线标志

6）国内航行船舶载重线标志

对于我国国内沿海航行的船舶，由于沿岸海面风浪较小，对稳性、强度、抗沉性等的要求可低于国际航行船舶，储备浮力也可相应减小，根据《法定规则》的规定，其干舷可降低要求。国内航行船舶载重线标志如图5-5-4所示，载重线下半圈与标志同色，两侧标以字母ZC，共有夏季、热带、淡水和热带淡水4条载重线，并在各载重线一端分别标有X、R、Q、RQ汉语拼音缩写。

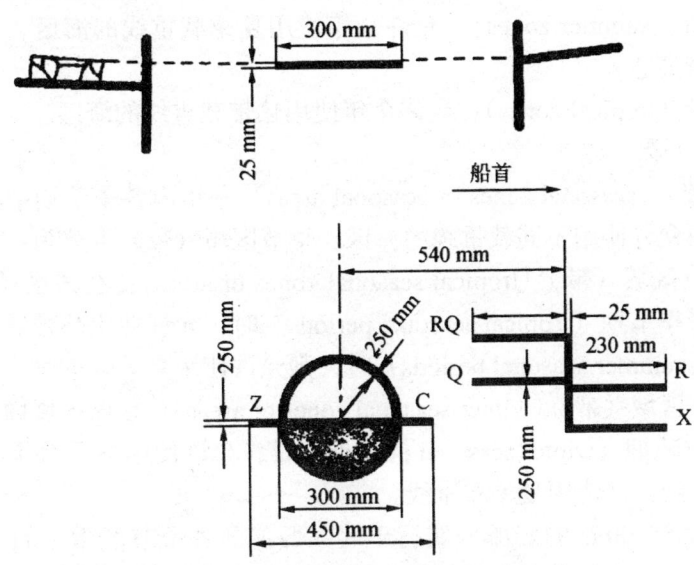

图5-5-4 国内航行船舶载重线标志

二、载重线海图

船舶航行于不同海区和季节，可能遭遇的风浪大小不同，公约和规则要求在不同的风浪条件下使用不同的载重线以确定所允许装载的最大吃水。根据世界各海区在不同季节期的风浪状况，公约和规则中的《商船用区带、区域和季节期海图》（简称载重线海图）将全球海域划分成不同的区带和季节区域。

1. 世界海区划分的标准

《1966年国际载重线公约》规定世界海区划分的标准是：

夏季——蒲氏8级及以上风力不超过10%；

热带——蒲氏8级及以上风力不超过1%，并且10年内任一单独日历月份在5°平方区域内热带风暴不多于一次；

冬季——其余风力情况。

2. 世界海区划分的种类

根据长期观测和积累的全球不同海区在不同季节内风浪的大小和频率的资料，将世界海区划分为：

1）区带

区带（zones）一年内各季节期中风浪变化不大允许船舶全年使用同一载重线的海区。区带可分为：

（1）夏季区带（summer zones）：允许全年使用夏季载重线的海区，该海区出现大风的频率较热带区带高些。

（2）热带区带（tropical zones）：允许全年使用热带载重线的海区。

2）季节区域（带）

季节区域（带）（seasonal zones or seasonal areas）一年内各季节期中风浪变化较大船舶在不同季节期内允许使用不同载重线的海区。季节区域（带）可分为：

（1）热带季节区域（带）（tropical seasonal zones or areas）：在该区域内航行的船舶，当处于规定的热带季节期（tropical seasonal periods）时，允许使用热带载重线；当处于规定的夏季季节期（summer seasonal periods）时，则允许使用夏季载重线。

（2）冬季季节区域（带）（winter seasonal zones or areas）：在该区域内航行的船舶，当处于规定的冬季季节期（winter seasonal periods）时，允许使用冬季载重线；当处于规定的夏季季节期时，则允许使用夏季载重线。

对于船长不大于100 m的船舶，航行于北大西洋冬季季节区带Ⅰ的全部和Ⅱ中位于15°W和50°W两子午线之间的部分且处于冬季季节期内时，应使用北大西洋冬季载重线。

各季节区域（带）中不同季节期的起讫日期见载重线海图。

3. 我国沿海海区的划分

1) 国际航行船舶

根据公约规定，我国沿海海区分别属于夏季区带和热带季节区域。我国政府在加入《1966年国际载重线公约》时就该公约对我国沿海海区划分的规定声明保留。我国政府规定，我国沿海海区分为南北两个热带季节区域：

(1) 中国香港—苏阿尔恒向线以北：夏季季节期自10月1日至来年4月15日；热带季节期自4月16日至9月30日。

(2) 中国香港—苏阿尔恒向线以南：夏季季节期自10月1日至来年1月20日；热带季节期自1月21日至9月30日，比公约规定延长了5个月。

国际航行的中国籍船舶可按上述规定执行，而悬挂缔约国国旗的外国籍船舶仍可执行公约的规定。

中华人民共和国海事局1999年《国际海船法定检验技术规则》中保留了该划分标准。但是从2008年《国际海船法定检验技术规则》开始，直至现行的2014年《国际海船法定检验技术规则》均不再保留该划分标准，要求与《1966年国际载重线公约》对我国沿海海区的划分一致。

2) 国内航行船舶

《法定规则》中对国内航行船舶的季节区域和季节期的划分也做了如下规定。

(1) 汕头以北的中国沿海

季节期：热带——自4月16日至10月31日
　　　　夏季——自11月1日至来年4月15日

(2) 汕头以南的中国沿海

季节期：热带——自2月16日至10月31日
　　　　夏季——自11月1日至来年2月15日

三、载重线标志的勘绘和使用

1. 载重线标志的勘绘和国际船舶载重线证书

依据公约和规则所核定的船舶干舷，由船级社或由其委托指定机关负责勘绘船舶载重线标志，并发给国际船舶载重线证书。载重线标志应永久性地勘绘在船舷两侧，对标圈、线段和字母，当船舷为暗色底时，应漆成白色或黄色，当船舷为浅色底时，应漆成黑色。这些标志应能清晰可见，必要时应为此做出专门的安排。在认定这些标志是正确地和永久性地勘绘在船舷两侧之前，不应发给国际船舶载重线证书。对远洋客船所勘绘的分舱载重线也应载入国际船舶载重线证书。

国际船舶载重线证书有效期为5年，在证书签发每周年前后3个月进行年度检验，以保证船体和上层建筑无实质性改变，使有关装置和设备处于有效状态。每5年至少有一次定期检验，以保证船体结构、设备、布置、材料和构件尺寸符合公约和规则要求。

2. 载重线标志的使用

船舶在营运期间使用载重线标志时，应注意以下事项：

（1）船舶所勘绘的载重线位置与证书所载相符合。

（2）保持载重线标志清晰可见。

（3）保持证书在有效期内，展期不超过5个月。

（4）保证船体和上层建筑，有关装置和设备无实质性变动。

（5）封闭的上层建筑所有出入口关闭设备应当能够保持风雨密，其出入口的门槛高度应至少为380 mm。

（6）船舶载重量应受到限制以保证船舶无论在出港时、航行中还是到港时，由区带或区域、季节期所确定的载重线不被水线淹没。

（7）当船舶处于载重线海图中的区带或区域分界线港口装货且驶向使用较高载重线的海区，则适用较高载重线，反之适用较低载重线。

（8）当船舶处于密度为 1.000 g/cm³ 的淡水中，应根据水域位置及季节期使用淡水或热带淡水载重线。若密度大于 1.000 g/cm³ 时，此宽限量应以 1.025 g/cm³ 和实际密度的差值按比例决定。

（9）船舶从江河或内陆水域的港口驶出时，准许超载量至多相当于从出发港至海口间所需油水及其他物料的重量。

（10）对于船舶由于气候恶劣或其他不可抗力的原因而发生绕航或延滞情况，可背离公约中的有关规定。

第六节 货物计量与交接方式

货物的重量、体积和件数是货物交接、积载、计收运费及承运人货物赔偿的重要依据。货物数量涉及运费、赔偿及船舶装运等诸多方面，因此，货物正确合理交接在船舶营运中尤为重要。

一、货物的重量

1. 货物重量的概念

1）包装货物的重量

对于件杂货物、集装化货物及特殊货物，货物重量可分为总重（gross weight）、净重（net weight）及皮重（tare weight）。在海运生产中，货物的重量一般是指货物总重量，它用于船舶装载量、稳性、强度、吃水计算及货物运费的计收。

2) 散装货物的重量

固体散装货物和液体散装货物的重量可分成装船重量（loaded weight）和卸船重量（discharged weight），二者一般并不相等，其原因是在装船和卸船时货物衡重存在的误差、货物运输中可能发生的损耗，运输合同应事先列明这类货物的运费按何种重量计收。

货物重量单位常用公吨（metric ton，t）和千克（kg），但某些国家仍沿用长吨（long ton，L/T）和短吨（short ton，S/T）等非标准重量单位，应注意它们的换算。

2. 货物的计重方法

货物计重方法主要有以下几种：

1) 定量包装法

对品质、规格相同且定量一致的包装货物，可选出一定数量的代表性包件进行衡量，用求得的平均重量来推算出整批货物的总重量，该重量应与填报重量误差不大于2%。

2) 衡重法

衡重法是利用各种衡器及电子仪器对货物称重的方法。该方法一般用于港方对货物装卸数量的估计，而不作为货物的交接数值。

3) 液货计量法

液货计量法是通过观测液舱内液面高度及货温和货物密度来计算舱内液体重量的方法。该方法主要用于确定散装液体货物的装载重量。

4) 水尺检量法

水尺检量法是通过观测装卸前后的船舶六面吃水，经若干项修正，查得船舶排水量，进而求得货物重量的方法。这种方法主要用于确定固体散装货物的装载重量。

3. 货物的自然减量

货物在运输保管过程中，因其自身性质、自然条件和运输技术条件的限制产生的重量上不可避免的减少量称为自然减量或自然损耗（tolerance，normal of quantity）。

自然减量的基本形式主要有：

1) 干耗

含水分较多的货物（如水果、蔬菜等）或液体货物（如石油类产品），由于运输途中货物周围温度增高或湿度减小和长时间暴露于空气中，必然使货物中的水分自然蒸发或一些液体货物挥发而造成重量减少。

2) 散失

粉末、颗粒状货物（如矿粉、水泥、粮谷等）在装卸运输中因飞扬及通过包装缝隙的散落而起重量减少。

3) 流失

液体货物通过包装的非人为渗透或沾黏在装载容器（如液舱）内的残液而形成货物损耗。

货物自然减量的大小通常以自然损耗率来表示，它是指货物自然减量与接收货物时总重量之比（%）。货物自然损耗率与货物种类、装卸方式和次数、包装形式、气候条件和运输时间等因素有关。贸易合同中可订有损耗限度条款。依据国际航运习惯，一些货物公认的自然损耗率见表5-6-1。

表5-6-1　常见货物自然损耗率表

货物品名	自然损耗率
谷物（散装及包装）	
运程小于540 n mile	0.10%
运程为540~1080 n mile	0.15%
运程大于1080 n mile	0.20%
煤炭	0.11%~0.15%
水泥	0.70%
矿石	0.12%~0.13%
盐（散装）	0.85%~3.00%
盐（袋装）	0.30%
蔬菜类	0.34%~3.40%
水果类	0.213%~2.55%
肉类	0.34%~2.55%
鱼类	0.213%~1.70%
蛋类	0.51%
酒类	0.085%~0.34%
糖	0.06%~0.85%

货物在运输中的非事故性减量在公认的自然损耗率或贸易合同中规定的损耗限度内时，船方不承担赔偿责任。但由于装运过程中船方货物管理失责，则可能会引起赔偿纠纷。

二、货物体积

件杂货物、固体散装货物及特殊货物的体积是指其所占空间的大小，在生产中常采用满尺丈量法求得。其丈量方法是：取若干件或若干数量的货物，堆积成规则形状，丈量其体积；求取单件或单位重量货物的平均体积，从而计算出整票货物的总体积。对于件杂货物，常取12~20件；对于固体散装货物，常取1~5 t；对于特殊货物，常取8~24件。

固体散装货物进行满尺丈量时，可利用特制的盒子，将一定重量的货物装于盒中，整平货物表面并量出体积。

对形状过于特殊的货物，在量得最大体积后可做适当扣减，如可将突出的基脚、把手、固定眼环等长度的一半免量，也可视情况采用分割丈量的方法。

液体散装货物可利用某种仪器测算出在标准温度下的密度，并根据货物重量来确定相应体积。

货物的体积单位常用m^3，但一些国家仍沿用英制单位ft^3（cft），应注意它们之间的换算。

三、货物的件数

货物可以单独计数的一个包装称为一件。件是可数货物的一个计量单位，船舶在装货过程中应对货物的件数予以核实，避免产生货差事故。

货物件数的计算方法为：

（1）对于普通包装货物，每一包装的货物作为一件。

（2）对于集装箱、托盘等类似装运器具集装的货物，提单载明在此类装运器具中的货物件数，则以提单中所列明的件数为准；若提单中未载明，则每一装运器具视为一件。

（3）如果集装箱、托盘或类似包装器具非由承运人所提供，则应作为一件货物对待。

（4）特殊包装的货物应特别对待。

四、货物数量的交接

货物数量涉及运费、赔偿及船舶装运等诸多方面，因此，货物数量正确合理交接在船舶营运中尤为重要。

1. 托运人的责任

托运人托运货物时，应当妥善包装，并向承运人保证货物装船时所提供的货物品名、标志、包数或件数、重量或体积的正确性。由于货物数量不正确而对承运人造成的损失，托运人应负责赔偿。如果托运人提供的货物数量与实际不符合，不仅造成计费差错，而且承运人按托运人所提供的错误数字配舱并装船可能导致舱容短缺或溢余，致使船方和港方临时修改装载计划，造成装卸待时，作业混乱，杂货退关，计量收费等后果。

2. 船舶对货物数量的核对

在装货港或卸货港，如果船方对托运人申报的货物数量有怀疑时，可要求进行检查。经核查如货名及货物数量不实，承运人将向货方收取一定数量的违约赔偿金。货方应对所申报的货物名称、数量或内容与实际装载不符而导致的船舶或货物灭失、损坏负责赔偿。

3. 船方对货物数量的责任

船方应对不能免除赔偿责任的货物数量短缺负责赔偿。船方对货物数量的责任一般限为重量、体积或件数之一，根据不同货种确定。对包装件杂货，船方只对件数负责；对于固体散货，船方只对重量负责；对木材等货物，船方只对体积负责。

4. 承运人对货物灭失或损坏的赔偿限额的计取方法

承运人对货物灭失或损坏的赔偿限额，按货物件数、总重或其他货运单位计算。

五、货物运费的计算标准

按航运业务惯例，除贵重或高价货物、特殊货物以外，其他一般货物均按其重量或体积计收运费，即把货物分成计重货物和容积货物两类。

1. 计重货物

计重货物指按货物总重计算运费的货物。在运价表中以符号"W"表示，其运费计费单位为重量吨，如公吨、长吨等。

2. 容积货物

容积货物指按货物量尺体积计算运费的货物。在运价表中以符号"M"标注，其运费计费单位为容积吨或尺码吨。一容积吨（尺码吨）为 40 ft^3（1.1328 m^3）。

若重量为 1 t 的货物体积约为 40 ft^3，则在运价表中标注有"W/M"，表示重量吨和容积吨中按较高者计收运费。

国际上通常将每公吨体积小于 40 ft^3（1.1328 m^3）的货物列为计重货物，大于 40 ft^3（1.1328 m^3）的货物列入容积货物。我国规定，每公吨货物体积小于 1 m^3 者列为计重货物；反之，列为容积货物。

第七节 货物亏舱和积载因数

船舶运输中，不同货物积载因数不同，所以船舶的装载状态也不同，存在亏舱和亏重的情况。积载因数是区分轻重货、计算舱容和货物重量的重要参数。

第五章 船舶货运基础知识

一、货物的亏舱

货物在舱内堆装时所占舱容一般大于按满尺丈量法所得体积，也就是说，货舱的部分空间在堆放货物时未被货物充分利用。货物在舱内所占体积与量尺体积的差值称为亏舱（broken space of cargo），即

$$\delta V = V_{ch} - V_c \tag{5-7-1}$$

式中：

δV——亏舱（m^3）；

V_{ch}——货物所占货舱容积（m^3）；

V_c——货物量尺体积（m^3）。

造成亏舱的原因主要有：

（1）货物包装与货舱周界间存在的空间容积。

（2）货物的包装形式与货舱形状不相适应、货舱内有碍堆装货物的设备和构件等均使货物包装与舷侧、舱壁、甲板间形成一定未利用空间。

（3）货舱在某一方向上尺度不等于在相应堆垛方向上货件尺度的整倍数，遗留空间无法被利用。

（4）货物系固所用容积。

（5）货物衬垫物及隔票物所占容积。

（6）为给货物留出通风道造成的容积损失。

（7）货物装舱时留出的必要空档所具有的空间容积。

（8）货物装载时不可能充满整个货舱空间而在甲板下存在一定空档，该空档所具有的货舱容积。

（9）因货物堆垛不紧密，货件间空隙过大而造成的容积损失。

为充分利用货舱容积，在装货时应尽量减少亏舱。各类货物的亏舱大小通常以亏舱率（ratio of broken space）为衡量指标。亏舱率是指货物装载亏舱与所占货舱容积之比，即

$$C_{bs} = \frac{\delta V}{V} \times 100\% = \frac{V_{ch} - V_c}{V_{ch}} \times 100\% \tag{5-7-2}$$

亏舱率大小与许多因素有关，如货物种类和性质，包装大小与形状，货舱大小、形状及舱内设备布置，货物堆垛方式和质量，配载技术等。各种包装形式及常运固体散货的亏舱率如表5-7-1所示

表 5-7-1 部分杂货亏舱率表

货物的包装形式	亏舱率
各种包装杂货（general cargo）	10%~20%
规格统一的箱装货（case）	4%~20%
规格统一的袋装货（bag）	0%~20%
规格统一的小袋货（sack）	0%~12%
规格统一的捆装货（bale）	5%~20%
规格统一的鼓形桶货（barrel）	15%~30%
规格统一的铁桶货（drum）	8%~25%
大木桶（hogshead）	17%~30%
散装货：煤炭（coal）	0%~10%
谷类（grain）	2%~10%
盐（salt）	0%~10%
矿砂（ore）	0%~20%
木材（timber）	5%~50%

二、货物积载因数

货物的积载因数（stowage factor）是指每吨货物的量尺体积或所占舱容。它具有两种形式，即不包括亏舱积载因数和包括亏舱积载因数，也可称为量尺积载因数和装舱积载因数，其单位为 m³/t。

1. 不包括亏舱积载因数 SF_0

不包括亏舱积载因数是指每吨货物的量尺体积，即

$$SF_0 = \frac{V_c}{P} \text{ (m}^3/\text{t)} \tag{5-7-3}$$

式中：
  P——货物重量（t）；
  V_c——P 吨货物的量尺体积（m³）。

2. 包括亏舱（装舱）积载因数 SF

包括亏舱（装舱）积载因数是指每吨货物所占货舱容积，即

第五章 船舶货运基础知识

$$SF = \frac{V_{ch}}{P} \text{ (m}^3\text{/t)} \tag{5-7-4}$$

式中：

V_{ch}——P 吨货物所占货舱容积（m³）。

根据亏舱率 C_{bs} 和积载因数的定义，上述两种货物积载因数之间存在如下关系：

$$SF = \frac{SF_0}{1 - C_{bs}} \tag{5-7-5}$$

货物积载因数是件杂货物、固体散装货物及特殊货物运输中经常使用的概念，不包括亏舱的载因数是货物自身的一个特征，货物运输资料中列出的积载因数、货主申报的积载因数、装货清单列明的积载因数一般均属此种。包括亏舱的积载因数实际上已不单纯是货物自身特征，其大小还与船舶、装载等非货物因素有关。货运主管人员应根据实际经验积累，尽量准确地确定装舱积载因数，以便减小货物的容积占有量的估算误差。

三、积载因数的应用

积载因数主要用于在船舶配载计划制订时区分货物轻重、确定舱内配货重量或计算货物舱容占有量及对船舶装载状态的判别。

1. 区分货物轻重

从船舶配载角度，货物轻重是由货物积载因数与船舶舱容系数相对关系而确定的。而货物积载因数小于船舶舱容系数时，该货物可视为重货；反之，视为轻货；两者相近时，则为中等货。

2. 舱内配货重量及舱容计算

已知某货舱容积或配装数种货物后所剩余容积 V_{ch}，则舱内可配装积载因数为 SF_1 或 SF_2 的货物吨数 P 为：

$$\begin{cases} P = \dfrac{V_{ch}}{SF} \\ P = \dfrac{V_{ch}(1 - C_{bs})}{SF_0} \end{cases} \tag{5-7-6}$$

3. 舱内配货后所占容积的计算

已知某货物配装数票积载因数为 SF_{0i} 或 SF_i 的货物，则货物所占货舱容积为：

$$\begin{cases} V_{ch} = \sum P_i \cdot SF_i \\ V_{ch} = \sum \dfrac{P_i \cdot SF_{0i}}{1 - C_{bsi}} \end{cases} \tag{5-7-7}$$

4. 船舶装载状态判别

通过航次所装货物的平均积载因数与船舶舱容系数进行比较，可以对船舶的装载状态做出判断。所谓货物的平均积载因数是指包括亏舱在内的航次所装货物总体积与航次货运量的比值，即平均每吨货物所占货舱容积数。

在货源充裕的条件下，当货物平均积载因数小于船舶舱容系数时，船舶满载但未满舱；反之，当货物平均积载因数大于船舶舱容系数时，船舶满舱但未满载；当货物平均积载因数等于船舶舱容系数时，船舶既满舱又满载。

第六章 船舶载货能力

本章学习目标

1. 了解船舶载货能力的内容及核算目的;
2. 掌握航次净载重量NDW的计算方法;
3. 掌握充分利用船舶载货能力的方法和措施;
4. 掌握满舱满载的计算方法。

第一节 船舶载货能力概述

一、载货能力基本概念

船舶的载货能力是指在具体航次中船舶所能装运货物的种类和数量的最大限值。货物数量指货物的重量、体积或件数。船舶的载货能力包括载货重量能力、载货容量能力和特殊载货能力。

1. 载货重量能力

载货重量能力指在具体航次中船舶能够装运货物重量的最大限值,即船舶的航次净载重量NDW。其大小受到船舶航经海区所允许使用的载重线、航线上的限制水深及航程长短、油水及其他储备品的装载及补给计划、压载水、船舶常数等因素的限制。对于船龄较大的老旧船，载货重量能力尚应考虑其船体强度的影响。

2. 载货容量能力

载货容量能力指具体航次中船舶装载的货物所允许使用的最大载货处所容积或容量。各种不同的船舶，其载货容量能力有所不同。

1）杂货船

对于杂货船，在装载件杂货时载货容量能力一般是指船舶货舱的包装容积。但在某些航次中所运载的部分货物允许装于上甲板，此时载货容量能力尚需计及上甲板载货空间。

2）固体散装货船

对于固体散装货船，由于通常运载固体散装货物，因此，载货容量能力一般是指船舶货舱的散装容积。但在运输件杂货时，则应使用包装容积。

3）液体散装货船

液体散装货船的载货容量能力应为适当扣减膨胀余量后的液舱容积。

4）木材甲板货运输船

木材甲板货运输船除在舱内装载木材外，还需在甲板上装运数量较大的木材甲板货，对于所装载的具体木材货种，在满足船舶性能的前提下，甲板货的装货容积应具体分析和计算。因此，木材甲板货运输船的载货容量能力应包括货舱容积和所能装载甲板木材的上甲板空间容积。

5）集装箱船

对于集装箱船，其载货容量能力一般以换算箱容量 TEU（twenty feet equivalent unit）来衡量。它是衡量集装箱船大小的重要标准。

6）滚装船

对于滚装船，其载货容量能力一般以每层甲板的车道长度、限宽、限高、甲板面积等参数表示。汽车专运船 PCC 的容量能力通常以 CEU（car equivalent unit）来衡量。

3. 特殊载货能力

特殊载货能力是指船舶结构和设备所具有的装载某些特殊货物的能力。例如，船舶货舱及甲板强度、起重设备的起吊能力、系固设备等可以表征船舶承运重大件货的能力；杂货船间舱甲板是否液、火密等决定了船舶承运包装危险货物的能力；集装箱船所设置的外接电源和插座位置决定了船舶载运冷藏集装箱的能力；某些杂货船的深舱容量或冷藏舱大小和制冷压缩机性能，决定了该船装载某些动植物油或冷藏货物的能力。

二、船舶载货能力核算的目的和方法

充分利用船舶载货能力是取得良好营运效益的基本要求之一。在拟订货物装载计划时，首先应对船舶载货能力予以核算。

1. 核算目的

载货能力核算的目的是比较航次货运任务与船舶载货能力是否相适应，以便判明船舶能否接受该航次装货清单中所列的货物品种和数量。若出现船舶的载货重量能力和容量能力均未得到充分利用，即亏载、亏舱过多，应及时联系，尽量争取追加货载，以免造成运力浪费；若货物数量过多，在重量、体积、件数及特殊要求等方面有一项或数项超出船舶相应能力，致使货物不能全部装船，则应及早退掉部分货载，以免影响货主备货、货物报关及船舶装载和开航。

2. 核算方法

不同种类的船舶，其载货能力的核算方法基本相同，具体如下：

1) 确定船舶的载货重量能力

根据本航次的具体航行情况，如码头泊位及航道水深情况、水密度情况、船舶航经的海区及所处的季节区域、航程长短等因素，计算船舶的航次净载重量NDW。

2) 确定船舶的载货容量能力

按预计所装货物种类确定船舶允许使用的载货空间容积。对于无甲板货装载情况，则船舶载货容量仅限于货舱容积；对于甲板上装载情况，应考虑货物在甲板上可用位置，以及在该位置上装载时可堆高度和可装位置受到船舶结构和设备、船舶稳性和操纵性等方面的约束。

3) 确定船舶特殊载货能力

针对本航次拟装运货物中具有特殊装运要求的品种，详细查阅船舶资料及有关档案，了解并确定船舶的特殊载货能力。

4) 了解并确认航次货载信息

根据托运人或其代理提供的具体航次拟装运货物的资料，了解其详细信息，包括货物的种类、积载因数、包装形式及件数、重量、体积、性质及特殊要求等。然后确认航次货载的总重量（又称航次货运量）、总体积（应考虑亏舱的影响）、特殊装运要求。

5) 核算

本航次计划所运载的货物能否被船舶全部接受，应同时满足以下条件：

$$\begin{cases} \sum Q \leqslant NDW \\ \sum V_c' \leqslant \sum V_{chi} + \sum V_d \end{cases} \quad (6\text{-}1\text{-}1)$$

式中：

$\sum Q$ ——航次货运量（t）；

NDW ——航次净载重量（t）；

$\sum V_c'$ ——包括亏舱的航次货物体积（m³）；

$\sum V_{chi}$——货舱总容积（m³）;

$\sum V_d$——甲板可用载货空间容积（m³）。

如有特殊货物，应满足其对船舶结构、设备等方面的要求。

第二节 航次净载重量计算

船舶的载货重量能力以航次净载重量NDW来表征其大小。对于具体航次，由于航线上的若干条件不同，相应的航次净载重量也会不同。因此，为确定船舶在具体航次中的载货重量能力，每一航次均应计算其航次净载重量。

综合考虑各方面的影响，航次净载重量应按下式计算

$$NDW = \Delta - \Delta_L - \sum G - C \tag{6-2-1}$$

式中：

Δ——航次船舶排水量（t）。如满载，则为相应载重线对应的满载排水量；如不满载，则为对应装载水尺下的装载排水量。

Δ_L——船舶空船排水量（t）。取船舶装载手册中的空船排水量，为定值。

$\sum G$——船舶航次储备量（t）。

C——船舶常数（t）。

对某些船舶而言，在特定航次下为了保证船舶满足稳性、强度等的要求，需要打入一定的压载水，如集装箱船、重大件货物运输船、木材船等，则航次净载重量可按下式计算：

$$NDW = \Delta - \Delta_L - \sum G - C - B \tag{6-2-2}$$

式中：

B——为保证船舶性能而打入的压载水量（t）。

一、船舶排水量的确定

具体航次船舶排水量的确定受到两方面的影响，即所经航线或港口泊位水深的限制、载重线海图对船舶吃水的限制。

1. 吃水受限条件下的船舶排水量 Δ

当船舶所经的航线水深或泊位水深受限时，应考虑航线上最浅水域位置、水深、水密度、始发港至航线最浅处的油水消耗等因素影响后，合理确定始发港所允许使用的船舶排水量，具体方法如下：

1) 确定航线最浅水深处的船舶限制吃水 d_L

航线最浅水深处限制吃水 d_L 为：

$$d_L = D_d + H_w - UKC \quad (6\text{-}2\text{-}3)$$

式中：

D_d——航线最浅水深处的海图基准水深（m）；

H_w——过浅时可利用的潮高（m）；

UKC——航线最浅水深处富余水深（m）。

航线最浅处船底富余水深与船舶吨位、航速、航道底质、船载货物性质等因素有关，显然，当船舶吨位较大、航速较高、航道底质坚实、船舶装运具有某种危险特性的货物时，富余水深应大些，反之可适当小些。对于富余水深，一般各港口当局均有规定，如有的港口富余水深取船舶吃水的10%；有的对海外水道、港外水道和港内分别要求，如海外水道取吃水的20%，港外水道取吃水的15%，港内取吃水的10%。

需要注意的是，如果航线最浅水深处的水密度有变化，则还应考虑水密度变化对船舶吃水的影响，因为水密度的减小会使船舶吃水增加。

如果船舶过浅时有纵倾，则还应考虑船舶吃水差的影响。为了保证船舶安全和尽量多装货，应使船舶尽量保持平吃水过浅。

2) 根据受限吃水 d_L 确定船舶排水量 Δ_2

根据过浅时的限制吃水 d_L 查取船舶的静水力资料，可得相应的标准海水排水量 Δ_1。

3) 计算水密度影响的船舶排水量 Δ_2

若浅水域的水密度为 ρ，则经水密度修正后的船舶排水量 Δ_2 为：

$$\Delta_2 = \frac{\Delta_1 \cdot \rho}{1.025} \quad (6\text{-}2\text{-}4)$$

4) 计算由始发港至航线最浅水深处的油水消耗量 δG

设船舶由始发港航至水深受限处所需时间为 t_s（d），船舶航行每天消耗油水为 g_s（t/d），则：

$$\delta G = t \cdot g_s \quad (6\text{-}2\text{-}5)$$

5) 计算船舶在始发港所允许的排水量 Δ

$$\Delta = \Delta_2 + \delta G \quad (6\text{-}2\text{-}6)$$

2. 吃水不受限条件下的船舶排水量 Δ

如果本航次船舶吃水不受限，则应根据船舶航经的海区及其所处的季节区域，从载重线海图中确定该船应使用的载重线，然后求得相应载重线限制下始发港的船舶排水量，该排水量为相应载重线的船舶满载排水量。

由于不同航线上所处的海区种类不同，因而载重线限制下船舶排水量的确定方法也不同，分为以下几种情况：

1) 船舶整个航次在使用同一载重线的海区航行

船舶整个航次在同一区带内航行，或整个航次跨越区带和季节区域，但所使用的载重线相同，则允许使用同一载重线。此种情况下，按相应的载重线查取船舶资料（装载手册）可得始发港的船舶排水量 Δ。

2) 船舶由使用较低载重线海区航行至使用较高载重线海区

船舶由较低载重线海区驶入较高载重线海区时，为满足船舶在始发港的载重线要求，则只能允许使用较低载重线。此种情况下，按较低载重线查取船舶资料（装载手册）可得始发港的船舶排水量 Δ。如船舶由使用夏季载重线海区驶入使用热带载重线海区，则按夏季载重线确定船舶排水量。

3) 船舶由使用高载重线海区航行至使用低载重线海区

船舶由高载重线海区驶入低载重线海区时，应视其高载重线海区航段油水消耗量情况来确定始发港的船舶排水量，具体计算如下：

如图 6-2-1 所示，A 为始发港，B 为载重线分界线港口，C 为目的港。

$$A \xrightarrow[\text{航程（n mile）}]{\text{高载重线}} B \xrightarrow[\text{航程（n mile）}]{\text{低载重线}} C$$

图 6-2-1　航线所经海区对应载重线图 1

（1）当高载重线海区航段油水消耗量 δG_{A-B} 大于船舶高载重线与低载重线对应的排水量之差 $\delta \Delta_{H-L}$ 时，始发港排水量根据高载重线确定，即

$$当\ \delta G_{A-B} > \delta \Delta_{H-L}\ 时，\quad \Delta = \Delta_H$$

（2）当高载重线海区航段油水消耗量 δG_{A-B} 小于船舶高载重线与低载重线对应的排水量之差 $\delta \Delta_{H-L}$ 时，始发港排水量应为低载重线对应的排水量加上高载重线航段油水消耗量，即

$$当\ \delta G_{A-B} < \delta \Delta_{H-L}\ 时，\quad \Delta = \Delta_L + \delta G_{A-B}$$

根据载重线公约的要求，船舶航行在不同载重线海区时，只要保证每一航段满足其对应的载重线即可。因此，根据上面的分析，始发港船舶排水量也可根据式（6-2-7）进行计算：

$$\Delta = \min\{\Delta_H、\Delta_L + \delta G_{A-B}\} \tag{6-2-7}$$

同理，如图 6-2-2 所示，始发港 A 的船舶排水量可按式（6-2-8）计算。

$$\Delta = \min\{\Delta_T、\Delta_S + \delta G_{A-B}、\Delta_W + \delta G_{A-C}\} \tag{6-2-8}$$

式中：

Δ_T ——热带满载排水量（t）；

Δ_S ——夏季满载排水量（t）；

Δ_W ——冬季满载排水量（t）；

δG_{A-B} —— A 港—B 港航段油水消耗量（t）；

δG_{A-C} —— A 港—C 港航段油水消耗量（t）。

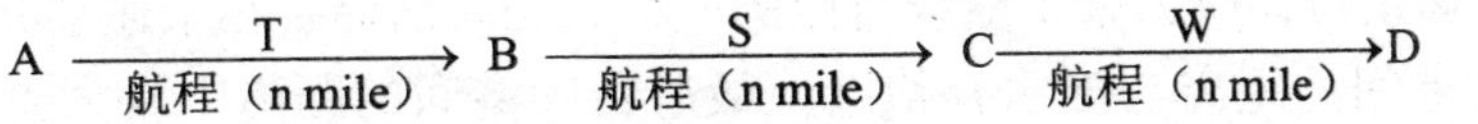

$$A \xrightarrow[\text{航程(n mile)}]{T} B \xrightarrow[\text{航程(n mile)}]{S} C \xrightarrow[\text{航程(n mile)}]{W} D$$

图6-2-2　航线所经海区对应载重线图2

图中，A为始发港，B、C为载重线分界线港口，D为目的港；T为热带载重线，S为夏季载重线，W为冬季载重线。

二、船舶航次储备量的计算

船舶航次储备量 $\sum G$ 由固定储备量 G_1 和可变储备量 G_2 构成，即

$$\sum G = G_1 + G_2 \tag{6-2-9}$$

1. 固定储备量 G_1

固定储备量包括船员、行李、粮食、供应品及船舶备品等。构成 G_1 的各部分在航次储备中所占比例很小，因此，在计算航次净载重量时，可将 G_1 视为定值，不按航次时间长短具体计算，其大小可按船舶资料中数值计。

2. 可变储备量 G_2

可变储备量 G_2 包括燃润料、淡水，其大小按航行时间、补给方案及航次储备天数确定。

1）在始发港装满油水

由于航线较长、始发港油价较低且所运货物运费较低及途中无挂靠港口等原因，船舶所有人或租船人要求船舶在始发港加满油水舱柜。此值可认为是一定值，从船舶资料中查取。

2）按航次需要及补给方案确定

可由下式确定可变储备量：

$$G_2 = (t_s + t_r) \cdot g_s + t_b \cdot g_b \tag{6-2-10}$$

式中：

t_s——船舶航行天数（d）；

t_r——船舶航行储备天数（d）；

t_b——船舶预计停泊天数（d）；

g_s——航行中每天油水消耗量（t/d）；

g_b——停泊时每天油水消耗量（t/d）。

（1）船舶航行天数 t_s

船舶航行天数是航程与平均航速的比值。航速（n mile/d）通常取无风流时的实际平均航速。对于航程，应在设计航线上按转向点分段计算，其取值方法为：当航次储备在始

发港一次性加足时，应为整个航线对应的航程；当航次储备在中途港补加时，应为始发港至油水补给港间的距离与油水补给港至最后目的港间的距离中较大者。不同航段应分别计算。

（2）航次储备天数 t_r

航次储备天数 t_r，应根据航线长短及其海况、船况、船舶吨位、油水补给方案等因素确定。显然，航线越长、船舶主机状况不佳、吨位越大，航次储备天数应适当增加，通常按航程长短取 3~7 天。

（3）停泊天数 t_b

停泊天数为到达下一次油水补给港前总的停泊时间。如果在到达第一油水补给港前无挂靠港，则可取 t_b 为 2 天，因为一般情况下到达油水补给港后 2 天内可以加装油水。如果在到达第一油水补给港之前有若干停靠港，则可按预计装卸速度和货物装卸数量估算停泊时间。

（4）航行油水消耗定额 g_s

航行中每天燃料、润料消耗量按平均航速确定。在计算淡水消耗量时，对于有制淡设备的船舶，可在考虑船员生活用水消耗量的基础上，适量增加淡水消耗定额。

（5）停泊油水消耗定额 g_b

停泊期间油水每天消耗量因使用还是不使用船上装卸设备的情况略有差别。

3. 船舶必须配备足量的航次储备

配备足量的航次储备量是船舶适航的必要条件之一，是保证船舶适航时应尽的责任，即油水等储备量不足时船舶应负不适航的责任。配备足量航次储备品应遵循如下原则。

（1）一般情况下装载的航次储备品按正常消耗应有 20% 的富余量。

（2）在没有可预见风险的情况下，在东南亚各国间航线上航次储备天数取 3 天，在印度洋和大洋洲航线上航次储备天数取 5 天，在非洲、欧洲及美洲航线上航次储备天数取 7 天。

（3）在有可预见风险情况下，如冬季、台风季节或其他恶劣天气易发生季节，航次储备天数可取上述数据的两倍或更大。

（4）根据航程、船况、货物等因素，可适当增加航次储备天数 3~5 天。

（5）油水补给港口的选择按习惯性、便利性、经济性等来确定。

（6）考虑到船舶所有人或承租人的利益，船舶不得装载过多的航次储备品。

（7）配备足量航次储备品的责任在船舶，无论该费用是否由船舶所有人支付。

三、船舶常数的测定

营运中船舶的船舶常数总是不断变化的，因此需对其大小予以测定。一般船舶在进行坞修后都要重新测定船舶常数。

船舶常数的测定应在船舶空载时，选择平静的水面进行，具体步骤如下：

第六章 船舶载货能力

（1）观测船舶六面吃水，测定舷外水密度。
（2）计算船舶平均吃水。
（3）测算船舶油水及其他备品、物料和压载水 $\sum G$。
（4）根据平均吃水查取当时的排水量 Δ 并进行水密度修正（若适用）。
（5）计算测定船舶常数时的空船重量 Δ_L'：

$$\Delta_L' = \Delta - \sum G \tag{6-2-11}$$

（6）求取船舶常数：

$$C = \Delta_L' - \Delta_L \tag{6-2-12}$$

例 6-2-1：某船坞修出厂后在港内（$\rho = 1.006 \text{ g/cm}^3$）测定船舶常数，船舶观测吃水及相关数据如下，求船舶常数。

首吃水：左 3.47 m，右 3.53 m；中吃水：左 4.15 m，右 4.45 m；尾吃水：左 5.05 m，右 5.15 m。船上存有燃油 1030 t，淡水 441 t，压载水 2050 t，船舶资料中刚出厂时的空船重量 Δ_L 为 5371 t，$L_{bp} = 140$ m。

解：

（1）求拱垂修正后的平均吃水 d_{m1}：

$$d_{m1} = \frac{\frac{(3.47+3.53)}{2} + \frac{(5.05+5.15)}{2} + 6 \times \frac{(4.15+4.45)}{2}}{8} = 4.30 \text{ m}$$

（2）按 d_{m1} 和吃水差 $t = -2.0$ m 查取静水力参数表中标准海水中的排水量 Δ_1：

$$\Delta_1 = 9283 \text{ t}$$

（3）将标准海水中的 Δ_1 换算到 $\rho = 1.006 \text{ g/cm}^3$ 时的排水量 Δ：

$$\Delta = \Delta_1 \times \frac{\rho}{1.025} = \frac{9283 \times 1.006}{1.025} = 9111 \text{ t}$$

（4）求船舶测定时的空船重量 Δ_L'：

$$\Delta_L' = 9111 - (1030 + 441 + 2050) = 5590 \text{ t}$$

（5）计算船舶常数 C：

$$C = 5590 - 5371 = 219 \text{ t}$$

例 6-2-2：某国际航行船舶 2 月 15 日由大连开往新加坡，全航程 2619 n mile，其中中国香港到新加坡航程为 1438 n mile，航速 13 kn。燃料及淡水每天消耗 33.7 t，固定储备量 26 t，船舶常数 219 t，航行储备天数 3 天，不考虑停泊时间；船舶热带满载排水量 21195 t，夏季满载排水量 20695 t，空船重量 5685 t。试求该船往返两个航次的净载重量。

解：

1）大连至新加坡航次净载重量计算

（1）根据载重线海图，大连至中国香港海区，属于夏季区带，而中国香港至新加坡海区，2 月份为适用热带载重线的海区。本航次船舶由使用夏季载重线海区航至使用热带载重线海区，因此始发港排水量为：

$$\Delta = 20695 \text{ t}$$

(2) 航次储备量 $\sum G$ 为：

$$\sum G = \left(\frac{2619}{13 \times 24} + 3\right) \times 33.7 + 26 = 410 \text{ t}$$

(3) 该航次净载重量为：

$$NDW = 20695 - 5685 - 410 - 219 = 14381 \text{ t}$$

2) 新加坡回航大连航次净载重量计算

(1) 根据载重线海图，船舶是由使用热带载重线的海区航行至使用夏季载重线的海区。

(2) 新加坡至中国香港的油水消耗量 δG_{A-B} 为：

$$\delta G_{A-B} = \frac{1438}{13 \times 24} \times 33.7 = 155 \text{ t}$$

(3) 该船热带与夏季载重线对应的排水量之差 $\delta \Delta_{T-S}$ 为：

$$\delta \Delta_{T-S} = 21195 - 20695 = 500 \text{ t}$$

(4) 由于 $\delta G_{A-B} < \delta \Delta_{T-S}$，本航次新加坡出港允许使用的排水量 Δ 为：

$$\Delta = 20695 + 155 = 20850 \text{ t}$$

(5) 该航次净载重量为：

$$NDW = 20850 - 5685 - 410 - 219 = 14536 \text{ t}$$

第三节 ● 充分利用船舶载货能力

充分利用船舶载货能力是提高船舶营运效益的重要措施之一。当货源充足时，根据航次货载特点，合理使用和挖掘船舶载货能力，尽可能多地装载拟运货物，以取得更好的经济效益。

1. 提高船舶的载重能力

当货源充足且航次货载以重货为主时，充分利用船舶载货能力的关键在于能否提高船舶的载重能力，即能否在保证安全的前提下增加船舶的总载重量，同时尽可能减少航次储备量和船舶常数，具体可采取以下几项措施来提高船舶的载重能力：

(1) 根据航线上的限制水深或航次所应使用的载重线正确确定船舶的最大装载水尺。

(2) 根据航线具体情况（如气候、油价等）合理确定燃料、淡水补给方案，尽可能地减少不必要的航次储备量。

(3) 清除船上的垃圾、废料和杂物，排净不需要的压载舱内残留的压载水，定时进坞清除舷外船体附着的海生物，以减少船舶常数。

(4) 合理编制配载计划，尽量避免或减少为调整船舶浮态、船舶稳性、船体受力而打入的压载水。

(5) 散装液货船满载时，应尽量清除舱内的底脚和垫水。

(6) 吃水受限时，各舱货物的重量分配应保证过浅时平吃水且无初始横倾。

2. 充分利用船舶的容量能力

当货源充足但航次装载主要是轻货时，船舶的载货能力主要取决于其容量能力。此时，可从以下几个方面充分挖掘船舶容量能力的潜力。

(1) 确保货舱及其他载货处所结构及设备完好，保证其适货性，使所有载货处所处于可用状态。

(2) 对于杂货船，应对不同包装的件杂货选择合适的舱位。大包装、硬包装的货物配置在舱容较大、形状规则的中部舱室，小包装、软包装的货物配置在舱容狭小、形状不够规则的首尾舱室，同时留出一些小件货物来填充其他货物无法装载利用的空位。另外，还应督促装卸工人提高装货质量，做到紧密堆码，减少货物的亏舱。

(3) 固体散装货物装载时应做好平舱工作，最大限度地提高舱容利用率。

(4) 对于集装箱船，应着重提高配载计划的编制水平，使所有的箱位能够被充分利用。如统筹安排20 ft箱、40 ft箱和特殊箱的箱位，使计划装载的所有集装箱都得到合适的装舱位置；稳性不足时，应保证重箱在下、轻箱在上，并适当采取压载措施。

(5) 装载轻质液体货的液体散货船，根据航线油温变化合理确定膨胀余量。

3. 充分利用船舶的特殊载货能力

当航次货载中的特殊货物或忌装货物较多时，船舶的特殊载货能力就可能不足。为了能尽可能多地承运特殊货物或忌装货物，可以从以下两个方面加以考虑。

(1) 保证与承运特殊货物有关的船舶结构和设备处于完好状态，如与冷藏货物装载有关的制冷设备性能和冷藏舱舱容，与重大件货物装载有关的船舶重型吊杆和船体局部结构，与危险货物有关的舱室防火隔离结构等保持与货物装载要求相适应的技术状况。

(2) 对于忌装货物或相互具有隔离要求的危险品集装箱，除了保证舱室有关结构和设备完好外，通过合理配载，使较多的忌装货物或危险货物集装箱配装于船上。

4. 轻重货物合理搭配

对于杂货船，如果货源充足且航次货载有较大的选择余地，应使船舶的载重能力与容量能力能同时得到充分利用，达到满舱满载。

1) 船舶整体计算

公司货运部门在为船舶分配航次货载时，应注意轻重货物合理搭配，尽量使船舶满舱满载，即航次货运量等于航次的净载重量，航次货载的总体积等于船舶的总舱容。配载时，往往是多种货物的品种与数量已经确定，而待选的货物品种及数量是其中的若干种，此时，在待选的货物中选一票重货和一票轻货，通过求解以下方程组得到所选的重货重量 P_H 和轻货重量 P_L。

$$\begin{cases} P_H + P_L = NDW - \sum P \\ P_L \cdot SF_L + P_H \cdot SF_H = \sum V_{ch} - \sum V_c \end{cases} \tag{6-3-1}$$

式中：

P_H、P_L——拟装的重货及轻货重量（t）；

SF_H、SF_L——重货及轻货包括亏舱的积载因数（m³/t）；

$\sum P$——已选货物的总重量（t）；

$\sum V_c$——已选货物所需的舱容（m³）。

2）单一货舱计算

编制航次配载计划时，为了满足吃水差及纵向强度的要求，各货舱拟装货物重量往往已经确定，此时，同样需要按轻重搭配的原则，在满足各舱装货重量要求的同时，使各个货舱都达到满舱。通过求解以下方程组，可得到某一货舱所选定的重货重量 P_H 和轻货重量 P_L。

$$\begin{cases} P_H + P_L = P - P' \\ P_L \cdot SF_L + P_H \cdot SF_H = V_{ch} - V_c' \end{cases} \tag{6-3-2}$$

式中：

P——单一货舱所确定的装货重量（t）；

V_{ch}——单一货舱容积（m³）；

P'——单一货舱内已选货物的总重量（t）；

V_c'——单一货舱内已选货物所需的舱容（m³）。

例 6-3-1：某船满载排水量 Δ_S =20881 t，空船排水量 Δ_L =5371 t，航次储备量 $\sum G$ =1928 t，船舶常数 C =200 t，货舱总容积 $\sum V_{ch}$ =21090 m³。本航次拟配装铜块（SF_1 =0.37 m³/t）、棉花（SF_2 =2.83 m³/t）、沥青（SF_3 =1.36 m³/t）和亚麻（SF_4 =2.80 m³/t）四种货物。现计划装载铜块 5200 t、棉花 1000 t，应再装沥青和亚麻各多少吨可达到满舱满载（四种货物的亏舱率均取 10%）？

解：

（1）求航次净载重量 NDW：

$$NDW = \Delta_S - \Delta_L - \sum G - C$$

$$=20881-5371-1928-200=13382 \text{ t}$$

（2）求扣除亏舱后的货舱总容积 $\sum V_{ch}'$：

$$\sum V_{ch}' = \sum V_{ch} \times (1 - C_{bs})$$

$$=21090 \times (1-10\%)=18981 \text{ m}^3$$

（3）求沥青重量 P_3 和亚麻重量 P_4：

$$\begin{cases} P_3 + P_4 = NDW - (P_1 + P_2) \\ P_3 \times SF_3 + P_4 \times SF_4 = \sum V_{ch}' - (P_1 \times SF_1 + P_2 \times SF_2) \end{cases}$$

将已知数据代入上式，有：

$$\begin{cases} P_3 + P_4 = 7182 \text{ t} \\ 1.36P_3 + 2.80P_4 = 14227 \text{ t} \end{cases}$$

解上方程组，得：

$$\begin{cases} P_3 = 4085 \text{ t} \\ P_4 = 3097 \text{ t} \end{cases}$$

由上计算可知，船舶应再装沥青4085 t和亚麻3097 t才能达到满舱满载。

第七章

船舶稳性

本章学习目标

1. 了解船舶稳性的定义、分类；
2. 了解船舶稳性的三种平衡状态；
3. 掌握船舶初稳性的研究假定前提、衡量指标及其计算、影响因素及其计算；
4. 掌握大倾角稳性的衡量指标及其计算；
5. 熟悉静稳性曲线图的绘制、特征及其影响因素；
6. 掌握动稳性的衡量指标，动稳性曲线的绘制、特征及应用；
7. 掌握稳性规范对船舶稳性的要求；
8. 掌握稳性检验和调整的方法和措施；
9. 熟悉船舶稳性资料的应用。

当船舶静止漂浮于水平面上时，满足平衡条件：作用于船舶上的重力和浮力大小相等、方向相反且作用于同一铅垂线上。如果受到风浪等各种外力（矩）的干扰，则船舶会偏离其平衡位置而倾斜，当外力（矩）消除后，船舶能够自行恢复到初始平衡位置的能力称为船舶稳性（ship stability）。船舶稳性反映了船舶抵抗外力（矩）干扰、保持初始平衡位置的能力。船舶是否具有稳性的关键取决于船舶倾斜后是否具有恢复力矩。

第一节 船舶稳性概述

一、船舶稳性分类

根据船舶设计和实际营运的要求,船舶稳性通常有以下分类:

1. 按船舶倾斜方向分

(1) 横稳性(transverse stability):指船舶单纯绕纵向轴(x轴)横倾时的稳性。

(2) 纵稳性(longitudinal stability):指船舶单纯绕横向轴(y轴)纵倾时的稳性。

2. 按船舶横倾角大小分

(1) 初稳性(initial stability):指船舶倾斜角小于10°~15°且小于甲板边缘入水角时的稳性。

(2) 大倾角稳性(stability at large heeling angle):指船舶横倾角大于10°~15°或大于甲板边缘入水角时的稳性。

3. 按作用力矩性质分

(1) 静稳性(statical stability):指倾斜力矩缓慢作用在船舶上,船舶倾斜的角速度和角加速度很小,倾斜过程中不计及角速度和惯性时的稳性。

(2) 动稳性(dynamic stability):指倾斜力矩突然作用在船舶上,船舶倾斜的角度和角加速度很大,倾斜过程中计及角速度和惯性时的稳性。

4. 按船舱是否破损浸水分

(1) 完整稳性(intact stability):指船舶的各舱室在完整状态时的稳性。

(2) 破损稳性(damaged stability):指船舶破损浸水后的稳性。

从理论上而言,船舶纵稳性与其横稳性是一致的。正常营运船舶的纵倾角很小,所以船舶的纵稳性属于小倾角稳性范畴。由于船舶抵抗纵向倾斜力矩的能力远远大于其抵抗横向倾斜力矩的能力,所以对实际营运船舶而言,重点研究的是船舶的横稳性。而本章所介绍的主要内容是关于船舶完整稳性下横稳性的原理及应用,破损稳性在第十章抗沉性中介绍。

二、船舶平衡状态

1. 船舶的平衡状态

船舶漂浮于水面上，其重力为 W，浮力为 Δ，G 点为船舶重心，B 点为船舶初始平衡位置的浮心。如图 7-1-1 中（a）所示，当船舶受到横向倾斜力矩 M_h 的干扰时，船舶会偏离初始平衡位置，缓慢地倾斜至一个小角度 θ，其水线下排水体积的几何形状发生变化，浮心由 B 点移至 B_1 点，倾斜前后浮力的作用线交于 M 点；排水量一定时，可假定 M 点为一定点，称为横稳心或初稳心（transverse metacenter or initial metacenter）。此时，重力和浮力虽然大小相等、方向相反，但两者的作用线却不再共垂线，两者形成了一个恢复力矩，称为复原力矩（righting moment），也称静稳性力矩。该稳性力矩大小可表示为：

$$M_R = \Delta \cdot GZ \tag{7-1-1}$$

式中：

M_R——静稳性力矩（$9.81\ \mathrm{kN \cdot m}$）；

Δ——船舶排水量（t）；

GZ——复原力臂（right arm）或静稳性力臂（statical stability lever）（m），是船舶重心 G 至倾斜后浮力作用线的垂直距离，Z 为垂足。

此时，如果外界倾斜力矩 M_h 消失，则船舶将在复原力矩 M_R 的作用下回到原来的平衡位置。

外界干扰力矩消失后，船舶能否恢复到初始平衡位置，取决于复原力矩 M_R 与船舶倾斜方向的关系，由此可以判断船舶处于哪种平衡状态。

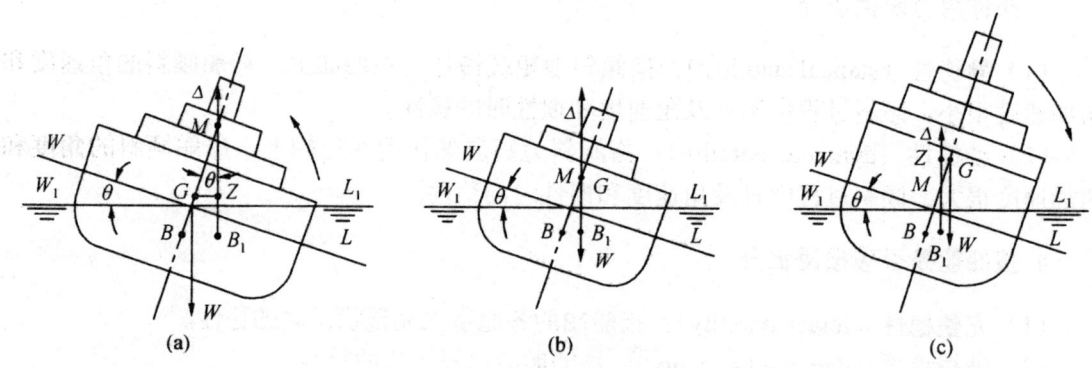

图 7-1-1 船舶平衡状态

1）稳定平衡

如图 7-1-1 中（a）所示，船舶倾斜后，重心 G 在初稳心 M 之下，重力 W 和浮力 Δ 产生一恢复力矩，其方向与船舶倾斜方向相反；当外界干扰力矩消失后，在此力矩作用下，船舶能够自行恢复到初始平衡位置，该初始平衡状态称为稳定平衡（stable equilibrium）。此时，船舶具有稳性。

2）随遇平衡

如图 7-1-1 中（b）所示，船舶倾斜后，重心 G 与初稳心 M 重合，重力 W 和浮力 Δ 作用在同一垂线上而不产生力矩，即恢复力矩为零；当外界干扰力矩消失后，船舶不能自行恢复到初始平衡位置而依然保持在当前倾斜状态，该初始平衡状态称为随遇平衡或中性平衡（neutral equilibrium）。

3）不稳定平衡

如图 7-1-1 中（c）所示，船舶倾斜后，重心 G 在初稳心点 M 之上，重力 W 和浮力 Δ 产生一力矩，方向与船舶倾斜方向相同，此时，船舶复原力矩加速了船舶的倾斜；当外界干扰力矩消失后，船舶没有自行恢复到初始平衡位置的能力，该初始平衡状态称为不稳定平衡（unstable equilibrium）。

由此可见，对于漂浮在水面的船舶，只有处于稳定平衡状态时才具有稳性。

第二节 船舶初稳性

一、初稳心假设

理论证明：船舶在等容微倾条件下，倾斜轴过初始正浮水线面的面积中心，即漂心 F。船舶小角度（横倾角小于 10°~15°）等容微倾中，假设倾斜角以微小角度 $\delta\theta$ 变化，由于水线面形状、大小的变化较小，可以近似认为微倾前后相邻浮力作用线的交点始终交于中线面上的一固定点，即初稳心点 M。该假设称为初稳心假设，适用于船舶初稳性研究和计算。

二、初稳性方程

如图 7-2-1 所示，船舶在小角度横倾条件下，复原力矩 M_R 可表示为：

$$M_R = \Delta GM\sin\theta \qquad (7\text{-}2\text{-}1)$$
$$GZ = GM\sin\theta \qquad (7\text{-}2\text{-}2)$$

式中：

GM——船舶重心与初稳心间的垂直距离，称为初稳性高度（initial metacentric height）(m)；

θ——船舶横倾角（angle of transverse inclination）。

由上式可见，在排水量一定时，不同横倾角下复原力矩 M_R 的大小取决于船舶初稳性高度 GM。在排水量较小的装载状态下，如果要保持一定量的复原力矩，则必须增大船舶的初稳性高度。

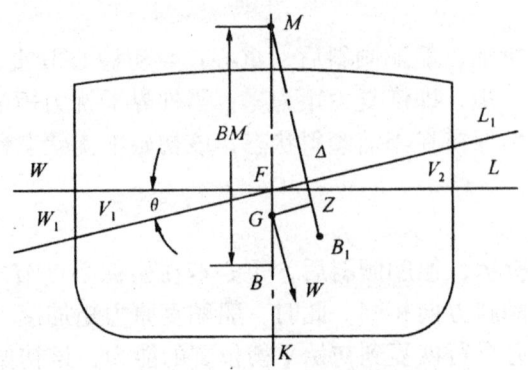

图7-2-1 船舶初稳性高度

三、初稳性高度GM计算

由图7-2-1可知,初稳性高度表示为:

$$GM = KB + BM - KG = KM - KG \tag{7-2-3}$$

或表示为:

$$GM = z_b + r - z_g = z_m - z_g$$

式中:

KB、z_b——浮心距基线高度(m),简称浮心高度;

BM、r——横稳心半径(m);

KM、z_m——横稳心距基线高度(m);

KG、z_g——船舶重心距基线高度,简称重心高度(m)。

横稳心半径r是浮心B与稳心M间的垂向距离。在微倾条件下船舶浮心B移动的轨迹是以M为圆心、r为半径的一段圆弧。

设未考虑自由液面影响的船舶重心高度为KG_0,则船舶初稳性高度GM_0可由式(7-2-3)求取,即

$$GM_0 = KM - KG_0$$

1. KM计算

1)船舶资料查取法

根据船舶装载后的平均吃水查取静水力曲线图、载重表尺或静水力参数表,即可得到相应平均吃水时的KM值。如果船舶资料提供的静水力参数表带有查表引数吃水差,则利用首尾平均吃水和吃水差查取KM值。

2)公式计算法

根据式(7-2-3):

$$KM = KB + BM = KB + r$$

如果船舶为箱形船,则其水线面和横剖面均为矩形,设水线长为L,宽为B,吃水为d,有:

$$KB = \frac{1}{2}d$$

$$BM = r = \frac{1}{12}\frac{B^2}{d}$$

$$KM = \frac{1}{2}d + \frac{1}{12}\frac{B^2}{d}$$

2. KG_0计算

根据合力矩定理,KG_0可按下式求得:

$$KG_0 = \frac{\sum P_i z_i}{\Delta} \tag{7-2-4}$$

式中:

P_i——构成排水量的第i项载荷重量(t),包括空船重量Δ_L、各货舱货物重量、各液体舱柜中油水重量(包括压载水)、船员、行李、备品及供应品、船舶常数C等;

z_i——第i项载荷重量P_i的重心高度(m);

$\sum P_i z_i$——全船垂向重量力矩(9.81 kN·m)。

1) 空船重量及其重心高度确定

对于某一船舶,空船重量Δ_L及其重心高度z_L为定值,可在船舶装载手册或船舶稳性计算书中查找。

2) 油水重量及其重心高度确定

各油水舱的油水重量及其重心高度可根据量尺深度查装载手册中相应液舱舱容曲线或舱容表查取。

3) 船员、行李、备品及供应品重量及其重心高度确定

对于某一船舶,如无特殊说明,船员、行李、备品及供应品重量及其重心高度作为定值考虑,可在船舶装载手册或船舶稳性计算书中查取。

4) 货物重心高度确定

(1) 公式计算法

某一货舱内装载积载因数差异较大的多种货物时,用计算法确定各层货物的重心高度,有利于减小船舶重心高度KG_0的计算误差。各层货物的重心高度可按下式求出:

$$z_i = \varepsilon_c h_{ci} + h_b \tag{7-2-5}$$

式中:

h_b——货层底面距基线高(m);

ε_c——货层重心系数,中部货舱ε_c取0.50,首、尾部货舱ε_c取0.54~0.58;

h_{ci}——第i货层高度(m),可由下式求得:

$$h_{ci} = \frac{V_{ci}}{V_{ch}} \cdot H_c \tag{7-2-6}$$

其中：
V_{ci}——第i层货物体积（m³）；
V_{ch}——该货舱舱容（m³）；
H_c——该货舱舱高（m）。

例7-2-1：某船在No.4底舱装载小五金1600 t（SF=0.60 m³/t）、棉织品100 t（SF=4.50 m³/t）、日用品120 t（SF=4.60 m³/t）及草制品90 t，（SF=7.20 m³/t），货物在舱内配置如图7-2-2，试计算各货物重心高度z_i及该舱货物总重心高度z_h。货层重心系数取0.5。

已知该舱舱容V_{ch}=2710 m³，舱高H_c=7.2 m，双层底高为1.5 m。

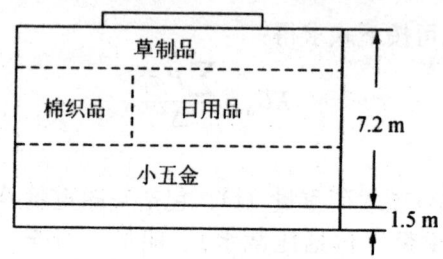

图7-2-2 货物配置图

解：
① 列表计算货物重心高度z_i（表7-2-1）：

表7-2-1 No.4货舱货物重心高度计算表

货名	P_i(t)	SF_i(m³/t)	V_{ci}(m³)	h_{ci}(m)	z_i(m)
小五金	1600	0.6	960	2.55	1.5+2.55/2=2.775
棉织品	100	4.5	450	2.66	1.5+2.55+2.66/2=5.38
日用品	120	4.6	552		
草制品	90	7.2	648	1.72	1.5+2.55+2.66+1.72/2=7.57

② 求货物总重心高度z_h：

$$z_h = \frac{\sum P_i z_i}{\sum P_i} = \frac{1600 \times 2.775 + 220 \times 5.38 + 90 \times 7.57}{1600 + 220 + 90} = 3.30 \text{ m}$$

在实际工作中，为简化计算，无论货舱内装载多少种货物及积载因数是否相差较大，均以舱内所装货物总体积中心作为该舱货物计算重心；如货物基本满舱，则取舱容中心作为该舱货物计算重心，舱容中心可根据装载手册中相关表格查取。由此简化计算所得货物重心高度与实际值显然有一定出入，但其计算方法简单，且求算的GM值比实际GM偏小，所以实用性较强。

（2）舱容曲线（或舱容表）查取法

对于装载单一货种的某些散货船或杂货船，船舶资料中提供了各货舱舱容曲线或舱容表，使用时直接由货物总体积查出货物装舱后的重心高度。图7-2-3为某船某一货舱的舱容曲线。

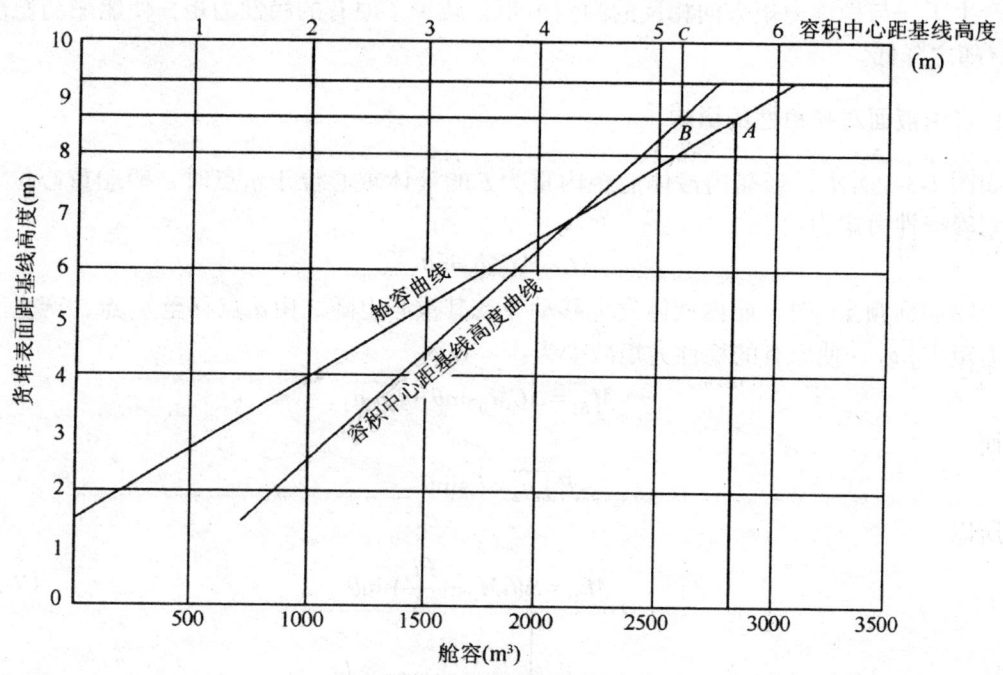

图 7-2-3　货舱舱容曲线

根据所装货物的体积，在下方横坐标轴上找到相应位置点，由该点向上作横坐标轴的垂线，交舱容曲线于 A 点，过 A 点作横坐标轴平行线交容积中心距基线高度曲线于 B 点，再由 B 点向上作横轴垂线交于上方横坐标轴 C 点，C 点对应数值即为该舱货物重心高度。

第三节● 影响初稳性的因素及其计算

船舶在实际营运过程中，船上载荷是经常变化的，如航行途中油水消耗、压载水调整和更换、中途港货物装卸、货物移动等。载荷的变化自然会对船舶排水量和船舶重心产生影响，进而影响了船舶稳性。对初稳性的影响因素主要包括自由液面影响、船内载荷水平横移影响、船内载荷垂移影响、货物悬挂影响及船内载荷重量变动影响。

一、自由液面对初稳性高度的影响

船上各种液体舱柜（如油水舱、压载水舱、液货舱等）在液体未充满整个舱内空间时随船舶横倾而向倾斜一侧流动，液面与舷外水线面保持平行。该自由流动的液面称为自由液面（free surface）。当船舶倾斜时，舱柜内液体随之流动，使液体的重心向倾斜一方移动，产生了一与稳性力矩方向相反的倾斜力矩，减少了原有的稳性力矩，使船舶初稳性高度GM随之降低。

1. 自由液面对初稳性的影响

如图7-3-1所示，当船内液体舱柜内重为P的液体重心位于q_1点时，船舶重心位于G点，则静稳性力矩为：

$$M_R = \Delta GM_0 \sin\theta$$

当船舶横倾至q_2时，舱内液体发生移动导致其重心也随之由q_1点移至q_2点，产生了一横倾力矩$P\overline{q_1q_2}$，使原有的稳性力矩减少为：

$$M_{R1} = \Delta GM_0 \sin\theta - P\overline{q_1q_2}$$

而

$$P\overline{q_1q_2} = l_z \sin\theta$$

所以

$$M_{R1} = \Delta(GM_0 - \frac{Pl_z}{\Delta})\sin\theta \tag{7-3-1}$$

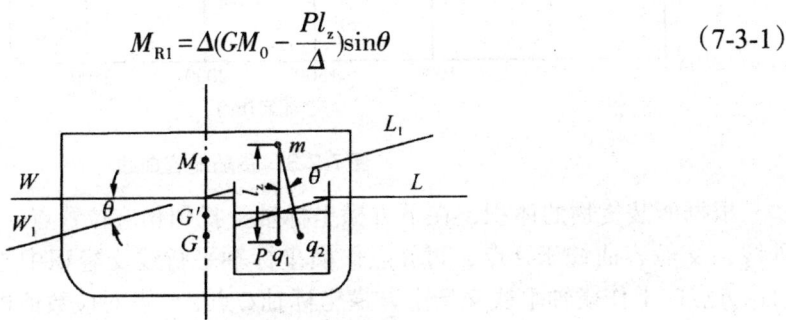

7-3-1　液体舱柜自由液面

式中：

l_z——液体重心q_1到m点的距离（m），m点是液体移动前后两重力作用线的交点。

液体重心就是液体体积的几何中心，将液舱柜情况与整个船舶情况加以比照：液舱横倾→船舶横倾；液舱内液体重心由q_1到q_2→船舶浮心由B移至B_1；微倾前、后液舱两重力作用线交于m点→船舶微倾前后两浮力作用线交于稳心M；液体表面→船舶水线面；液体重心q_1到点m的距离l_z→船舶稳心半径r。根据相似原理得：

$$l_z = \frac{i_x}{V}$$

式中：

V——液舱柜内液体体积（m³）；

i_x——液舱柜内自由液面对液面中心轴的面积惯矩（m⁴）。

令ρ为舱柜内液体密度，则$P = \rho V$，将$\overline{q_1q_2}$、l_z及P的表达式代入式（7-3-1）得：

$$M_{R1} = \Delta(GM_0 - \frac{\rho i_x}{\Delta})\sin\theta \tag{7-3-2}$$

对比M_R和M_{R1}表达式可知，由于自由液面影响而使初稳性高度减小，其减小值δGM_{fl}可表示为：

$$\delta GM_{\mathrm{fl}} = \frac{\rho i_x}{\Delta} \tag{7-3-3}$$

当存在多个自由液面时，δGM_{f} 为：

$$\delta GM_{\mathrm{f}} = \frac{\sum \rho i_x}{\Delta} \tag{7-3-4}$$

则经自由液面修正后的船舶初稳性高度 GM 为：

$$GM = KM - KG_0 - \delta GM_{\mathrm{f}} \tag{7-3-5}$$

2. 自由液面惯性矩 i_x 的确定

1）船舶资料查取

通常船舶装载手册或稳性计算资料的液体舱柜容积表中会提供各液体舱柜自由液面惯性矩 i_x 值，表 7-3-1 为 "N" 轮 No.2 燃油舱舱容表（燃油密度 $\rho = 0.95 \text{ g/cm}^3$），表 7-3-2 为散货船 "B" 轮首尖舱 FPT 舱容表（压载水密度 $\rho = 1.025 \text{ g/cm}^3$）。

根据《2008年国际完整稳性规则》（以下简称2008年IS规则），对初稳性高度 GM 修正时，自由液面惯性矩 i_x 应按0°横倾角计算。

表7-3-1 "N"轮No.2燃油舱舱容表（部分）

测量深度 H(m)	占舱容的百分比 $FILL$	体积 V(m³)	自由液面惯性矩 i_x(m⁴)
0.00	0.0%	0.0	0.0
0.10	0.1%	0.2	0.1
0.20	0.4%	0.8	0.2
0.30	0.9%	1.9	0.6
0.40	1.6%	3.4	1.1
0.50	2.5%	5.3	1.9
…	…	…	…
1.50	23.7%	51.1	40.7
1.60	27.1%	58.4	49.3
1.70	30.7%	66.1	59.0
1.80	34.5%	74.4	70.0
1.90	38.6%	83.1	82.2
2.00	42.8%	92.1	83.3
2.10	46.9%	101.1	83.3
…	…	…	…
3.10	88.8%	191.3	83.3
3.20	93.0%	200.3	83.3
3.30	97.1%	209.3	61.8
3.40	99.7%	214.8	2.5
3.48	100.0%	215.4	0.0

表7-3-2　"B"轮首尖舱FPT舱容表（部分）

测量深度H(m)	体积V(m³)	自由液面惯性矩i_x(m⁴)
0.00	0.0	0.0
0.345	8.369	156
0.690	24.309	372
1.035	46.494	602
1.381	73.487	835
1.726	104.245	1070
2.071	138.574	1299
2.416	175.647	1519
2.761	215.766	1725
3.106	258.337	1916
3.451	302.955	2088
3.796	349.271	2242
4.142	396.995	2375
4.487	445.890	2490
…	…	…

2）公式计算

船舶资料中缺乏时，液体舱柜内液面形状较规则自由液面（如矩形、三角形、梯形、圆形等）的惯性矩i_x可按下列公式计算。

（1）矩形液面

$$i_x = \frac{1}{12}lb^3 \tag{7-3-6}$$

式中：

l——液面长度（m）；

b——液面宽度（m）。

（2）等腰三角形液面

$$i_x = \frac{1}{48}lb^3 \tag{7-3-7}$$

(3) 等腰梯形液面

$$i_x = \frac{1}{48}l(b_1+b_2)(b_1^2+b_2^2) \tag{7-3-8}$$

式中：

b_1、b_2 —— 液面前、后两端宽度（m）。

(4) 直角三角形液面

$$i_x = \frac{1}{36}lb^3 \tag{7-3-9}$$

(5) 直角梯形液面

$$i_x = \frac{1}{36}l(b_1+b_2)(b_1^2+b_2^2) \tag{7-3-10}$$

一般船中附近舱柜多为矩形液面，首、尾附近舱柜多为近于梯形或三角形液面，计算 i_x 时应区别对待。

图 7-3-2 为船舶各种液体舱柜液面形状示意图。

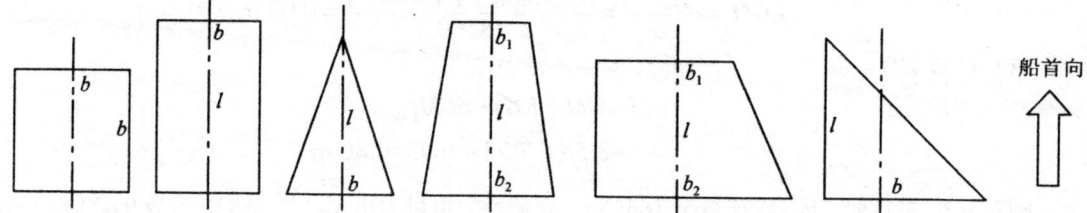

图 7-3-2 各种液体舱柜液面形状

(6) 椭圆形液面

某些液化气船的货舱装货后存在的自由液面形状为椭圆形，其自由液面惯性矩 i_x 可按下式计算。

$$i_x = \frac{1}{4}\pi ab^3 \tag{7-3-11}$$

式中：

a、b —— 液面的半长轴、半短轴长度（m）。

圆形液面是特殊的椭圆液面，其自由液面惯性矩 i_x 的计算公式则变为：

$$i_x = \frac{1}{4}\pi r^4 \tag{7-3-12}$$

式中：

r —— 液面的半径长度（m）。

例 7-3-1：某船装货后 $\Delta=18500$ t，全船垂向重量力矩 $\sum P_i z_i = 143375 \times 9.81$ kN·m，查得 $KM=8.58$ m，现有 No.1 燃油舱（左）（矩形，$l=11.00$ m，$b=4.00$ m，$\rho=0.97$ g/cm³）和

尾尖舱（等腰梯形，$l=11.00$ m，$b_1=11.50$ m，$b_2=3.40$ m）存在自由液面，尾尖舱为淡水舱，试计算经自由液面修正后的初稳性高度 GM。

解：

（1）求 KG_0：

$$KG_0 = \frac{\sum P_i z_i}{\Delta} = \frac{143375}{18500} = 7.75 \text{ m}$$

（2）计算 i_x 和 δGM_f：

No.1 燃油舱：

$$i_{x1} = \frac{1}{12} lb^3$$
$$= \frac{1}{12} \times 11.0 \times 4.0^3 = 58.7 \text{ m}^4$$

尾尖舱：

$$i_{x2} = \frac{1}{48} l(b_1+b_2)(b_1^2+b_2^2)$$
$$= \frac{1}{48} \times 11.00 \times (11.50+3.40) \times (11.50^2+3.40^2) = 491.1 \text{ m}^4$$

$$\delta GM_f = \frac{\sum \rho i_x}{\Delta} = \frac{0.97 \times 58.7 + 1 \times 491.1}{18500} = 0.03 \text{ m}$$

（3）计算 GM：

$$GM = KM - KG_0 - \delta GM_f$$
$$= 8.58 - 7.75 - 0.03 = 0.80 \text{ m}$$

例 7-3-2：散货船"B"轮压载 $\Delta=36433$ t，全船垂向重量力矩 $\sum P_i z_i = 337005 \times 9.81$ kN·m，查得 $KM=16.6$ m，现有首尖舱存在自由液面（舱内压载水体积 446 m³，水密度为 $\rho=1.025$ g/cm³），试计算经自由液面修正后的初稳性高度 GM。

解：

（1）求 KG_0：

$$KG_0 = \frac{\sum P_i z_i}{\Delta} = \frac{337005}{36433} = 9.25 \text{ m}$$

（2）计算 i_x 和 δGM_f：

经查表 7-3-2 可得：

$$\delta GM_f = \frac{\sum \rho i_x}{\Delta} = \frac{2490}{36433} = 0.07 \text{ m}$$

（3）计算 GM：

$$GM = KM - KG_0 - \delta GM_f$$
$$= 16.6 - 9.25 - 0.07 = 7.28 \text{ m}$$

3. 减小自由液面影响的措施

船舶在设计、建造和营运中，应尽量减小自由液面对稳性的影响，其具体措施包括：

（1）减小液舱（柜）宽度。

液体散装货船装载大量液体货，自由液面对其稳性影响较大，为此船舶在设计时，通常都设置一道或两道纵向舱壁，将液舱宽度减小。

可以证明，矩形液面的液舱内设置一道纵向舱壁将其宽度二等分，i_x 将减至原来的 1/4；设置两道纵向舱壁将其宽度三等分，i_x 减至原来的 1/9。对于等腰梯形或等腰三角形液面的液舱，若中间设置一道纵向舱壁，将其宽度等分，i_x 会减至原来的 1/3。增设横舱壁则不会减少自由液面对稳性的影响。

（2）液舱（柜）应尽可能装满或空舱。

对于液体散装货船，各液体货舱在考虑适当的膨胀余量后应尽量装满，若舱容有剩余，则可保留若干空舱，以减少具有自由液面的舱数。

对于普通货船的油水舱，应逐舱装载和左右舷舱对称使用；压载舱应尽量打满或排空，这样可保持在航行中船舶未满液体舱柜数量最少。

（3）保持甲板排水孔畅通。

在开航前应认真检查上甲板两舷排水孔是否畅通，并防止航行过程中堵塞，以确保甲板上浪后能迅速排出，减小因上浪而在上甲板形成自由液面的作用时间。航行中如遇严重甲板上浪，应适当采取改向或减速措施，并注意排除排水孔附近的排水障碍物。

（4）注意纵向水密分隔是否有漏水连通现象及是否有不必要的积水。

液体舱（柜）内纵向隔壁因锈蚀、不适当受力或建造缺陷，致使漏水连通而形成较大自由液面。另外，船舶在营运中各污水舱内会积聚一定污水，应及时测量并排出。

（5）在排水量较小时，更应重视液舱内自由液面对稳性的不利影响。

三、船内载荷移动

船舶在营运中，经常遇到船内载荷的移动问题，例如在航行中舱内货物因船舶横摇剧烈而移动，配载时为调整船舶稳性而将舱内货物垂向移动等。

1. 船内载荷水平横移

船内载荷水平横移，将使船舶产生横倾角，横倾角的产生将会影响船舶稳性。

如图 7-3-3 所示，船舶排水量为 Δ，重心位于 G 点，浮心位于 B 点，此时船舶重力和浮力通过 G 点和 B 点构成初始平衡力系，平衡于正浮水线 WL。现将船内载荷 P 自 q_1 水平横移至 q_2 处，其水平横移距离为 y。根据平行力移动原理，船舶重心将随之由 G 水平横移至 G_1，并有

$$GG_1 = \frac{Py}{\Delta}$$

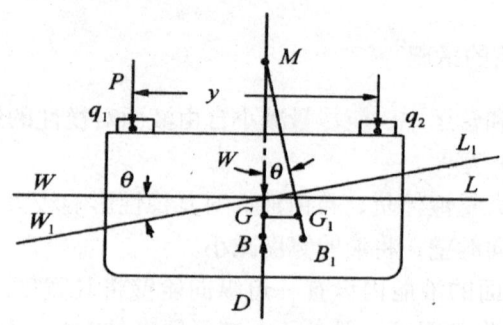

图7-3-3 载荷横移

此时,由于浮力和重力不再作用于同一垂线上而形成力偶,该力偶将迫使船舶向载荷移动方向的一侧横倾。在船舶横倾过程中,由于水线下排水体积形状的改变,浮心将随之向横倾一侧移动。当浮心移至 B_1 时,B_1 与 M_h 又重新作用于同一垂线上,构成重力和浮力新的平衡力系,船舶将不再继续倾斜,并停留于该横倾位置上,此时的平衡水线为 W_1L_1。初始水线 WL 与横倾后的水线 W_1L_1 之间的夹角 θ 即为船舶横倾角。直角三角形 MGG_1 有:

$$\tan\theta = \frac{GG_1}{GM}$$

将 GG_1 表达式代入,则得

$$\tan\theta = \frac{Py}{\Delta GM} \tag{7-3-13}$$

2. 倾斜试验

通过理论计算获得的空船状态下的重量和重心位置与船舶建成后的实际值往往存在一定误差。而船舶重心垂向坐标的准确与否直接影响到初稳性高度 GM 值的计算。对于新建或者重大改建后的船舶必须要进行倾斜试验(ship's inclining experiment),以确定空船重量 Δ_L 及其重心高度 KG_0。船厂应在验船师监督下进行倾斜试验,试验结果要求精确可靠,并根据试验数据提交"倾斜试验报告书"。设计人员根据上述报告书编写"船舶稳性报告书",供驾驶人员配载时使用。

所谓空船状态是指船舶处于可正常航行状态,但没有装载货物、船用消耗备品、物料、船员和行李,且除了机械和管系液体(如处于正常工作状态的润滑油和液压油)以外,没有装载任何其他液体。进行倾斜试验时,如果限于条件,难以达到设计空船状态时,则可以允许有少量多余重量和不足重量,但均不应超过设计空船排水量的1%。试验所需移动的重量及必要的压载和试验人员不受上述多余重量的限制。

1)试验方法和原理

试验前,先精确测量首、中、尾左右两舷的吃水和试验水域水密度,计算平均吃水并查取静水力资料以便得到试验时船舶准确的排水量。准备好试验要用的重物 P(一般用生铁块,大型船舶通常用压载水),重物一般分为6组,若限于条件,经主管机关同意可分为4组。采用挂摆法进行测量时,在船上设置3个摆锤,若限于条件至少2个,应各自位于一个防风的区域,并尽可能远离分开设置。摆锤线的长度为 l,为摆锤的悬挂点至刻度标尺间的垂直距离，该距离至少为3 m，并应确保船舶自正浮向每一舷产生足够的摆动幅度 a。摆锤应置于水槽或油槽中，且没入其中，但应注意摆锤在船舶最大试验倾角时不要触及槽壁。

一切准备妥当后，根据要求人为地将船上试验用的重物 P 水平横向移动某一距离 y，使船舶产生2°~4°的横倾角，横倾角取几个摆锤读数的平均值。若受船型或条件限制，要达到2°~4°的横倾角有困难时，每舷最小横倾角应不小于1°。测出横倾角 θ 后，则有

$$\tan\theta = \frac{a}{l}$$

式中：

l——悬挂点至标尺的垂直距离；

a——摆锤移动距离。

根据式（7-3-13）可得

$$GM = \frac{Py}{\Delta\tan\theta}$$

根据平均吃水查静水力参数得 KM，则由下式可求出船舶重心距基线的高度 KG_0。

$$KG_0 = KM - GM\cos\varphi \tag{7-3-14}$$

式中：

φ——试验状态船舶纵倾角（°），尾倾为正。

试验时船上会有少量多余重量和不足重量，则需要利用合力矩定理对空船重量和空船重心高度进行修正。

2）倾斜试验注意事项

为了保证试验准确性，在试验时应注意以下几点：

（1）应选择风力不大于2级的晴天进行试验，若有困难，经主管部门同意可不大于3级；试验地点应选在遮蔽处所的平静水域。试验时应注意风和流的影响，尽可能使船首正对着风和流。

（2）将系泊缆绳全部松开。

（3）机器停止运转，船上人员位置固定，不能随意走动。

（4）各类液体舱柜应抽空或注满，以消除自由液面的影响。如果存在自由液面应进行修正。

（5）将船上的装载情况以及船上缺少或多余的物资做详细记录，以便将试验结果修正到空船状态。

3. 船内载荷垂移

船内载荷垂向移动，将引起船舶重心的垂向改变，从而导致初稳性高度的变化。

如图7-3-4所示，设船舶排水量为 Δ，船舶重心位于 G 点，现将船内重量为 P 的载荷由 g_1 垂向移至 g_2 处，即载荷 P 的重心高度由 z_1 变为 z_2，其垂向移动距离 Z 为：

$$Z = |z_2 - z_1|$$

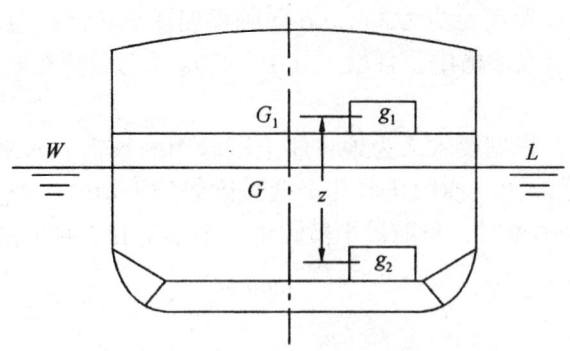

图7-3-4 载荷垂移

因而载荷垂移引起的初稳性高度改变量 δGM 在数值上等于船舶重心的垂移量 GG_1，即

$$\delta GM = \mp \frac{PZ}{\Delta} \tag{7-3-15}$$

由以上可知，船内载荷上移，船舶重心上移，GG_1 取 +，δGM 降低，δGM 为 −；船内载荷下移，船舶重心下移，GG_1 取 −，GM 增大，δGM 为 +。重物移动后的初稳性高度 GM_1 可表示为：

$$GM_1 = GM + \delta GM \tag{7-3-16}$$

三、货物悬挂

如图7-3-5所示，设船舶排水量为 Δ，重心位于 G 点，船内重量为 P 的悬挂货物其重心位于 q_1 点且悬挂于 m 点时，当船舶横倾 θ 角时，P 在其重力作用下将由 q_1 点移到 q_2 点。由此悬挂货物对船舶产生横倾力矩 $P \cdot \overline{q_1 q_2}$，从而减少了原有的稳性力矩，则稳性力矩 M_{R1} 变为：

$$M_{R1} = \Delta(GM\sin\theta - \frac{Pl_z}{\Delta})\sin\theta$$

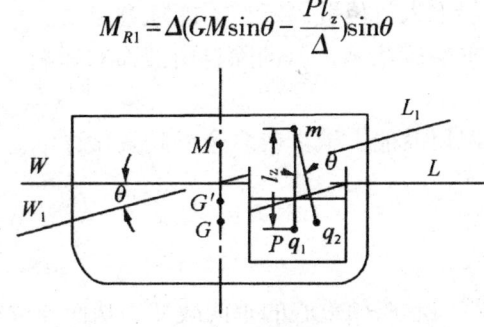

图7-3-5 货物悬挂

所以，当船上存在悬挂货物时，船舶的初稳性高度将会减小，其值为：

$$\delta GM = \frac{Pl_z}{\Delta} \tag{7-3-17}$$

考虑货物悬挂后的初稳性高度为：

$$GM_1 = GM - \frac{pl_z}{\Delta} \qquad (7\text{-}3\text{-}18)$$

对照式（7-3-15）和式（7-3-18），显而易见，悬挂货物对初稳性的影响相当于把货物自重心 q_1 点垂直上移到悬挂点 m 处，从而使船舶重心 G 点上移到 G'，致使初稳性高度减小了如式（7-3-17）所示数值。可以把悬挂货物的重心理解为在悬挂点 m 处，m 点称为悬挂重物的虚重心。

四、载荷重量增减

船舶运营中，中途港货物的装卸、油水的补给和消耗、压载水的注入和排放、船舶在海上遭遇危险而抛弃货、船舶破舱进水、船体结冰及甲板上浪等均可视为重量增减。船上重量增减后其排水量变化、船舶重心 G 及稳心 M 位置也发生改变，从而引起初稳性高度的改变。

根据重量增减的不同数量及求取初稳性高度改变量的不同方法，可分成大量增减和少量增减两种情况。若船舶初始排水量为 Δ，重量增减量为 $\sum P_i$，则一般认为：当 $\sum P_i > 10\%\Delta$ 时为重量的大量增减，当 $\sum P_i < 10\%\Delta$ 时为重量的少量增减。

1. 重量大量增减

设船舶重量增减前排水量为 Δ，KG 为重量增减前船舶重心高度，$\sum P_i$ 为重量增减量，z_i 为各重量的重心高度，则重量增减后船舶重心高度为：

$$KG_1 = \frac{\Delta \cdot KG + \sum P_i z_i}{\Delta + \sum P_i} \qquad (7\text{-}3\text{-}19)$$

按上式计算时，重量增加 P_i 取 +；重量减少 P_i 取 –。

根据重量增减后船舶新的排水量 $\Delta_1 = \Delta + \sum P_i$ 查取静水力资料，可得重量增减后的初稳心距基线高 KM_1，于是重量增减后船舶新的初稳性高度为：

$$GM_1 = KM_1 - KG_1 \qquad (7\text{-}3\text{-}20)$$

应当清楚，上述方法对于重量少量增减同样适用，只是为了使计算更方便，可用下述方法计算重量少量增减时初稳性高度改变量。

2. 重量少量增减

如图 7-3-6 所示，已知船舶初始排水量为 Δ，重心位于 G 点，重心高度为 KG，现在船上 q 处加载重量为 P 的重物，已知 P 的重心高度为 KP，则加载后船舶新的重心高度 KG_1 为

$$KG_1 = \frac{\Delta \cdot KG + P \cdot KP}{\Delta + P}$$

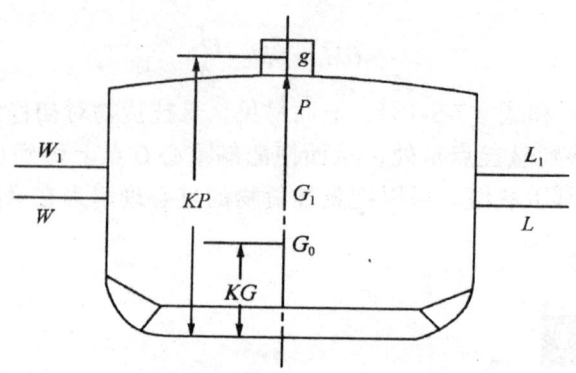

图7-3-6 载荷重量少量增减

加载前船舶初稳性高度为 $GM=KM-KG$，现假设加载后初稳心 M 点位置不变，即 KM 不变，则加载后船舶初稳性高度 $GM_1=KM-KG_1$，于是可以得出加载前、后初稳性高度改变量为：

$$\delta GM = \frac{P(KG-KP)}{\Delta + P} \qquad (7\text{-}3\text{-}21)$$

式（7-3-21）即为重量少量增减时初稳性高度改变量近似计算公式。按上式计算时，规定：加载 P 取 +，卸载 P 取 -。

当多个载荷增减时，可将上式改写成：

$$\delta GM = \frac{\sum P_i(KG-KP_i)}{\Delta + \sum P_i} \qquad (7\text{-}3\text{-}22)$$

应该指出的是，船上载荷变更后，相应排水量改变，而排水量改变后对 KM 的影响在某些装载状态下可以忽略不计，而在另外某些装载状态下则因变化较大而不能忽略。一般情况下，在排水量较小时，尽管载荷增减量较少，也会引起 KM 值的较大变化。因此，在应用式（7-3-21）和式（7-3-22）计算 δGM 时，应充分考虑不同装载状态下 KM 曲线的变化率，以减小 δGM 的计算误差。通常，船舶在排水量较小时，KM 变化较快，在排水量较大时，KM 变化较慢。

当在某些装载状态下 KM 值随 Δ 变化较快即 KM 曲线斜率较大时，为提高 δGM 的计算精度，建议利用式（7-3-19）、式（7-3-20）计算载荷重量变化后的初稳性高度 GM。

第四节 • 船舶大倾角静稳性

船舶在海上航行中，风浪的作用往往使船舶倾角超过 10°~15°，这时船舶的稳性就称为大倾角静稳性。

一、大倾角静稳性基本概念

1. 大倾角稳性和初稳性的区别

（1）两者对应的船舶横倾角不同。

船舶横倾角 θ 小于 10°~15°时对应的稳性为初稳性，而横倾角大于 10°~15°时对应的稳性即为大倾角稳性。

（2）船舶在大倾角横倾时相邻两浮力作用线交点不再为定点 M。从图 7-4-1 可以看到，横倾角增大时两浮力作用线交点偏离 M_1 点而交于 M_2、M_3……上。实际上在小倾角范围内，倾斜前后相邻两浮力作用线交在稳心 M 点附近，因为非常靠近，所以在讨论初稳性时作为定点处理。初稳心为定点的假设虽有一定误差，但误差极小可以忽略不计，从而使初稳性问题得以简化。

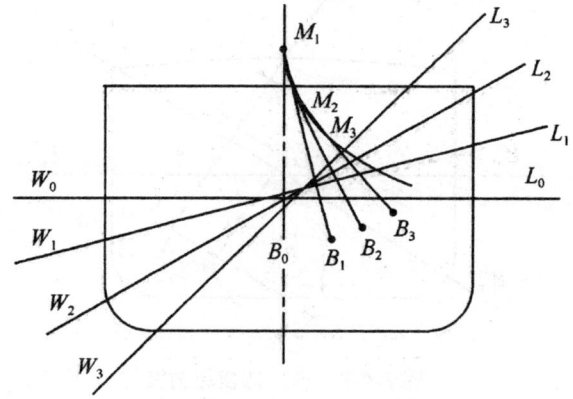

图 7-4-1 船舶大倾角横倾

（3）船舶大倾角横倾时倾斜轴不再过初始水线面漂心。船舶倾角较大时，当倾斜水线超出上甲板边缘后，其形状发生突变，若过初始水线面漂心作倾斜水线，则倾斜前后排水体积不相等，这与等体积倾斜条件相矛盾。

（4）船舶大倾角稳性不能用 GM 作为标志来衡量。由于稳心 M 不为定点，在不同倾角下稳心 M 具有不同位置，因而不能以 GM 来衡量大倾角静稳性的大小。

2. 大倾角静稳性的表示

船舶在外力矩作用下发生大角度横倾，当外力矩消失后，船舶重力和浮力仍然形成复原力矩，即

$$M_R = \Delta \cdot GZ \tag{7-4-1}$$

此时，船舶的复原力臂 $GZ \neq GM\sin\theta$，初稳性方程不再成立。船舶在排水量一定的条件下，复原力矩 M_R 大小取决于船舶重心 G 到倾斜后浮力作用线的垂直距离，即取决于复原力臂 GZ，并与 GZ 成正比。因此，复原力臂（静稳性力臂）GZ 可以表示大倾角稳性。

二、复原力臂的求算

由于船厂或设计部门在船舶资料中提供的计算复原力臂 GZ 的稳性交叉曲线（cross curves of stability）不同，复原力臂的表达式也不同，总结起来有三种：基点法、假定重心法、初稳心点法。

1. 复原力臂表达式

1）基点法

设未考虑自由液面影响的船舶复原力臂为 GZ_0，如图 7-4-2 所示，选定基点 K 作为量取力臂的参考点，则 GZ_0 可表示为：

$$GZ_0 = KN - KH \qquad (7\text{-}4\text{-}2)$$

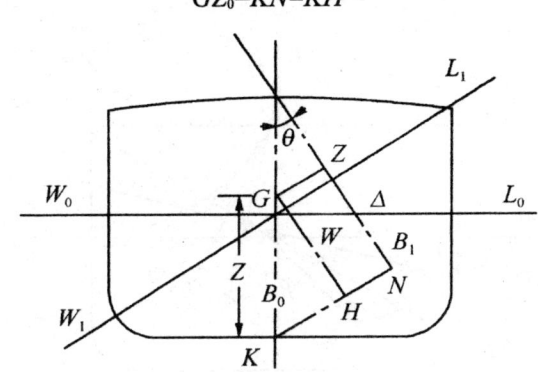

图 7-4-2 基点法复原力臂

式中：

　　KN——形状稳性力臂（lever of form stability）(m)，它为龙骨基线中点（坐标原点）到倾斜后浮力作用线的垂直距离。

　　KH——重量稳性力臂（lever of stability by weights）(m)，它为龙骨基线 K（坐标原点）到倾斜后重力作用线垂直距离。

形状稳性力臂 KN 与水线下船体形状有关，船舶在不同排水量、不同横倾角时水线下船体形状也不同，相应的 KN 值也不同。KN 值由船舶装载排水体积 V（或排水量 Δ）及横倾角 θ 查稳性交叉曲线（cross curves of stability）（如图 7-4-3 所示）或稳性交叉数值表（cross curves data）（如表 7-4-1 所示）得出。

由图中可以看出，重量稳性力臂 KH 仅与船舶重心垂向位置有关，其值为：

$$KH = KG \sin\theta \qquad (7\text{-}4\text{-}3)$$

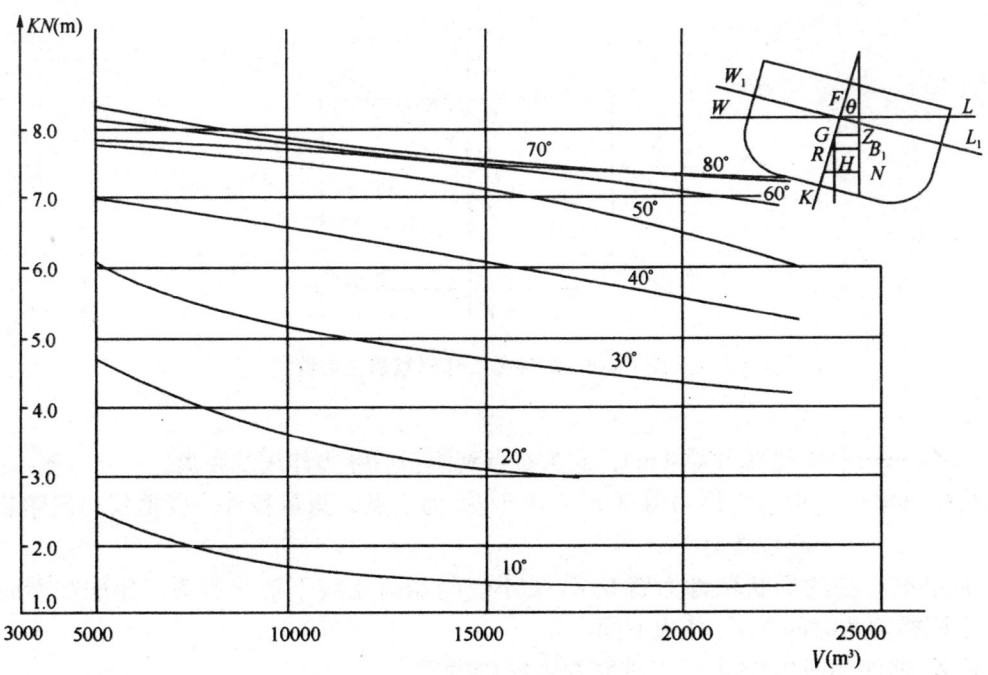

图7-4-3 基点法稳性交叉曲线

表7-4-1 某集装箱船稳性交叉曲线数值表（部分） KN（$t=0$）

d(m) MLD	横倾角(°)									
	0.0	5.0	10.0	15.0	20.0	30.0	40.0	50.0	60.0	70.0
14.00	0.000	2.032	4.071	6.122	8.177	12.191	15.376	17.302	18.182	18.242
14.20	0.000	2.030	4.065	6.112	8.161	12.173	15.342	17.251	18.123	18.187
14.40	0.000	2.027	4.060	6.103	8.145	12.154	15.306	17.199	18.065	18.131
14.60	0.000	2.025	4.056	6.094	8.130	12.133	15.267	17.146	18.007	18.076
14.80	0.000	2.024	4.052	6.086	8.115	12.111	15.227	17.092	17.948	18.020
15.00	0.000	2.022	4.048	6.079	8.102	12.086	15.185	17.037	17.890	17.965

综上可知，基点法的复原力臂可表示为：

$$GZ_0 = KN - KG_0 \sin\theta \tag{7-4-4}$$

2）假定重心法

现选定假定重心点 G_A 作为量取力臂的参考点，如图7-4-4所示，静稳性力臂可由下式表示：

$$GZ_0 = G_A Z_A + G_0 G_A \sin\theta \tag{7-4-5}$$

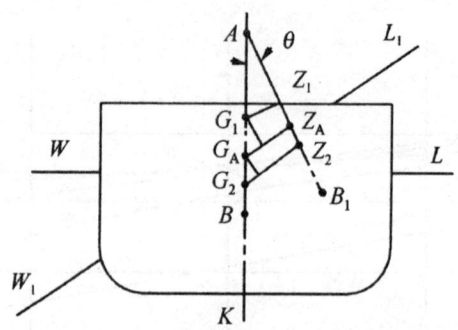

图7-4-4 假定重心法形状稳性力臂

式中:

G_AZ_A——形状稳性力臂(m),它为G点到倾斜后浮力作用线距离。

$G_0G_A\sin\theta$——重量稳性力臂(m)。由于G_A为定点,重量稳性力臂值仅与船舶装载重心位置有关。

假定重心法的形状稳性力臂G_AZ_A大小仅与船体水线下形状有关,船舶在不同排水量、不同横倾角时的G_AZ_A值也不同。

G_AZ_A曲线如图7-4-5所示,查取方法与KN相同。

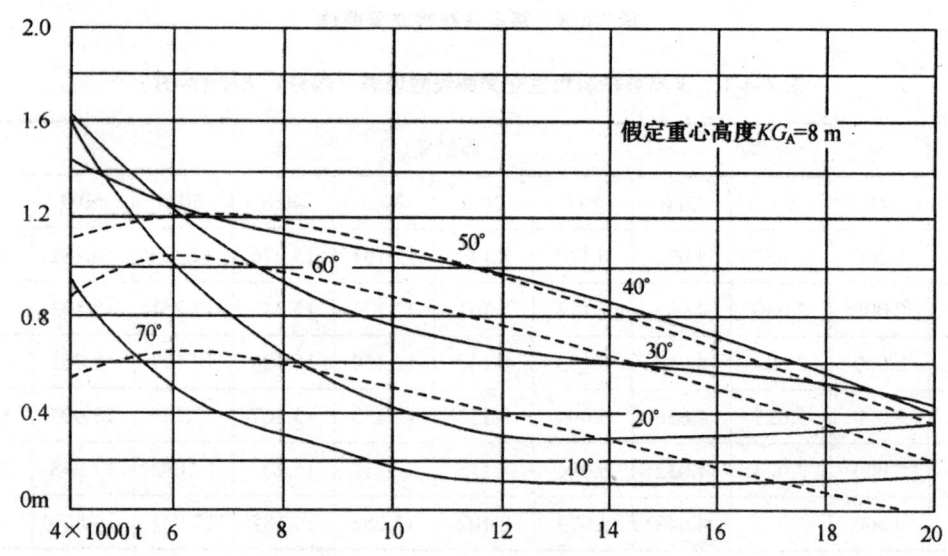

图7-4-5 假定重心法稳性交叉曲线

假定重心高度与实际重心高度的差值可用下式确定:

$$G_0G_A = KG_A - KG_0 \tag{7-4-6}$$

3) 初稳心点法

初稳心点法又称假定稳心点法,其选定初稳心点M作为量取力臂的参考点,由于初稳心点M随船舶吃水(或排水量)而改变,故其参考点不像基点K、假定重心G_A那样固定不变。

如图7-4-6所示，复原力臂可由下式确定：
$$GZ_0 = MS + GM_0\sin\theta \tag{7-4-7}$$
式中：
MS——形状稳性力臂（m），它为初稳心M点到倾斜后浮力作用线的垂直距离。
$GM_0\sin\theta$——重量稳性力臂（m）。船舶在吃水一定时，初稳心M为一定点，故重量稳性力臂仅与船舶重心位置有关。

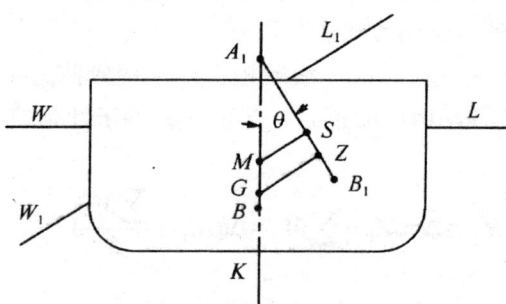

图7-4-6 初稳心点法静稳性力臂

初稳心点法的形状稳性力臂MS仅与排水体积形状有关，船舶在不同排水量、不同横倾角时的MS值也不同。

MS曲线如图7-4-7所示，根据船舶吃水与横倾角查取。

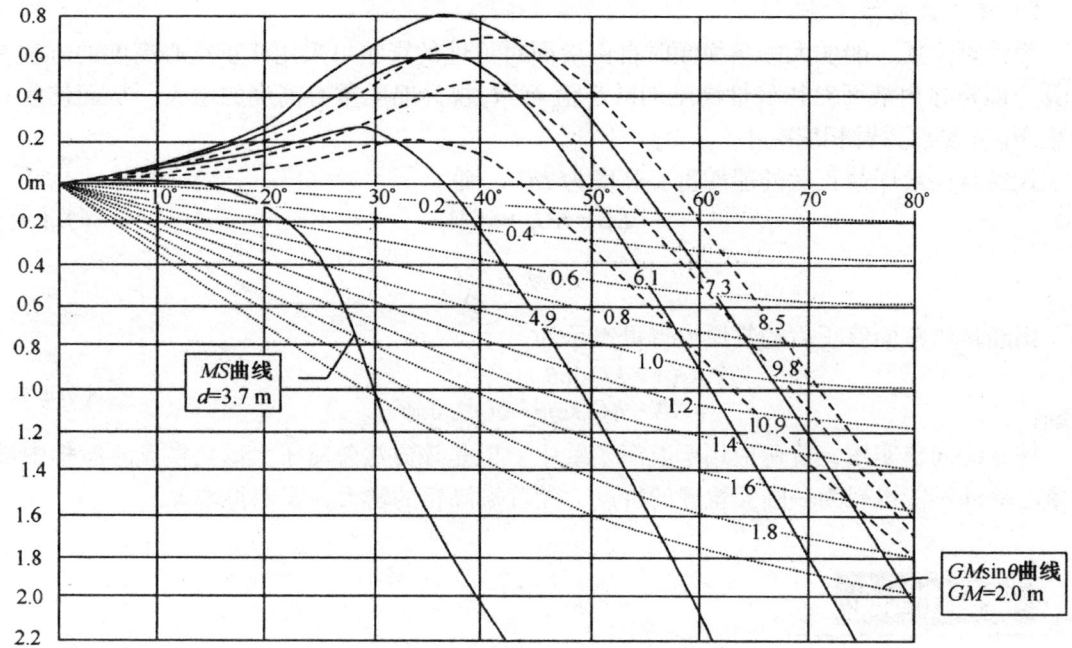

图7-4-7 初稳心点法稳性交叉曲线

2. 复原力臂的计算

在计算各倾角时的复原力臂值时，如同 GM 计算一样，也需进行自由液面修正，即液舱内自由液面使静稳性力臂减小。液舱内的液体随船舶倾角的增大而引起自由液面较大变化，从而引起自由液面倾侧力矩的较大变化。

自由液面对静稳性力臂的修正可由下述两种方法完成。

1）查取"液舱自由液面倾侧力矩表"

有的船舶资料提供了不同倾角时"液舱柜自由液面倾侧力矩表"。该倾侧力矩是通过确定每个液舱内实际液体移动前后的重心，按重物移动来计算的。经自由液面倾侧力矩修正后的复原力矩

$$M_R = \Delta \cdot GZ_0 - \sum M_{fi} = \Delta(GZ_0 - \frac{\sum M_{fi}}{\Delta}) \tag{7-4-8}$$

式中：

$\sum M_{fi}$ ——各液舱柜自由液面倾侧力矩总和（9.81 kN·m）。

由上式可得经自由液面修正后的静稳性力臂 GZ 为：

$$\tag{7-4-9}$$

2）重心高度修正法

为计算方便，船舶大倾角横倾时自由液面对稳性的影响可采用修正重心高度的方法来计算，即将自由液面对初稳性高度的减小值 δGM_f 视为船舶重心高度的增大，从而使复原力矩 M_R 和复原力臂相应减小。

设经自由液面修正后的船舶重心高度为 KG，则

$$KG = KG_0 + \delta GM_f \tag{7-4-10}$$

$$\delta GM_f = \frac{\rho i_x}{\Delta}$$

则经自由液面修正后的复原力臂可表示为

$$\begin{aligned}GZ &= KN - KG\sin\theta \\ &= KN - KG_0\sin\theta - \delta GM_f\sin\theta\end{aligned} \tag{7-4-11}$$

该方法简单实用，普遍应用于航海实践中。但是该方法忽略了大倾角横倾时舱柜中液体重心移动不能再视为一圆弧轨迹的特点，随着横倾角的增大，误差将增大。

三、静稳性曲线

为完整反映复原力矩 M_R 或复原力臂 GZ 随横倾角 θ 的变化规律，将 M_R 或 GZ 与 θ 的关系绘制成一条曲线，称为静稳性曲线。M_R 与 θ 的关系曲线称为静稳性力矩曲线，GZ 与 θ 的关系曲线称为静稳性力臂曲线。

1. 静稳性曲线的绘制

（1）根据公式分别计算出不同横倾角 θ 时的 GZ（或 M_R）；

（2）在以 GZ（或 M_R）为纵坐标、θ 为横坐标的直角坐标系内标出相应点（θ_i，GZ_i）或（θ_i，M_{Ri}）；

（3）将各点连接成一光滑曲线即为静稳性曲线（如图7-4-8所示）。

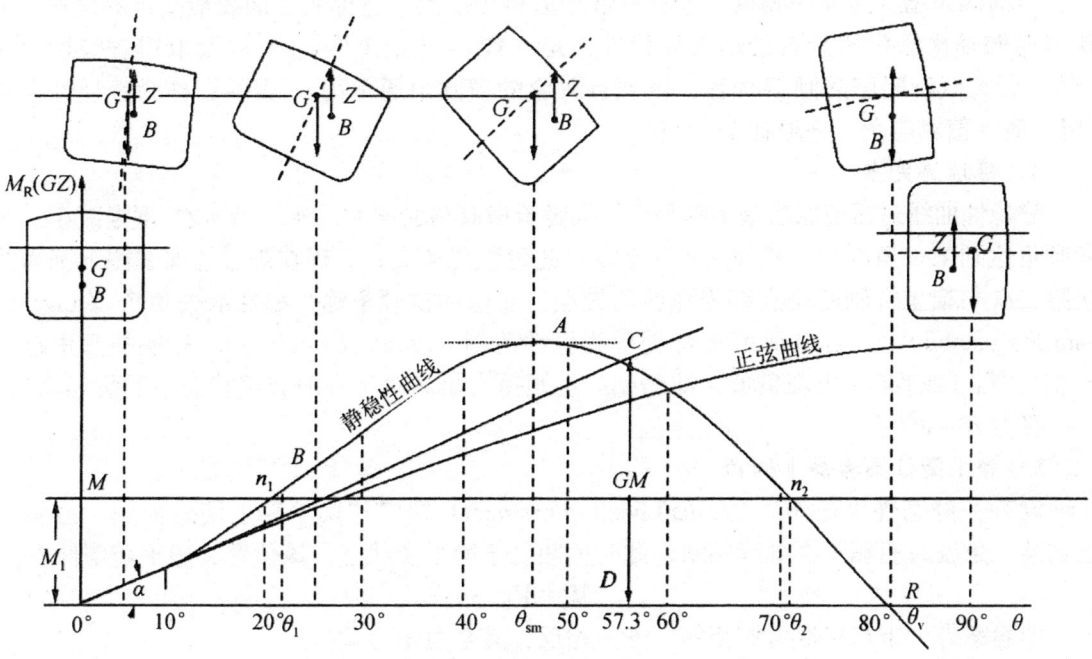

图 7-4-8　静稳性曲线

2. 静稳性曲线的主要特征

静稳性曲线全面反映了静稳性力矩 M_R 或静稳性力臂 GZ 随横倾角 θ 增大而变化的趋势及任一横倾角时的 M_R 或 GZ 的大小，观察该曲线的形状以及表征船舶稳性状态的若干参数，可以得出静稳性曲线的以下特征。

1）静稳性曲线在原点处的斜率

可以证明，静稳性曲线在原点处的斜率等于初稳性高度 GM。若将 $GZ = GM\sin\theta$ 曲线绘制在静稳性曲线图上，该曲线为一正弦曲线。将该正弦曲线与静稳性曲线相比较可以发现，在横倾角较小时，两条曲线重合。随着横倾角增大两条曲线逐渐分离，这说明在小倾角条件下 GZ 可以用 $GM\sin\theta$ 表示其大小，即 GM 可以表征船舶初稳性的大小，而大倾角时 GZ 不能再以 $GM\sin\theta$ 来表示，即 GM 不能表征大倾角稳性的大小。

在 GZ 曲线图上求取 GM 的方法是：先过原点作 GZ 曲线的切线，然后在 $\theta = 57.3°$ 处量取该切线的纵坐标值即为 GM。

2）静稳性曲线上的反曲点

当横倾角增大至甲板浸水角（angle of deck immersion）时，静稳性曲线上升段出现一反曲点，在该点以前，曲线上升较快；在该点之后，曲线上升趋势减缓，反曲点处曲线斜率最大，这是因为船舶横倾至甲板浸水角前后浮心位置改变最大所决定的。

反曲点对应的角度即为甲板浸水角。

3）静稳性曲线上的极值点

当横倾角增大至某一角度，静稳性曲线取得极值点，它标明了曲线最高点的位置，反映出船舶在横倾中所具有的最大静稳性力矩（臂）M_{Rm}（GZ_{max}）以及取得静稳性力矩（臂）最大值时船舶的倾斜状态。极值点对应的横倾角通常用q_{sm}表示，称为静稳性力矩（臂）最大值对应角，一般在35°~45°。

4）稳性消失点

静稳性曲线过极值点后呈下降趋势，即随着横倾角的增大，M_R（或GZ）逐渐减小，当横倾角达到某一角度时，M_R或GZ等于零，此时稳性消失，表现在静稳性曲线图上则为曲线第二次与横坐标轴的交点即为稳性消失点，对应的横倾角称为稳性消失角θ_v（angel of vanishing stability），自O到θ_v的范围称为稳性范围（range of stability）。船舶横倾角超过θ_v时，M_R（或GZ）出现负值，即船舶产生倾覆力矩。对于一般装载状态下的货船而言，θ_v一般为70°~80°。

5）静平衡位置和静平衡角

设有一静态外力矩M_h（statical heeling moment）缓慢作用于船上使船横倾，当倾角达到某一角度时船舶不再继续倾斜，此时船舶处于静平衡状态，该位置其静平衡条件为：

$$M_h = M_R \tag{7-4-12}$$

即静态外力矩与稳性力矩相等，方向相反，其合力矩为零。

若静态外力矩M_h为一常量，它不随横倾角θ的变化而变化，则可在静稳性曲线图上画出纵坐标为M_h且平行于横轴的直线，M_R曲线和M_h直线的第一个交点满足式（7-4-12）的静平衡条件，所对应的横倾角即为静平衡角或称静倾角θ_s（angel of statical inclination）。

当$M_{h1} > M_R$时，静平衡被打破，船舶将继续倾斜，直到$M_{h1} = M_{R1}$，船舶达到新的静平衡时停止倾斜。

当静态外力矩M_h继续增大并使$M_h > M_{Rm}$时，船舶将不能保持静平衡，而使船体继续倾斜直至倾覆。因此，最大静稳性力矩M_{Rm}是表示船舶在静力作用下抵御外力矩的最大能力，只有满足$M_h \leq M_{Rm}$，才能确保船舶在静态外力矩作用下不致倾覆。

3. 影响静稳性曲线的因素

在影响船舶静稳性曲线的若干因素中，包括船舶尺度和装载状态参数两部分，前者就不同船舶而言，后者则对同一船舶而论。

1）干舷

对于干舷高度相异的不同船舶，在船宽、吃水和重心高度相同条件下，静稳性曲线形状因干舷不同而不同。如图7-4-9所示，干舷较大的船甲板浸水角也大，故静稳性曲线极值点位置滞后，曲线与横坐标轴交点也后移。当横倾角θ小于干舷较小船舶的甲板浸水角时，各船移动后的浮心在同一位置处，故此阶段各条静稳性曲线重合，M_R 或 GZ 值相等，各曲线在原点处的斜率亦相等。

当横倾角 θ 逐渐增大，干舷较小的船舶静稳性曲线首先达到极值点，而干舷较大的船舶静稳性曲线却在继续升高。由此可知：干舷越大，最大静稳性力臂 GZ_{max}、静稳性力矩（臂）最大值对应角 θ_{sm}、稳性消失角 θ_v 也增大。另外，干舷大小对船舶初稳性不产生影响。为保证船舶具有足够的储备浮力和稳性，对于海上航行船舶，要求有较内河航行船舶更大的干舷值。

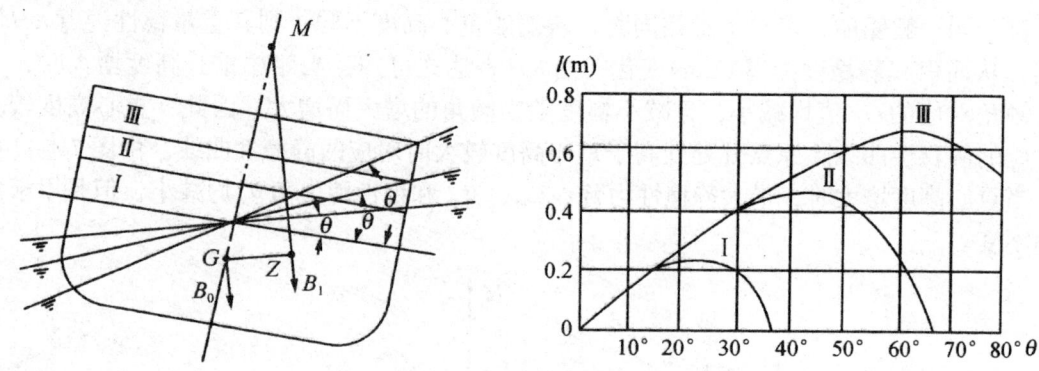

图 7-4-9　不同干舷船舶的静稳性曲线

2）船宽

对于吃水和重心高度相同但船宽不相同的船舶，其静稳性曲线形状也不同。在相同横倾角条件下，宽度较大的船浮心向倾斜方向移动的距离较大，即形状稳性力臂 KN 值较大，则静稳性力臂 GZ 值也较大，致使静稳性曲线升高，GZ_{max} 增大。但宽度较大的船甲板浸水角较小，因而静稳性曲线极值点的位置将在较小横倾角时出现，同时曲线与横坐标轴提前相交。由此可见，船宽越大，最大静稳性力臂 GZ_{max} 越大，而 θ_{sm} 和 θ_v 越小，静稳性曲线形状越陡峭，如图 7-4-10 所示。对于远洋航行船舶，为保证航行中的适度稳性，其水线下船宽不宜太大。

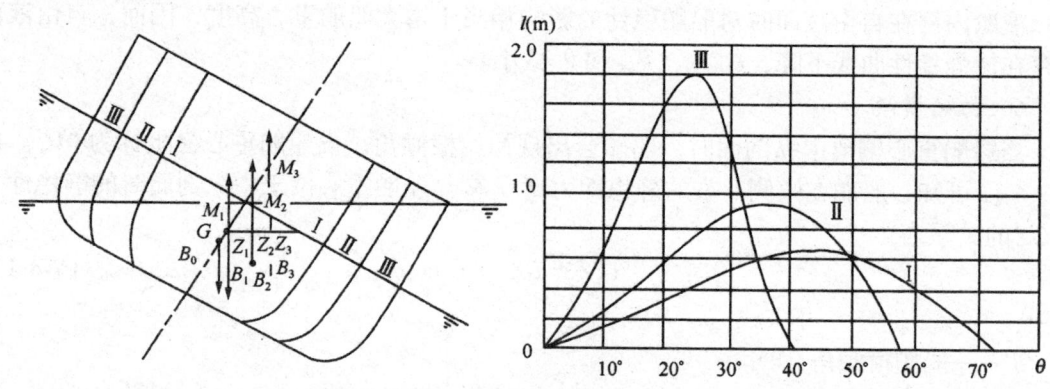

图 7-4-10　不同船宽船舶的静稳性曲线

3）排水量（或吃水）

对于同一艘船，当排水量（或吃水）不同时，其形状稳性力臂 KN 值亦不同，从而引起静稳性力臂 GZ 值的变化，对应的静稳性曲线形状不同。若船舶重心高度相同，排水量（或吃水）较小时，甲板浸水角较大，形状稳性力臂 KN 值亦呈现增大趋势，因而，表征静稳性曲线的特征值 GZ_{max}、θ_{sm} 和 θ_v 等也比排水量（或吃水）较大时大些。

应该注意的是，由于排水量不同，相应装载状态时的静稳性力矩 M_R 也不同。

4）船舶重心高度

对于同一艘船舶，在排水量相同时，若船舶重心高度不同，则其重量稳性力臂 KH 值不同，从而引起静稳性力臂 GZ 的变化。由 KH 表达式可知，当船舶重心高度增大时，不同横倾角对应的 GZ 值均减小，且减小幅度随横倾角的增大而增大。因此，重心高度较小时对应的静稳性曲线除原点外处处高于重心高度较大时对应的静稳性曲线。由图 7-4-11 可见，当重心高度增大时，最大静稳性力臂 GZ_{max}、θ_{sm} 和稳性消失角 θ_v 均减小，但是甲板浸水角不变。

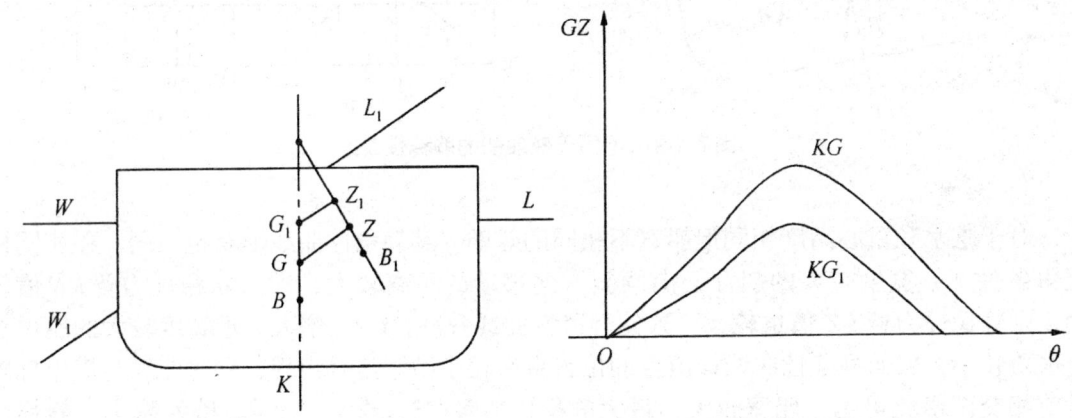

图 7-4-11　不同船舶重心高度的静稳性曲线

5）自由液面

液舱内存在自由液面时对船舶稳性的影响相当于增大船舶重心高度，因而，自由液面的存在使静稳性曲线下降，GZ_{max}、θ_{sm} 和 θ_v 减小。

6）初始横倾

当船舶重心偏离中纵剖面时，船舶会出现初始横倾角，设船舶重心横坐标为 GG_1。由图 7-4-12 可知，船舶在倾侧一方的静稳性力臂 G_1Z_1 与船舶重心位于中纵剖面时的静稳性力臂 GZ 的关系为：

$$G_1Z_1 = GZ - GG_1\cos\theta \qquad (7\text{-}4\text{-}13)$$

式中：

θ——船舶横倾角（°）。

因此静稳性曲线下降，GZ_{max} 和稳性范围减小，GZ 减小值为：

$$\delta GZ = GG_1\cos\theta \qquad (7\text{-}4\text{-}14)$$

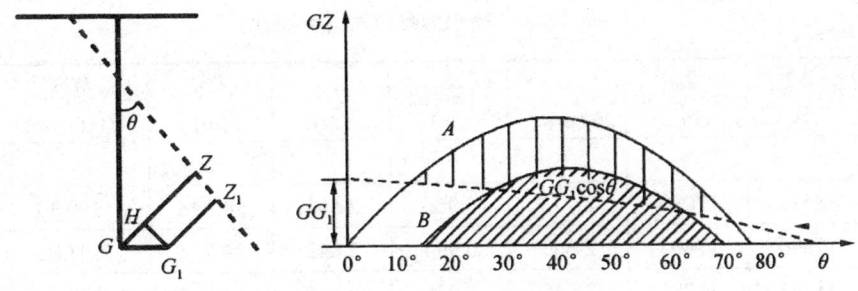

图 7-4-12 初始横倾下的静稳性曲线

四、船舶纵倾对稳性的影响

当船舶有纵倾时,其水线面面积与正浮时的水线面面积不同,因而计算所得的稳心半径 BM (r) 和横稳心距基线高度 KM 也发生了变化;同时由于排水体积的形状也发生了变化,所以形状稳性力臂 KN 也与纵向正浮时不同。当船舶存在微小纵倾时,可根据船舶的排水量或平均吃水查船舶正浮时的 KM、KN 等参数进行稳性计算。

但是,当船舶存在较大纵倾时,上述计算存在一定的误差,因此应根据船舶纵倾时的静水力参数表和稳性横交曲线查取船舶 KM 和 KN。

船舶纵倾对稳性的影响可由表7-4-2、表7-4-3、表7-4-4、表7-4-5中所示的数据清楚地表示出来。

表7-4-2 静水力参数表（$t=0$ m）

d_m (m)	Δ (t)	∇_m m³	x_f (m)	x_b (m)	KB (m)	KM (m)	MTC (t·m/cm)	TPC (t/cm)
…	…	…	…	…	…	…	…	…
5.00	17676	17194	3.969	5.316	2.585	14.658	376.13	37.94
5.10	18056	17563	3.864	5.288	2.637	14.497	378.03	38.01
5.20	18436	17933	3.753	5.258	2.689	14.339	380.00	38.08
5.30	18818	18304	3.636	5.227	2.741	14.183	382.01	38.15
5.40	19199	18675	3.514	5.194	2.793	14.032	384.07	38.23
5.50	19582	19047	3.387	5.159	2.845	13.886	386.16	38.30
…	…	…	…	…	…	…	…	…

表7-4-3 静水力参数表（$t=-2$ m）

d_m (m)	Δ (t)	∇_m m³	x_f (m)	x_b (m)	KB (m)	KM (m)	MTC (t·m/cm)	TPC (t/cm)
…	…	…	…	…	…	…	…	…
5.00	17512	17033	2.772	0.960	2.591	14.948	390.30	38.42
5.10	17896	17407	2.660	0.994	2.643	14.785	393.02	38.52
5.20	18282	17783	2.545	1.026	2.695	14.624	395.76	38.61
5.30	18669	18159	2.427	1.056	2.747	14.466	398.54	38.71
5.40	19056	18536	2.305	1.083	2.800	14.312	401.36	38.81
5.50	19445	18914	2.176	1.107	2.852	14.163	404.23	38.91
…	…	…	…	…	…	…	…	…

注：表中 d_m 为船中平均吃水。

表7-4-4 KN参数表（$t=0$ m）

Δ(t)	10°	20°	30°	40°	50°	60°
…	…	…	…	…	…	…
17000	2.636	5.320	7.472	8.979	9.912	10.421
17500	2.590	5.245	7.429	8.958	9.903	10.429
18000	2.548	5.173	7.386	8.937	9.894	10.435
18500	2.509	5.105	7.344	8.916	9.885	10.437
19000	2.475	5.041	7.302	8.895	9.876	10.436
19500	2.446	4.979	7.262	8.874	9.867	10.430
20000	2.418	4.920	7.222	8.849	9.858	10.423
…	…	…	…	…	…	…

表7-4-5 KN参数表（$t=-2$ m）

Δ(t)	10°	20°	30°	40°	50°	60°
…	…	…	…	…	…	…
17000	2.677	5.392	7.546	9.040	9.942	10.440
17500	2.632	5.318	7.506	9.018	9.933	10.447
18000	2.589	5.248	7.465	8.996	9.923	10.452
18500	2.551	5.181	7.425	8.972	9.914	10.453
19000	2.516	5.118	7.386	8.948	9.904	10.451
19500	2.486	5.057	7.347	8.922	9.894	10.445
20000	2.458	4.999	7.308	8.894	9.885	10.437
…	…	…	…	…	…	…

第五节 ● 船舶动稳性

动稳性指船舶在动态外力矩作用下计及横倾角加速度和惯性矩的稳性。

在讨论船舶静稳性时,通常假设力矩逐渐作用于船上,使外力矩与静稳性力矩处处平衡,因而不需考虑船舶横倾过程中的角加速度和惯性矩。船舶在海上航行中时常受到外力矩的突然作用,如阵风的突然袭击、海浪的猛烈冲击、拖船急拖或急顶等,此类外力矩在较短时间内有明显变化或突然作用于船上,则应计及横倾过程中的角加速度和惯性矩。

一、船舶动平衡及动倾角

如图7-5-1所示,船舶初始为正浮状态,然后受一定常动态外力矩 M_h 作用,此时作用于船舶的合力矩 M_c 为

$$M_c = M_h - M_R \tag{7-5-1}$$

设外力矩 M_h 做功以 W_h 表示,稳性力矩 M_R 做功以 W_s 表示,它们在数值上分别等于各自曲线下的面积。船舶在横倾过程中,只要 M_h 和 M_R 不等,即合力矩 M_c 不为0,则产生一角加速度 θ'',迫使船舶做加(减)速横倾;只要外力矩做的功 W_h 不等于稳性力矩做的功 W_s,船舶就具有一定的角速度而继续横倾。

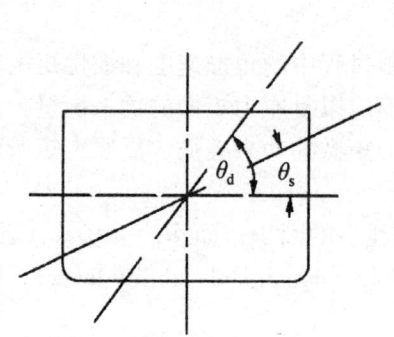
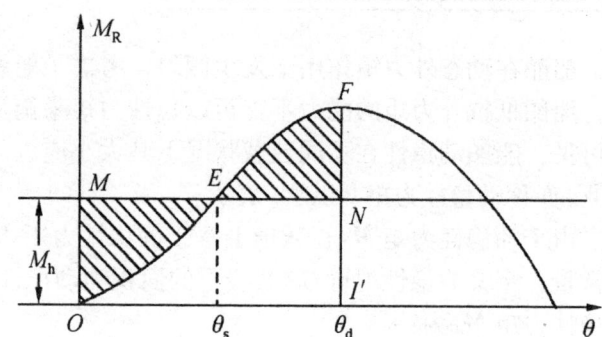

图7-5-1 船舶动平衡

船舶在动态外力矩作用下的横摇过程可分为以下几个阶段:

(1) $\theta = 0$:合力矩 M_c 最大,故横摇角加速度 θ'' 最大,而两力矩做的功 $W_h = W_s = 0$,故横摇角速度 $\theta = 0$,船舶在 θ'' 迫使下开始横摇。

(2) $0<\theta<\theta_s$：合力矩 M_c 逐渐减小，因而横摇角加速度 θ'' 逐渐减小；而两力矩做的功 $W_h>W_s$，且合力矩做的功（W_h-W_s）增大，使得横摇角速度 θ' 增大，船舶加速横摇。

(3) $\theta=\theta_s$：合力矩 $M_c=0$，故横摇角加速度 $\theta''=0$；而两力矩做的功继续满足 $W_h>W_s$，且合力矩做功（W_h-W_s）达最大值，使得横摇角速度 θ' 最大，船舶在此处横摇最快。

(4) $\theta>\theta_s$：合力矩 M_c 由 0 变为负值且逐渐增大，则横摇角加速度 θ'' 也由 0 变为负值并逐渐增大；而两力矩做的功仍然满足 $W_h>W_s$，但合力矩做功（W_h-W_s）在 $\theta>\theta_s$ 后逐渐减小，使得横摇角速度 θ' 随之渐减，船舶横摇也渐缓。

(5) $\theta=\theta_d$：合力矩 M_c 负值最大，则横摇角加速度 θ'' 负值达最大；而此时合力矩做的功（W_h-W_s）=0，即 $W_h=W_s$，使得横摇角速度 $\theta'=0$，船舶在此处因 $\theta'=0$ 而不再继续向前横摇。

(6) $\theta<\theta_d$：合力矩 M_c 负值在 $\theta=\theta_d$ 处为最大值，故 θ'' 负值最大，使得船不能停留在 θ_d 处而迫使船舶反向横摇。这样，船舶在 M_h 和 M_R 作用下于 θ_s 左右做下一周期的横摇运动。

事实上，船舶在周期性横摇过程中，由于舷外水对船舶横摇的阻尼作用，横摇运动的摆幅将逐渐减小，最终于 θ_s 处静止下来。

在动态外力矩作用下船舶发生倾斜，当角速度为零时不再向倾斜方向继续倾斜，此时船舶处于动平衡状态。船舶达到动平衡时的横倾角称动平衡角（angel of dynamical stability），简称动倾角，以 θ_d 表示。

由上分析可知，船舶在动态外力矩作用下达到动平衡的条件为：

$$W_h=W_R \tag{7-5-2}$$

即外力矩做的功等于复原力矩做的功时，船舶达到动平衡。在静稳性曲线图上，表现为面积 OME 等于面积 EFN；两个面积相等时其右边界线对应横倾角即为动倾角。

二、船舶动稳性大小的表示

船舶在动态外力矩作用下发生倾斜，考虑了船舶倾斜过程中的角加速度和惯性矩的影响，船舶抵抗外力矩的能力不能再以稳性力矩来衡量，而应以复原力矩做的功来衡量。由此可见，船舶动稳性在不同装载状况下其大小应以复原力矩做的功来表征。复原力矩所做功 W_R 亦称动稳性力矩，以 M_d 表示。

由于动稳性力矩 M_d 在数值上等于静稳性力矩 M_R 曲线下的面积，而 $M_R=\Delta\cdot GZ$ 并设 Δ 为常量，定义静稳性力臂 GZ 曲线下的面积为动稳性力臂 l_d（dynamical stability lever），则动稳性力矩 M_d 为：

$$M_d=\Delta\cdot l_d \tag{7-5-3}$$

由上式可知，在排水量一定的条件下，复原力矩所做的功取决于动稳性力臂 l_d，并与其成正比，因此动稳性力臂 l_d 可以作为表示船舶动稳性大小的基本标志。

三、最小倾覆力矩

1. 基本概念

在静稳性曲线图上，外力矩曲线下面积与稳性力矩曲线下面积相等时对应的横倾角即为动倾角。通过作图求 θ_d 可知，当外力矩 M_h 增大时，M_h 曲线位置提高，曲线下的面积增大。为取得动平衡，需有更多的 M_R 曲线面积抵偿，则计算曲线面积时的右边界线后移，相应的动倾角增大。如图 7-5-2 所示，当外力矩 M_h 增大到某一数值时，曲线图中坐标纵轴、M_R 曲线及 M_h 直线所包围的面积等于 M_h 直线与 M_R 曲线所围冠状面积，使得船舶动平衡达到极限位置。若将 M_h 值再增大时，则无论横倾角多大，M_h 曲线下的面积恒大于 M_R 曲线下的面积，船舶不再满足动平衡条件，也就不存在动平衡位置。

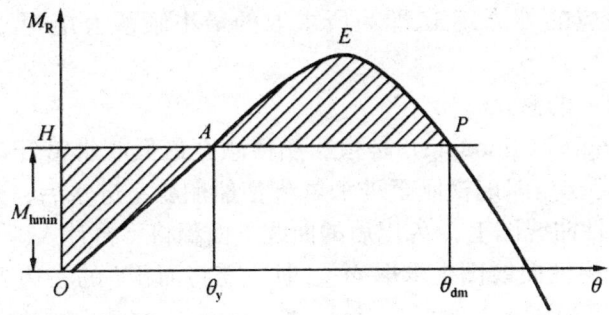

图 7-5-2 最小倾覆力矩求取

显而易见，从动稳性角度分析，船舶在极限动平衡时对应的外力矩为船舶能够承受外力矩的最大能力，或者说该外力矩是使船舶倾覆所需要的最小值。当实际外力矩大于该值时，船舶因动平衡不复存在而导致倾覆。因此，将船舶在极限动平衡时的外力矩称为最小倾覆力矩（minimum capsizing moment），以 M_{hmin} 表示。它是衡量船舶动稳性的重要参数。船舶在最小倾覆力矩作用下所对应的动倾角称为极限动倾角（maximum angle of dynamical inclination），以 θ_{dm} 表示。

根据现行的中华人民共和国海事局《船舶与海上设施法定检验规则》（简称《法定规则》）2011（国内航行海船法定检验技术规则）中的规定，最小倾覆力臂 l_{hmin} 用下式表示

$$l_{hmin} = \frac{M_{hmin}}{\Delta} \tag{7-5-4}$$

式中：

Δ——船舶排水量（t）。

从动稳性要求来考虑，保证船舶不致倾覆的条件应为：

$$M_h \leqslant M_{hmin} \tag{7-5-5}$$

2. 初始横摇角及甲板进水角对最小倾覆力矩的修正

根据《法定规则》，在求取最小倾覆力矩 M_{hmin} 时，应进行船舶初始横摇角及船舶进水

角的修正。

（1）初始横摇角 θ_1 的修正

船舶在波浪中横摇，其横摇角为 θ_1，当船横摇至一舷 θ_1 角而开始回摇时，受到与回摇同方向的突风作用，在上述不利条件下求取最小倾覆力矩。

根据规则规定，初始横摇角 θ_1 与稳性航区、横自摇周期、核算装载状态的型吃水及重心高度、船舶类型和舭龙骨尺寸等因素有关。

在静稳性曲线图上，坐标原点 O 右侧的静稳性力矩曲线是船舶向一舷横倾时的静稳性力矩 M_R 值，取为正值，O 点左侧的静稳性力矩曲线是船舶向另一舷横倾时的静稳性力矩 M_R 值，两者力矩方向相反，故 M_R 取负值。在横坐标上自 O 点向左侧量取初始横摇角 θ_1 角并由此作垂线，该垂线构成计算曲线面积的左边界线。

在曲线图上作一平行于 θ 轴的直线 M_h。设 a 为 θ_1 左边界线、M_h 直线及 M_R 曲线所围成的左下方面积，b 为 M_R 曲线与 M_h 直线所围成的右上方面积，且所作水平线 M_h 满足面积 a＝面积 b，则此时所对应的外力矩 M_h 即为所求取的最小倾覆力矩 M_{hmin}，如图7-5-3（a）所示。

（2）船舶进水角 θ_f 的修正

所谓进水角（Angle of flooding）是指船舶横倾至最低非水密开口开始入水时的横倾角。《法定规则》规定，当船舶横倾至进水角 θ_f 使船舶舱室进水后，船舶稳性将视为完全丧失。因此，在静稳性曲线图上，θ_f 以后的曲线下面积将不再计入。

利用图解法在静稳性曲线图上求取 M_{hmin} 时，需将面积 b 的右边界线回移至 θ_f 处，如图7-5-3（b）所示。

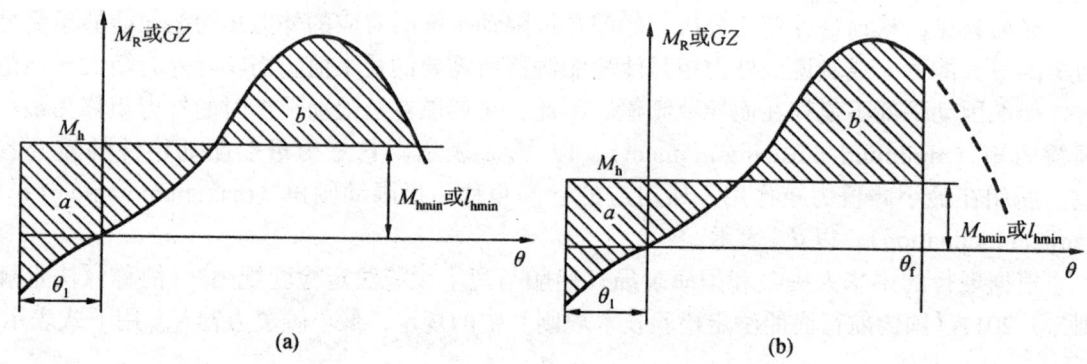

图7-5-3 利用静稳性曲线图求取最小倾覆力矩

四、动稳性曲线图

为全面反映动稳性力矩或动稳性力臂随横倾角的变化规律，将 M_d 或 l_d 与 θ 的数值关系绘制成曲线，该曲线称为动稳性曲线。动稳性曲线是静稳性曲线下的面积曲线，两者的关系如图7-5-4所示。图中动稳性曲线的峰值点对应的横倾角为静稳性曲线对应的稳性消

失角 θ_v。

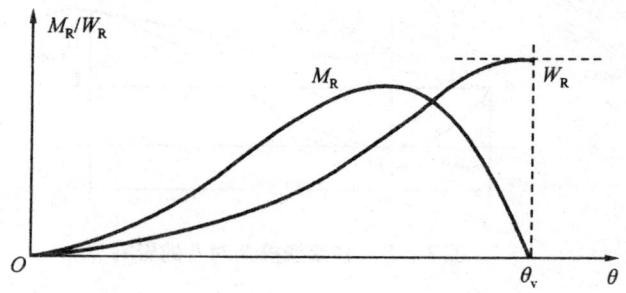

图 7-5-4　静稳性曲线和动稳性曲线对应图

动稳性曲线主要有以下用途：

(1) 已知外力矩 M_h 时求动倾角 θ_d

假定外力矩在横倾过程中为一常量前提下，在静稳性曲线图上外力矩所做功是高为 M_h、长为 θ 的矩形面积，可用 $W_h = M_h \cdot \theta$ 来计算。显然，外力矩做的功随 θ 增大而线性增加，则在动稳性曲线图上，$W_h(\theta)$ 为一过原点且其斜率为 M_h 的直线。

如图 7-5-5 所示，在横坐标上量取 $\theta = 57.3°$（1 rad），过该点作垂线并在垂线上截取 M_h，得截点 C'，然后将原点与截点 C' 连接成直线，该直线即为 W_h 曲线。W_h 曲线与 M_d 曲线在交点处满足动平衡条件，因而两曲线交点对应横倾角即为动倾角 θ_d。

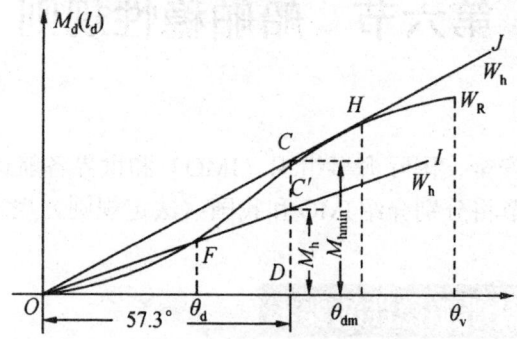

图 7-5-5　动稳性曲线应用

(2) 求最小倾覆力矩 M_{hmin} 和极限动倾角 θ_{dm}

由上文可知，当 M_h 增大时，W_h 也成正比增大，反映在动稳性曲线图上，W_h 曲线斜率增大即曲线上抬，W_h 曲线和 W_R 曲线交点后移，动倾角 θ_d 增大。当 W_h 曲线上抬到与 M_d 曲线相切时，船舶达到极限动平衡位置，该外力矩 M_h 则应为船舶最小倾覆力矩 M_{hmin}。

如图 7-5-5 所示，过原点作动稳性曲线的切线，切点对应横倾角即为极限动倾角 θ_{dm}，再在横坐标轴上量取 $\theta = 57.3°$（1 rad）并过该点作垂线，使之与切线相交于 C 点，则交点 C 的坐标值即为最小倾覆力矩 M_{hmin}。

考虑初始横摇角和船舶进水角的影响，最小倾覆力矩 M_{hmin} 或最小倾覆力臂 l_d 的求取如图 7-5-6、图 7-5-7 所示。

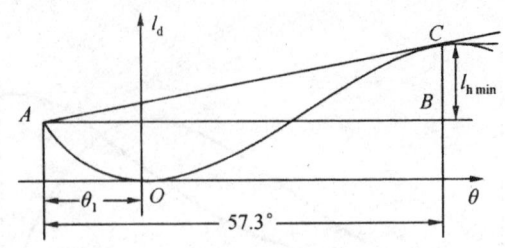

图 7-5-6　初始横摇角对 l_d 的影响

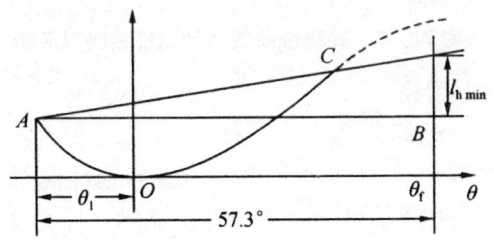

图 7-5-7　船舶进水角对 l_d 的影响

第六节　船舶稳性规则

为了保证船舶营运安全，国际海事组织（IMO）和世界各航运国家就船舶稳性最低要求颁布了相应规则。本节将分别介绍 IMO 和我国《法定规则》规定的船舶稳性衡准。

一、IMO 稳性规则对船舶稳性的要求

IMO《2008 年国际完整稳性规则》（简称 2008 年 IS 规则）规定，船长大于或等于 24 m 的下列类型船舶和其他海上运输工具，应满足规则中的相应完整稳性衡准要求。具体包括：货船、载运木材甲板货的货船、客船、渔船、特种用途船、近海供应船、海上移动式钻井平台、方驳和在甲板上载运集装箱的货船和集装箱船。

该规则旨在提出强制性和建议性的稳性衡准及其他为了确保船舶的安全操作而采取的措施，使之最大限度地减少对船舶、船上人员和环境的危害。该规则是目前生效的第一代完整稳性规则，分为 A、B 两部分，其中 A 部分为强制性要求，B 部分为建议性要求和附加指南。

1. IMO 完整稳性衡准——A 部分衡准要求

在核算装载状态下，经自由液面修正后：

(1) 初稳性高度 GM 应不小于 0.15 m。
(2) 复原力臂 GZ 曲线下的面积：
——在横倾角 0°~30° 间所围面积 $A_{0°\sim30°}$ 应不小于 0.055 m·rad；
——在横倾角 0°~40° 或进水角中较小者间所围面积 $A_{0°\sim\min\{40°,\theta_f\}}$ 应不小于 0.090 m·rad；
——在横倾角 30°~40° 或进水角中较小者间所围面积 $A_{30°\sim\min\{40°,\theta_f\}}$ 应不小于 0.030 m·rad。
(3) 横倾角等于或大于 30° 处的复原力臂应不小于 0.20 m。
(4) 最大复原力臂对应的横倾角 θ_{sm} 应不小于 25°。
(5) 对 $L\geqslant 24$ m 的船舶，尚应满足天气衡准（突风与横摇衡准）。

2008 年 IS 规则规定了在正常装载状况下船舶为抵抗横风和横摇联合作用应具有的能力。

(1) 船舶受到垂直作用在其中心线上的一个稳定风压（定常风）的作用下，产生稳定风压倾侧力臂 l_{w1}，此时船舶的静倾角为 θ_0；横倾角 θ_0 不应超过 16° 或甲板边缘浸水角的 80%，取小者。
(2) 假定在横浪的作用下，船舶由静倾角 θ_0 向上风舷横摇至 θ_1 处。
(3) 然后船舶受到一个阵风（突风）作用，产生阵风风压倾侧力臂 l_{w2}。
(4) 在此情况下，复原力臂曲线下的面积应满足面积 $b \geqslant$ 面积 a，见图 7-6-1。

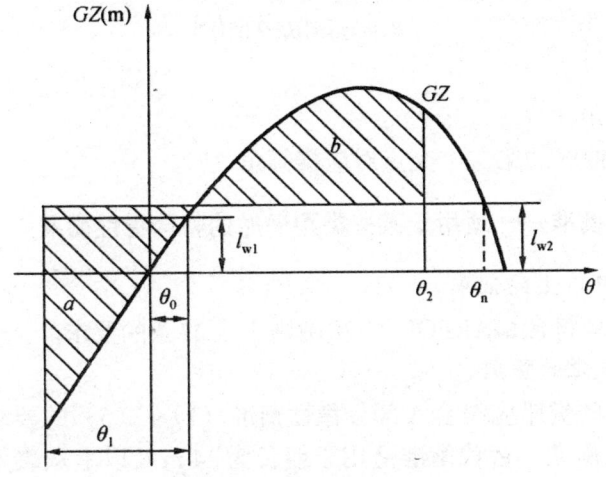

图 7-6-1 IMO 天气衡准

在进行上述稳性核算时，各项具体规定包括：
(1) 风压倾侧力臂 l_{w1} 和 l_{w2} 不随横倾角 θ 变化。
(2) 风压倾侧力臂 l_{w1} 和 l_{w2} 按下式求取：

$$\begin{cases} M_{w1} = P_w \cdot A_w \cdot z_w \\ l_{w1} = \dfrac{M_{w1}}{\Delta} \\ l_{w2} = 1.5 l_{w1} \end{cases} \tag{7-6-1}$$

式中：
M_{w1}——稳定风压倾侧力矩（kN·m）。

P_w——单位计算风压（Pa），取 P_w =504 Pa；经主管机关批准，对于在受限制区域运营的船舶所用的 P_w 值可酌减。

A_w——水线以上船体和甲板货的侧投影面积（m²）。

z_w——A_w 的中心到水线下船体侧面积中心或近似地到平均吃水 1/2 处的垂直距离（m）。

（3）波浪作用下的初始横摇角 θ_1 按如下方法确定：

$$\theta_1 = 109k \cdot x_1 \cdot x_2 \sqrt{r \cdot s} \tag{7-6-2}$$

式中：

k——与船舶舭部形状、龙骨面积有关的系数；

x_1——与型宽与装载吃水有关的系数；

x_2——与方形系数有关的系数；

r——与 d 和重心位置有关的系数；

s——与船舶横摇周期 T_θ 有关的系数。

$T_\theta = \dfrac{2CB}{\sqrt{GM}}$，其中 $C = 0.373 + 0.023(B/d) - 0.043(L_{w1}/100)$，式中 B 为船舶型宽，d 为船舶平均型吃水，L_{w1} 为船舶的水线长度，GM 为经自由液面修正后的初稳性高度。

以上参数具体计算参考 2008 年 IS 规则。

（4）计算面积 b 时右边界角 θ_2 的确定：

$$\theta_2 = \min\{\theta_f, \theta_c, 50°\} \tag{7-6-3}$$

式中：

θ_f——船舶进水角（°）；

θ_c——l_{w2} 与 GZ 曲线的第二个交点对应横倾角（°）。

2. IMO 完整稳性衡准——适用于某些类型船舶的特殊稳性衡准

1）5000 载重吨及以上的油船

其特殊稳性衡准应符合 MARPOL 73/78 附则 I 第 27 条的要求。

2）载运木材甲板货的货船

载运木材甲板货的货船应符合 A 部分稳性衡准（1）~（5）的要求。除非主管机关确信能适用如下的替代衡准。替代衡准适用于船长为 24 m 及以上从事木材甲板货运输的所有船舶。

对装载木材甲板货的船舶，如货物纵向分布于上层建筑之间（如在后端无上层建筑，木材甲板货至少应该装载到最后舱口的后端），横向分布于扣除不超过 4% 的圆弧形舷缘的宽度和/或紧固支撑立柱所需宽度以后的全部宽度，并能在大横倾角时安全固定，则可：

（1）在航程中任何时候的经自由液面、甲板货吸水和/或露天表面结冰影响修正后的初稳性高度 GM 应不小于 0.10 m；

（2）复原力臂 GZ 曲线下在横倾角 0°~40° 或进水角中较小者间所围面积 $A_{0°\sim \min\{40°,\theta_f\}}$ 应不小于 0.08 m·rad；

（3）最大复原力臂 GZ_{max} 应不小于 0.25 m；

（4）计算船舶抵抗横风和横摇联合作用的能力时，在定常风作用下的横倾角应不大于

16°，但可不考虑甲板边缘浸水角80%的附加衡准。

3）载运散装谷物的船舶

载运散装谷物船舶的完整稳性应符合《国际散装谷物安全装运规则》1991的要求。

3. IMO完整稳性衡准——B部分稳性衡准建议

B部分对未列入A部分的某些类型的船舶和其他海上运输工具的稳性衡准提出建议。

船长大于100 m的集装箱船及船长大于100 m的具有可观的外漂或大水线面的货船，主管机关可应用替代衡准替代A部分稳性衡准（1）~（4）的要求。具体衡准要求见第14章集装箱运输。

4. 稳性核算时的注意事项

（1）在所有装载工况下，应对初稳性高度 GM 和复原力臂 GZ 曲线进行舱柜中液体的自由液面影响修正。

（2）在确定自由液面对稳性的影响时，应假定对于每一类液体，至少横向有一对舱柜或者中心线上有一个舱柜具有自由液面，并且所考虑的舱柜或者舱柜组应是自由液面影响最大者。

（3）凡液体舱柜内装载液体小于98%时，应考虑自由液面的影响。当舱柜名义上满舱，即装载液体为98%或以上时，则不必考虑自由液面的影响。对初稳性高度进行自由液面修正时，自由液面惯性矩按0°计算；对复原力臂进行修正时，基于每一计算横倾角的实际液体移动力矩进行计算或者在横倾角0°时计算的惯性矩的基础上，对每一计算横倾角处的惯性矩进行修正。

（4）名义上满舱的液货舱应作98%装载率的自由液面修正，对初稳性高度的修正应基于横倾角5°时的液面惯性矩除以排水量，对复原力臂的修正建议基于液货的实际移动力矩。

（5）在航行中进行压载或排放压载水作业时，应考虑该作业最繁重的时间段计算自由液面影响。

（6）船舶由于任何开口进水会沉没时，稳性曲线在相应的进水角处切断，船舶稳性被认为完全丧失。

二、IMO第二代完整稳性衡准概述

完整稳性是船舶安全性的重要基础之一，是船舶设计建造的强制性法定要求，船舶设计，特别是新船型的开发与之密不可分。多年来，人们一直在坚持不懈地探索能够保证船舶航行安全的完整稳性衡准。尽管人们对复杂海况下船舶运动的了解还不是很充分，但是依然从大量的船舶操作和航行事故中总结经验和教训。正是基于这些经验教训和对船舶流体力学认识的不断加深，国际海事组织（IMO）从20世纪中后期起就一直致力于制定和修订适用于所有船舶类型的完整稳性规则，其中包括从最初分舱和稳性问题分委会

（STAB）讨论起草后经IMO大会通过的A.167决议和A.168决议，到1993年IMO第18次大会通过的A.749（18）决议。

随着现代船舶设计技术和船舶流体性能研究的持续发展，在对A.749（18）不断进行重新评估和修订的基础上，IMO稳性、载重线和渔船安全分委会（SLF）经过多年的工作，起草了《2008年国际完整稳性规则》，即第一代完整稳性规则，其中引言和A部分的规定称为强制性要求，并于2010年7月1日起生效。

现行的2008年IS规则主要基于船舶静力学理论，以船舶在静水中经受横风、横浪作用时的复原力臂曲线的参数来描述，并作为船舶完整稳性的评估方法。该规则是根据20世纪中期收集的船舶营运统计和气象衡准制定的，主要是基于经验背景，无法体现船舶类型及其操作和环境条件的多样化，也无法体现现代船舶水动力学研究的新成果，最主要的是其中仅仅涉及船舶稳性失效模式（瘫船）之一，未涉及其他会导致船舶倾覆或人员伤害、货物损害的稳性失效模式。因此，目前基于经验背景的2008年IS规则不足以防止波浪动态稳性现象导致的船舶倾覆的发生。

从2007年开始，IMO经过多年的工作，到目前为止完成了由5种稳性失效模式、三层评估方法以及航行作业指南构成的第二代完整稳性衡准构架体系。适用船型主要包括：散货船、集装箱船、滚装船、油船、LNG船、其他需要满足2008年IS规则的船型。

1. 稳性失效模式

稳性失效模式依据其危害程度可分为两类：完全稳性失效和部分稳性失效。完全稳性失效模式是指有可能引起船舶倾覆的失效模式；部分失效模式是指出现诸如非常大的横摇角或加速度现象，该现象虽然不会导致船舶损失，但仍然会危害人员和货物安全。

1）参数横摇

参数横摇是指阻尼较小的船，遭遇到一定频率的波浪时，伴随着显著的纵摇、升沉运动在短时间内产生很大横摇角的非线性现象。参数横摇的横摇周期等于两倍遭遇周期，且迎浪或随浪中会有参数横摇发生。集装箱船和滚装船易发生该稳性失效模式。

2）横甩/骑浪

船舶在波浪中横甩指船舶使用最大操舵能力仍不能维持定常航向并出现无法控制的明显首摇运动的现象。横甩被认为通常发生在随浪或尾斜浪中。

3）瘫船

瘫船指船舶由于推进系统或操舵系统问题，处于无法推进或操舵的状态，此时船舶可能在自由漂移时在波浪作用下发生共振横摇。

4）纯稳性丧失

当船舶以较高航速在随浪航行时，大的波浪以接近船速超越船体，波峰在船中保持足够的时间，发生稳性损失，导致船体倾斜或倾覆。

5）过度加速度

过度加速度主要表现为集装箱船在航行中由加速度过大引起的甩箱现象。

2. 三层评估方法

第二代国际完整稳性衡准采用分层次评估的思路，即第一层薄弱性衡准（vulnerability criteria level 1）、第二层薄弱性衡准（vulnerability criteria level 2）和稳性直接评估（direct stability assessment）。对于需要评估的船舶，分别针对参数横摇、横甩/骑浪、瘫船、纯稳性丧失和过度加速度共五种稳性失效模式进行逐层次的衡准评估。三层评估方法的计算复杂性依次递增，评估的准确性也依次提高，但安全裕度依次降低。只有在第一层薄弱性衡准没有通过的情况下，才要进行第二层薄弱性衡准的评估；在无法通过第二层薄弱性衡准时，进行第三层评估——稳性直接评估。三层衡准评估都无法通过时，必须对船型进行重新设计或制定航行操作指南，以避免稳性失效的发生。当一艘船舶无法通过第一、二层薄弱性衡准时，就认为这艘船舶属于完整稳性意义上的"非常规"船型。评估内容和方法见表7-6-1。

表7-6-1 完整稳性三层评估方法表

结构	描述	复杂性	安全裕度	目的
薄弱稳性第一层	建立在几何/水动力数值、装载工况和基本营运参数基础上的公式或简单的程序	低	高	确定某种稳性失效模式是否属于"非常规"船舶
薄弱稳性第二层	采用简单的计算手段即可完成的以及与应用适当的指南直接相关的简化物理计算	中	中	确认对某种稳性失效模式的薄弱性
稳性直接评估第三层	要依据最新和最先进的概念和技术。至少应满足下述要求以保证直接评估方法的可靠性：如果可能，应使用"杂交"的时域方法和概率统计理论进行稳性失效模型的评估，"杂交"方法包括势流加试验或经验阻尼、刚体非线性动力学模型加未扰动的波浪压力（Froude-Krylov假设）。如果可能，应包括附加质量、波浪阻尼和绕射力计算公式，横摇阻尼的黏性和升力系数，操纵性系数，推力和外部环境力。合适的指导与规程（如波浪分布图和船舶航行条件）应明确。期望采用概率方法来进行安全水平的评估	高	低	评估安全水平并为具体船舶的操作指南提供信息
航行操作指南	在稳性直接评估的结果和稳性失效的分析基础上制定具体的船舶操作指南			帮助薄弱船舶安全营运

三、我国《法定规则》对船舶稳性的要求

1.《法定规则》对船舶稳性要求的适用范围

中华人民共和国《法定规则》主要包括：国际航行海船、国内航行海船等规则。适用于《法定规则》规定的中国籍民用船舶。

国际航行：指由中国港口驶往中国以外港口或与此相反的航行，包括在中国水域以外从事特殊（定）作业的航行。

非国际航行：指除国际航行以外的航行。

国内航行：指在中国水域内的航行。

为明确国内航行海船在不同的海域内营运时对稳性的不同要求，《法定规则》将航区划分为以下4类：

（1）远海航区：指国内航行超出近海航区的海域。

（2）近海航区：指中国渤海、黄海及东海距岸不超过200 n mile的海域；台湾海峡；南海距岸不超过120 n mile（台湾岛东海岸、海南岛东海岸及南海岸距岸不超过50 n mile）的海域。

（3）沿海航区：指中国台湾岛东海岸、台湾海峡东西海岸、海南岛东海岸及南海岸距岸不超过10 n mile的海域和除上述海域外距岸不超过20 n mile的海域；距有避风条件且有施救能力的沿海岛屿不超过20 n mile的海域。但对距海岸超过20 n mile的上述岛屿，本局将按实际情况适当缩小该岛屿周围海域的距岸范围。

（4）遮蔽航区：指在沿海航区内，由海岸与岛屿、岛屿与岛屿围成的遮蔽条件较好、波浪较小的海域。在该海域内岛屿之间、岛屿与海岸之间的横跨距离应不超过10 n mile。对遮蔽航区的划分及相当遮蔽航区营运限制详见《法定规则》。

2. 国际航行海船稳性要求

国际航行海船的稳性应符合IMO 2008年IS规则对船舶稳性的要求。

3. 国内航行海船稳性要求

1）稳性基本衡准要求

经自由液面修正后，船舶稳性在所核算的装载工况下必须同时满足：

——初稳性高度GM不小于0.15 m。

——复原力臂GZ曲线上，在横倾角等于或大于30°时的复原力臂$GZ_{30°}$应不小于0.20 m；若进水角小于30°，则进水角处的复原力臂值应不小于该值。

——最大复原力臂对应横倾角θ_{sm}应不小于25°；如进水角小于最大复原力臂所对应的横倾角，则进水角即为最大复原力臂所对应的横倾角。

当船舶宽深比$B/D>2$时，对θ_{sm}的要求可适当减小，其减小值$\delta\theta$为：

$$\delta\theta = 20\left(\frac{B}{D} - 2\right)(K - 1) \tag{7-6-4}$$

式中：

D——— 船舶型深（m）；

B——— 船舶型宽（m），但 $B/D>2.5$ 时，取 $B/D=2.5$；

K——— 稳性衡准数，当 $K>1.5$ 时，取 $K=1.5$。

上述复原力臂曲线应在设计纵倾条件下计算而得。

——稳性衡准数 K 不小于1。

2）横摇加速度衡准数 K_a

江–海航行自航船舶装载甲板货时，其所核算的各种装载情况下，横摇加速度衡准数 K_a 应符合下列要求：

对海上航行至近海航区或远海航区的船舶：

$$K_a = \frac{0.25}{a_c} \geq 1$$

对海上航行至沿海航区、遮蔽航区的船舶：

$$K_a = \frac{0.30}{a_c} \geq 1$$

式中：

a_c——横摇加速度因数，可根据下式计算：

$$a_c = \frac{0.035B\theta_1}{T_\theta^2} \tag{7-6-5}$$

式中：

B——船舶型宽（m）；

θ_1——船舶初始横摇角（°）；

T_θ——船舶横摇周期（s），可根据下式计算：

$$T_\theta = 0.58f\sqrt{\frac{B_2 + 4KG^2}{GM}} \tag{7-6-6}$$

式中：

f——系数，可由表7-6-2查得；

KG——核算装载状态下的船舶重心高度（m）；

GM——核算装载状态下未经自由液面修正的船舶初稳性高度（m）；

d——核算装载状态下的船舶吃水（m）。

表7-6-2　f 值查算表

B/d	2.5及以下	3.0	3.5	4.0	4.5	5.0	5.5	6.0	6.5	7.0及以上
f	1.00	1.03	1.07	1.10	1.14	1.17	1.21	1.24	1.27	1.30

3）稳性衡准数 K 的求取

稳性衡准数 K 是指船舶最小倾覆力矩（臂）与风压倾侧力矩（臂）之比，即

$$K = \frac{M_{hmin}}{M_w} = \frac{l_{hmin}}{l_w} \tag{7-6-7}$$

式中：

l_{hmin}——最小倾覆力臂（minimum capsizing lever）（m）：

$$l_{hmin} = \frac{M_{hmin}}{9.81\Delta} \tag{7-6-8}$$

l_w——风压倾侧力臂（wind upsetting lever）（m），船舶资料中具有风压倾侧力臂曲线（如图7-6-2所示）时可根据排水量直接查取，或由下式计算：

$$l_w = \frac{M_w}{9.81\Delta} \tag{7-6-9}$$

M_w——风压倾侧力矩（wind upsetting moment）（kN·m）。

根据《法定规则》的规定，风压倾侧力矩 M_w 应按下式求得：

$$M_w = P_w \cdot A_w \cdot z_w \tag{7-6-10}$$

其中：

A_w——船舶正浮时水线以上船体及甲板货侧投影面积（m²），它与船舶装载吃水及甲板货装载情况有关；

z_w——计算风力作用力臂，即 A_w 面积中心至水线的垂直距离（m）；

P_w——单位计算风压（kPa），按船舶限定航区和 z_w 由《法定规则》提供的 P_w 曲线图查取。

上述各参数的计算详见《法定规则》。

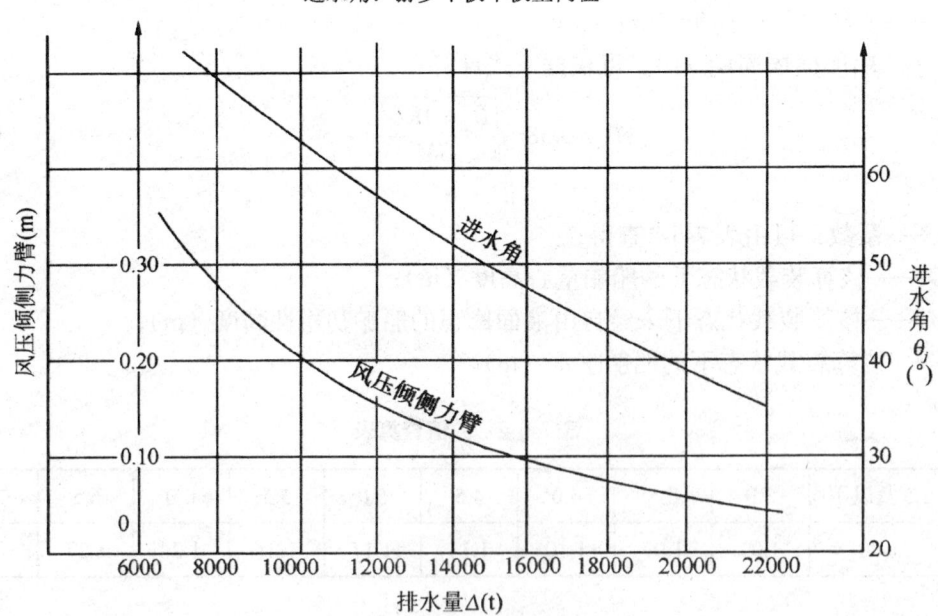

图7-6-2　风压倾侧力臂曲线

对于一般货船，在不考虑甲板货装载条件下，M_w 或 l_w 仅与船舶吃水（或排水量）有关，因此，许多船舶资料中提供了随船舶排水量变化的风压倾侧力臂曲线或风压倾侧力臂数值表，以方便计算稳性衡准数 K。

船舶在装载状况确定后，可相应绘出动稳性曲线图，在计算初始横摇角 θ_1 和进水角 θ_f 的影响后，可求出在该装载状况下的最小倾覆力矩或力臂，最终求得稳性衡准数 K。由稳性衡准数 K 的定义可知，《法定规则》规定的 $K \geq 1$ 意味着 $M_{hmin} \geq M_w$，而 M_{hmin} 为船舶可承受动态外力矩的最大能力。因此，稳性衡准数 K 是衡量船舶动稳性的重要参数。

4）稳性特殊要求

除上述稳性基本要求外，《法定规则》还提出了稳性特殊要求，它包括一般规定及对客船、木材船、液货船、集装箱船、拖船、高速船等船舶稳性的特别要求。对具体营运船舶有关的主要内容有：

（1）船舶除对出港时稳性进行校核外，尚应对到港时的稳性予以核算，以确保在整个航次中稳性满足要求；

（2）船舶到港前如不加压载稳性不合要求时，应对航行中途的稳性加以核算；

（3）船舶稳性不合格必须采用永久性压载时，须征得船舶所有人和船级社的同意，并采取有效措施，以保证压载可靠性；

（4）由于船舶结构和设备、货物装载性质的特殊性，对木材船、液货船、集装箱船及其他专门用途船的稳性特殊要求，有关内容在相应章节中介绍。

5）稳性核算时应注意的事项

根据《法定规则》规定，并考虑对船舶安全的要求，船舶在核算其稳性时应注意以下事项：

（1）对稳性衡准中各项指标的核算时，都应计及自由液面修正，对消耗液体舱和航行途中加压载水的压载舱，应假定每一类液体至少有一对边舱或一个中心线上的液体舱存在自由液面，且所取的舱或舱组的自由液面应为最大者。

（2）满载液货舱应按装载至98%舱容高度计算0°横倾自由液面的影响。

（3）装满98%以上舱容的液体舱柜及存有通常剩余液体的空舱，可不计自由液面的影响。

（4）计算时应精确计入满载舱、部分装载舱及舱内有剩余液体的各液舱内实际液位高度，对初稳性高度的修正应计算船舶正浮时的自由液面惯性矩，对船舶大倾角稳性的修正应计算船舶不同横倾角状态时的移动力矩对复原力臂的影响。

（5）无限航区船舶在使用冬季载重线或北大西洋冬季载重线的区域内航行，以及国内沿海船舶在冬季航行于青岛（36°04′N）以北时，应计及结冰对稳性的影响。按规则要求，对船体甲板或步桥水平投影面积、水线以上两舷侧投影面积及前面正投影面积上结冰重量予以计算，将其视为重量增加。

（6）尽量避免船舶的初始横倾。在核算船舶稳性时，我们总是假设船舶初始处于正浮状态，而未考虑在装载后或航行中可能出现的横倾，此初始横倾可认为是船舶载荷横移所致，因此，它使船舶稳性力矩 M_R 减小 $\Delta GG_1\cos\theta$，即船舶静稳性力臂 GZ 减小 $GG_1\cos\theta$ 值。船舶在正浮条件下满足稳性要求，而在某一初始横倾状态下船舶稳性则不一定满足要求，对此应引起足够重视，并尽量避免船舶具有初始横倾角。

（7）考虑到船舶在营运过程中外部条件的复杂性和变化性以及船舶自身状态的改变等诸多因素的影响，如船舶随浪航行、大风浪突袭、舱内货物移动、货舱进水等，船舶稳性按规则核算后虽已符合各项要求，但船长仍应注意船舶装载和气象、海况等情况，谨慎驾驶和操作。在船舶遭遇到特殊情况或紧急情况而采取应变措施时，应注意船舶的稳性，防止发生倾覆的危险。

四、最小许用初稳性高度 GM_c 和极限重心高度 KG_{max}

最小许用初稳性高度 GM_c（又称临界稳性高度）是指同时满足稳性基本要求的初稳性高度 GM 的最低限制值。极限重心高度 KG_{max} 是指同时满足稳性基本要求的船舶重心高度的最高限制值。当实际的初稳性高度 GM 或实际的船舶重心高度 KG 满足下式时，则船舶的稳性基本衡准指标均满足规则的要求。

对于某一排水量，不断调整重心高度，得到满足船舶稳性各项指标最低要求的（或 GM_i）值，将这组 KG_i 值取小值、GM_i 取大值，得到当前排水量下的 KG_{max}（或 GM_c）。将 KG_{max}（或 GM_c）与船舶排水量（或吃水）的变化关系绘成曲线（或表格），即得船舶的 KG_{max}（或 GM_c）曲线（见图7-6-3）。对于集装箱等有特殊稳性要求的船舶，计算时也将考虑满足船舶特殊稳性要求的各项指标。

$$GM \geqslant GM_c \tag{7-6-11}$$

$$\text{或 } KG \geqslant KG_{max} \tag{7-6-12}$$

为便于船员校核营运中的船舶稳性，《法定规则》规定，"船舶稳性报告书"或"船舶装载手册"必须提供最小许用初稳性高度曲线/数据表或极限重心高度曲线/数据表。实际营运中，重心高度不得超过极限重心高度；初稳性高度不得低于最小许用初稳性高度。

在计算最小许用初稳性高度或者极限重心高度时，限制曲线（或表格）应延伸至整个营运纵倾范围，提供给船长的稳性资料应包含破损稳性极限 GM 曲线，即包含任何装载工况经过自由液面修正后的 GM 除了满足完整稳性极限 GM 曲线的要求外，还应满足破损稳性极限 GM 曲线（或表格）。表7-6-3所示为某集装箱船 GM_c 和 KG_{max} 数据。

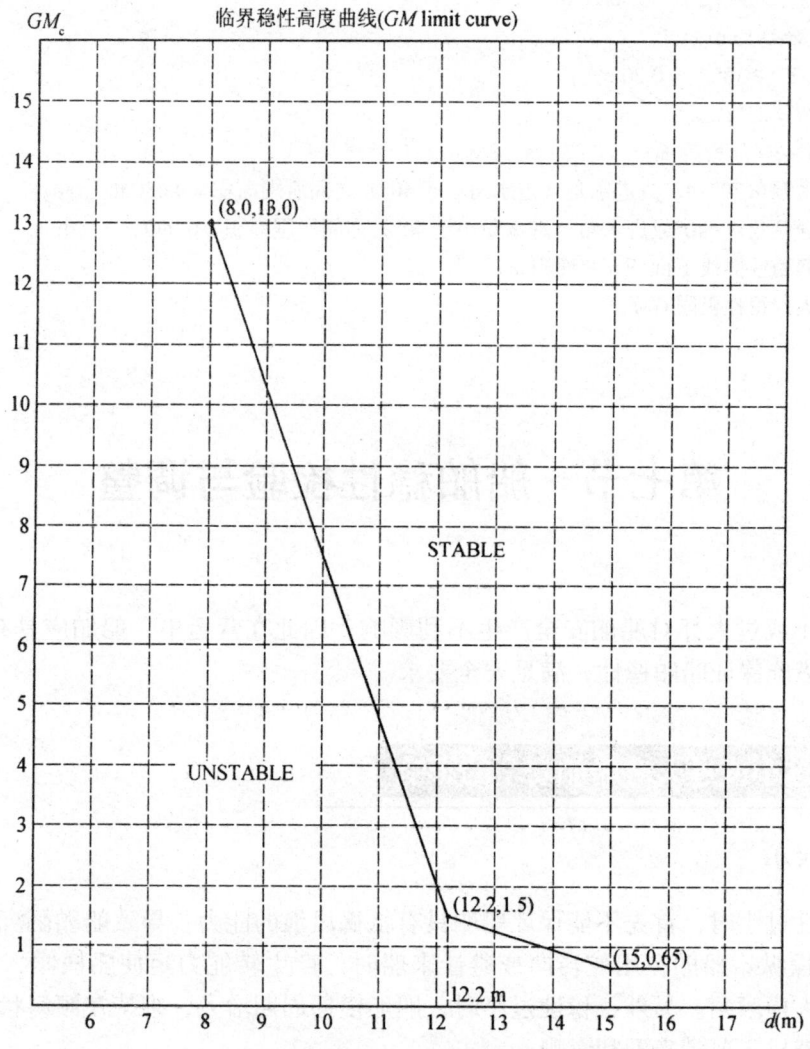

图 7-6-3　最小许用初稳性高度曲线

表 7-6-1　最小许用初稳性高度表

平均型吃水 d_M	GM_c	KG_{max}	对应指标	平均型吃水 d_M	GM_c	KG_{max}	对应指标
5.000	16.767	20.038	*3	11.000	4.786	19.662	*8
6.000	13.000	19.785	*8	12.000	2.048	21.838	*8
7.000	13.000	16.940	*8	13.000	1.257	22.254	*8
8.000	13.000	14.876	*8	14.000	0.954	22.328	*8
9.000	10.262	16.100	*8	15.000	0.650	22.514	*8
10.000	7.524	17.728	*8	16.000	0.650	22.471	*8

注：实船吃水间距较小，为 0.20 m；
*1 $GM=0.15$ m；
*2 GZ（$\geqslant 30°$）$= 0.20$ m；
*3 $\theta_m = 25°$；
*4 $0°\sim30°$ 间所围面积 $= 0.055$ m·rad；
*5 横倾角 $30°\sim40°$ 或进水角（进水角小于 $40°$）之间所围面积 $= 0.030$ m·rad；
*6 静倾角 $0°\sim40°$ 或进水角（进水角小于 $40°$）之间所围面积 $= 0.090$ m·rad；
*7 静稳性曲线下面积 b = 面积 a；
*8 破损稳性极限 GM。

第七节 船舶稳性检验与调整

稳性过小或过大都对船舶安全产生不利影响，因此在营运中，船舶应具有适度稳性，需采取必要措施保证船舶稳性，满足安全要求。

一、稳性过小或过大对船舶安全的影响

1. 稳性过小

船舶稳性过小时，首先不能保证船舶具有抵御风浪的能力，导致船舶翻沉；其次，影响船舶正常操纵。船舶在用舵转向或避让来船时，产生转舵力矩使船横倾，当稳性过小时，出现较大横倾角。另外，稳性过小时，船舶横摇周期增大，维持在倾斜状态的时间增长，对主、辅机工况带来不利影响。

2. 稳性过大

稳性过大时，船舶摇摆剧烈，船员工作生活不适，船用仪器使用不便，船舶结构受力过大，更严重的是，货物因剧烈摇摆而易于移动或翻倒，从而使船舶出现较大初始横倾，船舶稳性降低，甲板易于上浪，船舶操纵困难，具有倾覆的危险性。

二、船舶稳性的适度范围

过大稳性或过小稳性都是船舶正常营运所不允许的，因而应给出船舶稳性的实用范围。船舶装载后的稳性在该范围内除遭遇特别恶劣天气和海况外，应能满足船舶安全要求。稳性实用范围与船舶大小、船舶类型、装载状况、航行海区和日期等因素有关，难以

给出一确切稳性范围。综合稳性规则、船舶统计资料及船员海上经验，可给出大致的稳性实用范围，以供参考。

从稳性规则对船舶稳性的要求考虑，船舶最小初稳性高度应为 $GM = GM_c$；从船舶摇摆性考虑，横摇周期不宜过小，以免船舶剧烈摇摆，一般认为船舶自由横摇周期不小于9 s，而对于一般货船横摇周期在15~16 s是比较合适的，则船舶未经自由液面修正的最大初稳性高度应为 $GM_{max} = GM_{T_\theta=9s}$，船舶稳性的实用范围应为 $[GM_c, GM_{T_\theta=9s}]$，而横摇周期为15 s左右对应的 GM 值则为适宜值。万吨级船舶满载时 GM 取（4%~5%）B 较适宜。

三、船舶稳性的检验及判断

在船舶稳性校核中，由于各种固有误差和计算误差的影响，使校核结果与稳性实际状况往往难以完全吻合，这些误差包括船舶资料自身误差和查取误差、货物积载因数误差、货物装载位置误差、货物重心位置确定误差、液舱内液体测量误差、液体因温度变化引起的重心变化、船舶常数的不确定性、驾驶人员的核算技术等。因此，驾驶人员应利用某些时机，采取一定方法，进行实船的稳性检验及判断，以便能及时发现问题，正确评价本船稳性状态，采取必要措施，确保船舶安全营运。

1. 测定船舶横摇周期检验稳性

船舶横摇周期是指船舶横摇一个全摆程所需的时间。船舶自正浮起横摇至一舷的倾角称为一个摆幅，4个摆幅称为一个全摆程。

船舶在波浪中航行其摆幅可能有所改变，但摇摆周期基本稳定而可认为与摆幅无关。船舶在静水中无阻尼横摇周期（自由横摇周期，简称自摇周期）T_θ 与船舶初稳性高度 GM 在数值上存在一定关系，因而通过测定船舶自摇周期可检验船舶稳性大小。在波浪中测定的摇摇周期因舷外水的阻尼力矩、波浪的干扰力矩、液舱内未满舱的液体移动力矩等因素的影响而与船舶自摇周期有所差异，难以区别自由横摇区，从而影响自摇周期测定的可靠性，但自由摇摆的特征是每一全摆程周期相同，只要留心观察即可分辨出来。

《法定规则》中提供的船舶自摇周期 T_θ 与 GM_0 的关系式为：

$$T_\theta = 0.58f\sqrt{\frac{B^2 + 4KG^2}{GM_0}}$$

式中：

GM_0——船舶装载状况下未经自由液面修正的初稳性高度（m）。

IMO2008年IS规则给出的 T_θ 与 GM 关系式为：

$$T_\theta = \frac{2CB}{\sqrt{GM}}$$

式中：

GM——船舶装载状况下经自由液面修正的初稳性高度（m）。

对于船长不足70 m的船舶，IMO建议使用如下简便公式：

$$GM_0 = (f'B/T_\theta)^2 \qquad (7\text{-}7\text{-}1)$$

式中：

　　f'——横摇周期系数，其值与船舶大小、形状、装载情况、液体数量等因素有关，对空船或压载时 f' 取 0.88；对满载船舶，液体占总载重的20%、10%和5%时，其 f' 分别取 0.78、0.75 和 0.730。

在测定船舶横摇周期求取 GM 时，应注意以下几点：

（1）在实测 T_θ 时，应多测几次横摇周期，测量次数 $n \geqslant 5$，以减小测量误差；若测量 n 次共用时间为 t，则 $T_\theta = t/n$，并重复测量 2~3 次，以校正每次测量的误差。

（2）海上实测时，应选择海浪较小的时机，以减小波浪周期的干扰。

（3）应注意抛弃那些偏离其他大多数测定值较远的读数。

（4）由于各种因素的影响，利用 T_θ 求得的 GM_0 只能是估算和检验船舶稳性的近似手段。

（5）有的船舶资料提供了 GM_0 与 T_θ 关系曲线或数值表，使用时根据船舶装载吃水或排水量以及所测横摇周期查取初稳性高度（如图 7-7-1 所示）。

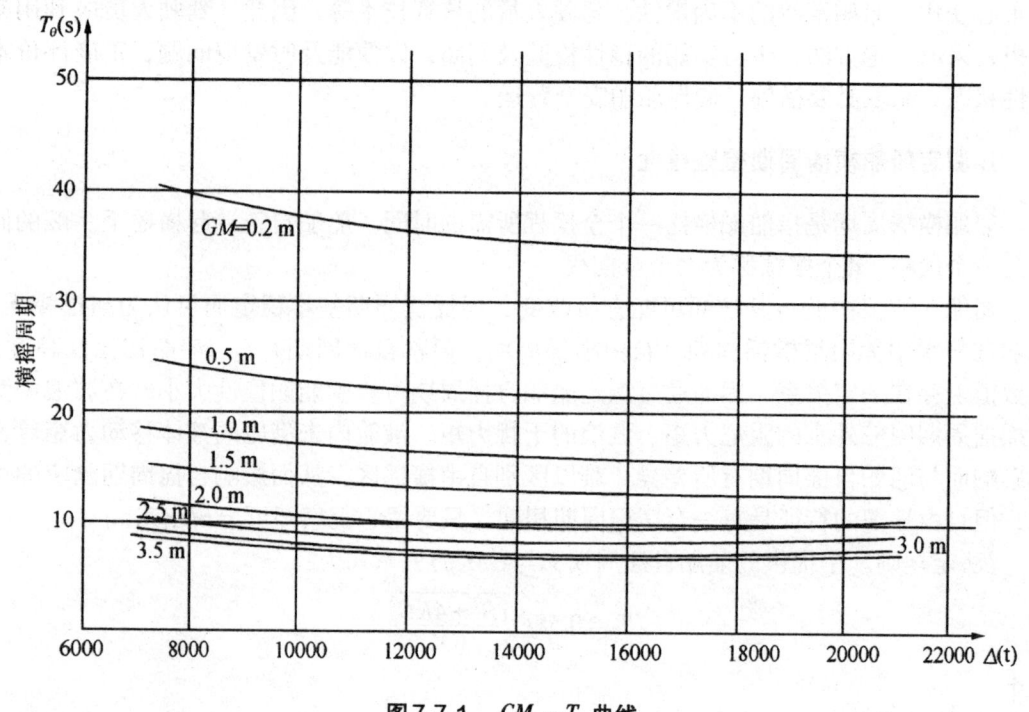

图 7-7-1　$GM_0 - T_\theta$ 曲线

2. 船上载荷横移或横向不对称增减检验稳性

船舶通过调拨左右舱压载水、吊杆同时起吊货物、在一舷压载舱注排压载水、消耗一舷油水等方法迫使船舶产生一横倾角，用以检验船舶在港或航行中的稳性。

船上载荷横移后产生横倾力矩，从而引起船舶横倾，横倾角可由倾斜仪读出。于是可得：

$$GM = \frac{Py}{\Delta \tan\theta} \tag{7-7-2}$$

式中：

P——载荷横移重量（t）；

y——载荷横移距离（m）；

θ——自倾斜仪读取的横倾读数（°）。

船上横向不对称载荷增减后，由于载荷增减量较小，可认为载荷增减后初稳心位置不变。设载荷增量为 P，先将其置于船舶中纵剖面上的 KP 处，所引起的初稳性高度变化亦可忽略不计，然后由中纵剖面横移至实际位置处，则船舶产生横倾角 θ，于是有：

$$GM = \frac{Py_P}{(\Delta+P)\tan\theta} \tag{7-7-3}$$

式中：

y_P——载荷 P 的横坐标，即 P 的重心至中纵剖面距离（m）。

3. 观察船舶状态

船舶当稳性过小时，由于稳性力矩小而使得抵抗横倾力矩的能力减弱，即使船舶在较小横倾力矩作用下，也会出现较大横倾角，具体表现在：

（1）船舶在较小风浪中航行时，横摇摆幅较大，摇摆周期较长；

（2）油水使用左右不均时，船舶很快偏向一舷；

（3）用舵转向或拖船拖顶时，船舶明显倾斜且复原较慢；

（4）甲板上浪、舱内货物少量移动、货舱少量进水时船舶出现较大横倾角；

（5）货物装卸时因吊杆起落摆动或舱内货物左右不均而横倾异常或缆绳受力过大。

船舶稳性过大时主要表现在航行中稍有风浪即摇摆剧烈，横摇周期较小。

四、船舶稳性调整

为保证船舶安全，在整个航次中船舶应具有适度的稳性。当稳性不符合要求时，需做必要调整。就整体来讲，稳性调整的方法可概括为：船内载荷的垂向移动及载荷横向对称增减调整船舶初稳性高度。

1. 载荷垂移法调整 GM

载荷垂向移动调整船舶稳性的手段适用于配载计划编制阶段。由于载荷垂移前、后船舶排水量不变，故初稳心距基线高度 KM 不变，载荷垂移所引起的船舶重心高度改变量在数值上就等于初稳性高度改变量。船舶在配载计划编制时，经校核后若稳性过大，可将载荷上移；反之将载荷下移。

设初稳性高度调整前为 GM，现确定将其调整为 GM_1，则初稳性高度调整量为：

$$\delta GM = |GM_1 - GM| \tag{7-7-4}$$

并拟采用货物垂移的方法来调整，其垂移距离为Z，则需要移动的货物重量P应由下式求出。

$$P = \frac{\Delta \cdot \delta GM}{Z} \tag{7-7-5}$$

当上、下舱单独移货因满舱而无法实现时，可采用上、下舱轻重货等体积互换的方法达到调整稳性的目的。设轻货重量为P_L，积载因数为SF_L，重货重量为P_H，积载因数为SF_H，应调整的初稳性高度改变量为δGM，而轻货与重货之间的垂移距离为Z，则由以下关系式可求出所移轻货和重货数量。

$$\begin{cases} P_H - P_L = P = \dfrac{\Delta \cdot \delta GM}{Z} \\ P_H \cdot SF_H = P_L \cdot SF_L \end{cases} \tag{7-7-6}$$

解得：

$$\begin{cases} P_L = \dfrac{P \cdot SF_H}{SF_L - SF_H} \\ P_H = P_L + P \end{cases} \tag{7-7-7}$$

利用载荷垂移调整船舶稳性虽为配载图编制时经常使用的方法，但在具体应用时也应注意诸因素的限制，以防顾此失彼。例如，货物垂向移动后应满足卸货港序的要求；因所载货物的重量、包装、体积或尺寸等影响，配载后无法垂移；货物是否适合于移至新舱位，是否与周边其他货物相容；货物移至新舱位其装载要求能否满足、甲板强度是否超出等。这些因素都需在货物调整前予以充分考虑。

例 7-7-1：某轮某航次配载草图拟就后，计算得船舶排水量$\Delta=20881$ t，全船垂向重量力矩为$\sum P_i z_i = 158487 \times 9.81$ kN·m，查得$KM=8.69$ m。

（1）试计算初稳性高度GM。

（2）为了将初稳性高度调至0.90 m，拟将装在第二舱的五金（$SF=0.75$ m³/t，$z_P=6.5$ m）和麻袋（$SF=2.88$ m³/t，$z_P=12$ m）位置互换，试计算这两种货物各调换多少吨才能满足需要？

解：
（1）计算初稳性高度：

$$KG = \frac{\sum P_i z_i}{9.81\Delta} = 158487/20881 = 7.59 \text{ m}$$

$$GM = KM - KG = 8.67 - 7.59 = 1.10 \text{ m}$$

（2）计算轻重货物调换吨数：

$$P = \frac{\Delta \cdot \delta GM}{Z} = \frac{20881 \times 0.20}{12.0 - 6.5} = 759.3 \text{ t}$$

$$P_L = \frac{P \cdot SF_H}{SF_L - SF_H} = \frac{759.3 \times 0.75}{2.88 - 0.75} = 267.4 \text{ t}$$

$$P_H = P_L + P = 267.4 + 759.3 = 1026.7 \text{ t}$$

2. 载荷增减调整 GM

船舶配载时、装载后或航行中在某些情况下可利用载荷增减方法调整稳性。载荷增减调整 GM 包括未满载时加压载水、吃水较大或满载时排压载水、加装货物及抛货，一般此种调整方法应属于少量载荷增减，因此可应用相应计算方法予以计算。

设载荷改变前船舶初始参数分别为 Δ、KM、KG、GM，现拟在重心高度 KP 处增减载荷，使船舶初稳性高度达到 GM_r 值，则可按以下方法求取载荷增减量 P。

根据前面公式求取载荷增减量 P：

$$P = \frac{\Delta \cdot \delta GM}{KG - KP - \delta GM} \tag{7-7-8}$$

式中：

δGM ——初稳性高度调整量（m），$\delta GM = GM_r - GM$。

若液体舱柜内存在自由液面，则载荷增减量 P 算式应为：

$$P = \frac{\Delta \cdot \delta GM + \rho i_x}{KG - KP - \delta GM} \tag{7-7-9}$$

例 7-7-2：某船某航次 $\Delta = 20375$ t，$d = 8.80$ m，$KM = 8.66$ m，$KG = 8.06$ m，现拟采取加压载水的方法调整稳性，需在 No.2 压载舱（$KP = 0.80$ m）加多少吨压载水才能使初稳性高度调至 0.80 m？（不考虑自由液面影响）

解：

（1）船舶初始初稳性高度：

$$GM = 8.66 - 8.06 = 0.60 \text{ m}$$

（2）初稳性高度调整量：

$$\delta GM = GM_r - GM = 0.80 - 0.60 = 0.20 \text{ m}$$

（3）根据式（7-7-3）求压载水注入吨数：

由式（7-7-9）可得：

$$P = \frac{20375 \times 0.20}{8.06 - 0.80 - 0.20} = 557 \text{ t}$$

五、船舶初始横倾调整

当船舶重心偏离中纵剖面时，则会出现初始横倾角，它将使船舶稳性力矩减小，从而降低船舶稳性，对船舶安全营运是十分不利的。因此，船舶在航行中应保持无初始横倾角，按船舶安全航行的技术要求，船舶初始漂浮状态的左（右）横倾角一般应不超过 1°。当超过该值时，应予以调整。

1. 船舶初始横倾形成的原因

1）配载时各舱货物重量左右不对称

配载图编制时，向舱内配置的货物在中纵剖面两边的重量不对称，使船舶重心偏离中纵剖面。尤其是在件杂货种类较多或集装箱重量分布较复杂的情况下，更容易出现船舶重心偏离的现象。

2) 货物装卸时左右不均衡

货物在装卸过程中难免产生重量左右不均衡的情况，在排水量较小时船舶将出现较大横倾，对此应给予充分重视。因此，要求值班人员及时与装卸工人联系，尽量做到均衡作业。

3) 液舱柜内液体左右不均衡

液体散货的装载、航行中油水的使用、压载水的注入和排放等如处理不当，均会引起船舶横倾。为此，要求船舶在液体舱位重量安排、油水使用上尽量使其保持重量横向均衡。

4) 舱内货物横移

船舶在航行中由于风浪较大引起货物横移，从而使船舶重心向移货方向偏移，出现一定横倾角。为避免货物移动，在积载时应加强装货监督和检查，使舱内或甲板货物堆装紧凑平整，减小空档，并做好系固。根据风浪情况，提前下舱检查并采取适当措施，减小船舶摇摆，必要时绕航或就近避风。

5) 使用船上重吊装卸重大件货物

使用船上重吊进行重大货件装卸作业时，船舶将产生横倾角。为避免横倾过大，通常使用船舶两侧的平衡水舱来对船舶横倾予以控制。

2. 船舶初始横倾的调整

船舶出现初始横倾后应予以调整，调整方法有以下两种。

1) 载荷横移

用载荷横移的方法调整船舶横倾适用于配载图编制时货物横移或装卸后压载水、淡水的调拨。设船舶初始横倾角为 θ，需将横倾角调至 θ_1，根据载荷横移原理，需调整的横倾力矩值为调整前的船舶所承受的横倾力矩 $\Delta GM\tan\theta$ 与调整后的船舶所承受的横倾力矩 $\Delta GM\tan\theta_1$ 之差，即

$$Py = \Delta GM(\tan\theta - \tan\theta_1)$$

于是有：

$$P = \frac{\Delta GM(\tan\theta - \tan\theta_1)}{y} \tag{7-7-10}$$

式中：

y ——载荷横移距离（m）。

若要消除初始横倾角，即使 $\theta_1 = 0$，上式则成为：

$$Py = \Delta GM\tan\theta$$

$$P = \frac{\Delta GM\tan\theta}{y} \tag{7-7-11}$$

例 7-7-3：某船装载后 $\Delta = 18000$ t，$GM = 1.02$ m，船舶由于装载原因右倾 2°，现拟调拨 No.2 压载舱（左、右）压载水将船调至正浮，已知两舱容积中心横向间距为 10.0 m，求压载水调拨数量。

解：

已知：$\theta=2°$，$\theta_1=0°$，$y=10.0$ m，应用式（7-7-11）可得：

$$P=\frac{18000\times1.02\times\tan2°}{10.0}=64.1\text{ t}$$

2) 载荷增减

用载荷横向不均衡增减方法调整船舶横倾包括：某一舷注入（排出）压载水、在某些情况下一舷加载部分货物、海上一侧抛弃货物、油水横向不对称装载或使用等，但最常用的方法仍是通过注排压载水将初始横倾予以消除或减小。

设已知初始排水量 Δ 和初稳性高度为 GM，为消除或减小初始横倾角 θ，需将载荷 P 加载于距中纵剖面横向距离为 y_P 处，使其横倾角降至 θ_1。此时，需调整的横倾力矩值 Py_P 与调整后船舶的稳性力矩 $(\Delta+P)GM_1\tan\theta_1$ 作用方向相同，两者之和应与载荷增加前船舶所承受的横倾力矩 $\Delta GM\tan\theta_1$ 相等，即

$$Py_P+(\Delta+P)GM_1\tan\theta_1=\Delta GM\tan\theta \tag{7-7-12}$$

若完全消除初始横倾，即 $\theta_1=0$，则式（7-1-11）为：

$$Py_P=\Delta GM\tan\theta \tag{7-7-13}$$

例 7-7-4：某船 $\Delta=19\,869$ t，$KM=8.62$ m，$KG=7.51$ m，船舶呈右倾 $\theta=3°$，现拟在 No.4 压载舱（右）（$y_P=5.25$ m，$KP=0.79$ m）注入压载水使船舶横倾减至 $\theta_1=1°$，求应加多少吨压载水可满足要求？（不考虑自由液面的影响）

解：

将已知条件代入公式可得：

$$P=\frac{19868\times(8.62-7.51)\times(\tan3°-\tan1°)}{5.25+(8.62+0.79)\times\tan1°}=142.4\text{ t}$$

3. 船舶初稳性不足使船舶产生横倾

如图 7-7-2 所示，由于船舶水线面面积惯性矩变小或自由液面影响过大等因素的影响造成（如半潜船舶下潜作业或船舶大舱破损进水等）初稳性高度 GM 值为负时，船舶在正浮位置为不稳定平衡，初稳性丧失。在外界干扰下，船舶会横倾至 θ_0 的稳性平衡位置。船舶初稳性不足虽然不至于使船舶在静水中倾覆，但会使船舶产生初始横倾角，大倾角稳性变差。此时消除初始横倾的有效手段是增加船舶的初稳性高度 GM 值，严禁利用船舶压载水、油水等手段调整船舶重心的横向位置。

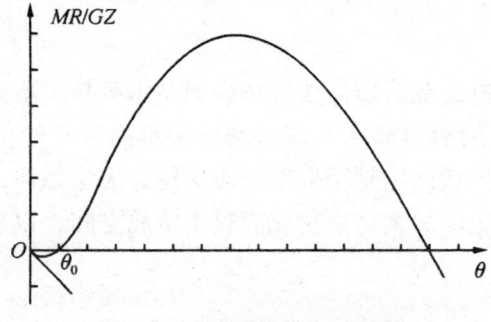

图 7-7-2 初稳性不足示意图

六、保证船舶适度稳性的措施

为使船舶在营运中具有安全而适度的稳性，驾驶人员应采取必要及必需的措施，以确保船舶营运安全，这些措施归纳起来大体有以下若干项。

1. 了解船舶状况及航线情况

驾驶人员应对所在船舶的技术状况做认真的分析和研究，从中了解船舶装载或压载的能力、重量分布及相应的稳性状态；熟悉本航线所经海区的自然条件、可能出现的气象现象等，从而确定既安全又适度的稳性大小。

2. 合理配载

在编制配载计划时，根据所确定的适度稳性大小分配各舱配货比例，合理搭配各类货物，制订切实可行的系固方案，以适应船舶稳性需要。为便于在船舶稳性校核前就能有效地控制船舶重心高度，减少或避免船舶装载方案确定后出现稳性校核不适当的情况，驾驶人员应当注意不断总结特定船舶在不同排水量条件下，各层舱间的合理分配货物重量比例。根据经验，对于万吨级船舶满载时，底舱和二层舱装载量所占全部载货量的比例一般为65%、35%；对于具有3层甲板的船舶，底舱、下二层舱、上二层舱的配货比例一般为55%、25%、20%。

3. 合理调整船舶稳性

当船舶装载状况的稳性不满足要求或需将实际装载后的稳性调至适度值时，应予以合理调整。在采取加（排）压载水方法时，应注意自由液面对稳性的影响，以及加（排）压载水后因排水量的变化导致许用重心高度或最小许用初稳性高度改变。加装甲板货时受风面积增大引起风压倾侧力矩增大致使稳性衡准数减小。

4. 货物紧密堆垛，防止大风浪航行中移位

在货物装载过程中，应加强值班监装，确保舱内货物堆垛紧凑，以防止船舶在大风浪中航行因大幅度摇摆而造成货物移位，严重影响船舶稳性。

5. 合理平舱

对于件杂货而言，各舱装载后应保持货物表面基本平整，不允许出现不同舱位处的货物表面凹凸不平，尤其是因舱口前后两端因堆垛困难而将其舱位弃之不用；对于固体散货，根据装货数量和货舱形状确定是否采取分段平舱，无论如何，散货装载完毕时应保证货物表面平整，对于满载舱应尽量将货物充满整个货舱空间，以减少或防止货物移动，必要时采取止移措施。

6. 尽量减少自由液面的影响

船舶在稳性较小的情况下，应尽量减小液体自由液面对稳性的不利影响。

7. 消除船舶初始横倾

船舶的初始横倾使静稳性力矩降低，从而对船舶的大倾角静稳性、动稳性都产生不利影响。因此，船舶在整个航次中，即无论是在装卸还是在航行中，都应避免出现初始横倾角。如由于不可避免的原因而存在初始横倾，应及时予以调整。

8. 航行中做好货物检查和加固

船舶在航行中应经常下舱检查货物情况，一旦发现问题及时采取措施，尤其是在大风浪到来之前，应对可能产生移动的货物予以加固，检查货舱的水密情况及甲板货堆装情况。

9. 改变船舶与波浪的相对位置

就船舶安全性而言，通常应考虑船舶在横风和横浪作用下造成船舶在海上大幅度横摇甚至发生倾覆的危险状态，以及船舶随浪航行且波峰居中引起稳性损失。

当船舶在风浪中航行，最不利状态是在横浪的作用下船舶由初始状态向上风舷横摇，当刚开始回摇时船舶在正横方向受到一突风作用，船舶稳性力矩与突风力矩的作用方向相同，将加剧船舶横倾。

当船舶随浪航行，如果波长近似等于船长且航速较慢时，波浪将自船尾至船首通过船舶，而对速度较快的船，将静止在某一波浪上一段时间。尤其是波速接近船速时，船舶与波浪的相对位置将保持不变。若波峰居于船中，船舶的稳性将小于静水中稳性；若波谷居于船中，船舶的稳性将大于静水中稳性。

此外船舶迎浪或随浪航行时，当船舶横摇固有周期与波浪周期之间存在一定的关系时，即使海况不是非常恶劣，船舶也有可能在很短时间内发生较大幅度的横摇，即伴随着显著的纵摇运动船舶将在短时间内产生很大的横摇角，这一现象称为参数横摇。

要发生参数横摇，必须满足一定的参数条件，比如波长要近似等于船长，波高要达到某一临界值，横摇阻尼要足够小，以及航速和航向条件等。参数横摇与普通横摇都属于船舶稳性的范畴，但两者的本质区别在于参数横摇并非来自外界环境的直接影响，而是由船舶在波浪中自身稳性的周期性变化引起的。

上述危险状态涉及船舶与波浪相对位置，因此在航行中可通过改向或变速的措施来改变船舶与波浪的相对状态，以脱离相应的危险境遇，改变船舶的外部环境。

10. 船长的责任

IMO稳性规则特别指出，鉴于船舶形式和大小以及航行环境的复杂性，防止船舶发生稳性事故的安全问题仍未完全解决。因此，尽管船舶稳性符合规则要求，但并不能保证即使忽略周围环境也不致使船舶倾覆或解除船长责任。

船长应当清楚，稳性满足了有关规则的规定只是满足了最低的要求。为了顾及船舶其他航行性能和经济性能，不可能孤立地要求船舶在任何风浪及操纵情况下不致倾覆。稳性基本衡准虽已考虑了横风横浪的联合作用，但船舶实际航行环境可能出现远比规则规定的横风和横浪联合作用更恶劣的状况。因此，船舶在航行中船长应注意其装载、气象和海况等情况，运用良好船艺谨慎驾驶。

第八节 船舶稳性资料应用

为便于驾驶人员掌握船舶的稳性情况，船舶设计或建造部门应向船舶提供经船舶检验机构（船级社）核准的船舶稳性报告书（Stability Report）或船舶装载手册（Loading Manual）或稳性及吃水计算书（Trim and Stability Calculation Book）。作为船舶驾驶人员，应了解船舶稳性资料的内容，学会熟练使用船舶稳性资料则是其基本职责。

一、船舶稳性资料的主要内容

根据《法定规则》的规定，船舶稳性资料应由船舶设计或建造部门负责提供并经船舶检验机构（船级社）审核批准，至少应包括下列内容：

1. 船舶主要参数

1）*船舶主尺度*

船舶主尺度包括：总长 L_{oa}、垂线间长 L_{bp}、型宽 B、型深 D 和型吃水 d。

2）*船舶载重参数*

船舶载重参数包括：空船排水量 Δ_L、满载排水量 Δ_s 和总载重量 DW 等。

（3）*船舶登记吨*

船舶登记吨包括：总吨 GT 和净吨 NT。

2. 基本装载情况稳性总结表

对于不同种类的船舶，《法定规则》规定的基本装载情况不完全相同。对于一般货船，基本装载情况至少包括满载出港、满载到港、空船压载出港、空船压载到港，并且假定：出港时油水装满为100%，到港时油水剩余10%，舱内货物重量均匀分布，重心取在容积中心处；压载时提供压载方案。实船上的基本装载情况往往包括更多的装载状态，以便船员对实际装载状态都可以找到一个与之相似的基本装载情况作比照。

根据各装载情况的重量和重心计算、纵倾及初稳性计算结果，绘制出静稳性曲线图，从而求出各装载情况下的稳性特征值,形成总结表。总结表的主要内容包括:装载状况、Δ、DW、d_F、d_A、t、GM、KM、$GZ_{30°}$、θ_{sm}、T_θ、稳性是否合格、备注等。

由于基本装载情况稳性总结表列出了主要装载状况下的初稳性、大倾角静稳性和动稳性各项特征值,因而它全面反映了船舶稳性的整体状态,是船舶稳性资料中的最重要内容之一。表7-8-1为根据我国《法定规则》建造的某国内航行船基本装载情况稳性总结表。

表7-8-1 基本装载情况稳性总结表

装载情况	Δ(t)	DW(t)	压载水(t)	压载舱名	吃水(m) d_F	吃水(m) d_A	GM (m)	GM_0 (m)	$GZ_{30°}$ (m)	θ_{sm}	K	稳性情况
满载出港	19650	14090			8.99	9.83	1.11	1.11	0.46	30°	3.91	符合
满载到港	18421	12861	310	尾深舱、尾尖舱	8.60	8.82	0.58	0.57	0.35	32°	2.64	符合
空载压载出港	8920	3360	1578	所有压载水舱	2.75	6.63	2.48	2.48	1.87	45°	4.09	符合
空载压载到港	7381	1821	1578	所有压载水舱	3.02	4.94	2.28	2.25	1.30	43°	2.27	符合

3. 主要使用说明

船舶稳性资料就如何使用以及相应的注意事项做了说明和解释,主要包括所适用的稳性规则、稳性及吃水的计算方法、获取良好稳性的途径、使用船舶稳性资料的注意事项。当船舶需要实际核算装载状态稳性时,应对稳性的各项指标进行计算,并判明是否全部满足要求。若稳性不满足或不适当,应采取适当措施予以调整。

应该强调的是,船舶稳性虽已符合规则要求,但营运中还可能遇到诸多不利情况,要求船长应注意船舶装载、气象及海况等情况,谨慎驾驶,确保船舶安全。

4. 各种基本装载情况稳性计算

对每一基本装载情况,列表给出空船、各货舱货物、各液舱油水、船员及行李、备品等各项重量及重心位置、重量垂向和纵向力矩,从而求得船舶在该装载状态下的Δ、d_F、d_A、d_m、KG_0、GM、δGM_f、T_θ等值;绘制出静稳性曲线图和动稳性曲线图,从而求得K、GZ_{30}、θ_{sm}等特征值。该项计算为稳性总结表提供了数据来源。

5. 液舱自由液面惯性矩表和力矩表

自由液面惯性矩表提供了各液舱在不同深度的i_x值,供修正初稳性高度查用,有的船除列出各液舱i_x值外,还列有各液舱自由液面力矩值,以方便使用。

6. 进水点位置及进水角曲线

船舶某些开口比如货舱口、通风筒等在关闭时不能满足《法定规则》中关于风雨密的要求，因而不能保持开口装置的有效状态，这些开口的端点即为进水点，船舶横倾至进水点时，则认为稳性完全丧失。作为驾驶人员，应清楚本船进水点位置及相应进水角，以防范大风浪海况下船内进水，也为大倾角稳性计算提供数据。

7. 最小许用初稳性高度曲线图或极限重心高度曲线图

为了使船员便于掌握船舶在营运过程中稳性是否满足我国《法定规则》或IMO《稳性规则》的要求，船舶稳性资料提供了最小许用初稳性高度曲线图/数据表或极限重心高度曲线图/数据表。

除上述《法定规则》规定的内容外，船舶稳性资料中一般还载有用于常规稳性、吃水计算的若干图表，如静水力参数表、各类舱容及中心坐标、稳性交叉曲线或图表、加载100 t货物首、尾吃水变化标尺或图表、风压倾侧力臂曲线、横摇周期与GM关系曲线等。对于有稳性特殊要求的船舶，还应提供相应的计算资料。由于船舶稳性资料是船舶稳性校核的原始资料，驾驶人员妥善保管、完备交接、正确使用；船舶经过重大改装后，对有关资料应予以更新。

应该指出，不同国家的船舶稳性资料，对于不同船舶其所包括的内容不完全相同，在使用时应首先了解其基本内容及所适应的稳性规则。

二、船舶稳性资料的应用

根据船舶稳性资料中提供的船舶资料可知，它的主要用途是为使驾驶人员了解和掌握船舶稳性的整体状况、核算船舶实际装载状态下的稳性。

1. 了解和掌握船舶稳性的整体状况

驾驶人员通过对报告书或手册的认真研读，可了解和掌握船舶稳性的整体状况，如基本装载情况下的稳性各项特征值大小，与稳性最低标准的比较，各舱重量的配装、压载状况下的压载水配置、油水重量及其分布、船舶横摇周期大小等。对于接班驾驶人员，应从报告书或手册以及船舶营运实际经验中尽快、准确了解本船稳性情况，以便有针对性地采取有效措施确保船舶安全。

2. 核算船舶实际装载状态下的稳性

有必要对其稳性予以核算的实际装载状态应包括船舶出港前装载状态、航行中稳性最不利装载状态、装卸期间因特殊原因致使船舶重心过高而对船舶稳性有任何怀疑时、认为有必要的其他情况等。船舶的稳性无论在开航时、航行中，还是在港前都应该满足衡准中各项要求。港内状态的船舶稳性，由于遮蔽条件较好，可视其停泊期间的气象条件，酌情降低其对稳性的要求，但至少应满足对船舶初稳性的最低要求。

对船舶在航期间的稳性校核，大体可分为以下两种情况：

1）实际装载状况与报告书或手册中某一基本装载情况大致相同

船舶稳性资料中所列各种典型装载情况，是船舶设计时拟定的基本装载工况，经核查其稳性满足衡准中各项要求。若船舶营运中的装载状况与船舶稳性资料中所列某一基本装载情况大致相同且稳性稍好于该基本装载情况时，可认为船舶实际营运条件下的稳性与船舶稳性资料中的核算结果相同，而不再对其予以重复计算。

2）实际装载状况与报告书或手册中的基本装载状况不相同

由于船舶营运中的装载状况大多与报告书或手册中的基本装载状况不一致，因此需对其做认真准确的校核。其核算过程如下：

（1）计算船舶的排水量及重心高度：

① 根据装载计划，分别求取各货舱货物重心高度。

各货舱货物重心高度可按各种货物体积中心确定其相应重心，或由各货舱舱容曲线查取。

② 各液舱柜液体重心由舱柜容积表或舱容曲线查取。

③ 求取排水量并计算船舶重心高度 KG。

（2）求液舱柜自由液面对初稳性高度修正量：

由液体舱柜名称查取"液体舱柜自由液面惯性 i_x 表"，按公式计算自由液面对 GM 的修正量。

（3）查取初稳心距基线高 KM：

根据装载排水量 Δ，查静水力资料得到相应的 KM 值。

（4）计算经自由液面修正后的初稳性高度 GM_0。

（5）核算船舶稳性是否满足稳性衡准的要求：

若船舶稳性资料中给出许用重心高度 KG_c 曲线或最小许用初稳性高度 GM_c 曲线，则由装载排水量 Δ 查得相应的 KG_c 或 GM_c 值，当实际装载状态下的 GM 或 KG 满足式（7-6-11）或式（7-6-12）时，则认为符合稳性衡准中的各项要求。

若船舶稳性资料中未提供许用重心高度曲线或最小许用初稳性高度资料时，首先应决定采用何种稳性规则（如IMO2008年IS规则）对船舶稳性进行核算。在此种情况下，一般应先绘制出静稳性曲线图，校核其大倾角静稳性及动稳性的各项指标是否满足。

在校核时，应注意甲板货的侧投影面积较大时对船舶稳性的影响，弄清船舶资料中的 KG_{max} 曲线和 GM_c 曲线中是否已考虑了甲板货的影响，若未考虑或难于确定时，应加算动稳性衡准某些指标（如稳性衡准数 K 或IMO的稳性天气衡准）。

（6）稳性状态的合理调整：

若经核算船舶稳性不符合规则要求，或认为稳性状态不理想，可对其做适当调整。当采用载荷增减方法（如加、排压载水）调整时，应注意载荷增减后对许用重心高度或最小许用初稳性高度的影响，考虑载荷增减后船舶稳性的相对改变。

3. 校核船舶的摇摆性

校核船舶摇摆性的目的，是使船舶避免在航行中落入谐摇区，从而保证船舶安全。根据海面通常的波长范围，对于自摇周期小于12 s的船舶横对波浪时，有很多机会将落入谐摇区，尤其是摇摆周期在9 s左右时落入谐摇区的概率更大。而当摇摆周期大于14 s时，则船舶发生谐摇的概率就较小。因此，对于航行中的船舶，在满足对其完整稳性最低要求的前提下，实际装载状态的未经自由液面修正的初稳性高度应同时满足：

$$GM \leq GM_{T_\theta = 9\,s}$$

式中，$GM_{T_\theta=9\,s}$ 值可由船舶稳性资料提供的 GM–T_θ 曲线查取，或按横摇周期公式计算。当船舶自摇周期接近9 s时，与波浪发生谐摇的可能性较大，而横摇周期低于9 s时，船舶摇摆剧烈，船体结构受力过大，船员工作生活环境恶化，可能造成货物移位，因此应尽量避免船舶横摇周期 $T_\theta < 9$ s，以确保船舶安全航行。

第八章

船舶吃水差

本章学习目标

1. 了解船舶吃水差及其与船舶性能的关系；
2. 掌握船舶吃水差及首、尾吃水的计算；
3. 掌握船舶吃水差的影响因素及其计算；
4. 掌握吃水差比尺及其应用；
5. 掌握吃水差调整的方法及措施。

当船舶浮心和重心的纵向坐标不相等时，船舶在重力和浮力所形成的力矩作用下产生纵向倾斜的浮态称为纵倾（trim）。纵倾程度通常用船舶吃水差 t 或纵倾角 φ 来描述。吃水差是指首吃水 d_F 与尾吃水 d_A 的差值，用符号 t 表示。

$$t = d_F - d_A$$

根据吃水差 t 的正、负、零，依次定义船舶纵倾状态为首倾、尾倾及平吃水。

船舶纵倾角 φ 满足：

$$\tan\varphi = \frac{t}{L}$$

需要说明的是，世界上某些航运国家（如日本）将尾吃水与首吃水的差值定义为吃水差，这与我国定义的吃水差符号恰好相反。为保证船舶的航行性能，要求船舶具有适宜的吃水差和吃水。

第一节 吃水差与营运船舶性能的关系

一、船舶吃水差及吃水对航海性能的影响

船舶吃水差及吃水对操纵性、快速性、耐波性都会产生一定的影响。尾倾过大，船舶操纵性变差，航速降低，船首部底板易受波浪拍击而导致损坏，特别是处于空载时船首瞭望盲区增大；首倾且轻载时使螺旋桨和舵叶的入水深度减小，影响船舶的推进效率和舵效，首部甲板容易上浪，而且船舶在风浪中纵摇和垂荡时，使螺旋桨和舵叶易露出水面，造成飞车。

船舶空载航行时，因吃水小，影响螺旋桨和舵叶的入水深度，使船舶操纵性、快速性和耐波性变差。另外，因受风面积的增大，也会影响船舶稳性。

船舶在航行中保持足够的吃水和适度尾倾，使螺旋桨和舵叶及船首底部在水面下具有足够深度，它可以使船体水下部分流体线型良好，螺旋桨沉深增大，有利于提高推进效率，同时也改善了舵效，减少甲板上浪及波浪对船首底部结构的拍击，并增大了船舶的抗风浪能力。

二、营运船舶对吃水差的要求

船舶在航行中为保证其航海性能，应使船舶适度尾倾。船舶开航前，尾吃水差适宜值与船舶大小、装载状况、航速等因素有关。实践经验表明，万吨级货船适度吃水差为：满载时-0.3~-0.5 m，半载时-0.6~-0.8 m，轻载时-0.9~-1.9 m。各船具体情况不同，驾驶人员应根据本船实际状况确定适当尾吃水差值。对于船速较高的船舶，出港前静态时允许稍有首倾，转入正常航行后由于舷外水的压强相对降低使船处于一定尾倾。大吨位船舶满载进出港或浅水区因水深限制，则要求船舶平吃水，以免搁浅，并有利于多装货物。对有些港口，在计收某些港口使费时与船舶最大吃水有关，出入此类港口的船舶，应尽量保持平吃水。另外，实践表明，船舶不同装载状况下若航速一定，存在一纵倾状态使船舶航行阻力最小，因而所耗主机功率也最小，从而节省了燃料或者在相同主机功率消耗下航速最快，该纵倾状态称为最佳纵倾。

三、空载航行船舶对吃水及吃水差的要求

船舶在空载时，因为船舶吃水过小及不适当的吃水差会给船舶安全航行带来不利影响，所以应通过加压载水的方法使船舶的纵向浮态满足一定要求。

船舶空船压载后的吃水，至少应达到夏季满载吃水的50%，冬季航行时因风浪较大，应使其达到夏季满载吃水的55%以上。为了保证营运船舶的安全，IMO提出了压载航行最小吃水的要求。我国相关机构在分析了IMO浮态衡准后，建议远洋船舶的纵向浮态应满足以下要求：

对船长 $L_{bp} \leqslant 150$ m 的船舶：

$$\begin{cases} d_{Fmin} \geqslant 0.025 L_{bp} \\ d_{Mmin} \geqslant 0.02 L_{bp} + 2 \end{cases} \tag{8-1-1}$$

对船长 $L_{bp} > 150$ m 的船舶：

$$\begin{cases} d_{Fmin} \geqslant 0.012 L_{bp} + 2 \\ d_{Mmin} \geqslant 0.02 L_{bp} + 2 \end{cases} \tag{8-1-2}$$

应该指出，不同种类及吨位的船舶，由于其压载舱容积不同，压载舱注满压载水后能否满足上述衡准，船长应从船舶资料中获取答案，做到心中有数。一般，对于专用船舶，如液体散货船、固体散货船、集装箱船等，其压载能力均可满足最小吃水要求。

对于尾吃水，应使螺旋桨具有足够的入水深度。船舶营运实践表明，当螺旋桨沉深 h（螺旋桨轴中心线至水面的垂距）与螺旋桨盘面直径 D 的比值，即螺旋桨沉深比 $\frac{h}{D} < 0.50$ 时，将显著影响螺旋桨的推力和转矩；当 $\frac{h}{D} > (0.65 \sim 0.75)$ 时，可改善其快速性。在恶劣气象条件下，会引起船舶大幅度的纵摇，要求保持螺旋桨具有较大的沉深。

同时船舶吃水差与船长之比 $|t|/L_{bp}$ 应小于 2.5%，即纵倾角小于 1.5°。

第二节 船舶吃水差及首、尾吃水计算

在配载计划编制后，应根据载荷重量的纵向分布情况，对船舶吃水差及首、尾吃水予以计算。

一、吃水差计算

船舶装载后由于重心 G_1 纵向位置不与假设的某正浮状态的浮心 B_0 纵向位置共垂线，所以浮力与重力形成一纵倾力矩 M_L，由图 8-2-1 可知，该力矩可表示为：

$$\Delta M_L = \Delta l = \Delta(x_{g1} - x_{b0}) \tag{8-2-1}$$

式中：

x_{g1}——船舶重心 G_1 的纵坐标，即船舶重心距船中距离（m）；

x_{b0}——船舶浮心纵坐标，即假设正浮时船舶浮心距船中距离（m）。

根据每厘米纵倾力矩 MTC 的定义，吃水差 t 可表达为：

$$t = \frac{M_L}{100MTC} = \frac{\Delta(x_g - x_b)}{100MTC} \tag{8-2-2}$$

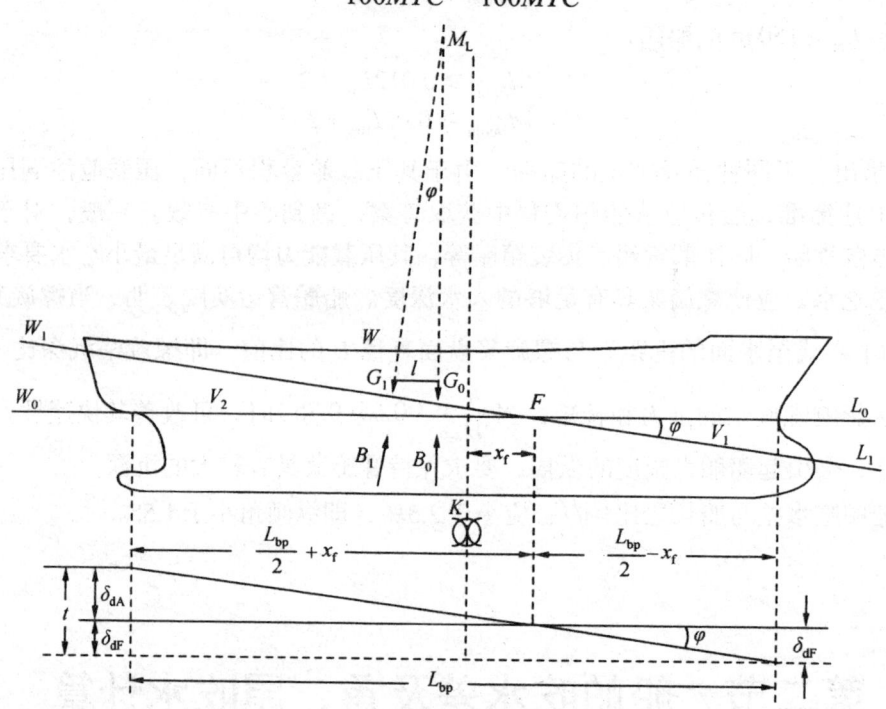

图 8-2-1　吃水差及首、尾吃水计算原理图

二、吃水差及首、尾吃水的基本计算

船舶在计算吃水差及首、尾吃水时，可按下述程序进行。

1. 计算船舶排水量和重心纵坐标

$$\Delta = \sum P_i$$

$$x_g = \frac{\sum P_i x_i}{\Delta} \tag{8-2-3}$$

式中：

P_i——构成排水量的第 i 项载荷重量（t），包括空船重量 Δ_L、船舶常数 C、各货舱所装货物、各项航次储备等。各货舱货物重量由配载图确定。

x_i——P_i 的重心纵向坐标（m）。我国规定：重心在船中前，x_i 为 +；重心在船中后，x_i 为 –。

$\sum P_i x_i$——全船纵向重量力矩（9.81 kN·m）。

x_i 的求取：

（1）空船重心的纵坐标

空船重心的纵坐标值，可查取船舶资料（装载手册）获得。

（2）油水等重心纵坐标

无论是否装满，均按舱容中心对待，舱容中心纵坐标可查液舱柜容积表。

（3）各舱货物重心纵坐标

一般地，各舱货物重心可近似取为货舱容积中心，相应舱容中心纵坐标可由货舱容积表查取。

2. 由装载排水量查静水力资料，获取有关计算参数

根据装载后的 Δ，从静水力图表中查得 d_m、x_b、x_f 和 MTC。应该注意的是，在坐标系中，浮心、漂心在船中前时 x_b 和 x_f 取+，在船中后则相应取 –。

3. 计算船舶吃水差 t

按式（8-2-2）求取船舶在装载状态下的吃水差。

4. 计算船舶首吃水 d_F 和尾吃水 d_A

由图 8-2-1 可知，将吃水差 t 在首、尾吃水处的分配量 δd_F、δd_A 与平均吃水 d_m 叠加，即可求得 d_F 和 d_A，于是有：

$$\begin{cases} d_F = d_m + \dfrac{L_{bp}/2 - x_f}{L_{bp}} t = d_m + (0.5 - \dfrac{x_f}{L_{bp}})t \\ d_A = d_m - \dfrac{L_{bp}/2 + x_f}{L_{bp}} t = d_m - (0.5 + \dfrac{x_f}{L_{bp}})t \end{cases} \tag{8-2-4}$$

当漂心在船中时，$x_f = 0$，式（8-2-4）变为：

$$\begin{cases} d_F = d_m + \dfrac{t}{2} \\ d_A = d_m - \dfrac{t}{2} \end{cases} \tag{8-2-5}$$

第三节 载荷纵移、重量增减及舷外水密度改变对纵向浮态的影响

一、载荷纵移

载荷纵向移动包括配载计划编制时不同货舱内货物的调整及压载水、淡水或燃油的调拨等情况。船上载荷纵移后产生了一纵倾力矩，引起吃水差改变，导致船舶纵向浮态发生变化。

设船舶装载排水量为 Δ，首、尾吃水 d_F、d_A，吃水差 t。船上载荷 P 沿纵向移动距离为 x，从而产生纵倾力矩 Px，于是载荷移动引起的吃水差改变量 δt 为：

$$\delta t = \frac{Px}{100MTC} \tag{8-3-1}$$

式中，P 前移（向船首方向），x 取 $+$；P 后移（向船尾方向），x 取 $-$。

载荷移动后新的首、尾吃水 d_{F1}、d_{A1} 和吃水差 t_1 为：

$$\begin{cases} d_{F1} = d_F + \delta d_F = d_F + (0.5 - \dfrac{x_f}{L_{bp}})\delta t \\ d_{A1} = d_A - \delta d_A = d_A - (0.5 + \dfrac{x_f}{L_{bp}})\delta t \\ t_1 = d_{F1} - d_{A1} = t + \delta t \end{cases} \tag{8-3-2}$$

当漂心在船中时，$x_f = 0$，式（8-3-2）变为：

$$\begin{cases} d_{F1} = d_F + \delta d_F = d_F + \dfrac{\delta t}{2} \\ d_{A1} = d_A - \delta d_A = d_A - \dfrac{\delta t}{2} \\ t_1 = d_{F1} - d_{A1} = t + \delta t \end{cases} \tag{8-3-3}$$

例 8-3-1：某船 $\Delta = 20325$ t，$d_F = 8.29$ m，$d_A = 9.29$ m，$x_f = -1.54$ m，$MTC = 9.81 \times 227.1$ kN·m，为减小船舶中垂，拟将 No.3 压载舱（$x_{p3} = 12.1$ m）压载水 250 t 调拨至 No.1 压载舱（$x_{p1} = 45.14$ m），已知船长 $L_{bp} = 140$ m，试求压载水调拨后的 d_{F1}、d_{A1} 和 t_1。

解：
(1) 求吃水差的改变量 δt：
$$\delta t = \frac{250 \times (45.14 - 12.10)}{100 \times 227.1} = 0.36 \text{ m}$$
(2) 求压载水调拨后的 d_{F1}、d_{A1} 和 t_1：
$$\begin{aligned} d_F &= 8.29 + \frac{70 + 1.54}{140} \times 0.36 \\ &= 8.47 \text{ m} \\ d_A &= 9.29 - \frac{70 - 1.54}{140} \times 0.36 \\ &= 9.11 \text{ m} \\ t_1 &= 8.47 - 9.11 \\ &= (8.29 - 9.29) + 0.36 \\ &= -0.64 \text{ m} \end{aligned}$$

二、重量增减

重量增减包括中途港货物装卸、加排压载水、油水消耗和补给、破舱进水等情况，按增减量及吃水差计算方法不同，可分为大量增减和少量增减两种。

1. 少量增减

重量少量增加可以看成是先将载荷装在初始漂心的垂线上，船舶平行沉浮，然后再由漂心垂线位置上沿船长方向移至实际装载位置；重量少量减少则可看成是先将载荷沿船长方向移至漂心垂线上，然后由该处卸出。

1) 平行沉浮的条件

重量少量增减一般指载荷增减量小于 10% 船舶装载排水量的装卸情况，即 $P<10\%\Delta$。

设船舶载荷增减前全船总重量为 W，排水量为 Δ，初始水线为 WL，显然此时船舶满足平衡条件：

$$\begin{cases} W = \Delta \\ x_g = x_b \\ y_g = y_b \end{cases}$$

如图 8-3-1 所示，现假设载荷增加后船舶自初始水线 WL 平行下沉至水线 W_1L_1，WL 与 W_1L_1 两平行水线间的排水量为 $\delta\Delta$，排水体积为 $\delta\nabla$。浮心位于 k，其坐标为 x_k, y_k, z_k。在载荷少量增加的情况下，近似有：

$$\begin{cases} A_w = A_{w1} \\ x_f = x_{f1} \end{cases}$$

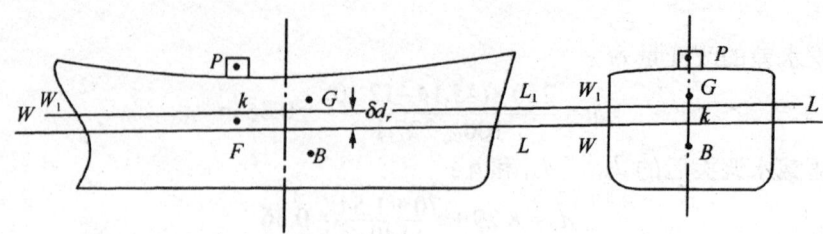

图8-3-1 船舶平行沉浮

式中：

A_w——载荷增加前 WL 处水线面积（m²）；

A_{w1}——载荷增加后 W_1L_1 处水线面积（m²）；

x_f——载荷增加前漂心纵坐标（m）；

x_{f1}——载荷增加后漂心纵坐标（m）。

由于浮心 k 点位于初始漂心 F 的垂线上，于是可知，载荷增加量 P 与排水改变量 $\delta\Delta$ 在满足平衡条件时，船舶将平行下沉，即

$$\begin{cases} x_f = x_P \\ y_f = y_k = 0 \end{cases} \tag{8-3-4}$$

式中：

x_P——载荷重心纵坐标（m）；

y_P——载荷重心横坐标（m）。

由上可知，船舶平行沉浮的条件是：少量增减的载荷重心位于初始漂心 F 的垂线上。

2) 载荷少量增减对纵向浮态影响计算

现以重量增加为例。如图8-3-2所示，设重量增加前船舶初始状态时的首、尾吃水为 d_F 和 d_A，平均吃水 $d_m = \dfrac{d_F + d_A}{2}$，相应的船舶参数为 TPC、MTC 和 x_f，现拟将载荷 P 装于 x_P 处。

首先假设载荷 P 装在初始漂心的垂线上，船舶平行下沉，此时吃水平行改变量 δd 为：

$$\delta d = \frac{P}{100TPC} \tag{8-3-5}$$

然后将载荷 P 由漂心垂线处水平移至实际装载位置 x_P 处，则纵移距离为 $(x_P - x_f)$，载荷纵移后将引起吃水差的改变，其吃水差改变量 δt 可写成：

$$\delta t = \frac{P(x_P - x_f)}{100MTC} \tag{8-3-6}$$

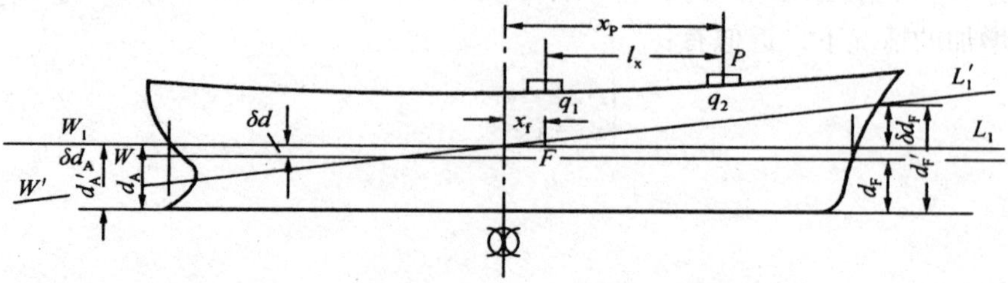

图8-3-2 少量装载

第八章 船舶吃水差

由式（8-3-6）可见，当载荷装于漂心前$(x_P>x_f)$时，$\delta t>0$，船舶尾倾减小或首倾增大；而载荷装于漂心后$(x_P<x_f)$时，$\delta t<0$，船舶首倾减小或尾倾增大；载荷装于漂心垂线上$(x_P=x_f)$时，$\delta t=0$，船舶原纵倾状态不变。

在利用式（8-3-5）和式（8-3-6）计算δd和δt时，装载时P取+，卸载时P取-。

在考虑了平行沉浮和纵倾改变的影响后，由于少量装卸引起的船舶首、尾吃水改变量δd_F和δd_A可由下式求得：

$$\begin{cases} \delta d'_F = \delta d + (0.5 - \dfrac{x_f}{L_{bp}})\delta t \\ \delta d'_A = \delta d - (0.5 + \dfrac{x_f}{L_{bp}})\delta t \end{cases} \quad (8\text{-}3\text{-}7)$$

少量载荷增减后船舶新的首尾吃水d_{F1}、d_{A1}和新吃水差t_1应为：

$$\begin{cases} d_{F1} = d_F + \delta d'_F \\ d_{A1} = d_A + \delta d'_A \\ t_1 = d_{F1} - d_{A1} \\ = t + \delta t \end{cases} \quad (8\text{-}3\text{-}8)$$

例8-3-2：某船由某港开航时$\Delta=20122$ t，首吃水$d_F=8.50$ m，尾吃水$d_A=8.90$ m，航行途中油水消耗：燃油300 t（$x_P=-10.50$ m），柴油20 t（$x_P=-40.00$ m），淡水90 t（$x_P=-68.00$ m），求船舶抵港时的首、尾吃水d_{F1}、d_{A1}。已知$\Delta=20122$ t时$x_f=-1.42$ m，$TPC=25.5$ t/cm，$MTC=9.81\times225.1$ kN·m/cm，$L_{bp}=140$ m。

解：

（1）计算油水消耗后船舶吃水平行上浮量δd及吃水差改变量δt：

$$\delta d = \frac{(-300)+(-20)+(-90)}{100\times25.5} = -0.16 \text{ m}$$

$$\delta t = \frac{-300\times(-10.50+1.42)-20\times(-40+1.42)-90\times(-68+1.42)}{100\times225.1}$$

$$= -0.42 \text{ m}$$

（2）计算首、尾吃水改变量δd_F、δd_A：

$$\delta d_F = (-0.16) + \frac{70+1.42}{140}\times(-0.42)$$

$$= -0.37 \text{ m}$$

$$\delta d_A = (-0.16) - \frac{70-1.42}{140}\times(-0.42)$$

$$= 0.05 \text{ m}$$

（3）求船舶抵港时的首、尾吃水d_{F1}、d_{A1}：

$$d_{F1} = 8.50 - 0.37$$
$$\phantom{d_{F1}}= 8.13 \text{ m}$$
$$d_{A1} = 8.90 + 0.05$$
$$\phantom{d_{A1}}= 8.95 \text{ m}$$

2. 大量增减

载荷大量增减前后其吃水改变较为显著，而不同吃水时的TPC、MTC和x_f有明显差别，因此若利用少量增减的方法确定装卸后的纵向浮态将引起较大的误差。

载荷大量增减时，吃水差及首、尾吃水计算可按下式步骤进行。

1）求载荷增减后的船舶排水量和重心高度

设船舶初始状态时排水量为 Δ，重心纵坐标为 x_g，载荷增减量为 $\sum P_i$，纵向力矩为 $\sum P_i x_i$，则载荷增减后的排水量 Δ_1 和重心高度 x_{g1} 为：

$$\begin{cases} \Delta_1 = \Delta + \sum P_i \\ x_{g1} = \dfrac{\Delta x_g + \sum P_i x_i}{\Delta_1} \end{cases} \quad (8\text{-}3\text{-}9)$$

其中，装载时，P_i 取+；卸载时，P_i 取-。

2）由载荷增减后的排水量查取有关静水力参数

根据 Δ_1 查静水力参数表得载荷增减后的 d_{m1}、x_{b1}、x_{f1} 和 MTC_1。

（1）计算载荷增减后的吃水差 t_1：

$$t_1 = \dfrac{\Delta_1 (x_{g1} - x_{b1})}{100 MTC_1} \quad (8\text{-}3\text{-}10)$$

（2）计算载荷增减后的首尾吃水 d_{F1}、d_{A1}：

$$\begin{cases} d_{F1} = d_{m1} + (0.5 - \dfrac{x_f}{L_{bp}}) t_1 \\ d_{A1} = d_{m1} - (0.5 + \dfrac{x_f}{L_{bp}}) t_1 \end{cases} \quad (8\text{-}3\text{-}11)$$

当然，上述计算方法也适用于少量载荷增减的情况，只是为了简化计算而利用式（8-3-6）、（8-3-7）及（8-3-8）来计算少量载荷增减时船舶吃水差及首、尾吃水。

例 8-3-3：某船开航前 $\Delta = 16860$ t，$x_g = -1.71$ m，$d_m = 8.10$ m，$d_F = 7.78$ m，$d_A = 8.38$ m，$x_f = -4.3$ m。航行中油水消耗：燃料油 200 t（$x_P = 3.00$ m）、柴油 18 t（$x_P = -40$ m）、淡水 80 t（$x_P = -60$ m），船舶到中途港后在下列舱位（表 8-3-1）加载部分货物。已知当 $\Delta_1 = 18562$ t 时，$d_{m1} = 8.78$ m，$x_{b1} = -1.30$ m，$x_{f1} = -5.60$ m，$MTC_1 = 9.81 \times 228$ kN·m/cm，$L_{bp} = 145$ m，求船舶驶离中途港时的首、尾吃水 d_{F1}、d_{A1}。

表 8-3-1　加载货物数量表

舱 名	重量(t)	重心纵坐标(m)	重量纵向力矩(9.81 kN·m)
No.1 二层舱	500	52.84	26420
No.3 二层舱	500	7.95	3975
No.5 二层舱	1000	-56.57	-56570
合 计	2000		-26175

解：

（1）求 Δ_1 和 x_{g1}：

$$\Delta_1 = 16860 - 298 + 2000$$
$$= 18562 \text{ t}$$

$$\sum P_i x_i = -200 \times (-30) - 18 \times (-40) - 80 \times (-60) + 500 \times 52.84 + 500 \times 7.95 + 1000 \times (-56.57)$$
$$= 14656 \text{ t·m}$$

$$x_{g1} = \frac{16860 \times (-1.71) - 14655}{18562}$$
$$= -2.34 \text{ m}$$

（2）求 t_1：

$$t_1 = \frac{9.81 \times 18562 \times (-2.34 + 1.30)}{9.81 \times 100 \times 228}$$
$$= -0.84 \text{ m}$$

（3）求 d_{F1} 和 d_{A1}：

$$d_{F1} = 8.78 + \frac{72.5 + 5.6}{145} \times (-0.84)$$
$$= 8.33 \text{ m}$$
$$d_{A1} = 8.78 - \frac{72.5 - 5.6}{145} \times (-0.84)$$
$$= 9.17 \text{ m}$$

三、舷外水密度改变对吃水差的影响计算

大型船舶装载吃水通常受港口水深限制，为了尽量多装货物，要求船舶平吃水进出港；同时，船舶从海上航行到目的港，或由港内航行至海上，往往又是进出于不同水密度的水域。因此，在配载时需解决船舶进出不同水密度水域时的吃水改变量和吃水差改变量。

图 8-3-3 所示，船舶由水密度 ρ_0 水域进入水密度 ρ_1 水域前，其初始水线为 WL，此时重力通过重心 G 与浮力通过浮心 B 构成平衡力系。

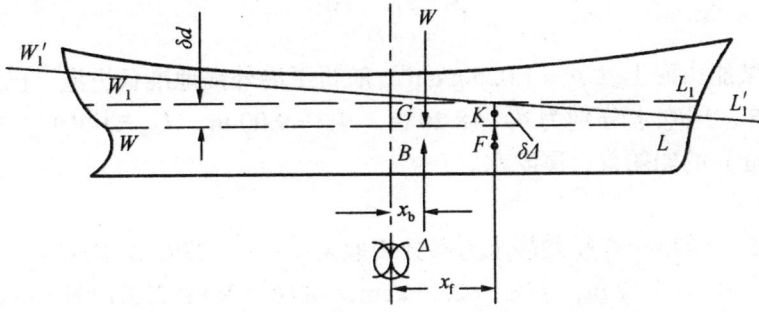

图 8-3-3　船舶由海入淡时吃水差改变量

设船舶排水量为 Δ，每厘米吨数为 TPC，则船舶进入水密度为 ρ_1 的水域平行下沉后吃水改变量 δd_ρ 为：

$$\delta d_\rho = \frac{\Delta}{100TPC} \cdot (\frac{\rho_s}{\rho_1} - \frac{\rho_s}{\rho_0}) \qquad (8\text{-}3\text{-}12)$$

式中：

ρ_s——标准海水密度，$\rho = 1.025 \text{ g/cm}^3$。

相应水线为 W_1L_1，则 WL 和 W_1L_1 之间的排水量改变量 $\delta\Delta$ 为：

$$\delta\Delta = 100\delta d_\rho \times TPC \qquad (8\text{-}3\text{-}13)$$

$\delta\Delta$ 的作用中心位于 k，k 为 WL 与 W_1L_1 之间排水体积的几何中心。由于 $\delta\Delta$ 通常较小，k 的纵坐标近似取为 x_f。此时原水线 WL 下的排水量变为 $(\Delta - \delta\Delta)$，其浮心位置仍在 B 处。这就相当于原排水量 Δ 内的 $\delta\Delta$ 由 B 点移至 k 点，纵移距离为 $(x_b - x_f)$，使船舶产生纵倾力矩，其大小为：

$$M_{L1} = \delta\Delta \cdot (x_b - x_f)$$

由此引起吃水差改变 δt，其值为：

$$\delta t = \frac{\delta\Delta \cdot (x_b - x_f)}{100TPC} \qquad (8\text{-}3\text{-}14)$$

将式（8-3-12）、式（8-3-13）代入式（8-3-14），可求得船舶进入水密度 ρ_1 水域时吃水差改变量 δt 表达式：

$$\delta t = \frac{TPC \cdot (x_b - x_f)}{MTC} \cdot \delta d_\rho \qquad (8\text{-}3\text{-}15)$$

同理，根据式（8-3-7）和式（8-3-8）可得：

$$\begin{cases} \delta d_F = (0.5 - \dfrac{x_f}{L_{bp}}) \cdot \delta t \\ \delta d_A = -(0.5 + \dfrac{x_f}{L_{bp}}) \cdot \delta t \end{cases}$$

船舶进入水密度 ρ_1 水域时的吃水差和首、尾吃水为：

$$\begin{cases} d_{F1} = d_F + \delta d_\rho + \delta d_F \\ d_{A1} = d_A + \delta d_\rho + \delta d_A \\ t_1 = d_{F1} - d_{A1} \\ \quad = t + \delta t \end{cases}$$

例 8-3-4：某船由海上（$\rho = 1.025 \text{ g/cm}^3$）航行至港外锚地准备进港，已知船舶排水量 $\Delta = 19869 \text{ t}$，首、尾吃水分别为 $d_F = 8.20 \text{ m}$，$d_A = 9.00 \text{ m}$，$L_{bp} = 150 \text{ m}$，求船舶进港时（$\rho = 1.010 \text{ g/cm}^3$）的船舶首、尾吃水。

解：

（1）根据 $\Delta = 19869 \text{ t}$ 查船舶静水力参数表取 x_b、x_f、TPC 和 MTC：

$x_b = 1.66 \text{ m}$，$x_f = -1.31 \text{ m}$，$TPC = 25.5 \text{ t/cm}$，$MTC = 9.81 \times 223.1 \text{ kN} \cdot \text{m/cm}$

（2）计算吃水改变量 δd_ρ：

$$\delta d_\rho = \frac{19869}{100 \times 25.5} \times (\frac{1.025}{1.010} - \frac{1.025}{1.025})$$
$$= 0.12 \text{ m}$$

(3) 计算吃水差改变量 δt：

$$\delta t = \frac{25.5 \times 0.12 \times (1.66 + 1.31)}{223}$$
$$= 0.04 \text{ m}$$

(4) 计算船舶首、尾吃水 d_{F1} 和 d_{A1}：

$$d_{F1} = 8.20 + 0.12 + (0.5 - \frac{-1.31}{150}) \times 0.04$$
$$= 8.34 \text{ m}$$
$$d_{A1} = 9.00 + 0.12 - (0.5 + \frac{-1.31}{150}) \times 0.04$$
$$= 9.10 \text{ m}$$

第四节 吃水差比尺

为简化吃水差及首、尾吃水的计算，船舶资料中配备有吃水差比尺计算图表，方便船舶驾驶人员使用。

吃水差比尺是一种少量载荷变动时核算船舶纵向浮态变化的简易图表，它表示在船上任意位置加载 100 t（有的规模较小的船舶为 30 t、规模较大的船舶为 500 t）后，船舶首、尾吃水改变量的图表，如图 8-4-1 所示。横坐标为加载重量 100 t 的纵向位置 x_P，纵坐标为船舶平均吃水 d_m，图中两组曲线，虚线表示首吃水改变量 $\delta d'_F$，实线表示尾吃水改变量 $\delta d'_A$。为了使用的方便，多数船上配备了由图 8-4-1 的曲线图转换而成的数值表（表 8-4-1）。

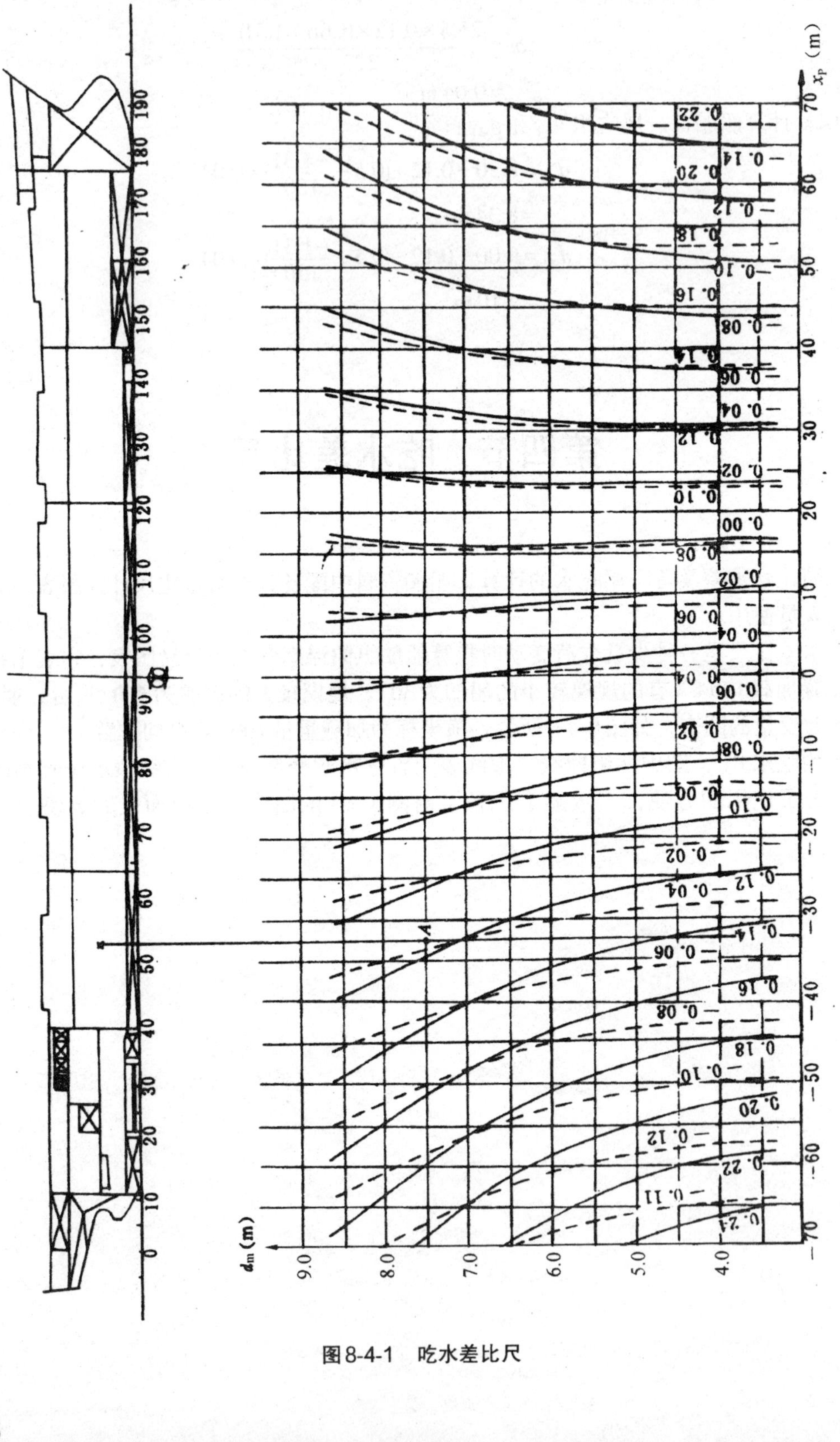

图8-4-1 吃水差比尺

第八章 船舶吃水差

表 8-4-1　加载 100 t 首尾吃水变化数值表

吃水 (m)	排水量 (t)	No.1 货舱 x_F=50.37 m		No.2 货舱 x_F=31.19 m		No.3 货舱 x_F=12.15 m	
		$\delta d'_F$(cm)	$\delta d'_A$(cm)	$\delta d'_F$(cm)	$\delta d'_A$(cm)	$\delta d'_F$(cm)	$\delta d'_A$(cm)
4.0	8 653	17.34	−9.03	12.12	−3.82	6.93	1.36
4.5	9 823	17.87	−9.66	12.14	−4.01	6.96	1.34
5.0	11 014	18.35	−9.66	12.15	−4.16	6.99	1.31
5.5	12 208	17.75	−9.48	12.09	−4.09	7.01	1.25
6.0	13 421	17.12	−9.28	12.05	−4.03	7.03	1.18
6.5	14 610	17.08	−9.12	12.07	−3.99	7.10	1.10
7.0	15 855	17.02	−8.95	12.07	−3.96	7.15	1.00
7.5	17 089	16.73	−8.55	11.92	−3.78	7.15	0.96
8.0	18 334	16.41	−8.17	11.75	−3.61	7.12	0.91
8.5	19 615	16.05	−7.75	11.55	−3.41	7.08	0.90
9.0	20 881	15.70	−7.37	11.35	−3.23	7.04	0.87
吃水 (m)	排水量 (t)	No.4 货舱 x_F=−10.67 m		No.5 货舱 x_F=−33.35 m		首尖舱 x_F=66.35 m	
		$\delta d'_F$(cm)	$\delta d'_A$(cm)	$\delta d'_F$(cm)	$\delta d'_A$(cm)	$\delta d'_F$(cm)	$\delta d'_A$(cm)
4.0	8 653	0.71	7.57	−5.48	14.74	21.71	−13.38
4.5	9 823	0.77	7.73	−5.42	14.55	21.70	−13.82
5.0	11 014	0.80	7.86	−5.35	14.36	21.69	−14.25
5.5	12 208	0.91	7.64	−5.17	14.01	21.51	−14.56
6.0	13 421	1.01	7.43	−4.98	13.64	21.33	−13.65
6.5	14 610	1.14	7.20	−4.79	13.26	21.26	−13.39
7.0	15 855	1.26	6.95	−4.60	12.85	21.15	−13.11
7.5	17 089	1.43	6.63	−4.25	12.27	20.73	−12.52
8.0	18 334	1.57	6.34	−3.94	11.74	20.29	−11.98
8.5	19 615	1.73	6.06	−3.59	11.19	19.80	−11.36
9.0	20 881	1.86	5.79	−3.28	10.67	19.33	−10.81
吃水 (m)	排水量 (t)	No.1 压载舱 x_F=45.14 m		No.2 燃油舱 x_F=30.65 m		No.3 燃油舱 x_F=12.10 m	
		$\delta d'_F$(cm)	$\delta d'_A$(cm)	$\delta d'_F$(cm)	$\delta d'_A$(cm)	$\delta d'_F$(cm)	$\delta d'_A$(cm)
4.0	8 653	16.03	−7.61	11.98	−3.67	6.92	1.38
4.5	9 823	15.98	−7.89	11.99	−3.84	6.94	1.35
5.0	11 014	15.93	−8.16	12.00	−4.00	6.97	1.32
5.5	12 208	15.85	−8.01	11.96	−3.94	6.99	1.26
6.0	13 421	15.74	−7.84	11.91	−3.88	7.02	1.20
6.5	14 610	15.71	−7.72	11.93	−3.85	7.08	1.11
7.0	15 855	15.67	−7.59	11.93	−3.82	7.14	1.02
7.5	17 089	15.42	−7.25	11.79	−3.64	7.14	0.97
8.0	18 334	15.14	−6.93	11.62	−3.49	7.11	0.93
8.5	19 615	15.82	−6.56	11.42	−3.29	7.07	0.91
9.0	20 881	14.52	−6.24	11.23	−3.12	7.02	0.88

1. 吃水差比尺的制作原理

由式（8-3-5）、（8-3-6）、（8-3-7）可得：

$$\begin{cases} \delta d'_F = P \cdot \left[\dfrac{1}{100TPC} + (0.5 - \dfrac{x_f}{L_{bp}}) \cdot \dfrac{(x_P - x_f)}{100MTC} \right] \\ \delta d'_A = P \cdot \left[\dfrac{1}{100TPC} - (0.5 + \dfrac{x_f}{L_{bp}}) \cdot \dfrac{(x_P - x_f)}{100MTC} \right] \end{cases} \quad (8\text{-}4\text{-}1)$$

取 $P = 100\ t$，改变 x_P 即可得到 $\delta d'_F$ 和 $\delta d'_A$。

2. 吃水差比尺的使用

（1）在图中横轴和纵轴上分别作垂线和水平线。

（2）读出两直线交点确定的和 $\delta d'_F$ 和 $\delta d'_A$ 值。

（3）若实际装载量是 P，则由式（8-4-1）可知，其首、尾吃水改变量 $\delta d''_F$ 和 $\delta d''_A$ 为：

$$\begin{cases} \delta d''_F = \dfrac{P}{100} \cdot \delta d'_F \\ \delta d''_A = \dfrac{P}{100} \cdot \delta d'_A \end{cases} \quad (8\text{-}4\text{-}2)$$

$$\delta t'' = \delta d''_F - \delta d''_A$$

当船舶少量卸载时，将 P 取为负值即可，即利用吃水差比尺查得的数值不变，符号相反。

3. 加载100 t首、尾吃水变化数值表的使用

（1）由加载前吃水（或排水量）及舱名查出加载100 t首、尾吃水改变量 $\delta d'_F$ 和 $\delta d'_A$；

（2）同理，当加载量为 P 时，按式（8-4-2）求出相应的 $\delta d''_F$ 和 $\delta d''_A$。

虽然查取数值表比吃水差比尺方便，但数值表中仅提供了将载荷加在各舱容积中心处时 $\delta d'_F$ 和 $\delta d'_A$ 值，这对于液体舱柜是可以的，而对于货舱，加载位置不一定恰在货舱容积中心处，如加于舱口前端或后端，所以按货舱容积中心查取的 $\delta d'_A$、$\delta d'_A$ 值会存在误差。因此货舱长度较大的船舶，会在数值表中列出每舱前半舱、后半舱加载时各自的 $\delta d'_F$、$\delta d'_A$ 值。

第五节 吃水差调整

在船舶配载时、装卸中、装卸后及航行中均有可能因吃水差不当而予以调整，其调整方法包括纵向移动载荷和增减载荷两种。

一、纵向移动载荷

1. 适用范围

1) 编制船舶配载计划时纵移货物

编制船舶配载计划时若吃水差不满足要求,可通过将不同货舱内的货物做必要调整来实现所需吃水差。但应注意,货物纵移的同时对船舶纵强度及局部强度、货物相容性、货舱适货性、卸货港顺序等多方面造成影响。

2) 装卸后及航行中液舱内载荷调拨

船舶在装卸后或在航行中,可通过调拨液舱内的压载水、淡水及燃料来达到调整吃水差的目的。在调拨时,也需考虑船舶纵强度及自由液面的影响。

2. 载荷纵向移动重量计算

设载荷纵移前船舶吃水差为 t,现欲使吃水差调至 t_1,拟由 x_1 处纵移至 x_2 处,求取载荷移量 P 时可采用如下两种方法。

1) 公式计算法

已知吃水差调整量 $\delta t = t_1 - t$,载荷纵移距离 $x = x_2 - x_1$,则载荷纵移量为:

$$P = \frac{100\delta t \cdot MTC}{x} \tag{8-5-1}$$

2) 吃水差比尺法

若载荷由 x_1 处移至 x_2 处,则可认为载荷由 x_1 处卸出,再在 x_2 处装入。

首先,由吃水差比尺分别查出在 x_1 处卸 100 t 和在 x_2 处装 100 t 时首、尾吃水改变量 δd_{FD} 和 δd_{AD}、δd_{FL} 和 δd_{AL},则相应的吃水差改变量为:

$$\begin{cases} \delta t_D = \delta d_{FD} - \delta d_{AD} \\ \delta t_L = \delta d_{FL} - \delta d_{AL} \end{cases}$$

在 x_1 和 x_2 处卸、装 100 t 后总的吃水差改变量 δt_T 为:

$$\delta t_T = \delta t_D + \delta t_L$$

然后,按下式求得载荷移动量:

$$p = 100 \times \frac{\delta t}{\delta t_T} \tag{8-5-2}$$

二、增减载荷

1. 适用范围

1) 加(排)压载水

船舶在装卸中,为避免出现过大吃水差,除通过合理安排装(卸)舱顺序外,可用加(排)压载水方法对当前吃水差做适当的调整;船舶在航行中,因油水消耗引起吃水差不恰当改变，加（排）压载水予以调整，也是常用方法之一。

2) 航行中油水消耗

合理安排油水消耗的舱室顺序，可在一定程度上改善船舶当时的吃水差。

3) 装载结束前利用货物所预留机动货载调整吃水差

货物装载结束前，通常在首、尾部货舱留出部分机动货载，视当时吃水差的具体情况确定装舱位置，机动货量大小应根据预计装载最后阶段可能出现的最大吃水差确定。

4) 锚地驳卸

对于大吨位船舶，当港口水深受限时，常常在锚地驳卸部分货物使船舶吃水满足要求后方可进港。

2. 载荷重量求取

设载荷增减前船舶吃水差为 t，现欲将吃水差调至 t_1，拟在 x_P 处增大载荷来实现，求取载荷增减量 P。

1) 公式法

已知吃水差调整量 $\delta t = t_1 - t$，载荷增减前漂心纵向坐标 x_f 和每厘米吃水差力矩 MTC，则载荷增减量为：

$$P = \frac{100 \cdot \delta t \cdot MTC}{x_P - x_f} \qquad (8\text{-}5\text{-}3)$$

2) 吃水差比尺法

在吃水差调整量已知情况下，根据加（减）载位置及初始排水量查取吃水差比尺表得到加载100 t首、尾吃水改变量 $\delta d'_F$、$\delta d'_A$，而 $\delta t_T = \delta d'_F - \delta d'_A$，由此可得载荷增减量 P 为：

$$P = 100 \times \frac{\delta t}{\delta t_T} \qquad (8\text{-}5\text{-}4)$$

应该指出，用式（8-5-3）和式（8-5-4）计算载荷增减量时仅适用于少量增减情况，若应用于大量增减的情况，误差会较大。

无论是采用载荷纵移法还是载荷增减法来调整吃水差，都会引起船舶载荷纵向分布的改变，从而影响船舶纵强度，因此，在制订吃水差调整方案时必须兼顾纵强度要求，谨防出现顾此失彼的情况。

例 8-5-1：某船到港前 $\Delta = 19000\ t$，$d_F = 8.21\ m$，$d_A = 8.71\ m$，查得 $MTC = 9.81 \times 217\ kN \cdot m/cm$，$x_f = -0.97\ m$，进港时要求船舶平吃水，问应在首尖舱（$x_P = 66.35\ m$）加多少吨压载水才能满足要求？

解：

(1) 求吃水差调整量 δt：

进港前　　　　　　$t = d_F - d_A = 8.21 - 8.71 = -0.50\ m$

进港时　　　　　　$t_1 = 0$

吃水差调整量　　　$\delta t = t_1 - t = 0 - (-0.50) = 0.50\ m$

(2) 求加压载水数量 P：

$$P = \frac{100 \times 0.5 \times 217}{66.35 + 0.97} = 161.2\ t$$

例8-5-2：某船拟以平吃水驶过某水道，当装货至 $d_F = 5.90$ m，$d_A = 6.30$ m 时，尚有 500 t 货待装。已知船长 $L_{bp} = 140$ m，$TPC = 24$ t/cm，$MTC = 9.81 \times 190$ kN·m/cm，$x_f = 1.25$ m，现将 500 t 货物分装于 No.1 舱（$x_{P1} = 50.75$ m）和 No.5 舱（$x_{P5} = -33.45$ m）内，问应如何分配才能使首尾吃水相同？装货后吃水为多少？

解：

（1）求吃水差改变量 δt：
$$\delta t = t_1 - t = 0 - (5.90 - 6.30) = 0.40 \text{ m}$$

（2）求 No.1 舱和 No.5 舱装货吨数：

设 No.1 舱装货 P_1 吨，No.5 舱装货 P_5 吨，则有：

$$\begin{cases} P_1 + P_5 = 500 \\ \dfrac{P_1(50.75 - 1.25) + P_5(-33.45 - 1.25)}{100 \times 190} = 0.40 \end{cases}$$

解得：

$$\begin{cases} P_1 = 296.3 \text{ t} \\ P_5 = 203.7 \text{ t} \end{cases}$$

（3）求装货后吃水 d_{F1} 和 d_{A1}：

$$d_{F1} = d_{A1} = d_m + \frac{t}{L_{bp}} \cdot x_f + \delta d = \frac{5.90 + 6.30}{2} + \frac{-0.40}{140} \times 1.25 + \frac{500}{100 \times 24} = 6.30 \text{ m}$$

第九章

船舶强度

 **本章学习目标**

1. 掌握船舶总纵强度；
2. 掌握船舶局部强度；
3. 了解船舶扭转强度；
4. 了解CSR基础知识。

船舶是一种由板材和骨架构成的浮动建筑物。船体在重力、浮力、船体摇荡运动中的惯性力、风浪力等外力作用下，将不可避免地发生变形。为保证船舶安全，船体结构必须具有抵抗发生过大变形和破坏的能力，这种能力称为船舶强度。按照外力分布和船体结构变形范围的不同，船舶强度可分为总强度和局部强度，而总强度又按外力分布及相应船体变形的不同方向，分为总纵强度、扭转强度和横向强度。对于营运船舶，主要应考虑船舶的总纵强度、局部强度；如果是大开口船舶，还应考虑扭转强度。

营运中的船舶，为保证船舶安全运输及合理使用，应确保船舶具有足够的强度，这就要求船舶使用者通过合理配置载荷重量、优化载荷装卸顺序、减小航行中波浪冲击等措施来改善船体受力状态以确保船舶处于良好的营运状态。

第一节 船舶总纵强度

一、船体总纵剪切和弯曲变形

船舶总纵强度（longitudinal strength of ship）是指整个船体结构抵御纵向变形或破坏的能力。可将船体视为一根空心变断面的薄壁梁，则船舶总纵强度是船体在外力作用下整个船体梁所具有的抵御纵向弯曲、剪切的能力。

1. 重力、浮力和载荷

作用于船体上的外力，包括重力、浮力、摇荡时的惯性力、螺旋桨的推力、水对船体的阻力、波浪的冲击力等。其中重力和浮力是引起船体发生总纵弯曲的主要外力。

重力包括空船、航次储备量、压载水、所载货物等项重量。浮力是指船在平静水中或静置于波浪中，舷外水对船体压力的合力。从整体上讲，船舶重力和浮力大小相等、方向相反并作用于同一垂线上，但这两个力沿船长方向各区段内其大小并不都是相等的，即重力和浮力沿纵向分布规律不一致（见图9-1-1）。描述全船重力、全船浮力沿船长方向分布的曲线依次称为重力曲线、浮力曲线（weight curve，buoyancy curve）。由于船体结构和各类载重分布的不连续性，重力纵向分布呈跳跃状，而浮力纵向分布与船体水线下的几何形状、船舶吃水、波浪要素及船舶与波浪的相对位置有关。

当船舶浮于静水面上，浮力沿船长的分布是基本均匀的；当船舶在波浪中航行时，所遇到的波浪非常复杂，浮力沿船长的分布随波浪的变化而变化。研究表明，当计算波长约等于船长，且波峰或波谷在船中时，船体可能产生最大的弯曲变形或剪切变形。

沿船长方向各区段上船体所受重力和浮力的差值即为该区段船体上所受垂向合外力，称为载荷。图9-1-1中阴影部分在各区段上的面积即为相应区间上的载荷大小。描述全船载荷沿船长方向分布的曲线称为载荷曲线（loading curve）。

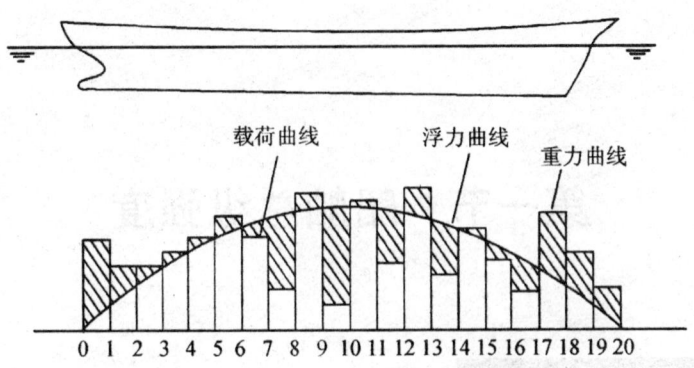

图9-1-1 重力、浮力和载荷分布图

2. 剪力和弯矩

1）剪力

各段船体上载荷的存在，使船体结构的不同横剖面处将受到剪力和弯矩的作用。若某一横剖面首向（或尾向）一侧各段载荷之和不为零，即船首向（或尾向）一侧船体所受重力和浮力不相等，且该剖面两侧船体可以上下自由浮动，为重新取得平衡，两侧船体必然会上下移动。但实际上船体间为刚性连接从而约束其自由移动。显然，相对一侧即尾向（或首向）船体产生一作用力通过剖面上的连接构件作用于横剖面上，该作用力称为剪力，又称剪切力。

在数值上，纵向各横剖面上的剪力等于该剖面首向或尾向一侧所受重力与浮力的差值。若尾向一侧载荷向下，则剖面上的剪力为正，反之为负。

船体梁受到的剪（切）力沿船长方向分布的曲线为剪（切）力曲线（shear force curve），它是载荷曲线的积分曲线。一般均匀装载情况下，剪力最大值出现在距船首和船尾1/4船长附近。

2）弯矩

某一横剖面尾向（或首向）一侧各段上剪力对该剖面的力矩之和不为零，即船尾向（或首向）一侧重力对该剖面的力矩不等于该侧浮力对该剖面的力矩，相对一侧即首向（或尾向）船体必然通过剖面上的连接构件传递一反向力矩，使得船体平衡，该力矩称为作用于横剖面上的弯曲力矩，习惯称为弯矩。

在数值上，某剖面上所受弯矩等于该剖面在船尾向（或首向）一侧各段重力与浮力差值对其所取力矩的代数和。若尾向一侧船体所受重力对剖面的力矩大于浮力对该剖面的力矩，则剖面上的弯矩为正，反之为负。

船体梁受到的弯矩沿船长方向分布的曲线为弯矩曲线（bending moment curve），它是剪力曲线的积分曲线，也是载荷曲线的二次积分曲线。一般均匀装载情况下，弯矩最大值出现在船中附近。

图9-1-2为某船剪力曲线和弯矩曲线，由图示可知：

（1）由于船体首尾两端是完全自由的，因此船体首尾两端的剪力和弯矩值为零；

(2) 零剪力点与弯矩的极值对应；
(3) 弯矩最大值位于船中附近，且向首尾两端逐渐减小。

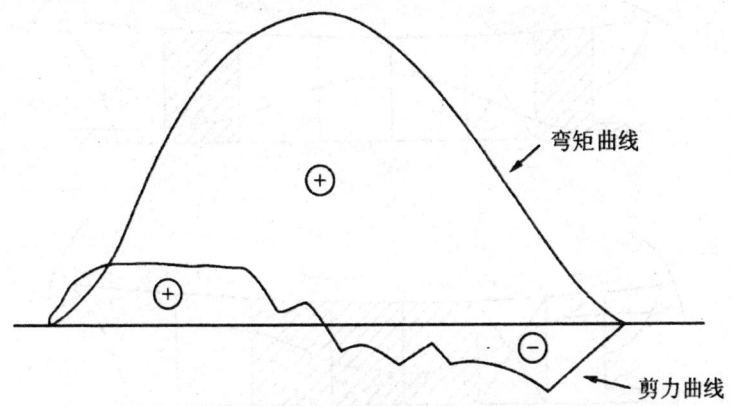

图9-1-2　剪力曲线和弯矩曲线

3. 船体剪切变形和弯曲变形

剪力与弯矩作用于船体上，将使船体出现剪切变形和弯曲变形。若某一微段船体上，其前后两端受到大小相等、方向相反的剪力作用，则该段船体两端会产生垂向相对位移，称为剪切变形，如图9-1-3（a）所示。剪切变形的大小取决于受剪切力的大小。

同理，若某一微段船体上，其前后两端受到大小相等、方向相同的弯矩作用，则该段船体将产生如图9-1-3（b）所示的弯曲变形。弯曲变形的大小取决于该微段船体所受的弯曲力矩的大小。

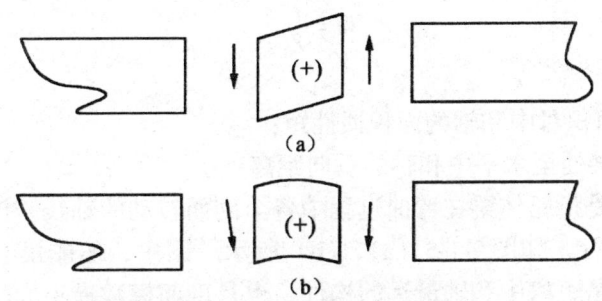

图9-1-3　船体剪切变形和弯曲变形

在总纵弯矩作用下，船体沿船长方向发生纵向变形。船体出现中部下垂而首尾两端上翘的总纵弯曲变形，称为中垂变形（sagging）。此时，船舶上甲板受压，船底板受拉；反之，船体出现中部上拱，首尾两端下垂的总纵弯曲变形，称为中拱变形（hogging）。此时，船舶上甲板受拉，船底板受压。习惯上中拱弯矩取正值，中垂弯矩取负值。

船舶在静水中，即使各舱柜载重比较均衡也会产生拱垂变形，但其变形较小，为一般船舶强度所允许。若首、尾部舱柜载重较多而中部舱柜载重较小，则会产生较大的中拱变形；反之，产生较大中垂变形。若船舶在波浪中航行且有效波长等于船长，当波峰位于中拱变形的船中时，会加剧其中拱变形；反之，当波谷位于中垂变形的船中时则会使中垂变形增大，如图9-1-4所示。

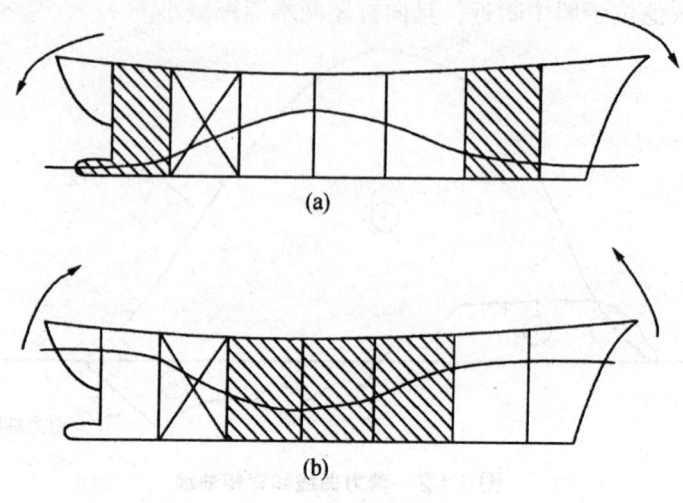

图9-1-4　船体拱垂变形

二、船体剖面模数和应力

1. 船体剖面模数

剖面模数是表征船体结构抵抗弯曲变形能力的一种几何特征，是衡量船体总纵强度的一个重要标准。计算点处的船体剖面模数 W 可表示为：

$$W = \frac{I}{Z} \tag{9-1-1}$$

式中：

　　I——计算剖面面积对中和轴的面积惯性矩；

　　Z——计算剖面某处至水平中和轴的垂向距离。

船体剖面中和轴是指船体梁在弯曲过程中各个剖面转动的轴线。该轴线通过剖面的中心且与剖面的基线平行。如图9-1-5（a）、（b）所示。图中，船舶最上层连续甲板（强力甲板）和船底龙骨处是距离中和轴最远的构件，也是剖面模数最小的位置。强力甲板剖面模数和船底龙骨剖面模数分别表示为：

$$W_{甲} = \frac{I}{Z_{甲}}$$

$$W_{底} = \frac{I}{Z_{底}}$$

式中：

　　$W_{甲}$——强力甲板处的剖面模数；

　　$W_{底}$——船底龙骨处的剖面模数；

　　$Z_{甲}$——甲板边线距离中和轴的垂向距离；

$Z_\text{底}$——船底平板龙骨上表面距离中和轴的垂直距离。

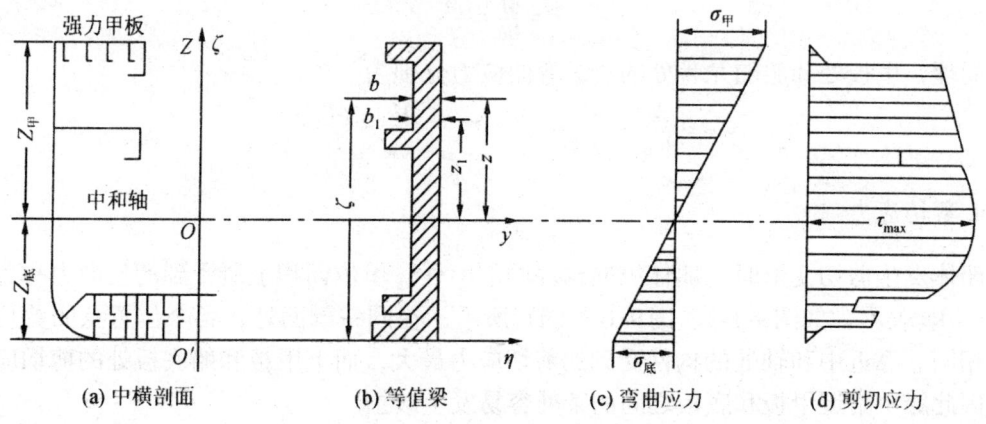

图 9-1-5　船中剖面及其应力

一般船舶的中和轴靠近船底，即 $Z_\text{甲} > Z_\text{底}$，因此甲板处的剖面模数小于船底处的剖面模数，即 $W_\text{甲} < W_\text{底}$。因为船舶总纵弯矩的最大值通常发生在船中 $0.4L$ 附近，所以强度校核时一般取船中 $W_\text{甲}$ 与 $W_\text{底}$ 的小者为船中的最小剖面模数。

2. 腐蚀对剖面模数的影响

随着船舶的营运，船体结构的腐蚀是不可避免的。腐蚀是一种时变的累积型损伤，船体纵向连续构件的几何尺寸因腐蚀而逐年减少，从而降低了船中剖面模数，危及船舶的总纵强度。

船体结构受腐蚀的程度与构件的位置、建造工艺及防护保养措施等有很大关系。可近似认为船体构件厚度的年腐蚀损耗为 0.1~0.2 mm，船中剖面模数的年腐蚀损耗率为 0.4%~0.5%。船舶的用途、保养及运营环境的不同，腐蚀损耗的估算与预测存在很多不确定性，因此需要船级社等检验部门定期对船体构件进行测厚，保证船舶安全。

目前，各国相关规范均考虑腐蚀对船体构件尺寸的影响，提出船舶防腐措施的要求，同时在设计和建造时，规定了船体构件的腐蚀余量。如国际船级社协会 IACS 的共同结构规范 CSR 提出了"净尺寸"的概念。规定船体构件在净尺寸的基础上加一个腐蚀增量，在计算船体强度的时候不考虑腐蚀增量的影响，具体见下文 CSR 的相关内容。

3. 弯曲应力

船体发生弯曲变形时，船体纵向构件的剖面处，单位面积所受到的拉力或者压力称为弯曲应力，用 σ 表示。如图 9-1-3、图 9-1-5（c）所示，在同一剖面处，各个位置点的弯曲应力各不相同，弯曲应力的大小在中和轴上下呈垂向线性分布。剖面模数最小处的上甲板或者底板处的弯曲应力最大，中和轴处的弯曲应力为零。因此船舶发生弯曲变形时，船中附近的甲板或者底板最容易破断。甲板和船底龙骨处的应力方向相反，当船体发生中拱弯曲时，甲板受拉应力作用、船底受压应力作用；船体发生中垂变形时，甲板受压应力作用，船底受拉应力作用。

根据梁的理论可知，总纵弯曲应力 σ 可表示为：

$$\sigma = \frac{M}{W} = \frac{M}{I} \cdot Z \tag{9-1-2}$$

同理，甲板处和船舶龙骨处的总纵弯曲应力分别为

$$\sigma_{甲} = \frac{M}{W_{甲}} = \frac{M}{I} \cdot Z_{甲} \qquad \sigma_{底} = \frac{M}{W_{底}} = \frac{M}{I} \cdot Z_{底}$$

4. 剪切应力

船体发生剪切变形时，船体纵向构件的剖面处，单位面积上所受到的切向力称为剪切应力，用 τ 表示。如图9-1-3、图9-1-5（d）所示，在同一剖面处，各个位置点的剪切应力各不相同。靠近中和轴处的构件受到的剪切应力最大，而上甲板和船底板处的剪切应力为零。因此船中附近甲板和底板之间的某处容易发生破损。

三、船体应力监测系统

大型固体散货船在实际营运中经常出现由于结构强度破坏而导致的船体断裂、船舶沉没等事故，为了保证干散货船的安全，IMO海上安全委员会在1994年6月发表的通报MSC/Circ.646中建议，在20000 DWT及以上的散货船上安装船体应力监测系统（Hull Stress Monitoring System，HSMS）。

通报中要求各成员国报告如下信息，以利做更加深入细致的探讨和研究：船体应力监测系统的可靠性；其性能与实际和预测应力的比较；该系统在其他船型上的应用情况；使用该系统的经验等。

英国海上与海岸警备队MCA支持这项IMO建议，要求船东在20000 DWT及以上散货船上安装船体应力监测系统，并按照MSC/Circ.646提出的验收形式发放认可证书。下一步还将考虑要求将该系统安装到其他船型上。

该通报并未形成有效的决议，所以，截止到目前仅有少数大型散货船、油船、集装箱船等安装使用HSMS。

1. 系统定义

船体应力监测系统是指船舶航行中和货物装卸期间可为船长和驾驶员提供有关船舶运动和船体桁材所受应力实时信息的监测系统。但是对船长而言该系统仅是一个安全辅助系统，因此不能代替其自身的职责和专业判断。

2. 系统组成

船体应力监测系统主要包括：
1）长基线应力仪

该装置沿船长方向安装在主甲板上的不同位置，用于测定货物装卸、船舶航行期间船体桁材纵向的应力变化。

2) 加速度计

一套加速度计安装在船首，用于测量垂向加速度；两套加速度计沿船舶纵中线安装，用于测量船舶的横摇和横荡。

3) 信号/信息处理系统（计算机微处理系统）

该系统用于将应力仪、加速度计等传感器的输出信号转换成计算机能处理的通信信号，对应力信息和船舶运动信息处理后输出。

4) 显示/存储系统

该系统能够分析监测到的数据，以图表等的形式显示各处传感器的应力值、变化趋势、报警等，并将这些数据存储起来以供日后分析用。

3. 系统功能及作用

（1）实时监测并记录船体桁材的应力状态。当船体应力接近或超过设定许用值时报警。

（2）实时监测并记录船舶运动状态。当船舶垂荡大小和频率接近或超过设定许用值时报警。

（3）协助驾驶员监测船舶航行过程中船体的应力状态和船舶的运动状态。为其采取控制和调整措施提供依据，保证安全。

（4）协助大副和值班驾驶员监测船舶在港装卸货物过程中船体应力的变化情况。若有报警，则可及时采取改变装卸货顺序、控制装卸货速度等调整措施，消除隐患，保证安全。

（5）记录船体应力和船舶运动参数可在船舶发生相关海损事故时用作证据。

（6）降低船舶疲劳受损风险，提高船舶使用寿命。

（7）提高船舶租售价格，减少相关保险费用。

四、船舶总纵强度校核

为了保证安全，营运中船舶的总纵强度是否符合要求至关重要，应通过适当方法予以校核。

1. 许用应力校核

计算实际的总纵弯曲应力和剪切应力与对应的许用应力比较，判断船体梁某剖面处的船体强度是否满足要求。船体各剖面处的计算应力应不大于该处材料的许用应力。许用应力应小于材料破坏、结构受损时所对应的极限应力，以保证船舶具有足够的强度储备。该方法在船舶设计和检验时广泛采用。

总纵弯曲强度衡准为：

$$\sigma = \frac{M}{W} \leq [\sigma] \tag{9-1-3}$$

式中：

$[\sigma]$——许用弯曲应力。

总纵剪切强度衡准为：

$$\tau \leqslant [\tau] \tag{9-1-4}$$

式中：

$[\tau]$——许用剪切应力。

中国船级社CCS在《钢质海船入级规范》要求，集装箱船在货舱区域内，至少应计算下列横剖面处的应力：

（1）机舱前端。

（2）开口长度的前端，开口长度即为自机舱前的货舱舱口的后端至最前一个货舱舱口前端的距离。

（3）在开口长度内应有5个剖面，其中，至少应有3个剖面位于船中$0.4L$范围内。在设置剖面时，应尽可能将剖面设置在纵向结构突变处。

此外，在货舱区域内，还应计算其他任何纵向结构突变处的横剖面上的应力。

2. 许用静水剪（切）力和静水弯矩校核

校核衡准为：沿船体梁各横剖面处的实际静水剪力和弯矩值应小于等于其许用静水剪力和弯矩值，即

$$\begin{cases} N_\mathrm{S}' \leqslant N_\mathrm{S} \\ M_\mathrm{S}' \leqslant M_\mathrm{S} \end{cases} \tag{9-1-5}$$

式中：

N_S'、M_S'——校核剖面处的实际静水剪力、静水弯矩；

N_S、M_S——校核剖面处的许用静水剪力、静水弯矩。

1）许用静水剪力和静水弯矩

根据中国船级社CCS《钢质海船入级规范》的规定，对于船长大于等于65 m的船舶应按相关要求校核其总纵强度。对于船长小于65 m的非常规船型或特殊装载的船舶，也应按要求校核其总纵强度。船舶设计者应在装载手册中提供船体梁沿船长各剖面的许用静水剪力和许用静水弯矩数据，供船舶总纵强度校核时使用。许用静水剪力、静水弯矩分海上（at sea）和港内（in harbor）两种状态给出，具体见表9-1-1、表9-1-2所示。

表 9-1-1 船舶许用静水剪力、静水弯矩表（海上状态）

序号	剖面位置	纵向坐标 X	许用静水剪力 Shear Force		许用静水弯矩 Bending Moment	
No.	Name	Long	+ Positive	−Negative	中拱 Hog.	中垂 Sag.
		m-AP	t	t	t·m	t·m
1	F35	21.000	1982.66	−1916.57	30705.6H	29066.4S
2	F49	29.400	3065.16	−2988.29	26676.4H	24381.5S
3	F52	31.200	3190.45	−3116.65	25732.7H	23297.3S
4	F65	39.000	2808.83	−2794.99	20948.3H	17904.2S
5	F70	42.000	2720.76	−2720.76	19844.2H	16659.5S
6	F85	51.000	2720.76	−2720.76	19844.2H	16659.5S
7	F93	55.800	2720.76	−2720.76	19844.2H	16659.5S
8	F107	64.200	2652.31	−2677.38	20547.8H	17496.9S
9	F121	72.600	2303.93	−2389.18	22366.5H	19743.9S
10	F135	81.000	1015.31	−1100.55	23277.3H	21403.9S
11	F151	90.600	515.94	−563.57	13044.2H	12027.3S

表 9-1-2 船舶许用静水剪力、静水弯矩表（港内状态）

序号	剖面位置	纵向坐标 X	许用静水剪力 Shear Force		许用静水弯矩 Bending Moment	
No.	Name	Long	+ Positive	−Negative	中拱 Hog.	中垂 Sag.
		m-AP	t	t	t·m	t·m
1	F35	21.000	2162.90	−2090.81	33497.0H	31708.8S
2	F49	29.400	3343.81	−3259.96	29101.6H	26598.0S
3	F52	31.200	3480.49	−3399.98	28072.1H	25415.3S
4	F65	39.000	3064.18	−3049.08	22852.7H	19531.8S
5	F70	42.000	2968.10	−2968.10	21648.2H	18174.0S
6	F85	51.000	2968.10	−2968.10	21648.2H	18174.0S
7	F93	55.800	2968.10	−2968.10	21648.2H	18174.0S
8	F107	64.200	2893.43	−2920.78	22415.8H	19087.6S
9	F121	72.600	2513.38	−2606.38	24399.8H	21538.8S
10	F135	81.000	1107.61	−1200.60	25393.4H	23349.7S
11	F151	90.600	562.85	−614.81	14230.1H	13120.7S

2) 实际静水剪力和静水弯矩

船体梁剖面实际所受剪力和弯矩可按下述步骤计算：

（1）重力和重力矩计算

重力包括空船、货物、油水、压载水和常数等，按各项沿船长方向具体分布情况计算相应的重力和重力矩。其中，空船重量沿船长的分布可查船舶资料获得，有的以表格形式给出，有的以图示形式给出，如图9-1-6所示。重力和重力矩的计算应是自船尾起向首计至某计算剖面的重量和重力矩（对计算剖面的力矩）的累加值。

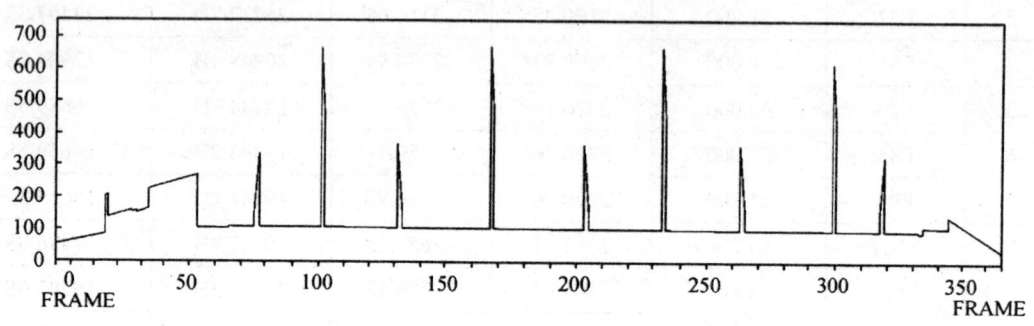

图9-1-6　船舶空船重量沿船长分布图

（2）浮力和浮力矩计算

静水中的浮力主要取决于船体水下部分的形状，根据静水平衡计算时求得的船舶首尾吃水，利用船舶资料中的邦金曲线（Bonjean curves）图表，即可求得任意分段内的浮力分布。浮力和浮力矩的计算应是自船尾起向首计至某计算剖面的浮力和浮力矩（对计算剖面的力矩）的累加值。

（3）剪力和弯矩计算

某计算剖面的剪力等于自船尾起向首计至该剖面处船体所受重力和浮力的差值。

某计算剖面的弯矩等于自船尾起向首计至该剖面处船体所受重力矩和浮力矩的差值。

即

$$\begin{cases} N_{Si}' = W_i - B_i \\ M_{Si}' = M_{Wi} - M_{Bi} \end{cases} \quad (9\text{-}1\text{-}6)$$

式中：

N_{Si}'、M_{Si}'——i计算剖面的实际静水剪力、实际静水弯矩；

W_i、B_i——自船尾起向首计至i计算剖面的船体所受重力、浮力；

M_{Wi}、M_{Bi}——自船尾起向首计至i计算剖面的重力矩、浮力矩。

3. 装载仪校核

为了简化总纵强度核算流程，提高计算精度，保证船舶安全营运，现在大多数船舶均配备了能够计算任意装载状态下船体梁总纵强度的装载仪。

装载仪（又称装载计算机，loading instrument 或 loading computer）是指由装载软件、硬件以及操作系统组成的仪器，能确定特定船舶或其他浮动装置在特定装载条件下的相关特性与性能。

装载软件（loading software）是指由针对特定船舶或其他浮动装置的计算机指令和预编程静态数据组成的计算软件。其功能主要用于计算任一装载状态下船舶的实时稳性、强度、吃水、吃水差等指标，并判断其是否满足相应的要求，保证船舶安全营运。

1）公约或规范要求

（1）SOLAS公约

SOLAS公约第Ⅺ章第11条"装载仪"规定：150 m及以上的散货船均应配备装载仪，该装载仪应能提供船体梁的剪力和弯矩资料，并考虑到1997年SOLAS公约缔约国大会通过的决议5《关于装载仪的建议案》。1999年7月1日以前建造的船长为150 m及以上的散货船，应不迟于1999年7月1日以后的第一次中间检验或定期检验之日符合前文的要求。

（2）IACS统一要求

国际船级社协会IACS统一要求的技术决议中，船体强度包括S1—S32，其中S1是装载工况、装载手册和装载仪要求。

S1要求：第Ⅰ类船舶中船长为100 m及以上的所有船舶，必须配备经认可的装载仪；第Ⅱ类船舶中除船长小于90 m且重量不超过夏季满载排水量30%的船舶外，均应备有经认可的装载手册。

其中，第Ⅰ类船舶是指：甲板大开口船舶；可能非均匀装载的船舶，即货物和/或压载不均匀分布。船长120 m以下的船舶，如果设计时考虑了货物和压载的不均匀分布，则属于第Ⅱ类船舶；化学品船和气体运输船。

第Ⅱ类船舶是指：第Ⅰ类船舶以外的船舶；其布置使得货物和压载分布的变化可能性很小的船舶，以及在定期航线和以固定贸易方式营运的船舶。

（3）CCS《钢质海船入级规范》

中国船级社CCS《钢质海船入级规范》要求：船长100 m及以上的所有第Ⅰ类船舶应配备经认可的装载仪；船长150 m及以上的散货船、矿砂船和兼用船应按要求配备经认可的装载手册和装载仪；对在2类航区和3类航区航行的船舶，可不配备装载仪。

根据《钢质海船入级规范》的规定，航区分为无限航区和有限航区。无限航区是指船舶无限制水域航行；有限航区是指船舶有限制水域航行，包括1类航区、2类航区和3类航区，各类航区的航行限制如表9-1-3所示。

表9-1-3 各类航区航行限制表

航区类别	航行限制	
	距岸距离 (n mile)	
1类	200(夏季/热带)	100(冬季)
2类	20(夏季/热带)	10(冬季)
3类	遮蔽水域	

说明1：夏季/热带/冬季指使用夏季载重线、热带载重线、冬季载重线的海区，按《1966年国际载重线公约》附则Ⅱ的规定。

说明2：遮蔽水域包括海岸与岛屿、岛屿与岛屿围成的遮蔽条件较好、波浪较小的海域，且该海域内岛屿与岛屿之间、岛屿与海岸之间横跨距离不超过10 n mile，或具有类似条件的水域。

装载仪在船上的配备可采用以下两种形式：
（1）配备单台装载仪；
（2）配备两套相同的装载仪，即主用机加备用机的形式。

2）校核衡准

装载仪对总纵强度的校核采用许用静水剪力和静水弯矩衡准，即式（9-1-5）的要求。

$$\begin{cases} N_S' \leq N_S \\ M_S' \leq M_S \end{cases} \Rightarrow \begin{cases} \dfrac{N_S'}{N_S} \leq 100\% \\ \dfrac{M_S'}{M_S} \leq 100\% \end{cases}$$

因为装载仪软件功能强大、计算快捷且精确度高，所以它能实时计算任意装载状态下多个主要横剖面的静水剪力和静水弯矩，并在比对后将各个剖面中剪力和弯矩比值中最大的百分比数值单处显示出来。只要该最大值不超过100%，则说明船体总纵强度满足要求。由于船舶资料中的许用静水剪力和静水弯矩分海上和港内两种状态提供，所以剪力和弯矩比值也分两种状态显示。

4. 首、中、尾实际吃水判断

船舶在一定的装载状态下，由于剪力和弯矩的存在，船体会产生一定的中拱或中垂变形。实际工作中，可以通过观测并比较首、尾平均吃水与船中吃水的大小来判断船体拱垂变形的方向和大小。若首、尾平均吃水大于船中吃水，则说明船舶处于中拱变形状态；若首、尾平均吃水小于船中吃水，则说明船舶处于中垂变形状态；若首、尾平均吃水等于船中吃水，则说明船舶处于无拱垂变形状态。首、尾平均吃水与船中吃水之差的绝对值反映了拱垂变形的程度，称为拱垂值，即

$$\delta = \left| d_m - \dfrac{d_F + d_A}{2} \right| \tag{9-1-7}$$

式中：

δ——拱垂值（m）；

d_m——船中左右舷平均吃水（m）。

经验表明，船体正常拱垂变形值为$L_{bp}/1200$ m，极限拱垂变形值为$L_{bp}/800$ m，危险拱垂值为$L_{bp}/600$ m。船体拱垂变形的正常范围为不超过$L_{bp}/1200$ m，极限范围为$L_{bp}/1200 \sim L_{bp}/800$ m，危险范围为$L_{bp}/800 \sim L_{bp}/600$ m，破坏范围为大于$L_{bp}/600$ m。

船舶装载或压载后，其拱垂值在正常范围内，则可以开航；拱垂值在极限范围内，只允许在海况良好的天气开航；拱垂值在危险范围内，应在对其进行调整使其脱离危险值后方可开航。

五、船舶总体布置对船体总纵弯曲的影响

根据机舱的不同位置一般将船舶分成中机船、尾机船和中后机船3种船型，它们对船体总纵弯曲的影响也有所不同。

1. 中机船

中机船满载时，由于机舱处的重力远小于该处宽阔船体承受的浮力而出现较大中拱变形，而在空船压载航行时则可能出现轻微的中垂或中拱变形。在使用中机船时，应特别注意尽量减缓满载状态的中拱变形。

2. 尾机船

尾机船空船压载时，因首尾部重力远大于该处狭窄船体承受的浮力而出现较大中拱变形，而满载时的拱垂变形量因船舶大小不同而异。大型尾机船满载时通常呈中垂变形，一般船舶则可能出现中垂或中拱变形，如为中拱，也远小于空船压载状态，因此，应通过合理分配压载水及其他油水的纵向布置来减小空船压载状态下的中拱变形。

3. 中后机船

中后机船机舱位置介于中机船和尾机船之间，满载时可能处于较小中拱或中垂状态，主要取决于机舱具体位置、船长等因素。压载航行时，一般为中拱变形且大于满载状态。

应当指出的是，上述不同船型对船舶拱垂变形的影响是基于船上载荷纵向分布比较均匀情况下的一般规律，由于实际装载条件下的重量纵向分布千差万别，船舶相关尺度和尺度比不尽相同，船舶在装载或压载后其纵向强度的具体状态应以实际校核为准。

六、保证船舶总纵强度满足要求的措施

对于已经投入营运的船舶，应合理分配载荷以改善船舶受力状态，满足船舶总纵强度条件，从而保证船舶安全和提高船舶营运效益。

1. 按舱容比分配各舱货物重量

船体所受浮力沿纵向的分布是由水线下排水体积沿纵向分布决定的，而排水体积的纵向分布规律与船体内部容积沿纵向变化规律大体一致。因此，在配载时应按各舱容积大小成正比地分配各货舱货物重量。按舱容比分配各舱货物重量，可以保证船舶总纵强度满足要求。

设全船货舱总容积 $\sum V_{ich}$，航次货运量 $\sum Q$，则具有 V_{ich} 舱容的某货舱应分配的货物重量 P_i 为：

$$P_i = \frac{V_{ich}}{\sum V_{ich}} \cdot \sum Q \qquad (9\text{-}1\text{-}8)$$

在实际装载中,由于受到货物忌装、吃水差调整等各种因素的影响,有时难以按舱容比分配货物重量,在保证安全的前提下,允许对所确定的分配重量做适量浮动,其上下浮动量一般可取该舱分配货量的10%;必要的时候也可取船舶夏季满载时航次净载重量NDW按舱容比在该舱分配值的10%。具体计算见表9-1-4。

表9-1-4　按舱容比向各货舱分配货物重量表

舱别	No.1	No.2	No.3	No.4	No.5	Total
货舱容积	3075	4119	4210	5719	3967	21090
舱容比(%)	14.58	19.53	19.96	27.12	18.81	100
P_i	1955	2619	2676	3636	2522	13408
调整值	196	262	268	364	252	
上、下限范围	2151 1759	2881 2357	2944 2408	4000 3272	2774 2270	

应该指出,按舱容比大小确定的各货舱装载计划,不一定是使船体受力最小的最佳方案,只是保证船舶总纵强度满足条件的较好的或可行的方案,若需制订出货物重量的最佳分配方案,尚需借助装载仪。

2. 根据机舱不同位置适当调整中区货舱货物分配量

中机船满载时存在较大中拱变形。为此,应在中区货舱适当增大货物分配量而在首、尾部货舱适当减少货物分配量,以减小中区重力和浮力的差异;对于大型尾机船因满载时呈中垂变形,则应适当减少中区货舱货物分配量并相应增大首尾货舱货物分配量。其增大或减少的货物数量一般可取按舱容比分配量的10%或更大些。

3. 应考虑中途港装卸货物对总纵强度的影响

当船舶在中途港卸下或装上的货物数量较大时,该港货物不得过于集中配装在一个货舱内,以免卸货或装货后产生过大剪力或弯矩而损伤船体强度;也不应过于分散,否则会过多地移动或更换装卸工具。应视货物装或卸重量情况,适当分装于2~3个货舱内。

4. 均衡装卸各舱货物,合理安排装卸顺序

货物在装卸过程中,应尽量使船长各段上的重力和浮力保持一致,这就要求各舱货物均衡装载或卸出。在实际工作中,应争取多头装卸作业,及时更换作业舱室,即各货舱交替进行装卸,防止在作业过程中出现某一货舱中货物与其他货舱中的货物重量相差过分悬殊。

对于某些种类的专用船舶,如干散货船、液体散货船等,为防止装卸过程中出现过大剪力和弯矩,需制订货物装卸计划,确定各舱装卸顺序及压载水注入或排放顺序。此类船舶尾机型偏多,因此,满载时应先卸中部舱位的货物,以减小船舶的中垂弯矩;空载时先装中部舱位货物,以减小船舶的中拱弯矩,打排压载水也应按类似原则确定其排注顺序。

5. 油水的合理分布和使用

远洋船长航线营运时,航次油水储备量较多,因此油水的合理分布和使用对减小船舶纵向弯曲变形具有不可忽视的作用。

对于中机船,满载时常处于较大中拱状态,所以出港时油水应尽量集中在中部液舱柜;航行中使用时,应首先使用首、尾部液舱柜中的油水而后用中部舱位的油水。

对于尾机船,空载时一般处于较大中拱状态,因此其油水的分布和使用原则与中机船满载时相同;大型船舶满载时常处于中垂状态,所以油水分布和使用原则与空载时相反,即中部液体舱柜的油水尽量装载少些,首、尾液体舱柜尽量满些;航行中先使用中部液体舱柜的油水,后使用首、尾部液体舱柜的油水。

对于中后机船,满载航行时,可能处于较小中拱或中垂状态,应依据船舶具体状态确定油水分布及使用方案;压载航行时,一般为中拱状态,因此油水分布和使用原则与尾机船的空船压载状态相同。

6. 吃水差调整时兼顾船舶拱垂状态的改善

在配装或实际装载时,常在首、尾部货舱留有一定富余舱容,用于在装货结束前调整吃水差。由于首、尾货舱重量的变化对船体纵向弯曲变形的影响较大,调整吃水差的时候应综合考虑船舶拱垂变形的影响。

另外,在配载时利用货物纵移调整吃水差时,也应兼顾船舶总纵强度的改善。具体调整原则见表9-1-5。

表9-1-5 吃水差调整兼顾船舶拱垂变形原则表

船舶状态(调整前)		载荷调整原则	
船舶浮态	纵向变形	重量纵移	重量增减
首倾	中拱	首部→中部	首部减载
首倾	中垂	中部→尾部	尾部加载
首倾	无	首部→尾部	
尾倾过大	中拱	尾部→中部	尾部减载
尾倾过大	中垂	中部→首部	首部加载
尾倾过大	无	尾部→首部	
平吃水	中拱	首、尾部→中部	中部加载/首、尾部减载
平吃水	中垂	中部→首、尾	中部减载/首、尾部加载

7. 合理压载

为改善船舶的航海性能，空载船舶需注入相当数量的压载水以确保航行安全。对于尾机船，空载时尾吃水差较大，且船舶处于中拱状态，若要减小船舶尾吃水差及中拱弯矩，除首部压载外，应尽量使用接近中区的压载水舱。对某些需使用中部某一货舱压载的船舶，应注意尽可能压满整个货舱，以减小自由液面及液体对舱壁的冲击效应；同时也应防止重量过分集中而在前后横舱壁处产生过大的剪力，此时可根据具体情况排空压载货舱区的顶边舱及双层底压载水。

8. 避免船舶在波浪中的纵谐摇

船舶在顺浪中航行时，若船长等于波长且船速等于波速，船舶则会出现纵谐摇。船体中部处于波谷或波峰位置上，会加大船舶的中拱弯矩或中垂弯矩，且长时间得不到改变，这对船体强度极为不利，应避免这种纵谐摇的存在和持续状态。为此，一般应采取改变航向或船速或在改变航向的基础上同时改变船速的方法，使船舶摆脱其不利处境，确保船舶总纵强度不受损伤。

第二节 • 船舶局部强度

船舶在重力和浮力作用下，除了在各横剖面上产生剪力和弯矩从而使船体产生总纵弯曲变形和剪切变形外，还将在局部范围内对船体的结构产生压力，使这些结构发生局部变形，即局部结构的弯曲变形或剪切变形。这种变形超过一定限度，会造成结构损坏。若受损的局部结构属于参加抵抗总纵弯曲的构件，则还会使局部损坏范围内的横剖面上抵抗总纵剪切和弯曲的有效构件数量减少，即受损构件不能有效地传递总纵弯曲应力，从而使船体总纵强度下降。为此，要求船体各部分结构在外力作用下具有抵抗局部变形和损坏的能力，船体所具备的这种能力称为局部强度（local strength）。对营运船舶来说，主要应考虑甲板、平台、舱底及舱口盖等载货部位的局部强度。

一、局部强度校核

船体局部强度在设计和建造时按有关建造规范的要求予以满足。对于船舶使用者而言，关心的主要问题是各载货部位可承重的最大能力如何。在装货过程中确保各部位的实际载重不超过承重的允许值，则认为船舶局部强度符合要求。

1. 许用负荷量的表示方法

载货部位局部强度所允许的载荷重量的极值称为该位置处的许用负荷量。根据载荷的分布情况及特征，实际营运中有以下几种形式的许用负荷量表示方法：

1）均布载荷

均布载荷是作用在载荷部位上货物重力均匀分布在某一较大面积上，如固体散货或液体散货均匀装于舱室内，使甲板或舱底所受压力相同。

均布载荷时载货部位上各处压力相同，因此，将载货部位单位面积上允许承受的最大重量定义为均布载荷条件下的许用负荷量 P_d，单位为 kPa。

2）集中载荷

集中载荷是指货物重力集中作用在一个较小的特定面积上，如重大件货的底脚、支架等。特定面积是指向该区域下的承重构件（如甲板纵桁）施加集中压力的骨材（如甲板纵骨和横梁）之间的面积。

集中载荷时货重作用在一特定面积上，因此，将载货部位特定面积上允许承受的最大重量定义为集中载荷条件下的许用负荷量 P，单位为 kN。

3）车辆载荷

车辆载荷是指载车部位上的车辆及其所载货物的重量集中作用在特定数目的车轮上，如铲车及其所铲起的货物、拖车及其上面的集装箱等。

车辆载荷的车、货重量作用在车轮上，所以，将载车部位在不同车轮数目时所允许承受的车辆及所载货物的最大总重称为车辆载荷条件下的许用负荷量 P_v，单位为 kN。

4）堆积载荷

堆积载荷是指集装箱船的甲板、舱盖或舱底上的 20 ft 或 40 ft 集装箱底座所能承受的最大重量，习惯单位为 t。

2. 许用负荷量的求取

1）查取船舶资料

船舶各载货部位的许用负荷量一般可以从船舶局部强度计算书中查取，有的船舶也列在装载手册中。

表 9-2-1 为某船各载货层许用负荷表。

表 9-2-1　某船各载货层许用负荷表（9.81 kPa）

位置 载荷	上甲板	二层甲板	内底板	上甲板舱盖	二层舱舱盖
均布载荷	1.75	2.5~3.5	7.5	1.75	No.1 舱 4.0 其他舱 3.5
车辆载荷		4 个前轮 10 t 2 个前轮 2 t	4 个前轮 10 t 2 个前轮 10 t		

有的船舶各层甲板许用负荷量常分舱、分部位按集中载荷和均布载荷给出舱底板许用负荷量以舱为单位给出。舱底板许用负荷量则以舱为单位给出，而二层甲板和上甲板许用负荷量则以舱为单位按不同部位给出，一般分为舱口盖、舱口外和舱口间3个部位（图9-2-1）。不同部位的许用负荷量是有一定差别的，查取时应按不同的载荷种类并根据实际装载位置读出相应数值。

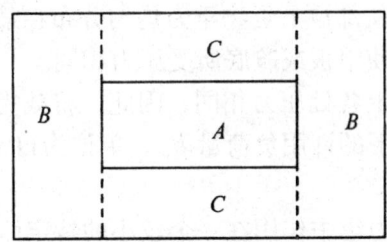

图9-2-1 甲板负荷分区图

表9-2-2为某船甲板许用负荷表。

表9-2-2 某船甲板许用负荷表

位置	货舱号		
	No.1货舱	No.2~No.4货舱	No.5货舱
上甲板	均布载荷 Ⅰ. P_h=0 kPa时 P_d=32.18 kPa（舱口外） P_d=32.57 kPa（舱口间） Ⅱ. P_h=15.01 kPa时 P_d=32.18 kPa 集中载荷 P=107.91 kN（舱口外） P=45.62 kN（舱口间）	均布载荷 Ⅰ. P_h=0 kPa时 P_d=22.96 kPa（舱口外） P_d=17.46 kPa（舱口间） Ⅱ. P_h=14.13 kPa时 P_d=20.90 kPa（舱口外） P_d=17.46 kPa（舱口间） 集中载荷 P=104.97 kN（舱口外） P=34.83 kN（舱口间）	均布载荷 Ⅰ. P_h=0 kPa时 P_d=32.18 kPa（舱口外） P_d=32.57 kPa（舱口间） Ⅱ. P_h=14.13 kPa时 P_d=19.62 kPa（舱口外） P_d=17.46 kPa（舱口间） 集中载荷 P=104.97 kN（舱口外） P=34.83 kN（舱口间）
中间甲板	均布载荷 P_h=P_d=212.58 kPa 集中载荷 P=103.99 kN（舱口盖） P=64.75 kN（舱口外） P=83.88 kN（舱口间）	均布载荷 P_h=P_d=22.96 kPa 集中载荷 P=77.55 kN（舱口盖） P=60.14 kN（舱口外） P=84.12 kN（舱口间）	均布载荷 P_h=P_d=22.96 kPa 集中载荷 P=77.50 kN（舱口盖） P=75.64 kN（舱口外） P=81.42 kN（舱口间）
底舱或平台	压载平台载荷 在173肋骨前 P_d=74.95 kPa 在173肋骨后 P_d=117.72 kPa	船底载荷 均布载荷 P_d=154.02 kPa 集中载荷 P=85.84 kN	轴隧平台载荷 在19肋骨前 P_d=102.02 kPa 在19肋骨后 P_d=37.77 kPa

2）经验公式计算

若船上无上述资料，则可用以下经验公式估算各层甲板的许用负荷量。

（1）上甲板

对设计时不考虑在露天甲板装货的船舶，不允许在上甲板装货。对于允许装载货物的上甲板，其许用负荷 P_d 可按下式估算：

$$P_d = \frac{9.81 H_c}{\mu} \tag{9-2-1}$$

式中：

H_c——上甲板货物的设计堆高，重结构船取 1.5 m，轻结构船取 1.2 m；

μ——船舶设计时采用的舱容系数（t/m³）。

（2）中间甲板和舱底

中间甲板和舱底的许用负荷 P_d 可由下式确定：

$$P_d = \frac{9.81 H_d}{\mu} \tag{9-2-2}$$

式中：

H_d——二层舱或底舱高度（m）。

当船上没有设计时的 μ 资料时，可以将其取为 $\mu=1.39$ m³/t。对满足建造规范规定的重货加强要求的船舶的底舱，可取 $\mu=0.83$ m³/t。

大多数情况下，利用经验公式所确定的甲板许用负荷量偏于保守，即船舶实际甲板负荷量可能远大于许用负荷量。如果有理由认为利用经验公式所确定的许用负荷量过小，则可在船舶装载时适当超过此值。

3. 实际负荷量的计算

货物装载后实际负荷量大小应根据载荷的不同类型予以计算。

1）集中载荷

货件的底脚、轮、支柱等部位对甲板的压力可作为集中载荷对待。如果货件的重量分布均匀且支承点对称，则各支承点处的压力应为货件总重量与支承点数目的比值。

货件重量非均匀分布或支撑点不对称等原因引起的货件下各支承点处的压力不相同时，应分别估算。在估算集中载荷条件下实际甲板负荷时，应根据货件装载计划及支撑点尺寸首先确定货件底部支撑面积所横跨的骨材数目 n，则每个骨材上的实际负荷为：

$$P' = \frac{9.81 W}{n} \tag{9-2-3}$$

式中：

W——重量均匀分布时，W 为货件总重量（t）；重量非均匀分布时，W 为某支承点所分担的货件重量（t）。

2）均布载荷

各类固体散货、液体散货或普通杂货的货堆下的压力可作为均布载荷对待。均布载荷条件下的甲板实际负荷量 P_d' 可按下式计算（如图 9-2-2 所示）。

$$P_d' = \frac{9.81 \sum P_i}{A} \qquad (9\text{-}2\text{-}4)$$

或

$$P_d' = 9.81 \sum \frac{h_i}{SF_i} \qquad (9\text{-}2\text{-}5)$$

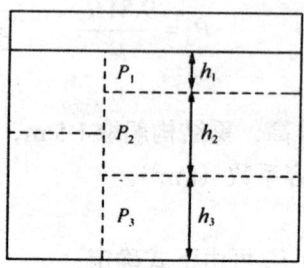

图9-2-2 均布载荷求算

式中：

P_i——第i层货物的重量（t）；

A——货堆底面积（m²）；

h_i——第i货层堆高（m）；

SF_i——第i层货物的积载因数（m³/t）。

在进行货层堆高估算时，一般假定各层货物上表面是水平的，且舱内所有货物的最终表面也是水平的；货物体积与舱容的比值等于货层堆高与舱高的比值。在这些假定下利用简单的几何关系确定各货层堆高，并计算出对舱底或甲板的压力。当然，对不同舱型，需对按上述方法求出的货高予以修正，尤其是首、尾部货舱。

4. 满足船舶局部强度要求的条件

由上可知，满足船舶局部结构安全的条件是货物装载后载货部位的实际负荷量不大于相应部位的许用负荷量。

值得注意的是，在某些载荷情况下，若所装载部位同时具有均布载荷和集中载荷的局部强度要求，则在校核时，均布载荷和集中载荷的局部强度条件都应满足。

例9-2-1：某船甲板许用负荷量如表9-2-2所列。某航次在No.3舱上甲板口外装载一挖土机，重量为35 t，每条履带与甲板的接触长度为4.0 m、宽度为0.6 m，试确定铺垫方法。

解：

（1）计算甲板实际负荷量 P_d'：

$$P_d' = \frac{9.81W}{A} = \frac{9.81 \times 35}{4 \times 0.6 \times 2} = 71.53 \text{ kPa}$$

（2）查取甲板许用负荷量 P_d 和 P：

从表9-2-2中查得No.3舱上甲板舱口外 P_d=22.96 kPa，P=104.97 kN。

（3）比较 P_d' 和 P_d，显然 $P_d' > P_d$，故需铺垫垫木。

（4）计算垫木铺垫面积 A'：

$$A' = \frac{9.81W}{P_d} = \frac{9.81 \times 35}{22.96} = 14.95 \text{ m}^2$$

(5) 确定衬垫方法：

挖土机重量 $W = 9.81 \times 35 = 343.35$ kN，装载部位集中装载的许用负荷量 $P = 104.97$ kN，两者比值 $\frac{W}{P} = \frac{343.35}{104.97} = 3.27$，所以下层垫木应沿横向跨甲板下纵骨的方向设置，其跨度为 4 倍的纵骨间距。

例 9-2-2：某船 No. 2 底舱均布载荷时的许用负荷量 $P_d = 15.7 \times 9.81$ kPa，现在舱内装载五金 1600 t（$SF = 0.5$ m³/t）、棉织品 100 t（$SF = 4.5$ m³/t）、重烧镁 500 t（$SF = 1.1$ m³/t）、草制品 90 t（$SF = 7.2$ m³/t），货物装载方案如图 9-2-3 所示。

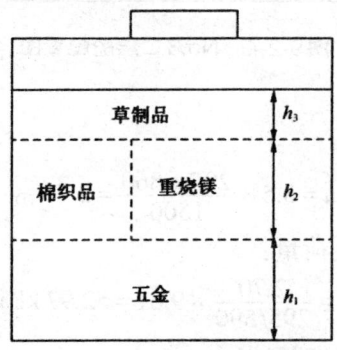

图 9-2-3　No.2 底舱配置图

该舱舱容 2710 m³，舱高 7.2 m，试校核其舱底负荷是否安全。

解：

(1) 计算各层货高：

五金堆高 h_1 为：

$$h_1 = 7.2 \times \frac{1600 \times 0.5}{2710} = 2.13 \text{ m}$$

棉织品和重烧镁的堆高 h_2 为：

$$h_2 = 7.2 \times \frac{100 \times 4.5 + 500 \times 1.1}{2710} = 2.66 \text{ m}$$

草制品堆高 h_3 为：

$$h_3 = 7.2 \times \frac{90 \times 7.2}{2710} = 1.72 \text{ m}$$

(2) 计算舱底实际负荷量 P_d'：

靠近重烧镁一侧的 P_d' 较大，其值为：

$$P_d' = \left(\frac{2.13}{0.5} + \frac{2.66}{1.1} + \frac{1.72}{7.2}\right) \times 9.81$$
$$= 6.92 \times 9.81 \text{ kPa}$$

(3) 判断局部强度是否满足条件：

$$P_d' = 6.92 \times 9.81 \text{ kPa}$$
$$P_d = 15.7 \times 9.81 \text{ kPa}$$

$P_d' < P_d$，局部强度满足条件。

例9-2-3：某船No. 3二层舱舱高3.5 m，舱容1500 m³，均布载荷时的许用负荷量 P_d = 24.96 kPa，所装货物如图9-2-4所示，装货后货物表面呈水平状。试校核二层甲板的局部强度，若不满足，应怎样调整，调整后的局部强度如何？

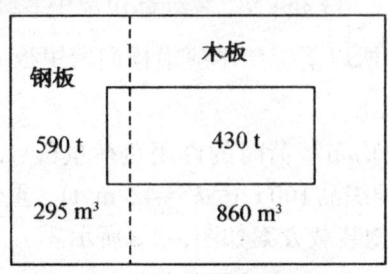

图9-2-4　No.3二层舱配置图

解：
（1）求钢板和木板的货高 h：
$$h = 3.5 \times \frac{295 + 860}{1500} = 2.70 \text{ m}$$

（2）求钢板一端甲板实际负荷量：
$$P_d' = \frac{2.70}{295/590} \times 9.81 = 52.97 \text{ kPa}$$

（3）判断局部强度是否满足条件：
$$P_d' = 52.97 \text{ kPa}$$
$$P_d = 24.96 \text{ kPa}$$

$P_d' > P_d$，局部强度不满足条件。

（4）调整装载计划：
拟将钢板和木板上下分层堆装且钢板在下、木板在上平铺整个货舱。

（5）校核装载计划调整后的局部强度：
No.3二层甲板面积：
$$A' = \frac{1500}{3.5} = 428.57 \text{ m}^2$$

调整后甲板实际负荷量：
$$P_d' = \frac{590 + 430}{428.57} \times 9.81 = 23.35 \text{ kPa}$$

$P_d' < P_d$，所以调整后装载方案满足局部强度要求。

二、保证船舶局部强度满足要求的措施

在实际工作中，应从下述几方面保证船舶局部强度：

1. 适当减小旧船的许用负荷量

船龄较大的老旧船舶，船体强力构件因锈蚀而强度降低，因此，应对船舶资料中所列

出的许用负荷量适当减小，其减小量应根据船舶强力构件锈蚀的程度来确定。

2. 舱内货重分布尽量均匀

货物配装时，在满足卸货港序及货物相容性前提下，货物重量在舱内应尽量均匀分布。重货应尽可能不扎位装载，不过分集中装于某一舱位，注意轻重货物的合理搭配。

3. 重大件货合理配装和衬垫

重大件货应配装在局部强度较大处，若配装在二层舱或上甲板，应尽量安排在甲板下有支柱的位置，必要时可在其下加设撑柱。重大件货受力点应尽可能落在横梁、舱壁、纵骨等强力构件处。必要时货件下应进行衬垫，以增大底部承载面积，降低实际负荷量及甲板或舱底下骨材所分担的重量。衬垫时应横跨相应骨材，使其重量分散到多个骨材上。

4. 上甲板舱盖上不装重货

除集装箱船外，一般干货船的上甲板舱盖上不允许堆装重货，如需要时只能装载少量轻货，以防舱盖受力过大而变形漏水。

5. 固体散货在装舱时应注意平舱

固体散货在装载时，因装船机械性能及操作条件等方面的限制，舱内货物表面会出现高低不平的现象及货物向舱口下方区域集中的趋势，这势必会造成舱底负荷不均衡。对于积载因数较小的矿石类重货，不同位置货高的较大差异将极有可能使作用于舱底的实际负荷超出许用值，从而导致局部结构的破坏。

为避免上述不利于船体强度的情况出现，除限制货舱内货物装载量外，还应采取平舱措施尽可能使货物散落至应达舱位并保持货物表面水平。

6. 重货装载时应限制其落底速度

无论是重件货还是 SF 较小的固体散货，若落底速度较大，则舱底或甲板除重力作用外，还受到一定冲击力，这对船体强度极为不利，因此，在装载时应限制其落底速度。

第三节 船舶扭转强度

扭转强度（torsional strength）是指整个船体抵抗扭转变形和破坏的能力。当船体斜置在波浪上时，由于在船体前后位置左右的浮力不对称，使船体产生扭转变形；或者船舶装货后，其前后位置左右货重不对称，也会产生扭转变形。对于甲板具有大开口的船舶，如集装箱船、敞口驳船、矿砂船、某些运输重大件货物的专用船舶等，应校核其扭转强度。

1. 甲板大开口定义

符合下列任一条件的甲板开口为大开口：

(1) $\dfrac{b}{B_1} \geq 0.7$；

(2) $\dfrac{l_H}{l_{BH}} \geq 0.89$；

(3) $\dfrac{b}{B_1} \geq 0.6$ 且 $\dfrac{l_H}{l_{BH}} \geq 0.7$。

式中：

b ——开口宽度（m），见图9-3-1。如有几个舱口并列，则 b 代表各开口宽度之和，即 $b = b_1 + b_2$，见图9-3-2。

B_1 ——在开口长度中点处包括开口在内的甲板宽度（m）。

l_H ——舱口长度（m）。

l_{BH} ——每一舱口两端横向甲板条中心线之间的距离（m），见图9-3-2。如舱口前或后再无其他舱口时，则算到 l_{BH} 壁为止。

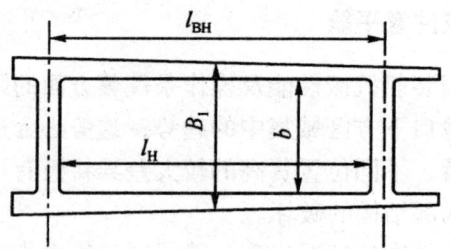

图9-3-1 甲板大开口示意图1

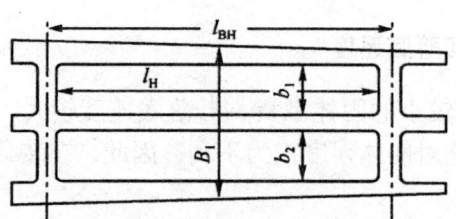

图9-3-2 甲板大开口示意图2

2. 扭转强度校核

扭转强度校核的衡准是沿船长方向各剖面受到的实际静水扭矩不超过其许用静水扭矩。其中，许用静水扭矩由船舶资料提供（如装载手册）。航海实践中，扭转强度的校核由装载仪完成。

第四节 国际船级社协会（IACS）统一要求和共同结构规范对船舶强度的要求

国际船级社协会（IACS）成立于1968年，其主要目标是促进海上安全标准的提高。它掌握的船舶技术知识使其在国际航运安全和制定海运规则方面起着独特的作用。加入 IACS 成员船级的船舶总吨位已占世界商船总吨位的90%以上。IACS 会员得到了100多个国际海事组织（IMO）成员国的授权进行法定检验并代表它们签发法定证书。此外，IACS 还是 IMO 具有咨询地位的唯一能够制定规范、具有观察员身份的非政府组织。截止到目前已有12家正式成员，包括美国船级社 ABS、法国船级社 BV、中国船级社 CCS、克罗地亚船级社 CRS、挪威船级社和德国劳氏船级社合作成立的 DNV GL、印度船级社 IRS、韩国船级社 KR、英国劳氏船级社 LR、日本船级社 NK、波兰船级社 PRS、意大利船级社 RINA、俄罗斯船级社 RS。

1. 统一要求

为了把各种相关规范统一起来，更好地服务于船东，保证船舶安全营运，IACS 从船舶设计、制造及检验等角度对相关内容提出了统一要求（unified requirements），它是与船级社的特定规范和实践直接相关的决定。船级社会员经其主管机关的批准，在该船级社规范内应载入此统一要求。统一要求是最低标准，每一船级社可以根据它制定更详细的要求。

统一要求涉及的内容如表9-4-1所示。其中与本章相关的内容是 S——船舶强度，它包括的技术决议为 S1—S32，具体见表9-4-2。

表9-4-1 统一要求内容表

内容代表符号	内容（英文）	内容（中文）
A	Mooring and anchoring	系泊和锚泊
B	Mobile offshore drilling units	移动式近海钻井装置
E	Electricity	电气
F	Fire protection	防火
G	Gas tankers	气体运输船
K	Propeller	推进器
L	Subdivision, stability and load line	分舱、稳性和载重线

续表

内容代表符号	内容(英文)	内容(中文)
M	Machinery installations	机械装置
N	Navigation	航行
P	Pipes and pressure vessels	管路和受压容器
S	Strength of ships	船舶强度
W	Materials and welding	材料和焊接
Z	Survey and certification	检验和证书

表9-4-2　统一要求S1—S32技术决议表

编号	内容
S1	装载工况、装载手册和装载仪要求
S1A	散货船、矿砂船和兼用船的装载工况、装载手册和装载仪附加要求
S2	船舶长度 L 和方形系数 C_b 的定义
S3	上层建筑和甲板室端部舱壁强度
S4	屈服点为 315 N/mm² 和 355 N/mm² 的高强度钢使用衡准(关于总纵强度)
S5	常规尺寸船舶的船中剖面模数计算
S6	各种船体构件所采用的钢级——船长90 m及以上长度的船舶
S7	总纵强度最低标准
S8	首门和内门
S9	舷门和尾门
S10	舵、舵座板和挂舵臂
S11	总纵强度标准
S12	单舷侧散货船的舷侧结构
S13	油船船首底部的强度
S14	水密舱室的试验程序
S15	舷门和尾门——UR-S9对现有滚装客船的追溯应用
S16	首门和内门——1995年修正后的UR-S8对现有滚装客船的追溯应用
S17	散货船进水状态下船体梁的总纵强度(Rev.7)
S18	散货船货舱进水时槽型水密横舱壁的尺寸评估
S19	现有散货船1号货舱进水时,1号和2号货舱之间槽型水密横舱壁的尺寸评估
S20	散货船货舱进水时货舱装载余量的评估

续表

编号	内容
S21	散货船、矿砂船和兼用船货舱舱口盖和舱口围板的尺寸评估(Rev.4)
S22	现有散货船1号货舱进水时,1号货舱装载余量的评估
S23	现有单舷侧散货船对IACS统一要求S19和S22的实施
S24	2004年1月删除
S25	散货船的统一标志和相应设计装载情况
S26	船首露天甲板上小舱口的加强和系固
S27	船首甲板装置和设备的强度要求
S28	散货船、矿砂船和兼用船首楼装置要求
S29	(原文空缺)
S30	未按URS21(Rev.3)建造的散货船货舱盖系固装置
S31	未按URS12Rev.1或以后修订版建造的单舷侧散货船和单舷侧OBO船的舷侧肋骨和肘板换新衡准
S32	散货船双舷侧结构局部尺寸

2. 共同结构规范CSR

20世纪90年代以来,海上货物运输过程中导致人员伤亡、船舶毁损及大范围海上污染的事故不断发生,尤其是散货船和油船。IMO、IACS及航运界都在努力解决这些问题,IMO基于目标的标准和IACS的共同结构规范即是提高海上安全和保护海洋环境的一种积极响应。

为了保证国际船级社协会各成员的船舶结构规范在安全水平上的统一性,满足航运业对船舶安全航行及使用中高质量的需求,IACS制定了《共同结构规范》(Common Structural Rules,CSR),包括两个独立的规范:《散货船共同结构规范》(CSR-BC)和《双壳油船共同结构规范》(CSR-OT),于2006年4月1日正式生效,并强制执行。

CSR不仅具有船舶设计、建造、维修和保养等方面的技术指导意义。CSR新规范是IACS成立以来,第一次系统制定的单一类型的船舶规范,第一次在全球范围内统一船舶建造的标准,避免了过去在统一要求、统一解释、推荐性须知制定中的不全面性,更加贴近设计与建造现场以及船东的使用目标。

CSR结束了各国船级社之间在船舶结构尺寸上的竞争,避免了IACS成员之间由于竞争而降低技术标准的可能性。另外,CSR极大地吸收了IACS成员的成功经验,增强了规范的透明度;同时还增加了一些灵活性的条款,有利于各国造船业进行技术创新。

1) 适用范围

(1) 散货船共同结构规范

规范适用于2006年4月1日及以后签订建造合同的,且船长L为90 m或以上、在全球不受限制航行的入级单舷侧散货船和双舷侧散货船，但不包括矿砂船和兼装船；散货船的船体尺度、布置、焊接、结构细部、材料和设备等应满足如下特征：

——$L < 350$ m；
——$L/B > 5$；
——$B/D < 2.5$；
——$C_b \geq 0.6$。

（2）双壳油船共同结构规范

本规范适用于2006年4月1日及以后签订建造合同的，且船长L为150 m及以上的入级双壳油船。双壳油船的结构特征应满足：机舱和甲板室位于货舱区域之后；除内壳外，两道油密纵舱壁，没有中纵舱壁；或除内壳外，一道油密中纵舱壁。

在环境载荷方面双壳油船应满足：

——$L/B > 5$；
——$B/D < 2.5$；
——$C_b > 0.7$；
——GM在均匀满载时不大于$0.12B$，压载时不大于$0.33B$。

内部环境方面，货油设计温度应满足：

——货油最高温度为80 ℃；
——货油最低温度为0 ℃。

2）主要技术特点

（1）规范中油船和散货船的设计寿命均为25年。

（2）船舶结构设计基于整个设计寿命期间航行于北大西洋环境的假设。

（3）船舶结构强度能使处于完整状态下的船舶经受住设计寿命期间内的环境条件，以满足合理装载工况。船体局部结构、主要支撑构件及船体梁需要进行结构强度评估，包括屈服校核、屈曲校核、极限强度校核及疲劳校核。极限强度计算包括船体梁的极限能力及板材和扶强材的极限强度，船体梁的极限强度校核分完整工况、港内工况和进水工况三种。船体结构具有足够的剩余强度，能够承受在合理预见的破损状态下，如碰撞、搁浅或进水等所产生的波浪载荷和内部载荷。剩余强度计算考虑了船体梁的极限剩余能力，包括永久性变形和后屈曲性能。

（4）引入净尺寸概念，替代了以往以建造厚度为基础的设计与检验标准，使营运船舶在寿命期内能保证足够的强度。"净尺寸"必须从船舶新建阶段开始一直在整个船舶设计寿命中保持，以满足结构强度的要求。该尺寸提供了承受载荷所需的强度特性，即计算船体结构强度如船体梁的剖面模数、惯性矩、剖面设计/许用静水剪力、设计/许用静水弯矩等指标时所使用的构件尺寸，不包括任何腐蚀增量和船东自愿增加的厚度。净尺寸概念的引入明确地将净厚度与为了船舶在营运期间可能发生的腐蚀而加上的厚度区分开来。

船舶应至少用净尺寸加上腐蚀增量得到的总尺寸来建造，船东自愿增加的厚度应作为额外的附加，如图9-4-1（a）所示。与设计净尺寸、建造尺寸、腐蚀增量等相关的定义和计算方法如下所示：

$$t_{\text{gross.required}} = t_{\text{net.required}} + t_{\text{corrosive}} \tag{9-4-1}$$

式中：

$t_{\text{gross.required}}$——总要求厚度（mm），即船舶建造时构件的最低尺寸要求值。

$t_{\text{net.required}}$——净要求厚度，即按规范满足所有结构强度要求所需的净厚度（mm）。

$t_{\text{corrosive}}$——腐蚀厚度总增量，包括构件两侧的腐蚀增量及腐蚀储备量。腐蚀增量应根据船体内部和外部结构的使用情况和对腐蚀介质接触情况确定，如水、货物或腐蚀性空气。另外，还应考虑防腐系统，如涂层、阴极保护或采用替代措施。构件一侧的腐蚀增量取值根据不同舱室、不同构件及不同范围取值不同，具体可参考CSR规范的相关内容；腐蚀储备量取0.5 mm，对应于2.5年中间检验期可能发生的厚度减少预留的厚度储备。

（5）从抗腐蚀和保证船体结构强度的角度，提出营运船舶保持船级和构件换新的衡准要求。

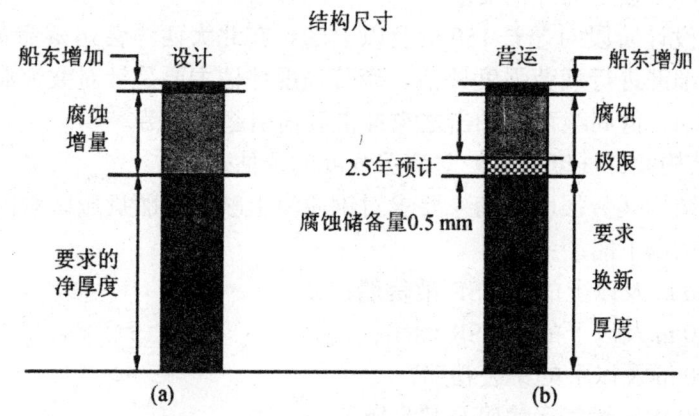

图9-4-1　设计和营运结构尺寸图示

测厚是保持船级检验的一个重大部分，对测厚结果的分析是确定船舶结构修理和换新及其范围的重要依据。

当满足如下条件时，应进行构件换新：

$$t_{\text{gauged}} < t_{\text{renewal}}$$

式中：

t_{gauged}——测厚厚度（mm）；

t_{renewal}——换新厚度（mm）。

当满足如下条件时，可采用按涂层制造商的要求施以涂层或采用年度测厚作为构件换新的替代：

$$t_{\text{renewal}} < t_{\text{gauged}} < t_{\text{renewal}} + t_{\text{reserve}}$$

式中：

t_{reserve}——腐蚀储备量，取0.5 mm。

涂层应保持处于良好状态。

换新厚度、腐蚀极限、腐蚀储备量的定义如图9-4-1（b）所示。而腐蚀又分为局部腐蚀和显著腐蚀。所谓局部腐蚀是指点腐蚀、沟槽形腐蚀、边缘腐蚀、颈缩效应或其他局限性很大的腐蚀;所谓显著腐蚀是指通过腐蚀状况评定表明腐蚀量已超过许用极限的75%,但仍处于可接受范围内的腐蚀程度。船舶检验时,根据腐蚀的具体情况采取相应的处理措施。

3) 船体结构疲劳强度评估

船舶在海上航行时,船舶结构一直受到波浪力及运动产生的各种惯性力的作用。而波浪力和惯性力都是不断变化的动载荷,他们在船舶结构内部产生交变应力。交变应力将造成结构的疲劳损伤。疲劳损伤是船舶结构的主要破坏形式之一,特别是大型船舶和使用高强度钢的船舶,疲劳问题显得尤为突出。疲劳强度评估的目的是保证遭受疲劳动载荷的船体结构有足够的疲劳寿命。疲劳寿命的计算、校核相关疲劳损坏数据可以给出结构设计的基础(钢材的选择、构件尺度和局部节点细则)。进一步,它们可以形成船体结构在制造和全运营寿命期内的有效检查程序。

(1) CSR对疲劳强度的评估要求

CSR要求在设计阶段对船长150 m及以上的、在北大西洋营运寿命为25年的散货船、双壳油船的结构细部进行疲劳强度评估。疲劳强度评估主要是针对波浪载荷引起的周期性疲劳,未包括振动、低周载荷或拍击之类冲击载荷引起的疲劳。

(2)《船体结构疲劳强度指南》对疲劳强度的评估要求

我国《船体结构疲劳强度指南》要求对钢质海上航行船舶货舱区域的船体结构强度进行疲劳评估,包括以下船型:

——船长150 m及以上的非CSR散货船;

——船长150 m及以上的非CSR油船;

——船长150 m及以上的集装箱船;

——薄膜型液化天然气运输船及其泵塔。

(3) 船体结构疲劳强度评估相关术语

①热点:结构中疲劳裂纹初始产生处,一般位于焊趾、部分焊透的焊根或角焊缝、板材的自由边。

②名义应力 σ_n (N/mm^2):仅考虑结构几何形状影响的在结构构件中的应力,但不考虑由于结构不连续和焊缝存在引起的应力集中。

③热点应力 σ_h (N/mm^2):热点处的应力,考虑由于结构不连续和焊接件的存在引起的应力集中,但不考虑焊趾处切口导致的非线性应力。

④热点应力范围 S_h (N/mm^2):引起结构疲劳的交变热点应力的应力范围。

⑤平均热点应力 σ_m (N/mm^2):引起结构疲劳的交变热点应力的平均值。

⑥设计应力范围 S_D (N/mm^2):用于疲劳评估的应力范围,为热点应力范围经板厚修正和平均热点应力修正求得。

⑦关键位置:由于应力集中、构件对中、结构非连续以及腐蚀在船舶寿命中的失效概率高于周围相邻结构的区域内,易于疲劳损坏而需提供设计改进的特定位置。

⑧疲劳裂纹的失效模式:

a. 疲劳裂纹从焊趾扩展进母材:在船体焊接结构中,疲劳裂纹从焊趾扩展进母材是一种常见的失效模式。疲劳裂纹起始于在焊趾处小的缺陷或咬边。

b. 疲劳裂纹从焊缝根部扩展贯通角焊缝：从角焊缝的焊缝根部扩展贯通角焊缝的疲劳裂纹是一种能导致重大后果的失效模式。

c. 疲劳裂纹从焊缝根部进入焊接下的剖面：疲劳裂纹从焊缝根部进入焊接下的剖面在结构的运营寿命期内、在实验室疲劳试验中都可观察到。在一些易产生该类型裂纹的临界位置可采用全焊透焊缝以避免该失效模式。

d. 疲劳裂纹起始于非焊接节点的自由边：在母材中的疲劳裂纹是一种具有高应力循环次数构件的失效模式。然而，该疲劳裂纹常常开始于构件中的切口和沟槽或小的表面缺陷或不平整。

3. 协调共同结构规范 HCSR

2006 年 IACS 推出的《散货船共同结构规范》和《双壳油船共同结构规范》是两个相对独立的规范，因此两者之间存在着诸多不协调之处，如波浪载荷、尺度要求、直接计算、屈曲和疲劳校核等，为了消除这些差异，IACS 于 2014 年发布了《散货船、油船协调共同结构规范（Harmonized Common Structural Rules for Bulk Carriers and Oil Tankers，HCSR）》，并于 2015 年 7 月 1 日正式生效。生效后的 HCSR 规范替代了《散货船共同结构规范》（2012）和《双壳油船共同结构规范》（2012）。

为了保证船舶的完整性及安全，2010 年 IMO 先于 HCSR 实施前通过了目标型船舶建造标准（GBS）。该标准要求各船级社制定的散货船和油船结构规范必须满足 IMO GBS 的要求，并通过 IMO 审核。为此 IACS 协调开发的 HCSR 为满足 GBS 的要求引入了许多新的概念和要求，使得 HCSR 规范变得更加复杂。

协调共同结构规范（HCSR）总体上包括以下两部分：

第一部分给出了双壳油船、散货船共同适用的要求，是在协调《散货船共同结构规范》和《双壳油船共同结构规范》的技术差异、同时补充了 IMO GBS 要求的基础上发展得来的，具体内容与 CSR 有了很大不同。

第二部分给出了分别适用于双壳油船、散货船的其他要求。

第十章 船舶抗沉性

本章学习目标

1. 了解船舶破舱进水的类型及其特征；
2. 掌握舱室进水后船舶浮态和稳性计算方法；
3. 熟悉《船舶破损控制手册》及其应用。

第一节 船舶抗沉性概述

本节主要介绍船舶进水的几种类型，分别为第一类舱、第二类舱、第三类舱，及相关概念渗透率的解释。通过对本节内容的学习，学生能正确判断船舶进水的类型及掌握相关基础知识。

一、船舶破损进水的概念及类型

船舶在使用过程中，可能发生船体破损等海损事故，从而使大量海水进入船体，危及船舶的安全。因此，船舶设计阶段需要考虑抗沉性问题。

所谓抗沉性，是指船舶发生海损事故时一舱或数舱进水后仍然保持一定浮性和稳性的能力，它是船舶的重要航海性能之一。船舶之所以具有抗沉性，主要与船舶的储备浮力和破舱稳性有关，而船舶具有的储备浮力和破舱稳性又与船舶的水密舱壁的合理布置有关。具有一定抗沉性要求的船舶，当一舱或数舱进水后，水密舱壁使水不至于漫延全船，故船舶的下沉不会超过一定的极限位置，并且具有一定的稳性。

所以，抗沉性的研究主要是两类问题：一是在船舶舱壁已定情况下，求船舶在一舱或数舱进水后的浮态及稳性；二是在船舶设计过程中，从抗沉性要求出发，计算分舱的极限长度，亦即可浸长度。

船舶舱室的结构随船舶种类及舱室用途的不同而异，并且舱室进水后淹没的状态也各不相同。为了讨论方便，本节先将进水舱室进行分类并介绍渗透率的概念。

在抗沉性计算中，根据船舱进水情况，可将进水舱分为下列三类：

1. 第一类舱

舱的顶部位于水线之下，船体破损后，水即灌满全舱；也即舱内的淹水量不随淹水后的水线位置而变，同时没有自由液面。如双层底舱和顶盖在水线以下的深舱柜等均属此类，如图10-1-1（a）所示。

2. 第二类舱

进水舱未被灌满，舱内水与船外水不连通，有自由液面。为调整船舶浮态而灌水的舱室以及船体破损处已经堵塞但水未被抽干的舱室都属此类，如图10-1-1（b）所示。

3. 第三类舱

舱顶在水线以上，舱内水与船外水连通，因此舱内水面与船外水面保持同一水平面。这是破舱中最为普遍的典型情况，如图10-1-1（c）所示。

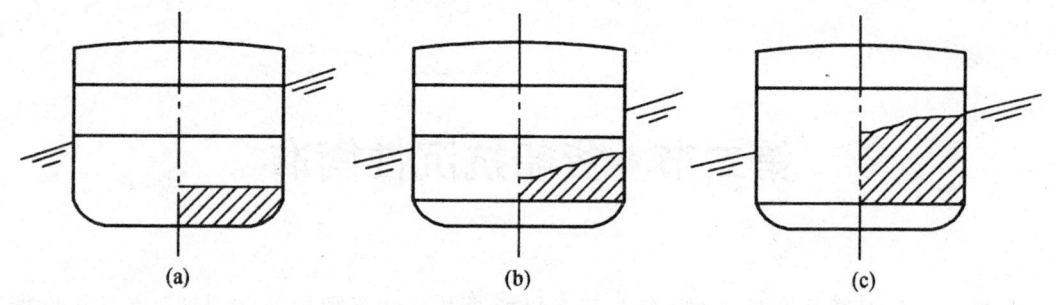

图 10-1-1　三类进水舱

二、渗透率

船舶破损后，进水舱室能被水侵占的容积与该舱室总容积的百分比，称为渗透率，又称体积渗透率 μ_V，即

$$\mu_V = \frac{V_1}{V} \tag{10-1-1}$$

或

$$V_1 = \mu_V V$$

式中：
V_1——进水容积；
V——空舱容积。

由于船舶舱室内有各种结构构件、设备、机械和货物等等，它们都占据一定的舱室容积，并且随船舶及舱室的不同，它们占据的总容积也不同，所以，各类船舶的不同舱室之渗透率是不同的。我国《海船法定检验技术规则》规定的 μ_V 值如表10-1-1所列。

表10-1-1 舱室处所渗透率

处所	渗透率 μ_V
装载液体的处所	0~0.95①
起居处所	0.95
机器处所	0.85
货物、煤、物料储藏专用处所	0.60

① 部分装载的舱的渗透率应与该舱所载液体的量相一致。装载液体的舱一旦破损，应假定所载液体从该舱完全流失，并由海水替代至最后平衡时的水线面。

除上述体积渗透率外，还有面积渗透率 μ_a，表示实际淹水面积与空舱面积之比。μ_V 与 μ_a 之间并无一定联系，通常 μ_V 小于 μ_a，但并非所有情况都如此，在一般计算中，μ_V 与 μ_a 可取相同的数值。

第二节 货船抗沉性衡准

本节主要介绍可浸长度，许用舱长等基础概念并延伸介绍相关规则对船舶抗沉性衡准要求。通过对本节的学习，可以对相关规则对船舶破舱稳性的要求了然于胸。

一、限界线、可浸长度及可浸长度曲线

1. 限界线

当船体破损后，海水进入船舱内，船即下沉。为了保证船舶不至于沉没，我国《海船法定检验技术规则》规定：民用船舶的下沉极限是其舱壁甲板上表面的边线以下76 mm处，也就是说，船舶在破损后至少要有76 mm的干舷（舱壁甲板是指水密横舱壁所上达的

最高一层甲板，通常为上层露天甲板）。在船体侧视图上，舱壁甲板边线以下 76 mm 处的一条曲线（与该甲板边线平行）称为安全限界线（简称限界线），如图 10-2-1（a）所示。

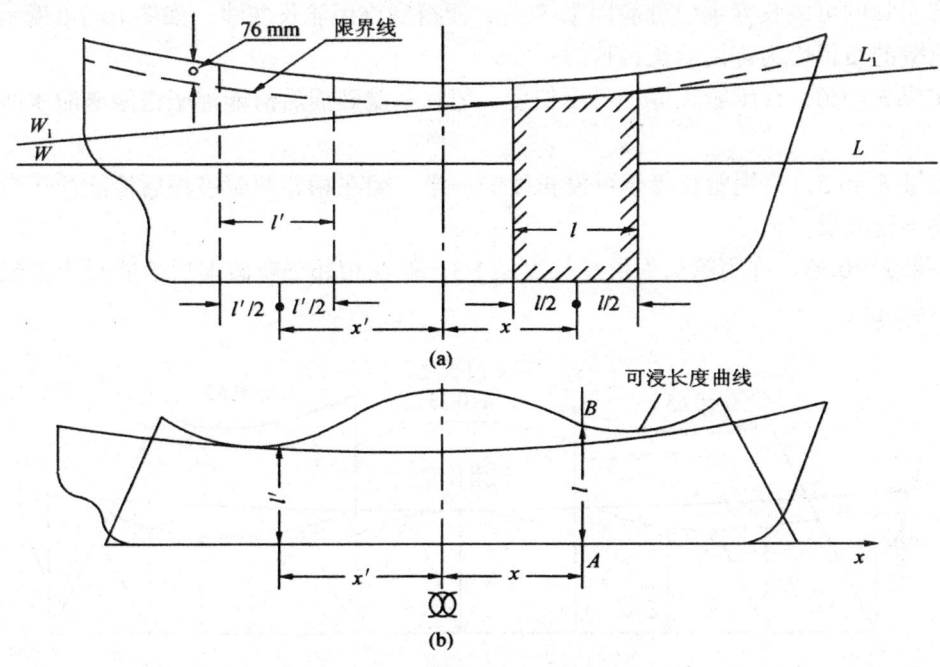

图 10-2-1　限界线和可浸长度曲线

船舶下沉后的水线不应超过限界线，故限界线上各点的切线表示所允许的最高破舱水线（或称极限破舱水线）。

2. 可浸长度及可浸长度曲线

为了保证船舶破损后的水线不超过限界线，对船舶舱室的长度必须加以限制。船舱的最大许可长度称为可浸长度，它表示进水后船舶的最高破舱水线恰与限界线相切。

在船长的不同位置处，船舱的横剖面大小不同，各船舱进水后对船舶的纵倾影响也不同，所以，可浸长度随船长的位置而变。在船体侧视图上，以各进水舱可浸长度的中点距中横剖面的距离 x 为横坐标，以对应位置的可浸长度 l 为纵坐标绘制的曲线称为可浸长度曲线，如图 10-2-1（b）所示。

二、分舱因素及许用舱长

由上节可知，位于船长某处的一个舱室破损后，只要该舱长度不超过该处之可浸长度，则认为船舶抗沉性是符合要求的。但是，假如与该舱相邻的舱室也同时破损的话，那么很显然船舶将不能满足抗沉性的要求。所以说只用可浸长度来检验船舶舱室的大小（即横舱壁的布置）是否满足抗沉性要求，未免过于粗略，因为它不能体现出各类船舶在抗沉性方面要求的不同。为此，在《海船法定检验技术规则》中采用了一个分舱因素 F 来决定许用舱长。F 是一个等于或小于 1.0 的系数，因此有：

许用舱长 = 可浸长度（l）× 分舱因素（F） = $l \cdot F$

将实际的可浸长度乘以分舱因素 F 后，便得到许用舱长曲线，如图 10-2-2 所示。假定水密舱壁的布置恰为许用舱长，这时：

如果 F = 1.0，许用舱长等于可浸长度，船在一舱破损后恰能浮于极限破舱水线而不至沉没。

如果 F = 0.5，许用舱长等于可浸长度的一半，船在相邻两舱破损后恰能浮于极限破舱水线而不至沉没。

如果 F = 0.33，许用舱长为可浸长度的 1/3，船在相邻三舱破损后恰能浮于极限破舱水线而不至沉没。

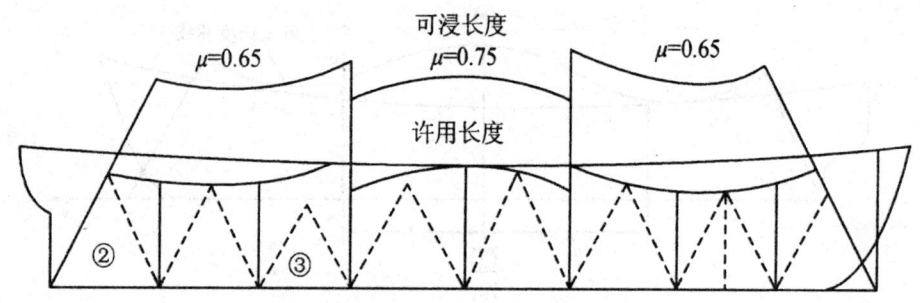

图 10-2-2　许用舱长曲线

如果船舶在一舱破损后的极限破舱水线不超过限界线，但在两舱破损后其极限破舱水线超过限界线，则表明该船的抗沉性只能满足一舱不沉的要求，称为一舱制船。相邻两舱破损后能满足抗沉性要求的船舶称为两舱制船；相邻三舱破损后仍能满足抗沉性要求的船舶称为三舱制船。若用分舱因素 F 来表示，则有：

对于一舱制船，$1.0 \geqslant F > 0.5$；

对于二舱制船，$0.5 \geqslant F > 0.33$；

对于三舱制船，$0.33 \geqslant F > 0.25$。

由上述可见，分舱因素 F 是决定船舶抗沉性的一个关键因素，其具体数值与船舶长度、用途及业务性质有关，在《海船法定检验技术规则》中有详细规定，这里就不多介绍。

有了许用舱长曲线，就可依此来确定船舶水密舱壁的布置，即确定舱长。但这只是对舱长从抗沉性角度所做的一种限制，在这种限制下，还要考虑其他条件的影响（如使用等因素），才能最后确定舱长。如图 10-2-2 中所示的②舱，其舱长恰等于许用舱长；而③舱则因考虑使用等因素，其舱长小于许用舱长。

需要说明，上述可浸长度和许用舱长计算中，都没有考虑破舱后的稳性问题，对于一舱制船舶，应计算任一舱室进水后的稳性；对于二舱制船舶，应计算任意两个相邻舱室同时进水后的稳性；对于三舱制船舶，应计算任意三个相邻舱室同时进水后的稳性。

三、公约对破损进水的衡准要求

（一）《海船法定检验技术规则》的破舱稳性要求

1. 普通干货船破舱稳性的要求

就一般货舱而言，以前对其分舱和破舱稳性的要求并无明确的硬性规定，但不断发生的大量海损事故，使人们认识到船舶分舱及船舶破损后其生存能力的重要性。为此，1990年召开的第58次IMO海上安全委员会（MSC）通过了MSC.19（58）决议，根据大量海报资料而确立的概率计算方法为基础的"货舱分舱和破舱稳性规则"，插入1974年SOLAS公约第B-1章B部分之后作为B-1部分，从而形成了1974年SOLAS公约的1990年修正案。我国也以此规则，插入《海船法定检验技术规则》第八篇"分舱和破舱稳性"作为第三章，于1992年2月1日起生效。因而对国际航行货船的破舱稳性有了强制性要求。

由于SOLAS公约采用了碰撞后的残存概率作为衡量船舶在破损情况下的安全性，因此不再规定任何其他确定性参数作为抗沉性衡准。

SOLAS公约中规定了船长超过100 m的货船抗沉性的要求，其表达式为：

$$A \geqslant R \tag{10-2-1}$$

式中：

A——达到的分舱指数；

R——要求的分舱指数。

（1）要求的分舱指数 R

R 由船舶分舱长度 L_s 来确定：

$$R=(0.002+0.0009 L_s)^{1/3} \tag{10-2-2}$$

船舶分舱长度 L_s 是指其水线处于最深分舱载重线时的最大投影型长度；分舱载重线则是指船舶分舱计算时所使用的载重线。

（2）达到的分舱指数 A

A 值表示船舶破舱进水后所具有的安全性即碰撞后的残存概率，按下式计算：

$$A = \sum p_i s_i \tag{10-2-3}$$

式中：

p_i——所考虑的舱或舱组可能进水的概率，它与进水位置、破损舱数、进水情况等因素有关；

s_i——所考虑的舱或舱组进水后的生存概率，它包含船舶浮态、剩余稳性、破损情况等因素。

在考虑到剩余稳性对船舶生存概率的影响时，公约中规定按下式求算 s_i 值：

$$s_i = c\sqrt{0.5 GZ_{rm} \cdot \theta_{rv}} \tag{10-2-4}$$

式中：

θ_{rv}——剩余稳性范围（°），但不大于20°且此范围应在非水密和进水的倾角处（°）中止。

GZ_{rm}——最大剩余静稳性力臂（m），但不大于0.1 m。

c——与船舶最终平衡时横倾角 θ_e 有关的因数。c 的取值方法为：$\theta_e \leqslant 25°$ 时，$c=1$；$\theta_e > 30°$ 时，$c=0$；$25° < \theta_e \leqslant 30°$ 时，$c = \sqrt{(30-\theta_e)/5}$。

由上可知，船舶破舱进水后，较小的剩余稳性及较大的最终平衡角，将使船舶的生存概率减小。若船舶破舱后其 θ_{rv} 不小于20°，GZ_{rm} 不小于0.1 m，θ_e 不大于25°，则该船的生存概率最大。

船舱进水后的生存概率与船舶浮态、破舱稳性、破舱位置及概率等因素有关。当船舱破损进水后，若考虑下沉、横倾和纵倾影响的最终水线浸没某些开口的下缘，且通过该开口可能继进水时，船舶的生存概率为零。我们可将最终水线浸没非水密开口下缘作为货船的极限浮态。

非水密开口包括空气管、通风筒和以风雨密门或舱口盖关闭的开口，但可以不包括那些用水密人孔盖或平面舱盖关闭的开口、保持甲板高度完整性的小型水密舱口盖、遥控水密滑动门、在海上正常关闭的水密完整的出入门或出入舱口盖和永闭型舷窗。

2. 液货船破舱稳性的要求

《1973年防止船舶造成污染国际公约》及1978年议定书（MARPOL 73/78）附则 I、《国际载运散装危险化学品船舶建造和设备规则》（IMO在MEPC64上通过了IBC规则2012年修正案，主要对IBC规则第17、18和19章做了修订，已于2014年6月1日生效）、《国际载运散装液化气体船舶建造和设备规则》（IGC Code）（全新修订的2014年IGC规则已于2016年7月1日强制实施）分别对油船、液体散装化学品船及液化气体船抗沉性做出了规定，具体如下：

（1）进水过程中或最终水线不超过大量进水孔下边缘。

（2）对油船和液体散装化学品船，在进水过程中或进水后船舶横倾角不得超过25°；若上甲板边缘未入水可将此限增至30°。对液化气体船，进水过程中船舶横倾角不得超过30°。

（3）进水最终阶段的剩余稳性：

① 剩余稳性范围 $\theta_{rv} \geqslant 20°$；

② 最大剩余静稳性力臂 $GZ_{rm} \geqslant 0.1$ m；

③ 剩余静稳性面积 $A_r \geqslant 0.0175$ m·rad。

（4）进水过程中剩余稳性应达到主管当局的要求。

（5）破损舱柜自由液面对稳性的修正：

① 各破损舱柜的自由液面应在5°横倾角的状态时计算；

② 船舶在最终平衡水线处，其破损舱柜在平衡水线以下空间完全为海水所占有，而其上的空间在计及渗透率修正后仍为原液体。

3. 客船破舱稳性的要求

《海船法定检验技术规则》对于国际航行单体客船破舱稳性的要求是：

船舶破损后（若为不对称舱进水，但已采取平衡措施后）其最终状态应满足：

（1）用损失浮力法求得的初稳性高度应不小于 0.05 m。

（2）在不对称进水的情况下，一舱进水的横倾角不得超过 7°；两个或两个以上相邻舱室进水后横倾角不得超过 12°。

（3）在任何情况下，船舶进水终了的破舱水线的最高位置不得超过限界线。

（4）正值的剩余复原力臂应当不小于 0.10 m，且在平衡角以后应有一个 15° 的最小范围。

（5）从平衡角到进水角或消失角（取小者）之间正值范围的复原力臂下面积应不小于 0.015 m·rad。

可以将完整稳性的多项指标要求通过数学方法换算成一项临界初稳性高度要求一样，对于上述（1）（4）和（5）三项指标也可以换算成一项破舱稳性极限初稳性高度 GM_c' 指标。无论是客船还是货船，在船舶装载手册等稳性资料中，若有这类资料的话，则破舱稳性要求就换算成需要满足：

$$GM \geq GM_c'$$
$$\theta \leq 7° \quad \text{一舱进水时}$$
$$\theta \leq 12° \quad \text{多相邻舱进水时}$$

第三节 破损浮态与稳性计算

本节主要介绍船舶破损进水对浮态和稳性的影响，以及不同进水状况对浮态影响计算。通过对本节内容的学习，可以熟悉不同进水状况下所求数据相关计算方法。

一、船舶破损进水对浮性和稳性的影响

第一节内容讲述了船舶破损进水可分为三种情况，下面分别就进水的三种情况对浮性和稳性的影响进行论述。根据破舱进水的不同情况，可按下述方法确定各种进水情况下最终平衡水线和稳性。

1. 第一种进水情况

舱柜顶部封闭，破口位于水线下，整个舱柜充满水，进水量为：

$$P = \mu \rho v \tag{10-3-1}$$

式中：

μ——渗透率（permeability），即实际进水体积与理论进水体积之比。空舱柜 $\mu = 0.98$。

ρ——舷外水密度（g/m³）。

v——舱柜容积（m³）。

对于液体舱柜，可能原存部分油水 w，则最大进水量为：

$$P = \rho v - w \tag{10-3-2}$$

在确定了进水 P 及重心纵标 x_P 后，根据进水量大小，按载荷少量增加或大量增加的方法求取破舱进水后船舶浮态和稳性。

2. 第二种情况

舱柜顶部开敞，舱内与舷外水不相通，水未充满整个舱室，其舱内水面高度经测定为 h，则进水量为：

$$P = \mu \rho v_h \tag{10-3-3}$$

式中：

v_h——舱深 h 对应的舱柜容积（m³），可从舱容曲线或舱容表中查取。

根据进水量 P 和进水位置 x_P 按大量载荷增加或少量载荷增加的方法确定最终平衡水线和船舶稳性。

3. 第三种进水情况

舱柜顶部开敞且舱内与舷外水相通，其进水量随船舶下沉及倾斜而变化，舱内水面与舷外水面一致，其最终进水量可采取逐步逼近的重量增加法求取。

1）初始浮态及破舱进水位置

如图 10-2-1 所示，破舱进水前的初始水线为 WL，对应的船舶排水量为 Δ，首、尾吃水为 d_F、d_A，平均吃水为 d_M。破舱的重心纵向位置应为进水体积的几何中心，为简化计算，可近似取该容积中心纵坐标，其值由舱容表查取。

2）第一次近似计算

（1）确定舱中吃水 d_h

根据相似梯形比例关系，可得舱中吃水 d_h 为：

$$d_h = d_M + \frac{t x_h}{L_{Bp}} \tag{10-3-4}$$

式中：

d_h——破舱容积中心距船中距离（m）。

（2）计算破舱进水量

由 d_h 可从该舱舱容曲线或舱容表中查出相应的理论进水体积 v_{h1}，若舱容曲线或舱容表提供的为包装容积，则应转换成散装容积。如无资料，可将查得的包装容积乘以系数 1.10。于是第一次近似计算的破舱进水量 P_1 可由式（10-3-1）算出。

(3) 确定第一次近似水线

首先根据初始排水量Δ查取 x_f、TPC、和 MTC 值，然后按少量加载方法求得进水 P_1 后平行下沉量 δd，吃水差改变量 δt_1，首、尾吃水改变量 Δd_{F1} 和 Δd_{A1}，第一次近似水线对应的首、尾吃水为：

$$d_{F1} = d_F + \Delta d_{F1}$$
$$d_{A1} = d_A + \Delta d_{A1}$$

3) 第二次近似计算

由于破舱进水 P_1 后其水线与第一次近似水线不一致，引起舱内进水量增加，进水后的破舱水线与 W_1L_1 吻合。

(1) 确定舱中处吃水增量 δd_{h1}

同理，在舱中处吃水增量 δd_{h1} 为：

$$\delta d_{h1} = \delta d_1 + \frac{\delta t_1 x_h}{L_{Bp}} \tag{10-3-5}$$

式中：

δd_1——进水 P_1 后船舶平均吃水改变量（m），$\delta d_1 = \dfrac{P_1}{100 TPC}$。

(2) 计算破舱进水进量 P_2

由 $d_{h2} = d_{h1} + \delta d_{h1}$ 查舱容曲线或舱容表得到相应的理论进水体积 v_{h2}，于是，进水增量 P_2 为：

$$P_2 = \mu \rho (v_{h2} - v_{h1}) \tag{10-3-6}$$

(3) 确定第二次近似水线

首先由 W_1L_1 水线下的船舶排水量 $\Delta_1 = \Delta + P_1$，查取 x_f、TPC 和 MTC 值，然后由少量加载方法求出船舱进水 P_2 后相应的 δd_2、δt_2、Δd_{F2} 和 Δd_{A2}，则第二次近似水线 W_2L_2 对应的首、尾吃水为：

$$d_{F1} = d_F + \Delta d_{F1}$$
$$d_{A1} = d_A + \Delta d_{A1} \tag{10-3-7}$$

4) 第三次近似计算

显然，W_2L_2 与 W_1L_1 破舱水线间又增加了 P_3 进水量，于是可进行第三次近似计算。依此类推，可进行第四、五……次近似计算。

对照 P_1、P_2、P_3……各值，显然存在：

$$P_1 > P_2 > P_3 > \cdots\cdots > P_n \geq 0$$

也就是说，当进行至 n 次近似计算后，所得水线 W_nL_n 即为船舶破舱进水后的最终平衡水线。实际上，用重量增加法作逐步逼近最终平衡水线的计算时，根据最后一次进水量不大于第一次近似进水量的5%，就认为满足近似计算精度的要求。一般需进行4~5次近似计算。

求得最终平衡水线后，应判别 W_nL_n 是否位于干舷舱壁甲板（限界线）以下。若 W_nL_n 在限界线以下，表明船舶具有剩余浮力。

鉴于上述方法计算最终平衡水线需一定时间，而在破舱事故发生时不可能顾及详细计算，最好根据装载情况做出破舱浮态的预算。

为简化预算工作量，可采用过量进水法求取相应的进水后水线，其方法为：

①假设理论破舱进水体积为整个破舱容积 V_0，则进水量为：

$$P = \mu \rho V_0 \tag{10-3-8}$$

式中：

μ——根据货舱实际装货情况所取的渗透率值。

②按大量装载方法求取 t、d_F 和 d_A。

③判断进水后水线是否在限界线以下。

显然，过量进水法是偏于安全的处理方法，它对于船舶破舱后船长和驾驶人员尽快做出正确无疑具有重要意义。

5）船舶进水后的初稳性

船舶破舱进水，可视为船上载荷增加，以此确定船舶浮态和稳性的方法称为重量增加法。设船舶破舱进水前排水量为 Δ，重心高度为 KG，进水量 P_w，其重心高度 z_w 也由舱容曲线查出，船舶进水后最终排水量 Δ_w 为

$$\Delta_w = \Delta + P_w \tag{10-3-9}$$

最终平衡后的船舶重心高度 KG_w 为：

$$KG_w = \frac{\Delta \cdot KG + P_w Z_w}{\Delta + P_w}$$

由静水力资料根据 Δ 查取初稳心距基线高 KM_w，于是船舶破舱后的初稳性高度 GM_w 有：

$$GM_w = KM_w - KG_w - \frac{\rho i_x'}{\Delta_w} \tag{10-3-10}$$

式中：

ρ——舷外水密度（g/m³）；

i_x'——破舱区间自由液面惯性矩（m⁴）。

由于货舱内所装货物的影响，实际自由液面面积小于破舱区间理论液面面积，为此在计算自由液面惯性矩时，应考虑面积渗透率的修正。一般近似处理方法是将理论自由液面惯性矩 i_x 乘以面积渗透率 μ_a：

$$i_x' = \mu_a \cdot i_x \tag{10-3-11}$$

6）船舶横向不对称进水时的横倾角

船舶设置纵向水密舱壁且一侧破舱进水时，必然形成横向不对称进水，从而引起船舶横倾，如集装箱船、油船舷侧破损、普通货船一舷压载舱破损等均会导致横向不对称进水情况。在确定船舶进水后横倾角的大小时，根据进水的不同结果，可分为小倾角和大倾角两种情况。

（1）进水引起的小倾角计算

若船舶进水量较少或进水量重心位置靠近船舶中纵剖面，则最终会产生较小横倾角。已知船舶进水量为 P_w，其重心横坐标 y_w，进水后船舶排水量 Δ_w，初稳性高度 $G_w M_w$，则船舶横倾角 θ_w 为：

$$\tan\theta_w = \frac{P_w y_w}{\Delta_w \cdot GM_w} \tag{10-3-12}$$

式中 y_w 可在舱长中点的横剖面图上近似量取。

(2) 进水引起的大倾角计算

若船舶进水量较大或进水量的重心距中纵剖面较远，则会产生较大的横倾角。在确定了船舶进水量 P_w 及其重心横向坐标 y_w、垂向坐标 Z_w 后，可按下述方法求取船舶横倾角。

①计算船舶经自由液面修正后的重心高度 KG_w

设船舶破舱前排水量为 Δ，重心高度为 KG，破舱进水量为 P_w，重心高度为 Z_w，则经自由液面修正后的船舶重心高度为：

$$KG_w = \frac{\Delta \cdot KG + P_w \cdot Z_w + \rho i'_x}{\Delta + P_w} \tag{10-3-13}$$

②计算船舶进水后的重心横坐标 Y_G

船舱不对称进水后船舶重心偏离中纵剖面，其重心横坐标为：

$$Y_G = \frac{P_w \cdot y_w}{\Delta + P_w} \tag{10-3-14}$$

③绘制静稳性曲线图

在不考虑船舶重心偏离中纵剖面时，其静稳性力臂 GZ_w 值由下式求取并做出静稳性力臂曲线：

$$GZ_w = KN - KG_w \sin\theta \tag{10-3-15}$$

④绘制静稳性力臂修正曲线

船舶进水后其重心偏离中纵剖面，由此导致 GZ 值减小，其修正量 δGZ 为：

$$\delta GZ = Y_G \cos\theta \tag{10-3-16}$$

计算出不同倾角时的 δGZ 值并在与 GZ 曲线同一坐标系中做出曲线。

⑤量取船舶横倾角 θ_w

在图 10-3-1 中量取 GZ 曲线和 δGZ 曲线交点的横坐标，即可得船舱不对称进水时产生的横倾角 θ_w。

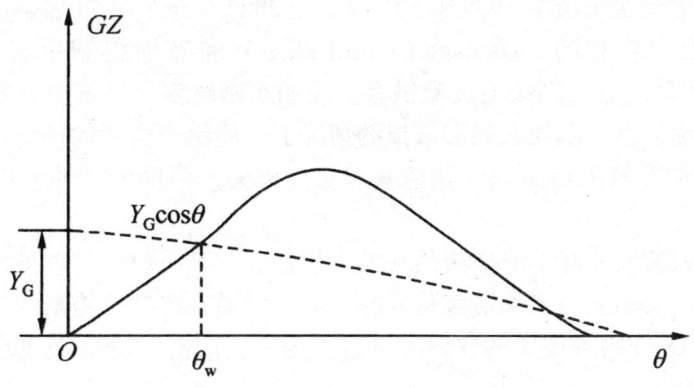

图 10-3-1

7) 船舶破舱后的大倾角稳性

船舶破舱进水后因其排水量及重心高度发生变化,对横向不对称进水时,船舶重心偏离中纵剖面,这些因素均对船舶大倾角稳性产生影响。

(1) 船舱横向对称进水

若船舱横向对称进水,可按式(10-3-13)先计算进水后经自由液面修正后的船舶重心高度 KG_w,再按式(10-3-15)求取静稳性力臂并绘出静稳性曲线图,从而求取大倾角稳性的有关参数。

(2) 船舱横向不对称进水

此种情况下尚应考虑船舶重心不在中纵剖面上对稳性的影响,其影响大小可由式(10-3-14)算出,则经横倾修正后的静稳性力臂 GZ'_w 由下式求得:

$$GZ'_w = GZ_w - \delta GZ \tag{10-3-17}$$

进而绘制出相应曲线并在曲线图中量取剩余稳性的若干参数。

第四节 船舶破损控制手册及其应用

本节内容主要介绍船舶破损控制手册、破损控制图、船舶进水控制措施。通过对本节的学习,学生可以熟悉并了解破损控制图及手册的内容,并掌握船舶破损后相关应对措施。

一、船舶破损控制图及破损控制手册、破损控制图指南(中文版)介绍

IMO组织海上安全委员会1999年5月19日至28日召开了第71届会议,会议注意到绘制和编制船舶破损控制图(Damage Control Plans)和破损控制手册(Damage Control Booklets)的目的是给船上高级船员提供有关船舶水密舱室以及维护舱室边界和保持分隔有效性装置的准确信息,以便在船舶破损的情况下,能给予合适的预防以避免通过开口进一步进水,并采取有效的措施以便快速减轻稳性损失,可能的话使船舶损失的稳性得到恢复。

破损控制图和破损控制手册应清楚和易于理解,它不应包括与破损控制没有直接关系的信息,并应提供以船上的工作语言写成的文本。如果制定破损控制图和破损控制手册时采用的不是SOLAS公约中规定的任何一种官方语言,应有一份翻译成其中一种官方语言的文本。

为给主管机关对船舶准备破损控制图时提供建议,以便能帮助船长在船舶破损引起的危急情况下采取有效行动,IMO组织海上安全委员会于1999年6月15日通过了MSC/

第十章 船舶抗沉性

Circ.919通函——《破损控制图指南》（Guideline for Damage Control Plans）。

1. 适用范围

《破损控制图指南》旨在对适用SOLAS公约第Ⅱ-1/23、Ⅱ-1/23-1和Ⅱ-1/25-8条的客船和货船制定破损控制图提出建议。

船舶破损控制图及破损控制手册适用于1992年2月1日或以后建造的船舶。

2. 破损控制图放置在船舶的位置

对客船，破损控制图应永久陈列在驾驶室和船舶控制站或相应地点。

对货船，破损控制图应永久陈列在驾驶室或在驾驶室易于查阅；另外破损控制图还应永久陈列在货物控制室或在货物控制室或易于查阅。

对货船，破损控制图不要求一定要挂在驾驶室，但一定要在驾驶室里很容易查阅；除驾驶室外，货物控制室（在船上一般是甲板办公室或压载水控制室）同样要求很容易就查阅到破损控制图。

3. 破损控制图的尺寸

为清楚地显示破损控制图所要求的内容，破损控制图应有合适的比例，但不应小于1∶200。

4. 破损控制图的内容

破损控制图应包括船舶内轮廓、每层甲板的俯视图以及显示下列内容必要的区域横剖面图：

（1）船舶的水密分隔；

（2）横贯进水系统，泄放塞和设法减少进水的任何机械装置的位置，以及所有有关的阀的位置和遥控装置的位置，如有；

（3）所有内部水密关闭装置的位置，包括滚装船防撞舱壁延伸出去的坡道或门和它们的控制以及原地控制或遥控控制，开启或关闭指示器和报警装置的位置；

根据SOLAS公约第Ⅱ-1章第15条的要求，在航行过程中不允许开启和允许开启的水密关闭装置也都应清楚地指明；

（4）船舶外壳上的所有门、开启/关闭指示器、渗漏检测和监测装置的位置；

（5）所有舱壁甲板以上和最低露天甲板上的局部分舱舱壁的水密关闭装置，以及控制装置和开启/关闭指示器的位置；

（6）所有舱底泵和压载水泵以及它们的控制装置和相关的阀的位置；

（7）已被主管机关接受的限制进一步进水的管系、导管和轴隧。

5. 破损控制手册

根据SOLAS公约和MSC/Circ.919通函的要求，所有船舶除要具备破损控制图外还必须同时编制破损控制手册（Damage Control Booklets）。

（1）破损控制图的所有内容应在破损控制手册中重复列出。

（2）破损控制手册除了包括破损控制图的所有内容，还应该包括控制破损后果的一般指导：

①立即关闭所有水密和风雨密关闭装置；

②确定船上人员的位置和安全性，对液舱和舱室进行测深以确定破损的范围，并对进水舱室进行重复测量以确定进水的概率；

③就横倾和为减少横倾或纵倾采取液体转换的原因，以及因此产生的附加自由液面影响和为控制进水启动泵浦进行排放操作的后果，提出警戒性的建议。

（3）针对破损控制图中的信息，破损控制手册应包含更详细的内容，例如所有不高于露天甲板的测深仪、液舱通风管和溢流管的位置、泵的排量、管系的分配图、横贯浸水装置的操作指南，根据破损控制部分从舱壁甲板以下的水密舱室通过和撤离所采取的方式（如要求），和对船舶管理部门和其他组织应遵守规定和协调提供援助提出警示。

（4）如对船舶适用，应指出可能引起进一步进水的没有自动关闭装置的非水密开口，以及对非结构性舱壁和门或其他使进入海水流速减慢的阻隔，造成至少暂时性不对称进水状态的可能性做出指导。

（5）如果破损控制手册中包括分舱和破舱稳性的分析结果，应提供另外的指南，以确保参考这些信息的船上高级人员意识到，包括这些分析结果仅为评估船舶相关的残余稳性时提供帮助。

（6）指南应采取与分舱和破舱稳性分析相同的标准，并明确指出分舱和破舱稳性分析中假定的船舶装载的初始状态、破损范围、渗透率，可能与船舶的实际破损现有情况没有关系。

6. 船上计算机的应用

破损控制图和破损控制手册应为打印格式。配有为该船专门设计的破舱稳性软件，并被经过适当培训的船上高级船员所熟悉的船上计算机的应用（参照MSC/Circ.891《船上计算机的使用和应用导则》），能提供一种在规划的手册中增补信息的快速方法以便有效地进行破损控制。

7. 给船长的可视指南

指南应易懂、清楚和简明，例如破损后果图，应能给船长提供一种评估船舶破损后果的快速方法。

8. 注意事项

（1）所有的高级船员（包括驾驶员、轮机员在内）都要熟悉和了解破舱控制图的内容和控制要求，掌握有关预防进水的信息和破损控制计划以及相关的资料。船舶在PSC检查中，如果不熟悉破损控制图的要求、不能迅速取出和提供破损控制图和破损控制手册很有可能会受到滞留或留下开航前解决的要求。

（2）船舶所有的人员重点是平时要做好预防工作，熟悉破损控制图的内容，把责任明确分工到人,在一旦发现破损意外时,及时应用自己的专业技能、充分注意船舶的实际状况做出正确的判断,采取切实可行的自救自控措施。

(3)按SOLAS公约规定,破损控制图和破损控制手册必须经主管机关或主管机关指定的船级社审核、批准和盖章,船长应保存好原始的、经主管机关或主管机关指定的船级社审核盖章后的破损控制图和破损控制手册。

(4)按SOLAS公约规定,在驾驶室和货物控制室或固定或存放随时可用的破损控制图,船舶应经常检查确认。

(5)破损控制图和破损控制手册经主管机关或主管机关指定的船级社审核、批准和盖章就成为船舶法定的文件,当船舶的设备、水密关闭装置需要换新时应保持与破损控制图和破损控制手册一致性,尤其要注意的是水密关闭装置的方向不能轻易更改。

第十一章

包装危险货物运输

本章学习目标

1. 掌握包装危险货物的分类及特性;
2. 了解危险货物的包装和标志;
3. 掌握危险货物积载与隔离;
4. 掌握《国际危规》的内容及其使用方法;
5. 熟悉《水路危规》的内容及其使用方法;
6. 熟悉危险货物的安全装运与管理方法。

危险货物(dangerous goods or dangerous cargo)指具有爆炸、易燃、毒害、腐蚀、放射性等特性,在运输、装卸和储存中,如处理不当,容易造成人身伤亡、财产毁损和/或环境污染,需要特别防护的货物。

海上危险货物运输具有运量大、品种多、涉及部门广、风险大和运价高的特点。对此,国际海事组织和世界许多国家都以立法的形式制定了本国的危险货物运输规则。为方便并促进危险货物的国际运输,国际海事组织(IMO)制定并出版了国际统一的危险货物海运规则——《国际海运危险货物规则》(International Maritime Dangerous Goods Code,缩写为 IMDG Code,以下简称《国际危规》)。该规则于1982年被我国宣布承认,作为《1974年国际海上人命安全公约》(即 SOLAS 1974)第7章修正案的内容,自2004年1月1日起,规则的绝大部分在国际危险货物海运中已具有强制性。我国交通部以《国际危规》为蓝本制定并颁布了《水路危险货物运输规则》第一部分"水路包装危险货物运输规则"(以下简称《水路危规》)。该规则已从1996年12月1日起在我国境内的危险货物水路运输中实施。

除通常所指的带包装的各类危险货物外，包装危险货物还包括载于集装箱、可移动罐柜、公路或铁路车辆等运输单元内的无包装固体或液体的危险货物。若未特别指明，本章内所叙述的危险货物均指包装危险货物。

第一节 包装危险货物的分类及特性

危险货物品种繁多，性质各异，且危险程度大小不一，多数兼有多种危险性质。为便于危险货物的安全运输和管理，有必要对其进行科学分类。《国际危规》和《水路危规》中，根据危险货物所呈现危险性或最主要危险性，将其划分为九个大类。对于具有一种以上危险性质的货物，要以占主导地位的危险性确定其归类，但在运输中还必须兼顾此类货物的其他危险性质（即副危险性）。

包装危险货物的具体分类如下：

一、第1类——爆炸品

1. 定义

爆炸品（explosives）系指在外界作用下（如受热、撞击等），能发生剧烈的化学反应，瞬时产生大量的气体和热量，使周围压力急剧上升，引发爆炸的物质和物品，也包括仅产生热、光、音响或烟雾等一种或几种作用的烟火物品。具体包括：

（1）爆炸性物质（explosive substances）：指能通过本身的化学反应产生气体，其温度、压力和爆速会对周围环境造成破坏的固体或液体物质或几种物质的混合物。

（2）烟火物质（pyrotechnic substances）：指设计上为产生热、光、声、气体或所有这一切的结合达到一种效果的一种或几种物质的混合物，这些效果是通过非爆燃性、持续放热等化学反应产生。

（3）爆炸性物品（explosive articles）：指含有一种或多种爆炸性物质的物品。

所有具有或怀疑具有爆炸特性的物质或物品须考虑划分到第1类。《国际危规》中禁止运输过度敏感或易发生自发反应的爆炸性物质。

2. 爆炸品的分类

按爆炸产生的危险性，《国际危规》将爆炸品分为6个小类。

第1.1类——具有整体爆炸（一经引发，瞬间几乎影响到全部货载的爆炸）危险的物质或物品。如起爆药、爆破雷管、黑火药、导弹等。

第1.2类——具有抛射的危险，但无整体爆炸危险的物质或物品。如炮弹、枪弹、火箭发动机等。

第1.3类——具有燃烧危险和有较小爆炸或较小抛射危险或同时兼有此两者危险，但无整体爆炸危险的物质或物品。该类物质能产生相当大的辐射热或相继燃烧，产生较小爆炸或抛射作用或兼有两种作用。如导火索、燃烧弹药、烟幕弹药、C型烟火等。

第1.4类——无重大危险的物质或物品。此类货物万一被点燃或引爆，其危险仅限于包装件内部，而对包装件外部无重大危险。如演习手榴弹、安全导火索、礼花弹、烟火、爆竹等。

第1.5类——有整体爆炸的危险但极不敏感的物质或物品。此类货物性质比较稳定，在着火试验中不会爆炸。但当船上大量运载时，其由燃烧转变为爆炸的可能性大为增加。如E型或B型引爆器、铵油、铵沥蜡炸药等。

第1.6类——无整体爆炸危险的极不敏感的物品，指仅含有极不敏感的爆炸物品，被意外点燃或传爆的可能性极小的单项物品。

3. 爆炸品的特性及其衡量指标

化学爆炸性是爆炸品的主要特性。当受到摩擦、撞击、震动、高热、点燃、静电感应或与氧化剂、还原剂等不相容物质接触时都有引发爆炸的危险，放出具有足够能量的高温、高压气体，并迅速膨胀做功，从而对周围环境造成破坏。此外大多数爆炸品本身具有不同程度的毒性，而爆炸过程中会生成毒性气体（如一氧化碳）或窒息性气体（如二氧化碳、氮气）。在这类物品中，敏感度及爆炸能力过强的物品，若未经处理，则禁止运输。

衡量爆炸品危险性的指标包括：

（1）爆发点：将爆炸品加热规定时间（5 s）能发生爆炸时的最低温度，用于反映其受热发生爆炸的敏感程度。在5 s延滞期下，爆发点低于350 ℃是确认爆炸品的参考标准。

（2）爆轰速度：爆炸品爆炸时其爆轰波沿爆炸品内部传播的速度。以每秒传播的长度（m/s）来表示。爆轰速度大于3000 m/s是确认爆炸品的参考标准。

（3）冲击感度（撞击感度）：用于表示爆炸品在机械冲击的外力作用下对冲击能量的敏感程度。常采用立式落锤试验仪来测试。即取0.05 g试样，以10 kg落锤从25 cm高度处落下撞击爆炸品，进行50~100次测试，记录试样发生爆炸的百分比。该项爆炸的百分比大于2%是确认爆炸品的参考标准。当爆炸品混入坚硬物质（如金属屑、碎玻璃、沙石等）时，其冲击感度增加；混入惰性物质（石蜡、硬脂酸、机油等）时，其冲击感度降低。

（4）威力和猛度：这两个参数用来衡量爆炸品对周围环境的破坏程度。威力是指爆炸品爆炸时对周围介质的破坏能力。这种能力取决于爆热的大小，同时还与爆炸后的气体生成物的性质有关。猛度是指爆炸品爆炸后对周围介质破坏的猛烈程度，其大小取决于爆轰压力，以及压力作用的时间。

二、第2类——气体

1. 定义

气体（gases）是指在 50 ℃时其蒸气压力大于 300 kPa，或在温度 20 ℃标准大气压（101.3 kPa）时，完全呈气态的物质。经压缩或降温加压后，贮存于耐压容器或特制的高绝热耐压容器或装有特殊溶剂的耐压容器中的物质。根据气体在运输中的物理状态，可分为压缩气体、液化气体、冷冻液化气体、溶解气体和吸附性气体五种。

压缩气体（compressed gases）——气体在压力下包装载运时，处于-50 ℃时，完全呈气态；本类包括临界温度低于或等于-50 ℃的所有气体。

液化气体（liquefied gases）——气体在压力下包装载运时，当温度高于-50 ℃，部分呈气态，按其特性可分为：高压液化气体：临界温度在-50~65 ℃之间的气体，和低压液化气体：临界温度在 65 ℃以上的气体。

冷冻液化气体（refrigerated liquefied gases）——当包装运输时，因温低使部分气体处于液态的气体。

溶解气体（gases in solution）——当包装运输时，溶解在液相溶剂中的气体。

吸附性气体（adsorbed gases）——以包装形式运输吸附到固体多孔材料上的气体，其内容器压力在 20 ℃时不超过标准大气压（101.3 kPa），在 50 ℃时其蒸气压力不超过 300 kPa。

2. 气体的分类

根据气体在运输中的危险性，可细分为三个小类。

第 2.1 类——易燃气体（flammable gases），该气体在温度 20 ℃、标准气压 101.3 kPa时，与空气混合物中所占体积为 13%或更低时可点燃；或该气体在温度 20 ℃、标准气压 101.3 kPa 时，不管最低燃烧极限是多少，与空气混合形成的燃烧范围至少有 12 个百分点。

此类气体泄漏时，遇明火、高温或光照，会发生燃烧或爆炸。如氢气、甲烷、乙炔、含易燃气体的打火机等。

第 2.2 类——非易燃、无毒气体（non-flammable, non-toxic gases），该类气体包括会稀释或替代氧气的气体；或以提供氧气的方式，比空气更容易造成或导致其他材料燃烧的气体；或在其他类别里没有列入的气体。

此类气体泄漏时，遇明火不会燃烧，没有腐蚀性，吸入人体内无毒、无刺激，但多数在高浓度时有窒息作用。如氧气、压缩空气、氮气、二氧化碳等。

第 2.3 类——有毒气体（Toxic gases），该类气体包括对人类有毒或者有腐蚀性以至于危害健康的气体；或被推定对人类有毒或有腐蚀性的气体，其 LC_{50} 的值等于或低于 5000 mL/m³（ppm）。如氯气、氨、硫化氢、光气等。

3. 包装运输气体的特性

（1）容器发生破裂或爆炸。诱发原因可能包括受热、撞击、耐压容器本身遭腐蚀或材料疲劳使容器的耐压强度下降等。

（2）本类气体中，除氧气和空气外，因某种原因发生大量泄漏，会冲淡空气中的氧气而影响人畜的正常呼吸，严重时会因缺氧而窒息；如泄漏的气体为易燃、助燃气体，遇火星则极易引起燃烧或爆炸事故；有些气体具有显著的麻醉性和毒害性。若泄漏的气体轻于空气（如氢气），则会积留于封闭货舱的顶部；若重于空气（如二氧化碳），则会积存在货舱的底部，具有潜在的危险性。

三、第3类——易燃液体

1. 定义

根据《国际危规》的规定，该类包括易燃液体和液态退敏爆炸品两类物质。

易燃液体（inflammable liquids）是指在闭杯闪点低于60 ℃（相当于开杯试验闪点65.6 ℃）及以下时放出易燃蒸气的液体或液体混合物，或含有处于溶液中或悬浮状态的固体或液体（如油漆、清漆等）；还包括交付运输时温度等于或高于其闪点温度的液体（简称"高温运输液体"），以及在加温条件下运输或交付运输时其温度等于或低于最高运输温度时会放出易燃的蒸气的液体（简称"加温运输液体"）；本类不包括闪点在35 ℃以上的不助燃（燃点大于100 ℃，或其含水量大于90%）液体，也不包括由于其危险性已列入其他类别的液体。

液体退敏爆炸品（liquid desensitized explosives）是指溶于或悬浮于水或其他液体物质，形成均质的液体混合物以抑制其爆炸特性的爆炸性物质，如硝化甘油酒精溶液（含酒精溶液1%~3%）、硝化甘油混合物（退敏的、液体的、未另列明的，按质量硝化甘油含量不超过30%）等。

2. 易燃液体的危险特性

1）挥发性

液体物质在任何温度下都会蒸发，在沸点温度时，液体开始沸腾，此时液体的蒸气压与外界气压达到了平衡，所有的液体都趋于变成气体。沸点是衡量液体挥发性的指标之一，一般来说，沸点低的液体挥发性大；另外，对于同一液体来说，表面积越大、外界温度越高、与液体表面接触的空气流动速度越快，挥发就越快。如果液体处于密闭容器中，挥发的结果使液体上方的空间充满蒸气，经过一段时间，液体和它的蒸气处于平衡状态，如果温度不发生变化，这一平衡将一直维持下去。在这样的密闭容器中，一定的温度下处于平衡状态时液体蒸气所具有的压力称作饱和蒸气压。饱和蒸气压是衡量液体挥发性的指标之一，易燃液体沸点低，饱和蒸气压高，其危险性就大。不同的液体，饱和蒸气压不同；同一液体在不同的温度下，饱和蒸气压也不同，温度升高，饱和蒸气压也随之升高。

2）易燃性

易燃液体挥发出的蒸气及易燃液体自身，遇明火极易燃烧。易燃液体的易燃性以闪点（flash point, F_p），它是指在给定的条件下，可燃气体或易燃液体的蒸气与空气的混合物接触火焰时产生瞬间闪火的最低温度。液体的闪点越低，其易燃性及危险性越大。当可燃液体温度高于闪点时，接触火源有被点燃的危险。闪点依据其测试仪器是在密闭容器还是在开敞容器中加热液体而分为闭杯试验闪点（closed cup，以 c.c. 表示）和开杯试验闪点（open cup，以 o.c. 表示）。一般同一物质的闭杯试验闪点要低于开杯试验闪点 3~6 ℃。可燃液体的闪点，因其物理重现性较差，所以其测试的结果应当指明测试仪器的名称及试验条件。

燃点（inflammable point）是指在给定的条件下，可燃气体或易燃液体的蒸气与空气的混合物接触火焰时能产生持续燃烧时的最低温度。对可燃液体，在相同条件下，其燃点常比闪点高出 5 ℃左右。

3）爆炸性

易燃液体挥发出来的蒸气与空气混合后一旦接触火种就容易着火燃烧。易燃液体的燃爆性质也用爆炸极限表示，它是指易燃液体的蒸气与空气的混合物，能被点燃而引起燃烧爆炸的浓度范围，通常是用蒸气在混合物中所占体积的百分比浓度来表示。浓度范围的最低值称作爆炸下限，最高值称作爆炸上限。爆炸下限越小、爆炸极限浓度范围越大的液体，其易燃易爆性也越强。如汽油的爆炸极限为 1.2%~7.2%，乙醇为 3.3%~18%。

4）毒性

大多数易燃液体及其蒸气都有不同程度的毒性或麻醉性。另外，易燃液体的密度和水溶性，对发生火灾时能否用水扑救至关重要。若液体溶于水，则不论其密度大小，都可用水扑救。若液体不溶于水且密度大于 1 g/cm³，则也能用水扑救。若液体不溶于水且密度小于 1 g/cm³，则禁止用水扑救，因浮于水面的燃烧液体会随水的流动而使火灾蔓延。

3. 易燃液体的包装分级

易燃液体按其易燃性确定的包装类：

包装类Ⅰ：初沸点≤35 ℃。如乙醛、二硫化碳、乙醚等。

包装类Ⅱ：初沸点>35 ℃，且闭杯闪点 F_p < 23 ℃（c.c.）。如汽油、酒精、苯、丙酮、硝化甘油酒精溶液（含硝化甘油不超过1%，属液体退敏爆炸品）等。

包装类Ⅲ：初沸点>35 ℃，且 23 ℃（c.c.）≤F_p≤60 ℃（c.c）；包括高温运输液体和加温运输液体。如松节油、酒精饮料（满足按体积酒精含量超过24%但不超过70%，且容器容积大于250 L 的条件）等。

四、第4类——易燃固体、易自燃物质和遇水放出易燃气体的物质

除上述第1类、第2.1类和第3类外，其余多数易燃物质都归入这一类。属于该类货物的绝大多数是固体，只有4.2类和4.3类中有少量的液体货物。这类物质和物品可分为三个小类：

1）第4.1类——易燃固体

易燃固体（inflammable solids）是在运输条件下，易于燃烧或易于通过摩擦起火的固

体,易于发生强烈热反应的自反应物质(固体和液体)和聚合性物质,以及没有充分稀释的情况下有可能爆炸的固体退敏爆炸品。

易燃固体(inflammable solids)是指易于燃烧和经摩擦可能起火的纤维状、粉末状、颗粒状和糊状的物质。这些物质与火源短暂接触时易于点燃且火焰蔓延迅速。如赤磷、硫黄、萘、赛璐珞制品(如乒乓球)、铝粉、棉花(干的)、黄麻等。此外,本类的大部分物质加热或卷入火灾会发出有毒的气体产物。

自反应物质(self-reactive substances)是一些含有特殊物品的化合物,它们对热不稳定,即使没有氧气(空气)的参与也易产生强烈的放热分解,分解的温度因物质的不同而不同,分解速度随温度的升高而升高。物质的分解可能产生有毒气体或蒸气,还有些自反应物质在限定条件下有爆炸分解的特性。按其危险程度,《国际危规》将自反应物质从 A 到 G 划分为 7 种类型。对于 A 类物质,不可接受在其试验所用的包装中运输。对于 G 类物质,则不必遵循第 4.1 类中自反应物质的规定。另外,B 类至 F 类物质的划分与允许的单位包装最大重量直接相关。《国际危规》给出了已确定的自反应物质清单,如苯磺酰肼等。

固体退敏爆炸品(solid desensitized explosives)是指被水或酒精浸湿或被其他物质稀释后,形成均一的固体混合物来抑制其爆炸性的爆炸物质。如苦味酸铵,湿的,含水量不少于 10%;三硝基苯,湿的,含水量不少于 30% 等。本类物质燃点低,对热、撞击、摩擦较为敏感,易被外部火源点燃,燃烧迅速,并可能散发有毒烟雾或有毒气体的固体。应引起注意的是,这些物质在干燥的状态下,仍应作为第 1 类爆炸品看待。

聚合性物质及其混合物(稳定的)[polymerizing substances and mixtures (stabilized)] 是指在不加稳定剂的情况下,在正常运输条件下,易发生强烈的放热反应,形成大分子或聚合物的物质。该类物质指在有或没有化学稳定剂的运输条件下,使用包装、中型散装容器或移动式罐柜中,自加速聚合物温度小于等于 75 ℃;和该物质表现出的反应热大于 300 J/g;和不满足其他任何 1 到 8 类的分类标准。

上述有些物质,在其危险货物一览表中,有控制温度(能安全运输的最高温度)和危急温度(必须采取如抛弃等应急措施的温度)的要求。如自行加速分解温度小于或等于 55 ℃ 的自反应物质应在控制温度下进行运输;在包装或中型散装容器中的聚合类物质,自加速聚合物温度小于等于 50 ℃ 或在移动式罐柜中,自加速聚合物温度小于等于 50 ℃ 应在运输中进行温度控制。

2) 第 4.2 类——易自燃物质

易自燃物质(spontaneously combustible substances)是指在运输条件下易于自发升温或遇空气易于升温,然后易于起火的液体或固体物质,包括引火性物质和自热物质。

引火性物质(prophetic substances)是指即使数量很少,与空气接触 5 分钟内即可着火的物质。包括混合物和溶液,这些物质最容易自燃,这类物质的包装类应使用包装类 I。

自热物质(self-heating substances)是指除引火性物质外,在不提供能量的情况下与空气接触易于自行发热的物质,这些物质只有当数量大(若干千克)、时间长(若干小时或若干天)的情况下才会着火。物质自热导致自燃,是由于物质与空气中氧反应所产生的热量不能迅速散失所引起的。有些物质甚至在无氧条件下也能自燃。如黄磷、鱼粉(未经抗氧剂处理）、铁屑、油浸棉麻纸制品等。

自燃点（spontaneous combustion point）是指在常温常压下，某一物质不需外界点燃，即能自行释放出使其气体或蒸气燃烧所需的最低能量时的温度。

3）第4.3类——遇水易放出易燃气体的物质

遇水易放出易燃气体的物质（substance emitting inflammable gases when wet）是指与水反应易自发地成为易燃或放出达到危险数量的易燃气体的液体或固体物质，如碳化钙（电石）、磷化氢、钠、钾等。

金属有机物应根据其特性，参照《国际危规》中的流程图，将其划分到第4.2类或4.3类中。第4类危险品除具有易燃的共性外，许多物品还具有腐蚀性、毒害性和爆炸性等。

五、第5类——氧化物质和有机过氧化物

1. 分类

本类所涉及的物质因在运输过程中会放出氧气并产生大量的热，从而引起其他物质燃烧。这类物质可细分两个小类。

1）第5.1类——氧化物质

氧化物质（oxidizing substance）指虽然其本身未必可燃，但可释放出氧气增加或促使其他物质着火的物质。如溴酸钾、硝酸钠、高锰酸钾、过氧化氢、次氯酸钙（漂白粉）等。

2）第5.2类——有机过氧化物

有机过氧化物（organic peroxides）指含有两价的—O—O—结构，可被认为是过氧化氢的衍生物的有机物质，具有本身易燃、易爆、易分解，对热、震动或摩擦极为敏感以及与其他物质起危险性反应等特性。这类物质比5.1类具有更大的危险性。其中许多物质在"危险货物一览表"中有控制温度和应急温度的要求。如过氧化二丙酰基（控制温度15 ℃，危急温度20 ℃）等，《国际危规》给出了已确定的有机过氧化物清单。

2. 危险特性

1）氧化物质的危险性

（1）分子组成中含有高价态的原子或过氧基，显示出强氧化性；

（2）不稳定，易于受热分解，放出氧，促使易燃物燃烧；

（3）大多数氧化物质和液体酸类会发生剧烈反应，可能放出助燃或剧毒气体。

2）有机过氧化物的危险性

（1）比无机氧化物更容易分解，有些甚至在常温下即能分解；会迅速燃烧，对碰撞或摩擦或杂质很敏感。

（2）其分解产物是活泼的自由基，由自由基参与的反应属于联馈反应，很难用常规的抑制方法扑救，而且许多分解产物是气体或易挥发物质，容易产生爆炸。

（3）有机过氧化物中的许多物质如与眼睛接触，即使是短暂的，也会对眼角膜造成严

重的伤害。

有机过氧化物根据其显示出来的危险程度，可划分为 A 到 G 七种类型。对于 A 类有机过氧化物，对于 A 类物质，不可接受在其测试所用的包装中运输。至于 G 型，可不遵循第 5.2 类有机过氧化物的规定。B 型到 F 型的分类与每一包装所允许的最大量直接相关。

六、第6类——有毒物质和感染性物质

1. 第6.1类——有毒物质

有毒物质（toxic substances）指少量吞咽、吸入或皮肤接触，能破坏肌体的正常生理机能，严重伤害或损害人体健康，甚至危及生命的物质。归入这一小类的均为常温、常压下呈液态或固态的物质。如氰化钠、苯胺、四乙基铅（四乙铅）、砷及其化合物等。

这类物质的毒性主要用半数致死量 LD_{50}（half-lethal dose，分口服和皮肤接触）或半数致死浓度 LC_{50}（half-lethal density）来度量。

急性经口吞咽毒性 LD_{50} 是指通过口服毒物，在14天内，使刚成熟的天竺鼠半数死亡所施用的物质剂量，其结果以平均每千克动物体重所用毒物的剂量（mg/kg）表示。

急性皮肤接触毒性 LD_{50} 是指在白兔裸露皮肤上连续接触毒物24 h，在14天内使试验生物半数死亡所施用的物质剂量，其结果以 mg/kg 表示。

急性吸入毒性 LC_{50} 是指使雄性和雌性刚成熟的天竺鼠连续吸入1 h，在14天内使其死亡半数所施用的蒸气、烟雾或粉尘的浓度，其结果如为粉尘和烟雾以 mg/L 表示，蒸气以 mL/L 或 ppm 表示。

显然，毒物的 LD_{50} 或 LC_{50} 越小，其毒性越大。《国际危规》和《水路危规》列入本类物质的标准见表11-1-1。

表11-1-1　由有毒物质 LD_{50} 或 LC_{50} 确定的包装类

包装类	经口吞咽毒性 LD_{50}(mg/kg)	皮肤接触毒 LD_{50}(mg/kg)	粉尘、烟雾吸入毒性 LC_{50}(mg/L)
I	$LD_{50} \leq 5.0$	$LD_{50} \leq 50(40^{②})$	$LC_{50} \leq 0.2(0.5^{②})$
II	$5.0 < LD_{50} \leq 50$	$50(40^{②}) < LD_{50} \leq 200$	$0.2(0.5^{②}) < LC_{50} \leq 2.0$
III[①]	$50 < LD_{50} \leq 300$(固体:$500^{②}$)(液体:$2000^{②}$)	$200 < LD_{50} \leq 1000$	$2.0 < LC_{50} \leq 4.0(10^{②})$

注：①催泪气体的毒性数据处于包装类Ⅲ的范围内，但仍被分类为包装类Ⅱ。
　　②系《水路危规》的标准。

本类物质不少还具有易燃、腐蚀等特性。

有毒物质的状态，如固体毒物的颗粒越小，其毒性就越大；有毒物质的水解性与脂溶性越大，其毒性也越大；毒性沸点越低，越易引起中毒；液体毒物其挥发性越大毒害性也

越大。

2. 第6.2类——感染性物质

感染性物质（infectious substances）指已知或有理由认为含有病原体的物质。病原体是会使动物或人感染疾病的生物体（包括细菌、病毒、寄生虫等）和其他媒介（如病毒蛋白）。主要包括含有感染性物质的生物制剂、医学标本，如排泄物、分泌物、血液、细胞组织和体液等，但《水路危规》这类中不包括疫苗。

感染性物质可划分为A和B两类。A类指当接触到该物质时，可造成人或动物的永久性致残、生命危险或致命疾病。A类又可细分为能引起人或人和动物疾病（UN 2814）的（如埃博拉病毒、狂犬病毒等），和仅能引起动物疾病（UN 2900）的（如口蹄疫病毒、牛瘟病毒等）两种。B类指不符合A类标准的其他感染性物质。

运输这类物质中人畜中毒的主要途径是有毒物质经呼吸道或皮肤侵入体内，而经消化道侵入的较少。因此，应当采取正确的防护措施，杜绝这些可能的中毒途径，以确保运输安全。

七、第7类——放射性物质

放射性物质（radioactive material）是指能自原子核内部自行放出人感觉器官不能察觉的射线的物质。列入《国际危规》的放射性物质，是指所托运的货物中任何含有放射性活度和总活度都超过规则规定数值的任何含有放射性核素的物质。

1. 射线的种类、性质及其危害性

射线分为α射线、β射线、γ射线和中子流等。在各种放射性物质中，有些只能放出一种射线，有些能同时放出几种射线，如镭的同位素，在其核衰变中，就能同时放出前三种射线，这类物质的危险在于辐射污染。不同射线的性质和对人体造成的辐射危害是不相同的。

1）α射线

α射线是带正电的粒子流，具有很强的电离作用。但射程很短，穿透能力很弱，因而α射线对人体不存在外照射，仅用一层衣服、纸张等即能被完全屏蔽。α射线源不能穿透人体，一旦进入人体，会使人体器官和组织因电离作用而受到严重损伤。

2）β射线

β射线是带负电的粒子流，电离作用比α射线弱（约为其千分之一），但其有很快的速度，穿透能力比α射线强，因此，这类射线对人体外照射危害较α射线大。

3）γ射线

γ射线是一种波长很短的电磁波，即光子流。不带电，以光速运动，能量大，穿透能力很强，约为α射线的1万倍，为β射线的50~100倍，不易被其他物质吸收。要完全阻挡或吸收γ射线是非常困难的。因此，这类射线对人体的主要危害是外照射。

4）中子流

中子流不带电，穿透能力很强。一般认为，中子流引起对人体损伤的有效性是γ射线的2.5~10倍。因此，这类射线对人体的危害比γ射线要大。

对放射性物质外辐射的防护是采用屏蔽、控制接近的时间和距离。运输中要确保其包装完整无损，近距离作业人员必须穿戴防护用品，如铅手套、铅围裙、防护目镜等，有关人员应尽量减少受强照射伤害的时间并增大与辐射源的距离（如选配货位远离生活居住处所）。这是因为放射线的强度与距放射源距离的平方呈反比。内辐射的防护是防止放射源由消化道、呼吸和皮肤三个途径进入体内。

2. 放射性量度指标

1）放射性活度

放射性活度（radio activity strength）又称作放射性强度，用每秒内某放射性物质发生核衰变的数目或每秒内射出的相应粒子的数目来表示。它是度量放射性物质放射性强弱程度的一个物理量，反映了某种放射性物质放射性的强弱程度，单位是Bq（贝可）。

2）放射性比活度

放射性比活度（specific activity）又称作放射性比度，指单位质量（或体积）的放射性物质的放射性活度，单位是Bq/g（贝可/克）。

3）剂量当量

剂量当量（dose equivalent）表示生物体受射线照射时每千克体重所吸收的相当能量，单位是Sv（希），用以衡量生物体受射线危害的程度。国际公认的人体每年最大允许剂量当量为0.005 Sv/y。

4）辐射水平

辐射水平（radiation level）指单位时间所受的剂量当量，单位是Sv/h（希/小时）。

《国际危规》规定，放射性物质系指该批托运货物的放射性活度和比活度都超过《国际危规》所规定数值（详见危规2.7.7.2）的任何含有放射性核素的物质。

《水路危规》规定，放射性物质系指其放射性比活度大于74 Bq/g的物质。

第7类中包括辐射源钴60、核燃料铀235、镭–铍中子源、放射性制品夜光粉等，但不包括人体内的辐射性同位素心脏起搏器和辐射药物。

5）运输指数

对于包件、集合包件或货物集装箱和无包装的低比度放射性物质（LSA-Ⅰ）或表面受放射性污染的物体（SCO-Ⅰ），距离其外表面1 m处的最大辐射水平（单位mSv/h）所确定的值乘以100即为运输指数（transport index，TI）；对于罐柜、货物集装箱和无包装的低比度放射性物质（LSA-Ⅰ）或表面受放射性污染的物体（SCO-Ⅰ），在上述数值的基础上再乘以相应的系数，所乘的系数和装载单元的最大横截面面积有关，如表11-1-2所示。

表 11-1-2　罐柜、货物集装箱和无包装的 LSA-Ⅰ和 SCO-Ⅰ的系数

装载单元尺寸 a	系数
装载单元尺寸≤1 m²	1
1 m² < 装载单元尺寸≤5 m²	2
5 m² < 装载单元尺寸≤20 m²	3
20 m² < 装载单元尺寸	10

a 取装载单元的最大横截面积。

八、第8类——腐蚀品

1. 定义及分级

腐蚀品（corrosive substances）系指通过化学反应能严重地伤害与之接触的生物组织的物质，或从其包装中撒漏亦能导致对其他货物或船舶损坏的物质。大多由酸性，碱性和对皮肤、眼睛、黏膜等会造成严重灼伤的物质或物品组成。如硝酸、硫酸、冰醋酸、氢氧化钠。

腐蚀品按危险程度由下列标准确定其包装类：

包装类Ⅰ：在 3 min 或少于 3 min 的暴露期开始直到 60 min 的观察期内，能使完好的皮肤出现坏死现象的物质。该类腐蚀品具有严重危险性。

包装类Ⅱ：在 3 min 或 3 min 以上 60 min 以内的暴露期开始直到 14 d 的观察期内，能使完好的皮肤出现坏死现象的物质。该类腐蚀品具有中等危险性。

包装类Ⅲ：在 60 min 以上，4 h 以内的暴露期开始直到 14 d 的观察期内，能使完好的皮肤组织出现坏死现象的物质。或者，不会引起完好动物皮肤出现可见坏死现象，但在试验温度为 55 ℃时对规定型号的钢或铝的表面年腐蚀率超过 6.25 mm。该类腐蚀品具有一般的危险性。

2. 危险特性

不同的腐蚀品，腐蚀物的含量不同，被腐蚀材料不同，其腐蚀作用会有明显的差别。如双氧水水溶液，当浓度为3%时，可用作伤口的消毒剂；而当浓度超过20%时，则对人体有强烈的腐蚀作用。又如浓硝酸对铝，浓硫酸对铁都无腐蚀作用；若两者交换，则铝和铁都会被严重腐蚀。因此，针对不同腐蚀品的特性，采取截然不同的防护措施是非常重要的。

这类物质和物品中不少还具有易燃、氧化、毒害等一种或多种危险性质。

1）腐蚀性

人体皮肤接触腐蚀品后会使皮肤、组织或器官的表面化学灼伤，如氢氧化钠会使皮肤

脱水。许多腐蚀品都能与金属和非金属、无机和有机物发生反应，对其他货物或船舶结构和设备造成破坏。

2）毒性

许多腐蚀品具有不同程度的毒性，特别是具有挥发性的腐蚀品，能挥发出有毒的气体和蒸气，在腐蚀人体的同时还能引起中毒。

3）遇水反应性

腐蚀品中很多物品能与水发生反应生成烟雾，对眼睛和呼吸道有强烈的刺激作用，且在反应的同时放出大量的热。

4）氧化性

腐蚀品中含氧酸大多是强氧化剂，本身会释放出氧气或与其他物质反应时夺取电子使其氧化。

九、第9类——杂类危险物质或物品和环境有害物质

杂类危险物质或物品（miscellaneous dangerous substances and articles）系指在运输中呈现的危险性质不包括在上述八类危险品中的物质和物品。

《国际危规》定义的第九类主要包括：

——危险特性符合《SOLAS 1974》第7章A部分的规定，但未列入其他类别的物质和物品。

——不适用于上述公约第7章A部分规定，但危险特性符合修订的MARPOL 73/78公约附则Ⅲ规定的物质。

——在等于或高于100 ℃条件下运输或交付运输的液态物质，以及在等于或高于240 ℃条件下运输或交付运输的固体。

——未经相关国主管机关批准，能够改变动物、植物或微生物使其不同于正常的自然繁殖结果且不符合第6.1类有毒物质和第6.2类感染性物质定义的转基因微生物和转基因生物体。如得到相关国主管机关批准，则无须满足《国际危规》的规定。

《国际危规》第九类包括的具体物质或物品：以细微粉尘吸入可危害健康的物质，如铁石棉；会放出易燃气体的材料，如聚苯乙烯珠粒料；锂电池组，如锂金属电池组和装载设备中的锂金属电池组等；救生设备，如气囊；一旦发生火灾可生成二噁英的物质和物品，如多氯联苯；运输过程中存在危险但不能满足其他类别定义的物质和物品，如固态二氧化碳、鱼粉（稳定的）、机器中的危险货物和内燃发动机等。

环境有害物质（水环境）主要指对水环境造成污染的液体或固体物质，以及此类物质的溶液和混合物（如制剂和废弃物）。

《国际危规》对于未列明含有多种危险性的物质、混合物和溶液，规定了确定其主危险性顺序（即危险性优先顺序）的方法。规定下列物质、材料和物品具有最高的优先级：

——第1类物质和物品；

——第2类气体；

——第3类液体退敏爆炸品；
——第4.1类自反应物质和固体退敏爆炸品；
——第4.2类引火性物质；
——第5.2类物质；
——第6.1类中具有包装类Ⅰ的蒸气吸入有毒物质；
——第6.2类物质；
——第7类物质。

另外，《国际危规》在第2部分2.0.3.6中还给出了危险性优先顺序表。

我国《水路危规》对危险货物的分类与《国际危规》大体相同，由九个大类和二十四个小项（Division）组成。《水路危规》中无1.6类，在GB 6944—2005中对危险货物的分类与《国际危规》一致。《水路危规》第2类名称改为压缩气体和液化气体，其中第2.2项称为不燃气体，第9类名称改为杂类。考虑到腐蚀品的性质差异很大，《水路危规》第8类细分为8.1项酸性腐蚀品、8.2项碱性腐蚀品和8.3项其他腐蚀品三个小项，而《国际危规》该类未做细分。《水路危规》中第9类细分为9.1项杂类和9.2项另行规定的物质两项，但仅列有难以归入前八类中任何一类的"干冰"（属9.2类）一个物质，而《国际危规》该类也未做细分。

在《国际危规》Amdt 32—04修正案中增加了新的第1.4章保安规定，提出了"后果严重的危险货物"的规定（属建议性）。后果严重的危险货物是指具有在恐怖事件中被滥用的潜在可能、会产生诸如大量人员伤亡或巨大破坏的严重后果的危险货物，如大部分爆炸品（1.1类、1.2类、1.3类配装类C、1.4类UN 0104和UN 0237等、1.5类、3类中退敏液体爆炸品、4.1类中退敏固体爆炸品）、有毒物质（2.3类有毒气体和6.1类包装类Ⅰ有毒物质）、6.2类中A类感染性物质、数量较大的装在罐柜里的危险货物（在公路罐车、铁路罐车或可移动罐柜中数量超过3000 L的易燃气体，在公路罐车、铁路罐车或可移动罐柜中数量超过3000 kg或3000 L的包装类Ⅰ的4.2类固体货物等），特别是第7类货物，有可能造成大规模社会、经济破坏等。第1.4章要求对发货人和从事后果严重的危险货物运输的其他人应采用、实施和遵守有针对性的保安计划。要求在保安计划中增加明确有关人员的保安职责，做好对所运危险货物的记录，正确评估保安风险，配备必要的能降低保安风险的设备和资源，制订出应对保安威胁、保安违章或相关事件的报告和处理的有效程序，确保尽一切可能限制运输信息的传播等内容。

第二节 • 危险货物的包装与标志

包装和标志是保证危险货物安全运输的根本条件，所以相关从业人员应掌握包装的分类及要求，标志的种类和使用注意事项。

合格的危险货物包装是危险货物运输安全的根本保证，它除了能起到普通货物包装的作用外，同时还要确保危险货物在运输、装卸、储存过程中的安全以及能承受正常的风险。《国际危规》明确规定，危险货物交付运输时，必须粘贴正确的标志、标记或标牌，以便于从事货物运输的各类人员能对所接触的货物迅速加以识别，正确认识其危害性，并采取相应的安全措施和应急行动。

一、危险货物的包装

危险货物的包装形式多样，有常规包装、中型散装容器、大宗包装、可移动罐柜、公路罐车、集装箱、滚装运输组件和船载驳船等。IMO《国际危规》及我国《水路危规》提出了海上运输的危险货物包装应满足的技术条件，主要包括：危险货物包装一般规定、包装导则、特殊规定、包装构造和试验规定。《国际危规》在"第4部分——包装和罐柜规定"与"第6部分——包装、中型散装容器、大宗包装、可移动罐柜、多单元气体容器、公路罐车的构造和试验"中，对包装的使用、构造和试验进行了明确的说明。

1. 危险货物包装及其使用的一般要求

（1）包装质量良好，其结构强度足以承受在运输过程中通常遇到的震动和装卸作业的影响。

（2）在准备运输时，包装的结构和密闭性能够在正常运输条件下防止由于震动和温度、湿度及气压变化而引起的任何内装物的损坏。

（3）包装中直接与危险货物接触的部位不得因危险货物而受到影响或强度受到严重削弱，不得因与所装物质发生反应或催化反应而造成危险。

（4）向包装内填充液体时，必须留有足够的膨胀余量，以防止在运输过程中可能由温度变化引起所装液体膨胀而导致容器渗漏或永久变形。

（5）内包装须保证在正常运输条件下不会因内包装的破裂、戳穿或渗漏而使内装物进入外包装中。像用玻璃、瓷器、陶器或某些塑料制成的易破裂或易戳穿的内包装，须在其间使用合适的材料予以衬垫。内装物的泄漏不应明显削弱衬垫材料或外包装的保护性能。

（6）衬垫及吸收材料应该是惰性的，并与内装物的性质相适应。

（7）外包装的性质和厚度应保证在运输过程中不会因摩擦而产生可能严重改变所装物质化学稳定性的热量。

（8）对于同一外包装或大宗包装的不同危险货物或危险货物与一般货物，若相互之间发生危险反应并引起以下后果，不得装在一起：

——燃烧和/或产生相当多的热量；

——产生易燃、有毒或腐蚀性气体；

——形成不稳定物质。

（9）装有含水或稀释物质的包装，其封闭装置应能使其所含液体的百分比不会在运输中降至规定限度以下。

(10) 除另有规定外，盛装具有某些危险特性的包件应装设气密封口，这些危险特性包括：

——产生易燃气体或蒸气；

——在干燥状态下，可能有爆炸性；

——产生有毒气体或蒸气；

——产生腐蚀性气体或蒸气；

——可能与空气发生危险性反应。

(11) 盛装液体的内包装应足以承受正常运输条件下可能产生的内压力，若液体散发气体而使包装内部产生压力，可通过安装一通气孔以减小该压力，但该孔的设置应能保证货物安全运输的要求。

(12) 盛装液体的包装须足以承受正常运输条件下可能产生的内压力。由于低沸点液体的蒸气压力通常较高，其盛装容器须有足够的强度和安全系数。

(13) 若某些固体危险货物在运输中有可能因高温而变成液体，则该类包装还应具备装载该物质液态的能力。

(14) 各种包装（新包装、再次使用的或经修复的包装）在使用前应通过相关的包装性能试验并取得合格证书。

(15) 用于运输液体物质的包装，应进行适当的防渗漏试验并满足相应规定；用于运输颗粒状或粉末状的物质的包装，须是防渗漏的或须配有衬里。

2. 危险货物包装导则

为了确定对不同危险货物包装的具体要求，《国际危规》以导则的形式给出，并标以导则编号，从而形成相应的危险货物包装导则表。根据适用的包装类型，将它们分为3部分：针对大宗包装，导则由字母"LP"和数字编码表示；针对中型散装容器，导则由字母"IBC"和数字编码表示；针对其他包装，导则由字母"P"和数字编码表示，如表11-2-1所示。

通常情况下，如果适用，包装导则要求遵守《国际危规》中对危险货物包装的一般规定和相关特殊规定。对于个别物质和制品，包装导则中给出了特殊包装规定，这些特殊规定由字母"PP"（适用于一般包装）、"B"（适用于中型散装容器）或"L"（适用于大宗包装）和数字编码表示。

每一包装导则表酌情列出了可用的单一和组合容器。对于组合包装给出了可用的外包装和内包装，如适用，还列出了每一内包装和外包装中允许的最大量。

表 11-2-1　编号为 P113 的一般包装的包装导则

包装导则 P113		
如符合 4.1.1 和 4.1.3 的一般规定和 4.1.5 的特殊规定,认可下列包装:		
内包装	中层包装	外包装
袋	不必要	箱
纸		钢(4A)
塑料		铝(4B)
涂胶纺织品		其他金属(4N)
容器		普通天然木(4C1)
纤维板		天然木,箱壁防筛漏(4C2)
金属塑料		胶合板(4D)
木质		再生木(4F)
		纤维板(4G)
		硬塑料(4H2)
		桶
		钢(1A1,1A2)
		铝(1B1,1B2)
		其他金属(1N1,1N2)
		胶合板(1D)
		纤维质(1G)
		塑料(1H1,1H2)
补充规定:该包装须为防筛漏的。		
特殊包装规定: 　PP49 对 UN 0094 和 UN 0305,内包装所装的物质不得超过 50 g 　PP50 对 UN 0027,采用桶做外包装时,不需要内包装 　PP51 对 UN 0028,可用牛皮纸或蜡纸包皮做内包装		

3. 危险货物包装的分类

1) 按封口形式分

(1) 有效封口 (effectively closed):不透液体封口。

(2) 气密封口 (hermetically sealed):不透蒸气封口。

(3) 牢固封口 (securely closed):对任何封口的最低要求,所装的干燥物质在正常操作中不致漏出的封口。

2）按包装形式分

（1）单一包装（single packaging）：指直接将货物盛装在包装容器中，如：钢桶、铝桶等，其最大净重不超过400 kg，最大容积不超过450 L。

（2）复合包装（composite packaging）：指由一个外包装和一个内包装容器组成的在结构上形成一个整体，如钢塑复合桶6HA1，其最大净重不超过400 kg，最大容积不超过250 L。

（3）组合包装（combination packaging）：指将一个或多个内包装装于一个外包装内的包装。

（4）大（宗）包装（large packaging）：指适合于机械装卸，净重超过400 kg或容积超过450 L，但容积不大于3.0 m³的包装。

（5）中型散装容器（intermediate bulk container，IBC）：指刚性和柔性的可移动包装。其容积在装载第7类物质和包装类Ⅱ和Ⅲ的固体和液体等货物时，不应大于3000 L（3.0 m³），使用柔性、刚性塑料等装运包装类Ⅰ固体的不应大于1500 L（1.5 m³），使用金属等装运包装类Ⅰ固体的不应大于3000 L（3.0 m³）。

（6）罐柜（tank）：指载货容量不小于450 L的可移动罐柜（包括罐式集装箱）、公路或铁路罐车等。

3）按适用范围分

危险货物包装按适用范围可分为通用包装和专用包装两类。通用包装适用于第3、4、5、6.1类中的大部分货物和第1、8类中的部分货物。其余货物由于其各自特殊危险性质，只能采用专用包装。

此外，当盛放危险货物的包件出现损坏、破损、渗漏、溢漏或不符规定的情况时，应使用救助包装进行回收或处理。

4. 危险货物的通用包装

1）通用包装的等级

规则根据包装所能够承受危险货物的危险程度将危险品通用包装分为三个等级：

Ⅰ类包装——能盛装高度、中度和低度危险性的货物；

Ⅱ类包装——能盛装中度和低度危险性的货物；

Ⅲ类包装——能盛装低度危险性的货物。

2）通用包装的类型代码

通用包装的类型可用2~4位代码和拉丁字母表示。其代码的组成及含义：

（1）第一部分是一位阿拉伯数字，表示包装形式。

通用包装形式有5种，分别是：1——圆桶；2——木琵琶桶（保留）；3——罐；4——箱；5——袋；6——复合包装。

（2）第二部分由一个或两个拉丁字母组成，表示包装材料。通用包装通常用下列几种材料：A——钢（各种类型和表面处理）；B——铝；C——天然木材；D——胶合板；F——再生木；G——纤维板；H——塑料材料；L——纺织品；M——多层纸；N——金属（不包括钢和铝）；P——玻璃、陶瓷和粗陶瓷。

复合包装材料代码由两个拉丁字母组成，第一个字母表示内容器的材料，第二个表示外包装的材料。

（3）第三部分是一位阿拉伯数字，表示包装的特殊结构。

通用包装的特殊结构是指相同材料的同一包装形式，因其结构不同而形成若干类型的危险货物包装。对于复合包装，则指外包装的结构形式。

为便于货物运输，由多个内包装按一定要求紧固在一个外包装内而形成包装的组合，称为组合包装。组合包装的类型代码仅以外包装表示。

另外，对于符合要求的救助包装，在包装代码后加字母"T"；对符合相关规定的特殊包装，在包装代码后加字母"V"；而对于等效包装，则在包装代码后加字母"W"。

例如，1A1表示不可拆装桶顶的钢质圆桶，6HB1表示外部带有铝桶的塑料容器。

危险货物包装类型及代码如表11-2-2所示。

表11-2-2 危险货物包装类型及代码表

形式	材料	类型	代码
1 圆桶	A 钢	不可拆装桶顶	1A1
		可拆装桶顶	1A2
	B 铝	不可拆装桶顶	1B2
		可拆装桶顶	1B2
	D 胶合板	—	1D
	G 纤维	—	1G
	H 塑料	不可拆装桶顶	1H1
		可拆装桶顶	1H2
2 木琵琶桶	C 木材	塞式	2C1
		非水密型(可拆装)	2C2
3 罐	A 钢	不可拆装罐顶	3A1
		可拆装罐顶	3A2
	H 塑料	不可拆装罐顶	3H1
		可拆装罐顶	3H2
4 箱	A 钢	—	4A
	B 铝	—	4B
	C 天然木	普通的	4C
		箱壁防撒漏的	4C2
	D 胶合板	—	4D
	F 再生木	—	4F
	G 纤维板	—	4G
	H 塑料	膨胀的	4H1
		硬质的	4H2

续表

形式	材料	类型	代码
5 袋	H 塑料编织	无内衬或涂层的	5H1
		防撒漏的	5H2
		防水的	5H3
	H 塑料薄膜	—	5H4
	L 纺织品	无内衬或涂层的	5L1
		防撒漏的	5L2
		防水的	5L3
	M 纸	多层的	5M1
		多层的、防水的	5M2
6 复合包装	H 塑料容器	在钢桶内	6HA1
		在钢条箱或钢皮箱内	6HA2
		在铝桶内	6HB1
		在铝条或铝皮箱内	6HB2
		在木箱内	6HC
		在胶合板桶内	6HD1
		在胶合板箱内	6HD2
		在纤维桶内	6HG1
		在纤维板箱内	6HG2
		在塑料桶内	6HH1
		在硬塑料箱内	6HH2
	P 玻璃、陶瓷粗陶器	在钢圆桶内	6PA1
		在钢条或钢皮箱内	6PA2
		在铝桶内	6PB1
		在铝条或铝皮箱内	6PB2
		在木箱内	6PC
		在胶合板箱内	6PD1
		在柳条筐内	6PD2
		在纤维桶内	6PG1
		在纤维板箱内	6PG2
		在膨胀塑料包装内	6PH1
		在硬塑料包装内	6PH2

3) 通用包装的检验

由于危险货物的特殊性，为了确保安全运输，避免所装货物在正常运输条件下受到损害，对危险货物的包装必须进行规定的性能试验，经试验合格并在包装表面标注统一的合格标志后方能使用。根据《国际危规》的规定，常用包装的性能试验项目包括跌落试验、渗漏试验、液压试验、堆码试验等，且对每一类型的包装试验品只需按规定做其中一项或几项试验以及试验的要求都做了明确的说明。例如，对拟装满载固体货物的铁桶包装进行的跌落试验，规定的试验标准是：Ⅰ类包装的跌落高度是1.8 m，Ⅱ类包装是1.2 m，Ⅲ类包装是0.8 m。试验品若在规定的高度跌落于试验平台后，无影响运输安全的损坏，则视为合格。

4）通用包装的标记

经过试验合格的包装，都应在包装的明显部位标注清晰持久的包装试验合格标记。联合国规定的统一包装试验合格标记如图11-2-1（a）所示。

(a)联合国包装标记示例

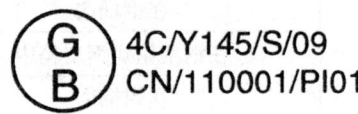

(b)我国包装标记示例

图11-2-1　包装标记

图11-2-1（a）显示代码的简要说明（详见《国际危规》第一册6.1.3包装标记）如下：

4C——用阿拉伯数字和字母表示的包装代码。

第一位表示包装的类型（如4表示箱装），第二位（如属复合包装则和第三位）的大写拉丁字母表示包装的材料（如C表示天然木材）。

若是复合包装，则第二和第三两位字母，依次表示复合包装的内包装和外包装的材料。

若第三位（如复合包装则是第四位）有数字，则表示包装类型的特殊结构。

Y——包装等级的代码。

Ⅰ、Ⅱ和Ⅲ类包装分别用代码X、Y和Z来表示。包装等级不允许升级，但允许降级使用。如X级包装，可降级适用于Ⅱ或Ⅲ类包装等级的货物。

100——本包装允许最大总重量为100 kg。

S——只适用于内装固体货物。

09——2009年制造。

NL——按规定试验的批准国代号，NL是荷兰的代号，CHN是中国的代号。

VL823——制造厂或主管机关规定的其他识别标志。

图11-2-1（b）是我国国标GB 12463—1990《危险货物运输包装通用技术条件》规定的包装标志。其中GB表示包装符合我国国家标准，中间部分的含义同联合国标记示例，CN是制造国代号（中国），110001中前两位11是商检局代号，后四位0001是生产厂代号，PI01是生产批号或生产月份。

对拟定装载无内包装液体货物的包装，在上述最大毛重位置改为标注相对密度（若其不超过1.2，则可免除此项），如图11-2-2中的1.4。

图11-2-2　包装标记

150——已通过液压试验的压力值（kPa）。

97——1997年制造。

01RL——修复包装需标出修复包装的年份和"R"，01R表示01年修复；如通过渗漏试验，还应标出"L"。

在包装的形式代码后加上字母"T"表示救助包装，加上字母"V"表示特殊包装，加上字母"W"表示等效包装。

5. 危险货物的专用包装

第1类的部分爆炸品，因对防火、防震、防磁等有特殊要求，需要选用《国际危规》中的"危险货物一览表"中规定的或主管部门批准的包装材料、类型和规格的专用包装。除一览表中有特别规定的以外，第1类爆炸品中其余的物质和物品的包装均应满足上述通用包装的Ⅱ类包装要求。

第1类部分爆炸品的包装须满足：对爆炸品具有保护作用，能防止爆炸品溢漏和在正常运输状态下，包括事先可预见的温度、湿度、压力等的改变，不会增加爆炸品的燃烧和爆炸的危险性；保证所有包件在正常运输状态下，可以安全装卸；能承受住运输过程中由于装货和可预见的包件的堆码而产生的压力，从而不会增加爆炸品危险性，包装的盛装功能不会受到损伤，不会因某种方式或某种程度的变形而降低其强度，或导致堆码不稳。

第7类危险货物的包装，不但要能防护内装货物，而且要能起到将辐射减弱到允许强度并促进散热等作用。这类货物的包装设计及试验必须符合国际原子能机构（IAEA）有关文件的专门规定。按货物的运输指数（TI）和表面任何一点最大辐射水平（$MaxRL$）确定包装的三个等级：

包装类Ⅰ：$TI \approx 0$，且 $MaxRL \leq 0.005$ mSv/h。

包装类Ⅱ：$0 < TI < 1$，且 0.005 mSv/h $< MaxRL \leq 0.5$ mSv/h。

包装类Ⅲ：$TI \geq 1$，且 0.5 mSv/h $< MaxRL \leq 10$ mSv/h；其中 $TI > 10$ 且 $MaxRL > 2$ mSv/h 的货物应以全船载单一货物的方式运输。

第7类危险货物的Ⅰ类包装的图案标志呈白色并须注明内装货物的放射性活度，Ⅱ、Ⅲ类包装的图案标志上部呈黄色下部白色，不但须注明内装货物的放射性活度还须注明其TI数值。这种包装分类方法恰好与危险货物通用包装等级分类方法相反，即危险程度越大，包装等级号也越大。

此外，第3、4、5、8等类中某些特殊危险货物也必须采用专用包装。如双氧水、黄磷、碳化钙等等。

应当注意的是，曾盛装过危险货物的空容器，除经清洗或处理外，均应保持其原危险货物标志，并视作所装过的危险货物对待。

二、危险货物的标志

危险货物的标志由危险货物的标记、图案标志和标牌组成。正确的危险货物标志可使相关人员在任何时候、任何情况下都能对所涉及的货物迅速加以识别，引起警觉，采取相应的安全措施，遇到事故时，也能采取正确的行动。

1. 标记

标记（marking）指按规定在危险货物包件外表面标注的简单文字或符号。除《国际危规》另有规定外，每个装有危险货物的包件都应标有危险货物的正确运输名称、联合国编号（如有）等。如：腐蚀性液体，酸性，有机的，未另列明的（辛酰氯），UN 3265。

除以上之外，还包括下列标记：

——对于1.4类、配装类S的货物，除非贴有"1.4S"的标记，应标示类别和配装类。

——救助包件和救助压力容器还须额外标有"SALVAGE"字样（字样高度至少12 mm）。

——在含有盛有液态危险货物内包装的组合包装，装有通气孔的单一包装及拟装运冷冻液化气体的冷冻容器外张贴如图11-2-3所示的指示箭头。要求为两个黑色或红色的箭头，底色为白色或与箭头对比鲜明的其他颜色，长方形的边缘线可随意选择是否描画。

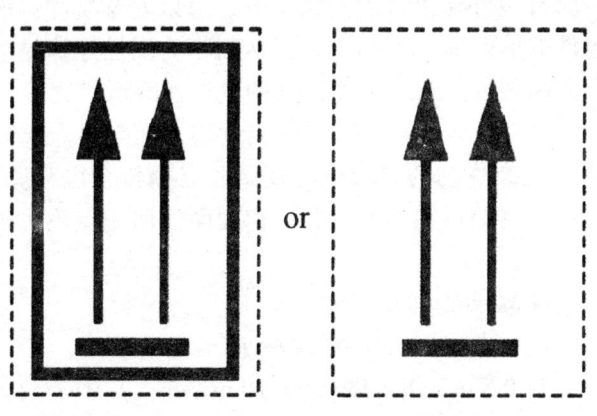

11-2-3　指示箭头

装有锂电池或电池组的包件应张贴如图11-2-4所示的锂电池标记。该标记尺寸须满足最少120 mm×110 mm，如果包件尺寸有特殊要求，标记尺寸可以减到不少于105 mm×74 mm。

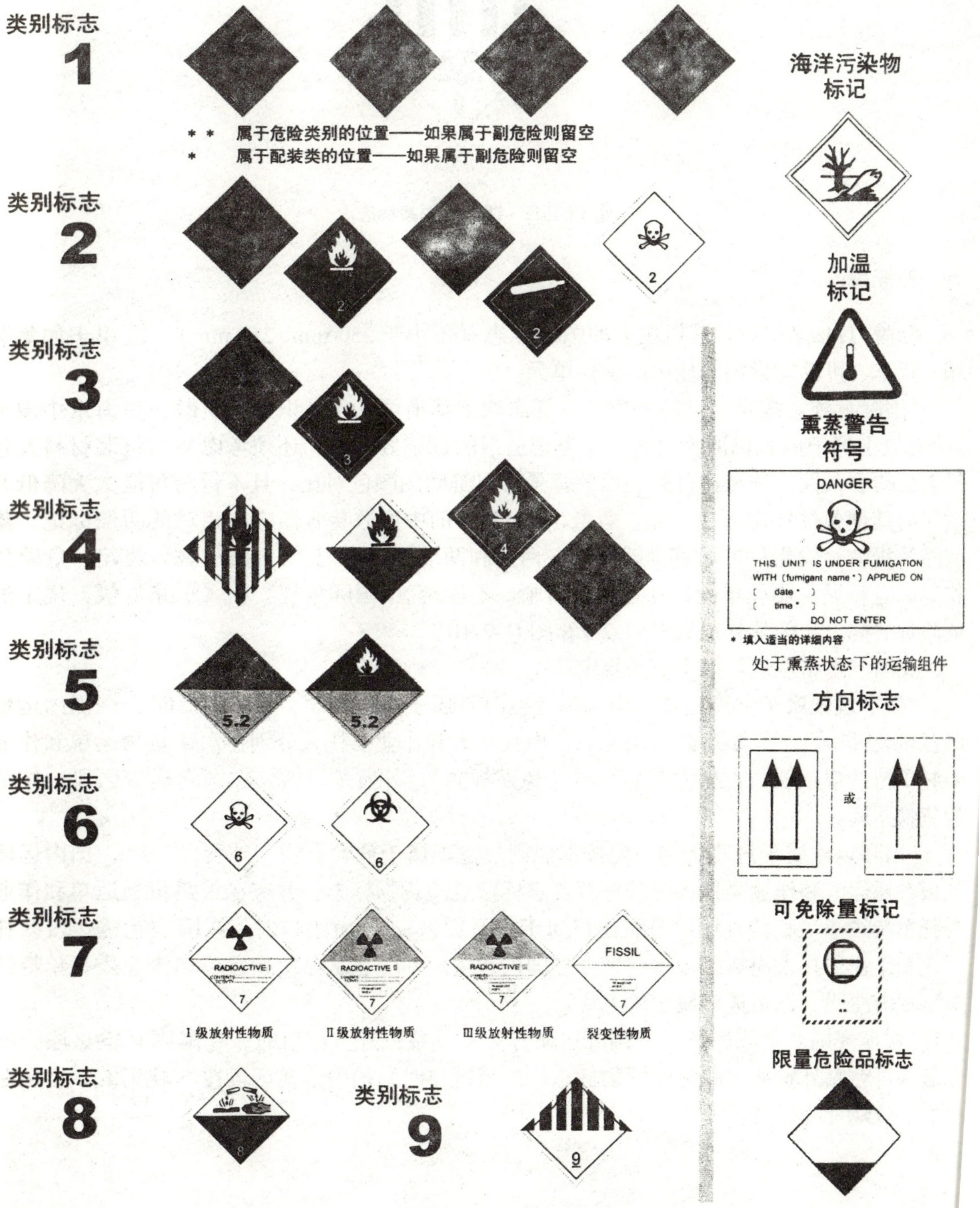
类别标志
1
* * 属于危险类别的位置——如果属于副危险则留空
* 属于配装类的位置——如果属于副危险则留空
类别标志
2
2
2
2
类别标志
3
3
类别标志
4
4
类别标志
5
5.2
5.2
类别标志
6
6
6
类别标志
7
RADIOACTIVE I
7
RADIOACTIVE II
7
RADIOACTIVE III
7
FISSIL
7
Ⅰ级放射性物质
Ⅱ级放射性物质
Ⅲ级放射性物质
裂变性物质
类别标志
8
8
类别标志
9
9
海洋污染物标记
加温标记
熏蒸警告符号
DANGER
THIS UNIT IS UNDER FUMIGATION
WITH [fumigant name *] APPLIED ON
[date *]
[time *]
DO NOT ENTER
* 填入适当的详细内容
处于熏蒸状态下的运输组件
方向标志
或
可免除量标记
限量危险品标志

图 11-2-9　《国际危规》危险货物标志和标牌

*联合国编位置
**电话号码额外信息位置

图 11-2-4　锂电池标记

装有的海洋污染物包件，须耐久地标海洋污染物的标记，如图 11-2-5 所示。标记尺寸至少为 100 mm×100 mm，形成菱形图形的线最小宽度须是 2 mm，由于包装的尺寸原因，标记尺寸和线宽可以降低，只要可以清晰显示即可。

图 11-2-5　海洋污染物标记

限量内危险货物的包件须显示如图 11-2-6（a）所示标记。该标记要求必须明显、清晰，能承受露天暴露而不明显降低效果。顶部、底部和边缘线为黑色，中间区域为白色或与背景形成鲜明反差的适当颜色。最小尺寸 100 mm×100 mm（限量内危险货物的组件最小尺寸为 250 mm×250 mm），四方形线的最小宽度为 2 mm。如果由于包件尺寸受限，标记尺寸可减小至 50 mm×50 mm，但须确保标记内容清晰可辨。满足《空运危险货物技术规则》第 3 和第 4 部分规定的限量危险货物包件标记应显示如图 11-2-6（b）所示的标记。

含有限量内危险货物而没有其他危险货物的货物运输包件或组件可不在张贴该危险物类别的标牌和标志（包括免除正确运输名称和联合国编号），只需在其外部张贴满足《国际危规》要求的限量危险货物标记。

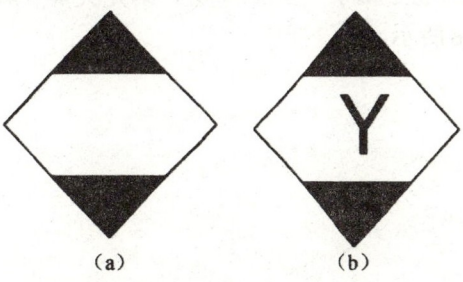

（a）　　　　（b）

图 11-2-6　限量内危险货物标记

含有可免除量危险货物的包件须经久清晰地标有下述标记（如图11-2-7所示）。包件内含有的危险货物的主危险性须显示于标记中。如果有关发货人或收货人的名称未在其他处显示，则须包括在标记之中。标记的规格须最小为100 mm×100 mm。

含有可免除量危险货物而没有其他危险货物的货物运输包件或组件外可不在张贴该危险货物类别的标牌和标志，只需在其外部张贴满足《国际危规》要求的可免除量危险货物标记。

*此位置显示类别或已指定的小类。
**发货人或收货人的名称如果未在包件的其他处显示须显示于此位置。

图11-2-7　可免除量危险货物标记

2. 图案标志

图案标志（label）是指以规定的色彩、图案和符号绘成的菱形标志，用以醒目明了地标示出货物的危险特性。但包件上可视情况显示在搬运和储存时起警告作用的附加标记和符号，如表示须保持包件干燥的雨伞符号。

除包件尺度或形状受限外，图案标志的尺寸应不小于100 mm×100 mm。

包件中装有低度危险性的危险货物可免除图案标志，但包件应用特殊规定中显示的适当内容标记，如在货物运输组件内的成捆干草，就不需要4.1类的图案标志；不在货物运输组件内的成捆干草，则需要张贴4.1类的图案标志。

具有副危险性的货物，除在包件上带有表明其主要危险性的图案标志外，还应同时带有表明副危险特性的图案标志。对于第一类危险货物爆炸品，在图案标志中不标注分类号或配装类号，其他八类副危险性图案标志同主危险性图案标志。

需要特别指出的是锂电池属于《国际危规》第九大类，在最新版《国际危规》中新增了图案标志，如图11-2-8所示。

(No.9A)

图 11-2-8　锂电池图案标志

3. 标牌

标牌（placarding）是指放大的图案标志（不小于 250 mm×250 mm），适用于集装箱、货车、可移动罐柜等较大的运输单元。

《国际危规》规定，危险货物所有标志均须清晰可见且易识别，须做到在海水中浸泡3个月以上标记内容仍清晰可辨，在考虑适当的标记方法时，还须考虑所用包装材料和包件表面的耐久性，须和包件外表面的背景形成鲜明的颜色对比，且不得与可能大大降低效果的其他包件标志放在一起。容量超过 450 L 的中型散装容器应在相对的两侧标记，集装箱等货物运输组件或可移动罐柜应在两侧和两端加以标记。《水路危规》规定，危险货物标志应粘贴、刷印牢固，在运输中清晰，不脱离。《国际危规》和《水路危规》规定的危险货物标志和标牌分别见图 11-2-9 和图 11-2-10。

我国《水路危规》第十七条规定：

"按本规则属于危险货物，但国际运输时不属于危险货物，外贸出口时，在国内运输区段包装件上可不标贴危险货物标志，由托运人和作业委托人分别在水路货物运单和作业委托单特约事项栏内注明'外贸出口，免贴标志'；外贸进口时，在国内运输区段，按危险货物办理。

"国际运输属于危险货物，但按本规则规定不属于危险货物，外贸出口时，国内运输区段，托运人和作业委托人应按外贸要求标贴危险货物标志，并应在水路货物运单和作业委托单特约事项栏内注明'外贸出口属于危险货物'；外贸进口时，在国内运输区段，托运人和作业委托人应按进口原包装办理国内运输，并应在水路货物运单和作业委托单特约事项栏内注明'外贸进口属于危险货物'。

"如本规则对货物的分类与国际运输分类不一致，外贸出口时，在国内运输区段，包装件可粘贴外贸要求的危险货物标志；外贸进口时，国内运输区段按本规则的规定粘贴相应的危险货物标志。"

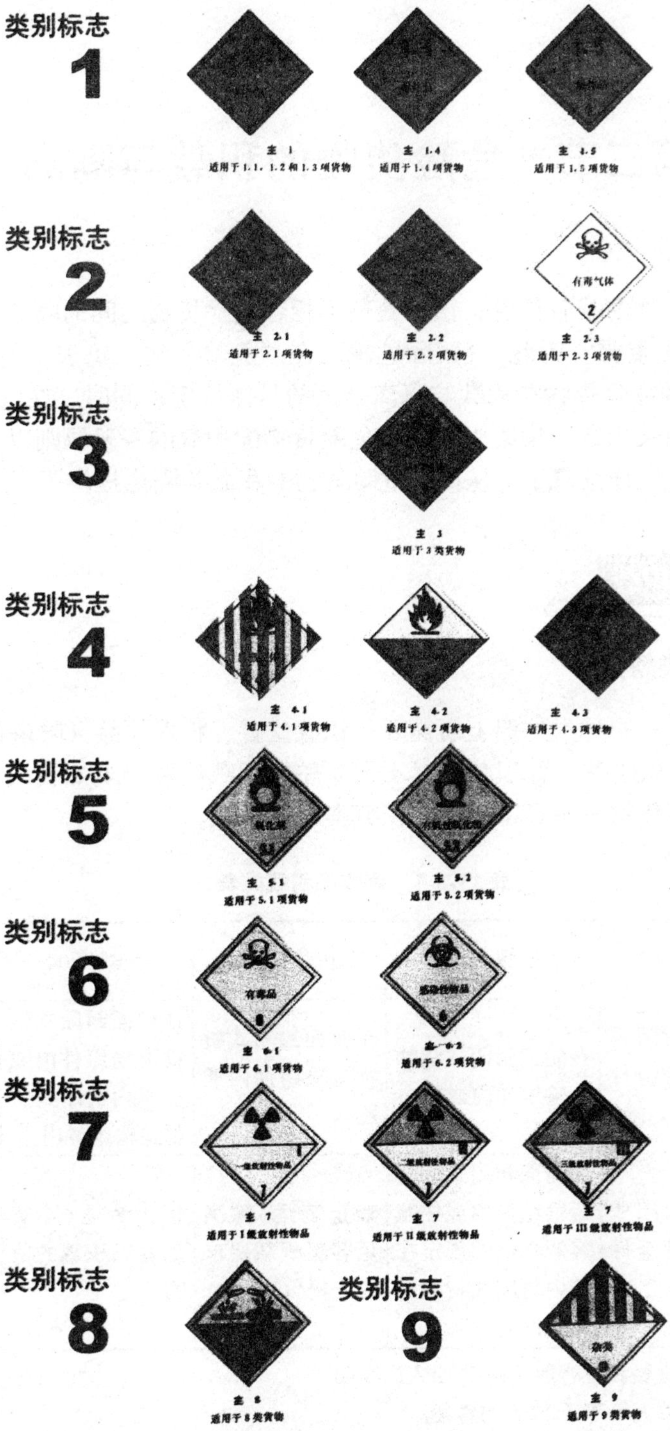

第十一章 包装危险货物运输

图 11-2-10 《水路危规》危险货物主标志

第三节 危险货物的积载与隔离

合理选择危险货物的装载位置，正确处理不相容危险货物之间的隔离，对于保证危险货物的安全运输至关重要。为此，《国际危规》在"危险货物一览表"的"积载与隔离"栏中列出了对每一种危险货物在积载与隔离方面的具体规定；同时，在《国际危规》第7部分"运输作业的有关规定"中集中对海运危险货物配积载的一般原则以及各类危险货物配积载的共性问题做了详细规定，从而为危险货物的积载与隔离提供了指南。

一、危险货物的积载

1. 爆炸品积载类划分

依据安全装运在不同种类的船上所需要的积载位置，将爆炸品（限量包装的第1.4S类除外）积载分为5个积载类，各积载类对不同船舶的积载位置要求如表11-3-1所示。各种危险货物须按照危险货物一览表中要求的积载类进行积载。

表 11-3-1　爆炸品积载类表

积载类船舶种类	积载类01	积载类02	积载类03	积载类04	积载类05
货船①	在舱面封闭式货物运输组件内或舱内	在舱面封闭式货物运输组件内或舱内	在舱面封闭式货物运输组件内或舱内	在舱面封闭式货物运输组件内或在舱内封闭式货物运输组件内	仅在舱面封闭式货物运输组件内
客船②	在舱面封闭式货物运输组件内或舱内	在舱面封闭式货物运输组件内或按照客船积载的规定在舱内封闭式货物运输组件内	禁止装运（除满足客船积载要求的货物③）	禁止装运（除满足客船积载要求的货物③）	禁止装运（除满足客船积载要求的货物③）

注：①货船中包括货船和载客数不超过12人的客船。
　　②客船指载客数大于等于12人的客船。
　　③满足客船积载要求的爆炸品货物包括：第1.4类配装类S的爆炸品；对于配装类C、D和E的货物和配装类G的物品，如果每船爆炸性物质总净重不超过10 kg，并且以在舱面或舱内积载的封闭货物运输组件运输；对于配装类B的物品，如果每船爆炸性物质总净重不超过10 kg，并且仅以在舱面积载的封闭货物运输组件运输。

2. 除爆炸品外危险品积载类划分

《国际危规》将载运危险品（第1类爆炸品除外，但包括限量包装的第1.4S类）的船舶分为货船和客船。

货船指专门从事装运货物的船舶，并包括载客限额不超过25人或按船舶总长每3 m不超过1人（取较大者）的客船。

客船指载客数量超过上述限额的其他客船。

依据危险货物安全装运舱位定义从A至E的五种积载类（表11-3-2）。积载类分类的目的是考虑到由于涉及危险货物的事故可能会迅速影响全船，这对于装运旅客或人员较多的船舶采取安全撤离的措施是困难的，所以对这类船应限制其装运危险性大或具有特殊危险的货物。在积载时，依据不同船舶类型和危险品的积载类（从"危险货物一览表"第16a栏可查到），确定该货物适于载于舱面还是舱内，或禁止装运。

表11-3-2 危险货物积载方式

	积载类A	积载类B	积载类C	积载类D	积载类E
货船	舱面或舱内	舱面或舱内	只限舱面	只限舱面	舱面或舱内
客船	舱面或舱内	只限舱面	只限舱面	禁止装运	禁止装运

3. 危险货物配积载的一般要求

所有危险货物的积载位置均应满足《国际危规》"危险货物一览表"第16a栏的要求，《国际危规》在7.1.5章节中列出了第16a栏的积载代码，如积载代码SW1表示避开热源。

易燃易爆危险货物应尽可能保持阴凉，远离一切热源（包括火源、蒸气管道、加热盘管、舱壁的热辐射、烈日直射等）、电源及生活居住处所。

能产生危险气体的货物应选配于通风良好的处所或舱面。

遇水放出危险气体的货物应选配于水密和通风良好的干燥货舱，与易散发水分货物分舱配装。

对于易挥发的有毒物质、易挥发的腐蚀性物质、遇潮湿空气产生有毒或腐蚀性蒸气的物质、释放强烈麻醉性蒸气的物质、第2类易燃气体、感染性物质和放射性物质等危险货物，应远离生活居住处所。

有强烈化学反应性质的货物（如爆炸品、氧化剂、腐蚀品），应清除舱内不相容的残留货物。严格满足与不相容货物之间的隔离要求。

海洋污染性货物应优先选择舱内积载。若选择舱面装载时，货位应选择具有良好保护和遮蔽的处所。

在危险货物一览表中，对每一种货物都规定了其积载类。通常，危险货物在满足下列条件之一者，可在舱面积载：

（1）需要经常或特别接近查看；

（2）能形成爆炸性混合气体、能产生剧毒蒸气或对船舶有严重腐蚀作用。

在舱面积载时，要保证消防栓、测量管等类似设备和通道不受影响，并与之远离；要保证游步通道和所有船舶安全作业必需设备的通道不受影响。

4. 危险货物积载的特殊要求

（1）限量和可免除量内的危险货物须按积载类A进行积载。

（2）第1类爆炸品的积载要求：

第1类货物（第1.4类除外）积载须与生活区、救生设备和公共通道区域的水平距离不少于12 m；第1类货物（第1.4类除外）须不能积载在距船舷$\frac{1}{8}$船宽的等效距离或2.4 m以内，取较小者；第1类货物须不能积载在离潜在火源水平距离6 m以内。

（3）第7类放射性物质的积载要求：

除按《国际危规》中"危险货物一览表"第16a栏所列方式积载外，承运放射性货物的船舶和集装箱等一次装运量不得超过《国际危规》规定的数值（表11-3-3）。

表11-3-3　非专门使用情况下集装箱和运输工具的运输指数（TI）限值

集装箱或运输工具类型			在一个集装箱或同一运输工具上的运输指数总和的限值
小型集装箱			50
大型集装箱			50
车辆			50
海船	舱室或特定区域	（集合）包件或小型集装箱	50
		大型集装箱（封闭）	200
	整船	（集合）包件或小型集装箱	200
		大型集装箱（封闭）	无限值

《国际危规》规定，在常规运输条件下，运输工具外表任何一点的辐射水平不得超过2 mSv/h，并且离运输工具外表面2 m处的辐射水平不得超过0.1 mSv/h。表面辐射水平大于2 mSv/h的包件或集装包件，除非使用专门车辆或有特殊安排，不得由船舶运输。

二、危险货物的隔离

为了保证货物的安全运输，对互不相容的货物应作有效的隔离，最大限度地缩小危害范围，减少损失。

1. 隔离等级和划分

除第1类爆炸品之间的隔离要求另有规定外，《国际危规》将危险货物的隔离分为四个等级，见图11-3-1。具体含义分述如下：

（1）隔离1——远离（away from）：是指有效地隔离从而使互不相容的物质在万一发生意外时不致相互起危险性反应，但只要在水平垂直投影距离不少于3 m，仍可在同一舱室或货舱内或"舱面"上装载，如图11-3-1（a）所示。

（2）隔离2——隔离（separated from）：是指在"舱内"积载时，装于不同舱室或货舱内。如中间甲板是防火防液的，垂直隔离，即在不同的舱室积载，可以看成是同等效果的隔离。就舱面积载而言，这种隔离应不小于6 m的水平距离，如图11-3-1（b）所示。

（3）隔离3——用一整个舱室或货舱作垂向的或水平的隔离（separated by a completed compartment or hold from）：如果中间甲板不是防火防液的，只能用一介于中间的整个舱室或货舱作纵向隔离。就"舱面"积载而言，这种隔离即不少于12 m的水平距离。如果一包件在"舱面"积载，而另一包件在最上层舱室积载，也要保持上述的同样距离，如图11-3-1（c）所示。

（4）隔离4——用一介于中间的整个舱室或货舱作纵向隔离（separated by an intervening complete compartment or hold from）：单独的垂向隔离不符合这一要求。在舱内积载的包件与在"舱面"积载的另一包件之间的距离包括纵向的一整个舱室在内必须保持不少于24 m。就"舱面"积载而言，这种隔离应不少于24 m的纵向距离，如图11-3-1（d）所示。

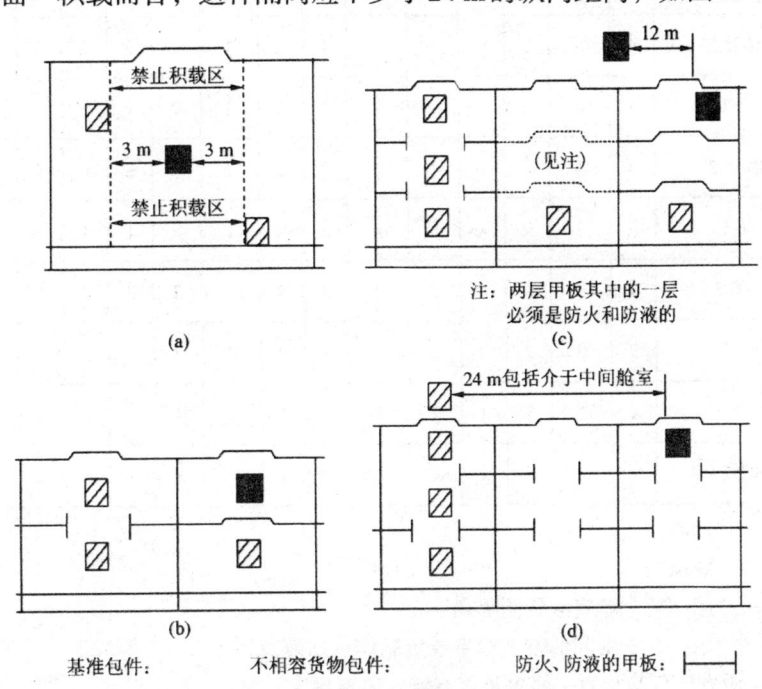

注：垂直实线表示货物处所（舱室或货舱）之间的防火、防液横向舱壁

图11-3-1 危险货物的隔离等级

包装危险货物之间的一般隔离等级要求，见表11-3-4。

表11-3-4　《国际危规》包装危险货物之间的隔离表

类别	1.1 1.2 1.5	1.3 1.6	1.4	2.1	2.2	2.3	3	4.1	4.2	4.3	5.1	5.2	6.1	6.2	7	8	9
爆炸品 1.1,1.2,1.5	*	*	*	4	2	2	4	4	4	4	4	4	2	4	2	4	×
爆炸品 1.3,1.6	*	*	*	4	2	2	4	3	3	4	4	4	2	4	2	2	×
爆炸品 1.4	*	*	*	2	1	1	2	2	2	2	2	2	×	4	2	2	×
易燃气体 2.1	4	4②	2	×	×	×	2	1	2	×	2	2	×	4	2	1	×
无毒不燃气体 2.2	2	2	1	×	×	×	1	×	1	×	×	1	×	2	1	×	×
有毒气体 2.3	2	2	1	×	×	×	2	×	2	×	×	2	×	2	1	×	×
易燃液体 3	4	4	2	2	1	2	×	×	2	1	2	2	×	3	2	×	×
易燃固体 4.1	4	3	2	1	×	×	1	×	1	×	1	2	×	3	2	1	×
易自燃物质 4.2	4	3	2	2	1	2	2	1	×	1	2	2	1	3	2	1	×
遇水放出易燃气体物质 4.3	4	4②	2	×	×	×	1	×	1	×	2	2	×	2	2	1	×②
氧化物质 5.1	4	4	2	2	×	×	2	1	2	2	×	2	1	3	1	2	×
有机过氧化物 5.2	4	4	2	2	1	2	2	2	2	2	2	×	1	3	2	2	×
有毒物质 6.1	2	2	×	×	×	×	×	×	1	×	1	1	×	1	×	×	×
感染性物质 6.2	4	4	4	4	2	2	3	3	3	2	3	3	1	×	3	3	×
放射性物质 7	2	2	2	2	1	1	2	2	2	2	1	2	×	3	×	2	×
腐蚀品 8	4	2	2	1	×	×	×	1	1	1	2	2	×	3	2	×	×
杂类危险物质和物品 9	×	×	×	×	×	×	×	×	×	×	×	×	×	×	×	×	×

表中：1 ——"远离"；
　　　2 ——"隔离"；
　　　3 ——"用一整个舱室或货舱隔离"；
　　　4 ——"用一介于中间的整个舱室或货舱作纵向隔离"；
　　　× ——应查阅危险货物一栏表是否有特殊隔离规定；
　　　② ——《水路危规》定义"2——隔离"；
　　　* ——见第1类爆炸品之间的隔离要求。

2. 包装危险货物间的特殊隔离要求

1）特殊规定优先原则

由于每一类别中的物质、材料或物品的性质差别很大，不可能将它们对隔离的要求完全纳入隔离表中。考虑到某些货物的特殊性质，在危险货物一览表中规定了隔离的具体要求。当由隔离表查得的隔离要求与危险货物一览表第 16b 栏中规定不一致时，危险货物一览表中的规定优先于隔离表中的一般规定，在实际危险货物运输中应给以足够理解和重视。

2）副危险性要求高时的隔离

当《国际危规》的规定表明危险货物具有单一副危险（一个副危险标志）时，如果副危险的隔离要求比主危险的要求更严，则须优先适用副危险的隔离要求。第 1 类副危险货物的隔离规定与第 1.3 类货物的隔离规定一致。

3）具有多种副危险性货物的隔离

除第 1 类爆炸品外，其他具有两种或两种以上副危险性（两种或两种以上副危险标志）的物质、材料或物品，其隔离要求在危险货物一览表中注明。例如溴氯化物，第 2.3 类，UN 2901，副危险性为第 5.1 类和第 8 类，在危险货物一览表中特殊隔离要求为："按第 5.1 类'隔离'，但与第 7 类'隔离'"。

4）隔离类的划分

就隔离而言，将具有某些相似化学性质的危险货物归并在一起而形成某一隔离类。如果在危险货物一览表第 16b 栏（隔离）中要求涉及某一类物质，例如"酸类"，该特殊隔离要求适用于隔离类中的货物。应注意，并不是所有物质的名称都列入隔离类，在未列明的条目下运输的一些物质，虽未列入隔离类，但是发货人须决定是否包括在某一合适的隔离类中，并在相关运输单证中注明事实。

根据以上原则，《国际危规》中共划分成 18 个隔离类，具体为：酸类、铵化合物类、溴酸盐类、氯酸盐类、亚氯酸盐类、氰化物类、重金属及其盐类、次亚氯酸盐类、铅和铅化合物类、液体卤代碳氢化合物类、汞及其化合物类、亚硝酸盐及其混合物类、高氯酸盐类、高锰酸盐类、金属粉类、过氧化物类、叠氮化合物类、碱类。每一隔离类所包含的物质，在《国际危规》第 3.1.4 节中可以查到。

对于某些危险货物，在危险货物一览表第 16b "隔离"一栏中注明了与某一隔离类的特殊隔离要求，例如，氰化钡，第 6.1 类，UN 1565，在危险货物一览表第 16b "隔离"一栏中查到特殊隔离代码为 SG35，再查《国际危规》7.2.8 节隔离代码表，得须与酸类隔离。

5）多种危险货物之间的隔离

当多种危险货物在一起积载时，它们之间的相互隔离须按所涉及的危险货物中最为严格的要求进行隔离。

6）同类危险性物质间的隔离

同类危险性物质可积载在一起，而不必考虑副危险性的隔离要求，条件是这些物质不会相互发生危险反应和引起：燃烧和/或产生大量的热；产生易燃、有毒或窒息性气体；生成腐蚀性物质或不稳定物质。由同一种物质构成但仅含水量不同而被划分为不同类别的危险货物，如第 4.2 类和第 8 类的硫化钠，或仅数量不同的第 7 类物质，无须隔离。

3. 第1类爆炸品之间的隔离

1) 配装类的划分

仅从安全考虑，第1类中的各种不同货物，最好各自分舱积载，但这在实际操作上是做不到的。为兼顾安全和其他有关因素，在运输中将数种第1类货物进行某种程度的混装是必要的。数种不同的爆炸品混装后能安全运输而其事故发生率不会明显增加，或在一定量的情况下其事故后果等级不会明显提高，则它们在性质上可认为是相容的或可配装的，可将它们归为同一配装类。按此标准，《国际危规》将爆炸品分为13个配装类，分别用字母A~L（I除外）、N和S表示，通常标于其分类号后，如1.1B、1.4F。各配装类物质和物品及分类号间的关系见表11-3-5。

表11-3-5　第1类爆炸品配装类别表

爆炸品的配装分类说明	配装类	分类代码
起爆物质	A	1.1A
含有起爆物质，但不具备两种或两种以上有效保护装置的物品。有些物品，诸如爆炸性炸药，为爆炸和起爆物品装配的炸药，帽型的，即使不含有起爆物质，也属于该类物质	B	1.1B 1.2B 1.4B
推进性的爆炸性物质或其他爆燃性爆炸物质或含有该种爆炸物质的物品	C	1.1C　1.2C 1.3C　1.4C
能够引爆的次级爆炸性物质，或黑火药或含有能够引爆的爆炸性物质的物品；在每种情况下，没有点火装置和推进剂时，或含有起爆物质并具备两种或两种以上保护装置和的物品	D	1.1D 1.2D 1.4D 1.5D
含有能够引爆的次级爆炸性物质，不带有点火装置但带有推进剂（含有易燃液体、凝胶体或自燃液体除外）的物品	E	1.1E 1.2E 1.4E
含有能够引爆的次级爆炸性物质的物品，自带有点火装置和推进剂（含有易燃液体、凝胶体或自燃液体除外）或不带推进剂	F	1.1F 1.2F 1.3F 1.4F
烟火物质，或含有烟火物质的物品，或同时含有爆炸性物质和照明物质的物品，燃烧的、产生烟雾和催泪的物质（水激活的物品或含有白磷、磷化物、发火物质、易燃液体或凝胶体或自燃液体的物品除外）	G	1.1G 1.2G 1.3G 1.4G

续表

爆炸品的配装分类说明	配装类	分类代码
起爆物质	A	1.1A
同时含有白磷和爆炸性物质的物品	H	1.2H 1.3H
同时含有爆炸性物质和易燃液体或凝胶体的物品	J	1.1J 1.2J 1.3J
含有爆炸性物质和有毒化学剂的物品	K	1.2K 1.3K
含有爆炸性物质并具有特殊危险性(例如由于水激活或含有易自燃液体、磷化物或发火物质)需要彼此隔离的物品	L	1.1L 1.2L 1.3L
主要由极不敏感的物质组成的物品	N	1.6N
物质和物品的包装或设计能确保发生事故时,所产生的危险性影响能够限制在包件内,除非包件遇火时已经受损,在这种情况下,所遇的爆炸或抛射影响都应限制在与包件临近处使其不致阻止或妨碍救火或采取其他应急措施的实施	S	1.4S

2) 第1类货物间的隔离

根据《国际危规》,第1类爆炸品各配装类间的隔离要求如下:

(1) 相同配装类的物品可以在同一舱室、货舱或封闭的货物运输组件中装载。当需要不同积载方式的货物根据表11-3-6允许装载于同一舱室、货舱或封闭货物运输组件内时,相应的积载方法须符合整个货载中最严格的一个。否则,须在单独的舱室、货舱或封闭货物运输组件中积载,但以下(2)至(7)情况除外。

(2) 配装类G的爆炸性物品(除烟花及需要特殊积载的物品外)只要同一舱室、货舱或封闭货物运输组件内没有爆炸性物质,可以与配装类C、D和E的爆炸性物品一起积载。

(3) 配装类L的货物只能与同一类型的配装类L的货物同室装载。

(4) 第1.6类的不同种类、配装类N的物品,只有被证实该物品之间没有共性爆炸的额外危险时,才可以在一起运输。否则须按第1.1类对待。

(5) 配装类N可以与配装类C、D或E物品或物质一起运输时,配装类N物品应视为配装类D对待。

(6) 当配装类N的物品与配装类S的物品或物质一起运输时,整个装载须按配装类N的标准进行。

（7）配装类C、D和E中任何物品的组合均须按配装类E对待，对于配装类C、D中的任何物质的组合，须根据组合装载中的主要特点，按爆炸品配装类组合表（见《国际危规》中2.1.2.3节）中最适合的配装类进行处理。根据《国际危规》对标志的规定，整个划分规则须在成组装载或货物运输组件的每一标志或标牌上标明。

（8）凡不同分类号的货物在同一舱室、货舱或封闭的货物运输组件内混合积载时，整个货载应按下列顺序进行：1.1（危险性最大）→1.5→1.2→1.3→1.6→1.4（危险性最小），并须符合最严格的积载要求。

11-3-6　允许混合积载的第1类货物

配装类	A	B	C	D	E	F	G	H	J	K	L	N	S
A	×												
B		×											×
C			×	×	×							×	×
D			×	×	×		×						×
E			×	×	×							×	×
F						×							×
G				×			×						×
H								×					×
J									×				×
K										×			×
L											×		
N												×	×
S		×	×	×	×	×	×	×	×	×		×	×

注：×——表示可以在同一舱室、货舱或封闭的货物运输组件中积载的相应配装类的货物。

4. 危险货物与食品之间的隔离要求

不同船舶及不同运输条件下，危险货物与食品间的隔离要求是不同的。

（1）《国际危规》规定，以常规方法装载在杂货船上的危险货物和食品间的隔离，应遵守以下原则：

按常规方法积载的主副危险性具有第2.3、6.1、7（UN 2908、UN 2909、UN 2910和UN 2911除外）、8类等的危险货物和危险货物一览表第16b栏同上述性质相同的危险货物须与以常规方法积载的食品"隔离"。如果食品或危险货物其中一个是在封闭货物组件中运输的，那么危险货物须与食品"远离"。如果食品和危险货物都是在不同的封闭货物运输组件中运输的，则无须进行隔离。

以常规方法积载的第6.2类危险货物须与以常规方法积载的食品"用一个整个舱室或货舱隔离"。如果食品或危险货物其中一个是在封闭货物组件中运输的，那么危险货物须与食品"隔离"。

(2)《国际危规》规定，在货物运输组件内的危险货物和食品间隔离，应遵守以下原则：

主副危险性具有第2.3、6.1、6.2、7（UN 2908、UN2 909、UN 2910 和 UN 2911 除外）、8类等的危险货物和危险货物一览表第16b栏同上述性质相同的危险货物不能与食品在同一货物运输组件内运输。

主副危险性为6.1类包装类Ⅲ的危险货物，主副危险为8类包装类Ⅱ、Ⅲ的危险货物和危险货物一览表第16b栏同上述性质相同的危险货物，只要距离满足3 m以上，就可以和食品一起运输。

第四节 危险货物的安全装运与管理

危险货物的海上运输，需要经历多个环节。严格遵守有关的法律法规，谨慎地处理好运输全过程中每一个环节，才能确保危险货物运输的安全；反之，运输中只要有一个环节稍有不慎，就可能酿成灾难性的事故，危及生命和财产安全，有时还会造成水域污染。我国对危险货物运输已具备了一整套较完善的法规和严格的管理体系。我国有关的法规、规章、条例等，对水路危险货物运输全过程中的各个环节，都提出了具体的要求。

一、受载前准备

1. 熟悉并配备有关法律法规

船上需配备并熟悉IMO、挂靠港国家、主管部门、挂靠港地方、船公司等有关危险货物运输的文件。这类文件应当按规定及时更改，使之与最新版本一致。

与所运危险货物有关各类文件主要包括：

(1) 适合于国际海上运输的《国际危规》。
(2) 适用于国内水路运输的《水路危规》。
(3) 挂靠港国家或当地危险货物运输法规。
(4) 国家、主管部门、船公司等颁发的条例、标准、规章和法规。

我国1982年起陆续颁布的《海上交通安全法》《海洋环境保护法》《防止船舶污染海域管理条例》《船舶装运危险货物监督管理规则》《集装箱装运包装危险货物监督管理规定》《船舶载运外贸危险货物申报规定》等法律法规。以立法形式对危险货物运输的安全和防污染提出了原则性的规定。国家标准局自 1985 年起就危险货物的分类、品名、包装、命名原则等内容陆续发布了多个国家标准。

我国交通部于 1996 年 11 月颁布《水路危规》，2003 年 11 月颁布《中华人民共和船舶载运危险货物安全监督管理规定》等。

船公司在 SMS 文件体系中有危险货物运输安全管理和应急处置方面的文件。

2. 获取并审查危险货物单证

1）危险货物单证所提供的信息

（1）危险货物的说明

每种交付运输的危险物质、材料或物品，危险货物运输单证中须包括如下信息：主要包括联合国编号（前面冠以英文字母"UN"）、危险货物的正确运输名称（包括括号内适用的技术名称）；货物主要危险类别或划入的小类，包括第 1 类的配装类字母（"类别"或"小类"字样可以放在主或副危险性类别或分类号前）；副危险类别或分类号应与适用的副危险性标志一致，并放在主危险性类别或分类后面的括号内（"类别"或"小类"字样可以放在副危险性类别或分类号前）；如对危险货物包装类别有划定时可在前面冠以英文字母"PG"（如："PGII"）。

对危险货物的说明须按照要求的顺序排列（即上述顺序），不得混置。除非《国际危规》允许或要求，否则，附加信息应附加在危险货物的说明之后。

（2）补充说明的信息

对"未另列明的"和其他类属条目技术名称的描述：危险货物一览表第 6 栏标注特殊规定 274 或 318 的正确运输名称，须参照类属和未列明条目（3.1.2.8 节）中描述的技术和化学组分名称来做补充说明；未清洁空包装、散装容器和罐柜：对含有危险货物（除第 7 类外）残余物的空盛装工具（包括包装、中型装容器、散装容器、可移动罐柜、公路罐车和铁路罐车），须将"EMPTY UNCLEANED"或"RESIDUE LAST CONTAINED"字样，标注在危险货物运输单证中；如果是运输待处理或待加工处理的废弃危险货物（除放射性废弃物外），则在正确运输名称前须写明"WASTE"字样，除非已包括在正确运输名称内；如果以液态在温度等于或高于 100 ℃情况下或以固态在温度等于或高于 240 ℃下运输或交付运输物质的正确运输名称不能表达加温条件（例如：使用"MOLTEN"或"ELEVATED TEMPERATURE"作为运输名称的一部分），须紧接正确运输名称之前加上"热"（HOT）；如果承运的物质是海洋污染物，该货物须标明"MARINE POLLUTANT"，对于通用条目和"未另列明的"条目，正确运输名称须辅以此海洋污染物的可识别的化学名称（3.1.2.9 节）。"海洋污染物"术语也可用"环境有害物质"进行补充；如果其最低闪点为 60 ℃或以下［以 ℃闭杯（c.c.）表示］须将其标出。由于存在杂质，闪点可能高于或低于危险货物一览表中所列明的该物质参照温度。对于同样易燃的第 5.2 类有机过氧化物不必标明闪点［例如：UN 2761，有机氯农药，固体的，有毒的，未另列明的（艾氏剂 19%），第 6.1 类，PG Ⅲ，海洋污染物］。

（3）危险货物的附加信息

对危险货物描述的附加信息须包括在危险货物运输单证对危险货物的描述信息之后，

具体包括危险货物的总重量、限量、救助包装和救助压力容器、控制货物稳定的温度、自反应物质、感染性物质、放射性物质、爆炸品、黏性物质、隔离的特殊规定、可免除量危险货物等信息。

2）应向托运人索要的主要的危险货物运输单证

(1) 危险货物技术说明书

承运《国际危规》中感染性物质、放射性物质和按"未另列明"条目运输的危险货物以及新品危险货物时，船方必须向托运人索取经主管部门审核、批准的此类说明书。其内容包括品名、类别、理化性质、主要成分、包装类型、急救措施、撒漏处理、消防方法及其他运输注意事项等。

(2) 包装检验证明书和包装适用证明书

前者用于表明指定类型的包装已经取样进行了所列的包装试验，并获得相应的试验结果。后者用于证明指定的包装适合于所列特定的危险货物装载。这两种证书都须经主管机关或其委托的权威机构的确认才能有效。

(3) 放射性货物剂量检查证明书

托运放射性货物时必须附有经主管机关或其委托的权威机构确认的此类证书。其内容包括货名、物理状态、射线类型、运输指数、货包表面污染情况、包装等级、外包装破损时的最小安全距离等。

值得注意的是，《国际危规》要求承运人除非已通过纸质或电子的形式提供了危险货物运输单证或相关信息，并且由承运人签字确认，否则不得接受危险货物运输。《国际危规》已明确承运人在接受危险货物运输时的责任。规则增加了危险货物相关信息须随货物到达目的地的规定，要求在移交货物的同时将货物信息提供给收货人。此项规定实际上是要求危险货物运输信息要随货流转，这样可以保证危险货物运输各个环节的有关人员都可以迅速取得相关信息，准确把握货物的情况，对遇到的各种情况做出判断。

如果是以电子形式提交的危险货物相关信息，规则要求须保证承运人能在整个过程中可以获得信息，并能随时打印成纸质文档。随着信息技术的迅速发展，电子单证在危险货物运输中使用得越来越多，《国际危规》并不排除电子单证的使用。但是，为了保障安全，规则要求电子单证必须能够在需要时迅速打印成纸质文档。

《水路危规》第二十三条规定，符合规定条件的危险货物，无须限量危险货物证明书，即可按普通货物条件运输。如在《水路危规》危险货物品名索引中注有"*"符号的货物，其包装和标志符合规定，且每个包装不超过 10 kg，其中每一小包件内货物净重不超过 0.5 kg，每批托运货物总净重不超过 100 kg，只需在运单和作业委托单中注明"小包装化学品"字样，并按危规规定办理申报或提交有关单证，这类货物即可按普通货物条件投入运输。

3. 检查承运船舶的技术条件

各种危险货物对船舶技术条件有不同的要求。通常规定，除承运船舶持有有效的危险货物适装证书外，在承运危险货物，特别是承运《国际危规》第 1、2.1、3、4.1、4.3 和 5.2 类危险货物前，必须事先向船检部门申请对船舶结构、装置及设备进行临时检验，取得相应的适装证书后，方可接受承运。

4. 做好其他准备工作

危险货物的承运人或其代理应向海事主管部门（我国为海事局）提出装运申请（我国为"危险货物申报单"），以获取危险货物准装许可。

船舶载运危险货物进、出我国港口，或者在我国港口过境停留，应当在进、出我国港口之前提前24 h，直接或者通过代理人向海事管理机构办理申报手续，经海事管理机构批准后，方可进、出港口。

申报内容应至少包括：船名、预计进出港口的时间以及所载危险货物的正确名称、编号、类别、数量、特性、包装、装载位置等，并提供船舶持有安全适航、适装、适运、防污染证书或者文书的情况。对于装有危险货物的集装箱，船舶需提供集装箱装箱检查员签名确认的集装箱装箱证明书。对于易燃、易爆、易腐蚀、剧毒、放射性、感染性、污染危害性等危险品，船舶应当在申报时附具相应的危险货物安全技术说明书、安全作业注意事项、人员防护、应急急救和泄漏处置措施等资料，按《国际危规》中的EmS表和MFAG表中的规定，备妥合适的消防器材和相应的急救药品。

国际航行船舶，还应当按照国务院颁布的《国际航行船舶进出中华人民共和国口岸检查办法》第六条规定的时间提前预报告。定船舶、定航线、定货种的船舶可以办理定期申报手续。定期申报期限不超过一个月。船舶载运尚未在《危险货物品名表》（国家标准GB 12268）或者国际海事组织制定的《国际海运危险货物规则》内列明但具有危险物质性质的货物，应当按照载运危险货物的管理规定办理进、出港口申报。海事管理机构接到报告后，应当及时将上述信息通报港口所在地的港口行政管理部门。办理申报手续可以采用电子数据处理（EDP）或者电子数据交换（EDI）的方式。

二、装货过程

1. 做好安全防护工作

（1）按港口规定悬挂或显示规定的信号，甲板上设立醒目的"严禁烟火"警告牌；严禁与作业无关的船舶傍靠船舷；应备妥相应的消防设备；夜间作业配备足够的照明设备；装卸爆炸品、有机过氧化物、一级毒品和放射性物品时，装卸机具应按额定负荷降低25%使用。

（2）船舶装卸易燃、易爆危险货物期间，要督促进入现场人员不得携带火种、穿有铁钉的鞋或化纤工作服，不得在现场使用非防爆型照明、通风和机械设备，不得在甲板上进行能产生火花的检修或船体保养工作；禁止加油、加水；装卸爆炸品（第1.4S除外）时，不得检修和使用雷达。

（3）遇有雷鸣、闪电、雨雪或附近发生火警时，应立即停止作业；遇危货物撒漏、落水或其他事故时，应迅速上报，按要求采取妥善措施。

2. 严格按配积载计划进行装货操作

（1）认真检查危险货物包装是否完好，标志是否清晰、正确；凡包装有破损、渗漏、严重变形、玷污等影响安全质量的应坚决拒装。

（2）按计划做好堆装、隔离、衬垫等项工作。

（3）如需更改积载计划，则须经本船船长或大副同意。

（4）装货结束后，做好系固及全面检查工作。

（5）备齐危险货物单证，如"危险货物舱单""危险货物实际积载图"等危险货物的单证，以备检查。

三、途中保管

载有危险货物的船舶，不论航行、锚泊或等待卸货期间，均要对危险货物进行有效的监管。

1）谨慎驾驶，避免碰撞

船舶在航行中应谨慎驾驶，保持正规瞭望，严格执行避碰规则，避免碰撞事故发生。

2）恶劣天气时采取适当措施

在大风浪中航行时，应采取适当措施，减缓船舶摇摆，以防货物在舱内移动而挤压、撞击造成事故，对载运易燃易爆危险货物的船舶，航行中应避开雷区，以免遭雷击引起爆炸危险。

3）货物监督

船舶在航行或锚泊期间，应对危险货物进行有效检查和监督，查看货物是否移位、自热、泄漏及其他危险变化。

4）合理通风

定时测定舱内温度、湿度并进行合理通风，防止汗湿、舱内温度过高及舱内危险气体积聚。

5）下舱安全

在进入可能引发中毒或窒息事故的货舱前，应对货舱进行通风换气并检测确认安全时方可下舱，否则应使用自给式呼吸器且甲板上有专人值守。

6）安全巡逻

坚持消防值班巡逻并且每班经常观察烟火探测器，以及时发现隐患。

7）采取降温措施

装载易燃易爆货物的船舶，在高温地区航行时，若舱温过高应采取洒水降温等措施，以防意外。

8）禁止检修或船体保养

船上所有易燃易爆气体可及区域，不得进行任何能产生火花的检修或船体保养工作。

四、卸货过程

卸货前，船方应向装卸、理货等有关方详细介绍危险货物的货位、状态、特性、卸货注意事项等。对可能存在危险气体的货舱进行彻底通风。

卸货完毕后，应及时整理货舱。谨慎处理危险货物的残留物和垫舱物料。危险货物的残留物或含有这类残留物的洗舱水必须按国家和港口的规定处理，不得随意排放或倾倒。

第五节 危险货物运输规则

一、IMO《国际危规》

为加强海上危险货物管理，防止发生人身伤亡、船货损毁或海洋污染，依据并为实施SOLAS 1974、MARPOL 73/78 附则Ⅲ及《危险货物运输的建议书》（橙皮书），IMO制定了《国际海运危险货物规则》。它适用于任何总吨任何船型的包装危险货物国际航线运输，不适用于散装的固态和液态危险货物以及船用物料和设备的运输。

2016年5月，IMO第96届海安会（MSC）所做MSC.406（96）号决议通过了《国际海运危险货物规则》第38-16套修正案。缔约国政府可自2017年1月1日起在自愿基础上部分或全部地运用有关新要求，自2018年1月1日起则要求强制性遵守。IMO第MSC.406（96）号决议包含了该规则第1册和第2册的修订全文。

1. 规则的主要内容

现行版《国际危规》共分3册，其主要内容包括：

第一册——总则、定义和培训，分类，包装和罐柜规定，托运程序，包装、中型散装容器、大宗包装、可移动罐柜、多单元气体容器和公路罐车的构造和试验，运输作业的有关规定等；

第二册——危险货物一览表、特殊规定和限量免除，危险货物名称索引表等；

补充本——包括船舶载运危险货物应急措施（EmS）、危险货物事故医疗急救指南（MFAG）、报告程序、货物运输组件装载指南、船舶安全使用杀虫剂建议书等。

具体内容为：

1) 第1部分——总则、定义和培训

总则内容主要包括：

第十一章 包装危险货物运输

（1）适用范围和定义

本规则适用于以包装形式装运危险货物的所有船舶，它不适用于散装液态危险货物和船用物料及设备。危险货物指规则中所包含的物质、材料和物品，包装形式指规则中规定的盛装形式。

对规则中普遍使用的相关名词和术语做出了定义，而特殊定义包含在各章中。

（2）保安规定

针对危险货物海上运输的需要。规则对公司、船舶和港口设施及岸上人员做出了相关保安规定，给出了后果严重危险货物的指示清单及保安的相关要求。

2）第2部分——分类

按照危险货物所呈现的危险性或最主要危险性将其分成1~9类。

对于具有多种危险并在规则中没有明确列出名称的物质、混合物或溶液，按规则中的"危险货物优先顺序表"确定其主要危险；表中未列出者，规则给出了各类别主要危险优先顺序。

3）第3部分——危险货物一览表、特殊规定和限量免除

本内容在规则第二册，具体说明见后。

4）第4部分——包装和罐柜规定

（1）包装（包括中型散装容器IBCs和大宗包装）的使用

主要包括：危险货物包装的一般规定；包装导则一览表；对第1类、第2类、第5.2类和4.1类A类感染性物质、第7类特殊包装的规定。

（2）可移动罐柜和多单元气体容器、散装容器的使用

主要包括：盛装不同类别危险货物的可移动罐柜和多单元气体容器一般规定；导则和特殊规定；散装容器使用的一般规定及适用于某些类别散装货物的附加规定。

5）第5部分——托运程序

本部分阐述了托运许可、预先通知、标志、运输单证等与危险货物托运有关的规定。

（1）一般规定

一般规定给出了托运许可的条件，托运单上的内容，对集合包件和成组货物、空包袋或组件的危险货物标志的规定，第7类物质的装船通知和批准、运输指数（TI）和临界安全指数（CSI）的规定。

（2）包件（包括中型散装容器）的标志和标记

规定对危险货物包件标志和标记的标示方法做出了详细规定。

（3）货物运输组件的标志和标记

规定了危险货物运输组件标志和标记的标示方法。

（4）单证

对危险货物托运单证、装船单证等应包含的危险货物信息做出了规定。

6）第6部分——包装、中型散装容器、大宗包装、可移动罐柜、多单元气体容器和公路罐车的构造和试验

（1）普通包装的构造和试验

规则对包装类型代码、包装标记、各种形式包装的技术和试验要求做出了规定。

（2）中型散装容器、大宗包装、可移动罐柜、多单元气体容器和公路罐车的构造和试验，包括对压力容器、第6.2类感染性物质的包装、第7类物质和包件、中型散装容器大宗包装、可移动罐柜、多单元气体容器和公路罐车的构造和试验做出了规定。

7) 第7部分——运输作业的有关规定

本部分共分9章，主要内容包括：危险货物的积载与隔离，货物运输组件的装载及船舶载运货物运输组件的规定，有关涉及发生危险货物事故和防火的特殊规定，温度控制的适用货物和相关要求等。

8) 第8、9部分——废弃物运输，免除、批准和证书

内容略。

2. 危险货物一览表

危险货物一览表被分为如下18个栏目，见表11-5-1，在第一行中最下面列明了对应的标题在《国际危规》中的章节，方便查阅，如：类别所在章节为2.0章。

（1）第1栏UN No.——本栏目包含由联合国危险货物运输专家分委会对每一危险货物指定的联合国编号，由4位阿拉伯数字表示，不连续，不代表危险货物危险性的大小。

（2）第2栏正确运输名称（PSN）——在危险货物一览表中最准确说明货物条目的那一部分，比正常印刷字体大一字号（加上构成名称的数字、希腊字母等），紧跟在正确运输名称后的括号部分［例如，乙醇（乙基醇）］是可供选择的正确运输名称。以及在正确运输名称之后现实的补充说明（用小一号的字体表示）。条目中的小一号文字不需要考虑作为正确运输名称的一部分，但是可以使用，例如，UN 2583烷基磺酸，固体的或芳基磺酸，固体的，含游离硫酸大于5%，最合适的正确运输名称为：烷基磺酸，固体的或芳基磺酸，固体的。

危险货物一览表中列出了四种条目：

①物质或物品的单一条目，如丙酮（UN 1090）；
②物质和物品的通用条目，如香水（UN 1133）；
③未列明的特定条目，如醇类，未列明（UN 1987）；
④未列明的通用条目，如易燃液体，有机的，未列明（UN 1325）。

这样，《国际危规》实际上将所有的危险货物（包括尚未出现的一些化工新产品）都已包括在内了。危规采用概括描述和品种罗列并举的方法，来鉴别危险货物与非危险货物。船方在承运具有危险特性但在危险货物一览表中未列明（not otherwise specified 缩写为N.O.S.）的货物时，必须要求托运人提供《危险货物技术说明书》，以确定该货物分属哪一类"未列明"条目，以便于采取相应的防护措施。

（3）第3栏类别——相应危险货物的类别号，对于第1类爆炸品，也包括对该物质或物品指定的配装类。

（4）第4栏副危险——相应危险货物副危险性的类别号，以及是否将危险货物认定为海洋污染物。P——海洋污染物，基于以前标准并已判定的已知海洋污染物清单，该清单并非详尽无遗；无符号"P"或"—"不代表可以免除海洋污染物。

（5）第5栏包装类——本栏目包括指定物质或物品的包装类号（Ⅰ、Ⅱ、Ⅲ）。如果

某一条目含有一种以上的包装类，该物质或配制品在运输时需应用第2部分危险程度分类标准根据其特性进行确定包装类。

（6）第6栏特殊规定——本栏目包含的编号系指在适用特定物质、材料或物品的特殊规定（第3.3章）中表示的该物质或物品的特殊规定。特殊规定中如果没有用词表明不同的情况，则适用于该所指物质或物品所允许的所有的包装类。只适用于海运方式的特殊规定编号从900开始。

（7）第7栏分为7a和7b栏

7a栏限量——本栏目提供的是按照第3.4章限量规定运输危险货物时每一内包装或物品的最大量。

7b栏免除量——本栏目标明按照第3.5章作为免除数量运输的危险货物每个内包装和外包装的最大量［其中提供了可免除量运输的货物剂量的字母数字编码（3.5.1.2节）］。

（8）第8栏包装导则——本栏目包含的字母数字编码系指第4.1.4章有关的包装导则。包装导则指出了运输物质或物品可能使用的包件（包括大宗包装）。含有字母"P"代码系指第6.1、6.2或6.3章中描述的使用包装的包装导则。含有字母"LP"代码系指第6.6章描述的使用大宗包装的包装导则。含有字母"P"代码，但没有"LP"则意为该物质不允许使用这类包装。

（9）第9栏特殊包装规定——本栏目所包含的字母数字编码系指4.1.4章中有关的特殊包装规定。

（10）第10栏 IBC包装导则——本栏目中包含的字母数字编码系指运输物质所使用中型散装容器的相关类型。

（11）第11栏 IBC特殊规定——本栏目包含的字母数字编码，其中字母"B"系指适用于带有"IBC"代码所使用包装的特殊规定。

（12）第12栏（保留）

（13）第13栏 罐柜和散装容器导则——本栏目含有的"T"代码（见4.2.5.2.6节）适用于以可移动罐柜和公路罐车运输的危险货物。

（14）第14栏 罐柜特殊规定——本栏目包含的"TP"代码注释（见4.2.5.3）适用于以可移动罐柜和公路罐车运输的危险货物。本栏目"TP"列明注释适用于第13栏的可移动罐柜。

（15）第15栏 EmS No.——本栏目系指《船舶载运危险货物应急反应措施》（EmS指南）中火灾和溢漏的应急表号。本栏目的规定不是强制性的。

（16）第16栏分为16a和16b栏

16a栏积载与操作——本栏目中包含的积载与操作的代码。

16b栏隔离——本栏目包含危险货物隔离代码。

（17）第17栏 特性与注意事项——本栏目包含危险货物的特性与注意事项。本栏目的规定不是强制性的。

（18）第18栏 UN No.——见第1栏。

表 11-5-1 危险货物一览表（部分）

UN No. (1) 2.0.1.2	正确运输名称 (PSN) (2)3.1.2	类别 (3)2.0	副危险 (4)2.0.0	包装类 (5)2.0.1.3	特殊规定 (6)3.3	限量 (7a)3.4	可免除量 (7b)3.5	包装 导则 (8)4.1.4	包装 规定 (9)4.1.4	中型散装容器 导则 (10)4.1.4	中型散装容器 规定 (11)4.1.4	可移动罐柜与散装容器 罐柜导则 (12)(13)4.2.5 4.3	可移动罐柜与散装容器 罐柜特殊规定 (14)4.2.5	EmS (15)5.4.3.2 7.8	积载 (16a)7.1 7.3-7.7	隔离 (16b)7.2-7.7	特性与注意事项 (17)	UN No. (18)
3408	高氯酸铅溶液	5.1	6.1 P	Ⅱ	—	1L	E2	P504	—	IBC02	—	—	TP1	F-H,S-Q	积载类A	SG38 SG49	与硫酸剧烈反应。遇热时，与氰化物或被氧化物剧烈反应。粉末或被氧化物可能形成爆炸性混合物。这些混合物易于点燃，遇火时，可能发生爆炸	3408
3408	高氯酸铅溶液	5.1	6.1 P	Ⅲ	223	5L	E1	P001	—	IBC02	—	—	TP1	F-H,S-Q	积载类A	SG38 SG49	见上述条目	3408
3409	氯硝基苯类，液体的	6.1	—	Ⅱ	279	100ml	E4	P001	—	IBC02	—	—	TP2	F-A,S-A	积载类A	—	黄色液体。吞咽，与皮肤接触或吸入会中毒	3409
3410	4-氯邻甲苯胺酸盐溶液	6.1	—	Ⅲ	223	5L	E1	P001	—	IBC03	—	—	TP1	F-A,S-A	积载类A	—	吞咽，与皮肤接触或吸入会中毒	3410
3411	β-萘胺溶液	6.1	—	Ⅱ	—	100ml	E4	P001	—	IBC02	—	—	TP2	F-A,S-A	积载类A	—	吞咽，与皮肤接触或吸入会中毒	3411

3. 危险货物事故应急措施指南

1) 船舶载运危险货物应急反应措施表及使用方法

船舶载运危险货物应急反应措施指南的目的是为涉及船上装运《国际危规》所列货物的火灾和溢漏事故应急提供指导，指南明确说明不包括散装货物和非危险货物等其他火灾和溢漏事故。在涉及危险货物的事故中，应根据本指南针对具体的危险货物、船型、危险货物包装的类型和数量、积载位置（舱面还是舱内）、是火灾还是溢漏事故等指导采取正确的行动。

该指南主要包括火灾应急和溢漏应急两大部分。消防的总体建议是避免接触到危险货物；远离火种、禁止吸烟、远离烟雾和有毒气体；拉响警报，启动消防程序；可能的话使驾驶台和居住处所保持在上风；确认燃烧位置和冒烟货物的位置；确认货物；获取发生事故危险货物的UN No.和火灾应急措施；考虑哪些消防措施可行并准照执行；检查其他危险货物时候有潜在卷入火灾的可能，并确认相关的应急措施；穿着适宜的防护服和自给式呼吸机，准备使用《医疗急救指南（MFAG）》；与船公司或救助协调中心保持联系，以获取相关专家的意见。溢漏总体建议大体上与上述消防总体建议相同，但应使用全套防化服和自给式呼吸器。

使用该指南时根据现有的联合国编号，查阅第二册"危险货物一览表"（见表11-5-1）或补充本中"EmS指南——索引"，确定EmS火灾的应急表号（火灾应急表共10个，用F-A~F-J表示）和EmS溢漏的应急表号（溢漏应急表号共有26个，用S-A~S-Z表示），然后按表号阅读具体的应急反应措施。如4—氯邻甲苯胺盐酸盐溶液的联合国编号UN No.3410，其EmS火灾的应急表号是F-A，EmS溢漏的应急表号是S-A（见表11-11），具体内容如表11-5-2和表11-5-3所示

表11-5-2　F-A火灾应急措施总体建议

总体建议		在火灾中,暴露的货物可能爆炸或其他包装可能破裂 尽可能在远处有防护位置上灭火
舱面货物着火	包件	尽可能用多个水龙喷雾
	货物运输组件	
舱内货物着火		停止通风并关闭舱盖 使用货物处所固定的灭火系统 如不可能,则用大量的水喷雾
货物暴露在火中		如可行,清除或抛弃可能着火的包件,否则用水冷却
特殊情况：UN 1381、UN 2447		扑灭火后应按溢漏立即处理

表13-5-3 S-B溢漏应急措施

总体建议		配戴合适的防护服和自给式呼吸器 即便着戴防护服也应避免接触 如可行,立即阻止溢漏 污染的衣物应用水冲洗后移走
舱面货物着火	包件 (少量溢漏)	用大量的水冲洗下船,不得向溢漏物直接喷水。清除流出的污水 彻底清洁现场
	货物运输组件 (大量溢漏)	保持驾驶台和居住区在上风处 用大量的水冲洗下船,不得向溢漏物直接喷水,清除流出的污水 彻底清洁现场
舱内溢漏	包件 (少量溢漏)	不戴自给式呼吸器不得进入现场。进入前测试处所气体(毒气和爆炸危险);假如不能测试不得进入,让毒气自然散去。保持清洁 液体:提供良好的通风,限制其液体在封闭的区域(如用惰性材料或水泥做成围堤) 固体:收集溢漏物,处理下船,保持清洁,用无线电咨询专家意见
	货物运输组件 (大量溢漏)	保持清洁,用无线电咨询专家意见 根据专家对危险性的评估意见采取措施。提供充足的通风;不戴自给式呼吸器不得进入现场。进入前测试处所气体(毒气和爆炸危险)。假如不能测试不得进入。让有害气体自然散去。保持清洁。通风系统启动后应特别关注不要让有毒气体进入居住区、机舱和工作区 液体:溢漏地方保持良好通风;冲洗至舱底并泵出船外 固体:收集溢漏物,保持溢漏固体干燥并用塑料布盖好,处理下船。否则关闭舱盖直等到船舶抵港
特殊情况 海洋污染物 UN 2802、UN 2809		尽可能少地处理下船。用大量的水稀释,根据MARPOL公约中事故报告程序报告

2) 危险货物事故医疗急救指南

《国际危规》补充本中的MFAG指南是对化学品中毒的初步治疗和利用海上有限的有效设备进行诊断提供必要的建议。MFAG指南提供的紧急抢救分三步法：第一步中提供了紧急抢救和诊断的流程图，先根据伤员的危急症状用第二步中提及的"表"对伤员实施紧急抢救，随后针对所涉及的特定危险货物对伤员进行诊断，以确定治疗方案；第二步给出了第一步抢救和诊断的流程图中特殊情况简要指导的20个表；第三步提供了第一步诊断流程图中涉及的15个附录，以提供详细资料、药品清单和表中提到的化学品清单。其中附录14中提供了船上医务室中要求配备的药品和设备清单。

4.《国际危规》的使用方法

《国际危规》的使用方法是：首先熟悉第1册中的总则、分类、托运程序、包装规定以及运输作业的有关规定；然后由危规第二册的索引查取特定危险货物的UN No.，并由此按UN No.顺序进一步查阅"危险货物一览表和特殊规定和限量免除"中的特定行，在该行内列有许多代码或编号，由代码或编号再查阅有关章节或附录，以获得其详细的说明。

根据是否已知拟载运危险货物的联合国编号（UN No.），《国际危规》的查阅有两种方法：

1) 未知联合国编号

（1）按货物的正确运输名称（Proper shipping name or PSN）查其UN No.

以货物的英文（按英文字母顺序）或中文（按汉语拼音字母顺序）正确运输名称查《国际危规》第二册"危险货物英文名称索引"或"危险货物中文名称索引"，以获取其是否为海洋污染物、分类、UN No.等。例如：对于危险货物4—CHLORO—O—TOLUIDINE HYDROCHLORIDE SOLUTION（4—氯邻甲苯胺盐酸盐溶液）可分别查表11-5-4。

表11-5-4 危险货物英文名称索引

Substance,material or article	MP	Class	UN No.
Calcium Bisulphite,Solution,see	—	8	2693
CALCIUM CARBIDE	—	4.3	1402
……			
4—CHLORO—O—TOLUIDINE HYDROCHLORIDE SOLUTION	—	6.1	3410
……			
IMDG CODE(Amdt.38-16)			

但货名若以阿拉伯数字、N-、希腊字母等作词头的，则查索时，这类词头被忽略。

中文版《国际危规》增加了"危险货物中文名称索引"，表中按汉语拼音字母顺序排列，中文名称索引中的内容和英文版《国际危规》的索引内容是一致的（见表11-5-5）。

表11-5-5 危险货物中文名称索引

物质、材料和物品	海洋污染物	类别	联合国编号
氯甲烷(甲基氯),见	—	2.1	1063
4—氯邻甲苯胺盐酸盐,固体的	—	6.1	1579
4—氯邻甲苯胺盐酸盐溶液	—	6.1	3410
……			
IMDG CODE(Amdt.38-16)			

MP列若标有"P"则表示为海洋污染物,Class列标有货物的分类号。物质、材料或物品名称后有"see(见)",系指该名称为同义词。

(2)按货物的UN No.查"危险货物一览表、特殊规定和限量免除"

在《国际危规》第3部分(第二册)中列有危险货物一览表。该表按危险货物联合国编号UN No.顺序列出三千多个危险货物条目。例如"4—氯邻甲苯胺盐酸盐溶液"按其联合国编号3410可查得如表11-5-1所示内容。

2)已知联合国编号

可直接按货物的UN No.查"危险货物一览表、特殊规定和限量免除"。

表11-5-1中,分类、副危险、包装类说明详见本章前面各节。

"特殊规定"栏是列于危规第3.3章对该货物特殊规定的编号,如一览表中"4—氯邻甲苯胺盐酸盐溶液"的特殊规定编号是223,对应的要求为"如果在测试时物质所表现的化学或物理特性不满足第3栏中所列类别或任何其他类别已建立的定义标准,除了2.10.3适用的海洋污染物以外,不适用本规则的规定"。危规第3.3章编号900的特殊规定列有一份禁止海运的物质清单。

"限量"栏是列出了每种物质适用的内包装限量,"危险货物一览表"第7a栏中每一条目数量为0时不允许按本章规定运输。具体可查《国际危规》3.4章。限量危险货物运输时,其他具体要求有:限量内的危险货物的包装按照积载类A积载,危险货物一览表中隔离(16a)中表示其他积载规定不再适用;限量危险货物的包件和相关的其他危险货物之间不需要隔离要求;标记应张贴限量危险货物标记,同时在相关单证中注明"限量"字样("LTD QTY")和相关的运输说明。

"可免除量"栏是列出了每种可作为可免除量运输的危险货物的标准,具体标准见表11-5-6。其他具体要求有:可免除量危险货物的包装按照积载类A积载,危险货物一览表中积载与操作(16a)中表示的其他积载规定不再适用;含有可免除量的包件或涉及其他危险货物之间不需要隔离要求;标记应张贴可免除量危险货物标记,同时在相关单证中注明"可免除量危险货物"("dangerous goods in excepted quantities")和包件的数目,任何货物运输组件含有的可免除量的危险货物包件的数目须不超过1000件。

表11-5-6 可免除量运输的危险货物的标准

编码	每个内包装最大净重 (固体以g表示,液体和气体以mL表示)	每个外包装最大净重量 (固体以g表示,液体和气体以mL表示,或对于混合包装以g和mL之和表示)
E0	不允许作为可免除量	
E1	30	1000
E2	30	500
E3	30	300
E4	1	500
E5	1	300

"包装"、"中型散装容器"和"可移动罐柜与散装容器"栏列出的是危规在第4章内对该货物所使用的各类包装提供详细规定的编号。"EmS"栏系危规补充本《船舶载运危险货物应急反应措施》（EmS）中火灾（共10个）和溢漏（共26个）的应急表号，以"F-"为首代码的是火灾应急表的表号，以"S-"为首代码的是溢漏应急表号。获取相应编号之后，在查取对应的章节，即可获取相关的要求。以"4—氯邻甲苯胺盐酸盐溶液"为例：包装导则编号为：P001，中型散装容器导则编号为：IBC001，罐柜导则编号为：T4等，EmS编号为：F-A、S-A。

目前，《国际危规》每两年改新版，新版危规在奇数年（即通过后第一年）自愿实施，在偶数年（即通过后第二年）起强制实施。由于各缔约国可能选择不同的实施方式，所以在奇数年不同的国家可能根据新旧版危规对同一货物采取不同的管理方式。因此，在奇数年要特别注意新版危规的新规定，并掌握相关港口国实施危规的情况，使货物的运输条件满足港口国主管机关的要求，从而保障危险货物的正常运输。

二、水路危规

《水路危规》是以我国现行的危险货物运输法规、条例、国家标准和《国际危规》为依据，参考了联合国危险货物专家委员会制定的《危险货物运输建议书》，并结合我国水运特点而制定的。该危规适用于我国境内从事危险货物的船舶运输、港口装卸、储存等业务，但不适用于国际航线运输（包括港口装卸）、军运和散装危险货物。

该危规的明细表采用简单明了的表格形式（表11-5-7）。表中列出了近4000种危险货物。在危险货物的标志、标记、船舶积载和隔离、可移动罐柜、中型散装容器等方面的规定基本上与《国际危规》相一致。危规明细表中所列的品名除正式学名外，还增加了常用名、英文名和分子式。危规根据各类危险货物的危险程度划分为一级和二级。判断危险货物的危险级别可由危险货物国标（GB 12268《危险货物品名表》）编号确定。国标编号由5位阿拉伯数字组成，第一位是危险货物类别号，第二位是项别号，最后三位是危险货物品名顺序号。若顺序号小于或等于500为一级危险品，大于500则为二级危险品。如品名"碳化钙（电石）"的国标编号是"43025"，表明该货物属第4类第3项，因为顺序号025＜500，故该货物为一级危险品。

该危规内容包括：总则、包装与标志、托运、承运、装卸、储存与交付、消防与泄漏处理、附则，共8章73条和7个附件以及《船舶装运危险货物应急措施》和《危险货物事故医疗急救指南》两个附录。目前出版为两本，第一本内容由规则条文、附件二至附件六、运输单证和附录组成，第二本内容为附件一"各类危险货物引言和明细表"。

表 11-5-7 《水路危规》危险货物一览表

编号		43025
品名	中文	碳化钙 (电石) 分子式
	英文	
特性及注意事项		黄褐色或黑色固体。与水接触迅速放出高度易燃气体乙炔,可被反应热点燃 乙炔与某些重金属盐形成极易爆炸的混合物 与酸反应剧烈 相对密度(水 = 1):2.22
包装	标志	主4.3
	包装类	Ⅱ
	包装代码	气密封口
	每一容器重量	
	每一包装毛重或容重	
积载		B
灭火剂		干粉、苏打粉、石灰、干沙 禁用水、泡沫
《国际危规》	UN No.	1402
	EmS No.	4.3-03
	MAFG No.	705
备注		禁用袋装 任何散装、充氮集装箱和可移动罐柜运

该危规的查阅方法是:按危险货物学名的第一个汉字笔画数(品名前若有外文n、o、m、p、N、α、β、γ等字母或阿拉伯数字1、2、3等除外)从危规附件一"各类危险货物引言和明细表"中"危险货物品名笔画索引表"查取危险货物品名编号,然后由该品名编号从"危险货物明细表"中查取特定危险货物的详细资料。

为方便外贸货物水路运输的需要,在该危规明细表中同时列出了《国际危规》(即 IMDG Code)的 UN No.,应急表号 EmS No.和医疗急救表号 MFAG No.。Amdt.30-00 至 Amdt.38-16 修正案对《国际危规》做了大幅修改,致使1996年生效的《水路危规》明细表中 EmS No.和 MFAG No.两个表号目前已失效。

除查阅危险货物明细表外，对于特定危险货物通常还需要根据其类别从《水路危规》附件一中"各类危险货物引言"获取该类危险货物的一些共性说明，如货物特性、包装、积载、隔离、装卸、堆存保管等。

但是，需要说明的是，交通运输部最新颁布的自2018年9月15日起施行的《船舶载运危险货物安全监督管理规定》要求：1996年11月4日以交通部令1996年第10号发布的《水路危险货物运输规则（第一部分）水路包装危险货物运输规则》即时废止。

第十二章

杂货运输

本章学习目标

1. 了解普通杂货分类、特性及积载要求；
2. 掌握普通杂货配舱原则、舱位选择原则及忌装原则；
3. 掌握杂货装卸对配积载的要求；
4. 了解杂货堆码、衬垫及隔票；
5. 掌握通风的目的、原则和方法；
6. 掌握杂货船配载图的编制原则、方法及步骤。

第一节 普通杂货分类及配积载要求

普通杂货按其主要特性分为贵重货物、清洁货物、扬尘污染货物、液体货物、散装固体货物、气味货物、食品类货物、易碎货物等种类，不同种类普通杂货有不同的装运要求。为确保杂货的运输质量和提高船舶营运效益，应当掌握杂货舱位的选配原则，妥善处理杂货的堆码、衬垫、隔票与系固，正确确定不同到港货物的配货顺序，合理选配货位。

杂货（general cargo）是指品种繁杂、性质各异、包装形式不一、批量较小的货物的统称，如桶装松香、裸装钢管、散装生铁块、大型化工装置、原木、冷冻牛肉、货运卡车等等。目前杂货中不适应集装箱装载的货种多由杂货船或多用途船承运。杂货船的海运特点是：船舶吨位较小，但适货能力强，航次靠港多，在港作业时间长，编制船舶积载计划的难度较大。

一、各类杂货的主要特点及装载要求

按货物的性质和装运要求，杂货可分为普通杂货和特殊杂货两大类。普通杂货是指贮运保管中无特殊要求的货物，如五金工具、大理石、清洁用具等；特殊杂货是由于其特性在贮运保管中有特殊要求的货物，包括危险货物、贵重货物、重大件货物、冷藏货物、木材甲板货物、滚装货物等。本节介绍除危险货物、重大件货物、木材甲板货物、钢材货物、冷藏货物和滚装货物外的其他杂货的主要特点和装运要求。

1. 贵重货物

贵重货物指价格昂贵或具有特殊使用价值的货物，如精密仪器、高价商品、历史文物展品等。

贵重货物要求实行点交点接，以确保交货时货物外表状况、标志和件数与装货单证记载的一致。为防止货物被盗，应尽可能配置于贵重货舱；对于无贵重货舱的船舶，后卸港的贵重货物应配置于二层舱深处的角落里，其货位应尽量集中，并用其他货物做保护性隔离。先卸港的贵重货应后装先卸，配置于顶层舱的最上层，装毕应尽快关舱并在该舱进出通道口加锁。

2. 清洁货物

清洁货物指除食品类货物以外的不能混入杂质或怕玷污的货物，如滑石粉、焦宝石、稀有金属、纸浆等。

这类货物不得与易撒漏货物和扬尘污染货物同装一室或相邻堆装。装货前应按要求做好货舱的清洁工作，装载时应做好衬垫，以防止其受污染。

3. 扬尘污染货物

扬尘污染货物（dusty and dirty cargo）指极易扬尘或易于污染其他货物的货物，如水泥、炭黑、颜料、立德粉、沥青等。

装载时主要应防止污染其他货物。这类货物不能与清洁货物同装一室或相邻配装，应尽量先装后卸，最好配置于底舱的最底层，并尽量减少其堆装面积，以减少污染，装妥后应进行清扫铺盖，然后再装其他货物。

4. 液体货物

液体货物（liquid cargo）指在杂货船的深舱内装运的散装液体货（如植物油、矿物油等）和各种桶装的液体货，如葡萄糖、蜂蜜、盐渍肠衣、化工产品、酱油、酱菜等。这类货物均为流质或含有流质。

散装液体货物应配置于深舱单独装载，对其他货物无影响。

包装液体货物与其他货物同装时，若有包装破损则会污染其他货物。这类货物应视其包装不同确定舱位。大桶包装的液体货物应在大舱打底，不宜配于小舱；装载时，货件与舱底之间、每层货物之间应铺一层木板，货堆高度不能超过限高（如表12-1-1所示）；若配于二层舱，大桶货在舱的四周一般只能堆1~2层高，其上配以其他小件货或轻货，以利装卸和充分利用舱容。不耐压的小包装液体货物应配置在二层舱或上甲板（外贸货必须在提单上有装于上甲板的标注）单独堆装，上面不得压其他货物，并在二层舱内的舱盖上加以铺盖，以防液体渗漏时流入底舱；当液体货不能铺满一层时应堆装在舱的后部，以利减少破损后的污染面。

表 12-1-1　几类包装的限高

包装	限高（层）	包装	限高（层）
大桶 200~300 kg	5	坛装	3~4
大桶 300~400 kg	4	捆装蚕丝	4
大桶 400~500 kg	3	捆装烟叶	5~6
大桶 600 kg 以上	2	袋装烟叶	8
亮格箱	5~7	纸板箱装烟叶	15
纸袋装水泥	13		

5. 散装固体货物

散装固体货物（bulk cargo）指非整船装运的不加包装的块状、颗粒状、粉末状的货物，如矿石、粮谷等。这类货物的主要特点是无包装且多数具散发水分和易污染其他货物特性。装运前应根据货物的要求做好货舱的准备工作，用麻袋布或其他等效材料铺盖舱内污水井，以防污水井盖的漏水孔被货物堵塞或货物落入污水井内。一般应选择大舱底舱作打底货，以利装卸，如因港序限制需配装于二层舱时，其底舱货物的上面应予铺盖，以防开启底层舱盖时舱内的残留散货污染底舱的上层货物；货物装舱后应按要求平舱；多票散货不宜同配一舱。这类货物不能使用小块、易破碎的材料做衬隔。

6. 气味货物

气味货物（smelly cargo）指能散发各种异味的货物，如生皮、猪鬃、骨粉、樟脑、大蒜、八角等。它们的异味将对怕异味货造成污染。

气味货物一般可以分为香性气味货、臭性气味货、刺激性气味货和特殊气味货。装载时气味不互抵的气味货应尽量集中配置，气味互抵的气味货应分舱室配置，所有的气味货应与所有的食品货及其他怕异味的货物分舱室配置，装于上甲板的气味货应尽量远离船员住室。

7. 食品类货物

食品类货物（foodstuffs）指可供人们食用的制成品、原料等，如糖果、奶制品、食糖、粮食、果仁、种子、茶叶、药品等。

食品类货物要求货舱清洁、干燥、无异味、无虫害、符合卫生要求。气味货物均不得与食品类货物同舱室配置。食品类货物与危险货物的隔离要求见第十三章。袋装食品货与扬尘污染货不能同舱室配置，有气密包装的食品货与扬尘污染货至少不能相邻配置。有些食品货还有怕热、有异味等特性，应根据其特殊装运要求合理选配舱位。

8. 易碎货物

易碎货物（fragile cargo）指不能受挤压、易于损坏的货物，如玻璃制品、陶瓷制品、各种瓶装酒类等。装载时应配置于舱室的顶层或舱口位，后装先卸，以减少受损机会；易碎货的堆码层数不能超过限高，其上不应再堆装其他货物。

许多杂货因具有多种特性而分属多类货种（如盐渍肠衣，属桶装液体、食品类，有气味又有怕热特性），应将多类货种的多方面装运要求集中反映于这类货物的装运中，以保证其货运。

二、杂货的积载要求

为方便装卸操作，确保杂货的运输质量和提高船舶营运效益，应当掌握杂货舱位的选配原则，妥善处理杂货的堆码、衬垫、隔票与系固，正确确定不同到港货物的配货顺序，合理选配货位，以方便装卸操作，尽力缩短船舶在港停泊时间。

1. 杂货舱位选配原则

1）载货舱室选配原则

（1）特殊货物应优先选定舱室。如冷藏货物应配于冷藏舱，贵重货应配于贵重舱（如有），危险货应远离机舱、驾驶台及船员住处，重大件货物应配置于重吊所能及的大舱内或上甲板等。

（2）怕热货不宜配置于热源附近或温度较高的舱室。

（3）单件大、硬包装货应选配于中部大舱，单件小、软包装货应选配于首尾小舱。

（4）载货体积接近舱容时，应注意各货舱的轻重货物合理搭配。

（5）先卸港重货配于底舱时应慎重，避免底舱出现货堆过高，造成中途港卸载后该舱留下的后卸港货物倒塌。

2）正确处理货物忌装与隔离

性质互抵、至少不能相邻堆装的货物称为忌装货。忌装货混装后，轻则会影响货物的质量，重则会使货物丧失其使用价值甚至造成严重事故。因此，必须对忌装货进行隔离。

（1）不相邻：指至少不能相邻配装。即在互抵货物之间用其他不互抵的货物隔开就不属于互抵。如小五金（遇热包装外易渗防锈油）与丝绸、棉布等捆包装货物应要求满足不相邻的隔离要求。

（2）不同室：指至少不能同室配装，即忌装货物不能装载在同一舱室。如食品类货物与轻微气味货一般应要求满足不同室的隔离要求。

（3）不同舱：指至少应隔室或不能同舱配装。即使分装于同一货舱的二层舱和底舱也不满足此项要求。如潮湿货和怕潮货应要求满足不同舱的隔离要求。

（4）不相邻舱：指至少不能相邻舱配装。如散装有毒危险货与散装食品之间应要求满足不相邻舱的隔离要求。

正确处理货物的忌装，必须明确各种常见货物的忌装要求和混装后果，并在货物装载的实际工作中严格地贯彻执行。表12-1-2列出了部分杂货的混装后果和忌装要求。

表12-1-2　部分货物忌装表

忌装货名		混装后果	忌装要求
钢铁、生铁、金属设备、干电池等	酸、碱、化肥	酸、碱、化肥对钢材、生铁、金属设备有腐蚀作用，会使后者生锈；干电池遇酸碱后会起铜绿，会使之漏电、腐烂	酸、碱、化肥与贵重钢材、设备、干电池不同舱室，与一般金属不相邻堆装
镀锌五金、白铁皮、紫黄铜、铝锭	纯碱	锌与碱接触就会加重锌皮腐蚀；纯碱腐蚀金属表面，并使金属生锈	不同室
白铁皮、黑铁皮	食盐	白铁皮、黑铁皮遇盐溶解，产生黄色锈水而退锌退锡，加速铁皮生锈	不同室
棉制品、皮制品、文具、纸张	酸、碱	棉制品遇酸碱使棉花纤维脆弱，皮制品遇碱使皮面生裂纹，纸张文具遇酸碱受蚀，失去使用价值	不同室
橡胶	酸、碱、苯、乙醚、二硫化碳等	橡胶遇上述物质受腐蚀使其表面生裂纹，失去弹性或被溶解	不同室
玻璃及其制品	纯碱、潮湿货	玻璃接触纯碱会使玻璃表面受蚀发毛；受潮后会影响其透明度或不易分开	不同室
硫酸铵、氯化铵、过磷酸等酸性肥料	碱类	酸性化肥与碱发生中和反应而失去肥效	不同室
萤石、白云石、方解石	酸类	萤石遇酸易产生有极毒和腐蚀性的氟化氢；白云石和方解石遇酸会溶解	不同室
尼龙及其制品	樟脑	两者有亲和力，樟脑气味进入尼龙纤维内部，影响强度和染色牢度	不同室
水泥	食糖、氨肥、氧化镁	水泥混入食糖失去凝固作用，食糖中混入水泥不能食用；氨肥混入水泥使水泥的使用价值下降，混入水泥的氨肥降低肥效并影响土质；水泥中混入氧化镁影响水泥制品质量	不同室

续表

忌装货名		混装后果	忌装要求
滑石粉、膨润土	生铁、矿砂等粉粒状货物	滑石粉混入杂质不能用作造纸、医药、化妆品等原料；膨润土混入杂质会影响翻砂质量	不同室
食品类货物	气味货	食品类货物混入异味影响食品的食用价值	一般至少不同室，对气味严重与极易吸味货或具有挥发性的气味货与食品类货物应不同舱
食品类货物	有毒货物（包括有些中药材）	食品类货物混入有毒物质便不能食用	不同舱（至少不同室）
耐火材料（镁砂、焦宝石、黏土、矾土等）	铁、煤、石屑、木块、氧化镁、氧化钙、垃圾等	耐火材料混入杂质会影响其制品的耐火温度，失去使用价值	不同室
铅块、铝块、铝锭	铁、锌、煤等硬质杂质	铅块、铝块、铝锭中混入杂质均影响产品质量	不同室
精锌块、铁矿粉	各种矿砂、煤等	混入杂质均影响产品质量	不同室
焦炭	硫化铁	焦炭中混入含硫杂质影响炼钢质量	不同室
生丝、棉麻及其制品	扬尘污染货	受污染后影响其质量	一般不同室，包装封闭可同室但不相邻
棉花及棉麻制品	桶装油、种子饼、五金机械（有防锈油）、火腿、肉类	受油污染后易自热、自燃且影响其质量	不相邻
纸浆、木浆、芦苇浆	生铁、纯碱、矿渣	纸浆、木浆及芦苇浆是造纸和人造棉的原料混入杂质影响其制品质量且会损坏机器	不相邻
工艺品、棉花及其制品	潮湿货	工艺品受潮影响其质量甚至失去其使用价值，棉花及其制品影响其质量甚至会发热自燃	不同舱
茶叶	酸性物质	茶叶中的茶碱和酸中和，使茶叶无味	不同室
茶叶、烟叶、罐头	潮湿货	茶叶、烟叶受潮霉变，罐头受潮生锈	不同舱
水果	粮谷	粮谷受潮霉变发热，水果受热蒸发水分而干枯	不同舱
硝酸	锌、镁粉、其他金属、松节油	混合发生燃烧或爆炸	不同舱

3）舱内货位选配原则

（1）垂向：重量较轻、外表清洁、易碎货应配于上层，重量较重、扬尘污染货、耐压货应配于下层。

按包装形式由上而下一般顺序为：易碎货、纸箱货、木箱货、袋装货、捆装货、大桶货（或耐压的裸装货）。应注意货高倍数与舱高的吻合程度。货堆层数不应超过其限制层数。怕潮货应避开舱内易产生汗水部位（如露天甲板下、水线附近等）。

（2）纵向：后卸港货、桶装液体货、重污货应选配于靠舱后壁，单件重而大的货应选配于舱口位下方。

（3）横向：保证各到港货左右舷配货重量对船舶中线面的力矩基本相等。

2. 杂货的堆码、衬垫与隔票

1）杂货堆码

不同包装货物的正确装运对于保证货物运输质量及合理利用舱位，减少亏舱均有重要意义。

各种包装的杂货在垂向的堆装应该遵循较强包装的货物在下，较弱包装的货物在上的原则。需要上下分层堆装时，自下而上一般的次序应该是：裸装或桶装货物、捆装货物、箱装货物、袋装货物和易碎品。各种包装的装运要求如下：

（1）木箱

木箱（wooden case）较坚实耐压。大箱宜配装于中部大舱，如需装于二层舱时要考虑其高度，既要使之能装得进，又不能造成过多的亏舱；小箱（box）可配装于各个货舱，亦可作为充分利用舱容的填充货。木箱的堆高一般不受限制，若需要在其上面堆装重货时，应在货堆表面铺木板衬垫，以分散压力；大小相同的箱子应"砌墙式"（brick fashion）堆码，并注意紧密稳固；在货舱底部的不规则部位应衬垫平整后再堆码木箱货。

（2）木格箱

木格箱（skeleton case or crate）不耐压。根据内装货物不同，可配装于上甲板、冷藏舱或普通货舱内；在短航线上，装于木格箱内的新鲜蔬菜类货物可配置于有良好通风设备的二层舱上部的舱口位。较小的木格箱的限制堆高为5~7层箱高。

（3）纸板箱

纸板箱（carton）不耐压。可配装于各舱室的上层，多数堆装在其他货物的上层，其堆高一般不受限制，也应以"砌墙式"堆码并应紧密稳固。

（4）袋装

随所装货物的种类不同，货袋（bag）的种类和大小也不同。麻袋（gunny bag）一般用于装载粮食、化肥、砂糖等，其单件体积和重量均较大；布袋（cloth bag）用于装载面粉、淀粉等，其单件体积和重量较麻袋货小；纸袋（paper bag）主要用于装载水泥，其单件体积和重量与布袋相近。还有各种编织袋，一般用于装载各种化工产品。袋装货比较松软，在各个舱室均可堆装，但更宜配装于首尾部舱室，以便让出中部大舱装载其他包装货物。

袋装货的堆码形式有重叠式（或称垂直式）（bag on bag）[如图12-1-1（a）所示]、压缝式（half bag）[如图12-1-1（b）所示]和纵横压缝式[如图12-1-1（c）所示]。其中，重叠式堆码操作简便，利于通风，但垛形不够稳固，故采用这种堆法时一般每码6~7层后将袋口转90°角堆码1~2层，再继续堆码；压缝式堆码垛形较稳固，能充分利用舱容，适用于不需要良好通风的货物；纵横压缝式堆码其垛形稳固，但操作费力，一般在垛顶与垛端采用这种形式，以防货垛倒塌。在袋装货的顶层一般不宜堆装木箱货，除非必要时则应用木板衬垫后方能在袋装货上堆装木箱货。

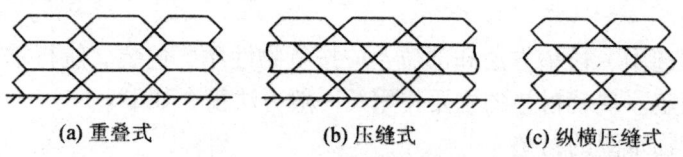

图12-1-1 袋装货的堆码方式

（5）捆装

捆装种类较多，包括：

①捆包（bale），有人工捆包（bale）和机械捆包（pressed bale），其体积和重量各异，不怕挤压，可配装于各个舱室，更适宜配装于首尾舱。

②捆扎（bundle），金属类捆扎货耐压，可作打底货；非金属类捆扎货多数不耐压，一般不能作打底货；长件金属类捆扎货宜配装于舱口尺度大、舱形规则的中部舱室，而且要顺着船舶首尾方向堆放，以防止船舶横摇时损伤船体。为防止各种金属管材受损变形，要求其堆码平整、紧密。

③捆卷（roll）和捆筒（coil），金属类捆卷、捆筒货耐压（矽钢除外），可作打底货；非金属类捆卷、捆筒货不耐压，不能作打底货。捆卷和捆筒货均易滚动，为保证运输安全，堆放时其滚动方向应朝着船舶的首尾方向，并前后固定塞紧。这类货物宜配装于舱形较规则的中部大舱。

（6）桶装

桶装（dum）从材料而言有金属桶、木桶、三夹板桶、塑料桶等，从形状而言有圆形桶和鼓形桶。大的金属桶和大木桶多数内装流质货，其圆桶应直立堆放，桶口向上，空桶可以卧放；鼓形桶的强度为中间弱，两头强，桶口在腰部，因此应按图12-1-2所示的形式堆放，桶口要朝上，其底层和靠近舱壁处的空隙部位用木楔塞紧，以防滚动和坍塌。根据大桶的单重不同有一定的堆高限度（见表12-1-1），而且每层货桶之间应衬一层木板。大桶货应配装于中部大舱。在大桶货上衬一层木板后可以堆装其他货物。各种小桶货不能作打底货，一般应配装于二层舱或上甲板。内装流质货的货桶不应堆放于舱盖部位。

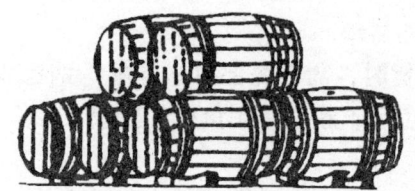

图12-1-2 桶装货堆码

（7）裸装

裸装（unpacked）如钢轨、槽钢等，应作打底货，要求堆码平整和紧密，以利在其上堆放其他货物。

2）货物衬垫

合理衬垫是保护货物完好、保证船舶与货物安全的重要措施。因衬垫不当引起的货损事故，船方应负赔偿责任。在装货过程中，值班人员应就货物衬垫提出具体要求，并负责监督和指导。

衬垫材料的选用、衬垫方法和部位，应按货物性质、包装、航行季节、航线及船舶条件等具体情况确定。现就衬垫的主要作用及一般方法简介如下。

（1）防止货物水湿的衬垫

装载袋装、捆包类等怕湿货物，应根据货种、航区温度变化规律及航行时间长短等情况，在舱底、舱壁、舷侧等处加以适当衬垫。

在底舱舱底，视具体情况铺垫1~2层具有一定厚度的木板并在接近污水沟处应留出空当。如需铺垫两层，应采取下层横向、上层纵向交叉铺垫的方法，以便顺舱壁、舷壁淌下的汗水及船底污水能畅通流入污水沟。

靠近舱壁、舷壁处的衬垫，主要是防止货物汗湿，一般可用帆布、草席等进行隔衬，但应注意不要阻塞汗水顺流下淌的通道。为防止舱顶汗水滴湿货物，可在货物顶部铺以帆布，或用草席呈鱼鳞状依次铺盖。汗水最多之处是舱口边缘、舱口横梁和通风筒下方，靠近这些位置应多铺几层，并注意使其向两舷倾斜，以防积水。

（2）防止货物压损、移动的衬垫

当装运包装不太坚固的货物或其包装虽然坚固但货物堆码较高时，为防止下层货物压损、垛堆倒塌或货物移动，可视具体需要每装一层或几层铺设一层垫板，以保持货件受力均匀；在污水沟附近等底面不平处装载箱或桶类货物、舱内装载重大件货或装载块状钢铁货物时，为防止货物移动或滑动，可用木楔、垫木等垫料予以垫紧或用撑木支撑固定，或在舱底铺设垫料以增加货物与舱底之间的摩擦力。

（3）防止货物撒落、掺混及污染的衬垫

当装载矿砂、矿石等散货及包装扬尘污染货时，应在与其他怕湿、怕污染货毗邻处用帆布、塑料布等严加隔衬；特别是在二层舱装载污染货时，应在污染货物底部和底舱货物顶部铺盖塑料布或帆布，以防货物撒落而污染底舱货物。当二层舱装载散货时，其底部不可铺垫帆布、草席等衬垫物，因用抓斗、铲车等卸货时，垫料势必被撕毁而影响卸货，同时，其残渣碎片混入散货会影响货物质量。为防止撒落污染，可在底舱货物顶部严密遮盖。

（4）保证甲板局部强度的衬垫

在舱面或舱内装卸重件货时，需在底部衬垫方木、钢板或木板等，以扩大受力面积，减小甲板负荷量，使其实际负荷不超过许用负荷的要求。

3）货物隔票

为提高理货效率，加快卸货速度，防止或减少货差事故，在货物装载时，对不同卸货港或不同收货人或不同装货单号的同包装、同规格的相同货物采取分隔措施。

第十二章 杂货运输

隔票的具体方法很多，常见的有：

(1) 用包装明显不同的货物隔票

用包装明显不同的货物隔票，如箱装货物间用袋货隔票，显然卸货时不易混票，但应注意它们在舱内是否便于堆垛。

(2) 用专门隔票物隔票

用专门隔票物隔票，如使用尼龙绳网、帆布、草席、绳索等专门隔票物隔票。箱装货物间用绳网隔票较为方便，某些袋装货物间宜用绳网或帆布，木材、钢材可用废旧钢丝等隔开。

(3) 用特殊标记隔票

用特殊标记隔票，如在有的货物包装上或货物表面上做出不同标记，以示区别，如钢材、木材一端处用不同颜色的油漆加以区分。

第二节 杂货船装卸对配积载的要求

杂货船每个航次常停靠多个中途港进行部分货物的装卸，所以积载时应考虑：确保各中途港货物能顺利卸载；保证不同到、发港货物合理积载；保证选港货和转船货合理积载；保证船舶在各中途港卸载或/和加载后的稳性、船体受力及吃水差均满足要求。为加快船舶的周转，安排货位时应考虑便于装卸和安全操作，缩短船舶的在港停泊时间。

一、满足中途港货物装卸顺序要求

1. 保证各中途港货物的顺利卸载

货物在船上配置位置一般应能做到使后卸港货先装，先卸港货后装。为此，安排货位时，应按货物到港的反次序，在底舱由下而上配置，在二层舱由舱口位四周向舱口位配置。当先卸的重货和后卸的轻货配置于同一舱室时，可以采用扎位堆装。目的港的货物应配置在底舱的最下层或扎位堆装或在二层舱的舱口位四周，最先到港的货物应安排在底舱和二层舱的舱口位或最上层。当底舱配置有先到港的货物时，必须保证在卸货时能顺利开启该二层舱内的舱盖，即在该二层舱的舱口位及其四周1 m的范围内不应配置后卸货。

在二层舱舱口位四周1 m以外可供配置后卸货的最大货舱容积称为货舱的防堵舱容（"Q"轮防堵舱容表见12-2-1），在该二层舱内实际配置的后卸货物体积称为防堵货物体积。为保证二层舱内舱盖能在卸底舱先卸货时顺利开启，该二层舱内的防堵货物体积不能超过其防堵舱容。必须注意的是，各二层舱内的防堵货物体积是指该舱底舱内最先卸港货以后的各到港货配置于二层舱内的货物体积之和，所以，所指后卸货对各舱并不一定相同。

表12-2-1 "Q"轮防堵舱容表

舱别		No.1	No.2	No.3	No.4	No.5
舱口位容积(m³)		299(462)	531(721)	489(662)	313(447)	479(664)
各二层舱的防堵舱容(m³)	舱盖全开时	568	1068	968	865	637
	舱盖半开时	799	1429	1299	1084	969

当需要在甲板上装载货物时，在舱盖部位只能配置先卸货，以保证其卸后能顺利开舱进行舱内货物的卸载；而后到港的甲板货只能配置于舱盖外的适当部位，而且其系固不能影响其他甲板货的装卸及开舱和舱内作业。

有些船舶的贵重舱设在其他货舱内，无单独舱口。在这种贵重舱内配置先卸货时，应保证其通向舱口的通道不被后卸货堵住，以使其能顺利卸载。

2. 保证不同到、发港货物的合理积载

当一个航次有多个装货港时，应统筹考虑货物的性质和到港顺序，保证各到、发港货物的顺利装卸和轻重货物的合理积载。

例如某轮某航次计划在青岛港装载去鹿特丹的罐头，去汉堡的棉纺织品、五金，然后在上海港加装去鹿特丹的罐头、杂货及去汉堡的茶叶，其较合理的方案之一如图12-2-1所示。

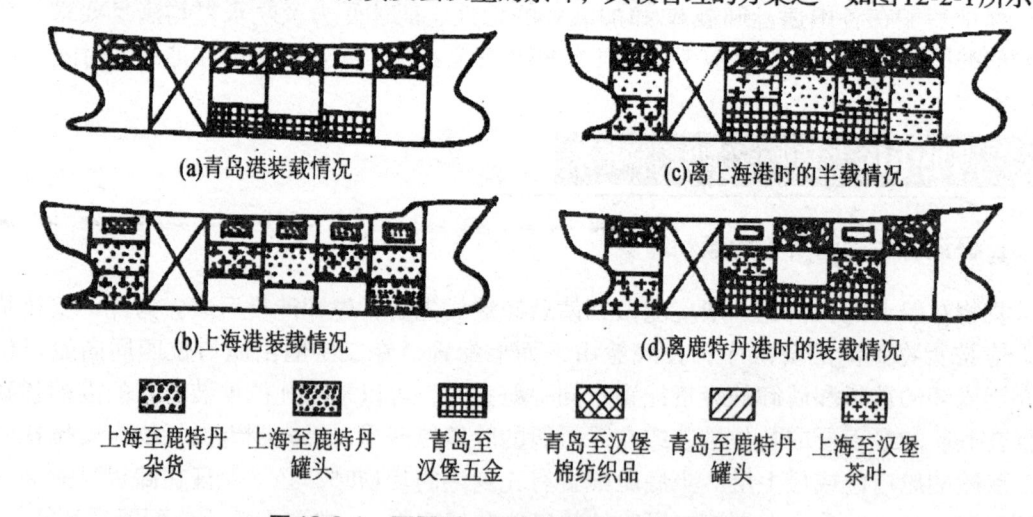

图12-2-1 不同到、发港货物的一种积载方案

3. 保证选港货和转船货的合理积载

远洋杂货船常装运一些选港货（optional cargo）和转船货（transshipment cargo）。选港货是指货物装船时未确定运抵的目的港，只选定几个可能的卸货港的货物，按提单条款

规定，在船舶到达其第一个选卸港前的24~48 h才电告其确定的卸货港。所以，选港货的配置舱位必须在其各选卸港均能顺利卸载且不影响其他货物卸载的部位。转船货的批量一般都不大，应尽量集中配置，以便于在转船港集中卸载和保管。

4. 保证船舶在各中途港卸载或/和加载后的稳性、船体受力及吃水差均满足要求

当船舶在中途港只卸不装时应将航次目的港的货物适当地分布于各货舱并且应将其部分货载配置于二层舱；当中途港货载数量较大时，不能将其过分集中于少数货舱，以利于满足中途港卸载后船舶强度的要求和缩短船舶在中途港卸货作业时间。

二、满足便于装卸和缩短船舶在港停泊时间要求

为加快船舶的周转，应尽量缩短船舶在港停泊时间，为此：

1. 安排货位时应考虑便于装卸和安全操作

重大件货物一般应配置于货舱的舱口位或重吊可达到的部位，以利装卸和减轻装卸工人的劳动强度；在舱高较小的二层舱等舱室配置多种货物时，宜用扎位堆装，不宜多层平铺，以便于工人直立操作；杂货船上配置部分散货而且采用抓斗卸载时，不宜配置于狭窄的小舱，以利减少卸载时的清舱工作量等等。

2. 缩短船舶的在港停泊时间

船舶在港停泊时间分为生产性停泊时间和非生产性停泊时间，而生产性停泊时间又由装卸作业时间和不能与装卸同时进行的辅助作业时间所组成。从积载的角度，缩短船舶在港停泊时间主要是缩短船舶的生产性停泊时间。为此，在选配各舱货载时，应考虑有利于平衡舱时，即尽量缩短船舶的重点舱（船舶各货舱中所需装卸时间最长的货舱）（long hatch）和非重点舱之间的时间差距，所以，应尽可能将装卸效率较高的货物多配置于重点舱，以利缩短整船作业时间。在舱高较高的货舱（如底舱）安排大票货物的货位时，应尽量采用平铺堆装，以利于扩大操作场地，加快装卸速度，在采用扎位堆装时，也应考虑尽量扩大操作场地。如某二层舱需装载四种货物，如图12-2-2所示，与（b）配装方案比较，显然（a）更有利于快速装卸。对于需要在专业码头装卸的货物应集中配置。需要过驳的货物应集中一舱或间舱配置，以减少浮吊移动次数和驳船的进出次数。可以使用相同的装卸工属具的货物应尽量一次装舱，以减少换工属具的时间。

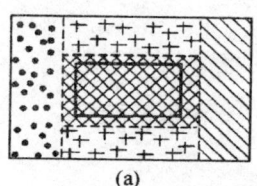
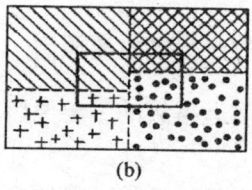

图12-2-2　舱内货物堆码

此外，在港期间船方应积极主动加强与港方的联系，争取港方的密切配合，尽可能使辅助作业与装卸作业同时进行，减少辅助作业时间及等泊位、等工人等非生产停泊时间，这些也是缩短船舶在港停泊时间，加速船舶周转不可忽视的工作。

第三节 普通杂货安全装运

海上货运质量事故是指货物在装卸、运输过程中发生的货物灭失、残损、短缺等事故。海上货运质量事故产生的主要原因有：积载不当；货舱及其设备不符合所运货物的要求；装卸过程中值班船员和装卸工人工作疏忽或失职；运输途中货物保管不当；不可抗力等原因造成货损以及货物本身的原因等。为了保证货运质量必须从杂货船装货准备工作、货物装卸和监督管理以及航行中货物管理等方面加强管理。

一、普通杂货运输质量控制

1. 海上货运质量事故的种类

在海上货运质量事故中，最常见的是货损、货差事故，除原始的货损、货差事故可以免除船方责任外，其余船方均需承担经济责任。因此，船舶值班驾驶员和值班水手应对货损、货差事故产生的原因进行了解，并及时采取相应的预防措施，保证货物运输安全。

货运质量事故按其性质可分为：

(1) 货物残损事故：

货物残损事故是指在装卸、运输过程中所发生和发现的货物原有理化性质的改变，如灭失、变形、水湿、霉烂、变质、泄漏等。

(2) 货物差错事故：

货物差错事故是指由于错装错卸、漏装漏卸、计数不准等原因所造成的交付货物的数量、品名、标志等与运单记载不符或运单与货物脱离（如有单无货或有货无单）等。

(3) 由于货物爆炸、失火、中毒等原因而造成的人身伤亡事故。

(4) 货物逾期运达。

2. 海上货运质量事故产生的主要原因

杂货运输中，产生货运事故的主要原因有以下几个方面：

1) 积载不当

由于积载不当而产生货运事故，具体有以下四方面原因：

(1) 货物的舱位或货位不当；
(2) 货物在舱内堆码不当；
(3) 货物搭配不当；
(4) 衬垫和隔票不当。

2) 货舱及其设备不符合所运货物的要求

(1) 货舱清洁、干燥等状况不符合所装货物的要求。
(2) 货舱水密性能差。货舱外板、甲板、舱口盖漏水或货舱开口或导门闭锁装置不善，造成货舱进水，引起货损。
(3) 货舱设备不完善。

3) 装卸过程中值班船员和装卸工人工作疏忽或失职

船员和装卸工人的失职有以下几个方面：
(1) 值班船员看舱松懈，疏于监装、监卸、监督理货计数，造成原损货物进舱、货物堆装不符合积载计划要求、货物数量短缺或贵重货物失窃等。
(2) 装卸工人工作马虎、操作不当或违章作业、野蛮装卸、使用工具不当、货物堆装质量不符合要求等引起货损。
(3) 装卸设备和工具不符合所装货物要求或其技术状态不良造成货损。
(4) 装卸不适时或遇有雨雪天气未及时处理、夜间作业照明不符合要求造成货损等。

4) 运输途中货物保管不当

运输途中货物保管不当如：货舱通风不当；对污水沟（井）内污水不及时测量和排除，造成货物湿损；大风浪来临前防范措施不充分或不当；或对特殊货物如冷藏货、危险货的检查管理不符合要求等。

5) 不可抗力等原因

由于遇到恶劣天气使船体结构受损，货舱进水造成货损或使货物移位受损，或遇到恶劣天气使货舱长时间无法通风使货物受损等属于不可抗力所造成。根据有关规定和规则，承运人只要能提出充分的证据，并采取了力所能及的措施，就可以免除赔偿责任。

6) 货物本身的原因

货物本身的原因指由于货物自身的特性或潜在缺陷在运输途中发生变质、损坏等，当承运人能举证确属此类原因时，承运人对此不负赔偿责任。

3. 海上货运质量管理

由交通部颁布的《JT/T 408—1999 水路货物运输质量考核指标和统计要求》于1999年9月生效，2016年5月30日交通运输部发文废止，相关指标可作为参考。

承运人在运输货物中负有管理船舶和管理货物两大义务。在管理货物方面要求承运人在运输全过程中负有不可免除的责任。因此，必须做好货物运输过程中每个环节的工作。

1) 海上货运质量管理环节

(1) 装卸准备环节的质量管理

船舶受载前，需在配船、配载、使船舶适宜装运货物等方面做好质量管理。

(2) 装卸进行环节的质量管理

船舶受载过程中，需在工班安排、装卸、积载、衬垫、隔票、理货等方面做好质量管理。

(3) 航行运输保管环节的质量管理

船舶运输过程中，需在航行安全、航区气象、货舱通风、货物绑扎等方面做好质量管理。

(4) 交接签证环节的质量管理

船舶货物交付前，需在工班安排、装卸、理货、装卸单证签发等方面做好质量管理。

2) 货运质量事故的统计指标

(1) 货运事故案件数

货运事故案件数是指航运企业在报告期内实际发生的货运质量事故的案件数，可按具体要求分类统计。

(2) 货损率

货损率是航运企业报告期内发生的货损事故件数占全部货运件数的比重，一般用万分数表示，计算公式为：

货损率（‰）=计算期内发生的货损事故件（吨）数 / 期内运输货物总件（吨）数×10000‰

(3) 货差率

货差率是航运企业报告期内发生的货差事故件数占全部货运件数的比重，一般用万分数表示，计算公式为：

货差率（‰）=计算期内发生的货物差错件（次）数 / 期内运输货物总件（次）数×10000‰

(4) 逾期率

逾期率是航运企业报告期内发生的逾期运达的货物批数占全部货运批数的比重，一般用百分数表示，计算公式为：

逾期率（%）=计算期内发生的逾期货物批数 / 期内运输货物总批数×100%

(5) 赔偿金额比例

赔偿金额比例是航运企业在报告期内实际赔偿金额与所取得的货运收入之比，一般用万分数表示，计算公式为：

赔偿金额比例（‰）= 实际赔偿金额 / 货运收入 ×10000‰

实际赔偿金额指属于本单位责任的货运事故所支付的赔偿款，包括货款、运费、包装费、修理费等费用，以统计期内实际发出的承认赔偿通知书的金额统计为依据。

二、保证货运质量的主要措施

1. 杂货船装货准备

《中华人民共和国海商法》第四十七条规定：承运人在船舶开航前和开航当时，应使货舱、冷藏舱、冷气舱和其他载货处所适于并能安全收受、载运和保管货物。即船舶在装货前必须做到"货舱适货",凡由于货舱不适货而引起的货损,船方必须承担全部责任。因此,在杂货船装货准备时,必须做好货舱各项准备工作,做好装卸设备的检查,保证安全设备工作正常,以防止货物受损。

1) 货舱适货标准

(1) 清洁

舱内各部位应无残留的有害杂质或易玷污包装或货物的污秽物。如糖、煤炭、化工产品、锈铁片等。一般通过扫舱、冲舱清洁,有特殊要求时必须用淡水冲洗干净。液体舱内应无尘杂、铁锈、渣滓或其他遗留物。

(2) 干燥

舱内各部位应无积水、漏水、汗水、漏油及潮湿现象。一般通过开舱或通风干燥,特殊要求时用人工擦拭、烘烤以加速干燥。

(3) 无异味

舱内应无油气味、腥味、臭味等影响货物质量的异味。除味方法根据拟装货的要求进行清扫和洗刷,残留的异味可用茶叶等加热熏舱,或用化学方法处理。液体舱一般可用热水洗刷,擦干后通风,有特殊要求时可用烧碱水、蒸汽蒸舱清除。

(4) 无虫害

舱内应无鼠及其他影响货物运输质量的害虫,一般用熏舱消灭虫害。

(5) 货舱水密和舱内设备完好

货舱的舷壁和舱口设备应水密,舱内各种护板、人孔盖、污水沟和污水井盖板、管系必须完好。通风设备必须处于良好的技术状态。每次装货前,应仔细检查,发现问题及时处理。对于液体货舱(如装动植物油),要求更为严格,如无铁锈等,否则会引起所装运液油的变质。

2) 装卸货设备和安全设备准备

(1) 装卸货设备

吊杆升降机和起货机钢丝、吊杆升降机、起货机、舱口围栏杆、货灯及其他装卸货属具等应提前进行检查和试操作,特别是使用船吊进行作业或起吊重大件时更应仔细检查。

(2) 安全设备

在装卸货物前,应检查货舱和甲板上的安全设备,使其处于正常工作情况,如货舱的梯子、舱口围栏杆、消防水管、消火栓等。

(3) 对其他船方要求

除上述内容外,还有装、卸货衬垫,隔票物料的选择和准备等。此外,装运冷藏货、粮食及液体货时,货舱还须通过商品检验部门(我国为检验检疫局)的检验,取得验舱合格证书后,方可装货。

2. 货物装卸和监督管理

1) 装货时监督管理

船员看舱理货对保证货物质量有重要的意义,货物在舱内的堆码、衬垫、隔票、系固、平舱直接影响货物在航行中的安全和质量。

装货时船员的监督管理职责主要有：

（1）监督装船货物的质量，主要观察包装外表有无损坏。因货物一上船就意味着船方接受货物并开始对货物的质量负责，如有破损、水湿、污损等应报告大副或视情况拒装、退换或批注，或进行其他处理并做好现场记录。

（2）随时注意装货进度和情况，督促装卸工人按操作规程和配载图的要求进行作业。装载情况如有变化应及时请示大副，并记录货物装舱的实际装载位置和隔票情况。遇到装卸工人不按配载图装货或违反操作规程时，应当立即纠正，无法及时纠正时应立即报告值班驾驶员或由值班驾驶员与装卸公司进行交涉并采取必要的措施。

（3）按要求做好货物的衬垫、隔票、系固及散装货物的平舱工作。督促理货人员正确理货、检残，分清原残、工残，做好现场记录及签认。需船员自己理货计数时（一般是对主要货物采取重点理货），看舱人员在每票货物装完后应和港口理货人员核对装船数字。双方数字如不符或与装货单数字不符时，应由大副处理，必要时进行重理。

（4）装载危险货物、重大件货物及贵重货物时，大副应到场监装或指导，以保证装载质量和防止货物被窃。大副应随时掌握全船的装货进度、质量和货损情况，必要时调整货载，及时签发收货单和做好批注工作。

（5）注意天气变化。如天气变坏，应及时做好关舱准备，保证货物不受损失。

（6）在港口装卸工人休息吃饭或暂时停工期间，应及时切断起货机和不用的照明电源，以确保货舱安全。装货结束，大副应会同有关人员检查货舱，当确认一切正常后及时封舱。

2）卸货时监督管理

卸货时船员的监督管理职责有：

（1）卸货开始前的工作和卸货过程中的监督检查工作与装货方面相同。

（2）卸货时应特别注意混票和混卸，当货物卸到分票处时，值班驾驶员应亲自到现场掌握情况。

（3）卸货过程中如发现货物残损时应分清是原残或工残，看舱人员应及时通知值班驾驶员和大副到现场查看，查清货损原因。由于装卸工人操作不当所造成的事故，应与装卸公司和现场理货共同做好现场记录。

（4）看舱人员应及时清理货舱和整理好衬垫物料，供下一航次使用。

（5）卸货结束后，大副应会同有关人员检查有无漏卸货物。

3. 航行中货物管理

1）航行中对货物保管的主要内容

航行途中对货物的保管是承运人管理货物的内容之一，其内容主要包括以下四个方面：经常检查货物在舱内的状况，定期测量舱内温湿度及污水，察看烟雾报警器及怕热、怕潮等货物的情况；做好特殊货物的管理工作，如危险货物的防燃、防爆及防其他重大事故，贵重货物的防窃，保持冷藏货物的温度恒定等；注意气象变化，做好恶劣天气的防范工作，如货物的加固、通风设备的紧固、舱盖的密固，以及做好货舱的通风。

2）货舱通风

船舶航行途中的货物保管，货舱通风对于保证货运质量十分重要，必须认真对待，下面重点论述货舱通风的内容。

（1）货舱通风的目的

①降低货舱内的温度与湿度，防止货物变质或受损；

②降低货舱内露点温度，防止舱壁或货物表面产生汗水；

③防止货物自燃，引起火灾；

④供给新鲜空气，防止鲜活货物（如水果、蔬菜等）腐烂变质；

⑤排除货物散发出来的危险性气体或其他有害气体。

（2）货舱通风设备及通风方法

货舱通风方式有自然通风、机械通风和干燥通风，其对应的设备是自然通风装置、机械通风装置和干燥通风装置。

自然通风是利用货舱通风筒和自然风力进行通风。自然通风有两种形式：

①自然排气通风：将通风筒口全部朝向下风方向，当天气好，甲板不上浪时，还可以把货舱口全部或部分打开，依靠空气的自然上升，使舱内暖湿空气徐徐上升排出舱外。这种通风方式安全可靠，但速度缓慢，如图12-3-1（a）所示。

②对流循环通风：将上风一舷的通风筒口朝向下风，而将下风一舷的通风筒口转向上风，依靠风压使舱内空气排出舱外，如图12-3-1（b）所示。对流循环通风方法适于大量旺盛通风时采用。当外界气温较低，而舱内温、湿度均较高时，不宜采用这种通风方法，否则会使舱内产生雾气。

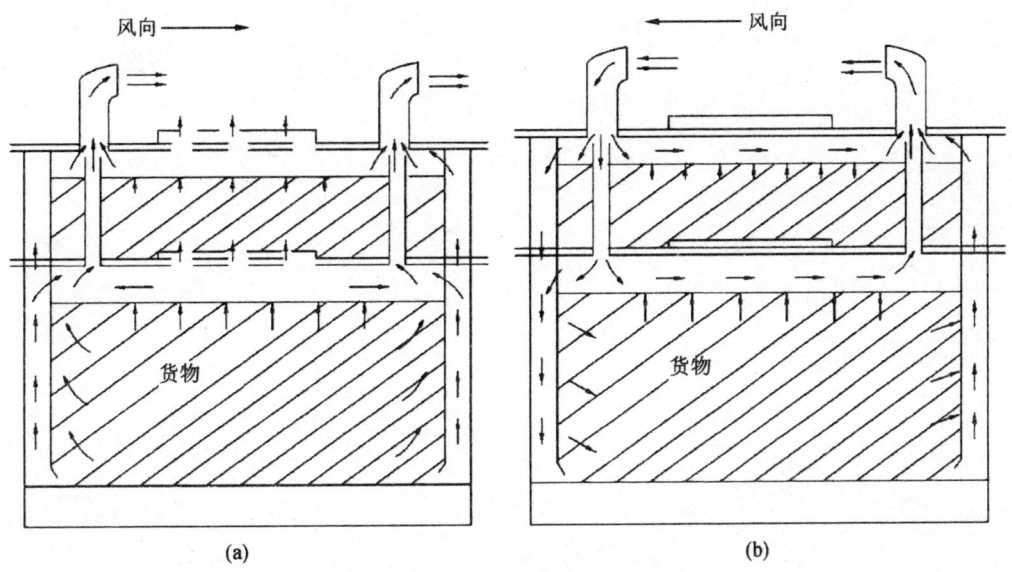

图12-3-1 自然通风气流示意图

（3）机械通风是利用安装在货舱的进气和排气通风管口的鼓风机进行强力通风的一种通风方式。机械通风装置可分为三种：

① 进气使用机械通风，排气使用自然通风；

② 进气使用自然通风，排气使用机械通风；

③ 进、排气均使用机械通风。

采用机械通风，可通过调节阀控制通风量。舱内设有通风管道，并延伸至货舱两侧，管道上隔一定距离开设通风口，可以使货舱各处都能得到充分的通风。当外界空气的湿度很高，而这时货舱又需要干燥空气时，机械通风也满足不了货物运输保管上的要求。

（4）货舱干燥通风装置：由空气干燥机、货舱通风系统、露点指示记录器三部分组成。

① 空气干燥机：是该装置主要部分。外界空气通过该装置时，利用硅胶脱去空气中的水分并经过降温冷却后，由货舱通风系统送入货舱。经干燥机干燥后的空气，根据需要由调节器来控制分配给某个或几个货舱使用。

② 货舱通风系统：与机械通风管道系统一样，由进气和排气两组管道组成。当机械开动时，气流可由货舱一端流向另一端。管道口的鼓风机安装在专用的外壳内，在外壳内设有手动调节器，用来控制直接用外界空气通风或控制货舱内空气再循环。当外界空气适宜于通风时，可将调节器放在"通风"的位置上，如图12-3-2（a）所示。当外界空气不适于通风时，可将调节器放在"再循环"的位置上，如图12-3-2（b）所示。并把干燥空气接口打开，使干燥空气与货舱循环的气流相混合，一起送入货舱。但须注意，货舱加送了干燥空气，货舱空气的压力必然增加，故应将排气管口的调节器适当打开一些，使货舱增压的气流适当排出。

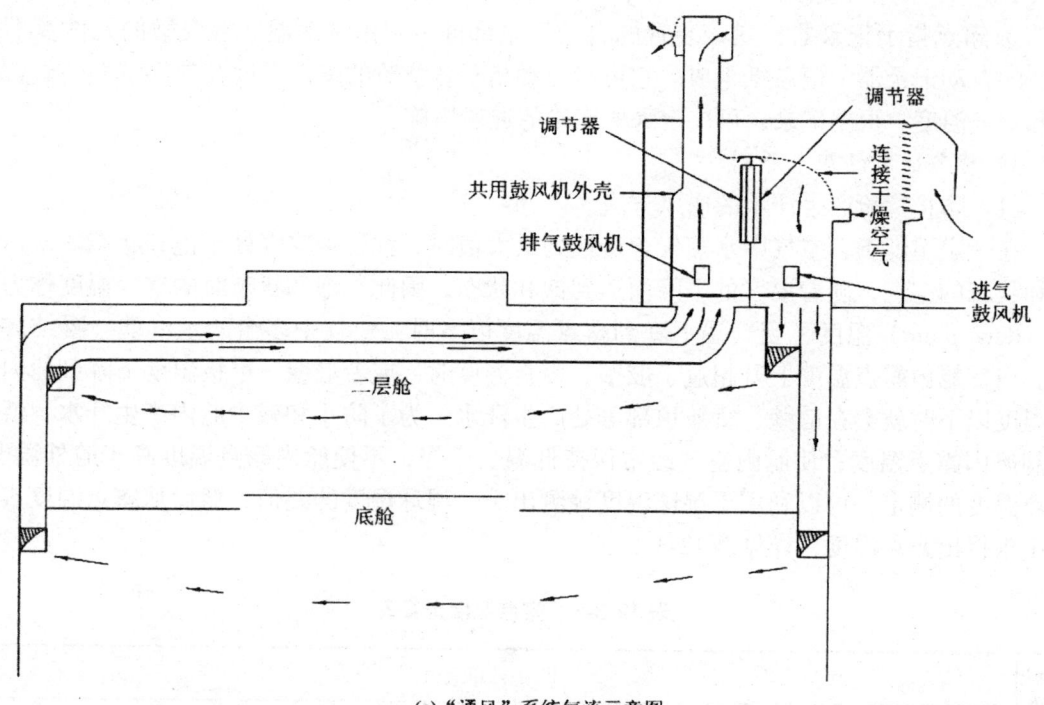

(a) "通风"系统气流示意图

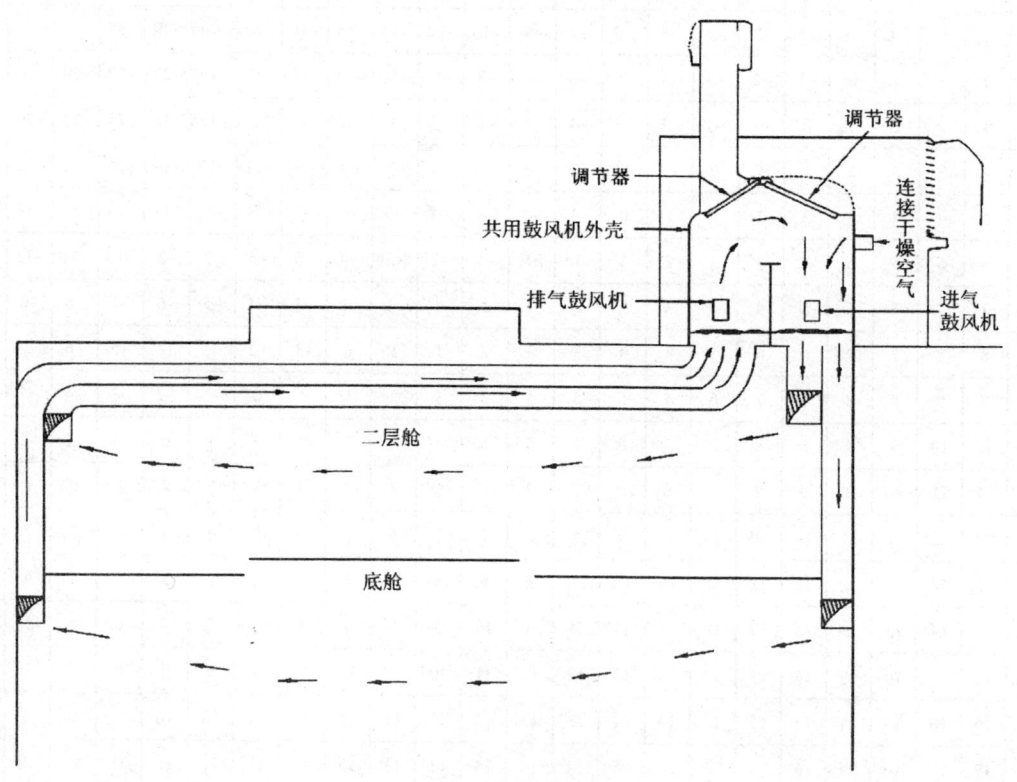

(b) "再循环"系统气流示意图

图 12-3-2 干燥通风

③露点指示记录器：是该装置的自动记录部件。它由许多温、湿灵敏的元件及不断旋转的自动记录器、记录纸组成。它可以自动指示各货舱的露点温度及外界空气的露点温度和空气温度。根据记录，可决定采取正确的通风措施。

3）货舱通风的基本原则

（1）防止货舱产生汗水的通风方法

在一定温度下，空气中水蒸气含量达到最大值时，称这种空气处于饱和状态。未达到饱和状态的空气，随着温度的下降而达到饱和状态，因此，饱和状态时的空气温度称为露点（dew point）温度。当气温下降到露点温度以下时，空气中多余的水汽就会凝结成汗水。当货舱内露点温度上升超过了舷壁、甲板温度时，或者舷壁、甲板温度下降到舱内露点温度以下时就会在舷壁、货舱顶部等处产生汗水。为了防止和减少舱内产生汗水，就要控制舱内露点温度；使舱内空气经常保持低温、干燥，不使舱内露点温度高于舱外温度。露点温度的测定，可以利用干湿球温度计测出干、湿球温度的差值，然后从露点温度查算表中求得出露点温度，详见表12-3-1。

表12-3-1 露点温度查算表

湿球温度（℃）	干、湿球温度差值																						
	0.0	0.5	1.0	1.5	2.0	2.5	3.0	3.5	4.0	4.5	5.0	5.5	6.0	6.5	7.0	7.5	8.0	8.5	9.0	9.5	10.0	10.5	11.0
1	1	0	−1	−1	−2	−3	−4	−5	−6	−7	−9	−10	−12	−13	−15	−18	−20	−24	−29	−39			
2	2	1	1	0	−1	−2	−3	−4	−5	−6	−7	−8	−9	−11	−12	−14	−17	−19	−22	−27	−34		
3	3	2	2	1	0	−1	−1	−2	−3	−4	−5	−6	−7	−9	−10	−12	−13	−15	−18	−21	−24	−30	−40
4	4	3	3	2	2	1	0	−1	−2	−2	−3	−4	−5	−7	−8	−9	−11	−12	−14	−16	−19	−22	−26
5	5	4	4	3	3	2	1	1	0	−1	−2	−3	−4	−5	−6	−7	−8	−9	−11	−13	−15	−17	−19
6	6	6	5	5	4	3	3	2	1	1	0	−1	−2	−3	−4	−5	−6	−7	−8	−10	−11	−13	−15
7	7	7	6	6	5	5	4	3	3	2	2	1	0	−1	−2	−3	−4	−5	−6	−7	−8	10	−11
8	8	8	7	7	6	6	5	4	4	3	3	2	1	1	0	−1	−2	−3	−4	−5	−6	−7	−8
9	9	9	8	8	7	7	6	6	5	5	4	3	3	2	1	1	0	−1	−2	−3	−4	−5	−6
10	10	10	9	9	8	8	7	6	6	5	5	4	4	3	3	2	2	1	0	0	−1	−2	−3
11	11	11	10	10	9	9	9	8	7	7	6	6	5	4	4	3	3	2	1	0	0	0	−1
12	12	12	11	11	11	10	10	9	9	8	8	7	7	6	6	5	5	4	4	3	2	2	1
13	13	13	12	12	12	11	11	10	10	10	9	8	8	7	7	7	6	6	5	5	4	4	3
14	14	14	13	13	13	12	12	11	11	10	10	9	9	8	8	7	7	6	6	5	5	5	5
15	15	15	14	14	14	13	13	12	12	11	11	10	10	10	9	9	8	8	7	7	6	6	6
16	16	16	15	15	15	14	14	13	13	12	12	11	11	11	10	10	9	9	9	8
17	17	17	16	16	16	15	15	14	14	14	13	13	12	12	11	11	11	10	10	10
18	18	18	17	17	17	16	16	16	15	15	14	14	14	13	13	13	13	12	11	11

续表

湿球温度(℃)	干湿球温度差值																						
	0.0	0.5	1.0	1.5	2.0	2.5	3.0	3.5	4.0	4.5	5.0	5.5	6.0	6.5	7.0	7.5	8.0	8.5	9.0	9.5	10.0	10.5	11.0
19	19	19	19	18	18	18	18	17	17	17	16	16	15	15	15	15	14	14	14	14	13	13	13
20	20	20	20	19	19	19	18	18	18	18	17	17	16	16	16	16	16	15	15	15	14	14	14
21	21	21	21	20	20	20	20	19	19	19	18	18	18	18	17	17	17	17	16	16	16	16	15
22	22	22	22	21	21	21	21	20	20	20	19	19	19	19	19	18	18	18	17	17	17	17	17
23	23	23	23	22	22	22	22	21	21	21	20	20	20	20	20	19	19	19	19	19	18	18
24	24	24	24	23	23	23	23	22	22	22	22	21	21	21	21	20	20	20	20	20	10	19
25	25	25	25	24	24	24	24	24	23	23	23	23	22	22	22	22	22	21	21	21	21	21	21
26	26	26	26	26	25	25	25	25	25	24	24	24	24	23	23	23	23	23	23	23	22	22	22
27	27	27	27	27	26	26	26	26	26	26	25	25	25	25	25	24	24	24	24	24	24	23	23
28	28	28	28	28	27	27	27	27	27	27	26	26	26	26	26	25	25	25	25	25	25	24	24
29	29	29	29	29	28	28	28	28	28	28	27	27	27	27	27	26	26	26	26	26	26	26	25
30	30	30	30	30	29	29	29	29	29	29	28	28	28	28	28	28	27	27	27	27	27	27	27

例如，把干湿球温度计放入货舱内，测得货舱干球温度为25 ℃，湿球温度为18 ℃，两者的差值为7 ℃。从露点温度查算表可查到该货舱内空气的露点温度为14 ℃。以同样的方法，将干湿球温度计置于舱外，可以得知舱外空气的露点温度。

水汽和汗水是在一定条件下互相转化的水分子物质状态，船舶货舱内空气中的水蒸气在舱壁或货物表面产生汗水的条件是由于货舱内空气的露点温度高于货舱壁或货物表面的温度。要防止汗水的产生，就必须消除产生汗水的条件，其办法是进行货舱通风，降低货舱内空气露点温度，使其经常低于货舱壁和货物表面的温度。具体的通风方法如下：

①自然通风

当外界空气的露点温度低于舱内空气的露点温度时，且外界空气的温度高于舱内空气的露点温度，应进行旺盛的循环通风，以降低舱内空气的露点温度。

当外界空气的露点温度低于舱内空气的露点温度，而且外界空气温度也低于舱内空气的露点温度时，应进行缓慢的排气通风，以免大量冷空气进入舱内产生雾气。

当外界空气露点高于舱内空气露点温度时，不能进行通风，以防止潮湿空气流入舱内。

②机械通风

当外界空气的露点温度低于舱内空气的露点温度时，应进行旺盛的循环通风，即将机械通风的调节阀开至最大，使货舱进行大量通风。

当外界空气的露点温度低于舱内空气的露点温度，而外界空气的温度也低于舱内空气的露点温度时，应进行缓慢通风，即将机械通风的进气调节阀关小，排气则靠自然排气，以免使大量冷空气进入舱内产生雾气。

当外界空气的露点温度高于舱内空气的露点温度时,应断绝通风。

③货舱干燥通风装置通风

当外界空气的露点温度低于舱内空气的露点温度时,应进行旺盛通风,即将调节器放在"通风"的位置上。

当外界空气的露点温度低于舱内空气的露点温度,而外界空气的温度也低于舱内空气的露点温度时,应进行"通风",并追加干燥空气。

当外界空气的露点温度高于舱内空气的露点温度时,应进行"再循环"通风,即将调节器放在"再循环"的位置上,并追加干燥空气。

2)满足特殊要求的通风方法

(1)保证呼吸作用的换气通风

凡是有生命的货物,如谷物、水果、蔬菜、鸡蛋,都会不断地进行呼吸,从空气中吸入氧气,呼出二氧化碳并散发出微量的热和水分,从而使舱内空气中的氧气含量减少,二氧化碳含量增加,造成呼吸不足,妨碍正常生长而导致腐败变质。

对于温度在冰点以上的冷却食品,需要用通风机对舱室进行循环通风和换气通风,如外界气温较高,则通风后的舱内温、湿度也提高。因此,宜在夜间通风方能起到降温作用。但还要适当掌握通风时间,过短不起作用,过长又会对舱内的温、湿度及货物质量产生不利的影响。通风换气以 24 h 换气次数 n 来表示。一般果蔬类 $n = 2\sim4$ 次,鱼肉类 $n = 1\sim2$ 次。当贮运已经"冷冻"的食品时,因温度很低,微生物活动已受到很大抑制,可以不必换气。

(2)防止货物自燃的降温通风

当运输棉花、黄麻、煤炭、鱼粉等货物时,由于货物不断氧化放出热量,如果货物通风不良会使热量积聚,直至引起自燃。对装有这类货物的货舱进行通风,虽然可以驱散热量,但也能促进其氧化作用或助长其自燃,所以对装载这类货物的货舱通风应特别慎重。

例如装棉花时,除做好各项防火措施外,可根据不同情况,采取下述两种通风方法:当确认货舱内没有任何自燃起火的异状时,可以进行连续通风,以排除舱内热量和防止汗湿;当货舱有异状或途中因天气恶劣,通风筒已长期关闭时,应立即断绝通风或继续关闭通风筒,不宜旺盛通风。

实践证明:棉花汗湿的损失比因自燃引起火灾的损失小得多,所以当舱内出现异常情况时宁愿封闭货舱以防止自燃也不进行通风。在运输煤炭时,一般在开航后先采取表面通风 4~5 天,然后每隔一天进行表面通风 6 h 即可。这样做既可排除煤炭散发出的可燃气体,又可避免供给货舱空气过多而助长其氧化和自燃。

(3)驱散危险气体的排气通风

有些危险气体和微粒粉末性货物,在空气中混合到一定的比例时,遇到火源就会引起爆炸和火灾。因此,必须对可能产生危险性气体的货舱进行旺盛通风,及时排除危险性气体。有些货物会产生有毒气体或在熏舱消毒后舱内残存有毒气,此时也必须进行旺盛通风,以排除有毒气体。特别是某些有毒气体的比重较大,往往停滞在舱底和污水沟内,如果没有排除干净,可能会造成严重后果。所以,通风后还必须进行检验(用仪器、试纸或动物等检验),待确认无毒害气体后才可进行舱内作业。

第四节 杂货船积载计划编制

杂货船积载计划的一般编制程序包括准备工作和具体步骤。准备工作包括熟悉船舶情况和资料、航次货载情况、航线与港口情况。编制积载计划的步骤包括：核定航次货运任务与船舶载货能力是否相适应；确定航次货重在各货舱、各层舱的分配控制数；确定货物的舱位和货位；对初配方案进行全面核查；核查和调整船舶的稳性、纵向受力和吃水差；绘制正式积载图。

编制船舶积载计划是一项细致、复杂而又直接影响船舶安全、货物运输质量及船舶营运经济效果的重要工作。它必须根据前述关于杂货船的积载要求，结合船舶、货物、航线和港口的实际情况，并满足对船舶积载的各项基本要求。在实际工作中，由于船舶类型不同，货物种类会各异，到港数量不等等原因，船舶积载计划编制的程序也有繁有简，本节仅介绍编制杂货船积载计划的一般步骤。

一、准备工作

在编制积载计划之前，负责此项工作的大副必须熟悉和整理船舶、货物、港口、航线等的情况和有关资料，做好充分的准备工作。

1. 熟悉船舶情况和资料

需熟悉与积载有关的船舶情况和资料包括：

（1）船舶各货舱结构、装卸货条件及装卸设备等情况。如各货舱和货舱口的位置、尺度、容积；各层甲板安全负荷量；各二层舱舱口位容积及防堵舱容；各货舱的吊杆数及其安全负荷量和最大舷外跨度；油水舱和压载舱的位置、容积、容积中心位置及自由液面惯性矩；船航行和停泊每天燃料和淡水消耗定额以及货舱内各种设备，如支柱、地令、轴隧、污水井的位置，测深管、电缆的布置情况等。为便于查阅使用及公休交接，一般都将上述情况整理成文字资料或以图表示的船舶卡片，图12-4-1是某轮的两张船舶卡片。

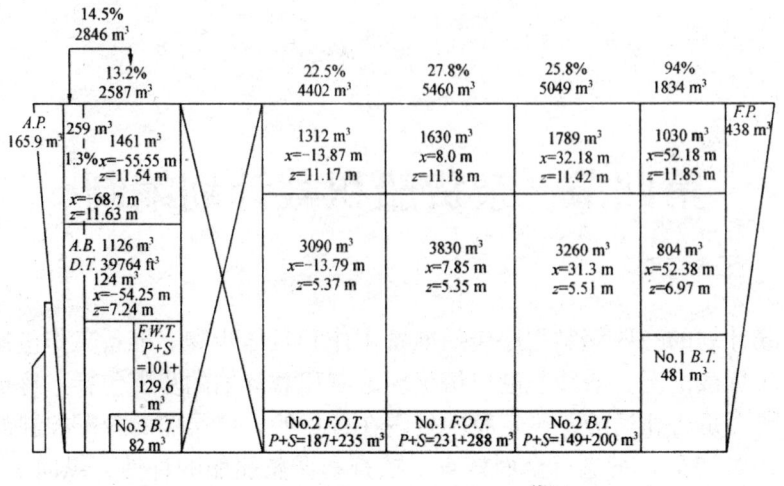

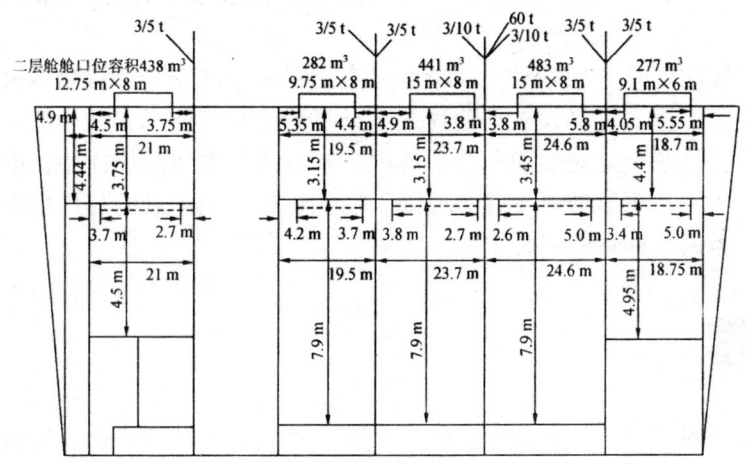

图12-4-1 船舶卡片图

(2) 船舶性能数据资料，即以数字表示的船舶静水力参数图表。

(3) 对船中载荷切力和弯矩允许范围数值表或其他表示船舶强度要求的资料。

(4) 装载少量载荷（如100 t）船舶首尾吃水变化曲线图或数值表。

(5) 最小许用初稳性高度或许用重心高度或适度初稳性高度和吃水差值资料。

(6) 满足船舶强度条件、稳性、吃水差要求的各货舱、各层舱的货物重量分配比例。该数据随船舶的排水量不同而变化。经过多次实践可以总结出船舶在不同载货量时各货舱、各层舱应分配货重的合理比例数，也可以从"船舶稳性报告书"中找到这些数据。如果没有这些资料，还可以通过计算求得这些数据。

2. 熟悉航次货载情况

船舶每航次装运的货物均以装货清单（loading list）的形式通知船方。驾驶员在编制积载计划前，首先应从装货清单中了解本航次货载情况，不清楚之处应通过代理人员或港方了解清楚。有时，还应到现场观察和核对货物的尺寸、形状和包装情况（材料、尺码、牢固程度等），了解的重点应放在不熟悉的、首次装运的货种和对运输保管有特殊要求的货种上。

3. 熟悉航线、港口情况

应了解和熟悉以下情况：

（1）本航次所经的海区和季节期，以确定船舶允许使用的载重线。

（2）航次所经海区的风浪、气温变化情况，如船舶航经台风区，则应慎重安排甲板货的数量、货种和货位并做好相应的防范措施（如加强系固等）。如航经海区气温变化较大，则应在货物通风、衬垫和防汗水等方面预先采取措施。

（3）本航次所经海区及港口泊位的水深、有无浅水区及其限制吃水，以确定船舶的允许最大吃水。

（4）本航次所到港口的有关装卸运输条件及规定，如港口装卸工具、起重设备能力，同时作业头数，每天作业班次及节假日规定等，以便积载时做出妥善安排。

上述有关船、货、港、航等方面的情况中，有关船舶的情况和资料在一定时间内是不变的，应将它们整理成清晰的文字、图表和数据资料，以便于使用。关于货、港、航的情况，则随航次的不同而异。但是，驾驶人员仍应注意积累有关资料，如各种货物的特性及运输保管要求、积载因数、亏舱率，各航区的特点，各港口与装卸有关的情况等。

二、编制积载计划的步骤

可按下列步骤编制积载计划：

1. 核定航次货运任务与船舶载货能力是否相适应

这一步工作的目的在于校核船舶能否承运本航次装货清单中所列的全部货物。为此应：

（1）计算本航次船舶的航次净载重量并查取船舶货舱总容积。

（2）审核装货清单上所列货物的重量、件数、体积、尺码及它们的总和是否正确。

（3）比较装货清单上的货物总重量和总体积（包括亏舱）与船舶的净载重量和货舱容积。若净载重量和货舱容积分别大于或等于货物的总重量和总体积，则通常情况下装货清单上所列货物能够全部装运。但是如果航次货载中性质互抵的货物过多，危险货物品种过多或有特殊装载要求的货物过多，而船舶运输条件无法满足时，也需要调换或退掉部分货物。不过这种情况一般要在进行货物具体配舱和安排货位时才能发现并做出决定。如果航次货载中货量过少，轻重货物比例过分失调，使船舶亏载或亏舱过多，则应争取追加或调换部分货载。

对于有经验的驾驶员，这一部工作通常不必进行计算就可以得出结论。

2. 确定航次货重在各货舱、各层舱的分配控制数

为了减少货物初步配舱时的盲目性，在航次货重确定以后，应先根据船舶稳性、船舶

强度条件及吃水差的要求确定航次货重在船上各货舱、各层舱的分配控制数。

3. 确定货物的舱位和货位

确定货物的舱位和货位即确定货物的初配方案。正确安排各票货物的舱位和货位是保证货物运输质量及提高船舶营运经济效益的重要环节，也是编制杂货船积载计划的很关键的和最费时的一项工作。

在进行货物初步配舱时，应着重考虑除了稳性、船体强度、最大吃水和吃水差以外的其他各项要求，即应根据货物的性质、轻重、包装、运输保管要求、货舱设备条件和船舶到港次序、装卸作业的条件和要求等因素来进行安排。

远洋货船每个航次不仅货票多、货类杂，而且中途靠港多。为使初配工作少走弯路，掌握货物配舱的方法十分重要。

货物配舱的方法和原则可以归纳如下：

（1）根据货物的到港、性质、轻重、包装对货物进行归类。这是货物配舱时首先要做的工作。

（2）特殊货物首先定位，忌装货物谨慎搭配。在上述归类的基础上，首先安排特殊货物的舱位和货位，如危险货、贵重货、重大件货物、怕热货等均应根据其要求安排合理的舱位和货位，同时要合理安排忌装货物，恰当搭配，防止混装。对于有特殊装载要求和忌装货物的舱位安排，应根据前面有关章节所述的要求，做到全船统筹兼顾、综合考虑。

（3）按自下而上，从里到外，先远后近，先大后小的原则，对普通货物逐舱进行分配。

一般，船舶每个航次的货载中，特殊货物所占比例不会很大，在进行了第二步以后，各货舱内均尚有多余的舱容和重量，而余下的货物都是普通货物，它们对舱室无特殊要求，也无忌装要求，此时应根据各舱剩余的舱容及装载重量，将各票普通货物安排到各个货舱。安排时应注意将后到港的货物安排在舱的下面和里面，先到港的货物安排在舱的上面和舱口位附近，以便于到港卸货；同时，为便于货物配置，应先安排远程、货批量大的货物，后安排近程、货批量小的货物；对于普通货物，配舱时应逐舱进行，以减少差错。

（4）大硬配中，小软首尾，轻重大小合理搭配，首、尾货舱留出机动货载。

普通货物安排时，还应注意将大包装、硬包装的货物尽量安排在中部货舱，小包装、软包装的货物尽量安排在首、尾货舱，以减少亏舱，同时，每个货舱内安排货物时应做到轻重搭配，才能使全船货载顺利配舱。此外，应在首、尾货舱留出一定的机动货载，以便于后面进行吃水差等的调整。所留调整货量视船舶大小而异，对于万吨级的杂货船，一般以留 100~200 t 为宜。

4. 对初配方案进行全面核查

为保证配货方案的正确无误，初配工作完成以后应进行全面的核查，其内容包括：

（1）检查装货清单上的所有货物是否都已装舱，有无漏配或重配；

（2）核查各货舱、各层舱所配货重是否符合上述控制数的要求；

（3）核查各舱室所配货物能否装入舱内；

（4）各底舱的先卸货是否被堵；
（5）各货舱内所配货物性质是否互抵；
（6）如有单件较重货，则应校核拟装部位是否满足局部强度条件。
如发现有不符合要求者，应及时调整。

5. 核查和调整船舶的稳性、纵向受力和吃水差

初配方案完成并进行全面核查调整，没有差错以后，应按初配的结果，对船舶的稳性、纵强度、吃水和吃水差进行核算，以判明其是否符合要求。如有不符，则应进行调整。这种核查必须包括以下状态：船舶离始发港，到、离各中途港及到终点港。

如果驾驶员按各舱经验比例配货，对船舶的稳性、纵强度、吃水和吃水差有充分的把握，对如下状态也可以不进行核算：船舶离始发港，各中途港只卸不装或有装有卸并补足了油水的离港状态。但是，要特别重视各到港状态的核算。对各状态的核算结果应记录在案，以备查用。

6. 绘制正式积载图

对初配方案进行了核查、核算、调整，认为符合各项要求以后，就可以据此绘制正式积载图。货物积载图是船上各货舱内货物配置及其堆装工艺的示图，它是货物装船工作的指导性文件，应按一定的格式绘制，且要求清晰、简单、明了、易懂。积载图上应写明船名、航次、始发港、中途港，到达港以及首、中、尾吃水和平均吃水。在积载图的左上方有各目的港及其各货舱装货吨数的统计表，右上方有各货舱及其底舱、二层舱（有的还是多层舱）货物吨数和件数的统计表，应按要求填写，如本航次没有中途港，则左上方的统计表可免填。

在积载图上应标明各票货在各舱装载的位置，每票货物在图上所占的面积大致与其体积相当，各票货之间应以虚线分隔。每票货应注明货物的名称、重量或体积、包装形式、件数、装货单号，如果卸货港口超过1个，还要标明卸货港名。

为了能清楚地表示出各票货物的装载位置，一般在舱高不大的二层舱部位以俯视图标示，底舱部位以侧视图标示，其标示方法及含义见图12-4-2。

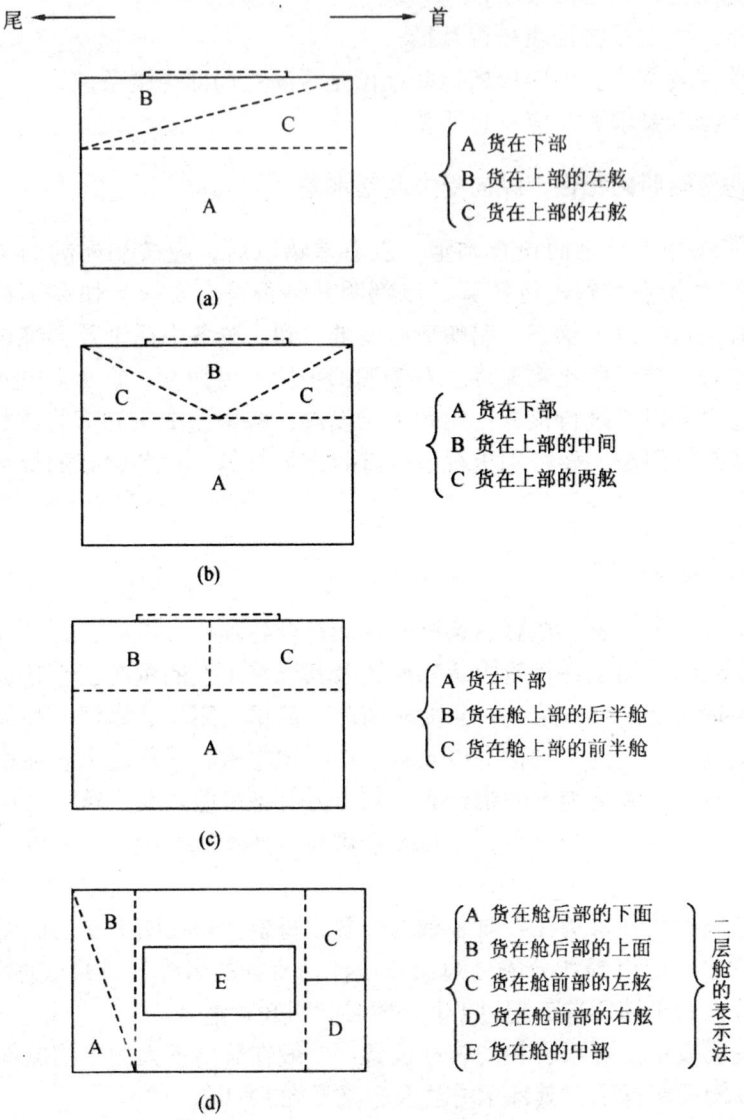

图12-4-2　积载货位标示图

底舱以侧面图（正视图）表示，如图12-4-2（a）所示，其货位表示：A货在下部，B货在上部的左舷，C货在上部的右舷。图12-4-2（b）所示货位表示：A货在下部，B货在上部的中间，C货在上部的两舷。图12-4-2（c）所示货位表示：A货在下部，B货在上部的后半舱，C货在上部的前半舱。由此可见，底舱配载图图示为：斜线表示左右部分，水平线和垂直线各表示上下、前后部分。

二层舱一般以平面图（俯视图）表示，如图12-4-2（d）所示，其货位表示：A货在货舱后部下面，B货在货舱后部上面，C货在货舱前部左舷，D货在货舱前部右舷，E货在货舱中部。由此可见，二层舱配载图图示为：斜线表示上下部分，垂直线和水平线表示前后、左右部分。国内沿海船的配载图二层舱也有按侧面图表示的。

第十二章 杂货运输

当中途港较多时,不同到港货物的货位可以用不同的颜色标示,有些需要专门衬垫的货物,应画出明显的标记。当船舶装运重大件货物时,应以附图标明重大件货物的装舱位置,必要时,还应在具体货位上画上明显的货位标记,以便正确装载。

此外,为了保证积载的质量和要求,在积载图下方的备注栏内应扼要注明装载时应注意的问题,如吊杆安全负荷量、衬垫、隔票、通风、防堵、系固及其他应特殊处理的事项等。

三、杂货船配载实例

"Q"轮第038航次拟在黄埔港承运下列"装货清单"(如表12-4-1所示)所列货物,计划于11月10日装货后开往曼谷和迪拜。全航程中船舶吃水无水深限制,船舶航速17.5 kn,船舶在始发港补足油水,无中途油水补给计划。试编制本航次积载计划。

表12-4-1 装货清单

关单号 S/O No.	件数及包装 No.of PKGS	货名 Description	重量(t) Weight in metric tons	估计体积(m³) Estimated space in cu.m	目的港	备注 Remarks
S/O 1	1396ctns	Textiles 棉纺织品	100	485	Bangkok	
S/O 2	1250c/s	Daily necessities 日用品	100	320	Bangkok	
S/O 3	18334ctns	Porcelain 瓷器	550	1550	Bangkok	No pressing
S/O 4	82000bags	Sodium nitrate 亚硝酸钠	400	480	Bangkok	Dangerous cargo class 5.1
S/O 5	26428bags	Sunflower seed 葵花子	1000	3000	Bangkok	
S/O 6	84bdls	Rough wheel tyres 轮毂	120.6	100	Bangkok	
S/O 7	15000cases	Hard ware 五金	600	420	Bangkok	
S/O 8	310rls	Toilet paper 卫生纸	18.2	98	Bangkok	
S/O 9	200bdls	Steel ware 钢材	357	315	Bangkok	
S/O 10	55000ctns	Canned goods 罐头	1100	1890	Dubai	
S/O 11	3240rolls	Newsprint paper 新闻纸	810	2187	Dubai	
S/O 12	In bulk	Dead burned magnesite 重烧镁	1500	1200	Dubai	
S/O 13	1600drums	Hog casing 肠衣	500	950	Dubai	Away from heat stow below waterline
S/O 14	426sheet	Steel plate 钢板	1500	765	Dubai	
S/O 15	3100bags	Tea seed extraction 茶子饼	200	472	Dubai	Dangerous cargo class 4.2
S/O 16	300cases	Marble 大理石	300	297	Dubai	
S/O 17	613rls	Paper 纸	148.4	422.8	Dubai	

续表

关单号 S/O No.	件数及包装 No.of PKGS	货名 Description	重量(t) Weight in metric tons	估计体积(m³) Estimated space in cu.m	目的港	备注 Remarks
S/O 18	1147c/s	Stationery 文具	45.9	124.9	Dubai	
S/O 19	1130c/s	Machines and parts 机器及配件	130.6	151.5	Dubai	
S/O 20	250ctns	Toys 玩具	5.2	35.2	Dubai	
S/O 21	487bdls	Steel flat bars 扁钢	65	46.8	Dubai	
S/O 22	12500cases	Hard ware 五金	500	350	Dubai	
Total	224795		10050.9	15660.2		

1. "Q"轮主要参数

垂线间长 L_{bp} 148.0 m

夏季排水量 Δ_S 19710 t

型宽 B 21.2 m

热带排水量 Δ_T 20205 t

型深 D 12.5 m

冬季排水量 Δ_W 19215 t

空船排水量 Δ_L 5565 t

空船重心距中距离 −8.63 m

空船重心距基线高度 9.07 m

龙骨板厚度 0.026 m

2. "Q"轮静水力参数表

船舶静水力参数如表12-4-2所示。

表12-4-2 船舶静水力参数表

型吃水 d(m)	排水量 Δ(t)	总载重量 DW(t)	厘米吃水吨数 TPC(t/cm)	厘米纵倾力矩 MTC(9.81 kN/cm)	横稳心距基线高度 KM(m)	浮心距中距离 x_b(m)	漂心距中距离 x_f(m)
7.00	14240	8675	23.78	189.75	8.710	−0.114	−2.400
7.20	14710	9145	23.95	192.50	8.710	−0.192	−2.750
7.40	15200	9635	24.11	196.00	8.714	−0.280	−3.135
7.60	15680	10115	24.29	198.50	8.720	−0.370	−3.510
7.80	16180	10615	24.46	202.00	8.740	−0.483	−3.895
8.00	16660	11095	24.64	205.60	8.760	−0.582	−4.250
8.20	17160	11595	24.83	209.40	8.786	−0.697	−4.600
8.40	17660	12095	25.01	213.60	8.820	−0.812	−4.900
8.60	18180	12615	25.21	217.65	8.852	−0.930	−5.200

3. "Q"轮货舱容积表

货舱容积如表12-4-3所示。

表12-4-3 货舱容积表

舱名	位置 肋号	包装舱容 m³	舱容中心位置(m) 距基线	舱容中心位置(m) 距中	散装舱容 m³	舱容中心位置(m) 距基线	舱容中心位置(m) 距中
第一舱	二层舱	160–187	1030	11.85	53.18	1116	11.92	53.18
	底舱	160–187	804	6.97	52.38	887	7.04	52.38
	合计		1834	9.71	52.38	2003	9.76	52.83
第二舱	二层舱	127–160	1789	11.42	32.18	1897	11.47	32.19
	底舱	127–160	3260	5.51	31.30	3441	5.58	31.30
	合计		5049	7.60	31.61	5333	7.67	31.61
第三舱	二层舱	95–127	1630	11.18	8.00	1724	11.23	8.00
	底舱	95–127	3830	5.35	7.85	4043	5.42	7.85
	合计		5460	7.09	7.90	5767	7.16	7.89
第四舱	二层舱	69–95	1312	11.17	−13.87	1388	11.23	−13.87
	底舱	69–95	3090	5.37	−13.79	3262	5.44	−13.79
	合计		4402	7.10	−13.81	4650	7.17	−13.81
第五舱	二层舱	12–40	1461	11.54	−55.55	1580	11.60	−55.55
	底舱	12–40	1126	7.24	−54.25	1241	7.31	−54.25
	合计		2587	9.67	−54.99	2821	9.72	−54.99
贵重舱	二层舱(左)	4–12	131	11.63	−68.70	142	11.71	−68.70
	二层舱(右)	4–12	128	11.63	−68.70	139	11.71	−68.70
	合计		259	11.63	−68.70	281	11.71	−68.70
总计			19591	7.87	4.02	20855	7.95	3.90

4. 最小许用初稳性高度数据表

最小许用初稳性高度数据如表12-4-4所示。

表12-4-4 最小许用初稳性高度数据表

船舶排水量(t)	6000	8000	10000	12000	14000	16000	18000	20000
最小许用初稳性高度(m)	2.32	0.98	0.39	0.15	0.15	0.23	0.49	0.83

一、核定航货运任务与船舶的载货能力是否相适应

1. 计算本航次船舶的净载重量 NDW 和查取船舶货舱的总舱容（包装容积）$\sum V_{ch}$

1) 计算净载重量 NDW

根据本轮开航日期及航线，在载重线海图上查得，本航次航行途经热带区域，但开航时为夏季季节期，故只允许使用夏季载重线，其排水量为 $\Delta=19710\ t$。本航次装油 1480 t、水 322 t，航次储备量中 $C=28\ t$，即 $\sum G=1480+322+28=1830\ t$，船舶常数 $C=220\ t$，空船重量 $\Delta_1=5565\ t$。所以，本航次船舶的净载重量为：

$$NDW=\Delta-\Delta_1-\sum G-C$$
$$=19710-5565-1797-220=12128\ t$$

2) 查取船舶总舱容 $\sum V_{ch}$

由表 12-4-3 查得"Q"轮的包装舱容 $\sum V_{ch}=19591\ m^3$。

2. 审核本航次拟装货物的重量、件数和体积

经审核，本航次拟运货物的总重量 $\sum Q=10050.9\ t$、总件数为 224795 件、散货 1 票，包括亏舱的总体积 $\sum V_c=15660.2\ m^3$。装货清单所列数据正确。

3. 比较船舶的载货能力是否满足航次货运任务的要求

经比较分析，因航次货载中特殊货物不多，本轮的载货能力大于货运任务，初步判定货物的承运条件可以满足，即能承运装货清单上的全部货物。

应该指出，为了使读者熟悉各环节的计算，此处详细列出计算步骤。在实际工作中，根据本航次装货清单的货物总重量和总体积，不需计算即可判定并得出上述结论。

二、计算各货舱及各层舱配货重量的控制数

1. 确定各货舱配货重量上下限

根据本航次货运任务，求得为满足船舶纵向强度条件要求的各舱装货重量的上下限，如表 12-4-5 所示。

表 12-4-5　各货舱配货重量核算表

离港别	舱别＼数量(t)	No.1	No.2	No.3	No.4	No.5	合计
	各舱容占总值百分比 (%)	9.36	25.77	27.87	22.47	14.53	100
	各舱装载重量调整值(t)	115	314	339	274	147	
离黄埔港	各舱装货重量上下限允许范围(t)	1060/830	2907/2279	3133/2455	2535/1987	1604/1310	
离黄埔港	各舱实际装货重量(t)	1000	2429.6	2868.7	2387.6	1365	10050.9
离曼谷港	各舱装货重量上下限允许范围(t)	752/522	2068/1440	2336/1556	1803/1255	1346/842	
离曼谷港	各舱实际装货重量(t)	700	2010.6	1899.5	1330.6	865	6805.7

2. 确定各货舱配货数量

本航次离始发港船舶排水量 $\Delta=17632.9$ t，其漂心位于中后 4.90 m 处（第三舱略偏后）且本船空载时尾倾较大（$t=-3.55$ m），为避免装载后船舶的尾倾过大，在配货时应在漂心前的第一、第二货舱适当多配货（偏于上限），在漂心后的第四、第五货舱适当少配货（偏于下限）。

3. 确定各层舱配货数量

本轮空船重量比较适中，但油水舱多数在底部，为保证船舶具有适度的稳性，特别是在油水大量消耗的情况下仍具有足够的稳性，离始发港时，本航次货载在二层舱配置的重量比例应不大于总货重的 1/3。各层舱配货重量核查表见表 12-4-6。

表 12-4-6　各层舱配货重量核查表

舱层及离港别	二层舱	
	离黄埔港	离曼谷港
实配重量(t)/所占百分比	3393.9/33.77%	2355.1/34.60%

三、确定货物的舱位和货位

1. 对航次货载进行分类

（1）本航次有一票散货重烧镁，这两个港的货载中还有较多的钢材类货物，是重货，怕潮。
（2）本航次货载中有少量的特殊货物，包括危险货亚硝酸钠和茶子饼。
（3）装载要求较高的食品货罐头和葵花子，它们都怕污染、怕潮、怕气味。
（4）怕热货肠衣。
（5）怕潮货纸、新闻纸及卫生纸等。

在满足上述各舱各层舱配货重量控制数的前提下，对配货的具体指导思想和有关问题的处理方法如下所述。

2. 配货指导思想

（1）本航次货载中的重烧镁是散货，数量较大，安排在中间货舱底舱作为打底货。
（2）本航次货载中的两票危险货分别属于4.2类、5.1类，根据它们的忌装要求，不能同装于一个舱室，所以将它们分别配置于第一舱和第三舱的底舱。
（3）本航次货载中的怕热货肠衣应远离热源，配于第二舱的底舱。
（4）本航次货载中还有较多的普通货物，按照轻重搭配及港序的要求，分布于各舱，批量较大的货票可以拆票装载。

3. 各舱配货结果

各舱配货结果如表12-4-7所示。

表12-4-7　各舱配货结果

货舱	到港	关单号码 S/O No.	货名	重量(t)	体积(m^3)	件数
第一货舱	二层舱 迪拜	迪 S/O 11	新闻纸	200	540	800
	曼谷	曼 S/O 2	日用品	100	320	1250
		曼 S/O 7	五金	200	140	5000
	底舱 迪拜	迪 S/O 10	罐头	300	516	15000
		迪 S/O 22	五金	200	140	5000
第二货舱	二层舱 迪拜	迪 S/O 14	钢板	299	152	85
		迪 S/O 22	五金	300	210	7500
		迪 S/O 11	新闻纸	210	567	840
	曼谷	曼 S/O 6	轮毂	120.6	100	84
		曼 S/O 5	葵花子	50	150	1321
	底舱 迪拜	迪 S/O 13	肠衣	500	950	1600
		迪 S/O 10	罐头	700	1204	35000
	曼谷	曼 S/O 5	葵花子	250	750	6607

续表

货舱		到港	关单号码 S/O No.	货名	重量(t)	体积(m³)	件数
第三货舱	二层舱	迪拜	迪 S/O 14	钢板	201	103	57
			迪 S/O 18	文具	45.9	124.9	1147
			迪 S/O 20	玩具	5.2	35.2	250
			迪 S/O 17	纸	148.4	422.8	613
		曼谷	曼 S/O 8	卫生纸	18.2	98	310
	底舱	迪拜	迪 S/O 12	重烧镁	1500	1200	散装
		曼谷	曼 S/O 4	亚硝酸钠	400	480	82000
			曼 S/O 3	瓷器	550	1550	18334
第四货舱	二层舱	迪拜	迪 S/O 14	钢板	201	103	57
			迪 S/O 15	茶子饼	200	472	3100
			迪 S/O 19	机器及配件	130.6	151.5	1130
	底舱	迪拜	迪 S/O 14	钢板	799	407	227
		曼谷	曼 S/O 5	葵花子	700	2100	18500
			曼 S/O 9	钢材	357	315	200
第五货舱	二层舱	迪拜	迪 S/O 10	罐头	100	172	5000
			迪 S/O 21	扁钢	65	46.8	487
			迪 S/O 16	大理石	300	297	300
		曼谷	曼 S/O 7	五金	400	280	10000
			曼 S/O 1	棉纺织品	100	485	1396
	底舱	迪拜	迪 S/O 11	新闻纸	400	1080	1600

四、对初配方案进行核查

1. 核查装货清单上所列货物是否全部配置完毕

经核查，装货清单上的货物已全部配置完毕，无漏配、重配，所有数据与装货清单完全一致，没有差错（见表12-4-8）。

表 12-4-8 航次全部货物装舱状况核查表

关单号 S/O No. 及到港	第一货舱 重量(t)	第一货舱 体积(m³)	第二货舱 重量(t)	第二货舱 体积(m³)	第三货舱 重量(t)	第三货舱 体积(m³)	第四货舱 重量(t)	第四货舱 体积(m³)	第五货舱 重量(t)	第五货舱 体积(m³)	合计 重量(t)	合计 体积(m³)
到曼谷												
S/O 1									100	485	100	485
S/O 2	100	320									100	320
S/O 3					550	1550					550	1550
S/O 4					400	480					400	480
S/O 5			300	900			700	2100			1000	3000
S/O 6			120.6	100							120.6	100
S/O 7	200	140					400	280			600	420
S/O 8					18.2	98					18.2	98
S/O 9							357	315			357	315
小计	300	460	420.6	1000	968.2	2128	1057	2415	500	765	3245.8	6768
到迪拜												
S/O 10	300	516	700	1202					100	172	1100	1890
S/O 11	200	540	210	567					400	1080	810	2187
S/O 12					1500	1200					1500	1200
S/O 13			500	950							500	950
S/O 14			299	152	201	103	1000	510			1500	765
S/O 15							200	472			200	472
S/O 16							300	297			300	297
S/O 17					148.4	422.8					148.4	422.8
S/O 18					45.9	124.9					45.9	124.9
S/O 19							130.6	151.5			130.6	151.5
S/O 20					5.2	35.2					5.2	35.2
S/O 21									65	46.8	65	46.8
S/O 22	200	140	300	210							500	350
小计	700	1196	2009	3081	1900.5	1885.9	1330.6	1133.5	865	1595.8	6805.1	8892.2
合计	1000	1656	2429.6	4081	2868.7	4013.9	2387.6	3548.5	1365	2360.8	10050.9	15660.2

2. 核查各货舱、各层舱所配货物重量

1）各货舱所配货物重量

经核查，各舱装货重量均在允许范围内，符合要求。

2）离黄埔港时二层舱与底舱配货重量及比例

经核查，二层舱配货重量为33.77%，底舱为66.23%，船舶稳性不存在问题。

3. 核查各到港货在各货舱的分布情况

各到港货在各货舱的重量和件数见表12-4-8。

4. 核查各舱配货体积

从各舱配货体积核查表（表12-4-9）中可以看出，各舱实配货物体积（包括亏舱）均小于其舱室容积。

表12-4-9 各货舱配货体积核查表

项目\舱别	No.1		No.2		No.3		No.4		No.5			合计(m³)
	二层舱	底舱	二层舱	底舱	二层舱	底舱	二层舱	底舱	贵重舱	二层舱	底舱	
货舱容积(m³)	1030	804	1789	3260	1630	3830	1312	3090	259	1461	1126	19591
配货体积(m³)	1000	656	1179	2902	784	3230	726	2823	0	1281	1080	15661

注：含贵重舱容积。

5. 核查各二层舱的防堵货物体积

从表12-4-10可以看出，二、三、四舱二层舱的防堵货物体积均小于其防堵舱容，底舱卸货时均可以全开二层舱舱盖，一舱和五舱底舱货物均为迪拜的货物，中途港无须开舱。

表12-4-10 各二层舱防堵状况核查表

舱别		No.1	No.2	No.3	No.4	No.5
舱口位容积(m³)		299(462)	531(721)	489(662)	313(447)	479(664)
各二层舱的防堵舱容(m³)	舱盖全开时	568	1068	968	865	637
	舱盖半开时	799	1429	1299	1084	969
各货舱二层柜实配防堵货物体积(m³)		0	741	684.9	725.5	0

此外，经查，此方案无货物互抵和舱位配置不合理情况。

应该说明，本例为清楚起见，将有关核查内容一一列表说明，实际工作中可以简化，但对有关内容一定要做到心中有数。

五、校核和调整船舶的稳性、纵向受力和吃水差

1. 离黄埔港时船舶的稳性、纵向受力和吃水差校核

（1）根据初配方案及油水配置，列表计算船舶排水量Δ_1、垂向重量力矩$\sum P_i Z_i$、纵向

重量力矩 $\sum P_i X_i$、载荷对中弯矩 $\sum |P_i X_i|$、自由液面倾侧力矩 $\sum \rho i_x$、船舶重心距基线高度 KG_1、船舶重心距中距离 X_{g_1} 和自由液面对 GM 的修正值见表12-4-11。

表 12-4-11 船舶载荷力矩计算表

	项目	重量 P_i(t)	重心高度 Z_i(m)	垂向重量力矩 $P_i Z_i$ (t·m)	重心距中距离 X_i(m)	纵向重量力矩 $P_i X_i$(t·m) 中前+	纵向重量力矩 $P_i X_i$(t·m) 中后−	载荷对中弯矩 $\|P_i X_i\|$ (t·m)	自由液面倾侧力矩 ρi_x(t·m)
货物	No.1 二层舱	500	11.85	5925	53.18	26590		26590	
	底舱	500	6.97	3485	52.38	26190		26190	
	No.2 二层舱	980.6	11.42	11198.5	32.18	31555.7		31555.71	
	底舱	1450	5.51	7989.5	31.3	45385		45385	
	No.3 二层舱	417.7	11.18	4669.9	8	3341.6		3341.6	
	底舱	2450	5.35	13107.5	7.85	19232.5		19232.5	
	No.4 二层舱	530.6	11.17	5926.8	−13.87		−7359.4	7359.422	
	底舱	1857	5.37	9972.1	−13.79		−25608.03	25608.03	
	No.5 二层舱	965	11.54	11136.1	−55.55		−53605.8	53605.8	
	底舱	400	7.24	2896	−54.25		−21700	21700	
	小计	10050.9		76306.3		152294.8	−108273.2	260568	
油	No.1 燃油舱(左)	203	0.77	156.31	7.61	1544.83		1544.83	
	No.1 燃油舱(右)	253	0.76	192.28	7.67	1940.51		1940.51	
	No.2 燃油舱(左)	164	0.77	126.28	−13.88		−2276.32	2276.32	
	No.2 燃油舱(右)	206	0.76	156.56	−13.95		−2873.7	2873.7	
	燃油深舱(左)	83	6.25	518.75	−43.81		−3636.23	3636.23	
	燃油深舱(右)	83	6.25	518.75	−43.81		−3636.23	3636.23	
	燃油沉淀舱(左)	49.5	7.12	352.44	−43.85		−2170.575	2170.575	
	燃油沉淀舱(右)	49.5	7.12	352.44	−43.85		−2170.575	2170.575	
	燃油日用柜(左)	25	10.76	269	−43.85		−1096.25	1096.25	
	燃油日用柜(右)	21	10.64	223.44	−44		−924	924	
	柴油舱(左)	94	1.01	94.94	−30.78		−2893.32	2893.32	
	柴油舱(右)	116	1.02	118.32	−32.57		−3778.12	3778.12	
	柴油日用柜(左)	12	10.7	128.4	−39.35		−472.2	472.2	
	柴油日用柜(右)	12	10.7	128.4	−39.35		−472.2	472.2	
	滑油循环舱	20	1.32	26.4	−37.6		−752	752	
	滑油储存柜	17	10.7	181.9	−43.29		−735.93	735.93	
	汽缸油柜(左)	7.5	10.7	80.25	−43.85		−328.875	328.875	
	汽缸油柜(右)	6.5	10.62	69.03	−43.95		−285.675	285.675	
	污滑油舱	25	0.67	16.75	−34.5		−862.5	862.5	
	小计	1447		3710.64		3485.34	−29364.7	32850.04	

续表

项目		重量 P_i(t)	重心高度 Z_i(m)	垂向重量力矩 P_iZ_i (t·m)	重心距中距离 X_i(m)	纵向重量力矩 P_iX_i(t·m)		载荷对中弯矩 $|P_iX_i|$ (t·m)	自由液面倾侧力矩 ρi_{xi}(t·m)
						中前+	中后-		
淡水	饮水机	60	11.1	666	-25.5		-1530	1530	
	淡水舱(左)	101	3.32	335.32	-50.8		-5130.8	5130.8	
	淡水舱(右)	129	3.27	421.83	-50.69		-6539.01	6539.01	
	锅炉水舱	19	1.07	20.33	-40.31		-765.89	765.89	
	汽缸冷水舱	13	0.92	11.96	-27.4		-356.2	356.2	
	小计	322		1455.44			-14321.9	14321.9	
其他	粮食	8	10.8	86.4	-34		-272	272	
	船员和行李	10	15.5	155	-30		-300	300	
	备品	10	13	130	15	150		150	
	船舶常数	220	10.8	2376	0	0		0	
	小计	248		2747.4		150	-572	722	
	空船	5565	9.07	50475	-8.63		-48026		
合计	符号	Δ_1	KG_1	X_{g1}	M_{z1}	M_{x1}		$\sum|P_iX_i|$	$\sum\rho i_{xi}$
	数值	17633	7.64	-2.53	134694.8	155930.1	-200557.8	308462	0

(2) 根据离黄埔港时船舶的排水量,船舶性能数据表及最小初稳性高度表查得有关数据如表12-4-12所示。

表12-4-12 船舶离黄埔港静水力参数表

查表引数(排水量Δ_1)	平均吃水 d_{m1}(m)	厘米吃水吨数 TPC	厘米纵倾力矩 MTC(t·m/cm)	横稳性距基线高度 KM_1(m)	浮心距基线高度 KB	浮心距中距离 X_{b1}(m)	漂心距中距离 X_f(m)	允许最小初稳性高度 GM_{c1}(m)
17633	8.4	25.01	213.06	8.820	4.535	-0.812	-4.900	0.45

(3) 计算初稳性高度、横摇周期和吃水差:
① 未经自由液面修正的初稳性高度 GM_{01} 为:
$$GM_{01}=KM_1-KG_1$$
$$=8.82-7.64=1.18 \text{ m}$$
② 经自由液面修正的初稳性高度 GM_1 为:
$$GM_1=GM_{01}-\delta GM_1$$
$$=1.18-0=1.18 \text{ m}$$
③ 船舶横摇周期 T_0 为:

$$T_0 = 0.58 f \sqrt{\frac{B^2 + 4KG_1^2}{GM_{01}}}$$

$$= 0.58 \times 1 \times \sqrt{\frac{21.2^2 + 4 \times 7.64^2}{1.18}} = 14.0 \text{ s}$$

④船舶吃水差为：

$$t_1 = \frac{\Delta(X_{g1} - X_{b1})}{100 \cdot MTC_1}$$

$$= \frac{17633(-2.531 + 0.812)}{100 \times 213.06} = -1.42 \text{ m}$$

经校验，离黄埔港时船舶的稳性符合要求，载荷对中弯矩 $\sum |P_i X_i| = 308462 \times 9.81 \text{ kN} \cdot \text{m}$，在有利范围内（3310610~2147576 kN·m），纵向强度条件满足要求，但尾倾过大，拟在首尖舱注压载水进行调整，使之达到 $t_1' = -0.40$ m，需调整的吃水差为 $\delta t_1 = -0.40 - (-1.42) = 1.02$ m。则首尖舱应注压载水 P_1 为：

$$P_1 = \frac{N_t \cdot 100 MTC_1}{X_{p1} - X_{f1}}$$

$$= \frac{1.02 \times 213.06 \times 100}{69.31 + 4.9} = 292.84 \text{ t}$$

⑤计算压载后船舶离黄埔港时的初稳性高度、对中载荷弯矩和首尾吃水：

压载后初稳性高度改变量为：

$$\delta GM_1 = \frac{P_1(KG_1 - Z_{p1})}{\Delta_1 + P_1} - \frac{\rho i_{x1}}{\Delta_1 + P_1}$$

$$= \frac{292.84(7.64 - 5.91)}{17633 + 292.84} - \frac{72.4}{17633 + 292.84} = 0.03 \text{ m}$$

压载后载荷对中弯矩改变量：

$$\delta \sum |P_i X_i| = P_1 X_p$$

$$= 292.84 \times 69.31 \times 9.81 = 199111 \text{ kN} \cdot \text{m}$$

压载后平均吃水改变量：

$$\delta d_{m1} = P_1 / 100 TPC$$

$$= 292.84 / (100 \times 25.01) = 0.12 \text{ m}$$

压载后船舶的初稳性高度：

$$GM_1' = GM_1 + \delta GM_1$$

$$= 1.18 + 0.03 = 1.21 \text{ m}$$

压载后船舶的载荷对中弯矩：

$$\delta \sum |P_i X_i|' = \sum |P_i X_i| + \delta \sum |P_i X_i|$$

$$= 308462 \times 9.81 + 199111 = 3225123 \text{ kN} \cdot \text{m}$$

压载后船舶的实际平均吃水：

$$d_{m1}' = d_{m1} + \delta d_{m1} + 0.03$$

$$= 8.40 + 0.12 + 0.03 = 8.55 \text{ m}$$

此处 0.03 m 为船舶的龙骨板厚度。

压载后船舶的实际首吃水：

$$d_{F1}=d_{m1}'+\frac{\frac{1}{2}L_{bp}-X_f}{L_{bp}}\cdot t_1'$$

$$=8.55+\frac{\frac{1}{2}\times 148+4.90}{148}(-0.4)=8.34 \text{ m}$$

压载后船舶的实际尾吃水：

$$d_{A1}=d_{m1}'+\frac{\frac{1}{2}L_{bp}-X_f}{L_{bp}}\cdot t_1'$$

$$=8.55-\frac{\frac{1}{2}\times 148+4.90}{148}(-0.4)=8.74 \text{ m}$$

结论：船舶离黄埔港时，首尖舱压载293 t，未经自由液面修正的初稳性高度为1.21 m，经自由液面修正的初稳性高度仍为1.21 m，载荷对中弯矩为3225123 kN·m，吃水差为-0.40 m，实际首吃水为8.34 m，实际尾吃水为8.74 m。

2. 船舶离曼谷港

根据船舶航程和靠泊卸货时间和装卸方式，船舶离曼谷港时油水消耗如下：燃油消耗142 t（燃油深舱左右各消耗71吨），柴油消耗12 t（柴油日用柜左、右各消耗6 t），消耗淡水80 t（除饮用水柜其余水舱均有消耗）。

设定的油水消耗舱室情况如表12-4-13所示。

表12-4-13 设定的油水消耗舱室情况一览表

序号	油水消耗舱室	油水消耗重量(t)	油水消耗设定的重心高度(m)	存在自由液面力矩ρi_x (9.81 kN·m)
1	No.2燃油舱（左右）	71	0.77	1960
2	柴油舱（左右）	6	1.01	435
3	淡水舱（左右）	38	3.32	195.9
4	锅炉水舱	2	1.07	21.6
	合计	234		2612.5

船舶排水量为14233 t，平均吃水为7.00 m，首尖舱压载331 t，经自由液面修正后的GM为0.79 m，允许最小初稳性高度GM_{cl}为0.15 m，吃水差为-0.5 m。符合要求，其校核过程不一一叙述。

六、绘制正式积载图

经上述校核和压载后，货物积载方案已满足各项要求，据此绘制正式积载图（见图12-4-3）。

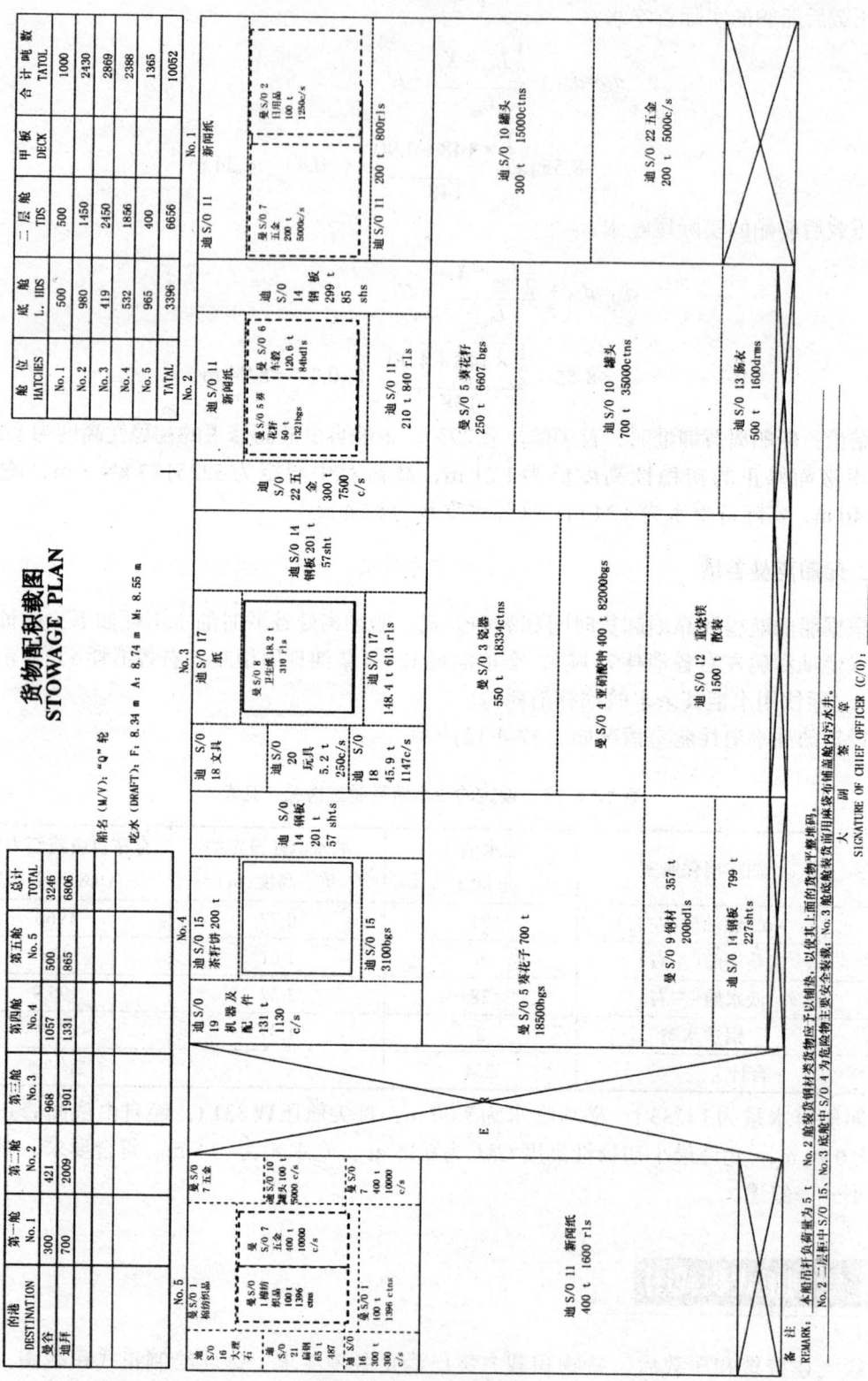

图12-4-3 货物积载图

第十三章

特殊杂货运输

 **本章学习目标**

1. 掌握货物运输单元的积载与系固；
2. 了解12种非标准货物单元的积载与系固；
3. 掌握重大件货物运输；
4. 掌握木材甲板货物运输；
5. 掌握钢材货物运输；
6. 掌握滚装货物运输；
7. 掌握冷藏货物运输。

特殊杂货的自身性质决定了其对装运技术的要求与常运普通杂货差别很大，尤其是积载与系固、装卸操作等环节。为了保证船舶和货物的安全，对船舶营运管理提出了更高的要求。本章将重点介绍货物运输单元、重大件货物、木材甲板货物、钢材货物、滚装货物及冷藏货物等特殊杂货。

第一节 货物运输单元积载与系固

一、定义

货物运输单元（cargo transport unit）是指车辆（公路车辆、拖车）、铁路货运车、集装箱、平台、托盘、可移动罐柜、中型散装容器、包装组件、成组货件、重质货件等。未永久性固定在船上的货物装卸设备或部件，也应视为货物运输单元。

根据船舶为其货物运输单元所配备的货物系固系统情况，将货物运输单元分成三类：标准货物、半标准货物和非标准货物。标准货物指船上配备有为其特定种类设计并批准的货物系固系统的货物运输单元，如格栅式集装箱船装载的集装箱、钢材专用船装载的卷钢等；半标准货物指船上装备有能适应于有限种类的货物系固系统的货物运输单元，如滚装船上装载的车辆、拖车等；非标准货物指需进行单独积载和系固布置的货物。本节主要论述非标准货物的积载与系固。

二、货物特性

就货物安全积载与系固而言，以下特性应给予适当考虑。

1. 变形或压紧

某些货物在航行中会发生变形或出现压紧状态，造成系索松弛而引起货物移动，船上应及时做好加固工作。

2. 低摩擦性

对于金属类货物单元，当将其积载于各层甲板上时，仅产生较小摩擦力，除沿船宽方向紧密积载的情况外，若在积载时未采取衬垫增大摩擦的措施，就难以牢固系固。

3. 尺寸及形状的特殊性

某些货物运输单元因其自身尺寸和形状的特殊性，当积载于船上某一位置上时，难于适当系固或仅凭系索难以系牢，需采取特别措施方能保证运输安全。在此类货物选择舱位时，尺寸和形状应是首要考虑的因素。

4. 重量及其分布

货物运输单元的重量及其分布影响到装载位置、衬垫方案、系固计划及船舶稳性等方面，配装时应统筹安排。

5. 危险性

某些货物运输单元自身或其内容属于危险货物，如装运固体、液体或气体的移动式罐柜或容器等。

三、装运准备

1. 获得必要的货物资料

（1）在装运前，托运人应提供所有必要的货物资料以确保：
①所装运的货物是相容的或适当隔离的；
②货物适合于本船运输，本船适合于装运该货物；
③在预定航线上可预见的海况条件下，货物能在船上安全积载、系固。
（2）托运人所提供货物资料的内容，应视其货种而异，总体上应包含：
①货物运输单元尺寸和重量；
②货物运输单元重心位置，如需要；
③货物是否具有足够强度的提升装置；
④系固点及其强度；
⑤基座面积和防护装置；
⑥吊具种类；
⑦货物件数。
若为危险货物，则应按 IMDG 规则中的要求提供相关资料。

2. 检查积载舱位、系固设备及衬垫材料

货物装载前，应对计划积载货物运输单元的舱位、船上系固设备状况等进行检查，对货物装运中的危险情况做出充分的估计。
（1）用于装运货物的甲板区域应尽可能清洁干燥、无油污。
（2）船上的系固设备应满足以下要求：
①数量充足，系固索具具有充分的余量；
②与所运货物包装类型及物理特性相适应；
③有足够的强度；
④便于使用；
⑤得到良好维修。

(3) 如需衬垫，应准备好具有符合强度要求且数量足够的衬垫材料。

3. 货物配置

货物运输单元的配置，主要应考虑以下因素：

1) 船舶稳性

货物配置后，应使船舶稳性保持在适宜范围内。稳性过小，船舶复原能力太差，不能保证船舶安全；稳性过大，船舶在横摇中会产生较大加速度而使系索受力过大。

2) 船舶强度

货物配置应对船体结构不会造成严重影响或破坏，对那些重量较大且分布不均或与甲板接触面积较小的货物更应给予重视。

3) 货物系固

货物配置应便于系固方案的实施和系固效果的检查。在所配置的位置处，应具有足够的固定系固设备并满足系索系固角度的要求。为便于航行中的检查和加固，应有一定的空间便于人员接近。

4. 减小受力

为减小货件在船舶摇摆时的受力，应尽可能配装在加速度较小处。一般情况下，货物在 $L/2$ 和 $B/2$ 的底舱位置上时，其加速度最小。

四、货物衬垫

货物运输单元衬垫的目的及方法主要有：

1. 保证船舶局部强度

在普通货船上装载重量较大且与甲板接触面积较小的货物单元时，为保证船舶局部强度，必须预先核算货物装船后的局部受力情况，确定衬垫方案。一般可采用方木等衬垫材料扩大受力面积从而减小甲板单位面积负荷，或临时添加支柱以实现力的转移或传递。

在确定衬垫方案时应对货物装载位置处的结构、均布及集中载荷的允许负荷量、衬垫方案实施的可行性方面做到通盘考虑，必要时请教有关专家对衬垫方案指导或论证。

设货件重量为 W，装载处均布载荷和集中载荷的允许负荷分别为 p_d 和 P，可按下述方法校核局部强度和计算最小衬垫面积：

(1) 确定货件与甲板的接触面积 A。

(2) 校核货件在无衬垫的情况下局部强度是否满足要求，如不满足，则应增加衬垫。

(3) 按均布载荷计算最小衬垫面积 A_m：

$$A_m = \frac{W}{p_d} \tag{13-1-1}$$

(4) 按集中载荷计算最小衬垫应跨的骨材数 n_m：

$$n_{\mathrm{m}} = \frac{W}{p} \tag{13-1-2}$$

(5) 货件衬垫方案中，A_{m} 和 n_{m} 均应满足。

例 13-1-1：某船某航次在 No.3 舱上甲板舱口外装载一台重为 33 t 的拖拉机，每条履带与地面接触长度为 3.88 m，宽度为 0.55 m，问应如何衬垫才能保证甲板局部强度的要求？已知在该位置处甲板允许负荷量为：均布载荷 22.96 kPa，集中载荷 104.97 kN。

解：

(1) 计算货件无衬垫时受力面积 A：

$$A = 2 \times 3.88 \times 0.55 = 4.27 \text{ m}^2$$

(2) 校核无衬垫时甲板局部强度：

$$p'_{\mathrm{d}} = \frac{W}{A} = \frac{33 \times 9.81}{4.27} = 75.81 \text{ kPa} > p_{\mathrm{d}}$$

(3) 计算最小衬垫面积 A_{m}：

$$A_{\mathrm{m}} = \frac{W}{p_{\mathrm{d}}} = \frac{33 \times 9.81}{22.96} = 14.10 \text{ m}^2$$

(4) 计算最小衬垫应跨的骨材数：

$$n_{\mathrm{m}} = \frac{W}{P} = \frac{33 \times 9.81}{104.97} = 3.08 \approx 4$$

在确定衬垫面积时，还应考虑以下因素：

(1) 衬垫物料及系固索具的重量；
(2) 系固使货物对甲板的正压力增大；
(3) 海上航行时船舶在摇荡过程中货件对甲板的正压力增大；
(4) 上甲板梁拱和舷弧的不利影响；
(5) 货件装载操作的影响；
(6) 船舶浮态对货件装载的影响。

2. 增大货件与甲板间、货件与货件间的摩擦

若货件与甲板或结构间、货件与货件间摩擦力较小，就存在滑动的危险，则在系固中需增加系索道数来弥补摩擦力过小的影响。为此，需在它们之间使用适当材料进行衬垫，如钢板、木板、橡胶等。

在确定货件与甲板、货件与货件间的摩擦力时，其相应的摩擦系数 μ 为：木材-木材取 $\mu = 0.4$；钢-木材、橡胶取 $\mu = 0.3$；钢-钢（干燥状态）取 $\mu = 0.1$；钢-钢（潮湿状态）取 $\mu = 0$。

3. 防止货物移动和滚动

为防止货物的移动和滚动，在货物与舷侧间、货物与舱壁间或货物之间用木支架支撑、木材填充及塞紧。对圆形或椭圆形罐柜可采用架式底座衬垫；对卷材类货物则可根据装载位置应用直立木材、板条、木楔、木支撑等进行综合填衬；对车辆用支架或千斤顶做防滚撑衬。

五、货物系固

1. 系固设备

1）系固设备的种类

系固设备可分为固定系固设备和可移动系固设备两种。

（1）固定系固设备

固定系固设备应视为船体结构的组成部分，包括舱壁、强肋骨、支柱等上的眼板、带环螺栓等，甲板上的固定器、象脚装置、集装箱的角件孔、地令等，天花板上的类似装置。

（2）可移动系固设备

可移动系固设备包括链条，钢丝绳，纤维绳，钢带，松紧器（花篮螺丝、紧链器等），卸扣，紧锁夹，集装箱用扭锁、桥锁等。

2）系固设备的强度

衡量系固设备强度的指标有破断强度、最大系固负荷和计算强度。

（1）破断强度 BS

系固设备的破断强度是指设备在拉伸试验中使其达到破断状态时的拉力（kN），制造厂家至少应提供该设备的标准破断强度资料。

（2）最大系固负荷 MSL

最大系固负荷是用以确定系固设备系固货物时所允许的最大负荷能力，它等于设备的破断强度与相应破断系数 δ 的乘积，即

$$MSL = \delta \cdot BS \qquad (13\text{-}1\text{-}3)$$

各设备及材料的相应系数如表13-1-1所列。对于木材，MSL 取 $0.3\ \text{kN/cm}^2$。

表13-1-1　系固设备系数表

设备及材料	破断系数 $\delta(\%)$
卸扣、眼环、地令、甲板孔、低碳钢花篮螺丝	50
纤维绳	33
钢丝绳（第一次使用）	80
钢丝绳（重复使用）	30
钢带（第一次使用）	70
链条	50

应当注意的是，当多个设备串联使用时，MSL 取其中最小者。

(3) 计算强度 CS

考虑到货物系固时可能存在受力不均匀、系固水平不高或其他因素，应取适当安全因数 F_s 来折减最大系固负荷，折减后的 MSL 称为系固设备的计算强度。在应用力及力矩平衡法来评价系固效果时，根据不同的核算方法，安全因数取 1.5 或 1.35，其中估算法取 1.5，精算法取 1.35，即

$$CS = \frac{MSL}{F_s} \tag{13-1-4}$$

为使各系索有一致的弹性变形，应选用材料和强度相近的索具。

3) 可移动系固设备选用时应考虑的因素

船舶在选用可移动系固设备时，应根据航线、船舶和所运载的货件等具体情况来确定，这些因素具体为：

(1) 航次时间；

(2) 航经的地理区域，尤其是可移动系固设备最低安全使用温度，当外露甲板温度在 0 ℃及以下时，应适当提高材料等级；

(3) 可预见的海况；

(4) 船舶尺度及设计特征；

(5) 航行中可预计的静外力和动外力；

(6) 包括车辆在内的货物单元的形式和包装；

(7) 货物单元计划积载方案；

(8) 货物单元的重量和尺寸。

2. 货物系固的一般要求

(1) 各系索松紧适宜且受力均匀

对货件上的系索，既要使其紧固而不致松动，又要防止过紧而绷断，同时还要易于解开，以便发生意外时能立即松开。

同一侧的货件系索，应保持在同一松紧度上，这样才能保证各系索受力均匀，避免因松紧不一导致某些系索破断。

(2) 系索尽量横向和纵向对称分布

系索布置对称，可使其左右或前后受力均衡，而不会形成一侧系索因受力过大而失效的不利情况。

(3) 系索长度不宜过大

长度过大，系索不宜收紧且可能因弹性变形而松动，更不能一系多道，否则会导致整个系固布置失效。

(4) 系索的垂向系固角应适当

系索的垂向系固角过小时不利于防止货物倾倒，而过大则不利于防止货物水平移动。因此，为提高系固效果，系索应选取适当的垂向系固角，一般应取 30°~60°。

(5) 如需要，使用防滑材料增大摩擦

使用防滑材料增大货件与甲板间的摩擦力，从而减小了货件的水平移动力，系索道数

可相应减少。

（6）注意正确操作和使用系固设备

不同种类的货物运输单元在不同的堆装条件下，应使用与之相适当的系固设备，如使用不同的系索、松紧装置等。对各种系固设备应正确操作，防止造成损坏或未达到预定的系固效果。同一地令上应控制系索数量，且方向不能相同；系固钢丝绳不应大角度弯曲，以免破断。

（7）系索与其他方式的联合固定

除采取系索固定外，根据需要可采用木料支撑、木楔塞紧等方式固定。

（8）保证货件不受损伤

为避免系索直接接触货物表面而压损或磨损货件，应在规定的部位进行系固，必要时在系固部位先加铺垫。对怕水湿的货物，除合理选择舱位外，在系固前应先铺盖油布，易腐蚀部位应涂上防护油脂。

3. 系固效果评判

货物运输单元在装船前，应制订积载与系固计划，提出积载的具体要求和系固的具体方案。在系固方案初拟后，需对其系固效果进行核算，只有经过认真核算并确认系固方案足以抵御船舶在航行中货件所受外力及外力矩作用，确保货件不致滑动和倾倒后才能付诸实施。现介绍IMO对于非标准货物系固所推荐的三种系固效果评判方法。

1）经验法

在应用经验法评判系固效果时，假定横向加速度为 1.0 g（9.81 m/s²），适应于任何尺度的船舶，并忽略货件装载位置、船舶稳性、装载状态及航行季节和区域。该方法既不考虑系固设备中系固力的非均匀分布的不利影响，也未考虑摩擦力的有利影响。系固角大于 60° 的系索有利于防止货件倾倒，但在经验法评判系固效果时没有计入。

系固效果的经验法评判标准可表述为：以 kN 为单位的货件重量 W 不大于货件每一侧系固设备 MSL 的总和，即

$$W \leq \sum MSL \tag{13-1-5}$$

利用式（13-1-5）可方便、快捷地对系固效果做出评判，只要将货件一侧各道系索的最大系固负荷值相加并将结果与货件重量比较，即可得出系固方案是否可靠的结论。上述经验评判标准偏于严格，即偏于安全。另外，若各道系索具有相同的 MSL 值，则式（13-1-5）可写成：

$$W \leq N \cdot MSL$$

由此可得出重量为 W 的货件横向一侧所需系固的道数 N，即

$$N \geq \frac{W}{MSL} \tag{13-1-6}$$

2）估算法和精算法的评判标准及作用于货件上的外力计算

装于船上的货物单元所受的外力主要由船舶运动引起的惯性力、甲板积载时所受风压力和波溅力组成，按船用坐标系可将它们分解为纵向力、横向力和垂向力。

横向力或外力的合力通常随货物单元装载位置的高度及离船舶运动中心的纵向距离的

增大而增大,因而货物积载于船舶最前端或最后端及每一舷最高处时,所受外力最大;横向力大小随 GM 的增大而增大,应通过合理配载保持稳性适度值;船舶在航行中操纵不当也会使所受外力增加,因而应选择适当航向和航速,降低摇荡摆幅,增大摇荡周期。

(1) 系固方案的评判标准

在通常条件下,货物系固的目的在于阻止货件的水平横移和纵移、防止货件横向倾覆。

在大多数情况下,其纵向倾覆的可能性极小。

利用估算法和精算评判系固效果时,其评判标准可写成:

$$\begin{cases} F_y \leq [F_y] \\ F_x \leq [F_x] \\ M_y \leq [M_y] \end{cases} \tag{13-1-7}$$

式中:

F_y、F_x——作用于货件上的横向移动力和纵向移动力(kN);

$[F_y]$、$[F_x]$——阻止货件移动的横向约束力和纵向约束力(kN);

M_y——货件横向倾覆力矩(kN·m);

$[M_y]$——阻止货件横向倾覆的约束力矩(kN·m)。

(2) 作用于货件上的外力

船舶在海上航行中,作用于货件上的外力包括惯性力、甲板风压力和甲板波溅力。其中,惯性力是使货件移动和倾覆的主要外力。

① 惯性力

作用于货件上的惯性力在不同方向上的分量可表达为:

$$\begin{cases} F_{ix} = ma_x \\ F_{iy} = ma_y \\ F_{iz} = ma_z \end{cases} \tag{13-1-8}$$

式中:

m——货件质量(t);

a_x、a_y、a_z——货件所在位置的纵向、横向和垂向加速度(m/s²);

F_{ix}、F_{iy}、F_{iz}——货件所受到的纵向、横向和垂向惯性力(kN)。

不同方向的加速度可按下式求取:

$$\begin{cases} a_y = k_1 k_2 a_{0y} \\ a_x = k_1 a_{0x} \\ a_z = k_1 a_{0z} \end{cases} \tag{13-1-9}$$

式中:

a_{0x}、a_{0y}、a_{0z}——货件的纵向、横向和垂向基本加速度(m/s²),可由货件的装载位置查表 13-1-2 获得;

k_1——船长及航速修正系数,可由船长 L 和航速 v_s 查表 13-1-3 获得;

k_2——船宽与（未经自由液面修正的）初稳性高度比修正系数，可由B/GM查表13-1-4获得。

表13-1-2　基本加速度值表

垂向货位↓	横向加速度a_{0y}(m/s²)								纵向加速度a_{0x}(m/s²)
上甲板高位	7.1	6.9	6.8	6.7	6.7	6.8	6.9	7.1　7.4	3.8
上甲板低位	6.5	6.3	6.1	6.1	6.1	6.1	6.3	6.5　6.7	2.9
二层舱	5.9	5.6	5.5	5.4	5.4	5.5	5.6	5.9　6.2	2.0
底舱	5.5	5.3	5.1	5.0	5.0	5.1	5.3	5.5　5.9	1.5
纵向货位 (距船尾)→	0.1	0.2	0.3	0.4	0.5	0.6	0.7	0.8　0.9　L	
垂向加速度a_{0z}(m/s²)	7.6	6.2	5.0	4.3	4.3	5.0	6.2	7.6　9.2	

表13-1-2中，横向加速度a_{0y}包括了船舶在纵摇和垂荡时重力部分影响修正，而垂向加速度a_{0z}未含该修正量。

需要说明的是，表中基本加速度是基于下述条件获得的数值：无限航区；航行季节不限；航次时间为25天；船长L=100 m；航速V_s=15 kn；$B/GM \geq 13$。

表13-1-3　船长及航速修正系数k_1表

L_{bp}(m) \ V_s(kn)	50	60	70	80	90	100	120	140	160	180	200
9	1.20	1.09	1.00	0.92	0.85	0.79	1.70	0.63	0.57	0.53	0.49
12	1.34	1.22	1.12	1.03	0.96	0.90	0.79	0.72	0.65	0.60	0.56
15	1.49	1.36	1.24	1.15	1.07	1.00	0.89	0.80	0.73	0.68	0.63
18	1.64	1.49	1.37	1.27	1.18	1.10	0.98	0.89	0.82	0.76	0.71
21	1.78	1.64	1.49	1.38	1.29	1.21	1.08	0.98	0.90	0.83	0.78
24	1.93	1.78	1.62	1.50	1.40	1.31	1.17	1.07	0.98	0.91	0.85

当k_1不能直接在表中查出时，对于50 m<L_{bp}<300 m的船舶，可按下式确定k_1值：

$$k_1 = \frac{0.345 v_s}{\sqrt{L_{bp}}} + \frac{58.62 L_{bp} - 1034.5}{L_{bp}^2} \tag{13-1-10}$$

表 13-1-4 船宽与初稳性高度比修正系数 k_2 表

B/GM	7	8	9	10	11	12	≥13
上甲板高位	1.56	1.40	1.27	1.19	1.11	1.05	1.00
上甲板低位	1.42	1.30	1.21	1.14	1.09	1.04	1.00
二层舱	1.26	1.19	1.14	1.09	1.06	1.03	1.00
底舱	1.15	1.12	1.09	1.06	1.04	1.02	1.00

当船舶横摇角等于及大于30°时，横摇加速度可能比表中给定的大，应采取有效措施予以避免；当船舶高速顶浪航行产生猛烈的波浪拍击时，其纵向和垂向加速度将超过表列值，应予以减速；当船舶顺浪或偏顺浪航行时，即使稳性不明显低于要求值，但可能产生大幅度的横摇而使横向加速度超过表列数值，应改变航向。

② 风压力

货物运输单元装于上甲板上时将受到风压力的作用，其计算公式为：

$$\begin{cases} F_{wx} = p_w \cdot A_{wx} \\ F_{wy} = p_w \cdot A_{wy} \end{cases} \quad (13\text{-}1\text{-}11)$$

式中：

F_{wx}、F_{wy}——作用于货件上的纵向风压力和横向风压力（kN）；

p_w——计算风压强，取 $p_w = 1$ kPa；

A_{wx}——货件纵向受风面积（m²），对正投影为矩形的货件，$A_{wx} = b \times h$；

A_{wy}——货件横向受风面积（m²），对侧投影为矩形的货件，$A_{wy} = l \times h$；

l、b、h——货件长度、宽度和高度（m）。

③ 波溅力

装于上甲板的货物运输单元当甲板上浪时将受到波溅力作用，其大小为：

$$\begin{cases} F_{sx} = p_s \cdot A_{sx} \\ F_{sy} = p_s \cdot A_{sy} \end{cases} \quad (13\text{-}1\text{-}12)$$

式中：

F_{sx}、F_{sy}——作用于货件上的纵向和横向波溅力（kN）；

p_s——计算波溅压强，取 $p_s = 1$ kPa；

A_{sx}、A_{sy}——货件纵向及横向波溅面积（m²），指上甲板或上甲板舱盖至 2 m 以内高度的货件波溅计算面积。

船舶在恶劣海况下航行时，作用于货件上的波溅力会远远超过上述计算值，该值可以理解为在采取适当措施减小甲板上浪后而残存的波溅力。

(3) 作用于货件上的移动力和倾覆力矩

在算得各项外力后，其作用于货件上的移动力和横向倾覆力矩（如图 13-1-1 所示）为：

$$\begin{cases} F_y = F_{iy} + F_{wy} + F_{sy} \\ F_x = F_{ix} + F_{wx} + F_{sx} \\ M_y = F_y \cdot l_z \end{cases} \quad (13\text{-}1\text{-}13)$$

式中：

l_z——货件横向倾覆力臂（m），即货件重心距甲板或垫板的高度。

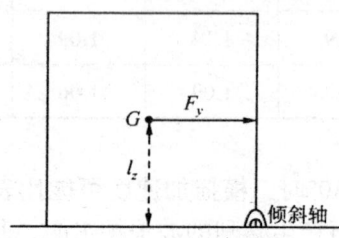

图 13-1-1　横向倾覆力矩

3）估算法的约束力及约束力矩

利用估算法进行校核时，对于水平系固角小于 30° 的系索，不考虑水平系固角对系索系固效果的影响，并将安全因数 F_s 取为 1.50，即

$$CS = \frac{MSL}{F_s} = \frac{MSL}{1.50}$$

（1）作用于货件上的约束力

作用于货件上的约束力与货件移动力方向相反，它由系索提供的系固力和货件与甲板（垫板）间的摩擦力两部分组成。

应当注意的是：当系索的垂向系固角大于 60° 时，该系索不再计入系索提供的系固力中；当系索的水平系固角大于 30° 时，该系索不再计入系索提供的横向系固力中。

$$\begin{cases} [F_y] = \mu mg + \sum f_i \cdot CS_i \\ [F_x] = \mu m(g - a_z) + \sum f_j \cdot CS_j \end{cases} \quad (13\text{-}1\text{-}14)$$

式中：

μ——货件底部与甲板（垫板）之间的摩擦系数，由前述原则取值。

g——重力加速度，取 $g = 9.81 \text{ m/s}^2$。

CS_i、CS_j——第 i（j）根横（纵）向系索的计算强度（kN）。

f_i、f_j——第 i（j）根横（纵）向系索的计算系数，由表 13-1-5 查取，或按 $f = \mu \sin\alpha + \cos\alpha$ 计算；当 $\alpha > 60°$ 时，取 $f_i = f_j = 0$，α 为垂向系固角（°）。

表 13-1-5　作为 μ 和 α 的函数的 f 值表

μ \ α	-30°	-20°	-10°	0°	10°	20°	30°	40°	50°	60°
0.3	0.72	0.84	0.93	1.00	1.04	1.04	1.02	0.96	0.87	0.76
0.2	0.82	0.91	0.97	1.00	1.00	0.97	0.92	0.83	0.72	0.59
0.1	0.87	0.94	0.98	1.00	0.98	0.94	0.87	0.77	0.64	0.50

（2）作用于货件上的横向约束力矩

作用于货件上的横向约束力矩与倾覆力矩方向相反，由货物自身具有的重量约束力矩和系索提供的约束力矩两部分组成。同样，当系索的水平系固角大于30°时，该系索不再计入系索提供的横向约束力矩中。该约束力矩可表示为：

$$[M_y] = mg \cdot b' + \sum CS_i \cdot l_i \tag{13-1-15}$$

式中：

b'——货物重心至横向翻倒轴的水平距离（m），对于重量横向对称的货件，可取其底部宽度的 $\frac{1}{2}$；

l_i——横向翻倒轴至各系索力作用线的垂直距离，可定义为系索的系固力臂（m）。

如图13-1-2所示，对于重量横向对称的货件，有 $b_1 = b_2$，b' 可取其底部宽度的 $\frac{1}{2}$；而当货件横向不对称时，$b_1 \neq b_2$，应分别计算。

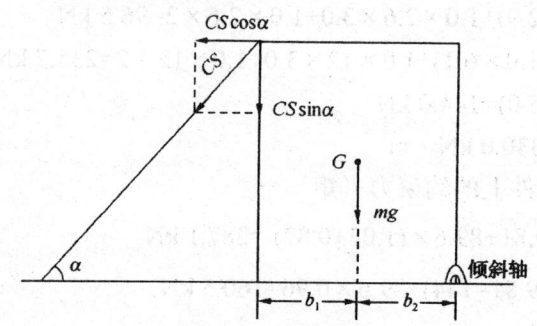

图13-1-2　约束力分解图

如图13-1-3所示，系索的系固力臂 l 的计算公式为：

$$l = h_L \cos\alpha + b\sin\alpha \tag{13-1-16}$$

式中：

h_L——货物系固点距离甲板或垫板的垂直距离（m）；

b——货物系固点距离横向翻倒轴的水平距离（m），形状规则的货物在正常系固情况下，可取货物的宽度（m）。

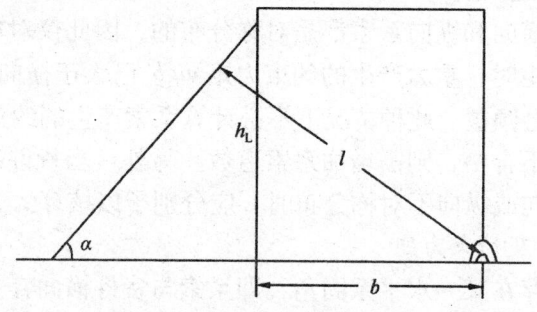

图13-1-3　约束力臂计算图

例13-1-2：某船船长 L_{bp}=140 m，船宽 B=21 m，未经自由液面修正的初稳性高度 GM=1.21 m，航速 v_s=12 kn。现在上甲板低位距船尾 $0.6\,L_{bp}$ 处纵向装载一重量为40 t的木箱装重件，主要参数包括：长12 m、宽2.6 m、高3.0 m；重件重心位置：垂向距基座底部高1.4 m，横向宽度 $\frac{1}{2}$ 处。拟用破断强度均为168 kN的新钢丝并配用破断强度为270 kN的卸扣系固于破断强度为320 kN的甲板地令上，系固方案如下：纵向前后各系一道，垂向系固角 α=40°；横向每侧各系两道，垂向系固角 α 分别为30°和50°；系固点位于货件距重件顶端0.5 m处。试核查其系固方案是否合格。

解：

① 确定 MSL 和 CS

$MSL = \min\{0.8\times168,\ 0.5\times270,\ 0.5\times320\}=134.4$ kN

$CS = 134.4/1.5=89.6$ kN

② 计算作用于货件上的外力（矩）

$F_x = 40\times(0.72\times2.9)+1.0\times2.6\times3.0+1.0\times2.6\times2=96.5$ kN

$F_y = 40\times(0.72\times1.0\times6.1)+1.0\times12\times3.0+1.0\times12\times2=235.7$ kN

$F_z = 40\times(0.72\times5.0)=144.0$ kN

$M_y = 235.7\times1.4=330.0$ kN·m

③ 求取作用于货件上的约束力（矩）

$[F_y] = 0.3\times40\times9.81+89.6\times(1.02+0.87)=287.1$ kN

$[F_x] = 0.3\times(40\times9.81-144)+89.6\times0.96=160.5$ kN

$[M_y] = 40\times9.81\times1.3+89.6\times(3.47+3.60)=1143.6$ kN·m

而 $mg\cdot b' = 40\times9.81\times1.3 = 510.1$ kN·m

其中横向系索的系固力臂分别为：

$l_1 = 2.6\times\sin30°+2.5\times\cos30°=3.47$ m

$l_2 = 2.6\times\sin50°+2.5\times\cos50°=3.60$ m

④ 核查系固方案

经过核查可知，$F_y < [F_y]$，$F_x < [F_x]$，重件不会水平移动；$M_y < [M_y]$，重件不会倾覆。结论：该系固方案合格。

由于该系固方案中横向和纵向系索都是对称分布的，因此仅对单侧进行核算即可。另外，在计算横向约束力矩时，重力产生的约束力矩 mgb' 已大于横向倾覆力矩 M_y，表明货件在未系固状态下也不会倾覆，此种情况下不必计算系索产生的约束力矩。

若系固方案经核查不合格，则需增加系索道数。另外，当货件系固因积载位置、地令分布等原因而使系索横向或纵向不对称分布时，应分别予以核算。

4）精算法的约束力及约束力矩

货件在系固时通常存在某一水平系固角，即系索与货件横向存在一定夹角，它为货件纵向提供了一定的系固力和约束力矩的同时，降低了系索的横向系固效果。利用精算法进行校核时，更细致地考虑了水平系固角对系索系固作用的影响，同时在力矩平衡计算时将安全因数降低为1.35，即 $CS = MSL/1.35$。

（1）作用于货件上的约束力

如图13-1-4所示，系索的垂直系固角为α，水平系固角为β，作用于货件上的约束力为：

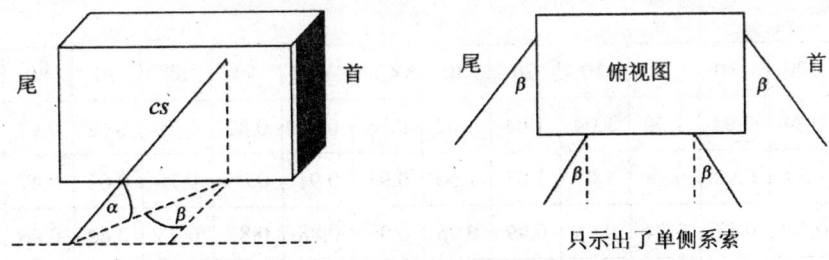

图13-1-4　系索水平系固角和垂向系固角示图

$$\begin{cases} [F_y] = \mu mg + \sum f_{yi} \cdot CS_i \\ [F_x] = \mu m(g - a_z) + \sum f_{xi} \cdot CS_i \end{cases} \qquad (13\text{-}1\text{-}17)$$

式中：

f_{yi}、f_{xi}——第 i 根系索的计算系数，由表13-1-6查取或按下式计算：

$$\begin{cases} f_x = \cos\alpha\sin\beta + \mu\sin\alpha \\ f_y = \cos\alpha\cos\beta + \mu\sin\alpha \end{cases} \qquad (13\text{-}1\text{-}18)$$

（2）作用于货件上的约束力矩

作用于货件上的约束力矩按下式计算：

$$[M_y] = mgb' + 0.9\sum CS_i \cdot l_i \qquad (13\text{-}1\text{-}19)$$

其中：

l——系索的相当力臂（m），如图13-1-5所示，可推导出计算公式：

$$l = h_L\cos\alpha\cos\beta + b\sin\alpha \qquad (13\text{-}1\text{-}20)$$

应该注意的是，当系索的垂向系固角小于45°并且水平系固角大于45°时，在计算货件的横向倾覆时不应计及。

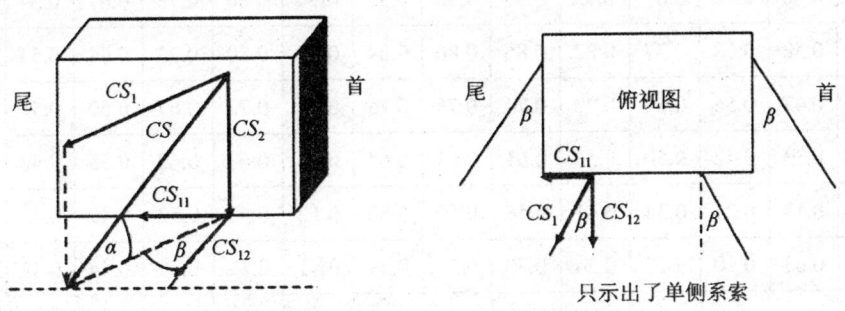

图13-1-5　系索系固力分解示意图

表 13-1-6　f_{yi}、f_{xi} 查算表

$\beta(°)$ f_y	$\alpha(°)$														$\beta(°)$ f_x
								$\mu=0.3$							
	−30	−20	−10	0	10	20	30	40	45	50	60	70	80	90	
0	0.72	0.84	0.93	1.00	1.04	1.04	1.02	0.96	0.92	0.87	0.76	0.62	0.47	0.30	90
10	0.70	0.82	0.92	0.98	1.02	1.03	1.00	0.95	0.91	0.86	0.75	0.62	0.47	0.30	80
20	0.66	0..78	0.87	0.94	0.98	0.99	0.96	0.91	0.88	0.83	0.73	0.60	0.46	0.30	70
30	0.60	0.71	0.80	0.87	0.90	0.92	0.90	0.86	0.82	0.79	0.69	0.58	0.45	0.30	60
40	0.51	0.62	0.70	0.77	0.81	0.82	0.81	0.78	0.75	0.72	0.64	0.54	0.43	0.30	50
50	0.41	0.50	0.58	0.64	0.69	0.71	0.71	0.69	0.67	0.64	0.58	0.50	0.41	0.30	40
60	0.28	0.37	0.44	0.50	0.54	0.57	0.58	0.58	0.57	0.55	0.51	0.45	0.38	0.30	30
70	0.15	0.22	0.28	0.34	0.39	0.42	0.45	0.45	0.45	0.45	0.43	0.40	0.35	0.30	20
80	0.00	0.06	0.12	0.17	0.22	0.27	0.30	0.33	0.33	0.34	0.35	0.34	0.33	0.30	10
90	−0.15	−0.10	−0.05	0.00	0.05	0.10	0.15	0.19	0.21	0.23	0.26	0.28	0.30	0.30	0
								$\mu=0.4$							
$\beta(°)$ f_y	−30	−20	−10	0	10	20	30	40	45	50	60	70	80	90	$\beta(°)$ f_x
0	0.67	0.80	0.92	1.00	1.05	1.08	1.07	1.02	0.99	0.95	0.85	0.72	0.57	0.40	90
10	0.65	0.79	0.90	0.98	1.04	1.06	1.05	1.01	0.98	0.94	0.84	0.71	0.56	0.40	80
20	0.61	0.75	0.86	0.94	0.99	1.02	1.01	0.98	0.95	0.91	0.82	0.70	0.56	0.40	70
30	0.55	0.68	0.78	0.87	0.92	0.95	0.95	0.92	0.90	0.86	0.78	0.67	0.54	0.40	60
40	0.46	0.58	0.68	0.77	0.82	0.86	0.86	0.84	0.82	0.80	0.73	0.64	0.53	0.40	50
50	0.36	0.47	0.56	0.64	0.70	0.74	0.76	0.75	0.74	0.72	0.67	0.60	0.51	0.40	40
60	0.23	0.33	0.42	0.50	0.56	0.61	0.63	0.64	0.64	0.63	0.60	0.55	0.48	0.40	30
70	0.10	0.18	0.27	0.34	0.41	0.46	0.50	0.52	0.52	0.53	0.52	0.49	0.45	0.40	20
80	−0.05	0.03	0.10	0.17	0.24	0.30	0.35	0.39	0.41	0.42	0.43	0.44	0.42	0.40	10
90	−0.20	−0.14	−0.07	0.00	0.07	0.14	0.20	0.26	0.28	0.31	0.35	0.38	0.39	0.40	0

注：本表还包括 $\mu=0$、0.1、0.2 时的 f_{yi}、f_{xi} 查算表，使用者可根据需要查取。

例 13-1-3：一均质货件重为 86 t，积载于上甲板高位 0.6 L_{bp} 处，以木板衬垫（$\mu=$

0.3)。L_{bp} = 160 m,B = 23 m,v_s = 15 kn,GM = 1.30 m。货件高度为 2.4 m,宽度为 1.4 m,长度为 6 m,系固点位于货件 2 m 高度处。现拟用破断强度为 164.8 kN 的新钢丝,配用破断强度为 270 kN 的卸扣,系固于破断强度为 290 kN 的地令上,其系固方案如图 13-1-6 所示,试校核该系固方案的系固效果。

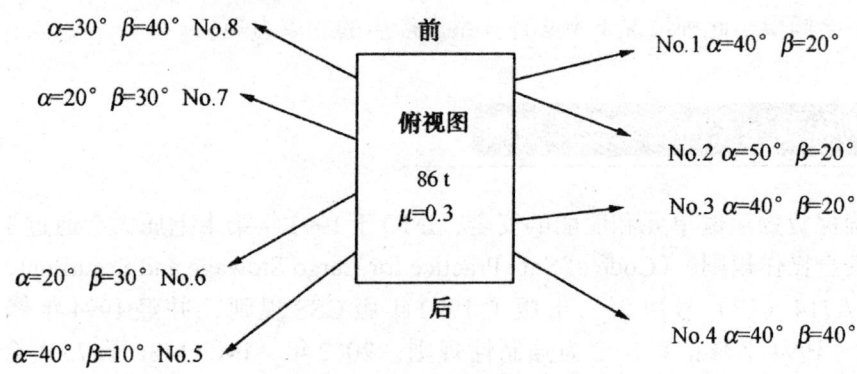

图 13-1-6 系固方案平面图

解:
① 确定 MSL 和 CS
$MSL = \min\{0.8 \times 164.8, 0.5 \times 270, 0.5 \times 290\} = 131.8$ kN
$CS = 131.8/1.35 = 97.6$ kN
② 计算作用于货件上的外力(矩)
$F_x = 86 \times (0.73 \times 3.8) + 1.0 \times 1.4 \times 2.4 + 1.0 \times 1.4 \times 2.0 = 244.7$ kN
$F_y = 86 \times (0.73 \times 1.0 \times 6.8) + 1.0 \times 6 \times 2.4 + 1.0 \times 6 \times 2.0 = 453.3$ kN
$F_z = 86 \times (0.73 \times 5.0) = 313.9$ kN
$M_y = 453.3 \times 1.2 = 544.0$ kN·m
③ 求取作用于货件上的约束力(矩)
右侧约束力:$[F_y]_{右} = 0.3 \times 86 \times 9.81 + 97.6 \times (0.91 + 0.83 + 0.91 + 0.78) = 587.9$ kN
左侧约束力:$[F_y]_{左} = 0.3 \times 86 \times 9.81 + 97.6 \times (0.95 + 2 \times 0.92 + 0.81) = 604.5$ kN
右侧约束力矩:$[M_y]_{右} = 86 \times 9.81 \times 0.7 + 0.9 \times 97.6 \times (2.34 + 2.28 + 2.34 + 2.07) = 1383.8$ kN
左侧约束力矩:$[M_y]_{左} = 86 \times 9.81 \times 0.7 + 0.9 \times 97.6 \times (2.41 + 2.11 + 2.11 + 2.03) = 1351.3$ kN
前端约束力:$[F_x]_{前} = 0.3 \times (86 \times 9.81 - 313.9) + 97.6 \times (0.45 + 0.45 + 0.71 + 0.57) = 371.7$ kN
后端约束力:$[F_x]_{后} = 0.3 \times (86 \times 9.81 - 313.9) + 97.6 \times (0.45 + 0.69 + 0.33 + 0.57) = 358.0$ kN

在 $[M_y]$ 的计算中,系索的横向系固力臂 l 由式 (13-1-20) 确定。本例中 b = 1.4 m,h_L = 2.0 m,因此 l 算式可写为:

$$l = 2.0 \times \cos\alpha\cos\beta + 1.4 \times \sin\alpha$$

将各系索的水平系固角和垂向系固角代入上式,可得各系索的横向系固力臂 l 依次

(按编号)为 2.34 m、2.28 m、2.34 m、2.07 m、2.41 m、2.11 m、2.11 m、2.03 m。

④ 核查系固方案

经过核查可知，$F_y < [F_y]$，$F_x < [F_x]$，$M_y < [M_y]$，该系固方案合格。

本例中，货件重力产生的约束力矩 mgb 已大于横向倾覆力矩 M_y，表明货件在未系固状态下也不会倾覆，此种情况下不必计算系索产生的约束力矩。

六、货物积载与系固安全操作规则

为了确保货物运输单元和船舶的安全，IMO于1991年第十七届大会通过了《货物积载与系固安全操作规则》（Code of Safe Practice for Cargo Stowage and Securing），简称CSS规则，即A714（17）号决议，出版了1992年版CSS规则，并经1994年修改后列入SOLAS公约1994年修正案，变为强制性规则。2002年，IMO MSC第75次会议以通过MSC/Circ1026通函的形式接受了对CSS规则的再次修正，并出版了2003年版CSS规则。2010年，MSC第87次会议通过了MSC.1/Circ1352通函，对CSS规则做了进一步的修正，并出版了2011年版CSS规则。

IMO制定CSS规则的目的是：提请船舶所有人和经营人注意确保船舶应适合其预定的用途，对确保船舶装备合适的货物系固装置提出建议，提供关于适当的货物积载和系固的一般建议以减少船舶和人员的风险，对在积载和系固上会有困难和造成危险的那些货物提出具体建议，对在恶劣海况下可采取的行动及对货物移动可采取的补救措施提出建议。

1. 规则的适用范围及主要内容

现行CSS规则包括7章和14个附则，主要内容包括：

1）总则

（1）规则适用范围

该规则适用于船舶装载的除固体散货、液体散货和甲板木材以外的所有货物，特别是实践已证明在积载与系固方面具有困难的货物。

（2）有关定义

对本规则使用的货物运输单元、IBC、移动式罐柜、公路罐车、公路车辆、公路拖车等相关术语给出了定义。

（3）运输中系固设备所受到的力

系固设备所受到的力分为横向、纵向和垂向力，而主要是横向力和纵向力；离船舶运动中心愈远的位置该力越大。

由于船舶设计的缺陷、不适当的货重、油水和压载水的分布使横向力增大，应通过合理配置货物使船舶初稳性高度保持在既能保证船舶安全又可减小货物受力的适当范围内。

甲板上的货物还受到风压力和波溅力。船舶操纵（航向和航速）不当会使船舶与货物受力增加。

使用规则中的方法对货物受力进行计算，规则推荐使用经验法（rule of thumb method)、估算法（advanced method）和精算法（alternative method）对系固效果进行核算。在此计算中，规则不考虑减摇装置对船舶摇荡性的改善。

(4) 货物的特性

从货物安全积载角度，规则给出了货物单元的相关特性，包括变形、自压实、低摩擦等性质对货物的影响。

(5) 影响货物移动可能性的因素

影响货物移动可能性因素包括：货物的尺寸和物理特性；货物在船上的积载位置和形式；船舶对特殊货物的适运性；船上系固设备的适用性；航线上预计的天气和海况；船舶稳性状况；航行地理区域和季节。

根据上述因素确定合理的积载与系固方法，船长只有在认为可以安全运输的前提下，方可接受货物装载。

2) 货物安全积载与系固的一般原则

(1) 集装箱、公路车辆、铁路挂车中的货物应适当填装与系固，以防造成对船舶的损伤及对船员和海洋的危害。

(2) 为防止货物的移动、倾覆、晃动、倒塌，船长对货物积载与系固方案的制订和监督尤为重要；货物的配置应保证船舶稳性在一定的限度内，尽量减小过大加速度的不利影响；货物配置尚应考虑船体结构的强度情况。

(3) 货物系固设备应尽可能均匀受力，并具有足够的剩余强度。

(4) 使用防滑材料增大货物与甲板间、货物之间的摩擦。

(5) 加强装载监督，以防止不当积载与系固；航行中应定期检查货物系固的有效性，但应注意进入封闭处时的安全。

(6) 在装载货物之前，船长应考虑的因素包括：载货处所甲板尽可能地清洁、干燥并无油脂，货物处于适装状态并已有效系固；船上已备有所需要的系固设备并性能良好；货物组件中已适当填装和固定，其内的危险品满足公约和危规的装载要求；装载车辆应由装货人提供货物积载与系固声明书。

3) 标准货物的积载与系固

标准货物积载与系固系统的设计和配备，应满足在预定航次的所有情况下安全运输的需要并配备相应的使用手册；该系统需取得船级社批准。

4) 半标准货物的积载与系固

装载公路车辆、标准的货物列车、汽车等特殊货物运输单元的滚装船上，必须具有紧密布置的系固点，并符合IMO相关决议的规定。公路拖车应提供货物和拖车安全积载和系固的设施堆装高度、密集程度以及高重心的影响。

船长在确认车辆上具有满足IMO相关决议要求的系固点并外观适合滚装船装运后，方可接受该货物的装载。

5) 非标准货物的积载与系固

附则提供具有潜在危险的12种非标准货物的安全积载与系固方法，应该强调的是，任何积载与系固的替代做法应能达到IMO相关决议、指南、通函所要求的水准。

规则附则13推荐使用经验法和力及力矩平衡计算法对系固效果进行评判。

6）恶劣天气条件下应采取的措施

船长尽可能仔细制订航线计划以避开天气和海况恶劣的海区，是减小过大加速度的方法之一。

在大风浪中航行的船舶应：改向或/和变速，滞航；尽早避开恶劣天气和海况；根据船舶情况注（排）压载水。

7）仅在货物移动时应采取的措施

这些措施包括：改变航向以减小加速度；降低航速以减小加速度和振动；监测船舶的水密性；对货物重新堆装或系固，如可能增设摩擦材料；绕航避风或避开恶劣海况。只有在确保船舶稳性的前提下方可注（排）压载水。

8）附则

14个附则包括已证明对货物安全运输具有一定潜在危险的12种非标准货物积载和系固的建议和方法、非标准货物系固方案有效性的评估方法、甲板集装箱系固安全操作指南，依次为：

（1）在非专用集装箱船上的集装箱安全积载和系固；
（2）移动式罐柜安全积载与系固；
（3）移动式容器安全积载与系固；
（4）滚动（滚装）货物安全积载与系固；
（5）机车、变压器等重件货物安全积载与系固；
（6）成卷钢板安全积载与系固；
（7）重金属制品安全积载与系固；
（8）锚链安全积载与系固；
（9）散装金属废料安全积载与系固；
（10）挠性中型散装容器安全积载与系固；
（11）舱内原木积载指南；
（12）成组货物安全积载与系固；
（13）非标准货物系固方案有效性的评估方法；
（14）甲板集装箱系固安全操作指南。

对于装运货物单元的船舶，尤其是装载非标准化货物时，应认真阅读整个规则，掌握在运输过程中各环节上为确保船、货及人员安全应采取的有效措施。当装运附则中所列具有潜在危险的货物单元时，可参照其中所述措施积载和系固，并按规则所列方法对系固效果予以核查。

2. 货物系固手册

为了确保我国国际航行船舶能够满足相关国际公约的要求，中华人民共和国海事局根据《1974年国际海上人命安全公约》（SOLAS 1974）1994年修正案及IMO《货物积载与系固安全操作规则》（CSS规则）的有关要求，于1997年制定并颁布了《编制〈货物系固手册〉导则》，以便各船务公司为其所属船舶编制1994年修正案强制要求配备的《货物系固手册》（Cargo Securing Manual，CSM）。

除仅装载液体散货和固体散货以外的所有运输指定的货物运输单元的国际航行船舶，自1998年1月1日起必须配备《货物系固手册》。该手册应由主管机关或船级社批准后配备于营运船上，作为货物积载与系固的操作指南。它也是装载货物单元的国际航行船舶必备的法定文书。

自SOLAS公约1994年修正案生效之日起，国际海事组织对CSS规则进行了多次修改，部分重要内容发生了变化，因此《货物系固手册》也应随之进行修改，以完全保证船载货物单元的安全积载和系固。

为切实保障船舶航行安全，规范船舶运输货物管理，中华人民共和国海事局决定自2010年12月1日起，从事钢材运输的500总吨及以上国内航行海船（含江海联运船舶）需配备《国内航行船舶货物系固手册》。船舶在装载货物时，应取得货物资料，并参照手册的要求，妥善实施货物的积载和系固方案。从事集装箱、重大件、木材、滚装货物等运输的船舶也应配备《国内航行船舶货物系固手册》，但生效时间暂未公布。

《货物系固手册》应根据船舶的具体情况编制，主要内容有：

（1）总则。包括手册编制依据、相关术语的定义、船舶主要参数及手册的使用说明。

（2）系固设备及其布置。包括本船固定式系固设备的布置、固定式系固设备技术参数及设备清单、移动式系固设备的技术参数及设备清单、本船系固设备的有关证明文件及设备检修和保养的具体规定等。

（3）货物单元系固与受力核算。包括货物系固基本原则、货物系固设备使用指南、货物单元受力分析、推荐的货物单元系固方案有效性评估方法及实例、系固方案核算表格等。

（4）IMO推荐的12种非标准货物安全积载与系固的操作方法。

（5）系固设备记录。包括船舶系固设备检查、保养和维护记录、船舶系固设备更新记录及统计记录。

需要注意的是，《货物系固手册》不排除海员的良好船艺，也不能代替积载与系固的经验做法。船长在整个航次中应对船舶、船员、货物的安全及防污染负责，只有在确信货物能够被安全运输时，才能承运该货物。船长在操纵船舶，特别是在恶劣气象和海况下操纵船舶时，应充分考虑到货物的类型、积载位置和系固设备等因素的影响。

第二节 12种非标准货物安全积载与系固

IMO的CSS规则附则中给出了12种非标准货物的积载与系固方案，在装载这些货物时，应按要求进行积载和系固。

一、集装箱

对于在非为运输集装箱而专门设计和装备的船舶甲板上装载集装箱时，其积载和系固应注意以下事项：

1. 积载

（1）最好沿船首尾方向积载。

（2）集装箱不应超出船舷。

（3）留有为积载和系固需要而便于人员走近的空间。

（4）集装箱的积载应能保证其甲板或舱口盖的局部强度。

（5）底层集装箱，当不是放在堆码位置上时，应积载在足够厚度的木材上，其布置应能使积载负荷均匀地传递到积载区域的结构物上。

（6）集装箱应积载于系固点数量、位置和强度满足要求的位置处。在积载集装箱时，应视具体情况在集装箱间使用锁紧装置或相似器材；当在甲板或舱盖上积载集装箱时，应考虑到系固点的位置和强度。

2. 系固

（1）所有集装箱应有效地系固，使之不能滑动和翻倒。承载集装箱的舱盖应牢固地固定在船体上。

（2）系索用钢丝绳或链条或具有等效强度和特性的材料为宜。

（3）系固可采用图 13-2-1 中方法之一或其他等效方法，其中：（a）适用于中等重量集装箱且上层箱重小于底层箱重的 70%；（b）适用于中等重量集装箱且上层箱重大于底层箱重的 70%；（c）适用于重集装箱且上层箱重大于底层箱重的 70%。

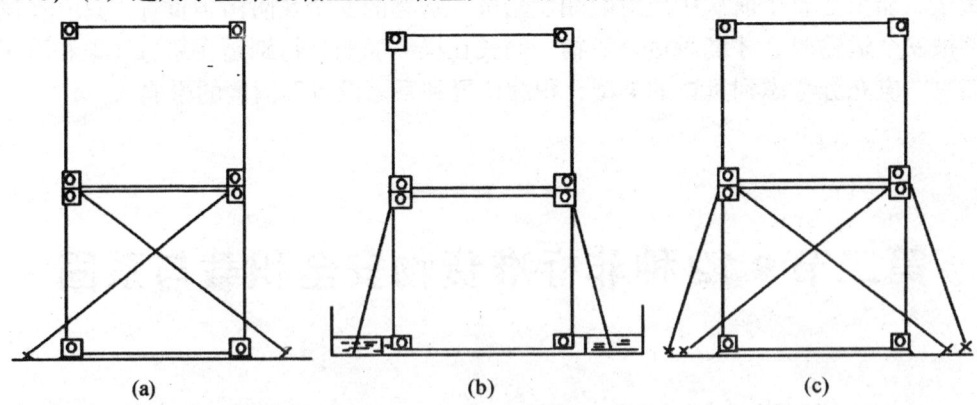

图 13-2-1 集装箱的系固方法

（4）撑木的长度不超过 2 m。

（5）两层集装箱之间应使用锁紧装置等固定。在舱内积载集装箱时，底层箱应与舱底板用锁销固定，箱间应用紧固件连接。

（6）钢丝夹应加适量油脂，并拉紧到钢丝绳的自由终端明显受到挤压力（如图 13-2-2）所示。

（7）应尽可能使系索受到均匀的拉力。

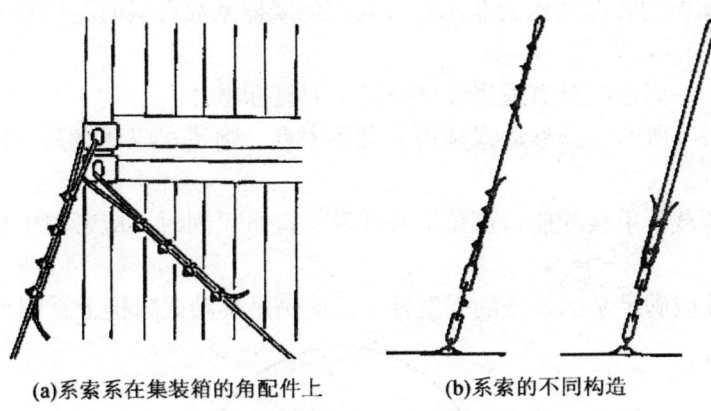

(a) 系索系在集装箱的角配件上　　(b) 系索的不同构造

图 13-2-2　集装箱的系固

二、移动式罐柜

移动式罐柜指非永久性固定在船上，容积为 450 L 及以上且外壳装有外部稳定构件和运输货物所必备的维修工具和结构性设备的罐柜，它可用于装运液体、固体或气体货物。装载气体的移动式罐柜的容积应在 1000 L 以上。

移动式罐柜应能在不拆卸罐柜结构的情况下装满和卸空，并能在装有货物时直接装上船舶或从船舶卸下。移动式罐柜的外部支架可由撑柱或座架构成，罐体可固定在台架式集装箱上，也可固定在国际标准化组织规定尺寸的或非国际标准化组织规定尺寸的框架箱内。

移动式罐柜积载及系固通常应做到：

1. 积载

（1）无论是在甲板上积载还是在舱内积载时，移动式罐柜均应沿首尾方向；

（2）积载后，移动式罐柜的外端应不超出船舷；

（3）移动式罐柜积载后，应能使得作业人员安全接近；

（4）积载时应能保证堆装位置的局部强度；

（5）无框架的罐柜积载时应注意衬垫，如必要，可用木楔塞住；

（6）未装满的移动式罐柜，其内液体的晃动所产生的压力可能使箱体受损时，应禁止装运；

（7）移动式罐柜在直立积载时，宜用合适和坚固的木材制成方形框架围紧；

（8）如果是危险货物，应按 IMDG 规则的相关要求进行积载。

2. 系固

（1）对系固角的要求：为实现防滑目的时应不大于25°，为实现防倾倒目的时应不小于45°~60°，如图13-2-3所示；

（2）移动式罐柜的底部结构为非木材或其他低摩擦系数材料时，应在货件与甲板间以木料衬垫；

（3）货件上的系固点应具有适当强度并做出明显标志；

（4）如图13-2-4所示，若移动式罐柜上无系固点，则系索应环绕其一周，并使两端系固在罐柜同一侧；

（5）当货件积载于甲板或舱口部位上并在其上进行系固时，应考虑甲板或舱口部件的结构强度；

（6）系固时除应满足系固设备的强度外，尚应满足移动式罐柜上系固点的强度。

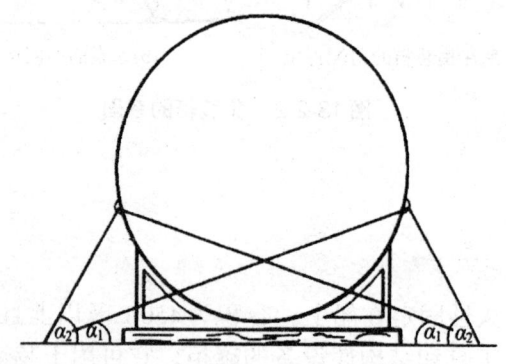

图13-2-3　移动式罐柜的系固

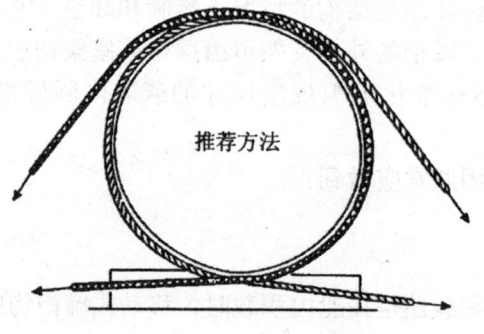

图13-2-4　无系固点罐柜或容器的系固

三、移动式容器

移动式容器指容量为1000 L及以下、除移动式罐柜以外的容器，可用于装运气体或液体货物。它们有不同的尺寸和形状，包括没有系固点、容积不超过150 L的各种尺寸圆筒；容量为100~1000 L的各种尺寸容器，不论是否装有足够强度的提升装置；装于框架内的圆筒。

1. 积载

（1）容器最好在甲板上或舱内纵向积载。

（2）容器应予以衬垫，避免直接与钢质甲板接触。除非容器已装入框架内而成为一个组件，否则，在积载容器时应根据需要用楔子止动。

（3）容器在直立积载时，应密实积载，用合适、坚固木材制作木架围住。木架下部应垫起，避免与钢质甲板接触。木架内的容器应予固定，以避免移动。木架体应用木楔和系索固定，以免移动。

（4）圆筒应在横向垫木上纵向积载。如可行，在货堆下预先横向放置两根或更多钢丝绳，绕经货堆，系在对边的系固点上。钢丝绳应用紧固装置收紧，以使货堆密实。在装货期间，为防止圆筒滚动可使用楔子挤紧。

（5）集装箱中的圆筒，若可行，圆筒应直立积载，使阀口位于顶部，并将护盖盖紧。圆筒应用钢带或类似装置系缚在集装箱底的系固点上。若圆筒不能在封闭集装箱中直立装载，则应装载在敞顶式或框架式集装箱内。

2. 系固

应按图13-2-3、图13-2-4所示布置系索；可能时，可利用容器上的提升装置进行系固；装载在船上时，系索应定期检查和定期重新收紧。

四、滚动（滚装）货物

滚装货物是指所有装有轮子或履带的货物，包括用于装运其他货物的轮子和履带，拖车和公路列车除外，但包括公共汽车、带有或不带履带的军用车辆、拖拉机、运土设备和轮式拖车等。

规则中对其积载与系固的要求主要有：

（1）积载滚装货物的处所应干燥、清洁且无油脂。

（2）滚装货物上应设有合适的且做出明显标志的系固点或设有足够强度的等效装置。

（3）没有系固点的滚装货物应将可使用系索的地方做出明显的标志。

（4）无橡胶轮的或履带下表面无摩擦力增加层的滚装货物，应装载在垫木或其他增加摩擦力的材料（如软板、橡胶垫等）上。

（5）滚装货物装载在积载位置上时，应使用刹车或止动装置（如有的话）。

（6）滚装货物应用系索固定在船上，系索的强度和拉伸特性应至少等同于钢链或钢丝绳。

（7）若可能，不能满舱装载的滚装货物，应紧靠船舷积载，或积载在设有足够系固点的处所，或在货物处所中集中积载。

(8) 若可能，为防止没有足够系固点滚装货物的横向移动，这些货物应靠船舷紧凑积载，或由所装载的集装箱等其他货件阻挡。

(9) 若可能，为防止滚装货物移动，这些货物应沿船长方向而不沿横向积载。若滚装货物不得不横向积载，则必须加缚具有足够强度的绑索。

(10) 滚装货物的轮子应用楔子塞牢止动。

(11) 装载在滚装组件内的货物应充分系固在积载底板上，若有合适设施还应系固到其边板上。设置在滚装组件上的杆件、臂状物或转塔等外部活动部件，应锁牢或系固在其位置上。

图 13-2-5 为车辆等滚装货物的系固图。其中图 13-2-5（a）为非标准货物系固，图 13-2-5（b）和图 13-2-5（c）为半标准货物系固。

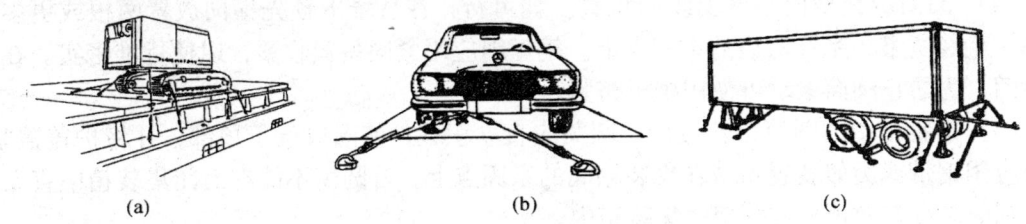

图 13-2-5　车辆等滚装货物的系固

五、机车、变压器等重件货

1. 积载

1）船长应获得的货物资料

该资料至少包括：总重，如可能，带有图纸/图片说明的主要尺寸和形状，重心位置，基座面积及特定基座的防护措施，提升点和吊货位置，系固点及其强度等详情。

2）积载位置

应从货物和船舶安全、便利装卸和使用船上重型起货设备等方面考虑车辆的积载位置。

(1) 根据货物具体情况，可以配置在舱内或上甲板。

配置在舱内时，一般应选择中部货舱；若配置在二层舱，应注意货件高度是否可以下舱；当配置在甲板上时，应不妨碍甲板正常工作并不影响航行瞭望，但不能配在舱盖上。

(2) 积载位置的选择应顾及船舶加速度的典型分布。

(3) 无论舱内还是上甲板，舱位选择应有利于货件的系固，如积载处所是否有合适的系固设备、是否会呈现系固角过大的现象等。

(4) 保证局部构件不受损伤。在甲板装载重件时，应用足够强度的木材或钢梁将重件的重量传递到船体结构上。

（5）考虑货件的积载对船舶稳性是否有利。

（6）最好纵向积载。

（7）当重件货物在甲板上积载时，如可能应考虑到具体航次"上风舷"的不利影响。

（8）在开敞集装箱、货盘或框架箱中装载重件货，应按本节的规定进行装载。

（9）所使用的国际标准框架箱应为合适的类型，具有足够的强度，并且系固点可承受足够大的负荷。

（10）尽可能在框架箱内均匀分布货件的重量。若有可能，装载在国际标准框架箱内重件货还应系固在邻近箱上或船舶的固定构件上，以策安全。

2. 系固

（1）除了货件底部为木支架或橡胶胎等材料外，在积载处所表面与货件装置底部应使用木材衬垫。

（2）如图13-2-6所示，保持最佳系固角，防滑动时为25°，防倾倒时为45°~60°。

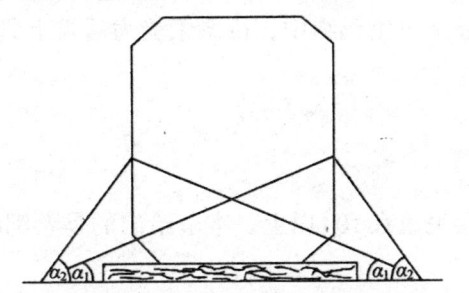

α_1——防滑动有利角度；α_2——防倾倒有利角度

图13-2-6　重件货的系固

（3）若重件是在加了润滑油的滑板上或以降低摩擦力的其他方法拖到位置上，防滑系索数量相应增加。

（4）因条件所限，仅可以较大系固角系固时，则必须用木支柱、焊接配件或其他可行方法防止滑动。但任何焊接应按规定的热工程序进行。

（5）伸出舷外的重货件应另外增加系索，使其作用于纵向和垂向上。

（6）货物上的系固点应具有适当的强度，且具有明显的标志。

（7）货件上无合适系固点时，系固原理同可移动罐柜和容器。

（8）正确使用钢丝绳、夹具（如图13-2-7所示）。

图 13-2-7　钢丝绳夹正确使用

其使用注意事项如下：
——绳夹与钢丝绳直径匹配；
——钢丝绳每端接头处所用绳夹数量与钢丝绳直径有关，直径越大，数量越多，但不少于3个，其间距为6倍的钢丝绳直径；
——绳夹的鞍座部分应装在动载段，"U"形螺栓应装在静载段或缩短端段；
——绳夹应先紧至明显卡进钢丝绳中，待系索受力后再上紧。

六、成卷钢板

成卷钢板即卷钢，每卷毛重在10 t以上。本节给出的是卷钢的卧式积载方法。

1. 积载

（1）卷钢应从底层堆起，且底部为横向放置的垫木；
（2）卷钢轴线应与船首尾向一致；
（3）紧凑堆积，最下层在装载时为防滚移可用木楔塞住；
（4）上层卷材应压在下层卷材接缝处；
（5）每排最后一卷放在邻近的两卷上边，该卷质量将起到固定该排其他卷材的作用；
（6）在最高一层卷钢中，钢卷之间的任何空当应加以适当的填塞。

2. 系固

卷钢系固是为了将它们系联在一起，使之在舱内形成大的不可移动的卷材组，其常规做法和要求如下：
（1）一般情况下，最高一层的末端3排应予以系固；
（2）建议采用"奥林匹克"系固法或成组系固法；
（3）对无外包装的顶层不宜使用成组系固法，顶层最后一排应使用垫木填塞和钢丝绳系固，钢丝绳应从一侧到另一侧拉紧，使用附加钢丝绳拉到舱壁；
（4）卷材铺满整个舱室底面积并有良好的支撑，除用于固定的卷材外，不再需要用系索固定；
（5）系索通常为具有足够强度和防止利刃损坏保护的钢丝绳或其他等效系索。

七、重金属制品

重金属制品系指金属制成的重货件，如棒材、管材、盘条、板材和线材卷等。海上运输重金属制品会给船舶造成下述危险：

——若积载中产生了超过船体许用应力或甲板许用负荷，则船舶结构将承受超限应力；
——由于稳性过大造成横摇周期过短，船舶结构将承受超限应力；
——货物因系固不当而移动，则会导致船舶稳性丧失或船体受到损坏。

1. 积载

（1）积载金属重件货物的处所应干净、干燥、无油脂；
（2）货物重量的分布应避免使船体受到过大应力；
（3）积载中，不得超过甲板和舱底的许用负荷；
（4）货件应从船舶一舷向另一舷密实积载，货件间不留空当，必要时货间用木块塞紧；
（5）在可能和可行时，货件表面应保持平整；
（6）对于薄板和小包货件，纵向和横向交替积载的效果较好，层次间应使用足量的干垫木或其他材料以增加摩擦力；
（7）管材、铁轨、型钢和钢坯等应沿纵向积载，以避免货物移动对船舷造成损伤；
（8）线材卷应平放积载，使每卷与邻卷相靠。上层线材卷应压缝叠装在下层卷上；
（9）对卧式积载的线材垛系固时，应特别注意，若顶层未系固，则货堆中部的线材卷会因为船舶的运动而被下边的货件挤出货堆。

2. 系固

（1）货物表面应予以系固，每根系索应相互独立地对货物表面施加垂向压力，不得留有未受力的货件。
（2）船舶的每根肋骨应设一个撑柱，但间隔不应小于1 m。撑柱应由坚固、无裂纹的木材制成，其尺寸应足以抵御加速度力。
（3）货件尤其是最高一层的货件，可在其上部装载其他货物或用钢丝绳、木楔或其他材料系固。
（4）当金属重件的积载没有从一舷满铺到另一舷时，应特别注意，进行充分系固。
（5）线材卷应密实积载，用牢固的系固装置系固。在线材卷间必须留有空当时或在货堆边侧或端部有空当时，货堆应妥当系固。

八、锚链

船舶和海上结构物的锚链通常以捆装或散装形式运输。只要在装载过程中采取一定安全措施,锚链可以成捆地直接装载在积载处所,或沿着船舶整舱长度、或部分舱长纵向积载,而不需做进一步处理。

(1) 积载锚链的货物处所应清洁和无油脂。

(2) 锚链只应装载在覆有永久木质铺板的、覆有足够厚度垫木层的或覆有其他增加摩擦力材料的表面上。锚链不得直接在金属表面上积载。

(3) 成捆锚链可直接吊装到积载处,而不需做进一步处理,吊索应留在锚链上,另用钢丝绳绕在锚链捆上系妥。

(4) 不必用垫木等增加摩擦力的材料来隔开锚链层,因为锚链捆会相互夹持。锚链捆的最高一层应用系索系在船舶两舷舱壁上。锚链捆可用系索独立或成组系固。

(5) 在可能和可行时,每层锚链的积载应在接近船舷处开始或结束。应注意保证货堆的密实。

(6) 无须用垫木等增加摩擦力的材料来隔开散装的锚链层,因为锚链各层会相互夹持。

(7) 根据预计的气候和海况、航次长短和特性及锚链上层货物的性质,每一货堆的顶层应利用具有足够强度的系索系固,系索在货堆上的间距要适当,以便固定住整个货堆。

九、散装金属废料

散装金属废料系指因尺寸、形状和质量原因难以紧密积载的金属废料,但不包括金属钻屑、刨屑和切屑等金属废料,后者应按IMSBC规则中的规定运输。

运输散装金属废料对船舶的危害为:

——因货堆移动造成船舶横倾;

——个别重件移动会戳穿水线下船侧外板而致使船舱严重进水;

——舱底板或甲板间底板超负荷;

——稳性过大造成剧烈横摇。

装货前,货舱壁下部护条应用厚实垫木保护以防舱壁受损,避免沉重锐利的废料与船侧板接触。只用木板防护的空气管、测深管、污水井及压载水管应再做相应保护。

装货时,应注意第一批装入货物的落放高度不至于造成舱底板受损;如轻的和重的废金属在同一舱内装载,则应先装重废金属;废金属应密实、均匀积载,不留空当,不留悬空面;废金属不得装载在金属屑或类似废料上部。

散装金属废料若移动会造成船侧板或端舱壁损坏,因而应在上面加压载或用系索系固。鉴于废料的性质,使用撑木一般无效。应注意避免舱底板和甲板超负荷。

十、挠性中型散装容器（FIBC）

挠性中型散装容器指容量不大于 3 m³（3000 L）用于装运固体的挠性移动式包装，使用机械装卸，一般应经检测试验。检测试验分为一次使用检测和多次使用检测。

1. 积载

（1）如可行，积载处所应是矩形的并且没有障碍物。
（2）积载处所应清洁、干燥、无油污和铁钉。
（3）当仅在舱口下舱位积载时，应在货物两侧及前后端用其他货物或物料阻挡。
（4）以船宽与该货物容积之商作为横向积载的容器数，余数即为空当，积载时应从两舷向中间逼近，使空当居于舱口中央。
（5）堆积应尽可能紧凑，空当应塞牢，以防容器发生移动。
（6）装妥第一层后，以后各层应以相同方法积载，使其完全覆盖住下边的容器。若后层有空当，也应留在舱口中央，并塞牢。舱内积载的情况如图 13-2-8 所示。

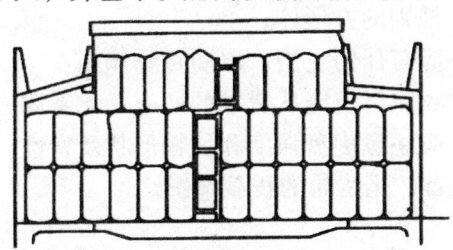

图 13-2-8　挠性中型散装容器的积载

（7）若舱口间有足够空间可在其下货面上装载另一层容器，则应确定舱口围板能否作为围壁。若舱口围板不能作为围壁，则应采取措施防止因航行中货件下沉而使容器滑移到船侧部位；若舱口围板能作为围壁，则容器应自舱口围板的一侧装载至另一侧。在这两种情况下，空当均应留在中央部位并予以塞牢。

2. 系固

（1）在舱内仅用部分空间用于装载挠性中型散装容器时，应采取措施防止移动，用格板或胶合板抵住容器后使用钢丝绳从一侧到另一侧系固。
（2）在甲板间或底舱仅装载部分容器时，应采取措施防止其移动。这些措施包括用格板或胶合板撑住容器，并用钢丝绳从一侧到另一侧系缚容器货垛。
（3）航行中，应定期或在恶劣气候前后对系固用的钢丝绳和胶合板进行检查，必要时应重新收紧。

十一、舱内原木

舱内原木积载要求与IMO的木材装运规则相同，内容见本章第四节。

十二、成组货物

成组货物是指货盘上堆装并系固的货物、放置在货箱等保护性外包装内的货物或作为一吊并永久系固在一起的货物。

1. 积载

（1）积载处所应清洁、干燥并无油脂；
（2）积载处所的舱底板或甲板应是水平的；
（3）货物积载处所最好在水平和垂直方向上都是矩形的，首、尾货舱应增设支架，将积载区域形状尽可能形成一规则的方形体；
（4）货物与船舶之间不应有任何空当，以防货物倾斜；
（5）如必要，成组货物积载后应能从货堆的所有面上系固；
（6）货物重叠堆积时，应注意货盘强度和货物形状及特性。

图13-2-9为成组货物在首、尾货舱的积载情况。

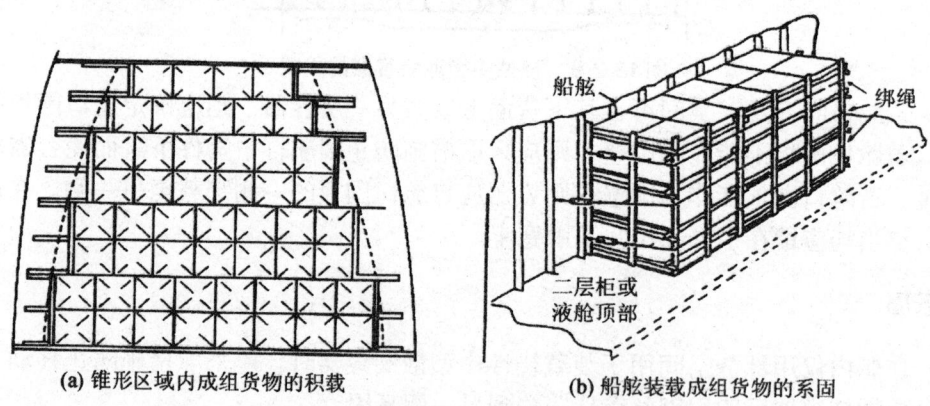

(a) 锥形区域内成组货物的积载　　(b) 船舷装载成组货物的系固

图13-2-9　锥形区域内成组货物的积载

2. 系固

1) 一边不靠的系固

若货物靠舱壁从一舷侧装到另一舷侧，应抵住货堆垂直安置格板或胶合板，用钢丝绳从一舷侧拉到另一舷侧收紧系牢。

2）两边不靠的系固

货物积载于舱内一舷的前部或后部即两边不靠积载，应紧贴货堆垂直安置格板或胶合板后将钢丝绳从舷侧绕过货堆至另一侧系固在舱壁上。另外，需在货堆角隅处安装格板或胶合板以防止货物因系固而损坏。

3）三边不靠的系固

货物沿船舷一侧积载，即三边不靠积载，应紧贴货堆系固而垂直安置格板或胶合板。在货堆角隅处，应特别注意防止系索损坏货物。应在不同高度上使用钢丝绳收紧货堆。

可以铝质撑柱或足够强度的板条代替格板或胶合板。

第三节 重大件货物运输

仅仅从字面上理解，重大件货物指单件重量或体积或尺寸过大或兼有的货物。但是从海运技术角度看，没有明确的量化指标。一件货物是否为重大件货物，应综合考虑各方面的因素，包括：

（1）货物因素：自身的重量、尺度或形状给货物装卸、积载与系固、运输和管理等带来困难和额外负担，应给予特别关注的货件，应作为重大件对待。我国《国内水路货物运输规则》、《港口货物作业规则》（该两规则已于2016年5月30日废止）及《港口收费规则》均规定，沿海运输中单件重量超过5 t或单件长度超过12 m的货物视为重大件货物；国际上有的港口规定，凡单件重量超过40 t，单件长度超过12 m，单件高度或宽度超过3 m的货物视为重大件货物。

（2）船舶因素：承运船舶的类型、尺度和船吊SWL的制约。

（3）港口设施：港口有无装卸设备或装卸能力大小的制约。如卸货码头上无岸吊设备，而船舶克令吊的SWL为30 t，此时超过30 t的货物就是重大件货物，承运人或其代理人应将重量超过30 t的货物情况及时通知卸货港代理，以便卸货港代理联系、安排车吊或浮吊等设备进行卸货作业。

而且，重大件货物判断标准随着时代的发展而发展。仅就货物重量而言，以前海运上习惯定义40~60 t重的设备为重大件货物；后来，重大件货物已经是指超过150 t的设备和结构件了；而在当代全球海运业界通常把重大件货物分为600 t以下、600~1000 t、1000 t以上三种。

因此综合考虑各方面的因素，所谓重大件货物是指单件重量和/或尺寸和/或体积超出相关规限且又无法分割运输、需要特殊的积载、系固、装卸及运送的货物。

一、重大件货物的分类及海运特性

1. 重大件货物的分类

根据重大件的用途、特点及装运要求，可将其分为：

（1）海工油气设备。如海底设备、处理模块、完整的钻井平台、FPSO、FSO 等。该类货物往往重量超常、体积庞大，重量达几万吨，高度达上百米。我国"海洋石油 981"深水半潜式钻井平台长 114 m，宽 89 m，平台正中是五六层楼高的井架。平台自重 30670 t，承重量 12.5×10^4 t。

（2）精炼和石化设备。如冷却塔、储罐、管道架、反应塔等类似设备。该类货物往往尺寸大，形状相对规则，可在甲板密集装载。

（3）发电站和发电设备。如大型发电机、变压器和类似设备。

（4）可再生能源设备。如风力发电机叶片，潮汐涡轮机、电力电缆等。风力发电机叶片长度通常为 35~40 m，有的甚至达 64 m。

（5）船体分段上层建筑。如船体分段、船体上层建筑。重量大，体积大，外形不规则，对在运输船上积载和系固的要求非常高。

（6）船艇及小型舰艇。如游艇、拖船、渡船、驳船、小型舰艇等。

（7）港口设施及装卸设备。如集装箱龙门起重机（集装箱桥吊）、船舶装载机、移动式港口起重机等。该类货物重量大，高度大。有的集装箱桥吊单台重量达 1400 t，高度达 135 m，轨距达 30 m。

（8）机车车辆和重型机械。如移动式起重机、挖掘机、钻机等。

2. 重大件货物的海运特性及运输特点

海运重大件货物的特性主要包括：

（1）高价值、高运费。货物自身价值高，海运运费高，如有的半潜式钻井平台造价几十亿元人民币，有的半潜船单航次运费高达千万美金。

（2）笨、重、大，不规则。

（3）不可分割性。重大件货物的特殊性之一就是无法分割，只能整体装运。

（4）局部脆弱性。很多重大件货物的不少部位怕碰撞、挤压，更增加了运输的难度。

（5）运输难度大、风险高。货物的特殊性导致运输难度远高于其他货物运输。由于货物的价值相当高，风险也大，运输该类货物最重要的是做到万无一失。

重大件货物的上述海运特性导致了其运输的特殊性。主要体现在：

（1）装运及装卸方式迥异。装运船舶和装卸方式与普通货物和货船差别很大。

（2）对水文、气象条件要求高。不管是装卸期间还是航行期间，均对风、浪、流等水文、气象条件有很高的要求。

（3）积载与系固要求高。

（4）载货航行操船要求高。如半潜船，船体宽大、船速慢、坞墙高、受风流影响大、操纵困难、动作迟缓；因此应根据其特点采取正确的操纵避让措施。

（5）影响船舶的稳性和强度。重大件货物的大重量、大高度对船舶的稳性、强度影响很大，因此应在装货前、装货中、装货后认真核算，保证安全。

二、重大件货物运输船舶和装卸方式

1. 重大件货物运输船舶

根据重大件货物的定义、海运特性及运输特点，能够载运的船舶包括：

（1）多用途杂货船，又称多用途船，其舱室布置和装卸设备的配备适用于装载一般重大件货物。

（2）重吊船，多指拥有单次起吊能力超过 100 t 重吊的专用船舶。该类船舶多装有位于一舷的一对重吊，一前一后配置，可串联作业。单纯从装载能力来讲，拥有重吊的多用途船也属于重吊船。

（3）滚装船，该船装运的重大件多配装于轮式平台或框架上，但受船舶舱门尺寸和倾斜跳板承重的约束。

（4）半潜船，指具有较大开敞露天载货甲板，首部或尾部有较高上层建筑或甲板室或浮箱，在装卸货物作业过程中呈半潜状态的船舶。该船专门从事运输大型海上石油钻井平台、大型舰船、潜艇、龙门吊等超长、超重，但又无法分割吊运的超大型设备。

（5）甲板驳，指设计为仅在甲板上装载重大件货物的具有自航能力或非自航能力的驳船。其船体宽大、吃水浅、载货量大，但无装卸设备。先进的甲板驳带有压载水自动调配系统。

2. 重大件货物装卸方式

重大件货物重量、尺寸及形状的特殊性，导致其装卸方式与其他货物装卸有很大的不同。根据其海运特性及载运船舶，适用的装卸方式可分为：吊装吊卸、滚装滚卸、浮装浮卸、滑装滑卸、浮装滑卸、滑装浮卸。

1）吊装吊卸

该装卸方式利用起重设备将重大件货物吊上船或吊下船。可以使用的起重设备包括船舶起重设备和岸基起重设备，船舶起重设备是船舶自身所配置的船吊，岸基起重设备包括岸吊、浮吊或车吊。

其特点是：对于船舶和码头的高度差要求较低，受潮汐的影响较小，而且占用码头的时间短。但这种装卸方式对于起重设备的吊装能力要求较高，而且需要码头或船舶配有专用重吊，吊装或吊卸的重大件货物重量受起重设备安全工作负荷 SWL 的限制，其适用对象多为重吊船或多用途船。

2）滚装滚卸

该装卸方式利用货物自身的滚动或靠拖挂车装置通过船岸倾斜跳板进行水平装卸作业。

其特点是：实现了水平装卸，装卸速度快，装卸效率高，提高了船舶利用率，安全度高，货损货差少。其最大优点是不依赖码头的专用装卸设备，码头结构简单，投资少，适合门到门运输。但是作业过程受潮汐影响较大，同时倾斜跳板的承受重量和舱门尺度的大小限制了重大件货物的重量、高和宽。其适用对象多为滚装船。

随着科技的发展，近年来出现了一种新的设备 SPMT（Self-Propelled Modular Transporter）应用于重大件货物在码头的滚装滚卸，而且其承载能力（重量和尺寸）和便捷程度远远超过滚装船。SPMT 称为自行式模块运输车，又名自行式液压平板车，主要应用于重、大、高、异型结构物的运输和装卸，行驶速度为 1~5 km/h，轴载重为 30~50 t。

SPMT 自带动力，采用静液压驱动，可实现多模式独立转向和平台升降功能，遥控控制；可根据装卸和运输货物的特征（外形、尺寸、吨位）对车组进行任意合并从而实现重大件货物的装卸和运输。其优点主要是使用灵活、装卸方便、载重量在多车机械组装或者自由组合的情况下可达 50000 t 以上。该作业方式适用于甲板平整、宽敞且无障碍物的半潜船、甲板驳及港机运输船等。

3）浮装浮卸

该装卸方式是半潜船特有的装卸方式，其装卸流程是：自沉—引载—托举—甲板出—到位—调载下沉—移载离船—自浮。具体过程为：货物装船时，先将压载水打入压载舱，使半潜船下沉浸入水中，直到载货甲板面下沉到预定深度，此时船体除桥楼和尾部浮箱顶部外全部没入水中；然后利用拖船或船舶自带的牵引设备将货物移到载货甲板上方，定位妥当，排出压载水使船上浮，将货物托起置于甲板之上，直至正常吃水状态，最后将大件货固定、系固。运达目的地后，按与装船时相反的程序操作，将货物卸下。

其特点是：不依赖码头起重设备，对码头条件要求小；受潮汐影响较小；基本摆脱了船舶对重大件货物重量、长度、宽度和高度的限制，主要适用于具有浮力的海洋工程设备和海上勘探平台的运输。但是装卸过程中受风浪影响较大，存在一定的危险性，同时在浮上、浮下过程中，船舶稳性会随着水线面的变化而发生很大的变化，如果处置不当船舶有倾覆的危险。

4）滑装滑卸

该装卸方式主要针对放置在码头上的特大件货物，通常先铺设滑道，其中铰接连接船上和岸上的滑道，将货物沿滑道平移至船甲板上。可以从舷侧装船，也可从船尾装船，具体方式应根据实际情况而定。船尾装船方式主要影响船舶纵向浮态，舷侧装船主要影响船舶的横向浮态。为了便于调整船舶的浮态，船上应具备压载水调控系统。

其特点是：操作安全，成本相对较低，摆脱了装卸作业对于货物重量和体积的限制，但是它需要使用专门的轨道，并且受潮汐影响较大。船舶的型深和压载舱的调载能力要与装载货物的情况以及码头的标高、水域的潮汐情况等诸多因素相吻合，其中任何一个环节出现问题都会导致滑装过程失败。该作业方式适用于半潜船、甲板驳及港机运输船等。

5）滑装浮卸、浮装滑卸

这两种装卸方式是浮装浮卸和滑装滑卸的组合。自身具有漂浮能力的重大件货物，可根据港口的具体情况灵活运用。适用于半潜船装卸重大件货物。

三、装载准备

1) 船舶载货能力核查

掌握并核查本船承运重大件货物的能力，尤其是特殊载货能力，包括安全工作负荷、舱位、甲板允许负荷、压载水调控系统等。

2) 了解重大件货物信息

充分了解和掌握拟承运的重大件货物的相关信息，包括货物的件数、重量及其分布、尺寸、形状、吊装位置、吊装点强度、包装形式、装卸要求等。必要时亲临货场观测。

3) 起重设备检查

检查本船起重设备的所有部件及其属具，使之处于良好的技术状态。

4) 制订正确的积载方案

制订积载方案时应重点考虑：

(1) 正确选择舱位和货位，保证船、货、人的安全，积载位置应避免选择在易受风浪冲击的船头部位；便于操作，装卸、系固、检查等；便于使用重吊。

(2) 确定货物是否能够叠装，即垂向堆码。

(3) 制订正确的衬垫方案，增大摩擦、防止移动，保证船舶局部强度不受损伤。

(4) 保证船舶局部强度。

(5) 货物配置尽量左右对称，保证船舶安全，减少压载水调配。

5) 明确相关方的职责

重大件货物装运中，明确各方职责和优秀的团队合作是成功的基础，包括承运人、承租人、托运人、收货人、第三方等。船长和船员除了承担保证船舶和货物安全的职责外，还应遵守托运人提出的合理指示和货物保险人现场提出的合理建议。托运人应提供给所有相关方详细的运输手册和运输方案，该文件中应记录有货物安全和适当的运输程序，包括货物详细信息、船舶详细信息、船舶强度及稳性、港口详情、装货程序、积载与系固要求、航次计划（包括应急程序和避难港）、卸货程序等。为保护交易各方的利益，第三方机构可能会参与到特殊重大件货物运输中，通常指的是海事公证鉴定师和货物主管。海事公证鉴定师一般由承保货物的货物保险人指定，他必须确保货物保单中约定的保证条款，且作业项目根据运输手册或运输方案中经认可的程序实施。

6) 清理装卸现场

将妨碍装卸作业的杂物清除掉，划出安全作业区，禁止无关人员进出。

7) 调整船舶吃水

调整船舶吃水使船舶处于正浮状态或需要的浮态。

四、装卸操作

货物安全装卸是装运顺利运输的非常关键的一步，尤其是特殊重大件货物。其注意事项主要包括：

1) 制订全面而具体的装卸计划

制订装卸计划要遵循行业规则指导及良好惯例。对于任何重吊作业，应制订起吊方案。方案应明确吊装步骤及重心信息等。

2) 检查货物起吊点的数量和强度

起吊点应数量足够且坚固、结构合理，与货物将承受的主要作用力平行。

3) 起吊作业时应考虑限制条件

起吊作业应设定限制条件，确保额定设计载荷不会被超过，包括风力条件、船舶摆动、吊车的旋转幅度等因素。当风速大于15 m/s（7级）时，应停止重大件吊运作业；在风速大于12 m/s（6级）时，应停止使用浮式起重机吊运重大件作业。

4) 确保装卸作业过程中船舶稳性满足要求

应仔细核算装卸过程中的每一个阶段的稳性是否满足规则要求。如重吊起吊作业时，货件最远装吊距离和最高装吊位置的稳性核算，最远距离时船舶产生的横倾角最大、最高位置时悬挂对稳性的影响最大；又如半潜船起浮作业阶段，水线面面积最小时船舶稳性受影响最大，此时船舶初稳性高度很小。

5) 控制装卸作业过程中船舶横倾角

通常重吊作业时横倾角不超过3°，过大的横倾会影响船舶稳性，如果此时受强风作用会导致船舶倾覆，因此应通过打排压载水或设置舷外平衡水柜等方式进行调整。

6) 照明要求

在装卸重大件的各区域内，夜间其照明度应符合有关的要求。

7) 吊装吊卸作业时吊钩位置

起吊离地前，吊钩垂直线必须对准货物的重心。

五、重大件货物吊装吊卸过程对船舶稳性的影响

当用船上重型起货设备装卸重大件货物时，货物垂向位置的改变使船舶的稳性发生变化。货物横向位置的移动将使船舶产生横倾。如果船舶稳性过小，则过大的横倾可能使船舶倾覆，或使吊杆支索受力过大而破断。过大的横倾也可能使舱内货物移动造成事故，甚至使船舶倾覆。过大的横倾也不利于机舱的工作，特别是检修工作。因此，应预先计算船舶可能产生的横倾角。计算时可按吊卸和吊装两种不同情况进行，若横倾角过大，则应采取措施加以调整。

1. 吊卸

如图13-3-1所示，当船上重吊将重大件货物吊起时，货物即处于悬挂状态。设重大件货物重量为p，积载位置的重心高度为Z_P，吊杆顶点距基线垂直高度为Z_b，则此时船舶初稳性高度GM_1为：

$$GM_1 = GM - \frac{p(Z_b - Z_p)}{\Delta} \tag{13-3-1}$$

货物自吊出舱外向舷侧横移直至移至码头上的货物待卸位置,该过程属船内载荷横移问题。当货物脱离吊钩放至码头地面前,船舶产生的横倾角 θ_h 可用下式计算:

$$\tan\theta_h = \frac{py}{\Delta GM_1} = \frac{py}{\Delta GM - p(Z_b - Z_p)} \tag{13-3-2}$$

式中:

y——货物水平横移距离(m)。

若货件积载位置重心横坐标为 y_p,吊杆舷外跨距为 l,船宽为 B,则:

$$y = \begin{cases} \dfrac{B}{2} - y_p + l \text{ (货物内舷积载)} \\ \dfrac{B}{2} + y_p + l \text{ (货物外舷积载)} \end{cases}$$

如果考虑重吊吊臂自身横移的影响,则式(13-3-2)可写成:

$$\tan\theta_h = \frac{py + p_b y_b}{\Delta GM - p(Z_b - Z_p)} \tag{13-3-3}$$

其中:

p_b——重吊臂自重(t);

y_b——重吊臂重心横移距离(m),$y_b = \dfrac{1}{2}\left(\dfrac{B}{2} + l\right)$。

事实上,吊卸过程中船舶的最大横倾角和最小稳性并不同时发生,但在生产实际中基本上可将货物即将落放码头时的状态作为最不利状态进行计算。

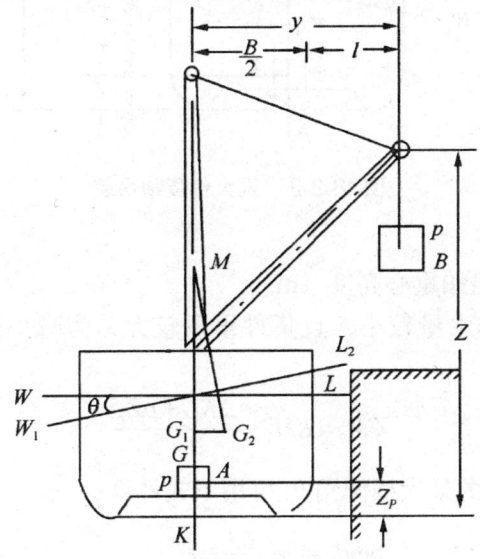

图 13-3-1　重大件货物吊卸

2. 吊装

吊装重大件货物与吊卸重大件货物不同之处在于：吊卸是将货件由船上装载位置吊至卸载位置未着落之前的情况，在此过程中，船舶的排水量未变；而吊装是将货件从舷外提起再吊至拟装部位未着落的情况，此时，货件的重量由在舷外加到了船上，船舶的排水量发生了变化。因此，吊装重货的过程对船舶稳性高度的影响，除了考虑船吊提起重货使之成为悬挂货物的影响外，还要考虑加装少量载荷 p 的影响。综合考虑前两者，相当于将重货装载于重吊吊臂顶端对船舶稳性的影响。

如图 13-3-2 所示，根据少量装载计算公式，重吊提起时船舶初稳性高度为：

$$GM_1 = GM - \frac{p(Z_b - KG)}{\Delta + p} \tag{13-3-4}$$

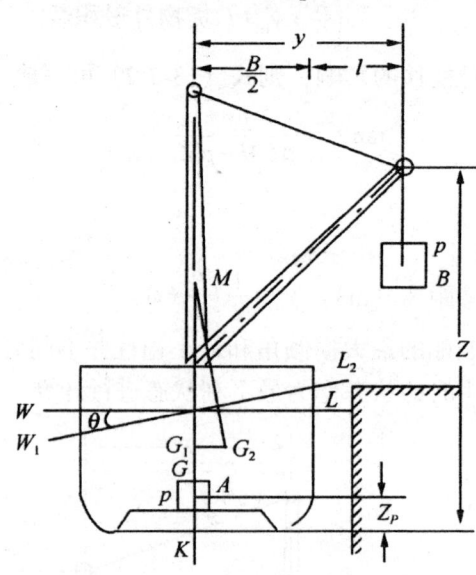

图 13-3-2 重大件货物吊装

式中：

KG——货件装载前船舶重心高度（m）。

若货件装载前船舶排水量较小，且货件重量较大，为减小计算误差，可按大量情况计算：

$$GM_1 = KM_1 - \frac{\Delta KG + pZ_b}{\Delta + p} \tag{13-3-5}$$

吊装时船舶可能产生的最大横倾角 θ_h 可用下式计算：

$$\tan\theta_h = \frac{py'}{(\Delta + p)GM_1} \tag{13-3-6}$$

式中：

y'——起吊时货件重心距船舶中纵剖面的横向距离（m），$y' = \frac{B}{2} + l$。

若考虑重吊吊臂的自重横移的影响，则有：

$$\tan\theta_h = \frac{p\left(\frac{B}{2}+l\right) + \frac{p_b}{2}\left(\frac{B}{2}+l\right)}{(\Delta+p)GM_1} \qquad (13\text{-}3\text{-}7)$$

当货物自码头地面吊起时,船舶产生横倾角。与吊卸同理,吊装过程中船舶的最大横倾角和最小稳性并不同时发生,但在生产实际中基本上可将货物即将落放码头时的状态作为最不利状态进行计算。

为了确保船舶安全,重大件货装卸时船舶横倾角不能过大,具体可参照装载手册中有关要求。在通常情况下,应在装卸重大件货的同时,在与装卸方向相反的一侧加压载水或通过调拨左、右舷的压载水来调整船舶所产生的横倾角。

例 13-3-1:某船在某港使用船上重吊卸一重为 68 t 的重大件货物,该货物配装位置为:$x_p = 8.2$ m,$y_p = -5.0$ m(外舷),$Z_p = 3.5$ m,船舶吊卸重大件货物时排水量 $\Delta = 14320$ t,船舶重心高度 $KG = 8.5$ m,$KM = 9.70$,吊臂顶端距基线 $Z_b = 21.5$ m,舷外跨距 $l = 4.0$ m,船宽 $B = 23.2$ m,试计算吊卸重大件货物时船舶产生的最大横倾角 θ_h。

解:

根据式(13-3-3)并将已知条件代入有:

$$\tan\theta_h = \frac{p\left(\frac{B}{2}+y_p+l\right)}{\Delta GM - p(Z_b - Z_p)}$$

$$= \frac{68 \times \left(\frac{23.2}{2}+5+4\right)}{14320 \times (9.7-8.5) - 68 \times (21.5-3.5)} = 0.0878$$

$$\theta_h = 5°$$

例 13-3-2:某船某航次使用重吊装一重量为 60 t 的锅炉,重吊吊臂自重 $p_b = 5.2$ t,舷外跨距 $l = 4.0$ m,船宽 $B = 21.2$ m,吊装前排水量 $\Delta = 8500$ t,初稳性高度 $GM = 1.1$ m,船舶重心高度 $KG = 7.8$ m,吊臂顶端距基线 $Z_b = 17$ m,试求吊装时船舶初稳性高度 GM_1 及可能产生的最大横倾角 θ_h。

解:

(1)由式(13-3-4)计算初稳性高度 GM_1:

$$GM_1 = GM - \frac{p(Z_b - KG)}{\Delta + p}$$

$$= 1.1 - \frac{60 \times (17 - 7.8)}{8500 + 60} = 1.04 \text{ m}$$

(2)由式(13-3-6)计算船舶最大横倾角 θ_h:

$$\tan\theta_h = \frac{(p+p_b)\left(\frac{B}{2}+l\right)}{(\Delta+p)GM_1}$$

$$= \frac{(60+5.2)\left(\frac{21.2}{2}+4\right)}{(8500+60) \times 1.04} = 0.1069$$

$$\theta_h = 6.1°$$

第四节 木材货物运输

木材是海上运输的大宗货物。其种类较多，按木材形状及加工程度有原木、成材和木材制品。原木形体长大，长度6~8 m，运输量最多。木材积载因数较大，一般为1.3~2.3 m^3/t，极易吸收水分和散发水分，干燥的木材易燃烧。湿材、新伐材及某些树种木材具有一定的气味。木材表面的呼吸作用，会使封闭货舱内缺氧；木材表层腐败可产生有毒气体氰化氢（HCN）和易燃的沼气（CH_4），对船舶安全和人员健康造成不利影响。为保证木材甲板货物的安全运输，IMO制定并修订了《船舶载运木材甲板货安全操作规则》。规则适用于船长等于或大于24 m的从事木材甲板货运输的船舶。

一、木材甲板货装运

1. 装载准备工作

木材甲板货在装载之前，应做好如下准备工作：
(1) 舱盖和该区域其他开口都应牢固关闭或封舱；
(2) 有效地保护空气管和通风筒，检查止回阀和类似装置，以确定其防水有效性；
(3) 清除装载区域上的积冰和积雪；
(4) 备妥甲板系索、立柱等并使之就位。

2. 积载和系固的一般要求

1) 积载

(1) 应使船员住舱、引航员登船通道、机器处所以及船舶必要运转所经常使用的所有其他区域的通道，在任何时候都安全畅通；使甲板上的安全设施、阀门遥控装置、测深管易于接近。

(2) 货垛尽可能密实和紧凑。密实、紧凑积载是安全运输木材甲板货的基本原则，其目的是防止因货垛松动导致系索松弛，使货垛内产生约束力，降低货垛的渗透率。

(3) 甲板上的露天开口，如在其上堆货则应将其牢固关闭并用压条封住。通风筒和空气管应予有效保护。

(4) 装货时，货堆中的包装件之间以及舷墙或门式起重机轨道等和舱口围板之类其他固定结构之间可能出现空当，应尽量避免或减小空当。如空当已形成，应用散装木材填塞或用具有规定强度的H型架遮挡以防货物移动。

(5) 木材甲板货如有很大部分（包装长度的1/3）纵向悬于舱口围板或其他结构上方，其外端应由甲板或轨道上积载的其他货物支撑，或由强度足以对其支撑的等效结构支撑。

(6) 勘绘并使用木材载重线的船舶，应满足载重线公约适用的相关要求和操作。

①冬季航行于冬季季节区域的木材船，木材货物在露天甲板上的堆装高度不得超过该船最大宽度的1/3。

②木材甲板货的积载范围应满足：

纵向上，分布在上层建筑和首楼之间的全部可用长度内并尽可能靠近端壁；如果在后端无上层建筑作限制，则木材应至少延伸到最后一个货舱的后端。

横向上，木材甲板货应尽可能分布到船边，对栏杆、舷墙支撑、立柱、引航员进出通道等应适当留有余地，因而在船边形成的任何间隙平均值应不超过船宽的4%。

2) 系固要求

(1) 每一系索和系固装置具有足够的强度。其破断强度不低于133 kN；在初始应力作用下在破断强度的80%时、伸长不超过5%；在破断强度的40%时，无永久性变形。

(2) 每一系索应配备松紧装置或系统，该装置或系统所产生的载荷：水平部分不小于27 kN，垂直部分不小于16 kN。

(3) 在张紧和初步系固后，松紧装置或系统的螺杆剩余螺纹长度应不小于一半，以备使用。

(4) 每一长度木材至少应系固两道，并尽可能靠近木材端头；两根系索最大间距为3 m，高度越大时，间隔越小。

(5) 如果使用钢丝绳夹作为钢丝系索的接头，应符合下列条件，以防止强度大幅度降低：

①所用的绳夹的数量和尺寸应与钢丝绳的直径成比例，数量不能少于4个，其间距不小于15 cm；

②夹子的鞍座部分应装在动载段，"U" 形螺栓应装在静载或缩短端段；

③绳夹应先上紧至明显卡进钢丝绳中，然后待系索受力后，再上紧。

(6) 正确使用钢丝绳夹，给夹具、卸扣和松紧螺套加润滑，提高它们的夹持能力并防止腐蚀。

(7) 根据木材性质、高度以及积载特点，合理安装立柱。立柱由钢或强度足够的其他材料制成，立柱的强度应不超过舷墙的强度；间隔不超过3 m且用插座固定，如必要，用金属支架进一步固定在舷墙及舱口围板上。立柱应牢牢紧固于船舶的甲板、舱盖或舱口围板（如有足够强度），受到约束时不致在装卸期间朝内倒下。立柱应对纵向积载在甲板上的货堆按其全高予以遮挡。

(8) 每一系索都应绕过甲板木材并用卸扣有效地固定在甲板边或其他系固点的眼板中，其布置方式应尽可能保证在整个高度上与木材接触。

3. 系固方式

系固方式包括：

1）拱背系固法

如图13-4-1所示，该方法通常用于第二层和第三层木材的系固。将系索系固在两立柱上并使之拉紧，当上层木材装在这些系索上后，木材重量会进一步使系索绷紧。

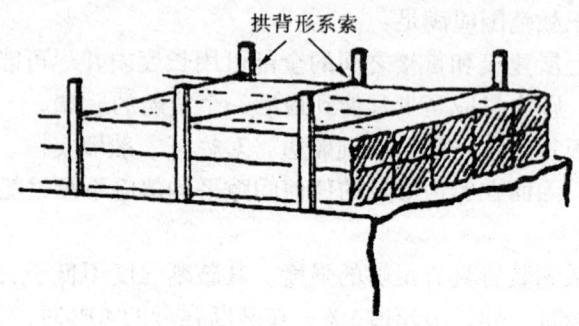

图13-4-1　拱背系固法

2）绕行系固法

如图13-4-2所示，除钢链系固外，加用钢丝绳系索，每根系索从货堆一侧绕至另一侧并绕最上层木材货物。

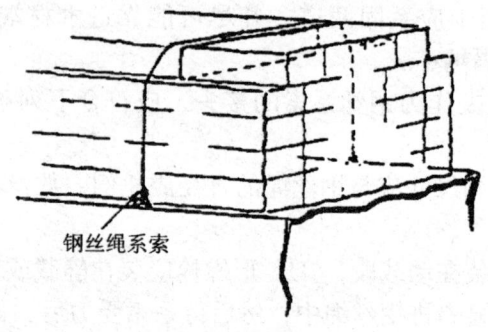

图13-4-2　绕行系固法

3）鞋带交叉系固法

摆绳从货堆上绕过，并穿越一系列扣绳滑轮，由基索固定就位。紧索螺套从基索顶部装入摆绳中，以使其保持绷紧状态，如图13-4-3所示。

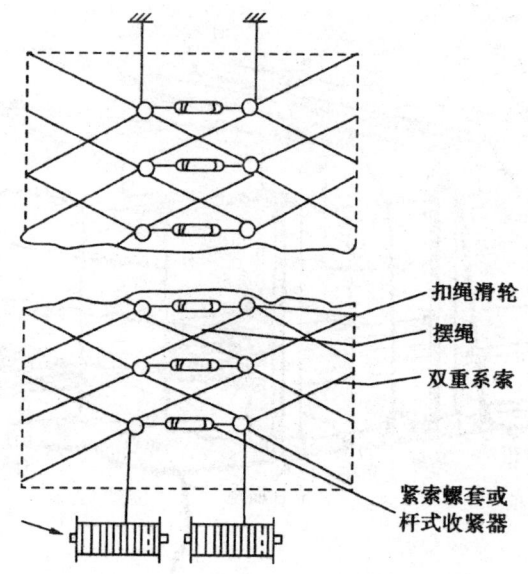

图 13-4-3　鞋带交叉系固法

4）链条围固法

如图 13-4-4 所示，系索从货垛顶部绕过并固定到坚固的眼板或舷外其他系固点上，每一系索上需装紧索螺套，以便紧固。

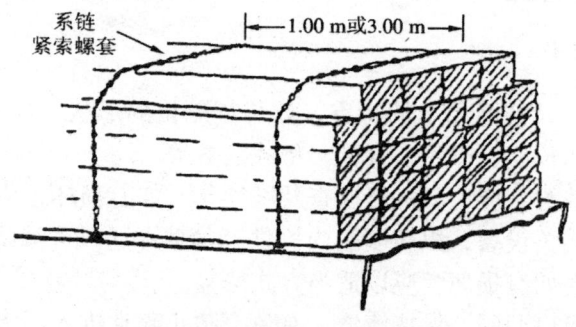

图 13-4-4　链条围固法

应该注意的是，根据不同木材特点及装载的具体情况，应选用适当的系固方式，或由以上系固方式组成系固系统，如图 13-4-5 所示。系固方式不排除已为实践检验有效的海员通常做法。

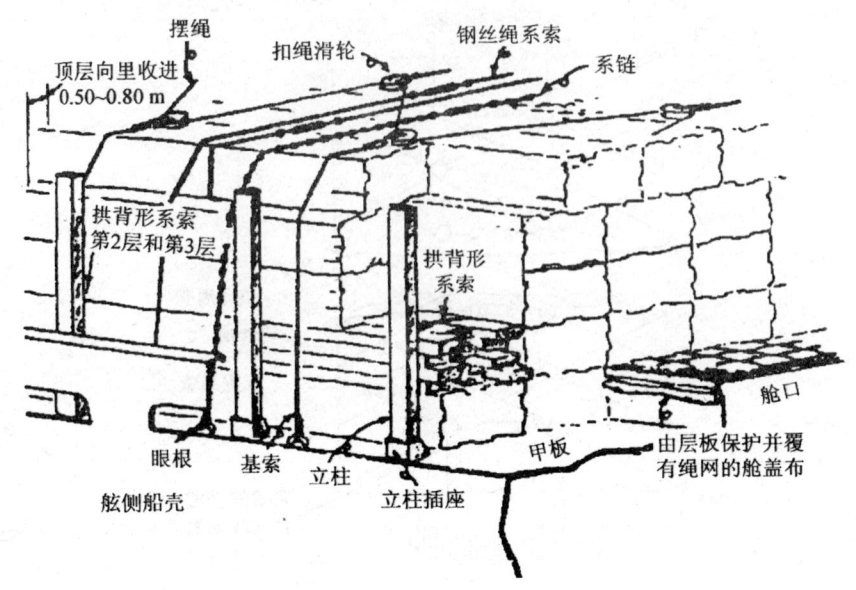

图13-4-5　四角木材典型系固系统

二、舱内原木装运

1. 装货前的准备工作

（1）了解装货舱位及待装原木的特点，如装货舱位的形状、尺寸（长、宽、深）、容积、舱口大小、原木的长度、体积、直径、积载因数等。

（2）使用船吊装载时，应对其进行检查及试操作，如有损坏，应在装货前及时修复。

（3）检查货舱及相关设备，以查明舱内构件、骨架和通风、消防等设备的情况是否会影响货物的安全运输。如有损坏，应以适当方式修复。

（4）检查舱底水吸口滤网，保持清洁、有效，防止碎片进入污水排放系统。

（5）确认污水泵处于随时可用状态；为防止污水管系堵塞，船上尚应配备足够功率和扬程的移动式排水泵。

（6）货舱舷侧护板，管道护罩等用于保护内壳的设施，应在其原有位置上。

（7）使顶边压载舱处于无水状态，确保泵阀关闭并得到适当监控，以防止水意外进入压载舱内而造成船舶横倾、甲板货物移动甚至船舶倾覆。

（8）根据船舶和货物的具体情况，制订装载计划。为使甲板上能够承载较多货物，舱内容积应尽可能充分利用。但在确定舱内装载量时，应考虑原木装载过程中的亏舱。

2. 装载作业

（1）监督装卸工人正确吊装。原木应在吊杆下垂直起吊，以减少被吊货物的潜在摆动；以防止船舶损坏和人员安全，原木在吊装时不应摇摆，如必要，应将其轻靠在舱口围板内侧后缓慢下放，以便消除摇摆；根据原木品种和直径换算原木重量，从而确定每吊原木根数，监装时注意防止超关。

（2）舱内尽量装满装实，且按上轻下重的原则将最重的原木首先装入货舱，以增大货舱内装载量并尽可能降低货物重心，这样，则有利于甲板木材的装载。

（3）原木在舱内一般纵向堆装，较长者应装在舱的前、后区域。若纵向长度间有空当，应填塞横向积载的原木。若舱内仅能纵向积载一根原木，任何前后空当均应以横向积载的原木填入。

（4）横向空当应在装货过程中逐层填入。

（5）原木粗端应首尾向交替放置，以达到较平坦的积载效果，但内底舱弧过大者除外。

（6）若舱宽大于舱口宽度，应从装货高度至 2 m 始将纵向原木滑入舱口两侧舱位，以尽可能避免货堆呈金字塔形。如必要，可使用活动滑车或滑车组将重原木拖至指定舱位。

（7）当货物堆至约甲板下 1 m 时，应减小每吊原木的尺寸，以便于在余下空间积载。在舱口围内也应尽量装满。

三、木材装货监督与航行管理

1. 装货监督

（1）船员在值班中应对来货的质量和包装予以检查，包装木材的捆扎铁皮应结实且未松动。

（2）甲板上使用垫料衬垫时，其铺垫方向应保证负荷落在甲板下的结构上，有助于排除积水。

（3）装货过程中，应监督货物堆积情况，检查货物是否密实紧凑。

（4）监督木材与舱口围板或甲板障碍物间垫材的填塞情况。

（5）装货时，保持船舶无横倾。避免使立柱等承受过大负荷。

（6）在装货过程中，船员应认真监督，以保证不发生结构损坏，如有损坏且影响船舶适航，应予以修复。

（7）监督装卸工人正确吊装。原木应在吊杆下垂直起吊，以减少被吊货物的潜在摆动；以防止船舶损坏和人员安全，原木在吊装时不应摇摆，如必要，应将其轻靠在舱口围板内侧后缓慢下放，以便消除摇摆；根据原木品种和直径换算原木重量，从而确定每吊原木根数，监装时注意防止超关。

（8）装货完成后和开航前，应对船舶进行彻底检查，如检查货物的堆装和系固情况，有无结构损坏造成进水，船舶的安全通道设置情况等。

2. 正确设置安全通道、围栏、步道及救生索

1）安全通道的设置

甲板木材的堆码中，应留有通往船员居住处所和工作处所的通道；这种通道可由高度不低于 1 m、垂直间距不大于 0.33 m 的安全绳或安全栏构成。另外，在船舶中线处还应设置一道安全线，并用紧固装置拉紧；安全绳和安全栏的支柱的间隔应使其不过分下垂；若货物表面不平，则应在货物表面上设置宽度不小于 60 cm 的步道，并固定在安全绳的底部或旁边。

2）围栏的设置

货堆中，甲板上的桅房和绞车等处应设置围栏。

3）步道的设置

若未设置立柱，则应设置水平的、宽度为 1 m、两边至少为 3 道安全绳或安全栏构成的步道；最下边的安全绳或安全栏应距步道表面不高于 23 cm，最上一道安全绳或安全栏的间隔不大于 38 cm；安全绳或安全栏应用刚性支柱支撑，间隔不超过 3 m；安全绳应用紧固件拉紧。

4）救生索的设置

在木材上最好使用钢丝绳设置救生索，使装备有吊索保护系统的船员能够钩挂在上面，以便在木材上作业。

5）木材表面和甲板间梯子或梯道的设置

货堆高度超过一定高度时，应在木材表面和甲板间设置带有安全绳或扶手的梯子或梯道。

3. 航行管理

（1）船舶的运动和震动会使货物下沉及紧缩，造成系索松弛，因此，航行期间应定期检查系索状态，必要时将其收紧。对系索的所有检查和调整均应记入航海日志。

（2）将楔子、纱头、锤子和活动泵等备用设备和物品放在易取处。

（3）注意下舱安全。下舱前，应先通风，后测定不同高度处氧气含量，如怀疑通风不足，则需使用自给式呼吸器。

（4）定时测定污水，注意船舶浮态变化。

三、木材甲板货运输船的稳性要求

由于船舶在甲板上装载较大比例的木材，使得船舶重心提高，受风面积增大，加之海况的影响，往往使得船舶稳性过小而不能保证船舶安全。同时也应避免稳性过大，以免船舶在航行中剧烈摇摆而产生过大的加速度，造成系固设备受力增大。木材甲板货运输船舶既要满足 2008 年 IS 规则的最低稳性衡准要求，也要满足规则规定的 GM 值不宜超过船宽 3%的要求。当然还要满足 SOLAS 公约破损稳性的要求。

1. 2008 年 IS 规则对木材甲板货运输船完整稳性的要求

1）稳性建议衡准

对于装载木材甲板货的船舶，当积载和系固符合规定时，则可以下列衡准代替 2008

年IS规则普通货船的完整稳性衡准：

（1）在航程中任何时候的初稳性高度，经液舱柜自由液面影响以及甲板货吸水和/或露天表面结冰影响修正后，应不小于0.1 m。

（2）静稳性力臂GZ曲线下的面积，当横倾角达到40°或进水角（取小者）时，应不小于0.08 m·rad。

（3）最大静稳性力臂值应不小于0.25 m。

（4）计算船舶抵抗横风和横摇联合作用的能力时，在定常风作用下的横倾角应不大于16°，但可不考虑甲板边缘浸水角80%的附加衡准。

2）稳性计算时应考虑的因素

（1）计算静稳性力臂时，可计入木材甲板货入水体积的75%的浮力，即木材甲板货的渗透率为25%。为此，船舶装载手册中应提供计算资料。

（2）整个航次中按最不利状况核算船舶稳性：油水消耗且存在自由液面；干的或风干的木材吸水10%，重心取在甲板货重心处；货物表面结冰，按实际情况或船舶资料计算，重心取在甲板货上表面。

2.《法定规则》对木材甲板货运输船完整稳性的要求

《法定规则》对国际航行木材甲板货运输船的稳性要求与2008年IS规则的要求相同；对于国内航行的木材甲板货运输船的稳性要求除满足普通货船的一般要求外，还提出了稳性的特殊衡准。

1）稳性衡准

（1）运木船所核算的各种装载情况经自由液面修正后的初稳性高度均应不小于0.1 m。

（2）静稳性力臂曲线最大值应不小于0.25 m。

2）计算条件

（1）计算静稳性力臂时，可计入木材甲板货入水体积的75%的浮力，即木材甲板货的渗透率假定为25%。

（2）运木船到港情况及航行中途情况应假设木材甲板货的重量由于吸水而增加10%。

（3）如结冰，应按实际情况进行结冰计算；若无实际结冰资料，则应按普通货船规定重量的3倍计算。

3. 保证船舶稳性的措施

1）配备完整的稳性资料

船上应配备完整的计及木材甲板货的稳性资料，这种资料能使船长迅速便捷地从中获得关于不同营运条件下船舶稳性的确切指导，包括船舶装载不同积载因数的木材并计及甲板木材渗水、结冰和液体舱柜自由液面等影响后船舶离港、到港时的稳性状况，完整的横摇周期与稳性的关系图表等。

2）防止货物移位

（1）货物移位原因

木材甲板货移动主要是由下列原因造成的：

①航行中货物压实使系索松弛，系固系统的松紧器不合适和/或系索强度不足；
②摩擦力不足，特别是在冰雪状况下货物在舱盖上移动；
③材料性能差使得立柱强度不足和/或过分受力；
④船舶大幅度横摇或纵摇；
⑤海浪的冲击。
（2）防止货物移动的措施
防止货物移动的措施有：
①无论是甲板上还是舱内积载，都应密实紧凑，舱内积载时不可避免出现的空当应适当衬垫或填充。为确保紧密积载，应加强值班检查和监督。
②选用形式、规格及强度符合本船系固需要的系固设备，并具有主管机关检测证书。
③对系固设备检查、维修和保养。船上对系固设备的目视检查周期不得超过12个月，在装货前，应对船上所有的系固点，包括立柱上的系固点，做目视检查，如有任何损坏，都应予以修复。
④按规定间距设置立柱和系索，并限制甲板木材的高度。
⑤船上应配备一份或数份系固平面图，作为装货后系固布置的参照形式。
⑥装货前清理舱面积雪、积冰和油脂，雨雪天应停止装货作业。
⑦避免稳性过大而使船舶剧烈摇摆，从而导致系固设备受力增大。
⑧编制航行计划，尽可能避开恶劣气候和海况。航行中遇到气候和海况恶劣情况，船长应及早采取减速和（或）改变航线的措施，以便最大限度地减小货物、结构和系索的受力。

3）合理配载，保证船舶具有适度稳性
（1）不同重量的木材配装时，轻木材配装在上方或甲板上，重木材配装在下方或舱内。
（2）减少甲板货的装载数量。当船舶在预定航线上可能遭遇恶劣海况时，为确保船舶安全应适当减少甲板货装载数量和装载高度。
（3）在满足载重线要求的前提下向双层底压载舱加注压载水，但应尽量减小自由液面的影响。

4）保持船舶无横倾航行
（1）甲板上及舱内的木材应均匀装载，使其重量左右均衡，以保证船舶离港前无初始横倾。
（2）开航前认真检查并收紧所有系索，航行中因货物的沉降及紧缩会使系索松弛，应定期进一步检查并及时将其收紧。
（3）燃油、淡水等消耗品尽量横向对称使用，避免因此而使船舶产生横倾。
（4）航行中密切注视船舶浮态，如出现横倾，应查明原因并采取适当措施予以校正。
航行中产生横倾除正常使用燃料、淡水等消耗品所致外，还可能由货物移位、货舱进水和船舶负稳性造成。
①经检查确认货物已移动，船长应根据具体情况采取补救措施。在采取一舷压载舱加压载水或调拨燃料来减小或校正货物移位造成的横倾时，应防止货物随后向另一舷移动而

造成更大横倾，船长应慎重对待。由于货物移位多发生在不利气象条件下，派人去放松或拉紧已移动的货物或系索具有更大危险。另外，投弃货物的做法也应经认真考虑后才能实施，否则会使螺旋桨遭受严重损坏。如果货物投弃入海，船长应根据SOLAS公约的相关规定，发布航行危险通报。

②船舱内是否进水应通过测深迅速确定。若发现来路不明的水，应开启所有的可用水泵来控制局面，并尽力查明货舱进水的原因，以便采取其他有效措施。

③若在发现横倾之前船舶横摇一直缓慢，恢复至初始正浮位置时间较长，说明该船舶稳性很小或无稳性，可采取加装压载水或在甲板上卸载的办法予以调整。压载时应先灌注较低位置的压载舱并逐舱注满，较低一侧的舱室先加载，使稳性立即增大，然后再向较高一侧的舱室加载。

第五节 钢材货物运输

钢材货物是海上运输的重要货物种类之一，其运输方式主要有两种：集装箱装运和散装运输。本节主要就钢材货物的分类、海运特性、散装运输时的积载与系固要求及安全管理进行介绍。

一、钢材货物分类及海运特性

1. 分类

钢材制品种类繁多，根据不同的分类原则有不同的分法，如按品质（如普通钢、优质钢、高级优质钢）、按化学成分（如碳素钢和合金钢）、按成形方法（如锻钢、铸钢、热轧钢及冷拉钢）、按用途（如建筑及工程用钢、结构钢、工具钢、特殊性能钢）及按专业用钢（如桥梁用钢、船舶用钢、压力容器用钢等）等。但从运输角度，多按外形分为型材、板材、管材、钢丝四大类。

1）型材

型材是通过轧制、挤出、铸造等工艺制成的具有一定几何形状的钢材。按其横截面形状分为工字钢、槽钢、H型钢、等边角钢、不等边角钢、方钢、圆钢、扁钢、六角钢和八角钢等品种；又可细分为棒材、钢筋、中小型型钢、大型型钢四个品种。直径在6.5~9.0 mm的小圆钢又称线材。

2）板材

板材是一种宽厚比和表面积都很大的扁平钢材，多以板状或卷状方式运输。板材厚度不一，既有不超过4 mm的薄钢板，又有4~60 mm的厚钢板。在运输中还有热轧钢板和冷轧钢板，镀锌板（白铁皮）、镀锡板（马口铁）、复合钢板及彩色涂层钢板等。

3）管材

管材是一种中空截面的长条钢材。按其截面形状不同可分为圆管、方形管、六角形管和各种异形截面钢管，按加工工艺不同又可分为无缝钢管和焊管钢管。多以单支管或捆管方式运输。

4）钢丝

钢丝主要包括钢丝、钢丝绳、钢绞线等，是线材的再一次冷加工产品。海运中最常见的钢材有长型材、卷钢、钢板、钢管、螺纹钢、盘圆等。

2. 海运特性

1）积载因数小

钢材货物积载因数多在 0.30~0.58 m^3/t。船舶装载状态多为满载不满舱，货舱空余舱容较大。由于船舶重心低而初稳性高度很大，造成横摇周期过短，引发船舶在大风浪中发生大幅度的剧烈横摇，导致货物倒塌、移动。此外若衬垫不当，则会造成载货部位受力过大，超过甲板或舱底板的许用负荷，导致局部强度受损。

2）忌潮湿

钢材货物常采用裸装方式，许多钢材货物受潮后容易发生锈蚀现象而影响其商业价值。研究表明，钢材在相对湿度为40%时开始锈蚀；在相对湿度为40%~50%时，锈蚀速度加快；在相对湿度大于60%时，锈蚀速度急剧增加。因此钢材海运过程中应利用通风等措施将货舱内的相对湿度控制在40%以下。此外，钢材直接与水接触也会造成货损，如雨水、汗水、海水等，因此在运输过程中应控制雨水、包件产生的汗水、舱壁上产生的汗水及海水进入舱内对钢材造成的损害。

3）忌货物变形

一些钢板因衬垫设置不当，会造成下层钢板在重压下波浪状变形；一些卷钢因装卸或堆装不当会引起卷边、开卷等；一些钢管因衬垫、装卸不当会造成变形，导致货损。

4）忌酸、碱、盐类腐蚀性货物

多数钢材货物与酸、碱、盐类腐蚀性货物接触后会发生化学反应，对货物造成腐蚀损害。

5）摩擦力小，易移位

钢管、卷钢、盘圆等钢材货物，因与装载处所接触面小，所以摩擦力小。若其装载部位存在油渍或系固不当，堆装不紧密，船舱内的这类货物在船舶遇风浪时极易发生移位，导致船舶产生横倾角，影响船舶稳性。甚至个别钢材重件移动，会击穿水线下的船侧外板而造成船舱严重进水。应采取良好的积载措施、有效的系固方法，保证钢材货物安全运输。

二、钢材货物安全装运

1. 钢材积载对船舶的要求

（1）货舱应具有良好的通风设备。钢材在运输中经常需要通风，控制舱内的相对湿度及防止产生汗水。

（2）货舱应具有良好的水密性。运输途中，若货舱盖不能保持有效的水密性，则海水可能进入舱内对钢材货物造成腐蚀。

（3）货舱内污水排放系统应保持畅通，便于舱内产生的汗水汇集到舱底后及时排出。

（4）货舱内应具有充足的固定系固设备，如不足，应临时加设。

2. 钢材积载一般原则

（1）积载钢材的处所应清洁、干燥、没有油脂。

（2）应在舱底、舷侧和层间铺设衬垫，不能直接堆积在舱底或甲板上，也不得与船体构件直接接触。

（3）货物的重量分布应避免使船体受到过大应力，且不得超过甲板和舱底板的许用载荷。在舱底完全且良好衬垫的条件下，货舱最大装载重量不应超过舱底面积与许用负荷量之积，即实务中常用的投影计算法。

（4）应考虑到船舶稳性过大对钢材货物系固的不利影响，控制船舶重心高度，防止出现重心过低、稳性过大的现象。

（5）适当留有通往系固布置、安全设备及控制设备的通道，以便航行中对货区进行定期检查。

（6）货物表面应尽可能保持平整。

（7）应密实积载，货物间不留空当，必要时用垫料塞紧。垫料尺寸及强度应满足所装载货物的需要。

（8）根据钢材的不同类型和尺度选择适宜的积载方式。

（9）钢材货物不得与散发水分的货物、散发具有腐蚀性气体的货物或气体与水反应生成腐蚀性物质的货物等同舱装载。

（10）钢材货物不得与酸、碱、盐等货物相邻装载。

3. 长型材积载与系固

钢轨、槽钢、角钢、圆钢等长型钢材，适于作打底货，积载时可采取顺船长方向或纵横交错堆码方式，如图13-5-1（a）所示。采用纵横交错堆码时，应在两舷侧处用方木或木板衬垫，以防船舶横摇时钢材端部撞击船体。实际运输中钢轨一般采取平扣方法堆装，如图13-5-1（b）所示。长型材积载时要求堆码整齐、紧密、铺平，防止移动及利于上面加载其他货物。

型材系固可采用分体或整体形式。分体形式是指利用系固材料对上部2~3层高的型材进行系固，舱内货物不足3层时一般采用整体系固。

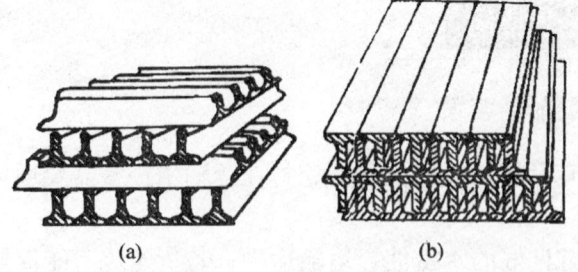

图 13-5-1　钢轨堆码

4. 管材积载

钢管等管材类货物的堆码应利于防止货物滚动和保护管头不受损伤。管材一般应顺船舶首尾方向堆放，在货舱两侧已装货的情况下，短管材可以横向积载在货舱中间；大口径的铸铁管等应注意管头一正一倒交替紧密排列（见图13-5-2），每层之间应用厚度适合的木条衬垫，以免管头受力而损坏。管材应均匀装载，堆放整齐，每根管材与舱底接触部分在一侧放置2~4个木楔，防止船舶航行中下层货物移动。单支薄壁管积载时应注意衬垫方式，防止货损；成捆钢管积载时，应放置垫木且上下垂直。相同直径的管材应尽可能一起积载，确保紧密且平整，减少空当；不同直径管材混装时，管材间空当应用木材塞紧。

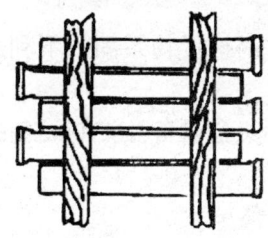

图 13-5-2　钢管堆码

5. 钢板积载

钢板多用于打底或用于底层钢材上面压载铺垫，纵向积载和横向积载均可。对于宽度固定而长度不定的钢板，横向积载较好，可以把钢板按照一定的长短顺序来积载，保证每层钢板尽量紧密，减少空当，如图13-5-3所示。无论是横向还是纵向积载，在衬垫时一定要保证垫木上下对直成一线，让钢板上下受力在衬垫点上，以防止货物波浪状变形，如图13-5-4所示。

图 13-5-3　钢板堆码

图 13-5-4　钢板衬垫

6. 卷钢积载与系固

卷钢（steel coil）主要指卷装钢质板材，包括碳素钢板、合金钢板、有色金属钢板及其他金属钢板等。对卷钢进行合理积载与系固对保证船舶安全、防止造成货物损坏具有至关重要的作用。

1) 积载原则

（1）尽可能将尺度相同的卷钢积载在同一排，各层之间采用压缝堆垛方式。在纵向上可留出一定缝隙（150 mm）而横向上应紧凑积载在一起。

（2）积载时应考虑卷钢的重量、尺度，选择适当的位置。重量、直径、长度较大的卷钢积载在下部，而重量、直径、长度较小的则积载在上部。

（3）为了避免货损，多层积载的卷钢，如果有必要，可在底层卷钢内径孔内做"十字撑"（cross chocking），如图 13-5-5 所示。

图 13-5-5　卷钢内"十字撑"

（4）卷钢装载时应从左右舷开始往中间进行，并保证整排装货，如舱宽不为卷钢直径的整倍数而出现船宽方向的空当，则应将该空当留在中间。在空当位置的上面放置一个锁紧卷。

（5）在首、尾舱积载卷钢时，一定要保证卷钢前后方向顺直。与底边水柜的三角缝用垫木填实。如果有条件，卷钢积载的第二层尽量装到边水柜位置。

（6）尽可能将冷轧卷钢与热轧卷钢分舱积载，因为前者常露天存放，卷内可能有积水。

（7）多甲板普通杂货船装运卷钢时，卷材应在底舱积载，不要积载在二层舱。

2）积载方式

卷钢货物在舱内的积载主要有3种方式（如图13-5-6所示）：

（1）纵向积载

该方式卷钢的滚动方向与船宽方向一致，即卷钢的轴向为船长方向。纵向积载适用于所有尺度的卷钢。卷钢实际积载大部分采用纵向积载方式，这有利于使用C型货钩、卷钢搬运机和叉车进行堆装，缩小卷钢间的缝隙。

（2）横向积载

该方式卷钢的滚动方向与船长方向一致，即卷钢的轴向为船宽方向。

（3）垂向积载

该方式卷钢直立积载，即卷钢的轴向为垂直方向。该积载方式通常适用于长度小于直径的卷钢，积载层数一般不超过2层；单重小于10 t的立式卷钢，也可以积载3层。

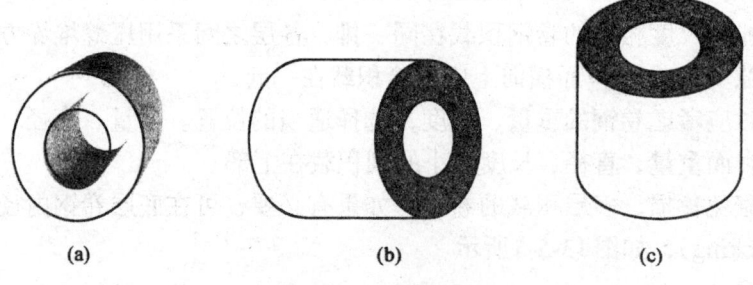

图 13-5-6　卷钢积载方式

3)锁紧卷

卷钢纵向积载时每一排应形成一个不可移动的整体。因此每一排的积载中应设置1个或2个锁紧卷,如图13-5-7所示。这样,随着船舶在航行中的颠振,卷钢形成的货堆会越来越紧凑。

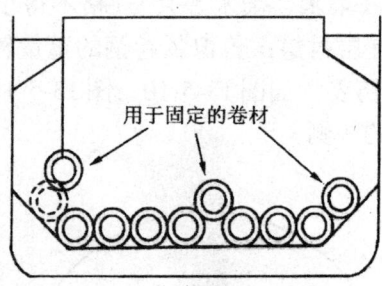

图13-5-7 锁紧卷的设置

锁紧卷的设置应注意:

(1)若船宽正好是卷钢直径的整数倍,则应在舷侧加衬垫,以设置1个或2个锁紧卷。

(2)锁紧卷的重量不得小于底层卷钢的平均值,但也不应超过卷钢重量平均值的1.5倍。

(3)锁紧卷的压卷深度不应大于其直径的1/3,若下沉过多(如图13-5-8所示),则会失去锁紧的作用。可以将底层一件卷钢适当调整位置,设置两个锁紧卷压缝(如图13-5-9所示)。

图13-5-8 压卷深度较大的锁紧卷

图13-5-9 压卷深度调整后的锁紧卷

4）卷钢衬垫

（1）舱底衬垫

卷钢不得直接堆积在船底板上，也不得直接与船体构件接触。除非卷钢事先积装在木质托盘或木架上，否则在舱底和底层卷钢间必须铺设衬垫。

舱底垫木应该使用硬杂木（果木、杂木等），规格不得小于 50 mm× 100 mm × 1.5 m。若拟装卷钢的重量较小，可铺1层衬垫；若拟装卷钢的重量较大，可铺2层垫木。将卷钢装载在衬垫木上后，应用木楔挤妥，如图13-5-10、图13-5-11所示。每只卷钢一般用2~3只木楔，同置在钢卷可能移向的一侧。

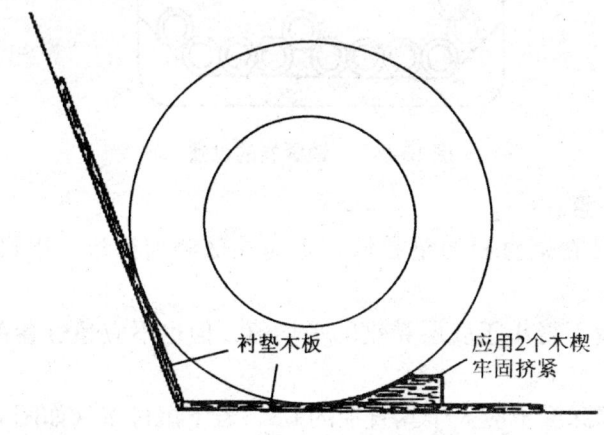

图 13-5-10　木楔及其使用

（2）舷侧衬垫

对于舷侧的衬垫，可直接用 100 mm× 100 mm ×（1.5~2）m 的软木（白松、红松等）衬垫，或者根据实际情况制作相应大小的木架衬垫。衬垫的主要目的是确保货物与舱壁之间不要直接接触，分散压强及用作支撑、防止移动，如图13-5-11、图13-5-12所示。

图 13-5-11　舷侧衬垫及底部衬垫

（3）卷钢之间的横向衬垫

由于卷钢的直径一般并不相同，所以每一层的卷钢之间不一定能正好相切，因而会有空当存在。对于最上一层及第二层左右舷部位及卷钢间的空当应用木板或木架撑妥，如图13-5-12所示。

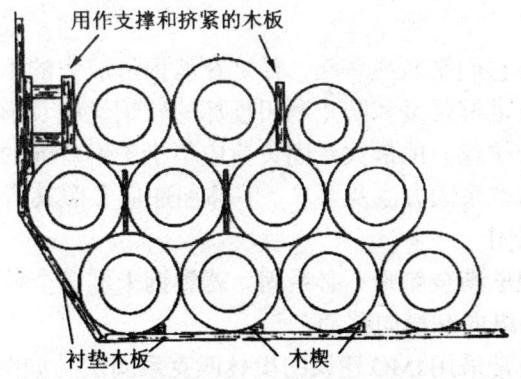

图13-5-12　卷钢与舷壁及卷钢之间的衬垫

（4）卷钢排间的衬垫

每一排卷钢之间应用木板或木架撑妥，如图13-5-13所示。

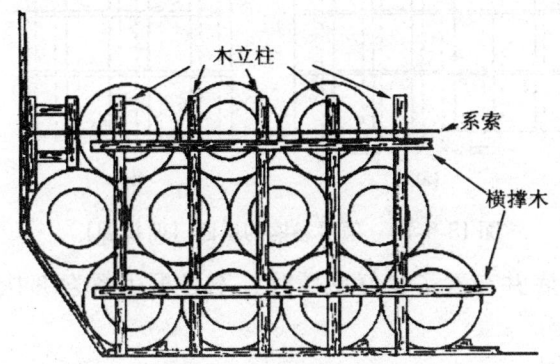

图13-5-13　卷钢排间的衬垫

（5）顶面衬垫

在卷钢顶面装载钢管、吨袋等其他货物时，为了避免货物接触、保证货物不受损伤及使表面平整，在卷钢顶层表面大面积铺设的衬垫，又称为特殊衬垫，如图13-5-14所示。衬垫物料通常用木板、木方等。

图13-5-14　卷钢顶面衬垫

5）系固

卷钢系固是为了将它们系联在一起，使之在舱内形成大的不可移动的卷钢组。对于常规卷钢，通常使用具有足够强度和防止利刃损坏的软钢丝绳及附属配件或钢带系固。钢丝绳的附属配件（如花篮螺丝）的最大系固负荷应不小于钢丝绳的最大系固负荷。下面主要介绍纵向积载卷钢的基本系固方法及要求，具体船舶应参照其货物系固手册的指导。

（1）顶层卷钢的系固

一般来说，若卷钢堆满全舱则不必系固。若卷钢未堆满全舱，则最高一层的最后三排应予系固，以防止货件纵向和横向移动。

顶层卷钢的系固通常采用IMO建议的奥林匹克系固法［如图13-5-15（a）所示］或成组系固法［如图13-5-15（b）所示］，成组系固法是将6只卷钢系在一起，而奥林匹克系固法是将9只卷钢系在一起。

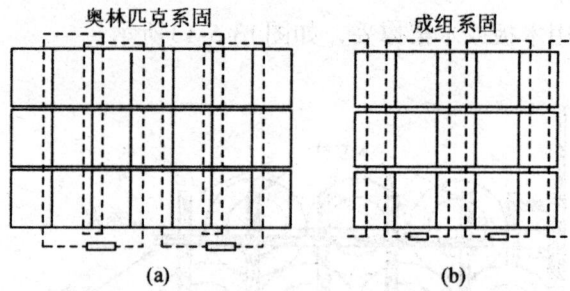

图13-5-15　顶层卷钢的系固（俯视图）

当卷钢装满整个舱底并布置了良好支撑时，不必再用系索绑扎，但用于锁定的卷钢除外。

（2）层间卷钢的系固

15~20 t的卷钢在舱内纵向积载时，通常积载1~2层。

①单层积载

卷钢单层积载时，一般带1个或2个锁紧卷，其适宜的系固方法如图13-5-16所示。

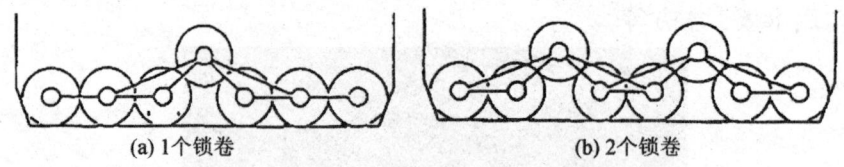

图13-5-16　卷钢单层积载的系固

②双层积载

卷钢双层积载时，一般带1个或2个锁紧卷，针对不同的积载方式，其适宜的系固方法如图13-5-17所示。

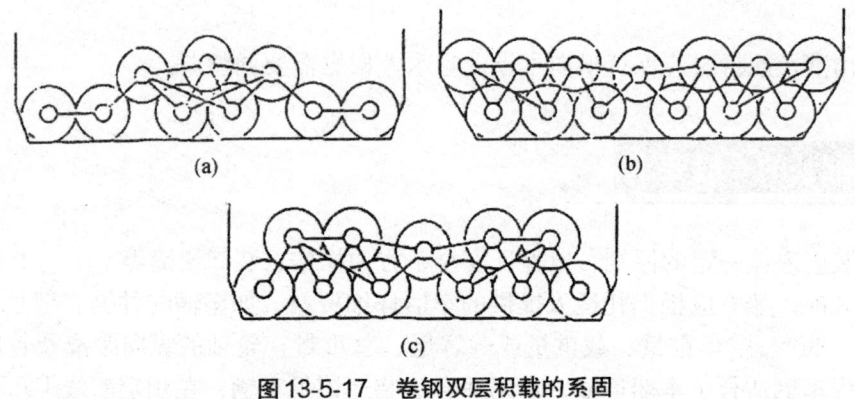

图 13-5-17　卷钢双层积载的系固

第六节　滚装货物运输

滚装货物是指可依靠自身动力，或利用随船或不随船装载的临时移动装置，通过水平移动方式装上船或卸下船的一种货物单元。海运滚装货物多利用滚装船（roll on/roll off ship）完成。滚装船是一种设计和制造成能装载车辆或使用车辆装卸集装箱或托盘货物的专用船舶，主要包括滚装客船（ro-ro passenger ship）和滚装货船（如 PCTC、PCC）。滚装船运输能减少码头装卸设备的投资，提高装卸效率，降低装卸成本，特别适合于潮差不大的港口之间的短程海上运输。本节主要介绍道路车辆在滚装船上的积载与系固。

滚装船在营运中对载货能力、稳性、强度、浮态等的要求与杂货船、散货船、集装箱船等基本一致，但也有自己的特点。

（1）载货能力

滚装船的载货能力包括重量能力、容量能力和特殊能力。其中，容量能力通常以每层甲板的车道长度、限宽、限高、限重、甲板面积等参数表示，汽车专运船 PCC 的容量能力以 CEU（car equivalent unit）表示。

（2）稳性

滚装船因甲板层数多，水线以上船体的侧受风面积较大，船舶满载时重心较高，可利用船舶设计的大容量的压载水舱进行调整。滚装货船的完整稳性衡准指标与普通货船的相同，滚装客船的稳性衡准要求既要满足与普通货船一样的指标，还要满足规则对客船的特殊稳性衡准要求。

（3）强度

滚装船的结构特点决定了其横强度较普通货船弱，船舶设计时考虑了总纵强度、弯扭强度、横强度及局部强度。因此营运中的滚装船主要校核船舶总纵强度和局部强度，而局部强度主要包括车辆甲板、车辆跳板、升降平台等。

(4) 浮态

船舶进出港及航行时应保持横向正浮，吃水差根据需要调整。

一、车辆配装的一般要求

车辆配装应遵循一定的原则，以保证安全、方便操作、装卸快捷等。

(1) 配装前，船方应根据托运人提供的车辆详细资料，如车辆的种类、型号、外形尺寸（长、宽、高）、空车重量、载重量或载客量、总重量、轮轴的纵向距离及轮胎的横向距离等，确保车辆适合于本船运输，本船适合于装运该批车辆；在预定航线上可预见海况的条件下，车辆能在船上安全积载、系固和运输。

(2) 车辆配装时应遵循"先重、大，后轻、小"的原则，即先考虑重、大型车辆，后考虑轻、小型车辆。重、大型车辆优先选配在下层甲板，轻、小型车辆尽可能选配在上层甲板，有利于控制船舶重心高度，保证船舶稳性；重、大型车辆优先选配在船舶纵向和横向的中间位置，轻、小型车辆选配在船舶纵向和横向的两端和两边，有利于减小车辆受到的船舶运动产生的惯性力，保证系固安全。

(3) 车辆在滚装船甲板上的布置应根据车辆甲板的位置、方向而定，但一般以纵向为主。

(4) 配装位置应便于车辆进出。这主要取决于车辆的方向、升降平台或坡道的位置、倾斜跳板的位置和方向等。

(5) 车辆之间、车辆与船舶结构或舱壁之间应留有足够的通道，方便船上工作人员进行系固、检查及自由进出。

(6) 车辆的配置应保证不得超过升降平台和车辆甲板的许用负荷。

二、车辆积载原则

(1) 应保证车辆积载位置清洁、干燥、无油脂。

(2) 如果车辆装有包装危险货物，则应该按照IMDG规则的要求进行申报、积载与隔离等，保证安全。我国《海上滚装船舶安全监督管理规定》中明确禁止滚装客船载运任何危险货物。

(3) 应根据航行区域、显著的天气状况与船舶主要特征来积载车辆货物，并通过限制车辆的移动，限制车辆悬浮装置的自由运动使底盘尽可能保持静态。如为了使车辆牢牢地系固在甲板上，可以压缩弹簧，还可以在系固车辆前将底盘升高，或将压缩空气悬浮装置中的空气压力减小来保持底盘的静态。

(4) 考虑到 (1) 所述的情况及压缩空气悬浮系统可能漏气，如果航程超过24 h，则应排放每辆装有此类系统车辆的空气。如果实际可行，对较短航程的车辆也应做相应操作。如果不排放空气，则应将车辆顶起以防止由于航行中该系统漏气造成系索松弛。

(5) 如果车辆需要使用垂直支撑装置或使用起重器及顶升设备，则底盘的支撑点或支撑区域应予以加强，并将支撑点的位置清楚标明。

(6) 车辆积载时，单车或组合的车辆应使用停车制动器并且要锁住。

(7) 船舶载运柴油机车辆航行时，该车辆应脱离传动装置。

(8) 若车辆横向积载，则应特别注意避免车辆所处的位置受到过大的惯性力。

(9) 车辆就位后，应在其车轮下安装楔形垫块装置，防止车轮前后移动。

三、车辆系固

1. 车辆系固点设置

1）系固点设置数量和强度

根据 IMO CSS 规则和《在滚装船上运输公路车辆的系固装置指南》，公路车辆两侧应具有相同数量的不少于2个但不多于6个的系固点，公路车辆设计的系固点最小数量和最低强度应满足表13-6-1的要求。

表13-6-1　公路车辆系固点的最小数量和最低强度

车辆总质量 W	每侧最少的系固点数量	每一系固点无永久变形的最小强度
3.5 t ≤ W ≤ 20 t	2	$\dfrac{12W}{n}$ 式中：n——公路车辆每侧系固点总数
20 t < W ≤ 30 t	3	
30 t < W ≤ 40 t	4	

说明：（1）对公路列车（全拖挂车）而言，该表数据适用于组成的每一车辆，如分别适用于机动车辆（牵引车）和每辆拖车。

（2）该表不适用于半拖挂车的牵引车。因此要求在牵引车的前部安装2个系固点，其强度应能足够防止牵引车前部的横向运动，也可用牵引车前部自身的牵引装置代替这2个系固点。但是如果利用牵引车以外的牵引装置来系固车辆，则不能更换或代替表中车辆每侧系固点的最小数量与强度。

2）系固点设置要求

(1) 车辆上每个系固点应涂上清楚易见的颜色。

(2) 车辆上系固点的布置应能保证用系索有效地限制车辆的运动。

(3) 系固点应能将作用力从系索转移到公路车辆底盘并且绝不应该安装在保险杠或车轴上，除非系固点是专门建造而且作用力可直接转移至底盘。

(4) 系固点应位于容易及安全使用的地方，特别应位于车上安装侧护装置的位置。

(5) 穿孔内沿自由通道不得小于80 mm，但穿孔的形状不需要是圆形。

2. 船舶甲板系固点设置

中国船级社CCS《货物系固手册编制指南》规定，经常载运道路车辆且在无遮蔽水域从事远程或国际航行的滚装船，甲板上的系固点布置应满足：纵向不得超过2.5 m，横向应不小于2.8 m但不大于3 m。每个系固点的最大系固负荷MSL应不小于100 kN。如设计的系固点服务于1根以上的系索（如Y根系索），则MSL应不小于$Y \times 100$ kN。

3. 车辆系固一般要求

（1）车辆系固应按照船舶所配备的货物系固手册中的系固方法和要求进行操作，并核算系固方案的有效性。中国海事局《法定规则》提供了我国沿海航行的滚装船车辆系固方案的有效性核算方法。

（2）系固使用的系索的最大系固载荷MSL应不小于100 kN，它们应用具有合适延伸特性的材料制成。对于不超过15 t的车辆，可使用最大系固载荷较低的系索。

（3）系固角度应合理。系索只能系固于车辆的专用系固点上，每一个孔只能使用一根系索。系索的水平系固角和垂向系固角最好为30°~60°。

（4）系索应松紧适宜，各系索的受力要均匀，系固后的车体应下降20~30 mm。

（5）各系索之间不应交叉，但因系固件配置等原因的限制而必须交叉时，应注意保证各系索之间在航行中不会产生摩擦。

（6）系带和系索均不得与车体的锐角部位接触，以免航行中产生摩擦而破断。

（7）车辆在积载位置上应拉紧刹车装置，车轮应用楔子塞牢止动。对于摩擦力较小的车轮或履带式滚装货物，应铺垫其他增加摩擦力的材料，如软板、橡胶垫等。

（8）系固作业中，不得坐在或站在保险杠上，以防因产生凹陷而致车辆损伤；在搬运器材时，不要触及车体。

（9）所有车辆系固的操作，应在船舶离泊之前完成。靠港时，船舶在没有安全系泊之前，不能解绑。

（10）在整个航行过程中，应对车辆的系固定期检查，发现问题及时修正。在大风浪来临之前应加设系索。

第七节 冷藏货物运输

冷藏货物是指要求在低于常温的条件下运输、保管的易腐性货物。这类货物在常温条件下经过较长时间的保管和运输时，由于微生物作用、呼吸作用和化学作用等会使其成分发生分解、变化而腐败，以致失去使用价值。在易腐性货物中多数为动物性食品和植物性食品，冷藏运输的目的是使货物在运输期间不致变质、过热或腐烂。

一、易腐货物保藏条件

易腐货物的保藏条件包括对温度、湿度、通风和环境卫生的要求，其中温度是影响货物保管质量的主要因素。

1. 温度

温度对微生物的生长繁殖影响极大，微生物生长繁殖的最适宜温度为25～35 ℃，当温度在0～5 ℃时，微生物的生长繁殖基本停止即处于休眠状态。当温度降至-18 ℃以下时，微生物的生长繁殖活动就会完全停止，有部分菌类还会被杀死。

温度是影响酶作用的最重要因素之一，温度越低，酶的活性也越低，当温度在0 ℃时，酶的活性基本停止，生鲜食品的生物化学变化速度也降低，因此，低温可延缓果品成熟，低温使肉类、鱼类不易发生自溶等变质变化。

温度对呼吸氧化作用的影响也极为显著。在常温下外界温度升高，菜、果等植物食品的呼吸氧化作用就会增加；相反，温度降低，呼吸氧化作用就会减弱。此外，低温还可减少菜果的病虫害，故温度是保藏易腐货物的主要条件。

用冷藏方法来保藏易腐货物是目前广泛使用的有效方法。它比其他传统的保藏方法，如腌制、干存、熏制、加防腐剂等，具有更多的优点，如能保持食品的原有色、香、味、营养物质不变，价廉，可批量运输保管等。不同的货物对冷藏温度的要求是不同的，并不都是冷藏温度越低越好。

按其运输的温度要求，冷藏可分为冷却和冷冻两种方式。所谓冷却，是把食品的温度降到尚不致使细胞膜内的水分结冰的程度，即不充分的冷冻状态通常是在0～5 ℃，如鲜蛋、水果、蔬菜等常用冷却运输。所谓冷冻，是把食品温度降到0 ℃以下。在一般情况下，冷冻温度，大多在-20 ℃左右，使食品的液态水绝大部分变为冰晶，使食品温度降至很低，用以抑制微生物的活动，杀死某些寄生虫卵，使食品中的生物化学变化处于完全停止状态，从而能够使食品在较长时间内不致发生变化，如猪牛肉、鸡鸭、鱼等均采用冷冻运输。若对食品的冷冻速度较慢，则食品细胞膜内层会形成较大的冰晶，使细胞膜破裂、细胞液遭受损失，使食品失去原有的鲜味和营养价值。为消除这一缺陷，可采用速冻方式。

速冻是指在很短的时间内使食品冻结。速冻过程中所形成的冰晶比较均匀和细小，不致造成细胞膜的破裂，因而能保持食品原有的鲜味和营养价值。

另外，冷藏货物的保藏除要求有一定的环境温度外，还要求保持温度的稳定。

2. 湿度

外界空气的湿度高低对易腐货物的运输、保管质量也有直接的关系。空气的湿度改变会引起货物含水量、化学成分、外形及体态结构发生变化，易腐货物在外界湿度的影响下变化十分明显。如湿度下降，会使食品的含水量降低和减重，水果、蔬菜等会发生萎蔫现象；如湿度过高，则促使微生物迅速生长繁殖和增强食品的呼吸氧化作用，加速食品腐败变质。因此，外界空气的湿度过低或过高均不利于易腐货物的保藏。

3. 通风

通风应根据货物所要求的温湿度、需氧量等条件，结合舱内外温湿度、空气成分的对比，有计划地进行。水果、蔬菜、鲜蛋等货物，在储运过程中会不断地消耗氧气，散发出水分、二氧化碳等气体，如不及时通风，时间过长会造成缺氧，产生窒息性气体而加速腐烂变质。普通货船通风时应注意掌握适当的时机，高温季节宜在夜间方能起到通风降温作用，寒冷季节可利用阳光充足、温度较高时进行通风升温。通风时间过短不起作用，过长又会对舱内的温湿度、货物质量产生不利的影响。通风换气量以 24 h 内通风换气次数表示。对冷冻货物，因保藏温度低可不必换气。

4. 环境卫生

易腐货物大多数是食品，在装运保管过程中，保持环境卫生的清洁十分重要。如因环境卫生条件差，即使其他保藏条件都很好，食品也易腐败变质。食品受到尘土杂质有害、有毒等物质污染也直接影响外观和质量，甚至完全失去食用价值。因此，易腐货物在整个运输环节中必须十分注意清洁卫生。

二、冷藏货物的承运要求

承运易腐货物时，要对易腐货物的质量、包装、温度状况进行检查。如质量不合乎要求，包装有破损，温度偏高或偏低，船方应拒绝承运。易腐货物的保管和运输时间是有限制的，因此船方应检查所承运的易腐货物是否在容许的期限之内。对所承运的肉类和生油脂类货物，应检查有无检疫证明。

1. 肉鱼类冷冻货

肉类长距离运输均采用完全冻结状态，温度为-18~-20 ℃。在这样的温度下，微生物的生长基本停止，肉类表面水分蒸发较小，其营养价值和味道等基本保持不变。如保管期在一两个月内，温度可保持在-12 ℃左右，这样能节省冷藏费用。冻肉在出冷库装运时，温度应低于上述承运温度。在运输保管中必须保持舱内温度的稳定，温度忽高忽低波动，不但能使微生物从休眠状态中复苏，还会引起肉类**内部**重新结晶，导致肉类失去原有的鲜味、营养价值或变质。

承运的冻肉应是肉体坚硬，用硬物敲击时能发出清脆的响声，色泽鲜艳，割开部位应呈玫瑰色，用手指或温热物体接触时由玫瑰色转为红色，牛肉则呈暗红色，油脂应呈白色或淡黄色。

承运的鱼体应坚硬，鱼鳞要明亮或稍微暗淡，眼睛凸出或稍微凹陷，鳃应鲜红。因鱼含水分多，鱼死以后在常温条件下细菌很快侵入肌体而引起腐烂变质。冷却在水中的鱼不能长时间储运，长距离运输必须冻结，一般以-12~-18 ℃为宜。

2. 水果、蔬菜类

承运的水果、蔬菜应鲜艳，凡是干瘪、腐烂、压坏、过熟、泥污、有虫害等的果蔬均不能承运。果蔬的运输包装应适合其本身的特点。常用的有：果箱、板条箱、条筐、竹篓、竹箩、麻袋和网袋等，其中果箱的防护力最强，其他包装防护力较差，易使果蔬受到损伤。因此，应特别注意衬垫、堆装方法。果蔬因有呼吸作用，包装应有隙缝或通气孔，以利通风散热和换气。

果蔬为冷却货物，储运的温度、湿度和通风，对其货运质量有很大的影响。果蔬冷却的温度应当是既能维持果蔬的正常生理活动，而又不致遭受冷害或冻害的温度。冷害是果蔬在接近冰冻点以上的低温条件下对果蔬的一种伤害，它们的表面产生凹陷斑点，局部表皮组织坏死，变色且为水浸状，果肉或果心褐变，绿熟的果实丧失后熟能力。冻害是环境温度降至0℃以下时因水分冻结而使质量降低，生理活动被破坏的现象。

3. 鲜蛋类

承运的鲜蛋必须新鲜、清洁、完好、无腐臭味和无玷污现象。鲜蛋的运输包装主要有木箱、纸箱和竹筐。包装不宜太大且留有通风孔，以防发热腐败。包装应坚固，以免在运输中歪斜、压扁而造成破损。另外，包装内应加衬有弹性的软质材料，填充物应清洁、干燥和无异味。

长距离运输的鲜蛋必须低温冷藏，温度以-2~2 ℃为宜，最低不得低于-3.5 ℃。温度过低会使鲜蛋内容物冻结膨胀使蛋壳破裂，温度过高则鲜蛋易腐败变质。

表 13-7-1 为各类冷藏货物承运的有关指标。

表 13-7-1 各类冷藏食品适宜的保藏条件

食品名称	冷藏温度(℃)	相对湿度(%)	昼夜换气次数	大概贮藏时间	冰冻点(℃)
冻牛肉	−23~−18	90~95	2~4	6~12个月	
冷却牛肉	−1.0~0	86~90		3周	−0.6~−1.2
冻猪肉	−24~−18	85~95	2~4	2~8个月	
冷却猪肉	0~1.2	85~90		3~10天	−2.2~−1.7
冻羊肉	−18~−12	80~85		3~8个月	
冻家禽	−30~−18	80		3~12个月	
家禽	0	80		1周	−1.7
冻兔肉	−30~−18	80~90		6个月	
鲜蛋	−0.5~−1.0	80~85	2~4	8个月	−2.2
冻蛋	−18			12个月	

续表

食品名称	冷藏温度(℃)	相对湿度(%)	昼夜换气次数	大概贮藏时间	冰冻点(℃)
冻鱼	−20～−12	90～95		8～10个月	
鲜鱼	−0.5～4.0	90～95	2～4	1～2周	−2.0～−1.0
对虾	−7.0	80		1个月	
苹果	−1.0～1.0	85～90	2～4	2～7个月	−2.0
梨	−0.5～1.5	85～90	2～4	1～6个月	−2.0
香蕉	−11.7	85	2～4	2周	−1.7
橘子	0～1.2	85～90	2～4	8～10周	−2.2
桃	−0.5～1.0	80～85	2～4	2～4周	−1.5
葡萄	−1.0～3.0	85～90	2～4	1～4个月	−4.0
柚子	0～10	85～90		3～12个月	−2.0
柠檬	5～10	80～90		2个月	−2.2
熟菠萝	4.4～7.2	85～90	2～4	2～4周	−1.2
韭菜	0	85～90		1～3个月	−1.4
土豆	3.0～6.0	85～90		6个月	−1.8
洋葱	1.5	80		3个月	−1.0
芹菜	−0.6～0	90～95		2～4个月	−1.2
花菜	0～2.0	85～90		2～3周	−1.1
青椒	7～10	85～90		1～3周	−1.0
白菜	−1.0～0	80～95	2～4	1周	
萝卜	−3.0～0	90～95	2～4	1周	
胡萝卜	0～1.0	80～95		2～5个月	−1.7
黄瓜	2.0～7.0	75～85	2～4	10～14天	−0.8

三、装舱准备工作

船公司根据冷藏箱的性能和舱容接受冷藏货的托运后，将冷藏货物的种类、包装、重量、容积、装卸货港以及货物的运输条件（如所要求的温度和湿度）等通知船方。船方在确认本船具备承运条件后，即应着手装舱的准备工作。

1. 货舱检查

对货舱进行检查的项目包括：隔热材料是否松软或存在缺陷，隔热板、舱底板、舱口梁有无损坏，排水孔是否渗漏海水，管道连接处有无渗漏现象，如有缺陷或损坏，应认真修复。

将通风筒、污水井和人孔盖的隔热塞堵上，通入冷藏箱的管道应堵塞或完全封闭。如制冷装置需要大修或隔热材料更新，则需在验船师的监督下进行。

2. 货舱清洁

装运冷藏货，要求货舱清洁卫生。舱内的碎木渣、锯末、残留的货物底角要清扫干净。舱内所有表面，包括护舱板、木格栅、船底板、管道槽沟等应清洁干净，用加入清洁剂的高压水冲洗，再用淡水冲净。污水沟要彻底打扫干净、晾干，并消除异味。

清洗后的货舱应该充分通风，并完全干燥。待舱内干燥后，把木格栅按顺序铺好。

3. 货舱除臭

若冷藏舱内存有异味，可采用臭氧发生器、粗茶熏舱及醋酸水喷洒除臭。当承运油脂性冷藏货物如冻牛油、高脂含量的鲜鱼、乳制品等时，臭氧可使其氧化变质，不宜采用臭氧除臭。

在进行了上述三项工作后，要经商检部门登船检查是否达到清洁、干燥、除臭的要求，如果合乎要求，在商检师的允许下，进行下面的工作。

4. 货舱预冷

冷藏舱的空舱在装货前应进行预冷，其冷却温度应比货物所需的冷藏温度低 2~3 ℃，以便货物装入后就具有较适宜的舱温。冷藏员还可以根据预冷舱温随时间变化的快慢来检查隔热结构和冷藏装置是否处于正常的技术状态。

预冷时，必须检查舱内排水孔以及通风换气的进、排气孔的开闭状态。排水孔要封闭；在装载水果、蔬菜等需要换气的货物时，通风换气的进、排气管应该打开，只有装载冻肉等不需要换气的货物时才应封闭。

预冷一般在装货前 48 h 开始，在装货前 24 h 舱温降到指定的温度。这个温度是根据不同的货物和货主（或商检部门）的要求确定的，预冷温度过低可能被港口装卸工人所拒绝，因此要了解港口装卸工人所能接受的温度，再和商检部门商量决定。

预冷前，应把隔票、衬垫用的物料放入冷藏船并同时预冷。待达到预冷温度后，在商检师的指导下，做隔热保温试验。

5. 货舱检验

在货舱预冷后，经验舱师检验合格，则取得验舱证书，证明冷藏舱已适货。

6. 货物配装

冷藏货物的配装除与一般杂货配装的若干原则相似外，还有一些不同之处，包括：

(1) 由于在积载时需留出通风道，因而亏舱率较大，可达10%~20%，计算装载量时应给以充分估算；

(2) 散发气味的货物及易感染气味的货物都应单独配舱；

(3) 牛、羊肉和猪肉不宜混装；

(4) 对舱温要求不同的货物不允许同舱配装；

(5) 不同目的港的货物应配装在不同舱室，以防装载过程中因舱温升高影响其他卸货港货物；

(6) 合理混装不同包装的冷藏货物。

四、货物装载工作

1. 装货时间

冷藏货最好选择在气温较低的清早、傍晚或夜间进行装船，尽可能避免在烈日或雨天装船，以减少热量和水蒸气侵入舱内。若载货量较多而必须在烈日下连续装船，则应在舱口搭上遮阳篷，并注意舱温，及时打冷气，以防舱温升高而使冷藏货变质。夜间作业时应有足够亮度的照明设备，以便鉴别和防止不合格货物装上船。装船时，要求货源连续，货物从冷藏车上卸下后应立即入舱，快卸快装，缩短装货时间。冷藏舱内有工人进行装卸作业时，冷风冷却式的冷藏应停止打冷。当测得舱温过高时，应停止工作，盖好舱盖并打冷降温。

2. 货物验收

冷藏货物的货损，往往是它们在装船时新鲜度已经降低而造成的。因此，在装货时谨慎检查货物装船前的质量是很重要的。商品检验部门提供的货物品质证书是货物质量的主要凭证，但如果发现不符合质量要求或包装有缺陷的货物，应由发货人予以调换、修理，否则应加以批注，甚至拒装。除船上监装外，常会同商检机构一起监装，并取得监装证书。

冷藏货物不符合质量要求的鉴别方法如下：

(1) 肉类：冷冻肉的肉体柔软、无弹力，色彩为不洁的苍白并有恶臭；冷却肉有黄黑色霉斑，兽体的颈部易发现这种现象；包装上有血液渗出或污损或破碎。

(2) 鱼类：鱼体柔软，变色，尾鳍折断，包装有血液渗出，穿孔有臭味。

(3) 水果：果实柔软，萎缩，皮色不良，切开果心可发现变色而过熟变质。

(4) 蛋类：用透视检查，不透明或散黄、臭水、贴壳等。

(5) 箱装冻结货：用木格箱、纸箱包装的冻结货，如包装破损、发霉或水渍，均为质量不合标准。

另外，可现场测量货物内部的温度，判断是否达到承运要求。

3. 理货工作

冷藏货是属于比较贵重的货物，而且容易产生货差，因此，装卸冷藏货时进行看舱理货是保证货运质量不可缺少的环节。为了防止货物的短缺，船方可安排船员同理货员一起理货。如有可能的话，船方应当准备理货记录簿，一名船员负责一个舱口的理货工作并做好记录。如果在中途港卸下部分冷藏货，最好安排一名船员在舱内检查，以防工人错卸。负责理货的船员在每装上一冷藏车的货和每一票货卸完以及中途因故停装时，都要与理货公司的理货员核对数字。如有不符（尤其是船方理货数目少）应报告大副，视情况决定是否翻舱检查。如要翻舱，一定要在重新装卸前检查完毕。

4. 舱内积载

各种冷藏货在舱内的积载方式因货种、包装及舱内冷却通风方式不同而存在差异。

1）各种冷藏货物的积载

（1）冻肉

冻肉积载时应头尾交错、腹背相连、长短对弯、码平堆紧，这种堆码法可防冷气损失，提高装载量。装舱时底层应将肉皮向下，然后一层一层往上装，最上一层使肉皮朝上，以免舱顶上的凝结水落在肉上积留。不同长度、不同厚度的肉片应分开堆码，结束后可在上面加盖一层草席起隔热和防汗水作用。

（2）冻鱼

冻鱼按一定规格和重量冻成盘状在舱内紧凑堆垛。

（3）果蔬类

果蔬类在舱内堆装时应有利于通风，并便于对货物进行检查。箱装水果应在舱内留出风道，一般采用垂直堆垛方式；蔬菜则需根据包装采用不同的堆垛方式，如箱、筐类常用"品"字形堆垛法，袋装类可采用压缝堆垛法，每隔一定间距加插一道风筒，且货垛高度不宜太大。

（4）鱼蛋类

鱼蛋类堆装时应留有空隙，但要使垛形稳固以防倒塌和挤压。

2）通风道的留取

货物应排列整齐，在空气流通的方向留有风道，货物与舱顶之间存有空当，与出、回风口也应保持适当距离，不得将风口挡住。

有些货物包装不够规整，在堆装时会自然地在货物间形成缝隙，通风不受阻碍。而箱装冷藏货，因包装规整，在堆装时货物之间没有空隙，必须在货垛间所留出的风道中放置衬垫或垂直撑条。它除了构成通风道外，还可以防止货堆在船舶摇摆时移动。衬垫或垂直撑条的插入方法根据舱内冷却通风方式不同而异。

若舱内采用垂直冷却方式，则在每列箱子位置处放置垂直撑条，构成通风道。在箱的垂向上，每堆装一定数量的货箱后应加垫衬条，将箱体架空，以便气流通过。

当舱内采用水平冷却方式时，可每装两层箱子在其上面放置木衬条，构成平行于气流的风道。

无论何种冷却方式，均应在货物与舱顶之间留有至少 5 cm 的距离。

5. 封舱降温

货物装载完毕后，应关闭舱盖并随即打冷降温。当发现漏风严重时，应用封舱带将舱盖板的边沿缝隙封闭。

装入舱内的货物温度总是高于所要求的冷藏温度，在封舱后，首先需要将货物温度降至冷藏温度。因为货物降温时需要很大的制冷量，这一降温过程所需时间较长，即使制冷装置的制冷量有余，货温也不会很快下降，或虽然舱温已下降，货物中心的温度仍然较高。另外，有些水果对从常温降至冷藏温度有特定的时间要求，如杏、鲜枣大约为 48 h，苹果、桃、梨、橘子等要求 72 h，应予以注意。

某些冷藏舱在设计时并没有考虑装热货（未经预冷就直接在常温下装入舱内的货物）的情况，因此制冷装置的制冷储备能力很小，不足以将热货降温，这一点在决定能否承运时切勿忽略。

五、运输途中的管理

1. 舱温控制

冷藏货物运输管理中的最重要问题是严格保持规定的冷藏温度，并使其温度波动不超过允许范围，对于冷却货物如水果、蔬菜、鸡蛋和冷肉等则尤其如此。

当载运水果等怕冻货物的船舶进入冬季季节区域时，停止打冷后舱温仍可能继续下降，此时应开启加热器加热舱内循环空气，以防货物冻坏。

此外，在装运冷却货物时，若冷藏舱由蒸发盘管或盐水盘管制冷，应停用吊在舱顶的盘管，以防管壁凝水滴到货物上而发生货损。

为了保持冷藏舱内各处温度均匀，必须加强舱内空气的循环流动。通风次数不但影响到舱温，而且还会使货物水分散失。在降温期间，货物会散失大量水分，为减少水分散失，避免货物表面风干，在货温高于舱内气温时，应增加空气循环量，尽量缩短降温时间；而当货温接近舱温时，则应减少空气循环量。

2. 二氧化碳含量控制

在封闭的冷藏舱内，由于水果、蔬菜的呼吸作用，空气中的含氧量逐渐减小，二氧化碳含量会自行增加。空气中含有较多的二氧化碳和较少的氧气能抑制果蔬的呼吸而使其成熟期延长。但二氧化碳含量过高会使苹果和梨等果核变色，以致腐烂变质。部分果蔬适宜的二氧化碳含量如表 13-7-2 所列。在装有二氧化碳测试仪的冷藏舱内，可根据测出的二氧化碳在空气中的容积百分比来进行通风换气，以保持舱内空气的二氧化碳含量适中。

表 13-7-2　果蔬适宜二氧化碳含量表

品名	梨	青香蕉	柑橘	苹果	柿子	西红柿
CO_2含量(%)	0.2~2.0	1.6	2.0~3.0	8.0~10.0	5.0~10.0	5.0~10.0

在没有二氧化碳测试仪的冷藏舱中，应根据实践经验进行换气。通常，将换气量等于舱容称为换气一次。果蔬类货物每24 h需要换气次数详见表13-7-1。采用水平通风时的换气次数应多于垂直通风时的换气次数。

3. 空气湿度控制

空气的相对湿度过高时，货物容易滋生细菌，过低时则又会使货物中的水分损失过多。在运输中需要保持的相对湿度与冷藏温度有关，冷冻货物因温度较低，主要应防止风干，空气中的相对湿度可高一些；冷却货物因温度在0 ℃以上，相对湿度就要适当低些。

4. 防止冷气循环短路

由于货物间可以相互冷却即"货冷货"，舱内装满货物时比装载部分货物的情况更容易保持货物温度。但如果中途港卸下了部分货物，余下的货物只占了部分舱位，要保持该部分货物温度稳定较为困难。货物因未满舱而易造成冷气循环短路，从冷气中吹出的冷气并不流经货物，而是从货舱空位流动，再被吸回到冷却器中。此时可向舱内空位均匀放置一些钢铁类或折叠的帆布等，来消除短路现象。但这些物品应预冷后放入船内，使其温度与舱温相近。

5. 做好记录工作

必须认真填写冷藏舱日志、冷冻机日志，因为这些记录是监督冷藏舱工作状况的依据，是以后发生货损判明责任和今后运输冷藏货时的参考资料。

六、卸货

根据冷藏货物的性质，要求连续、迅速卸货，尽量缩短货物在空气中暴露的时间。

船舶到港前，要通知入港时间，决定开启冷藏舱及交货时间。视载运的冷藏货情况与卫生检疫部门联系，申请检疫。在西欧国家港口卸货时，装卸工人可能会因舱内温度太低而拒绝卸货或要求额外的费用，因此卸货前可以适当地升高舱温。

有的卸货港要查看"验舱证书"和"冷藏设备入级证书"，而有的卸货港只检查"冷藏设备入级证书"，并且询问航行中气候的变化、货舱温度波动情况，查看冷藏舱温度记录，现场测量货温，抽样检查货物的品质等。

交货时，一般应同时提交货物品质、重量证明，对肉类还要提交兽医证明，有时还要提交货物温度证明。若在伊斯兰国家的港口交货时，一定要交付穆斯林宰割证明。因此，在装货港，应该向货主索取这些证明。

第十四章

集装箱运输

> **本章学习目标**
>
> 1. 了解集装箱分类及标志；
> 2. 掌握集装箱船载货能力；
> 3. 掌握集装箱箱位的确定；
> 4. 熟悉集装箱配积载图编制流程；
> 5. 掌握集装箱安全装运与管理。

集装箱货物运输是指把大小不一、包装多样、换装不便的货物装入标准化的集装箱，并将集装箱作为货物单元实现从一地的门（door）、货运站（container freight station，CFS）或堆场（container yard，CY）到另一地的门、货运站或堆场的一种现代化运输方式。它为实现货物运输和装卸的机械化和自动化创造了条件。集装箱货物运输是较复杂的综合运输系统工程，集现代化的船队、高效率的专业化码头、快捷迅达的集疏运网络、科学简捷的单证流通、及时准确的电子数据信息传递和港口口岸监管单位的通力协作为一体。集装箱货物运输的最大优点是使件杂货运输和装卸实现快速周转和高效作业。

集装箱货物运输简便、迅速、安全、经济，为保证集装箱货物运输质量，必须做好集装箱货物海上运输的各个环节。本项目涵盖了集装箱船舶配载计划、集装箱装卸及运输检查表、集装箱系固检查表的编制等多个任务模块。通过项目学习与实践，能合理确定集装箱箱位，做好集装箱系固的检查工作，保证集装箱货物海上运输安全。

第十四章 集装箱运输

第一节 ● 集装箱分类及标志

本节讲述集装箱标准规格、集装箱分类、集装箱识别系统和识别标记、集装箱尺寸和箱型代码、集装箱作业标记和可能的其他作业标记，通过集装箱标识和标记，了解集装箱标准规格及其他消息，由集装箱规格掌握集装箱尺寸，水上集装箱运输需要应用这些参数。通过本节的训练，学生可以熟悉集装箱参数，根据水运集装箱参数分析船运特点。

一、集装箱

国际标准化组织（ISO）在 ISO 830：1981《集装箱名词术语》中，对集装箱定义如下：

集装箱（container）是一种运输设备：

（1）具有耐久性，其坚固程度足以能反复使用；

（2）为便于商品运送而专门设计的，在一种或多种运输方式中运输时，无须中途换装；

（3）设有便于装卸和搬运的装置，特别是从一种运输方式转移到另一种运输方式；

（4）设计时应注意便于货物装满或卸空；

（5）具有 1 m³ 或 1 m³ 以上的内容积。

集装箱一词不包括车辆和一般包装。

我国国家标准 GB 1992—1985《集装箱名词术语》中对集装箱做了与国际标准化组织一致的定义。

1. 集装箱标准

集装箱有国际标准、国家标准、地区标准、公司标准等几种标准。

（1）国际标准

国际标准集装箱是指根据国际标准化组织（ISO）第 104 技术委员会制定的国际标准来建造和使用的集装箱。国际标准化组织第 104 技术委员会自 1961 年成立以来，对集装箱国际标准做过多次补充、增减和修改，到目前为止，国际标准集装箱按外部尺寸可分 13 种规格，其宽度均一样（8 ft、2438 mm），长度有 4 种（1A 型 40 ft、12192 mm，1B 型 30 ft、9125 mm，1C 型 20 ft、6058 mm，1D 型 10 ft、2991 mm），高度有 4 种（9 ft 6 in、2896 mm，8 ft 6 in、2591 mm，8 ft、2438 mm，8 ft 以下、2438 mm 以下）。集装箱之间间距为 3 in（76 mm）。表 14-1-1 列出的是 13 种国际标准集装箱的外部尺寸和额定（总）质量。

表 14-1-1　国际标准集装箱的外部尺寸和额定（总）质量

集装箱名称	长度		宽度		高度		额定（总）质量	
	mm	ft-in	mm	ft-in	mm	ft-in	kg	lb
1AAA	12192	40-0	2438	8-0	2896	9-6	30480	67200
1AA					2591	8-6		
1A					2438	8-0		
1AX					<2538	<8-0		
1BBB	9125	29-11.25	2438	8-0	2896	9-6	25400	56000
1BB					2591	8-6		
1B					2438	8-0		
1BX					<2538	<8-0		
CC	6058	19-10.50	2438	8-0	2591	8-6	24000	52920
1C					2438	8-0		
1CX					<2538	<8-0		
1D	2991	9-9.75	2438	8-0	2438	8-0	10160	22400
1DX					<2538	<8-0		

　　ISO TC 104 外部尺寸标准中，用字母代表集装箱的长度，A 代表 40 ft 长，B 代表 30 ft 长，C 代表 20 ft 长，D 代表 10 ft 长；标准集装箱的宽度都是 8 ft；用字母的多少代表集装箱的高度，1 个字母代表 8 ft 高，2 个字母代表 8.5 ft 高，3 个字母代表 9.5 ft 高。

　　通常使用的是 1AA 和 1CC 两种箱型，1AAA 箱型也有较多使用。在集装箱的统计中，我们以 20 ft 型为单位标准箱，即 20 ft 集装箱作为一个换算单位（twenty feet equivalent unit，TEU）。

　　（2）国家标准

　　各国政府可参照国际标准并考虑本国的具体情况，制定本国的集装箱标准。我国现行国家标准《集装箱外部尺寸和额定质量》（GB 1413—2008）规定了集装箱各种型号的外部尺寸、极限偏差及额定质量。表 14-1-2 列出的是我国现行 15 种标准集装箱的外部尺寸和额定（总）质量。

表 14-1-2　我国现行标准集装箱的外部尺寸和额定（总）质量

集装箱名称	长度		宽度		高度		额定(总)质量	
	mm	ft–in	mm	ft–in	mm	ft–in	kg	lb
1EEE	13716	45–0	2438	8–0	2896	9–6	30480	67200
1EE					2591	8–6		
1AAA	12192	40–0	2438	8–0	2896	9–6	30480	67200
1AA					2591	8–6		
1A					2438	8–0		
1AX					<2538	<8–0		
1BBB	9125	29–11.25	2438	8–0	2896	9–6	25400	56000
1BB					2591	8–6		
1B					2438	8–0		
1BX					<2538	<8–0		
CC	6058	19–10.50	2438	8–0	2591	8–6	24000	52920
1C					2438	8–0		
1CX					<2538	<8–0		
1D	2991	9–9.75	2438	8–0	2438	8–0	10160	22400
1DX					<2538	<8–0		

（3）地区标准

地区标准是由地区组织根据该地区的特殊情况制定的。此类集装箱仅适用于该地区，如根据欧洲国际铁路联盟（VIC）制定的集装箱标准而建造的集装箱。

（4）公司标准

公司标准是某些大型集装箱船公司根据本公司的具体情况和条件而制定的集装箱船公司标准。这类箱主要在该公司运输范围内使用，如美国海陆公司的 35 ft 集装箱。

此外，目前世界上还有不少非标准集装箱。如非标准长度集装箱，主要有美国海陆公司的 35 ft 集装箱、总统轮船公司的 45 ft 及 48 ft 集装箱；非标准高度集装箱，主要有 9 ft 和 9.5 ft 两种高度集装箱；非标准宽度集装箱有 8.2 ft 宽度集装箱等。

2. 集装箱分类

在海上运输中常见的国际货运集装箱，可以按用途、材料、结构进行分类。

1) 按箱体使用材料分类

（1）铝合金集装箱，是用铝合金型材和板材（一般为铝镁合金）制成的集装箱。其优点是弹性好，重量轻，耐腐蚀；缺点是造价高，焊接性和耐磨性差，强度和抗压性能较弱。铝合金集装箱在航空运输中使用较多，约占世界总箱量的 11%。

（2）钢质集装箱，是用钢材制成的集装箱。其优点是强度大，结构牢，价格低，焊接性和水密性好；缺点是重量大，耐腐蚀性较差。海运多使用钢质集装箱，约占世界总箱量的85%。

(3) 玻璃钢集装箱，是用玻璃纤维和合成树脂混合在一起制成薄薄的加强塑料，用黏合剂贴在胶合板的表面形成玻璃钢板，并装在钢质的集装箱框架上而制成的集装箱。其优点是强度大，隔热性、耐腐蚀性好，易清扫；缺点是重量几乎等同钢质集装箱。玻璃钢质集装箱约占世界总箱量的3.8%。

(4) 不锈钢集装箱，是用不锈钢制成的集装箱。其优点是比钢质集装箱重量轻，强度大，耐腐蚀；缺点是价格高。不锈钢集装箱约占世界总箱量的1%。

没有木质集装箱。

2) 按集装箱主要用途分类

(1) 通用干货集装箱（dry cargo container），用来装载无须控制温度的件杂货，又称杂货集装箱。这类集装箱通常为封闭式，在一端或侧面设有箱门。此类箱约占集装箱总数量的85%。

(2) 通风集装箱（ventilated container），是用来装载不需要冷藏而需通风的水果、蔬菜、兽皮等货物的集装箱。此类箱在端壁和侧壁上设有通风孔。

(3) 保温集装箱（insulated product container），用来运输需要保温的货物，所有箱壁都用导热率低的隔热材料制成，是具有气密和隔热性能的集装箱。此类箱通常配有制冷机组。

(4) 冷藏集装箱（reefer container），是具有良好的隔热性、气密性，且能维持一定的低温要求，适用于各类易腐食品的运送、贮存的特殊集装箱。此类箱能保持所设定的温度（20~-30℃），有两种类型：一种是内装有制冷机组，称为内置式机械冷藏箱；一种是无制冷机组，但在前端壁设有冷气吸入口和排气口，由船上制冷装置和可拆冷藏设备供应冷气者，称为外置式机械冷藏箱。目前船舶运输的冷藏集装箱内置式居多，内置式冷藏集装箱在船上的配置受船舶供电负荷和供电插座位置限制。

(5) 敞顶集装箱（open top container），箱顶采用可折叠式或可拆式顶梁作为支撑，由帆布、塑料布或涂塑布组成的可拆卸顶篷，适合于装载超高货物，或需要从箱顶部吊入箱内的如玻璃板、钢制品、机械类等重大件货物。此类箱的防水性较差。

(6) 台架和平台集装箱（flat rack & platform container），是用来运输车辆、机器、设备等特殊、不规则货物的集装箱。台架式集装箱没有箱顶和侧壁，有的甚至连端壁也去掉而只有底板和四个角柱。平台式集装箱是在台架式集装箱上再简化而仅保留底板的特殊结构集装箱。有的台架式集装箱端壁或者四个角柱可以折叠，空箱运输时可以增加箱的运量。

(7) 罐式集装箱（tank container），是为运输酒类、油类、液体食油以及化学品类等液体货物而设置的集装箱。此类箱有单罐与多罐数种，主要由罐体和箱体框架两部分构件组成。罐体为圆柱体或椭圆体，箱体框架为箱形。罐顶设有带水密盖子的装货口，罐底设有排出阀。

(8) 散货集装箱（bulk container），是用来运输粉状或粒状货而设有特殊结构或设备的集装箱。此类箱除了端部设有箱门外，在箱顶上还设有2~3个装货口，在箱门的下方还设有长方形的卸货口。

（9）动物集装箱（pen container），是载运家禽等活动物的专用集装箱，其箱壁用金属丝网制造，堆码强度低于国际标准，其上不允许堆装其他箱体，通风良好，并设有喂食装置。

（10）汽车集装箱（auto mobile container），是载运小型轿车的专用集装箱，其箱的框架内安有简易箱底，无侧壁，可载运一层或两层小型轿车。

二、集装箱标记

1. 集装箱标记标准及要求

为了便于集装箱在国际运输中的识别、管理和交接，国际标准化组织制定了《集装箱的代码、识别和标记》国际标准。现行版本是1995年12月通过并颁布实施的ISO 6346：1995。我国《集装箱代码、识别和标记》（GB/T 1836—2017）是根据国际标准化组织ISO 6346：1995制定的，是在国际标准基础上制定的实施性标准。GB/T 1836—2017国家标准2018年7月1日起开始实施，其替代了GB/T 1836—1985和GB/T 1836—1997。GB/T 1836—2017国标由正文和附录（A、B、C、D、E、F、G）组成。

国标对标记的标打方法做了明确规定，标记的字体高度和位置符合要求，所有字体的宽度和笔画粗细应匀称，其颜色应与箱体颜色有明显差别。

集装箱标记位置如图14-1-1、图14-1-2所示。

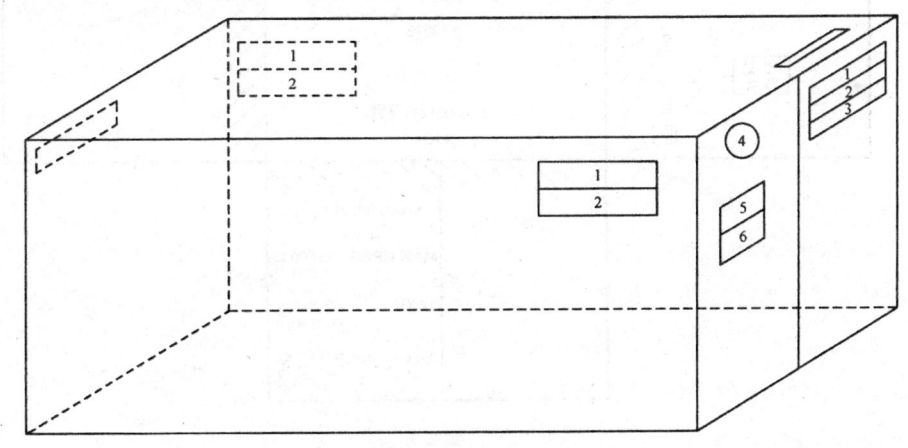

图14-1-1　集装箱标记位置

1—集装箱识别系统（箱号）标记；2—尺寸和箱型代码标记；3—最大总质量和空箱质量标记；
4—被授权的组织标记；5—CSC安全合格标记；6—CCC安全合格标记

GB/T 1836—2017/ISO 6346：1995

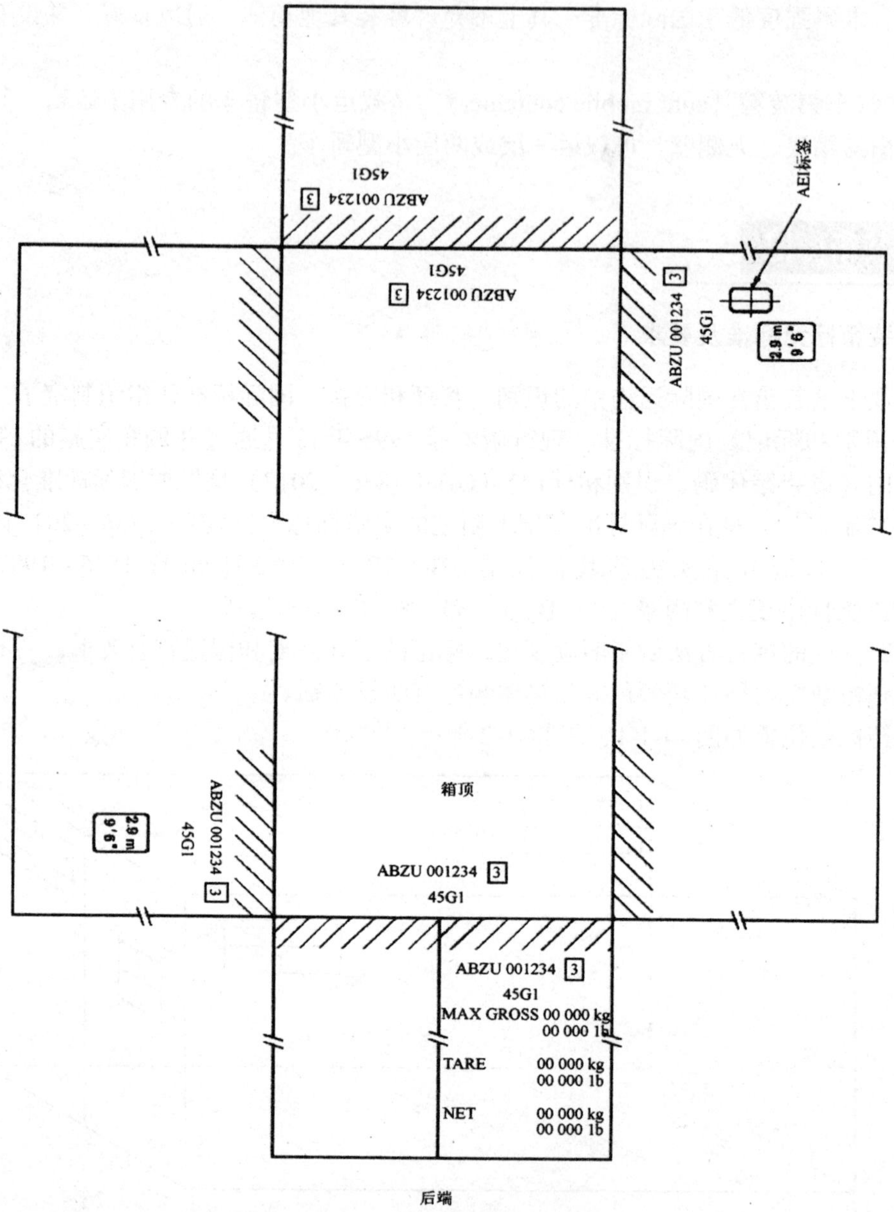

注1：靠近顶角件标打长度至少为300 mm(12 in)的黄黑斜条的条形标记。
注2：除低堆码箱、低刚性箱以外的集装箱，箱顶和箱前端(盲端)的尺寸和箱型代码标记是可择性的。
注3：设置AEI码板是可择性的。
注4：净货载(NET)标记是可择性的。

图14-1-2 集装箱标记

国际标准化组织规定的集装箱标记有必备标记和自选标记两类。每一类标记中又分识别标记和作业标记两种。必备标记包括识别标记（箱号）和作业标记（额定重量和自重标记、空陆水联运集装箱标记、登箱顶触电警告标记），自选标记包括识别标记（国家代号、尺寸和类型代号）和作业标记（超高标记、国际铁路联盟标记）。

标记的字体尺寸除总重和自重字体高度不小于50 mm（2 in）外，其余都不应小于100 mm（4 in）。所有字体的宽度和笔画粗细应有适当的比例。字迹应当鲜明、耐久，并用不同于集装箱本身的颜色。

2. 识别系统和识别标记

集装箱识别系统，习惯称为集装箱箱号（container No.），是必备标记。识别系统由箱主代码、设备识别码、箱号、校验码四部分按顺序组成，共11位代码，必须同时使用。其标记位置如图14-1-1中"1"所注。

（1）箱主代码（owner code）：是集装箱所有人向国际集装箱局（简称BIC）登记注册的代码，又称BIC Code，用3个大写的拉丁字母表示。

（2）设备识别码（equipment identification code）：用1个大写拉丁字母表示；设备识别代码U为常规集装箱，代码J为带有可拆卸设备的集装箱，代码Z为集装箱专用拖车和底盘车。

（3）箱号（serial number）：又称顺序号，由6位阿拉伯数字组成，如有效数不足6位时，则在数字前用"0"补足6位。

（4）校验码（核对数字，check digit）：用来检验箱主代码和箱号传递的准确性，是按照一定的方法通过箱主代码、设备识别码和箱号来求得的，详见GB/T 1836—2017附录A。

如"COSU 001234 2"，即"COS"为中远集运的箱主代码，"U"为常规集装箱，"001234"为箱号，"2"为核对数字。箱主代码、设备识别码、箱号和核对数字的字体高度不得小于100 mm（4 in），便于作业人员视读的位置紧凑排列，在集装箱两侧、两端及箱顶进行标识。

3. 尺寸和箱型代码及其相关标记

尺寸和类型代码（size code, type code）属强制性识别标志，是必备标记，由尺寸代码的数字（也可能是字母）、箱型代码的字母按顺序组成，前两位表示尺寸，后两位表示类型，共4位代码。在箱体上标打时应作为一个整体，不得拆开分列。其标记位置如图14-1-1中"2"所示。

1）尺寸代码

尺寸代码指外部尺寸，第一个字符用数字或拉丁字母，表示箱长；第二个字符用数字或拉丁字母，表示箱宽和箱高，见表14-1-3、表14-1-4。详细规定见GB/T 1836—2017附录D。

表 14-1-3　尺寸代码第一个字符

箱长		代码	箱长		代码
mm	ft in		mm	ft in	
22991	10	1	7450	—	D
6058	20	2	7820	—	E
9125	30	3	8100	—	F
12192	40	4	12500	41	G
未定号		5	13106	43	H
未定号		6	13600	—	K
未定号		7	13716	45	L
未定号		8	14630	48	M
未定号		9	14935	49	N
7150		A	16154	—	P
7134	24	B	未定号		R
7430	24 6	C			

表 14-1-4　尺寸代码第二个字符

箱高		代码		
		箱宽		
mm	ft in	2348 mm(8 ft)	>2348 mm 和≤2500 mm	>2500 mm
2348	8	0		
2591	8 6	2	C	L
2743	9	4	D	M
2896	9 6	5	E	N
>2896	>9 6	6	f	p
1295	4 3	8		
≤1295	≤4	9		

尺寸代码中第一位表示箱长度（如"2"表示20 ft箱，"4"表示40 ft箱，"M"表示48 ft箱等），第二位表示箱的宽度和高度（如"2"表示宽8 ft、高8.5 ft的箱）。

2) 箱型代码

集装箱的箱型及其特征由两位字符表示,第一个字符为1个拉丁字母,表示箱型;第二个字符为1个数字,表示该型箱的特征,见表14-1-5箱型代码。详细规定见GB/T 1836—2017附录E。作为交换数据,如果不需要表示具体特征,可使用附录E表格中的组合代码。

表14-1-5　箱型代码

代码	箱型	组合代码	集装箱主要特性	细代码ª	细代码ᵇ
G	通用集装箱无通风设备	GP	一端或两端开门	G0	GA
			货物上部空间设有透气孔	G1	GB
			一端或两端开门,加上一侧或两侧全部敞开 一端或两端开门,加上一侧或两侧部分敞开	G2	GD
			(备用号)	G3	GG
			(备用号)	G4	GJ
			(备用号)	G5	GM
			(备用号)	G6	GV
			(备用号)	G7	GW
			(备用号)	G8	GX
			一端或两端开门	G9	GY
V	通用集装箱通风集装箱	VH	无机械通风系统,货物上部和底部空间设有通风口	V0	VA
			(备用号)	V1	VB
			箱体内部设有机械通风系统	V2	VD
			(备用号)	V3	VG
			箱体外部设有机械通风系统	V4	VJ
			(备用号)	V5	VM
			(备用号)	V6	VV
			(备用号)	V7	VW
			(备用号)	V8	VX
			(备用号)	V9	VY

续表

代码	箱型	组合代码	集装箱主要特性	细代码[a]	细代码[b]
B	干散货集装箱——无压力、箱式	BU	封闭式	B0	BA
			气密式	B1	BB
			(备用号)	B2	BD
			后端卸货/猫洞型	B3	BG
			后端卸货/全宽敞开	B4	BJ
			后端卸货/全宽固定	B5	BM
			(备用号)	B6	BV
			(备用号)	B7	BW
			前端卸货/全宽	B8	BX
			侧边卸货	B9	BY
S	以货物命名的集装箱	SN	牲畜集装箱	S0	SA
			小汽车集装箱	S1	SB
			活鱼集装箱	S2	SD
			(备用号)	S3	SG
			(备用号)	S4	SJ
			(备用号)	S5	SM
			(备用号)	S6	SV
			(备用号)	S7	SW
			(备用号)	S8	SX
			(备用号)	S9	SY
R	保温集装箱				
	——冷藏	RE	机械制冷	R0	RA
	——冷藏和加热	RT	机械制冷和加热	R1	RB
	——自备动力	RS	机械制冷	R2	RD
			机械制冷和加热	R3	RG
			(备用号)	R4	RJ
			(备用号)	R5	RM
			(备用号)	R6	RV
			(备用号)	R7	RW
			(备用号)	R8	RX
			(备用号)	R9	RY

续表

代码	箱型	组合代码	集装箱主要特性	细代码[a]	细代码[b]
H	保温集装箱				
	——设备可拆卸的冷藏和(或)加热的集装	HR	设备置于箱体外部,其传热系数 $k=0.4$ W/(m²·K)	H0	HA
			设备置于箱体外部	H1	HB
			设备置于箱体外部,其传热系数 $k=0.7$ W/(m²·K)	H2	HD
			(备用号)	H3	HG
			(备用号)	H4	HJ
	——隔热集装箱	HI	具有隔热性能,其传热系数 $k=0.4$ W/(m²·K)	H5	HM
			具有隔热性能,其传热系数 $k=0.7$ W/(m²·K)	H6	HV
			(备用号)	H7	HW
			(备用号)	H8	HX
			(备用号)	H9	HY
U	敞顶集装箱	UT	一端或两端开门	U0	UA
			一端或两端开门,并且端框架顶梁可拆卸	U1	UB
			一端或两端开门,加上一侧或两侧开门	U2	UD
			一端或两端开门,加上一侧或两侧开门,并且端框架顶梁可拆卸	U3	UG
			一端或两端开门,加上一侧局部敞开和另一侧全部敞开	U4	UJ
			完全敞顶,带固定侧壁和端壁(无门)	U5	UM
			(备用号)	U6	UV
			(备用号)	U7	UW
			(备用号)	U8	UX
			(备用号)	U9	UY
P	平台式集装箱,上部结构不完整	PL	平台集装箱	P0	PA

续表

代码	箱型	组合代码	集装箱主要特性	细代码[a]	细代码[b]
P	——固定式	PF	有两个完整和固定的端板	P1	PB
			有固定角柱,带有活动的侧柱或可拆卸的顶梁	P2	PD
	——折叠式	PC	有折叠完整的端结构	P3	PG
			有折叠角柱,带有活动的侧柱或可拆卸的顶梁	P4	PJ
	上部结构完整	PS	顶部和端部敞开(骨架式)	P5	PM
	按货物命名	PT	运载船上设备的	P6	PV
			运载小汽车的	P7	PW
			运载木材、管材的	P8	PX
			运载卷状货物的	P9	PY
K	有压罐式集装箱(液体和气体)	KL	非危险品液体罐箱	K0	KA
			非危险品液体罐箱,压力不大于2.65 bar[c]	K1	KS
			非危险品液体罐箱,压力大于2.65 bar且不大于10 bar	K2	KD
			危险品液体罐箱,压力不大于10 bar	K3	KG
			非危险品液体罐箱,要求有电源	K4	KJ
			危险品液体罐箱,压力不大于10 bar,要求有电源	K5	KM
			危险品液体罐箱,压力大于10 bar,要求有电源	K6	KV
			低温罐箱	K7	KW
			气体罐箱	K8	KX
			(备用号)	K9	KY
N	有压和无压罐式集装箱(干货)	NH	漏斗型,垂直卸货	N0	NA
			漏斗型,后端卸货	N1	NB
			(备用号)	N2	ND
		NN	无压,后端卸货	N3	NG
			无压,侧边卸货	N4	NJ
			无压,倾斜卸货	N5	NM
			(备用号)	N6	NV
		NP	有压,后端卸货	N7	NW
			有压,侧边卸货	N8	NX
			有压,倾斜卸货	N9	NY

续表

代码	箱型	组合代码	集装箱主要特性	细代码[a]	细代码[b]
A	空/陆水联运集装箱	AS			A0

[a] 用于达到最小堆码试验力值 192000 kg 和最小横向刚性 150 kN 的集装箱,试验力值见 GB/T 5338—2002 的规定
[b] 用于堆码和(或)刚性试验力值小于上述标准值的集装箱,但不包括被认可用于单门打开模式,或者气体临时性降低强度的集装箱
[c] 100 kPa(千帕斯卡)=1 bar(巴)=10^5 Pa(帕斯卡)=10^5 N/m²(牛顿/米²)=14.51 bf/in²(磅力/英寸²)

类型代码分成总代码(type group code)和细代码(detailed type code)两种。总代码用于在集装箱特性尚不明确或不需要明确的场合。细代码用于对集装箱特性有具体标示的场合。当然,在新出厂集装箱上必须标注细代码。例如,"GP"是无通风设备的通用箱总代码,而"G0"是该类中一端或两端开门箱的细代码。ISO 6346:1995 文件中提供了集装箱尺寸和集装箱类型代码资料。

由表中资料显示,G/G 表示通用集装箱;V/VH 表示通风集装箱;B/BU/BK 表示干散货集装箱;S/SN 表示以货物命名的集装箱;R/RE/RT/RS 表示保温集装箱;H/HR 表示保温隔热集装箱;U/UT 表示敞顶集装箱;P/PL/PF/PC/PS 表示平台集装箱;K/KL/N/NH/NN/NP 表示罐式集装箱;A/AS 表示空/陆水联运集装箱。

4. 集装箱作业标记

作业标记不同于上述用于数据传递或其他用途的代码,它标打在箱体上仅是为提供某些信息或视觉的警示,包括必备的作业标记和可择性作业标记。

1)必备的作业标记

(1)最大总质量和空箱质量标记

最大总质量简称总重,是集装箱设计的最大允许总质量。空箱质量简称自重,是集装箱空箱时的质量。最大总质量和空箱质量在箱体上标出(如图 14-1-3 所示)。标打在集装箱上的"最大总质量"应与国际集装箱安全公约(CSC)所列标牌完全一致。质量的单位为 kg 或 lb。

最大总质量(MAX GROSS)	24000	kg
	52920	lb
空箱质量(TARE)	2300	kg
	5070	lb

图 14-1-3 最大总质量和空箱质量标记

(2)空/陆水联运集装箱标记

空/陆水联运集装箱适用于空运、陆运和水运方式相互交接联运。其设计强度较低,

陆地堆码时只允许在箱上堆码两层，海上堆码时甲板上不准堆码，舱内堆码时箱上最多允许堆码一层，标记为黑色（如图14-1-4所示）。空/陆水联运集装箱标记（symbol to denote air/surface container）标打规定见GB/T 1836—2017附录B。

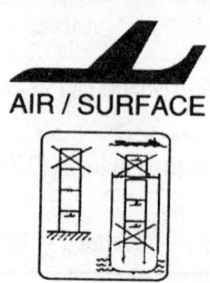

图14-1-4　空/陆水联运集装箱标记

（3）登箱顶触电警告标记

登箱顶触电警告标记（warning sign of overhead danger）一般标于登箱顶的扶梯附近，以警告登箱顶有触电危险（如图14-1-5所示）。所有装有梯子的集装箱应按GB/T 1836—2017附录C的规定标打箱顶防电击警示标记。

图14-1-5　登箱顶触电警告标记

（4）超高标记

凡箱高超过2.6 m（8.5 ft）的集装箱均应标出超高标记（height marks for containers），标记是在黄色底上标出黑色数字，周边围以黑色，标记设两个，标在右下角（如图14-1-6所示）。

图14-1-6　超高标记

按GB/T 1836—2017附录F（标准的附录）的规定，超高标记必须在集装箱两侧标打。在箱体每端和每侧角件间的顶梁及上侧梁上标打长度至少为300 mm（12 in）的黄黑斜条的条形标记，以便在地面或高处能清晰识别。

2）可择性作业标记

根据工业上的需要，除了标打集装箱最大总质量和空箱质量外，还可标打最大净货载的数据，具体标打如图14-1-7最大净货载质量标记所示。

最大总质量(MAX GROSS)	24000	kg
	52920	lb
空箱质量(TARE)	2300	kg
	5070	lb
最大净货载(NET)	21700	kg
	47850	lb

图14-1-7 最大净货载质量标记

5. 集装箱的其他标记

1) 国际铁路联盟标记

凡符合《国际铁路联盟条例》规定的技术条件的集装箱可以获得国际铁路联盟标记（emblem of UIC），标记方框上部的"IC"字样表示国际铁路联盟（法语 union international des chemins de fer），标记方框下部的数字表示各铁路公司的代号（图14-1-8中的33是中华人民共和国铁路的代码）。

图14-1-8 国际铁路联盟标记

2) 检验合格证标记

为了确保集装箱对运输工具的安全，国际标准化组织要求检验机构（多为船级社）对符合该组织所制定的标准并经试验合格的集装箱在箱门处加贴该检验机构的检验合格标记，以确保集装箱对运输工具的安全。加贴位置为图14-1-1中"4"的位置。

3) 安全合格标记

《国际集装箱安全公约》（简称CSC）要求主管机关对符合人身安全检验的集装箱加贴"CSC安全合格"金属标牌（CSC Plates）。加贴位置为图14-1-1中"5"的位置。

4) 批准牌照（海关牌照）

《集装箱海关公约》（简称CCC）要求经过批准的符合海关加封运输货物技术条件的集装箱，增加"经批准作为海关加封货物运输"的金属标牌，使集装箱进出各国国境时，不必开箱检查箱内货物，加速集装箱的流通。加贴位置为图14-1-1中"6"的位置。CCC标牌常与CSC标牌合为1个金属CCC标牌。

5) 防虫处理板标记（免疫牌）

防虫处理板标记表示该集装箱所用裸露木材按照有关规定经过免疫处理，对运往澳大利亚和新西兰的集装箱应该增加此标牌。

6) 带有熏蒸设施标记

带有熏蒸设施标记表示该集装箱带有熏蒸设施，能够对箱内进行熏蒸处理，满足相关要求。

6. 标准集装箱的许用负荷及风雨密试验

1）许用负荷

国际标准组织（ISO）确定的标准系列1的集装箱的许用负荷如图14-1-9所示。

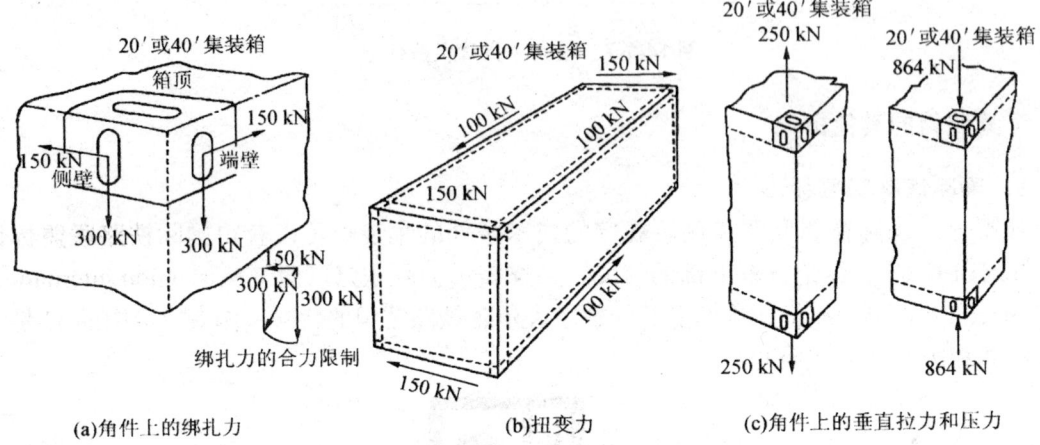

图14-1-9 标准集装箱的许用负荷

（1）作用于角件上的绑扎力

端壁或侧壁上的水平分力应不超过150 kN；

端壁或侧壁上的垂直分力应不超过300 kN；

角件上水平分力和垂直分力的合力应不超过300 kN。

（2）端壁和侧壁上的扭变力

端壁上的横向扭变力应不超过150 kN；

侧壁上的纵向扭变力应不超过100 kN。

（3）作用于角件上的垂向拉力和压力

顶角件上的垂向拉力应不超过250 kN；

底角件上的垂向拉力应不超过250 kN；

集装箱角柱上的压力应不超过864 kN。

集装箱无论采用何种系固方式，其所受作用力应不超过集装箱的许用负荷。

2）标准集装箱的框架柔度

集装箱的框架柔度是指在集装箱框架屈服强度范围内，其顶端施加的单位作用力F引起的框架发生歪斜变形值δ，国际标准集装箱的框架柔度见表14-1-6。

表14-1-6 集装箱框架柔度

箱高	门端(mm/kN)	封闭端(mm/kN)	纵壁(mm/kN)
2.438 m(8'00")	0.275	0.061	0.168
2.591 m(8'06")	0.291	0.066	0.178
2.896 m(9'06")	0.321	0.076	0.199

3) 风雨密试验

集装箱完工后均应进行风雨密试验。试验要求是：喷嘴内径 12.5 mm，喷嘴出口水压 0.1 MPa，喷嘴至箱体受试表面的距离 1500 mm，喷嘴移动速度 100 mm/s。箱体试验后应不出现任何渗漏现象。

第二节 集装箱配积载

集装箱船载货特点、集装箱船箱位编号、集装箱船载箱能力和载重能力核算关系到集装箱船载货能力的充分运用。掌握各类集装箱箱位的合理确定及隔离方法，掌握和熟悉集装箱船装卸顺序和快速装卸要求，了解集装箱船配积载文件编制过程，是集装箱安全运输的前提和基础。熟悉集装箱船稳性要求，了解集装箱船船纵强度、扭转强度和局部强度特殊性。通过本节的训练，学生可以熟悉集装箱配积载，合理安排船上集装箱位置。

一、集装箱船载货能力

1. 集装箱船载货特点

集装箱船（container ship）通常是指吊装式集装箱船（lift on / off container ship），是指利用船上或岸上的起重设备将集装箱进行垂直装卸的船舶。目前在集装箱运输中主要为舱内设有永久性箱格结构的全集装箱船和舱内未设置永久性箱格结构的小型多用途集装箱船。集装箱船结构特点为：

1) 单层平直甲板，无装卸设备

国际标准集装箱的强度设计要求可使其上能承受堆码 8 层满载箱的负荷，因此集装箱船货舱没有必要设置多层甲板来减小上层箱对下层箱的负荷量。甲板设计成无舷弧、无梁拱的平直甲板，便于集装箱堆装。集装箱船几乎不设起重设备，集装箱装卸由岸上高效的集装箱装卸桥进行吊装。

2) 货舱尺寸大，舱口与货舱同宽

集装箱船舱舱口一般达船宽的 70%~90%，舱口两侧为压载水舱。目前在 9600 TEU 集装箱船船舱内最多横向为 18 列，甲板上为 20 列。集装箱船舱口与货舱同宽的设计能保证舱内装载的每一集装箱无须横移，都能被直接吊进或吊出货舱，这样便于快速装卸集装箱，同时集装箱船抗扭转强度较差。

3) 舱内设有固定的底座，舱面设有固定的集装箱系固设备

集装箱船甲板通常设有整套系固设备，如扭锁、桥锁、锥板、绑扎装置等。装载于舱面的集装箱目前通常是靠人工方法进行系固，也有不少新型集装箱船在舱面设置了一定高

度的箱格导轨，以减少舱面集装箱系固的作业量。

4）采用双层船体结构，设有大容量压载水舱

为弥补单层甲板和大货舱开口设计对船体结构强度的不利影响，集装箱船体通常采用双层船体结构（double hull），以增强船舶的纵强度、横强度和扭转强度。双层船体结构同时为船舶提供了大量液体舱室。这些舱室除用作燃油舱、淡水舱外，大量用作压载水舱（约占船舶夏季总载重量的30%），以适应船舶空载或舱面装载大量集装箱时调整船舶重心高度的需要。

5）采用尾机型或中后机型，舱容系数大

这种布置主要为充分提高船舶的舱容利用率，即在船体形状变化较大部位布置为机舱，在船体中部形状变化较小的部位可安排装载更多的集装箱箱位。一般杂货船的舱容系数不超过 $2\ t/m^3$，而集装箱船的舱容系数为 $2.2\sim 2.4\ t/m^3$。

集装箱的结构特点决定了其载货特点，装卸货物多采用岸吊垂直装卸；载货受箱位限制；甲板货物多，有时重载仍然需要加压载水；舱面集装箱需要用专门设备进行系固。

2. 集装箱船箱位编号

为准确地表示每一集装箱在船上的装箱位置，以便于计算机管理和有关人员正确辨认，集装箱船上每一装箱位置均应按国际统一的代码编号方法表示。目前集装箱船箱位代码编号是采用ISO 9711-1：1990标准。它是以集装箱在船上呈纵向布置为前提，每一箱位坐标以六位数字表示。其中最前两位表示行号（或称为"排号"），中间两位表示列号，最后两位表示层号。行号、列号和层号的每组代码不足10者在前一位置零。

1）行号

行号（bay No.）为箱位的纵向坐标。自船首向船尾，装20 ft箱位上依次以01、03、05、07……奇数表示。当纵向两个连续20 ft箱位上被用于装载40 ft集装箱时，该40 ft集装箱的行号以介于所占的两个20 ft箱位奇数行号之间的一个偶数表示。例如，在船舶的03行上装载某一20 ft集装箱时，该箱的行号即为03；若在03和05两个行上装载某一40 ft集装箱，则该箱的行号就以介于03和05之间的04这一偶数作为其行号（如图14-2-1所示）。

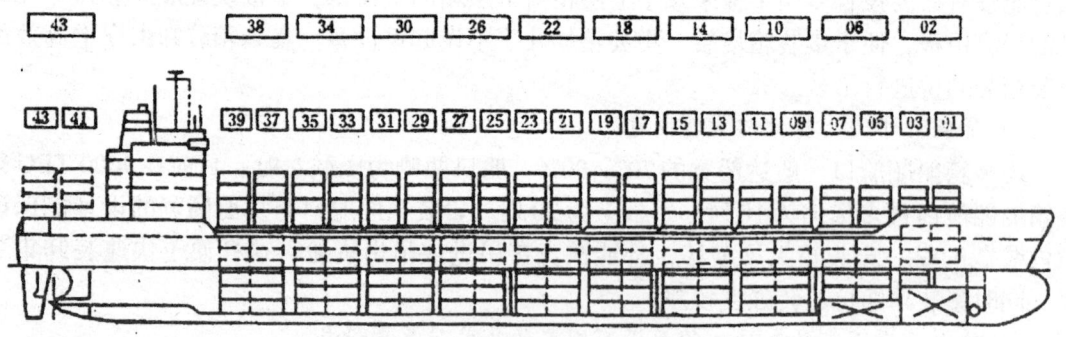

图14-2-1　集装箱船的行排列法

2）列号

列号（row No. or slot No.）为箱位的横向坐标。以船舶纵中剖面为基准，自船中向右舷以 01、03、05、07……奇数表示，向左舷以 02、04、06、08……偶数表示。若船舶纵中剖面上存在一列，则该列列号取为 00，如图 14-2-2 所示。

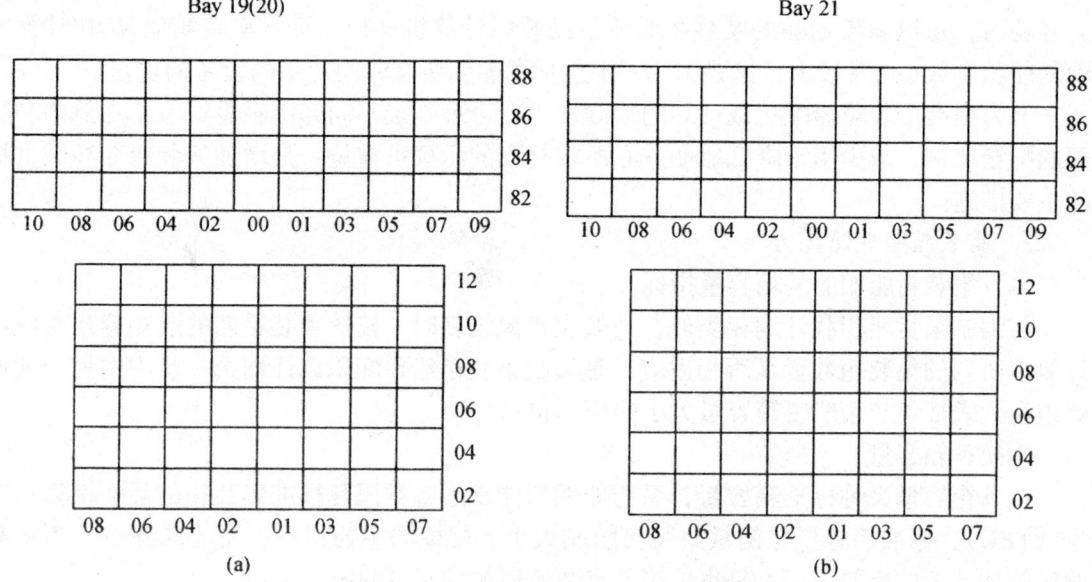

图 14-2-2　集装箱船舶列和层的排列图

3）层号

层号（tier No.）是集装箱船箱位的垂向坐标。舱内以全船最低层作为起始层，自下而上以 02、04、06、08……偶数表示。舱面也以全船舱面最底层作为起始层，自下而上以 82、84、86、88……偶数表示。舱内和舱面非全船最低层的层号大致上以距船舶基线高度相同、层号相同为原则确定。

显然，全船每一装箱位置，都对应于唯一的以六位数字表示的箱位坐标；反之，一定范围内的某一箱位坐标，必定对应于船上一个特定而唯一的装箱位置。例如，某一集装箱的箱位号为"080382"，则由此即能判断：该箱必定为 40 ft 箱，纵向位于自船首起的第 4 和第 5（行号 07 和 09）两个 20 ft 箱位上，横向位于自船纵中剖面起向右舷的第 2 列上，垂向位于舱面的最下层。

3. 集装箱船载箱能力和载重能力核算

1）集装箱船载重能力核算

集装箱船在箱位接近装满时，甲板上装有大量集装箱，船舶重心往往很高。此时，为降低船舶重心高度获得适度稳性，就需要在压载舱内打入大量压载水，这样使船舶净载重量大幅减少。充分利用集装箱船的净载重量时要考虑载箱越多，压载水越多。

当航次承运的集装箱总重量较大或船舶吃水受航线水深限制时，校核航次订舱单所列的集装箱总重量与集装箱船的净载重量是否相适应，是编制集装箱船预配计划第一步中的一项重要内容。集装箱船的净载重量 NDW 计算式是：
$$NDW = DW - \sum G - C - B \quad (t)$$
式中：
  B——满足船舶稳性要求而必须打入的压载水重量。

  在集装箱船预配时，准确地估计所需打入压载水的重量，需要一定的积载经验。在缺乏经验时，可以参考船舶的装载手册或借助装载计算机进行估算。集装箱船 NDW 计算式中的船舶常数 C 通常较大，这是因为 C 中包括了船舶所有非固定系固设备的重量。

  努力提高集装箱船配积载计划的编制水平，合理确定不同卸港轻重集装箱在舱内和舱面的配箱比例，减少用于降低船舶重心所需打入的压载水重量，是增加集装箱船净载重量的主要措施。

  2）集装箱船载箱能力
  （1）集装箱船舶的装箱容量指标

  与编制杂货船积载计划相类似，当航次箱源较多时，校核集装箱船的装箱容量与航次订舱单所列的集装箱数量是否相适应，是编制集装箱船预配积载计划第一步中的另一项重要内容。表征集装箱船装箱容量大小的指标包括：

  ①换算箱容量

  换算箱容量又称标准箱容量，系指船舶所能承运各类国际标准集装箱的最大换算箱容量（TEU）。标准箱容量是衡量集装箱船舶大小、规模的主要指标，是船舶建造、租赁和营运管理计费的重要依据，是集装箱及集装箱船舶拥有量的统计单位。

  ②20 ft 箱容量

  20 ft 箱容量系指集装箱船所能承运 20 ft 箱的最大箱位数（TEU）。通常不等于船舶的换算（标准）箱容量。这是因为许多集装箱船上都设计有一些仅适合装载 40 ft 集装箱的箱位。集装箱船所能承运 20 ft 箱的最大箱位数通常为 20 ft 箱位数加上既能装 20 ft 又能装 40 ft 的 20 ft 箱位数。

  ③40 ft 箱容量

  40 ft 箱容量系指集装箱船所能承运 40 ft 箱的最大箱位数（FEU，forty equivalent unit）。它并非是船舶换算（标准）箱容量的一半。这是因为集装箱船由于船型不同每个货舱长度往往难以都被设计成安排 40 ft 箱位。集装箱船所能承运 40 ft 箱的最大箱位数通常为 40 ft 箱位数加上既能装 20 ft 又能装 40 ft 的 40 ft 箱位数。

  ④特殊箱容量

  特殊箱容量是集装箱船承运危险货箱、冷藏箱、非标准箱（如 45 ft）、平台箱等特殊箱数量的最大限额。集装箱船的危险货箱装载容量有一定限制，同一船舶常常有些货舱设计上决定了不允许装载任何危险货箱，另一些货舱的设计则仅限于装载《国际危规》定义的某几类危险箱。因此，在为集装箱船选配仅限于舱内积载的危险货集装箱时，必须考虑船舶的危险货箱限制条件。冷藏集装箱装船后多数需要船舶电站连续提供电源，受船舶电站容量和电源插座位置的限制，每一集装箱船所能承运的冷藏箱最大数量和装箱位置通常是确定的。非标准集装箱包括超长、超宽、超高集装箱，受位置限制，船舱内部难以安排超长和超宽集装箱，舱内安排超高集装箱也需要充分注意舱高限制。

⑤巴拿马运河箱容量

巴拿马运河当局规定，过运河的任何船舶不得因舱面堆装货物而阻挡驾驶室的瞭望视线。多数集装箱船的舱面前部有不少箱位阻挡驾驶室的瞭望视线，过运河前这些箱位将不得使用，从而使船舶的装箱容量减少。

（2）提高集装箱船的箱位利用率的主要途径

①集装箱船预配时，如船舶某离港状态箱源数量接近船舶换算（标准）箱容量时，应当注意确保订舱单上该离港状态的 20 ft 箱数量和 40 ft 箱数量与船舶 20 ft 箱容量和 40 ft 箱容量相适应，以提高船舶的箱位利用率。

②为提高在中途港承载该港以后卸港的集装箱承载能力，减少或避免集装箱的倒箱数量，在箱位选配时，应尽量保持不同卸港集装箱垂向选配箱位和卸箱通道各自独立。

③当需由船舶供电制冷的冷藏集装箱的数量超过船舶额定冷藏集装箱容量时，其超出船舶供电容量的冷藏箱应改换成能自行发电制冷的冷藏箱；或者船上配备一定数量的定时器，其作用是实现在一定时间间隔内自动交替向其连接的两个冷藏箱之一提供电源；或者根据装箱港条件、超容量冷藏箱数量、船舶装载状况等资料进行经济论证，以确定能否承租载于舱面的流动电站集装箱，用以向超容量冷藏集装箱提供电源，以提高船舶承载冷藏集装箱的能力。

④在装箱港箱源充足的条件下，选配特殊箱箱位时，应当尽量减少承运这类货箱引起的箱位损失数量。例如，在条件许可时，可以将原安排于舱内占用垂向两个箱位的超高集装箱，选配于舱面的顶层，以减少舱内箱位的损失。

二、编制集装箱船积载计划

1. 集装箱船配积载图和箱位表示

1）集装箱船配积载图

（1）集装箱行箱位总图

集装箱行箱位总图（general plan）按照标示重点和功能不同，分为字母图、重量图和特殊集装箱位图。在箱位的方格上用单字母表示卸货港，如上海港以 S 表示，香港以 H 表示，该图称为字母图（如图 14-2-3 所示）；在另一张集装箱行箱位总图对应的方格上标注重量，该图称为重量图（如图 14-2-4 所示）。当特殊集装箱标注内容较多时，可以单独用一张行箱位总图特别予以标注，该图被称为特殊箱位图（如图 14-2-5 所示），在特殊集装箱行箱位总图上，"R"表示冷藏集装箱；"D"表示危险品集装箱；"M"表示邮件箱；超高箱（jumbo steel container）用"∧"标记，超宽箱用"＜"或"＞"标记。

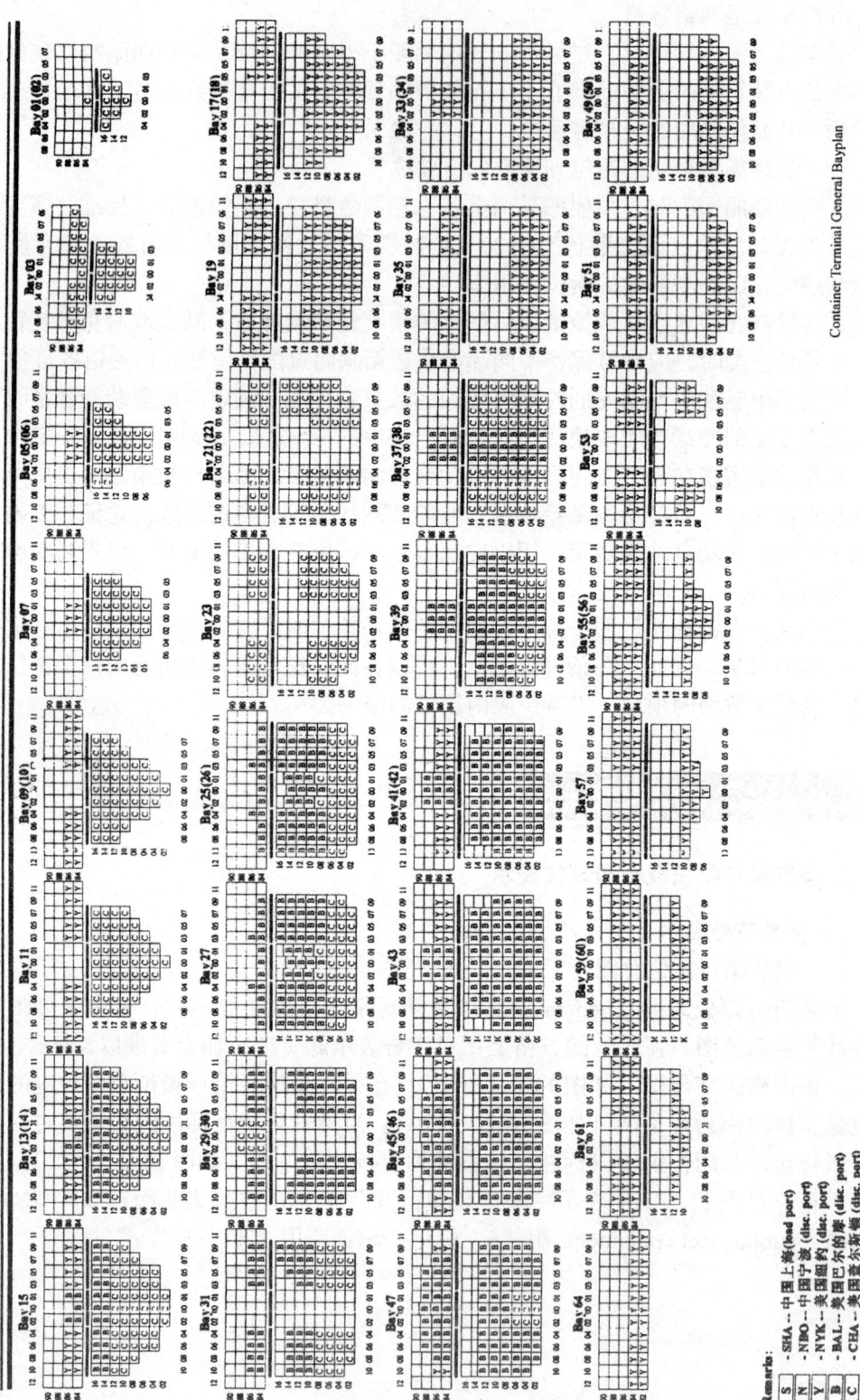

图 14-2-3 集装箱箱位积载总图（字母图）

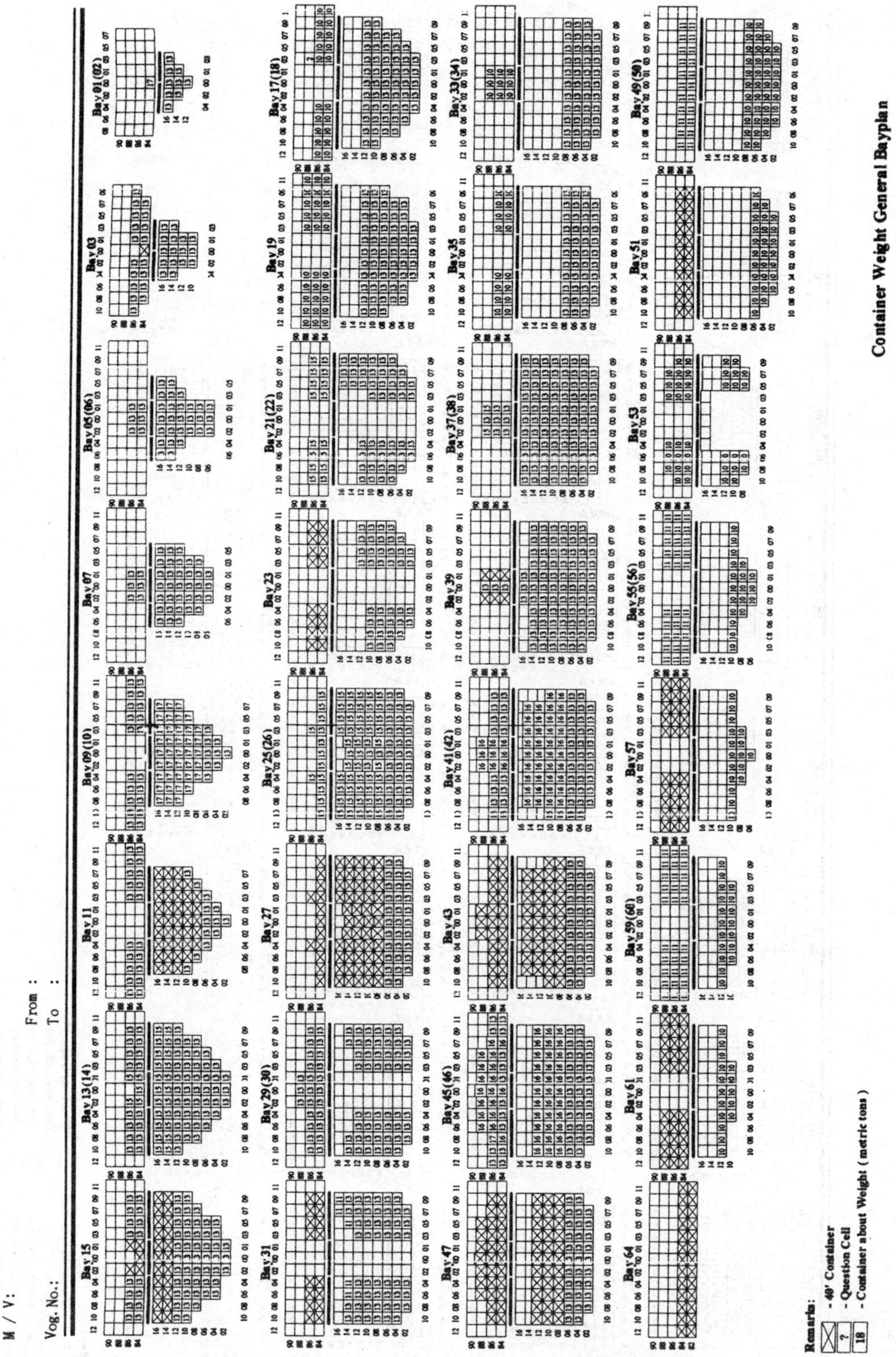

图 14-2-4 集装箱箱位积载总图（重量图）

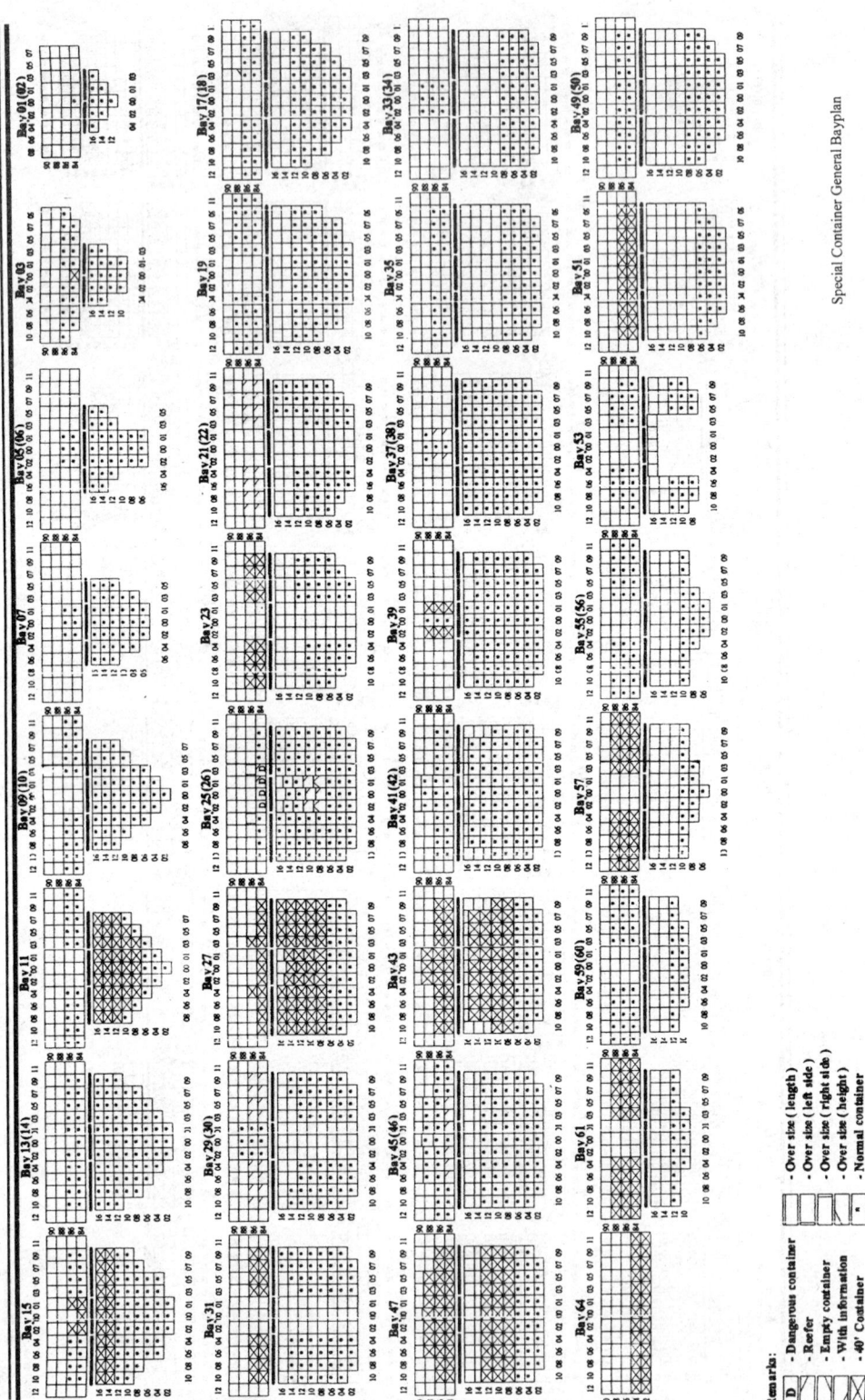

图 14-2-5 集装箱箱位积载总图（特殊箱位图）

有时为方便打印或传真机传输，往往将字母图、重量图和特殊集装箱位图合为一张行箱位总图，在箱位的方格上标明集装箱重量数据，用不同颜色区分卸货港。对特殊集装箱箱位，则在其箱位方格上画圈并在适当位置加以标注。另外，如箱位的方格内为"×"，则表示此箱位已被40 ft集装箱占用，即同一舱内或甲板上两个20 ft集装箱位被40 ft集装箱占用时，前面一个20 ft集装箱位方格内标明卸货港，后面一个20 ft集装箱位方格内标明"×"。中小型集装箱船需要在空白行箱位总图上进行人工配载集装箱，空白行箱位总图上的小方格内可能预先印有一些字母，这些字母有特定的含义，如"T"表示这个箱位只能够装载20 ft集装箱；"F"表示这个箱位只能够装载40 ft集装箱；"R"表示这个箱位可以装载冷藏集装箱，也可以装载普通集装箱；"P"表示这个箱位在通过巴拿马运河时不装载集装箱，以减小瞭望盲区，保证驾驶台视线不受影响。

（2）行箱位断面图（行箱位图）

行箱位断面图（bay plan）具体标示了该行集装箱情况。该断面中每个集装箱箱位的内容有：箱格顺序号、卸货港、装货港、集装箱箱号、集装箱使用人的代号、集装箱状态、集装箱总重量、备注、到港顺序号、箱位号（如图14-2-6所示）。

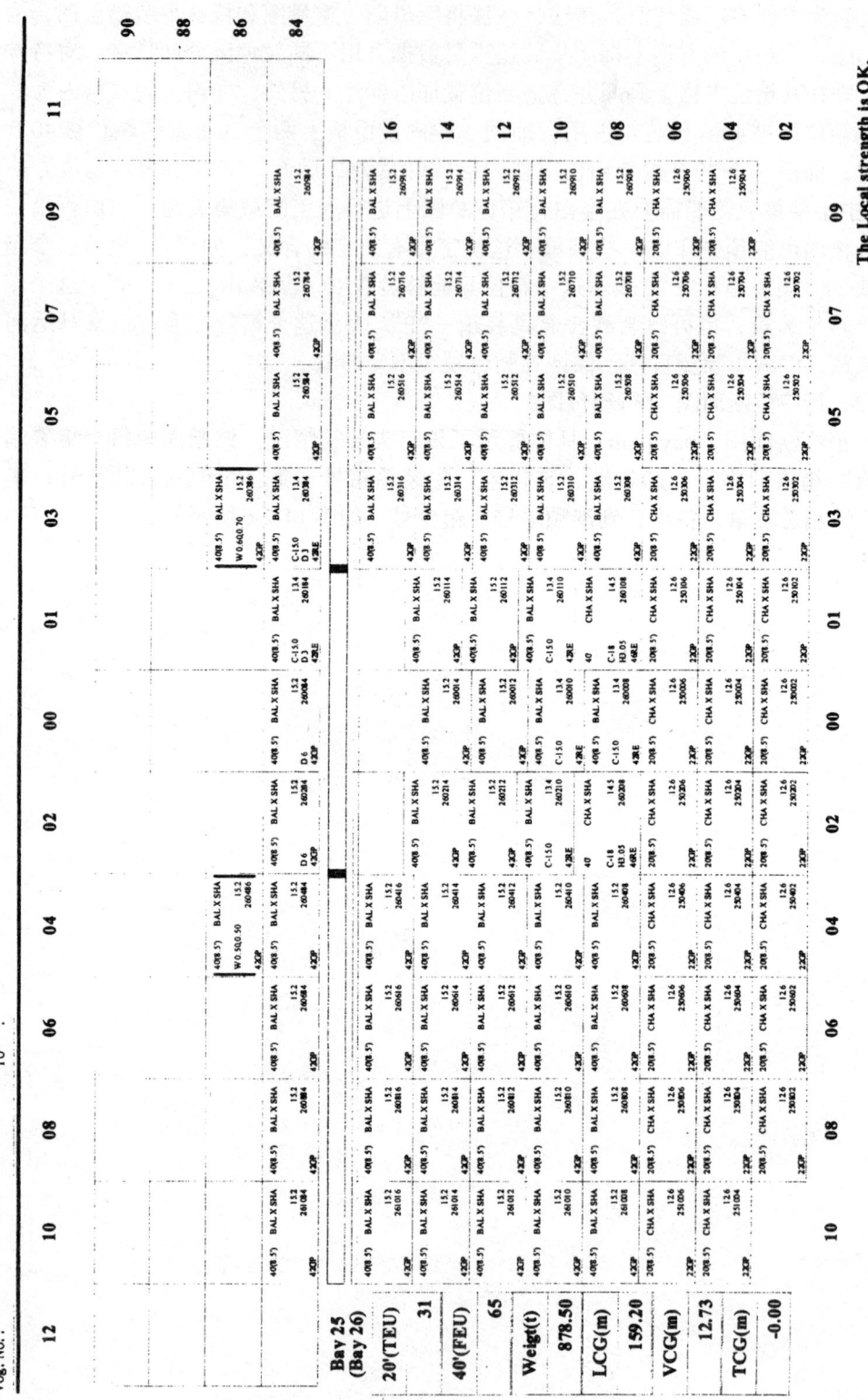

图 14-2-6 行横剖面图

（3）装载汇总表

装载汇总表标示了按不同目的港罗列的各种不同类型的集装箱数量、装载状态，如表14-2-1所示。

表14-2-1 装载汇总表

部位	装箱港	上海港			青岛港			合计 重量	合计 20 ft/40 ft
	卸箱港	20 ft	40 ft	重量	20 ft	40 ft	重量		
舱面	神户								
	长滩								
	西雅图								
货舱	神户								
	长滩								
	西雅图								
合计									

（4）稳性、吃水差计算表

集装箱船稳性、吃水差计算表的格式基本同杂货船。现一般由计算机程序按输入的每个箱位重量和油、水重量等情况自动计算、打印。

2. 各类集装箱箱位的合理确定及隔离

编制集装箱船配积载计划时，合理安排各类集装箱的箱位，首先需要熟悉航次箱源的挂港数量、平均箱重、特殊集装箱对运输的要求等；随后总体上划定各挂港集装箱在船上的装箱区域；最后按特殊箱先配，普通箱后配，后到港箱先配，先到港箱后配的原则，逐一为每一待装集装箱选定合理的具体箱位。

1) 普通集装箱的箱位选配原则

（1）垂向箱位选配

重箱、强结构箱应配于下层，轻箱、弱结构箱应配于上层。舱面应尽量选配新箱、强结构箱，舱内多配旧箱、弱结构箱。

40 ft箱之上纵向不得选配两个20 ft箱，否则会造成被压的40 ft箱顶板和上侧梁等结构受损。某些集装箱船结构较特殊，在甲板上或舱内的某些位置只能装载20 ft集装箱。另外，有些货舱内如要装40 ft集装箱，则必须先垫几只20 ft的集装箱。也有些集装箱船舱内纵向两个20 ft集装箱上可堆装40 ft集装箱；甲板上两个纵向20 ft集装箱上不能堆装40 ft集装箱。

纵向两个高度不同的 20 ft 箱之上除非增设高度补偿器，否则仅在两个箱的角件处于同一水平面时才能配装 40 ft 集装箱。

因此，需要驾驶员充分了解不同类型的集装箱船舶、不同底座结构及其具体布置。在配积载时首先考虑满足这些结构上的要求，以利提高箱位的利用率和合理地积载。

垂向箱位选配还应满足集装箱船的局部强度（堆积负荷，stack load）要求。在集装箱船的资料中均提供有舱面和舱内设计的每一堆装集装箱的 4 个底座上最大允许负荷量数据。它还分 20 ft 集装箱堆积负荷和 40 ft 集装箱堆积负荷。因此，在确定集装箱垂向箱位时，应当满足每叠集装箱总重不得超过集装箱船装箱底座的最大允许负荷量要求。

确定集装箱垂向箱位时，应当注意控制舱内和舱面所配集装箱重量的合适比例，以保证船舶的稳性处于适度的范围内。

箱内装载易出汗水或有温度控制要求货物的集装箱时，应选配于温度较稳定的舱内箱位。如不得已配于舱面，则应尽量避免选配于温差变化较大的上甲板顶层箱位。

国际上有些运河（如苏伊士运河）当局制定的船舶过运河收费规则规定，集装箱船通过运河将随船舶舱面集装箱堆装最高层数的不同加收一定比例的额外运河通航费。因此，集装箱船在通过这类运河前，应适当考虑过运河的特殊收费规定，在可能的条件下，采取措施（如适当降低舱面集装箱的最高堆装层数）以减少运河通航费的支出。

（2）纵向箱位选配

集装箱船舶货舱尺寸大，舱口与货舱同宽的特点破坏了甲板纵向连续性，并且影响了船舶的纵向强度。集装箱船舶绝大多数是尾机型或偏尾机型船型，因此使机舱、油舱、淡水舱等相对地集中在船舶的尾部；而船舶的首部又集中了锚及其锚的设备和首侧推进器等。这又使集装箱船易产生较大的中拱（hogging）现象。集装箱船在空载和满载情况下一般呈中拱状态，为此，宜在船中部位的货舱中部甲板上适当配装一些重量较大的集装箱，以改善船舶的中拱状态。另外，各排集装箱重量的合理分布，不但在始发港需要考虑，在各停靠港也应认真对待。各停靠港的集装箱装卸量不等，或装箱虽大而卸箱量少，或装箱量少而卸箱量大，易使停靠港装卸集装箱后各排集装箱数量不均衡。因此，应综合考虑各港集装箱装卸量，使船舶在整个航次中尽量保持箱重沿船长合理分布。

当船舶资料中提供有最佳纵倾数据时，则应尽量调整船舶的纵倾至推荐的最佳状态，以满足船舶纵向强度和适当的吃水差要求。此外，还应当兼顾满足集装箱的快速装卸要求。为保证驾驶员具有良好的瞭望视线，舱面驾驶室前部集装箱的堆装层数，要求满足 SOLAS 2009 第 V 章第 22 条第 2 款 [IMO 的 A（17）708] 的规定，即从船舶驾驶室指挥位置上自船首前方至任何一舷 10° 范围内的船舶盲区长度不得超过 2 倍船长或 500 m 中较小者，盲视扇形区域的总弧度不应超过 20°。为了提高集装箱船装卸效率，不同的舱内及舱面纵向同排箱位应尽可能配置全部 20 ft 或者全部 40 ft 的集装箱；同一个卸货港口需要多个排位的箱位时，每配置使用两排位箱位，至少应该纵向上间隔两排位其他卸货港口的箱位。

（3）横向箱位选配

应尽量保证各卸箱港集装箱在每一行（排）位上集装箱重量对船舶纵中剖面的力矩代数和接近于零，以满足船体扭转强度不受损伤以及船舶在每一离港状态下无初始横倾角的要求。对于舱面无箱格导轨的集装箱船,在舱面无外层堆码或两列箱横向空档较大(特别是超过5 m),即受风压影响的集装箱箱位,应选配轻箱(特别是上层箱位),并尽可能选配20 ft集装箱(所受风压约为40 ft箱的一半)。这样,在同样系固条件下,能增加这类箱位所装箱的系固可靠性。

普通集装箱在甲板上装载时,应该将集装箱的箱门朝船尾方向,减少风浪对集装箱的箱门的冲击,防止箱门变形及箱内进水。

2)特殊集装箱的箱位选配原则

(1)危险货集装箱的箱位选配

集装箱船载运危险货集装箱的种类和数量是受限制的,其在船舶危险品适装证书中已经列明,选配危险货集装箱的箱位时,首先应熟悉船舶危险品适装证书。同时按危险货物的积载类确定集装箱是允许载于舱面还是舱内。当其积载类无载于舱面或舱内限制时,则应充分考虑下列因素:

舱面承运危险货集装箱的特点是:运输中观察方便;通风条件良好,箱内若有有毒气体逸出时易于被驱散;若装载腐蚀性货品的集装箱有渗漏时,危害较小而且处置方便;遇危急时,有可能打开箱门采取抛货措施。

舱内承运危险货集装箱的特点是:遮蔽条件好,不会受到海浪冲击;环境温度较低而且相对稳定;航行途中遇火灾时,可施放CO_2扑灭。

装有易散发易燃气体的集装箱应优先配于通风条件较好的舱面,且应考虑至少与易产生火星(如冷藏箱)的箱横向不在同一行上,纵向至少间隔一个行箱位。

装有海洋污染物的集装箱,应尽可能配于舱内;若只限于舱面装载时,则应优先选配于舱面防护或遮蔽条件良好的处所。

氧化物质或有机过氧化物应选配于舱面,其原因是这类箱若配于舱内,万一发生火灾,施放CO_2来灭火效果极差。

装有"如有可能卷入火灾,应将货物投弃"这类消防建议货物的集装箱,当数量相当多时,应尽可能远离居住处所和驾驶区域;当数量较少时,应尽可能选装于舱面,且其箱门应在易于被打开的位置,以便于遇危险时用人力将包件从集装箱中取出并加以投弃。

(2)冷藏集装箱的箱位选配

此类箱多数在其箱位附近需要设置外接电源插座和监控插座。船舶所能提供此类箱位和数量是确定的,在空白箱位图上一般标明,通常位于舱面船中和船后部,且避开船舶第一排和左右舷最外一列箱位的底部1~2层,具体箱位可以查阅船舶资料确定。在甲板上此类箱位的船舷外侧应当选配几层通用集装箱做遮挡,同时将冷藏集装箱的风机朝船尾方向,以防止冲上甲板的海浪对冷藏箱制冷设备的冲击。

(3)超高集装箱的箱位选配

集装箱船货舱的有效高度多按8.5 ft(趋向于按9.5 ft)箱高的整数倍再加些余量设计。因此,舱内选配超高集装箱时,应当校核该叠箱体总高度是否小于货舱的有效高度。若超过时,则应相应减少其装箱层数。软顶超高箱防水性较差,应尽量选配于舱内,这类箱如果箱内货物堆装高度超过集装箱角件的高度,则无论选配于舱内或舱面,其箱顶部都不宜堆装任何其他集装箱而必须选配于最上一层。

(4) 超长集装箱的箱位选配

对于舱内设置固定箱格导轨的集装箱船，因舱内每一箱格通常设有横向构件，无法装载超过箱格长度的超长箱。因此，20 ft的超长箱可以选配于舱内40 ft箱位，但40 ft的超长箱通常只能配于舱面。

(5) 超宽集装箱的箱位选配

超宽集装箱可以选配于舱面。能否装于舱内，取决于货舱的箱格结构和入口导槽的形状和尺寸。一般，对于中部超宽，两端50 cm范围内不超宽的集装箱，可以选配于舱内；对于货舱箱格结构之间设有纵向构件的集装箱船，则舱内不能装载此类箱。无论舱内或舱面，当超宽箱的超宽尺度小于该行与相邻列位之间的空隙时，则该超宽箱不占相邻箱位；反之，箱内超宽货物将伸至相邻箱格中，相邻箱位必须留出空位。

(6) 通风集装箱的箱位选配

为便于箱内货物的自然通风和监控，通常应选配于舱面，而且应当选择能避开冲上甲板的海浪并经通风口灌入箱内的箱位。对于装载兽皮的通风集装箱，为避免箱内温度过高货物腐败变质，应避免选配于受阳光直射的甲板最上一层。

(7) 动物集装箱的箱位选配

此类箱因耐压强度较弱，其上通常不得堆装其他货箱，应选配于通风良好的舱面。为减少风浪的袭击，周围需以其他货箱做遮蔽，也可以将饲料箱选配于动物箱的两侧。此外所选的箱位还应满足供水方便，周围留有便于在航行中清扫和喂料的通道，而且能最后装最先卸和不妨碍其他集装箱作业的要求。

3) 危险货集装箱之间的隔离

危险货集装箱与普通货物及空箱之间不需要进行隔离，不同类别危险货集装箱之间需要按照《国际危规》要求进行积载和隔离。根据箱内所装危险货物的正确运输名称或联合国编号，查《国际危规》确定其所属危险货类别号，并由类别号查《国际危规》中包装危险货的隔离表确定其隔离等级，然后，按照《国际危规》规定的危险货集装箱的隔离表确定不同危险货集装箱之间的具体隔离要求（如表14-2-2所示）。

表 14-2-2　危险货集装箱的隔离表

隔离要求	垂直向			首尾及左右	水平向					
	封闭式与封闭式	封闭式与开敞式	开敞式与开敞式		封闭式与封闭式		封闭式与开敞式		开敞式与开敞式	
					舱面	舱内	舱面	舱内	舱面	舱内
"远离"1	允许一个装在另一个的上面	允许开敞式的装在封闭式的上面,否则按开敞式与开敞式要求处理	除非以一层甲板隔离,否则禁止装在同一垂直线上	首尾向	无限制	无限制	无限制	无限制	一个箱位	一个箱位或一个舱壁
				横向	无限制	无限制	无限制	无限制	一个箱位	一个箱位
"隔离"2	除非以一层甲板隔离,否则不允许装在同一垂线	按开敞式与开敞式的要求处理		首尾向	一个箱位	一个箱位或一个舱壁	一个箱位	一个箱位或一个舱壁	一个箱位	一个舱壁
				横向	一个箱位	一个箱位	一个箱位	两个箱位	两个箱位	一个舱壁
"用一整个舱室或货舱隔离"3				首尾向	一个箱位	一个舱壁	一个箱位	一个舱壁	两个箱位	两个舱壁
				横向	两个箱位	一个舱壁	两个箱位	一个舱壁	三个箱位	两个舱壁
"用一介于中间的整个舱室或货舱做纵向隔离"4	禁止			首尾向	最小水平距离24 m	一个舱壁且最小水平距离不小于24 m	最小水平距离24 m	两个舱壁	最小水平距离24 m	两个舱壁
				横向	禁止	禁止	禁止	禁止	禁止	禁止

注：所有舱壁和甲板均应是防火和防液的。
①对于无舱盖集装箱货船,《国际危规》定义为:"不允许在同一垂线上";
②对于无舱盖集装箱货船,《国际危规》定义为:"一个箱位且不在同一货舱上";
③集装箱距离中间舱壁不少于 6.0 m。

表 14-2-2 中,"封闭式"是指封闭式集装箱,意为采用永久性的结构将内装货物全部封装在内的集装箱。它不包括具有纤维质周边或顶部的集装箱。"开敞式"是指开敞式集

装箱，意为非封闭式集装箱。"一个箱位"是指前后不小于6 m、左右不小于2.4 m的空间。

在《国际危规》第1册第7部分列有各类集装箱船上针对封闭箱与封闭箱、封闭箱与开敞箱和开敞箱与开敞箱的上述几种隔离要求的详细图示。

《国际危规》规定：包装危险货物与开敞式危险货集装箱之间的隔离，应遵照包装危险货物之间的隔离表要求执行；包装危险货物与封闭式危险货集装箱之间的隔离除下列情况外，应遵照包装危险货物之间的隔离表要求执行：

①要求"远离"时，包装危险货物与封闭式危险货集装箱之间无隔离要求；

②要求"隔离"时，包装危险货物与封闭式危险货集装箱之间按包装危险货物隔离表中的"远离"要求执行。

3. 集装箱船装卸顺序和快速装卸要求

集装箱船多以班轮形式投入营运，中途常有一个以上挂靠港，在港口常常多线作业，装卸同时进行，港口作业机械效率很高，船舶在港停泊时间短。因此，合理选配箱位满足集装箱装卸顺序和快速装卸要求，对确保船舶安全准班、减少不必要的港口费用支出具有重要意义。

1）避免或尽量减少中途港发生倒箱现象

编制集装箱船预配积载计划时，应当避免后卸港集装箱压住先卸港箱或堵住先卸港箱卸港通道的情况出现，否则将产生倒箱现象。有些港口有多个卸箱泊位或采用不同的卸箱方式（如一部分特定箱采用码头卸箱，而另一部分箱采用锚地驳卸），如不留意会出现倒箱现象。为避免或尽量减少中途港发生倒箱现象，应当注意集装箱船舶的舱盖形式和一些港口的特殊规定对不同卸港集装箱箱位选配的影响。

集装箱船有多种舱盖形式，有的相互独立，有的相互牵连，甚至同一艘集装箱船的不同货舱有时也采用不同的舱盖形式。应当根据不同舱盖形式正确确定舱内和舱面不同卸港集装箱的合理箱位，以避免发生倒箱现象。

目前，无舱盖集装箱船已投入使用，这类船舶中部多个舱设计成无舱盖形式，并将舱内箱格导轨延伸到舱面。它不但可以省去舱面集装箱的系固作业，而且为彻底避免出现倒箱现象创造了有利条件。

国际上有些港口制定的港内危险货装卸和过境管理特殊规则，对不同到港危险货集装箱的箱位选配也有影响。例如，新加坡当局规定，凡装载当局规定的一级危险货货物（包括集装箱）的船舶，必须先在规定锚地将这类危险货过驳后才准许靠码头作业。若这类危险货属于过境性质，则需要等船舶靠泊作业完毕后，再驶回锚地重新将暂存的危险货装船。这就要求驶往新加坡装有当局规定的一级危险货箱且必须靠泊作业的船舶，对这类无论卸港是新加坡还是过境的危险货箱，都必须选配于抵港后能一次卸载的箱位上，以免引起倒箱。

2）尽力满足快速装卸要求

集装箱船的装卸作业多采用岸上高效的集装箱装卸桥。大型集装箱船有时采用多达5台以上装卸桥同时并排作业。但由于装卸桥的结构原因，使得两台装卸桥之间必须至少纵向间隔一个 40 ft 行箱位，不允许紧靠在一起作业。因此，在集装箱箱位选配时，应当考虑这一因素，以满足其快速装卸的要求。

当船舶在港作业量较大时，应当根据集装箱泊位的装卸桥作业台数，均衡分配船上各台装卸桥作业区域的集装箱作业量（主要以自然箱数计算），以缩短船舶装卸作业时间。当船舶在港作业量很少时，若条件许可，其箱位应尽量选配于舱面，以减少开关舱作业量。

20 ft 箱和 40 ft 箱在每一行位的舱内和舱面上应当尽量保持各自对船舶纵中剖面的力矩接近于零，以免装卸中为减少船舶横倾角而需多次调整装卸桥自动吊具尺度和装卸桥大车沿岸移动及其对位时间。

当船舶停靠的泊位装卸作业可同时进行时，船上同一泊位卸载箱和装载箱的箱位应选配于相近位置，以减少装卸桥吊具空返次数和装卸桥大车沿岸移动及对位时间。对于靠泊具备一次起吊一层两个或两层 4 个 20 ft 箱吊具的某些港口的集装箱船，20 ft 集装箱的箱位应当成对选配，以发挥这类装卸机械的作业效率。对于一些需要特殊吊具操作的特殊集装箱（如超高箱或平台箱），其箱位应选配于相近位置，以减少在集装箱自动吊具上安装附属吊具的次数。

4. 集装箱船配积载文件编制过程

集装箱船配积载通常需要经历下列几个过程：

1）编制集装箱船"航次订舱单"

航次订舱单（booking list）是船公司航（箱）运部门或其代理根据货主的托运申请为待定船舶的具体航次分配待运集装箱的清单。该清单通常按不同卸港、不同重量和不同箱型列出，对特殊箱有必要的备注。在编制订舱单时往往许多货物还未完成装箱，因此清单上还无法提供集装箱箱号和其他一些细节内容。

2）编制集装箱船积载计划

集装箱船因其特殊的结构和积载，配积载图编制方法与其他货船有较大区别。集装箱船配积载图包括：集装箱箱位配积载总图，行箱位断面图，装载汇总表和稳性、吃水差计算表。集装箱箱位配积载总图标示了每只集装箱的确切位置；行箱位断面图标示了该行集装箱具体情况；装载汇总表标示了按不同目的港罗列的集装箱类型、尺寸、装载状态；稳性、吃水差计算表标示了全船集装箱装载状态下的稳性、吃水差计算结果。

3）集装箱船配积载图的编制过程

（1）预配过程

集装箱船的航次预配工作是由船公司配积载部门、船舶代理或集装箱船大副承担。其任务是将"航次订舱单"上所列的每一集装箱，按照集装箱箱位选配的基本原则，满足装卸顺序和快速装卸等要求，在集装箱船的行箱位总图上做一大致安排，并绘制船舶预配积载图。该图所确定的航次装载方案通常需在计算机上经集装箱船装载计算系统的粗略核算，以保证船舶各项性能指标符合要求。"航次订舱单"上往往无法提供集装箱的一些细节资料，因此集装箱船舶预配积载图有时仅仅是在行箱位总图上确定每一卸港集装箱在船上的装载区域。该图绘制后需及时送交集装箱装卸公司。

(2) 初配过程

为保证航次装船集装箱在码头堆场上的堆码顺序与"集装箱预配积载计划"确定的集装箱装船顺序相吻合，集装箱装卸公司在收到"集装箱预配积载计划"后，将着手编制集装箱船的初配积载计划。该项工作通常由装卸公司集装箱配载部门承担。

在编制预配积载计划时，航次计划装船的集装箱货物，有些已装箱正在中转运输途中或者堆存于指定泊位或远离指定泊位的集装箱堆场上，但有些还未完成装箱作业。集装箱装卸公司掌握着航次装船集装箱的动态，负责这些货箱在码头的聚集并安排其在堆场上的箱位。为保证集装箱装船过程有序而快速，在装船前装卸公司通常需要将装船集装箱按一定顺序安排于码头特定的堆场上，并编制集装箱装船顺序表。

装卸公司的集装箱配载员根据装船集装箱在堆场上的堆码状况，在既能满足"集装箱预配积载计划"的总体要求，又能减少码头堆场集装箱作业量的条件下，借助集装箱船计算机装载计算系统，在集装箱船的行箱位总图和行箱位图上按上述规定格式填入详细的集装箱数据。在集装箱初配积载计划中的行箱位图上，除标注有集装箱的卸港、箱重、箱号、备注以外，通常还标注有集装箱在码头堆场上的箱位编号，以方便集装箱的装船作业。

(3) 审核过程

集装箱船的船长和大副需了解航线状况、本船航次油水的配置与消耗、船舶的装载特性、途中各挂靠港的作业特点等细节内容，并对船舶和集装箱的运输安全负责。因此，由集装箱装卸公司编制的集装箱船初配积载计划必须在集装箱装船作业开始前送交集装箱船船长和大副做全面审核。

船长和大副对集装箱船初配积载计划需要按照集装箱箱位选配的基本原则以及满足装卸顺序及快速装卸要求，在船舶计算机上利用集装箱装载计算系统进行船舶各项性能指标的全面核算。若对初配积载计划有任何修改意见，船方应通过代理或直接与装卸公司协商解决。由于在装箱前供审核初配积载计划的时间通常较短，装卸公司往往以初配积载计划为依据编制集装箱装船顺序表并下发至装卸公司有关的各部门。同时，集装箱堆场上该船待装箱的堆码顺序通常已经保持与所编制的集装箱装船顺序表相吻合。因此，在确保船舶、集装箱及其货物安全的前提下，船长和大副应尽量减少对集装箱初配积载计划的修改，或者选择对集装箱堆场作业影响较小的修改方案，以免造成集装箱堆场作业顺序混乱，影响作业效率。

船长和大副对集装箱船初配积载计划审核通过后，常常根据航线条件和船上货物系固手册中推荐的集装箱系固方案，在积载计划的行箱位总图和行箱位图上使用特定符号绘制集装箱系固方案图，供装卸公司在装箱同时按要求进行系固操作。

只有当经船长和大副核准并签字后，该初配积载计划才能作为指导船舶装箱作业的正式积载计划。它与初配积载计划的形式和内容基本上相同。

三、集装箱船稳性和强度要求

1. 集装箱船稳性要求

集装箱船货舱方正，船舶容积的利用率降低，为提高装箱能力，集装箱船通常将1/3~1/2的箱位安排于舱面，舱面重量较大，装载后船舶重心上升。另外舱面装箱，水线以上受风面积增大，对船舶稳性不利。因此，营运中的集装箱船必须具有足够的稳性。但如果初稳性高度过大，船舶将产生剧烈横摇，使集装箱所受惯性力过大而对系固设备产生不利的影响。集装箱船的稳性应保持在适当合理的范围内。

1) IMO对集装箱船稳性要求

IMO《2008年国际完整稳性规则》（即2008年IS规则）对船长大于100 m的集装箱船和其他在此范围内具有可观外漂或大水线面的货船提出了完整稳性要求：

（1）复原力臂曲线在横倾角0°~30°之间所围面积不应小于0.009/C（m·rad）（C为船体形状因数）；

（2）复原力臂曲线在横倾角0°~40°或进水角θ_f中较小者之间所围面积应不小于0.016/C（m·rad）；

（3）复原力臂曲线在横倾角30°~40°或进水角θ_f中较小者之间所围面积应不小于0.006/C（m·rad）；

（4）在横倾角30°处的复原力臂应大于或等于0.033/C（m）；

（5）最大复原力臂应大于或等于0.042/C（m）；

（6）复原力臂曲线在横倾角0°~进水角θ_f之间所围面积应不小于0.029/C（m·rad）；

上述的船体形状因数C的应按照2008年IS规则的规定计算。

2) 我国《法定规则》对集装箱船的稳性要求

我国《法定规则》对国际航行船舶全面采用IMO 2008年IS规则。

我国《法定规则》对非国际航行集装箱船，除要求其满足对普通船舶稳性的各项基本稳性衡准指标要求外，还提出了两项稳性的特殊衡准指标要求：

（1）经自由液面修正后初稳性高度GM应不小于0.30 m。

（2）船舶在横风作用下从复原力臂曲线上求得的静倾角应不大于1/2上层连续甲板边缘入水角，且不超过12°。

《法定规则》对这类船舶的稳性计算提出了三项规定：

（1）计算船舶稳性时，每一集装箱重心垂向位置应取在集装箱高度的一半处。欧美国家计算集装箱船舶稳性时，每一集装箱重心垂向位置应取在集装箱高度的45%处。

（2）计算稳性特殊衡准指标时所使用的横风风压倾侧力臂，取在计算稳性衡准数K时所确定值的1/2，且假定其不随船舶横倾而变化。

（3）计算复原力臂曲线时，不计入舱面集装箱浮力的影响。

为保证集装箱船达到合适的稳性，不论满载或空载均需进行压载，集装箱船的压载能力一般为总载重量的30%。其中，满载状态下可用于调整稳性的可变载量约占其压载能力的15%。另外，保证集装箱船适度稳性的方法是控制舱内和舱面所装集装箱的重量处于合适的比例范围内。对于不同船舶和同一船舶在不同排水量条件下，合适比例是不同的，可以通过计算或长期配积载实践的资料积累获得。例如，全集装箱船在满载状态下，舱内装箱的总重量通常取全船装箱总重量的60%或以上。经验证明，适度稳性范围一般为0.6~1.2 m，国内外有关文献推荐集装箱船满载时的初稳性高度与船宽之比值取0.04~0.05为宜。

2. 集装箱船船纵强度、扭转强度和局部强度特殊性

同普通货船相比，集装箱船为单甲板结构、型深大、货舱舱口大。有些集装箱船的货舱舱口宽度甚至已超过船宽的80%，舱口长度已达到船长的90%，大舱口结构破坏了主甲板的连续性，所以总纵强度和扭转强度往往不易满足安全需要。因此，集装箱船舶强度主要考虑的内容有：总纵强度、扭转强度和局部强度。

集装箱船舶在出厂时，厂方均提供一个最大允许的静水弯矩或在不同肋位上所允许的最大静水弯矩。船舶纵向强度的校核，实际上是用计算方法算出船舶实际的最大静水弯矩或不同肋位上的静水弯矩，以此和船舶设计允许的最大静水弯矩或不同肋位上的最大静水弯矩相比较。纵向强度校核，如超出允许范围，则在条件许可时，通过压载水舱的压载水来调节船舶的纵向强度，一般是设法排出一些首、尾压载水，并在近船中附近的压载水舱注入压载水，以减少船舶中拱状态的静水弯矩。

扭转强度是集装箱船比较薄弱的，主要原因是货舱舱口大。为了保证集装箱船的扭转强度，每一个排位左右重量要对称，在配积载时要特别注意。

集装箱船局部强度有时候不被重视。船体损坏主要表现为堆积载荷超过许可载荷，可能导致船体局部变形，堆积集装箱歪斜甚至倾倒。船上堆积集装箱的载荷不能超过船舶的许可载荷，无舱盖集装箱尤其应该引起注意。集装箱局部强主要校核装载集装箱的堆积载荷是否超过许用载荷。表14-2-3所示是某集装箱的堆积许用载荷。上甲板或舱内堆积集装箱的重量不应该超过表示重量。

表14-2-3 集装箱船舶堆积许用负荷表

位置	20 ft箱	40 ft箱
上甲板	100.0 t	120.0 t
舱内	210.0 t	280.0 t

第三节 集装箱安全装运

了解集装箱货损货差原因，对集装箱安全装运至关重要。充分关注装卸前及监装中的注意事项、集装箱船载箱运输途中的注意事项是提高货运质量的抓手。根据集装箱船系固手册要求进行系固是安全航行的关键。

一、集装箱货损货差原因

与普通货船运输相比，集装箱船运输中的货损货差事故率已有了明显下降。这主要是因为：集装箱运输能够实现"门到门"的直达运输，运输途中货物操作次数减少；集装箱本身坚固耐压，箱体高度远低于货舱舱高，箱内货物多采用货板装载方式，使箱内底层货物承受的压力大大减小；集装箱货物多数都被箱体严密封闭，箱门被妥善铅封，其防盗性大大增强。但尽管如此，国内外集装箱运输的货运事故还是时有发生。据统计，船运集装箱货损事故90%以上发生在舱面。集装箱运输各环节中产生货运事故的主要原因可归纳为：

（1）货物装箱不严格，如互抵性货物混装或不加衬垫，货物装载方法和固定方法不当等。

（2）船方积载不当，如甲板上装箱过多、过高，结构弱的箱子装在舱底或甲板的最下层，20 ft箱子装在40 ft箱子上面及重箱压轻箱等。

（3）装卸操作不当，如装卸工人技术不熟练，操作不当而发生货箱撞坏、落下等。

（4）集装箱在运输途中因箱内产生汗水造成货损：受外界温、湿度变化的影响，导致箱内货物受湿造成货损。

（5）货箱固定绑扎不当，如绑扎不牢或漏绑扎而使货物移位或掉入海中等。

（6）恶劣天气造成的货损，如大风浪船舶剧烈摇晃、海水上甲板等使货箱掉入海中或进水。

（7）货物短少或盗损（shortage or pilferage），如集装箱锁封（seal）损坏或不符，箱内物品被盗等。

（8）箱内货物本身或其包装存在缺陷，如货物含水量过高、货物包装强度不足等。

（9）集装箱不适货或货箱本身存在缺陷，如怕潮货选用敞顶（软顶）式集装箱装运，结果造成货物受潮变质；冷藏集装箱装运冷藏货物时，因未打开箱底排水口，致使冷藏货物因箱内污水积存造成货损；箱顶有孔，箱体连接处变形、裂缝等。

（10）其他偶然事故。如将箱顶带积雪的集装箱装入舱内，船舶航行途中因积雪融化但又未及时排出舱外，造成该舱下层集装箱因融化的雪水进入箱体使货物水湿受损等。

为了克服集装箱货损货差，必须合理积载集装箱，保证适度稳性；严格按照配载图装箱，按照积载图卸箱；充分注意装卸前及监装中的注意事项、载箱运输途中的注意事项；按照系固手册要求绑扎。

二、装卸前及监装中的注意事项

1. 装卸前的注意事项

装箱前除了编制好装卸计划，合理积载以外，船方应按照已制定的集装箱系固方案，整理和安排好数量充足且技术状态良好的系固索具。检查货舱污水井及其排水系统、货舱通风系统、货舱箱格导轨、货舱舱盖、甲板上系固用地令、全船压载水系统等是否处于适用状态。如有问题，应尽力在装箱前予以修复。

卸箱前船方应向卸箱方（工头）详细介绍船上待卸集装箱的系固情况，以方便装卸工人按卸箱顺序迅速解除集装箱系固索具。

2. 集装箱船装卸注意事项

（1）装卸时应检查装卸吊具及集装箱角配件有无损伤，保证其经常处于正常的技术状态。

（2）装卸时，应按规定进行操作，禁止拖拉作业。

（3）集装箱顶板面平滑、强度有限，不宜穿钉鞋工作及禁止两人在一处作业。

（4）集装箱在起吊后应检查箱子受力是否平衡，待稳定后平稳起吊。大风浪恶劣天气作业时，应使用防震索，以防止集装箱摇动。

（5）在装卸操作时，严禁野蛮装卸和震动冲击箱内货物，特别要保证装有危险品和易碎品等特殊货物集装箱的安全。

（6）装卸过程中，应当均衡各作业线的作业进度，保证满足船体的强度条件和最低限度的稳性要求。同时注意调整平衡水舱的压载水，防止船舶装卸中出现较大的横倾（通常应小于3°）和纵倾，以免集装箱被箱格导轨卡住而无法装卸。

（7）做好集装箱的加固绑扎工作，正确使用集装箱连接件，包括箱和甲板、箱与箱横向之间、箱与箱上下之间。必要时用钢丝绳、松紧螺丝扣等索具进行绑扎，并在无倾斜状态时进行。

（8）集装箱装卸中如因装卸工人操作不当造成如货舱、箱格导轨、舱盖等船体或设备的任何损坏，船方应及时出具现场事故报告并要求港方（工头）签认。

3. 监装中的注意事项

严格监督集装箱的装船过程是维护船方利益、确保集装箱船货运质量的重要一环。现场值班监装人员应注意选择适宜的观察位置，并随身携带对讲机和计划积载图。装箱中如遇各类问题应随时随地与大副保持联系并及时予以处理。应当特别重视做好在夜间、风雨中等视线不良时的监装工作。

1）严格执行"计划积载图"确定的集装箱装载箱位

计划积载图中确定的每一集装箱装载箱位都有一定考虑，未经船舶大副和装卸公司同意不得随意修改。否则，可能会造成船舶某行位所配集装箱重量对船舶纵中剖面力矩左右不等，先卸港箱被后卸港箱堵住等后果。应当督促理货员对每一装船集装箱的箱号进行严格核对并做正确记录，以防止发生错装漏装的现象。

监装中，应当要求冷藏箱甲板上每一非冷藏箱端门保持向船尾方向堆码，以避免上浪海水对集装箱水密性较差的一端的直接冲击。

2）检查集装箱箱门铅封的封志是否完好

除空箱和非封闭结构的集装箱外，卸箱时若发现箱门的铅封封志缺少，因疏忽未被完全锁住，受撞击遭受破坏或已被人为剪断等情况，除非船方能举证说明，否则将对箱内货物短缺或与提单记载不符负有难以推卸的责任。因此，现场值班船员应当对装船的每一集装箱箱门的铅封封志进行严格检查。

3）检查集装箱箱体外表状况是否良好

认真观察箱体外表，若发现箱体破损、严重锈蚀，局部或整体严重变形等现象，在区分原残（装船以前已存在的残损）还是工残（装船过程中造成的残损）的基础上，应在现场记录单上用准确的文字记载或图形标注（必要时配以现场照片），并及时送交工头或理货员签认，以免除船方对该箱破损或变形的任何责任。否则，在卸箱中若港方发现集装箱破损（此时被认作"原残"）时，往往要求船方在卸箱港提供的箱体破损记录上签字，从而可能最终承担对收货人或保险人的赔偿责任。

4）检查箱体外是否有液体渗漏或气体外泄

装箱前，箱内货物可能因堆码或系固不当，受到猛烈冲击和震动，因遇温度、湿度剧烈变化等原因造成货物包装破损，引起液体货物渗漏或气体货物外泄现象。此时，应当从该箱舱单上了解所装货物的名称、性质等。如确认箱内所装货物属危险货物，则应坚决拒装，并严格按《国际危规》和当地有关法规采取正确的应急措施，妥善处理泄漏物。

5）对冷藏、危险货物等特殊箱的装船严格把关

冷藏集装箱装载时，为防止航行中上浪海水侵入冷藏箱的机械和电器部分，应要求将冷藏箱制冷机组一端朝船尾方向。而且该端应留有人员能接近的通道，并尽量避免冷藏箱堆装超过两层，以方便有关人员的检查和修理。冷藏箱装船后，应由大管轮和电机员负责尽快按冷藏箱舱单上的标注检查其设定的冷藏温度，并对制冷机械试机运行。若存在故障，则应采取及时修理、临时换箱或退关的方法解决。若对冷藏箱有任何疑问，大副应在冷藏箱设备交接单上签名的同时加以批注。

危险货集装箱装载时，除检查其箱体外表状况是否良好外，还应特别核查其箱外两端和两侧是否均粘贴了符合《国际危规》要求的危险货物、副标牌或海洋污染物标记。若缺少时，应及时补上。无关的各种标记、标志或标牌均应去除。此外，承运危险货集装箱必须附有表明符合《国际集装箱安全公约》要求的"CSC安全合格"金属铭牌。船上应备有托运人提供的"集装箱装运危险货物装箱证明书"，以表明箱内所装货物符合《国际危

规》各项要求。对装运过危险货物的集装箱在未彻底清洗或消除危害之前，仍应按原所装危险货物的要求运输。

6）做好集装箱的系固工作

船舶值班人员应严格按计划积载图上所列集装箱系固方案监督执行。对于舱面不设或部分设置箱格导轨的集装箱船舶，做好舱面集装箱的系固工作对确保集装箱的运输安全尤其重要。如因系固过失造成集装箱灭失，则属于船方管货过失而应承担责任。

集装箱绑扎安全的关键是扭锁。目前，船上使用的扭锁有两种类型：一种是左锁，一种是右锁。如一艘船上同时有两种扭锁的话，有可能造成部分集装箱扭锁没锁上，航行中发生集装箱移位。开航前确认每一个扭锁都在锁的位置，并且要加强对自动和半自动扭锁的维护保养。如有几个自动和半自动扭锁工作不正常，会导致集装箱移位或装卸时损坏。

在使用长绑扎杆时，应注意长绑扎杆重量较大，放置和移送时方向性难以控制，使用不当易造成人员伤亡事故。告诫装卸工人船上作业安全注意事项。在集装箱顶上工作时必须使用防护装置，在解除绑扎锁具时，必须注意周围人员和环境。在危险区域必须设置防护装置，以防止装卸工人落入货舱。

三、集装箱船载箱运输途中的注意事项

集装箱船航线设计，应尽量避开大风浪出现频率较高的海域。航行途中，应当对船上载运的集装箱进行有效监管。遇到大风浪警报时，应当注意检查和增设集装箱的系固设备。

舱面集装箱系固索具发生松动或断裂现象时，应当及时采取当时条件下力所能及的补救措施，以避免集装箱被甩入海中。对装载有温度控制要求的集装箱，航行中须定时检查其温度。对集装箱箱内货物产生的任何异常现象，应当尽快查明原因，采取尽量不殃及其他集装箱的处置措施，并注意记录事故发生的时间、环境、气象、温度及观测到的其他各种现象和变化过程及船方的处理措施。

当认为必须进入集装箱内部才能查明事故原因或采取确保船、货安全的措施时，经船公司同意后可以打开集装箱箱门。但应考虑其所装货物的性质以及渗漏可能产生毒性或易燃蒸气，或箱内可能产生富氧气体或缺乏氧气的可能性。如这种可能性存在时，进入集装箱内部时应格外小心。

四、集装箱系固及系固手册的运用

集装箱船在海上航行，若集装箱堆装或系固不当会导致集装箱移位、倒塌，可能伴随发生系固件破损、集装箱损坏或坠入海中。为确保集装箱的海运安全，国际上各船级社在颁布的入级规范中提出了具体的集装箱在船上系固的核算方法。以下基于中国船级社《钢质海船入级规范》，介绍适用于吊装式集装箱船的系固方法。全集装箱船舱内设有箱格导

轨，能阻止集装箱移动，部分甲板位置也设有箱格导轨可以不用固定件固定集装箱。甲板上没有箱格导轨的部分，则必须对集装箱进行固定。非全集装箱船载运集装箱在海上航行时必须对集装箱进行绑扎固定。固定方法、形式及固定件的采用需要根据不同的堆装位置和装载形式按船舶系固手册的要求进行。

1. 集装箱堆装与系固要求

在选配集装箱箱位时，特别是在确定舱面集装箱箱位时，应当同时满足：

——船体局部强度要求；
——驾驶台前部舱面集装箱堆装不得超过IMO对船首盲区限制的层高要求；
——集装箱的强度条件；
——集装箱系固设备的强度条件。

当在舱内装载40 ft箱的箱格导轨处选配20 ft箱且其中间无支撑时，为防止20 ft箱发生纵向位移（存在至少76 mm空隙）和横向位移，要求满足：

——在最多5层20 ft箱上应堆装40 ft箱；
——在20 ft箱堆上应堆装至少1层40 ft箱（可以是空箱）；
——在20 ft箱层与层之间及20 ft箱与舱底之间应使用堆锥，以防止集装箱横向滑移；
——如用纵向接连板将2个20 ft箱前后连接成相当于1个40 ft箱时，则在20 ft箱堆上不需堆装40 ft箱，20 ft箱堆堆装一般不应超过120 ft。

每一集装箱船，在船上无系固有效性校核软件的条件下，须按照船上集装箱系固手册的系固要求编制航次集装箱的系固方案。集装箱系固手册中进行了船上集装箱受力分析，列举了典型系固方案，应该根据具体情况确定参照的系固绑扎方案，实际实施应该高于典型系固方案要求。

2. 集装箱系固方法

系固集装箱主要运用拉杆系统（rod or bar system）、钢缆系统（wire system）、链系统（chain system）、转锁系统（twist lock system）和其他系固设备。用绑扎杆、绑扎链、花篮螺套、扭锁、扭锁连接板、桥接件、定位堆锥、锥板、扳手和手轮等组合固定绑扎集装箱，防止集装箱位置左右移动或者集装箱倾倒、脱落。

（1）舱内集装箱系固绑扎，货舱内集装箱与舱底的前后左右位置固定用底座堆锥（bottom stacking cone），又称可移动锥板（removable cone plate）。一般为单头锥下插杆与舱底插座配套使用。货舱内上下集装箱之间用中间堆锥（inter bridge stacking cone），起到集装箱的定位和防止水平移动的作用，垂向方向无锁紧功能，可以根据情况选用单头、横向双头、纵向双头及四连四种等几种形式的中间堆锥。使用中，将堆锥放置于下层集装箱的角件孔内，上层集装箱装于堆锥上后，集装箱就被其固定住了。卸货时，当上层集装箱吊离后，将堆锥取下，即可吊离下层集装箱。不同卸港集装箱之间不得采用双头堆锥，否则，将造成中途港的卸箱困难。

（2）甲板上集装箱系固绑扎，甲板上集装箱与甲板或舱盖之间用底座扭锁（bottom twist lock）固定，使用时与甲板或舱盖上的燕尾底座配套使用。甲板上集装箱与上部集装箱之间用扭锁（twist locks）进行连接，以防集装箱发生倾覆与滑移。使用时，将扭锁放置于突出式底座或下部集装箱的角件孔内，并确认其处于非锁紧状态；当上部集装箱完全置于扭锁上后，用手或操纵杆扳动扭锁柄（operating rod）使其处于锁紧状态；卸货时，请将扭锁柄扳回原位，扭锁即处于松开状态；吊离上层集装箱后，将扭锁取下，即可吊离下层集装箱。同一船上，禁止使用不同锁紧方向的扭锁。

甲板上下集装箱之间还可以使用半自动扭锁（semi automatic twist lock）。半自动扭锁除具有无须装卸工人爬到集装箱上将其安装和取下的过程，最大限度地实现减少工人上高作业的风险，保证安全这一优点外，尚具有自动锁紧的功能，既省去了装货后由人工锁紧的环节，又大大缩短了船舶在港的停港时间。因此，这种扭锁不仅得到了大力推广应用，同时也是某些国家港口当局强制要求使用的。使用时，在码头上当集装箱起重机将集装箱吊起至人手臂举起的高度时，由装卸工人在码头上将处于非锁紧状态的扭锁从下而上插入集装箱角件孔内；吊上船并对准突出式底座或另一集装箱角件孔时放下，该锁的自动装置即起作用并转动锁锥将箱与底座或箱与箱连接锁紧；卸箱时，由装卸工人借助扭锁操作杆（operating rod）将锁销（locking pin）拉出或将钢索拉柄拉出并卡在卡口上解锁，从而打开扭锁或突出式底座或与另一集装箱顶部角件孔的连接，再由集装箱起重机将其吊至码头上，由人工将其卸下。

甲板上相邻两列最上层集装箱的顶部用桥接件（bridge fitting）进行横向锁紧连接，以分散主系固系统的负荷。使用时，待上部相邻的两个集装箱放置到位后，调解桥接件钩头到适当距离，将桥锁插入集装箱角件孔内，扳紧调节螺母使其具有一定的预紧力；卸货时，用扳手将其松动，调整钩头距离到适当位置将其取出。

甲板上集装箱堆高不同，根据系固手册可能需要用绑扎杆、花篮螺丝、地令等绑扎装在甲板和舱盖上的集装箱。绑扎杆用于交叉拉紧作业，起着抗桥压和防倾覆的作用，与花篮螺丝配合使用，能栓固箱体和防止滑动。由于拉杆的延伸率低，需注意适当调节其拉力，要防止因拉力超限而造成箱体或固箱装置损坏。使用时，用固定销将花篮丝套与舱盖上的绑扎地令连接起来；将绑扎杆的钩头插入集装箱的角件孔内；将花篮螺丝调整到适当长度以使绑扎杆被花篮螺丝扣紧；用扳手或手轮收紧花篮螺丝直到适当的预紧力；卸货时，用手轮或扳手松开花篮螺套，取下绑扎杆，将绑扎杆放在存放位置，不必将花篮螺套从地令上卸下，只需将其放置于安全位置。集装箱绑扎杆、花篮螺丝系固示意图如图14-3-1所示。

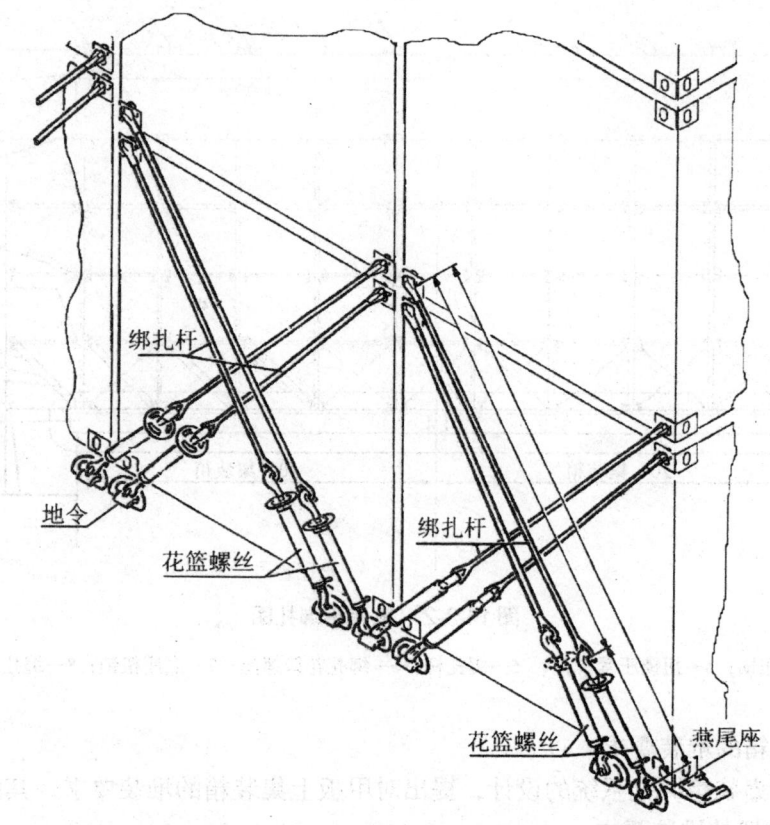

图14-3-1　集装箱绑扎杆、花篮螺丝系固示意图

3. 集装箱系固手册

集装箱船船上的绑扎系统均是按其认可船级社的规范，结合船舶的结构性能来设计的。在集装箱船营运时，船舶应根据绑扎系统的具体要求编制集装箱系固手册，并经认可的船级社或主管机关批准。集装箱船驾驶人员必须认真了解集装箱系固手册具体要求，并按照手册绑扎要求来进行集装箱的绑扎工作。

1）集装箱系固手册的内容

船舶在运动中所受力的计算是根据集装箱积载的负荷、层次、位置、设定的初稳性高度和所使用的绑扎设备的安全负荷等来进行的，通过计算得出应该使用的绑扎设备的数量，最后才确定该船舶的绑扎系统。集装箱系固手册内容有：

（1）集装箱绑扎图

该图提供了集装箱在各箱位上具体的绑扎方法及各种不同类型属具使用的位置。船舶在集装箱绑扎时，必须严格按照绑扎图的要求进行，值班驾驶员在开航前应仔细检查。图14-3-2所示的是某轮20 ft集装箱和40 ft集装箱的具体绑扎图。

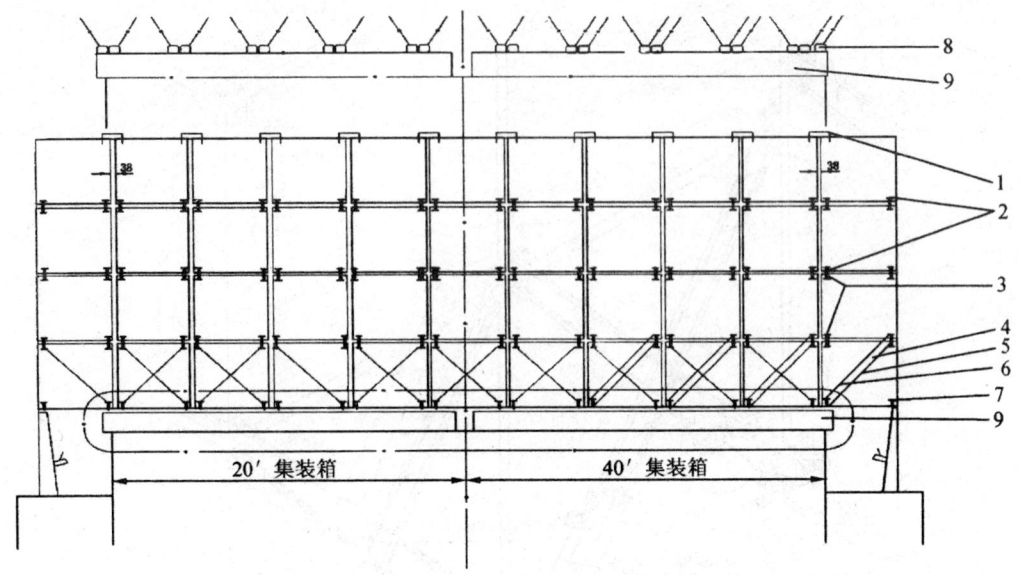

图14-3-2 集装箱绑扎图

1—桥锁；2—扭锁；3—扭锁压紧楔；4、5—绑扎杆；6—绑扎花篮螺丝；7—底座扭锁；8—绑扎地令；9—舱盖

(2) 集装箱的堆装要求

根据船舶集装箱绑扎系统的设计，提出对甲板上集装箱的堆装要求，其内容如下：

① 不同位置的堆装要求；

② 20 ft 受风集装箱每层的重量；

③ 20 ft 不受风集装箱每层的重量；

④ 40 ft 受风集装箱每层的重量；

⑤ 40 ft 不受风集装箱每层的重量。

(3) 绑扎设备的规格和数量

在集装箱绑扎资料中，还提供了所使用的每种绑扎设备的尺寸和安全负荷，以及每种绑扎设备按船舶箱位计算所需要的总数量。

2) 初稳性高度设定值

集装箱绑扎系统初稳性高度的设定值是一个很重要的技术数据，船厂是根据这一设定数据来计算集装箱上所受的力，从而确定绑扎的方式、绑扎设备的数量和设备的安全负荷要求值。而这一设定数据，在各船厂是不同的，各船的差别也很大，如某船的初稳性高度设定数为 2.59 m，而另一船的设定数据只有 1.11 m。对设定数据小的船舶更应加以特别注意，因为一旦船舶实际初稳性高度值大于设定值时，集装箱的受力将增加，可能超过绑扎设备安全负荷的允许值。遇此情况，可通过计算来确定是否需要增加绑扎设备或调整船舶的初稳性高度。

第十五章

散装谷物运输

本章学习目标

1. 掌握散装谷物的海运特性及其影响；
2. 熟悉散装谷物规则对稳性的衡准要求；
3. 熟悉散装谷物安全装运操作；
4. 掌握散装谷物船稳性核算方法；
5. 掌握保证散装谷物船稳性的安全措施。

谷物是大宗货物之一，常以散装形式采用散装谷物专运船进行海上运输。谷物散装运输较之包装运输具有许多优点：可以增加一定的装载数量，有利于机械化装卸，缩短装卸作业时间，节省装卸和包装费用等。

IMO《国际散装谷物安全装运规则》定义的谷物（grain）系指包括小麦（wheat）、玉米（maize）、燕麦（oats）、稞麦（rye）、大麦（barley）、大米（rice）、豆类（pulses）、种子（seeds）以及由其加工的与谷物在自然状态下具有相同特征的制成品。注意，像麸皮、面粉等是不符合上述谷物的定义。

第一节 船运散装谷物概述

一、散装谷物的海运特性

1. 呼吸性

谷物靠呼吸作用维持生命，呼吸过程将产生水和二氧化碳并释放热量。谷物微弱呼吸能提高其抗病能力，而其旺盛呼吸将在舱内产生大量的水、二氧化碳和热量。由于谷物的导热能力差，货堆内部产生的热量很难散发，会使其温度不断升高。同时较高的温度和含水量又为谷物的旺盛呼吸创造了条件。因此，谷物的旺盛呼吸将使货舱内环境恶化，为舱内微生物和虫害的繁殖和生长提供有利条件，导致谷物发芽、霉变、腐烂等，影响谷物的运输质量。

谷物的呼吸强度受其本身的水分、温度、储运场所空气中的含氧量以及籽粒状态等因素影响，其中水分是最重要的因素。在一定的温度范围内，谷物含水量增大，呼吸将大大加强。干燥谷物呼吸作用极为微弱，当水分超过安全水分时，呼吸强度骤然增强。温度在 $0 \sim 50\ ℃$ 范围内，呼吸强度随温度上升而增强，谷物呼吸作用最适宜的温度为 $20 \sim 40\ ℃$。空气中氧含量充足时则呼吸强度大。新粮、瘪粒、破碎粒、表面粗糙的籽粒等呼吸作用较强。

为抑制谷物呼吸作用，在装粮前应严格控制其含水量。当谷物含水量超过国家规定或运输合同标准时应拒绝装运。

2. 吸湿和散湿性

谷物具有吸收水分和散发水分的特性。当谷物比较干燥而外界空气湿度较大时，谷物会吸收水分使其含水量增大；当外界空气湿度较小时，谷物会向周围散发水分。因此船舶在航行中，应正确通风，以防外界高温和潮湿空气进入舱内。

3. 吸附性

谷物极易吸附异味和有害气体。当异味和有害气体被谷物吸收后，散发很慢，甚至不能散发，以致影响谷物的质量。为防止谷物因感染异味而影响其质量，装货前应做好清扫、除味等货舱的准备工作。

4. 易遭受虫害和鼠害

谷物很容易感染米象、谷象等虫害，也常遭鼠害的困扰。遭受虫害或鼠害的谷物，重量损失、品质降低，而且鼠、虫的排泄物等还会污染粮谷。为防止虫害和鼠害，谷物装舱后需要用药物进行熏蒸。

5. 下沉性

谷物的下沉性是指装于船舱内的散装谷物，受船舶摇摆、震动等作用，谷物间的空隙逐渐缩小引起谷物表面下沉的特性。谷物的下沉，一方面导致舱内谷物重心下降，另一方面会使满载货舱出现空档，形成可自由流动的谷物表面（俗称"自由谷物表面"）。谷物的下沉性与其颗粒大小、形状、积载因数、表面状态、含水量、所采用的装货设备等因素有关。

6. 散落性

散装谷物在船舶摇摆、震动等外力的作用下，能自动松散流动的特性称为散落性。谷物的散落性与其颗粒大小、形状、表面状态、含水量、杂质含量等因素有关，其大小用静止角（angle of repose）表示。静止角是指散装货物由空中缓缓自然散落至平面所形成的锥体斜面与水平面的夹角 α（如图15-1-1所示），又称为休止角、自然倾斜角、摩擦角等。显然，静止角越小，散装货物越易流动，散落性越大。常运谷物的积载因数和静止角见表15-1-1。

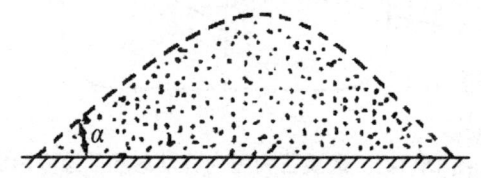

图 15-1-1 谷物静止角

表 15-1-1 常运谷物的积载因数和静止角

谷物种类	积载因数(m³/t)	静止角(°)	谷物种类	积载因数(m³/t)	静止角(°)
小麦	1.27~1.42	23~28	花生果	3.20~3.45	45~50
大麦	1.48~1.70	23~28	小豆	1.53~1.59	27~31
玉米	1.36~1.50	30~40	大米	1.50~1.52	23~35
稻谷	1.39~1.52	34~45	豆粕	2.18~2.26	25~45
大豆	1.35~1.54	24~32	花生粕	2.18~2.26	25~45

应当指出，由于船舶在航行中的摇摆和垂荡运动，货舱内的散装谷物的静止角会明显

减小，约为原静止角的一半。有一项实验表明，静止角为25°的谷物，在船舶摇荡中开始移动的角度为14°24′。

二、散装谷物的下沉性和散落性对船舶稳性的影响

谷物的海运特性中，下沉性和散落性是散装谷物特有的。谷物的下沉性和散落性直接影响到船舶稳性。

图15-1-2所示为散装谷物船舶某一初始呈满载状态货舱的横剖面。船舶航行中，舱内谷物因受船舶摇摆和震动的影响，谷物表面自舱顶下沉至 ab 位置，出现空档 af。这一方面引起该舱谷物重心从 G_0 点（通常取舱容中心）下降至 G_0' 点；另一方面，当船舶在风浪中产生某一横倾角 θ 时，舱内谷物表面 ab 移至 cd（cd 与水平线间的夹角 α 一般不等于船舶横倾角 θ）。此时，舱内上层 bed 三角形舱位的谷物移至 ecfa 四边形舱位，相应的谷物重心由 g_1 移至 g_2 处。根据重量移动原理，该舱谷物重心将从 G_0' 位置移至 G_1' 位置，从而产生对船舶的横向移动倾侧力矩和垂向移动力矩。对于装载散装谷物的整船而言，当船舶航行中各个货舱内的谷物表面均出现上述的下沉和向一侧的倾斜时，船舶重心将发生相应的垂向和横向移动，从而直接对船舶稳性产生不利影响。

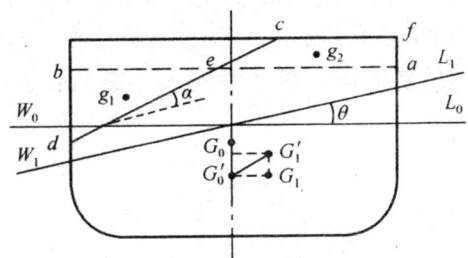

图15-1-2　散装谷物舱内移动对船舶重心的影响

由此可见，对于散装谷物运输船，如果还仅仅局限于满足对普通干货船的基本稳性衡准指标的最低要求（它是以船上所有非液体载荷重心位置不变为条件之一），那么，在恶劣海况下，当船舶各舱内谷物移动产生的倾侧力矩超过一定限度时，就会导致船舶发生倾覆事故。

三、散装谷物专运船舶的结构特点

为适应散装谷物的运输要求，专运船舶设计采用适于散装谷物海运特性的货舱结构形式。散装谷物专运船的货舱一般设计成如图15-1-3所示的形式，其结构特点是：

1. 单层甲板、双层底

每一货舱内的散装谷物均为单一品种，多数谷物具有较强的承受挤压的能力，从便于装卸和减小舱内谷物移动倾侧力矩等因素考虑，散装谷物专运船均采用单层甲板形式。此

外，为提高船舶的抗沉性和改善船舶空载状态的航海性能，散装谷物专运船均设有双层底。

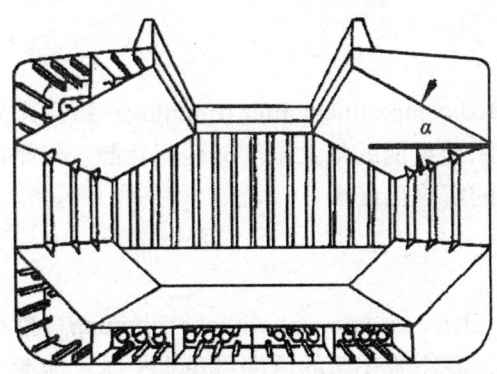

图 15-1-3　散装谷物专运船货舱的横剖面图

2. 舱口围板高、舱口端梁设有注入孔

较高的舱口围板可以起到添注的作用，即当初始状态为满载舱室的谷物下沉后它能保持自由谷物表面仍处于较小的舱口围之内，从而起到减小谷物移动倾侧力矩的作用。另外，舱口端梁谷物注入孔的设计也可让满载舱室在装至舱口端梁高度时，谷物可通过注入孔继续添加，以便最大限度地填满货舱，减小端部空档，从而大大减小这部分的谷物移动倾侧力矩。

3. 设置顶边水舱和底边水舱

顶边和底边水舱的倾斜面与水平面的夹角一般大于常运谷物的静止角（至少为30°）。顶边水舱倾斜面的设置能在船舶装货或航行中使谷物自动充满舱内两舷顶边水舱的倾斜面，以减小谷物移动的倾侧力矩，并可减少平舱工作量。底边水舱倾斜面的设置能在卸货时自动集货于舱底的中部，减少清舱工作量及提高卸货速度。顶边和底边水舱在空载时通常作为压载水舱使用，以便于使船舶适应散装谷物货流流向单一而经常空载或兼运其他散货时对船舶稳性和适航性的要求。

散装谷物专运船设计上大大改善了船舶的稳性状况，在其正常装载时船舶稳性均能满足要求。

第二节●散装谷物安全装运

一、散装谷物的装舱方式

散装谷物在货舱内采用何种装载方式，直接关系到舱内谷物移动及对船舶稳性的影响。我国《法定规则》和IMO《国际散装谷物安全装运规则》对此都有严格的定义。

1.经平舱的满载舱

经平舱的满载舱（filled compartment after trimming）指经充分平舱后，使甲板下方和舱口盖下方的所有空间装满至可能的最大限度的任何货舱。经平舱的满载舱谷物的倾侧力矩最小，因而对船舶稳性的影响也最小。

2.未经平舱的满载舱

未经平舱的满载舱（filled compartment without trimming）指在舱口范围内装至可能的最大程度，但在舱口以外，专用舱在舱的两端可免于平舱；非专用舱除考虑甲板上经添注孔开口谷物可自由流入舱内形成自然流入状货堆的影响外，甲板下其他空档处可免于平舱。未经平舱的满载舱谷物移动对稳性的不利影响要明显大于经平舱的满载舱。在航次货源和稳性核算许可的条件下，采用这种装载方案可以节约平舱费用。

3.部分装载舱

部分装载舱（partly filled compartment）又称松动舱（slack compartment），指经合理平舱，将谷物自由表面整平，但未达到上述两种满载舱状态的任何货舱。部分装载舱谷物移动对稳性的不利影响随货舱结构形状及谷物装舱深度而变化，多数情况下要远远超过上述两种满载舱。

4.共同（通）装载舱

共同（通）装载舱（compartment loaded in combination）指多用途船或一般干货船装载散装谷物时，在底层货舱舱盖不关闭的情况下，将底层货舱及其上面的甲板间舱作为一个舱进行装载的货舱。当在共同（通）装载舱内谷物装载超过底层货舱舱盖高度时，此方案与将底层货舱舱盖关闭方案比较，谷物移动对稳性的不利影响较后者要减小许多，因为如果将底舱舱盖关闭，将在底舱和上层甲板间舱内产生两个自由谷物表面。

二、散装谷物的运输全过程注意事项

散装谷物在海上运输过程中，除需要按杂货一般的运输要求外，还应特别注意下列几个方面。

1.货舱的准备

全面检查货舱设备并使之处于适用状态。疏通舱内污水井（沟），保持其畅通。对货舱污水泵和通风设备做全面检查和试运行，保证其状况良好。彻底清洁货舱，保证货舱处于清洁（无残留物、无铁锈、无油漆皮等）、干燥、无异味、无鼠害、无有害物质（如美国港口当局规定，如舱内有未能识别的物质，则以有毒物质论处）、无渗漏的状况。若舱内存在虫害，则需在装货前对空舱进行熏蒸。当全船每一货舱均满足上述适货条件时，方可向装货港有关部门申请验舱。只有验舱合格，并取得验舱合格证书后，才允许开始装货。

装货前，还应备妥各类垫舱物料和采取止移措施（必要时）所需的各种用具。

2. 编制船舶积载计划，填写稳性计算表格

编制散装谷物船积载计划与编制杂货船积载计划的步骤和方法基本相同。散装谷物船在积载图上标注与杂货船不同的是：在谷物装载处所除需标明货物的名称（或其等级）、重量、积载因数外，对于满载舱，需要标注其平舱形式；对于部分装载舱，需要标注其谷物装舱深度（或空档高度）；对于多层甲板船，需要标注是否采取共同（通）装载方式，对于设置防移装置的货舱，需要详细标注所设置的防移装置形式、设置部位和装置的具体尺度等内容。

编制散装谷物船积载计划的一个重要组成部分是按装货港提供的表格形式填写散装谷物稳性计算表。尽管不同的港口提供的表格形式差别较大，但其计算原理和填写内容大致相同：选择船舶在航行途中对稳性最不利的装载状况，采用船舶适用的散装谷物船运规则，进行船舶完整稳性衡准指标的核算。当船舶稳性不满足要求时，可以采用选择合适舱位打入或排出压载水、舱内设置防移装置或采取止移措施（必须在稳性计算表中详细标注）等补救方法。采用补救方法费时费力，因此，通常仅在稳性衡准指标不满足要求且已无其他补救措施的条件下才被采用。为遵守IMO《国际散装谷物安全装运规则》有关规定，各国港口指定有关当局负责在装货前（有些港口在船离港前）对船方填写的散装谷物稳性计算表进行核准，只有计算表中船舶稳性衡准被确认符合IMO《国际散装谷物安全装运规则》规定后，才准许船舶开始装货（有些港口作为准许离港的必要条件之一）。

3. 装货过程

严格按积载计划装货。监装中，应特别注意装船谷物的质量（主要是含水量）并督促做好舱内衬垫，以保证散装谷物与舱底、舱壁和舱顶完全隔离并保持舱内易产生汗水部位与污水井（沟）之间的通道畅通。如遇雨、雪等天气，应及时停装并关闭货舱。各舱装货即将结束时，应按要求进行平舱并采取止移措施（必要时）。全船装货即将结束时，应注意调整船舶吃水差，消除船舶横倾角。装货完毕后，可以利用水尺计量方法计算全船实装的谷物重量，以供参考。同时应实测每个装载舱内空档高度并对积载计划（包括稳性计算表）进行修改，绘制实际积载图。开航前，应按贸易合同的规定进行货舱熏蒸。

4. 途中保管

船舶在航行途中，应定时测定舱内污水井（沟）内水位，及时排除污水。应注意经常检查舱内防移装置（当设置时）的状况是否良好。应尽量避免在货舱邻近的液舱内进行燃油加热。应视具体情况决定是否要进行货舱通风。但必须认识到，对于导热性很差的散装谷物其通风效果仅仅局限于谷物的上层，企图将货堆内部谷物呼吸产生的水分和热量全部排出舱外是不可能的。因此，保证谷物的低含水量对保证谷物运输质量显得更为重要。

5. 卸货过程

卸货前，货主通常委托有关机构人员上船检查各舱内谷物的状况。只有在确认未发现待卸谷物存在水湿、霉变、虫害、污染等情况时，才准许开始卸货。因此，在船舶航行途中及抵港前，应注意检查舱内上层谷物的状况，以便发现问题后及时采取应急补救措施。

散装谷物的卸货常采用吸粮机或抓斗。因卸货速度较快，船舶吃水和吃水差都会发生较大的变化，值班船员应经常检查前、后缆绳的松紧情况，督促岸上装卸人员均衡卸载，防止船舶出现过大的横倾。

三、散装谷物的熏蒸

1. 熏蒸方法

对谷物进行熏蒸是载运散装谷物类货物的一种通常做法，目的是通过投放熏蒸剂杀灭货物中的害虫，保证交货质量。在对货舱里的谷物熏蒸前，专业的熏蒸人员会和接受过相关培训的船员一起检查全船，确定船舶是否适合熏蒸。货舱必须做到完全气密，以防熏蒸剂泄漏到船上的生活区、机舱及其他工作区域。熏蒸作业必须由专业的熏蒸人员进行，有的会在装货前在货舱的周围预先放置一些塑料管，以便完货后熏蒸剂沿着这些管子进行投放，让药剂慢慢挥发，由下而上对货物进行熏蒸。也有的在完货后，由熏蒸工人直接将药剂放入货物表面。放好药剂后，船员即刻关闭货舱。

2. 随航熏蒸

散装谷物的熏蒸一般选择船舶在港停留期间进行，使用的熏蒸剂为具有快速挥发性的溴甲烷，船员会被临时安置于岸上住宿，船上会留有专门的技术人员和部分船员进行看船，以确保无意外发生，防止发生更大的中毒和人员伤害事故。随着造船技术的提高，货舱密闭性越来越好，同时考虑到成本的节约，在运输途中熏蒸已经成为目前非常普遍的做法。这种做法称为随航熏蒸。随航熏蒸一般使用磷化铝，药剂挥发会产生剧毒气体磷化氢，对船员安全造成一定的威胁。同时在航熏蒸期间货舱不能进行通风，对货物也有潜在风险。

3. 随航熏蒸的安全保障措施

（1）在收到熏蒸通知后，应首先召开全船安全会议，制作货舱自查清单，安排船员对货舱进行密闭性彻查，包括舱壁、舱底板、污水井、通风设备、测量孔、电缆导管、下舱通道、道门、舱盖及货舱和舱盖的穿透处等。

（2）船方应接受熏蒸指导人员的培训，并指派至少一名能够胜任的船员来协助岸上熏蒸人员对货舱进行气密检查，船长与熏蒸人员应按照IMO《关于在船上安全使用杀虫剂的建议》及公司的安全管理体系要求，共同协商制定熏蒸程序，并按此严格执行。

（3）在进行熏蒸前，应清点船员人数，确保船员撤离熏蒸现场，同时确保所有的码头工人及无关人员离船。在熏蒸作业开始后，应通知到位，除特别紧急的情况外，任何人不得进入正在熏蒸的区域。若有熏蒸工人或船员突然患病，决不能排除有熏蒸气体中毒的可能性。盛装熏蒸剂的空瓶及袋子责令熏蒸人员带走，不要留在船上，以免残留的药品产生中毒、自燃等事件或违反船舶防污染规定。

（4）熏蒸后，舱盖和下舱道门应被封闭，并设置禁止入内标识。向发货人申请封舱胶带，以保证舱盖有更高的气密性。在船上的相关区域设置醒目的熏蒸警示标识。应确保船上配备充足的呼吸器及气体探测设备，并且确保每个船员都能够正确地使用。在整个航程中，应当每隔一段时间，在各个相应位置（生活区、机舱及其他工作区域）对气体浓度进行安全检测。

（5）如果在航中发现有船员出现恶心、呕吐、头痛、胸闷、呼吸困难等症状之一，特别是多名船员同时有疑似症状时应考虑到船员可能中毒。一旦发现船员有上述症状，应立即安排健康船员穿戴防护装置，对疑似区域进行气体测量，同时将疑似中毒的船员转移至空旷有新鲜空气处。

（6）船长应该在熏蒸后开航前签发海事声明，对外宣布由于货物熏蒸在航期间不能对货舱进行通风，由此带来的货物损失船方不负责任，并取得发货人或其代理的签字确认。根据我国《海商法》及《海牙维斯比规则》，货物随航熏蒸而不能及时通风而产生变质，可以根据承运人的免责条款进行抗辩。

（7）在熏蒸报告中，船方一般会被告知舱盖被密封的时限，时限过后，在开启货舱通风时，还应格外谨慎，继续监测生活区、机舱及其他工作处所的气体浓度，直至货舱被彻底打开卸货。而到了卸货港口，即使舱盖被彻底打开，仍然要注意在有些货舱死角可能还有残留熏蒸药剂，所有人员未经许可不得下舱。

（8）熏蒸药剂中大多含有磷成分，在遇水时可能会自燃并可能产生爆炸，因此建议在卸货时，应妥善处理熏蒸使用过的塑料管，最好能被岸上接收处理，或者将其单独放置于船舶垃圾站内，避免高温潮湿，发生危险。

总之，谷物熏蒸是一个高风险的操作，船方应有具体详尽的熏蒸程序，与熏蒸工人良好配合按计划逐步实施，航行中按部就班认真检查，以保证人员和货物的安全。

第三节 散装谷物运输规则

散装谷物船在航行中因摇摆、震动等原因而引起舱内谷物移动，从而影响船舶稳性，在恶劣海况下船舶因谷物移动存在导致倾覆的危险。为有效地防止散装谷物船发生倾覆事故，IMO及各主要航运国家均对散装谷物船的稳性做出相应的规定，船舶应严格遵守这些规定以确保安全。

为适应散装谷物运输的需要，IMO及有关航运国家陆续制定了一些散装谷物船舶运输规则。

一、IMO《国际散装谷物安全装运规则》(International Code for the Safe Carriage of Grain in Bulk)

我国现行《法定规则》(国际航行海船分册)对于国际航行散装谷物海船的完整稳性规定已完全采用1994年1月1日生效的IMO《国际散装谷物安全装运规则》。

SOLAS 1991年修正案对SOLAS 1974第六章C部分谷物装运做了较大修改,指出:IMO《国际散装谷物安全装运规则》已由IMO海上安全委员会通过;该规则的要求应强制性地执行;装运散装谷物船舶应符合IMO《国际散装谷物安全装运规则》的要求,并具有一份按该规则要求的批准文件;缺少此类批准文件的船舶,除非船长能使缔约国的装货港主管机关或代表相信该船所提出的装载符合IMO《国际散装谷物安全装运规则》要求,否则不应装载谷物。

1. IMO《国际散装谷物安全装运规则》的谷物倾侧模型

规则提出的谷物假定下沉和倾侧模型是:

1) 谷物表面下沉

部分装载舱谷物表面下沉忽略不计。满载舱按舱口内和舱口外两部分计算:在舱口内,设定存在一个自舱盖最低部分和舱口围板的顶端中较低者起至谷物表面平均深度为150 mm的空档;在舱口前、后、左、右端的甲板下面,设定所有与水平线倾角小于30°的边界下存在一个不小于100 mm的平均空档V_d(详见《国际散装谷物安全装运规则》)。

2) 谷物表面倾侧

部分装载舱按谷物表面与水平面成25°倾侧。经平舱的满载舱按谷物表面与水平面成15°倾侧。对未经平舱的满载舱,在舱口范围内仍按谷物表面与水平面成15°倾侧;在舱口范围内之外,对在货舱两端未经平舱的散装谷物专用舱,在舱口两端按谷物表面与水平面成25°倾侧,在舱口两侧按谷物表面与水平面成15°倾侧;对于未经平舱的非散装谷物专用舱,在舱口两端或两侧均需由其具体空档面积的计算结果来确定谷物表面的倾侧角度。

目前,在多数散装谷物船舶资料中都提供有"符合IMO《国际散装谷物安全装运规则》(或SOLAS 1974)要求的各货舱谷物横向倾侧体积矩图表"。

2. IMO《国际散装谷物安全装运规则》对有批准文件的散装谷物船舶的稳性要求

规则适用于从事散装谷物运输的任何尺度的船舶。规则对这类船舶在整个航程中经自由液面修正后的稳性指标提出下列要求:

(1) 初稳性高度GM应不小于0.30 m;

(2) 由于谷物假定移动所引起的船舶横倾角θ_h应不大于12°,但对1994年1月1日后建造的船舶尚应考虑该横倾角θ_h应不大于12°和甲板边缘浸水角中较小者;

(3) 船舶剩余动稳性值A_d(剩余静稳性面积)应不小于0.075 m·rad。

3. IMO《国际散装谷物安全装运规则》对无批准文件的散装谷物船舶的稳性要求

规则提出：对无主管当局批准文件而部分装载散装谷物船舶，只有在符合下列条件后才允许装运散装谷物：

（1）散装谷物总重量不超过该船总载重量的1/3。

（2）对经平舱的满载舱，应设置符合规则要求的中纵隔壁，舱口应关闭并将舱口盖固定。

（3）对部分装载舱内的散装谷物，平舱后还应采取符合规则要求的压包，或者使用钢带、钢索、链条或钢丝网进行谷物表面固定的措施。

（4）整个航程中经自由液面修正后的初稳性高度GM应满足：

$$GM \geq \max\{0.30, GM_R\} \tag{15-3-1}$$

其中GM_R的计算公式为：

$$GM_R = \frac{LBV_d(0.25B - 0.645\sqrt{V_d B})}{0.0875 SF \cdot \Delta} \tag{15-3-2}$$

式中：

L——所有满载舱的长度之和（m）；

B——船舶型宽（m）；

SF——积载因数（m^3/t）；

Δ——船舶排水量（t）；

V_d——按规则计算的舱内谷物平均空档高度（m）。

目前，在多数散装谷物船舶资料中都提供有"符合IMO《国际散装谷物安全装运规则》（或SOLAS 1974）要求的各货舱谷物横向倾侧体积矩图表"。

二、我国《法定规则》（国内航行海船分册）

当散装谷物船舶航行于遮蔽水域或沿海范围内时，由于距岸近、风浪较小，可以适当放宽对其稳性的特殊要求。对此，世界许多国家都制定有各自适合沿海航段航行的散装谷物船运规则。

我国《法定规则》（国内航行海船分册）对仅在国内沿海各港口之间航行的各类散装谷物船舶提出了放宽对其特殊稳性衡准要求的具体规定。对因水深限制等原因部分卸载后存在多个部分装载舱的船舶，《法定规则》提出下列要求：

（1）部分卸载后船舶的装载状况，应避免对船体产生过大的应力；

（2）船长应注意天气情况，遇有不良气象时，应及时采取措施或暂缓航行；

（3）应尽可能减少部分装载舱，以减少谷物倾侧力矩；

（4）对部分装载舱进行平舱，并保证船舶正浮。

《法定规则》对国内航行的散装谷物船舶提出了与IMO《国际散装谷物安全装运规则》完全相同的三项稳性特殊衡准要求。规则是通过改变舱内谷物假定倾侧模型的方法，放宽对国内航行船舶的稳性特殊衡准要求。规则建立的国内航行船舶的谷物假定倾侧模型设定为：满载舱和部分装载舱均假定谷物横向移动后的谷物表面与水平面成12°倾角。

第四节 散装谷物船舶稳性核算

一、IMO《国际散装谷物安全装运规则》稳性衡准指标的核算方法

鉴于国内航行与国际航行的散装谷物船舶稳性特殊衡准指标的具体核算方法和步骤完全相同，本节仅介绍IMO《国际散装谷物安全装运规则》对国际航行散装谷物船舶稳性特殊衡准指标的核算方法。

1. 经自由液面修正后的初稳性高度 GM 的核算

GM 的具体计算方法在第九章中已做详细介绍，此处不再重复。在 GM 具体计算中，关于货舱内散装谷物重心高度的确定方法，IMO《国际散装谷物安全装运规则》规定：

（1）对于满载舱，有两种确定方法：

①谷物重心位置取在货舱的舱容中心处，其重心距基线的高度可以从货舱容积表中查取。由于这种确定方法简单，对均质谷物而言，按这种方法确定的谷物重心高度要大于其实际重心高度，计算结果偏于安全，所以被广泛采用。

②谷物重心位置，在考虑舱内谷物表面按规则假定的下沉量后，取在舱内谷物实际重心处。

（2）对于部分装载舱，谷物重心位置取在舱内谷物初始装载体积的几何中心处。其重心距基线的高度可以根据货舱内谷物的初始装舱深度或所占舱容，从相应的舱容曲线图或数据表中查取。

舱内谷物重心采用不同的确定方法，不但直接影响 GM 的计算结果，而且还将影响其他两项指标的计算结果，因此，确定方法一经选定，三项指标的前后计算应当保持一致。

按IMO《国际散装谷物安全装运规则》的要求，散装谷物船必须满足 $GM \geq 0.30 \text{ m}$。

2. 由谷物假定移动引起船舶横倾角 θ_h 的核算

θ_h 可以按公式法或作图法求取。

1）使用公式法计算 θ_h

按IMO《国际散装谷物安全装运规则》建立的舱内谷物下沉和倾侧模型，若假设在谷物倾侧力矩 $\sum M_u'$ 作用下引起船舶横倾角 θ_h，则经推导得：

第十五章 散装谷物运输

$$\theta_h = \arctan\frac{\sum M_u'}{D \cdot GM} \tag{15-4-1}$$

式中：

GM——经自由液面修正后的初稳性高度（m）。

$\sum M_u'$——各货舱谷物垂向和横向倾侧（总）力矩（9.81 kN·m），可按下式计算：

$$\sum M_u' = \sum \frac{C_{vi} \cdot M_{vi}}{SF_i} \tag{15-4-2}$$

式中：

C_{vi}——第 i 舱舱内谷物重心修正系数；

M_{vi}——第 i 舱谷物横向倾侧体积矩（m^4）；

SF_i——第 i 舱舱内谷物的积载因数，当同一舱内装载积载因数不同的几种谷物时，应选取表面层谷物的积载因数（m^3/t）。

(1) C_{vi} 确定

舱内谷物重心的移动可分为横向和垂向移动两部分，而船舶资料中所提供的仅仅为谷物横向倾侧体积矩。因此，谷物倾侧总力矩的计算是在谷物横向倾侧力矩的基础上乘以大于或等于1.0的谷物重心修正系数 C_{vi}。

按 IMO《国际散装谷物安全装运规则》规定：

①经平舱或未经平舱的满载舱，当谷物重心取在舱容中心处时，取 $C_{vi} = 1.00$。这是因为舱容中心是满载舱内均质谷物重心的最高位置，它始终高于谷物移动引起的重心的上移量，此时无须考虑谷物重心垂向上移有害影响的修正，并且这样偏于安全。

②经平舱或未经平舱的满载舱，当谷物重心取在谷物假定下沉后的实际重心处时，取 $C_{vi} = 1.06$。这实际上是以谷物横向倾侧力矩的6%用作修正谷物重心垂向上移的有害影响。

③部分装载舱取 $C_{vi} = 1.12$。同理，这是将谷物横向倾侧力矩的12%用作修正舱内谷物重心垂向上移的有害影响。

(2) M_{vi} 的查取

该值通常由船舶设计或建造部门根据规则规定的谷物倾侧模型计算求取，并在船舶《散装谷物船舶稳性报告书》中提供。图15-4-1是"L"轮谷物移动倾侧体积矩曲线图表。对于满载舱，可以以舱别及其平舱状况作为查表引数，从曲线图左上方的"满载舱谷物移动体积矩"表中查取 M_{vi}；对于部分装载舱，可以在纵坐标上过舱内谷物装舱深度点做一水平线，并使之与特定舱别所对应谷物移动体积矩曲线相交于一点，再过该点做一垂直线，在该垂线与"谷物移动体积矩"横坐标交点上即可读出该部分装载舱的 M_{vi} 值。

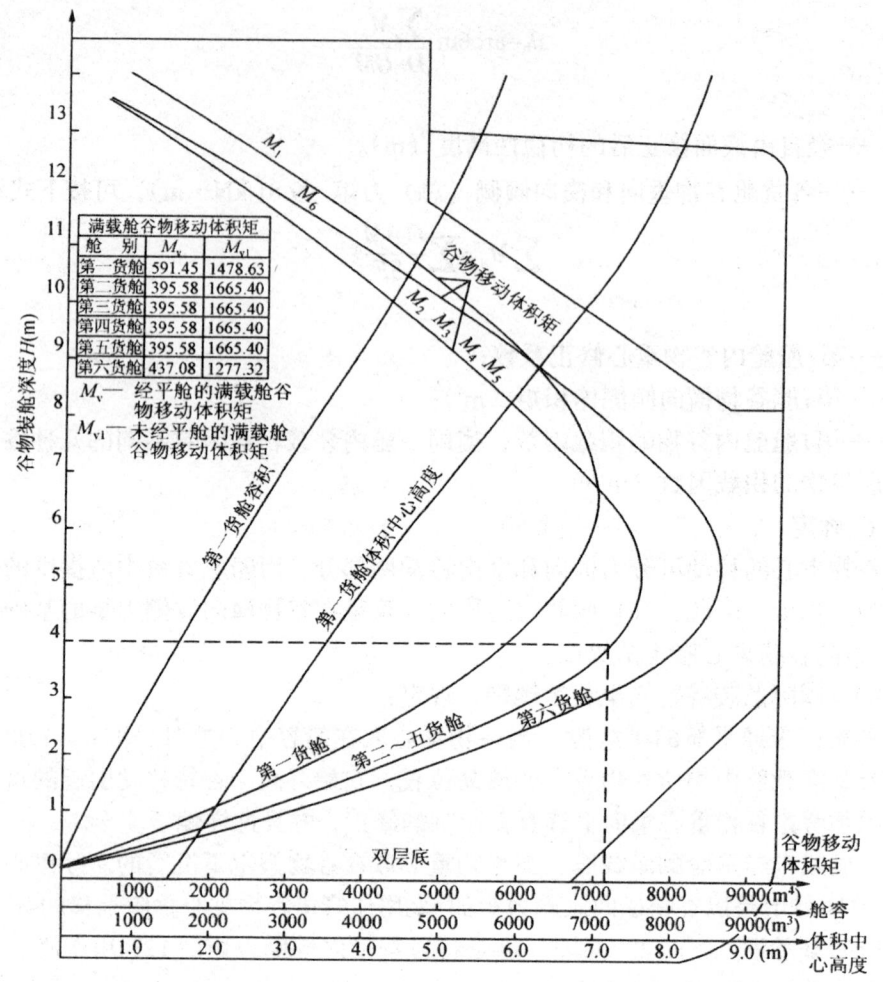

图15-4-1 "L"轮谷物移动体积矩曲线图表

对于国内航行船舶的谷物倾侧体积矩，《法定规则》规定：

①当船舶具备基于IMO《国际散装谷物安全装运规则》谷物假定下沉和移动倾侧模型提供的谷物假定倾侧体积矩资料时，国内航行船舶的谷物倾侧体积矩M_{vi}'取为：

对于未经平舱的满载舱和部分装载舱：

$$M_{vi}'=0.46M_{vi} \qquad (15\text{-}4\text{-}3)$$

对于经平舱的满载舱：

$$M_{vi}'=0.80M_{vi} \qquad (15\text{-}4\text{-}4)$$

②当船舶缺乏谷物假定倾侧体积矩资料时，国内航行船舶的倾侧体积矩M_{vi}'取为：

对于部分装载舱：

$$M_{vi}'=0.0177l_ib_i^3 \qquad (15\text{-}4\text{-}5)$$

式中：

l_i——部分装载舱的长度（m）；

b_i——部分装载舱谷物表面的最大宽度（m）。

上式的推导过程是：第i舱舱长l_i，舱宽b_i，如图15-4-2所示。若设谷物表面倾侧12°

倾角，则部分装载舱内谷物横向移动的体积倾侧矩为：

$$M_{vi}' = \frac{1}{2}(\frac{b_i}{2} \times \frac{b_i}{2} \times \tan 12°) \times l_i \times \frac{2}{3}b_i$$

即

$$M_{vi}' = 0.0177 l_i b_i^3 \tag{15-4-6}$$

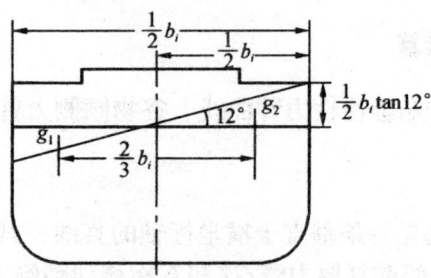

图 15-4-2　部分装载舱谷物倾侧模型

对于经平舱的满载舱：

$$M_{vi}' = 0$$

2）使用作图法确定θ_h

使用作图法求取θ_h的步骤是：

（1）绘制核算装载状态下船舶的静稳性力臂曲线$GZ = f(\theta)$。

绘制方法和步骤参阅第九章中所述。应当注意对GZ曲线进行自由液面的修正。

（2）绘制谷物倾侧力臂曲线$\lambda = f'(\theta)$。

规则规定：谷物倾侧力臂曲线是一条λ随θ增大而减小的下降直线。该直线上横倾0°时谷物倾侧力臂λ_0和横倾40°时谷物倾侧力臂λ_{40}的值的计算公式是：

$$\lambda_0 = \frac{\sum M_u'}{D} \tag{15-4-7}$$

$$\lambda_{40} = 0.8\lambda_0 \tag{15-4-8}$$

由此在已绘制静稳性力臂曲线的坐标平面上确定（0°，λ_0）和（40°，λ_{40}）两点，并过这两点做连线即为谷物倾侧力臂曲线（见图15-4-3）。

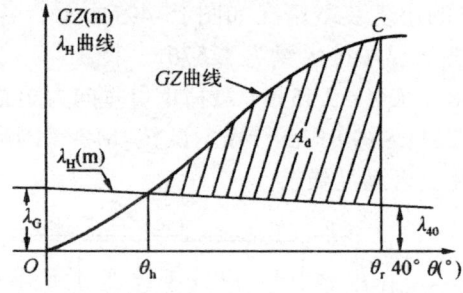

图 15-4-3　散装谷物船稳性衡准曲线图

（3）在$GZ = f(\theta)$和$\lambda = f'(\theta)$两条曲线相交点处，读取其横坐标值，该值即为由作图法求得的在谷物移动倾侧力矩$\sum M_u'$作用下引起的船舶横倾角θ_h。

显然，公式法计算简单，但其计算结果常常偏大（因其使用正切曲线代替静稳性力臂曲线的初始段）。作图法求取过程较烦琐，但计算结果精度较高。当由公式法求出的结果不满足要求，而作图法求出的结果满足要求时，该装载状态下θ_h指标仍被认作是满足规则要求的。

按规则的要求，散装谷物船必须满足：

$\theta_h \leq 12°$。对于1994年1月1日后建造的船舶，若船舶在核算装载状况下甲板边缘浸水角为θ_{in}，则必须满足$\theta_h = \min\{12°, \theta_{in}\}$。

3. 剩余动稳性值 A_d 的核算

剩余动稳性值是指由船舶静稳性力臂曲线、谷物倾侧力臂曲线和右边边界线所包围的面积值。

1）确定右边边界线

规则规定：右边边界线是一条垂直于横坐标轴的直线，其横坐标值θ_m取最大剩余复原力臂所对应横倾角$\theta_{GZ'_{max}}$（即船舶复原力臂GZ和谷物移动倾侧力臂λ之间纵坐标差值最大处所对应的横倾角）、船舶进水角θ_f和40°三者中的最小者，即

$$\theta_m = \min\{\theta_{GZ'_{max}}, \theta_f, 40°\} \tag{15-4-9}$$

2）计算剩余动稳性值A_d（剩余静稳性面积）

在横坐标$\theta_h \sim \theta_m$范围内将曲线作横向六等分，并分别量取各等分处船舶剩余复原力臂值GZ'_θ（等于$GZ_\theta - \lambda_\theta$），随后按辛普森第一法则公式计算，其单位是m·rad，即

$$A_d = \frac{X}{3}(y_0 + 4y_1 + 2y_2 + 4y_3 + 2y_4 + 4y_5 + y_6)\frac{\pi}{180} \tag{15-4-10}$$

式中：

X——在横坐标$\theta_h \sim \theta_m$范围内将曲线横向六等分的等分间距（°），可按下式计算：

$$X = \frac{\theta_m - \theta_h}{6} \tag{15-4-11}$$

y_0、y_1、y_2、y_3、y_4、y_5、y_6——在横坐标$\theta_h \sim \theta_m$范围内将曲线横向六等分的每一垂线处量取的船舶剩余复原力臂值（m）。

按规则的要求，散装谷物船必须满足：

$$A_d \geq 0.075 \text{ m·rad}$$

例15-4-1：“L”轮某航次自澳大利亚的费特尔港装载积载因数为1.20 m³/t的小麦22878.17 t驶往上海，各舱的小麦装载情况如图15-4-3所示，各满载舱谷物中心取其舱容中心处。已知核算装载状态下船舶排水量为32576 t，图15-4-3为"L"轮谷物装载图，在该排水量下查得进水角$\theta_f = 38°$，$KM = 9.45$ m，载荷重量垂向力矩总和为266636×9.81 kN·m，自由液面倾侧力矩总和为2311.8×9.81 kN·m。试按IMO《国际散装谷物安全装运规则》的要求，核算该航次的稳性能否满足要求。

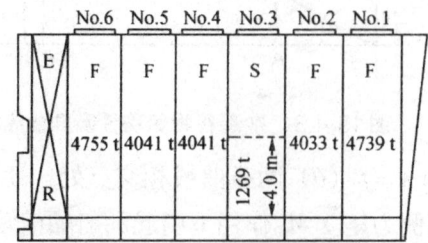

图15-4-3 "L"轮谷物装载图

解：
(1) 计算经自由液面修正后的初稳性高度 GM

$$KG_\theta = \frac{\sum P_i Z_i}{D} = \frac{266636}{32576} = 8.19 \text{ m}$$

$$\delta GM_f = \frac{\sum \rho \cdot i_x}{D} = \frac{2311.8}{32576} = 0.07 \text{ m}$$

$$GM = KM - KG_0 - \delta GM_f$$
$$= 9.45 - 8.19 - 0.07$$
$$= 1.19 \text{ m}$$

即

$$GM > 0.30 \text{ m}$$

(2) 计算由于谷物假定移动所引起的船舶横倾角 θ_h

①列表计算谷物移动倾侧力矩 $\sum M_u'$

按各舱谷物装载状况查阅谷物横向倾侧体积矩（如图 15-4-1 所示）资料。随后按式(15-4-2)并以列表形式（见表 15-4-1）计算各舱谷物倾侧总力矩 $\sum M_u'$。

表 15-4-1　各舱谷物倾侧力矩计算

舱别	装舱深度(m)	积载因数(m³/t)	谷物横倾体积矩(m⁴)	谷物重心上移修正系数	谷物倾侧力矩 (9.81 kN·m)
No.1 货舱	满	1.20	591.49	1.00	492.91
No.2 货舱	满	1.20	395.58	1.00	329.65
No.3 货舱	4.0	1.20	7100.00	1.12	6626.67
No.4 货舱	满	1.20	395.58	1.00	329.65
No.5 货舱	满	1.20	395.58	1.00	329.65
No.6 货舱	满	1.20	473.03	1.00	394.19
总计					8502.72

即

$$\sum M_u' = \sum \frac{C_{vi} \cdot M_{vi}}{SF_i} = 8502.7 \text{ t·m}$$

②计算谷物假定移动引起的横倾角 θ_h

$$\theta_h = \arctan \frac{\sum M_u'}{D \cdot GM}$$
$$= \arctan \frac{8502.72}{32576 \times 1.19}$$
$$= 12.3°$$

计算结果表明：使用公式法 θ_h 值稍超过 12°，但该项指标是否满足 IMO《国际散装谷物安全装运规则》的要求，还需要用下面的作图法进一步证实。

（3）计算船舶剩余动稳性值 A_d

①绘制船舶静稳性力臂曲线

$$KG = KG_\theta + \delta GM_f$$
$$= 8.19 + 0.07 = 8.26 \text{ m}$$

即

$$GZ = KN - KG\sin\theta$$

列表计算不同横倾角时，经自由液面修正后的船舶复原力臂值（见表15-4-2），并由此在平面上绘制一条船舶静稳性力臂曲线（如图15-4-4所示）。

表15-4-2 复原力臂计算表

θ	10°	20°	30°	40°
KN	1.66	3.34	4.94	6.32
$KG\sin\theta$	1.43	2.83	4.13	5.31
GZ	0.23	0.51	0.81	1.01

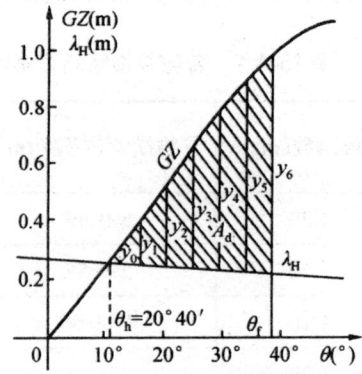

图15-4-4 静稳性力臂曲线

②绘制谷物倾侧力臂曲线

分别计算 $\theta = 0°$ 及 $\theta = 40°$ 所对应的谷物倾侧力臂值 λ_0 和 λ_{40}：

$$\lambda_0 = \frac{\sum M_u'}{D}$$
$$= \frac{8502.72}{32576.0} = 0.261 \text{ m}$$
$$\lambda_{40} = 0.8\lambda_0$$
$$= 0.8 \times 0.261 = 0.209 \text{ m}$$

由此可以在与静稳性力臂曲线同一坐标的平面上绘制一条谷物倾侧力臂曲线（如图15-4-4所示）。该曲线与静稳性力臂曲线的交点所对应横倾角 θ_h 为10.7°，即使用作图法求取的 θ_h 要较使用公式法求取的值小，且 $\theta_h < 12°$。

③确定右边边界线

由已知得$\theta_f = 38°$,又从图15-4-4可知,最大剩余复原力臂对应横倾角$\theta_{GZ'max} > 40°$,所以右边界线取为$\theta_m = 38°$的一条垂线。

④计算剩余动稳性值

在10.7°到38°范围内将曲线作横向六等分,其等分间距为:

$$X = \frac{\theta_m - \theta_h}{6}$$

$$= \frac{38° - 10.7°}{6} = 4.6°$$

分别量取各等分处船舶剩余复原力臂值:

$y_0 = 0$ m, $y_1 = 0.11$ m, $y_2 = 0.28$ m, $y_3 = 0.41$ m, $y_4 = 0.54$ m, $y_5 = 0.68$ m, $y_6 = 0.76$ m。

随后按辛普森第一法则计算:

$$A_d = \frac{X}{3}(y_0 + 4y_1 + 2y_2 + 4y_3 + 2y_4 + 4y_5 + y_6)\frac{\pi}{180}$$

$$= \frac{4.6}{3}(0 + 4 \times 0.11 + 2 \times 0.28 + 4 \times 0.41 + 2 \times 0.54 + 4 \times 0.68 + 0.76)\frac{\pi}{180}$$

$$= \frac{4.6}{3} \times 7.20 \times \frac{3.14}{180} = 0.191 \text{ m·rad}$$

即

$$A_d > 0.075 \text{ m·rad}$$

经计算,因$GM = 1.19$ m·rad, $\theta_h = 10.7°$和$A_d = 0.191$ m·rad,所以,本航次该核算装载状态下船舶的三项稳性指标均满足IMO《国际散装谷物安全装运规则》的要求。

二、散装谷物船舶稳性衡准指标的简化核算方法

由于按上述核算方法对散装谷物稳性的三项指标尤其是剩余动稳性进行核算较为烦琐,根据船舶资料、稳性状况等条件可以选择下述简化核算方法。

1. 应用"散装谷物船许用倾侧力矩表"进行稳性核算

这是一种简单、实用的核算方法,但使用这种方法进行散装谷物船稳性核算的前提是船上的"装载手册"或"稳性报告书"等稳性计算资料中必须有由船舶设计或建造部门提供的"散装谷物船许用倾侧力矩表"资料。表15-4-3为某25000 t散装谷物船"L"轮的"散装谷物船许用倾侧力矩表"的一部分。以船舶的排水量D和经自由液面修正后的船舶重心高度KG为查表引数,可以从该表中查取许用倾侧力矩M_a。

表15-4-3 散装谷物船许用倾侧力矩表

M_a(9.81 kN·m)　　KG(m)　　D(t)	7.5	7.6	7.7	7.8	7.9	8.0	8.1	8.2	8.3	8.4	8.5
28000	12535	11916	11297	10678	10059	9440	8821	8202	7583	6964	6345
29000	12981	12340	11699	11058	10417	9776	9135	8494	7853	7212	6571
30000	13428	12765	12102	11439	10776	10113	9450	8787	8124	7461	6798
31000	14204	13519	12834	12149	11464	10779	10094	9409	8724	8039	7354
32000	14661	13954	13247	12540	11833	11126	10419	9712	9005	8298	7591
33000	15470	14741	14012	13283	12554	11825	11096	10367	9634	8909	8180
34000	16299	15548	14797	14046	13295	12544	11793	11042	10291	9540	8789

1）散装谷物船许用倾侧力矩的含义与计算原理

散装谷物船许用倾侧力矩是指恰能同时满足规则中稳性三项指标要求时对船舶各货舱内允许出现的谷物假定倾侧力矩之和的最大限制值。

散装谷物船许用倾侧力矩的计算原理：当船舶 D 一定时，分别绘制对应于不同 KG 值的一组静稳性力臂曲线 $GZ\sim\theta$。在多条静稳性力臂曲线图中，分别寻找恰使 $\theta_h=12°$ 和 $A_d=0.075\ m\cdot rad$ 的两条 $\lambda_H\sim\theta$ 曲线，由此分别得到相应的两个 λ_0 值。再根据 λ_0 与 $\sum M_u'$ 的关系式 $\lambda_0=\dfrac{\sum M_u'}{D}$，分别求取满足 $\theta_h=12°$ 和 $A_d=0.075\ m\cdot rad$ 的两个散装谷物假定倾侧力矩 $\sum M_u'$，取其中较小者，即为同时符合公约或规则中对 θ_h 和 A_d 要求的散装谷物船许用倾侧力矩 M_a。为满足 $GM\geqslant 0.3\ m$ 的要求，在求取 M_a 时，扣除不满足 $GM\geqslant 0.3\ m$ 的 KG 值，即在符合 $GM\geqslant 0.3\ m$ 的 KG 范围内确定 M_a 值。这样，所求得的 M_a 值即可表征使船舶同时满足规则的三项稳性指标要求的谷物所允许的最大倾侧力矩。

2）"散装谷物船许用倾侧力矩表"的使用方法

（1）计算航程中最不利状态下船舶排水量 D 和经自由液面修正后的重心高度 KG；

（2）根据谷物装舱情况计算全船总的谷物假定倾侧力矩 $\sum M_u'$；

（3）以 D 和 KG 为查表引数，由"散装谷物船许用倾侧力矩表"中查得该核算装载状况下的谷物许用倾侧力矩 M_a 值；

（4）比较 $\sum M_u'$ 和 M_a，若 $\sum M_u'\leqslant M_a$，则船舶稳性满足IMO《国际散装谷物安全装运规则》要求。

例如，从例15-4-1的计算结果可知，$KG = 8.26\ m$，$D = 32576.0\ t$ 和 $\sum M_u' = 8502.7\times 9.81\ kN\cdot m$。以 KG 和 D 为引数查表15-4-3可求得 $M_a = 9656.1\times 9.81\ kN\cdot m$。显然，因 $M_a > \sum M_u'$，所以在该核算装载状况下IMO《国际散装谷物安全装运规则》三项稳性衡准指标同时得到满足。

3）国内航行船舶许用倾侧力矩的计算方法

我国《法定规则》在国内航行船舶分册中规定，国内航行散装谷物船的许用倾侧力矩，若船舶具备按IMO《国际散装谷物安全装运规则》计算的许用倾侧力矩资料，则可用式（15-4-3）和式（15-4-4）经折减计算后确定；否则可按下列公式进行计算：

$$M_a = 0.2228 GM \cdot D \quad (9.81 \times kN \cdot m) \tag{15-4-12}$$

式中：

GM——核算装载状况下经自由液面修正后的船舶初稳性高度（m）；

D——核算装载状况下船舶排水量（t）。

2. 以横倾角40°时的剩余静稳性力臂值 GZ_{40}' 的计算替代剩余动稳性值 A_d 的计算

此法是当船舶资料中无"散装谷物船许用倾侧力矩表"时，可以用横倾角40°时剩余静稳性力臂 GZ_{40}' 的计算替代三项稳性衡准指标中求取过程烦琐的剩余动稳性值 A_d 计算的一种简便校核方法。

1）核算条件

能否采用剩余静稳性力臂的计算来替代剩余动稳性值 A_d 的计算，应首先判断是否同时满足下列三项条件：

（1）谷物假定移动引起的船舶横倾角 θ_h 不大于12°；

（2）经自由液面修正后的 $GZ \sim \theta$ 曲线在12°～40°范围内形状正常，无凹陷现象；

（3）右边界线的横向坐标 $\theta_m = 40°$。

若其中有一项不能满足，则不应采用此方法核算。

2）稳性衡准

要求：

$$GZ_{40}' > 0.307 \text{ m}$$

即只要满足横倾40°时剩余静稳性力臂 GZ_{40}' 比0.307 m大，剩余动稳性 A_d 就必定符合不小于0.075 m·rad的要求，即以 $GZ_{40}' > 0.307$ m来替代 $A_d \geq 0.075$ m·rad的核算。

如图15-4-5所示，以横坐标轴从12°到40°为底边 L，以最小允许值 $GZ'_{40 \min}$ 为高作一直角三角形，并设其面积 A_d' 恰为0.075 m·rad。显然，当同时满足上述三项简化核算条件时，船舶的静稳性曲线下的面积 A_d 必定大于被包围其中的直角三角形面积 A_d'。若 $A_d' \geq 0.075$ m·rad，则必定满足 $A_d \geq 0.075$ m·rad的要求。

现设 $A_d' = 0.075$ m·rad，则：

$$\begin{aligned} A_d' &= \frac{1}{2} L \cdot GZ'_{40 \min} \\ &= \frac{1}{2} \times (40 - 12) \times \frac{\pi}{18} GZ'_{40 \min} \\ &= 0.075 \text{ m·rad} \end{aligned}$$

求解该方程即可得：

$$GZ'_{40 \min} \approx 0.307 \text{ m}$$

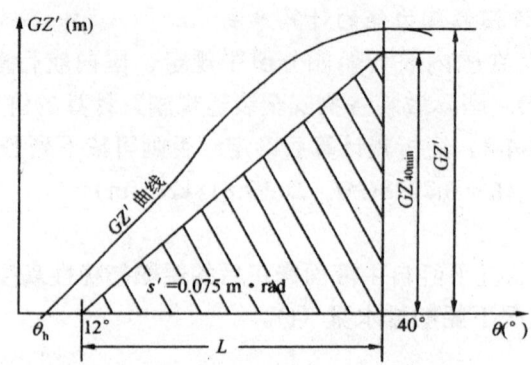

图 15-4-5 剩余动稳性简化校核图示

3) 核算方法

利用剩余静稳性力臂法核算稳性，可按下列方法完成：

(1) 计算船舶装载状态下的 D、KG、GM 和 $\sum M_u'$，并满足 $GM \geqslant 0.3$ m。

(2) 判断上述三项简化核算条件是否满足：

①按横倾角计算公式求取 θ_h，并确定 $\theta_h \leqslant 12°$；

②查阅稳性计算资料，并选择与实际核算装载状态相近的某一典型装载情况，参照其中的静稳性曲线及船舶进水角曲线，从而确定 GZ 曲线在 $12°$ 以后的形状有无凹陷及确定右边界线。若 GZ 曲线在 $12° \sim 40°$ 内形状正常，且 $\theta_m = 40°$，则核算条件满足。

也可通过分析不同倾角下的 GZ 值变化趋势判断 GZ 曲线在 $12°$ 后形状是否正常；比较最大 GZ 值对应横倾角 θ_{max}、船舶进水角确定 θ_f 是否为 $40°$；或通过作图来判断 GZ 曲线形状及右边界线位置。

(3) 计算横倾 $40°$ 时剩余静稳性力臂 GZ_{40}'：

$$\begin{aligned} GZ_{40}' &= GZ_{40} - \lambda_{40} \\ &= (KN_{40} - KN\sin 40°) - 0.8\lambda_0 \\ &= KN_{40} - KN\sin 40° - 0.8\frac{\sum M_u'}{D} \end{aligned} \quad (15\text{-}4\text{-}13)$$

式中：

GZ_{40}——船舶横倾 $40°$ 时的静稳性力臂；

KN_{40}——船舶横倾 $40°$ 时的形状稳性力臂值。

(4) 判断是否满足 $GZ_{40}' > 0.307$ m 条件，若满足要求，则表明船舶满足对剩余动稳性值的要求。

第五节　散装谷物船改善稳性的方法及措施

当散装谷物船舶的稳性不能满足有关规则要求时，应采取一些必要的措施予以调整和改善。

一、减小谷物假定倾侧力矩

减小散装谷物假定倾侧力矩，可使谷物移动引起的船舶横倾角减小，船舶剩余动稳性值增大，这是改善散装谷物船舶稳性的主要措施。散装谷物假定倾侧力矩由满载舱的和部分装载舱的两部分组成。对于满载舱，无论是否平舱，其假定倾侧力矩为一固定值，而对部分装载舱，其倾侧力矩随舱别及装舱深度的变化而变化，其值在全船谷物假定倾侧力矩中占有很大比例。因此，要减小谷物假定倾侧力矩，首先应考虑减小部分装载舱的谷物假定倾侧力矩。

1. 减少部分装载舱数

当船舶满载且散装谷物的平均积载因数小于船舶的舱容系数时，或船舶未满载但航线上存在水深限制时，或有调整船舶纵强度或吃水差要求时，常常会出现多个部分装载舱的装载状态。为减小谷物假定倾侧力矩，应尽可能减少部分装载舱数目。

2. 尽可能将宽度和长度较小的货舱用作部分装载舱

谷物假定倾侧力矩与谷物表面宽度的立方成正比，因此，如将部分装载舱安排于舱宽较小的货舱（如首部货舱），就会大大减小部分装载舱的谷物假定倾侧力矩。另外，在舱宽相同或相近时，部分装载舱宜选择舱长较短的货舱，但同时应兼顾船舶受力和吃水差的要求，防止顾此失彼。

3. 谷物装舱深度应避免处于该舱谷物假定倾侧力矩的峰值附近

各舱谷物假定倾侧力矩峰值所对应的装舱深度位于底边舱和顶边舱之间的舱宽最大处，因此，实际装载谷物深度应尽可能远离此位置。如发现装载方案中出现某部分装载舱的谷物假定倾侧力矩恰处于峰值附近，可以考虑将某满载舱的部分谷物移入该部分装载舱。这样，该部分装载舱的谷物表面因避开峰值而减少的谷物假定倾侧力矩，可能会超过原满载舱因谷物移出后所增加的谷物假定倾侧力矩，从而使谷物移动总的倾侧力矩减少。

4. 视谷物表面装舱深度确定是否采用共同（通）装载方式

对于多层甲板干货船，当装载后谷物表面超过该层舱舱口时，可采用共同（通）装载方式。若谷物表面未超过该层舱舱口，但当舱内谷物表面倾侧25°时谷物有可能流入上层舱时，则应将舱盖关闭，采用上下各层舱单独装载方式。

5. 将未经平舱的满载舱改为经平舱的满载舱

根据对一艘25000吨级和一艘36000吨级散装谷物船每个货舱满载时经平舱和未经平舱的谷物假定倾侧力矩的计算结果表明，未经平舱的与经平舱的满载舱谷物移动倾侧力矩之比为2.5~4.4。很明显，按要求对各满载舱进行完整的平舱，可以大大减小谷物移动的倾侧力矩。

二、改善装载方案，降低船舶重心，增大船舶的初稳性高度

在船舶未满载状态下，在底层压载舱注入适量的压载水，可有效降低船舶重心高度，改善船舶稳性。它表现在使静稳性力臂增大，从而增大剩余动稳性值，同时减小由于谷物移动而引起的船舶横倾角。

三、设置谷面防移装置及采取止移措施

如前所述，不论专用船还是多用途船，在整个航程中均应满足有关规则对散装谷物船完整稳性的要求。若不符合要求，船舶可以在装运谷物的一个或几个舱内设置适当的谷物表面防移装置或采取某种止移措施，以达到减小舱内谷物移动的目的。这是散装谷物船舶稳性不足时采用的一种不得已的补救手段。谷物规则提供了几种具有较高实用价值的防移装置和固定谷物表面的方法。

1. 常见的散装谷物船舶的防移装置

散装谷物船舶的防移装置有补给装置、止移装置、谷物表面固定装置等。

1）补给装置

为了使货舱内由于谷物下沉而形成的空档不断由散装谷物填满以及使谷物在舱内减少移动，可以设置适用于二层甲板船装载谷物的补给装置，包括添注漏斗（feeders）和围井（trunks）。添注漏斗和围井不一定同时设置，可根据需要选用。

（1）添注漏斗

添注漏斗设置于船舶二层甲板的两舷，由纵向隔壁构成一对纵向设置的两侧添注漏斗。添注漏斗应延伸到舱内甲板的全长，并且在二层甲板上开有适当间隔的添注孔。每一添注漏斗的容积应等于舱口边桁材及其延伸部分外侧的甲板下方空档的体积。这样，二层

甲板下方的空档将被从两侧添注漏斗中流出的谷物密实填满，从而减小底舱的自由谷物表面。

(2) 围井

围井是设在二层舱主舱口，由纵向隔壁及横向隔壁构成的四周封闭的空间，围井的设置使谷物在甲板间舱内减少移动，围井内的谷物被限制在围井本身的范围内移动，从而使谷物倾侧力矩减小。

2) 止移装置

谷物的止移装置包括止移板（shifting boards）、立柱（uprights）、撑柱（shores）及拉索（stays）。

(1) 止移板

止移板是纵向垂直设置的木质或钢质的隔壁。木质隔壁的厚度应不小于50 mm，并应设置成谷密，且在其必要处用立柱支持。所有止移板的端部应牢固地嵌入插槽，并具有75 mm的最小支撑长度。止移板的强度应符合规则的规定。

(2) 立柱

立柱是用以支持受载止移板的垂直设置的钢质或木质构件。各立柱两端插入插座的深度应不小于75 mm，各立柱间的水平距离应使止移板的自由跨度不超过规则的规定，最大自由跨度按止移板的厚度决定，一般为2.5~4.0 m。

(3) 撑柱

撑柱是用以支持止移板的钢质或木质构件。当采用木质构件时，该撑柱应为整根。其每一端都应牢固地加以固定，并应将撑柱的根部撑牢在船舶的永久性构件上，但不应支撑在船舶外板上。当撑柱的长度为7 m及以上时，应在长度中点处牢固地架撑。在任何情况下，撑柱与水平线之间的夹角应不超过45°。

(4) 拉索

拉索是用来支撑受载止移板的构件，它应水平地或尽量水平地设置。拉索由钢丝绳制成，钢丝绳的尺寸应满足规则所规定的负荷要求。

3) 谷物表面固定装置

谷物表面固定装置指对部分装载舱的谷物表面固定的装置，包括：

利用粗帆布（或等效物）、木板、钢丝绳及松紧螺丝等对谷物表面进行捆扎或捆绑，以达到固定谷物表面的目的；在散装谷物的表面利用垫隔布（或等效物）或平台以及袋装谷物压包，也可以达到固定谷物表面的目的。

当在双层甲板的底舱内装满散装谷物，而其上面的二层舱没有装载散装谷物或其他货物时，为了防止底舱的谷物在航行过程中由于移动而顶开二层舱盖，在主管机关的同意下，可在二层舱盖上加载货物或装设某种固定装置对其进行固定。

2. 各种装载状况的止移措施

1) 满载舱

适合于满载舱的谷物表面防移措施有：

(1) 设置纵向隔壁

规则规定纵向隔壁必须为谷密且强度满足要求,在甲板间舱的纵向隔壁必须由下层甲板延伸到上层甲板,在货舱内的纵向隔壁必须从甲板或舱盖向下延伸至甲板下或舱口下的纵桁材之下至少 0.6 m。

(2) 设置托盘

除装载亚麻子和具有类似性质的其他种子的情况外,舱内设置托盘可以替代设置纵隔壁。如图 15-5-1 所示,托盘底部放置衬垫帆布或其他等效物,其上堆满袋装货物,其深度 d 根据船舶型宽不同,要求在 1.2~1.8 m。托盘顶部应由舱口边桁材或围板及舱口端梁组成。

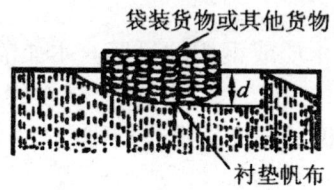

图 15-5-1 舱内设置托盘

(3) 设置散装谷物捆包

可用散装谷物捆包代替袋装货物来填装托盘,其形式及长度与托盘相同,托盘内应有足够抗拉强度的衬垫材料且顶部应有适当的固定装置,如图 15-5-2 所示。

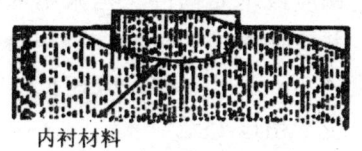

图 15-5-2 舱内设置散装谷物捆包

2) 部分装载舱

适合于部分装载舱的防移装置及固定谷物表面措施有:

(1) 设置纵隔壁

部分装载舱纵隔壁的设置,除受到舱顶和舱底限制外,要求谷物表面以上高度和谷物表面以下深度为该舱最大宽度的 1/8。

(2) 谷物表面上堆装货物

谷物表面上堆装货物俗称压包。将自由谷物表面整平,在谷物表面上使用衬垫帆布或其他等效物,或设置一垫木平台,其上堆妥装满且牢固缝口的袋装谷物或其他等效货物,且堆装高度不应小于谷物表面最大宽度的 1/16 或 1.2 m,取较大者,如图 15-5-3 所示。

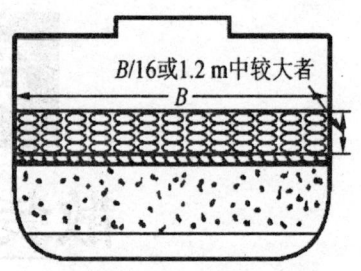

图 15-5-3　谷物表面上堆装货物

（3）用系索或钢丝网固定谷物表面

用钢带、钢索或链条等系索固定谷物表面时，应在完成装载前先将系索用卸扣以一定间距连接在谷物最终表面以下 0.45 m 的舱内两侧的船体结构上，用纵向间距不大于 2.4 m 的卸扣与系索（钢带、钢索或链条）连接。谷物装完后将谷物表面平整至顶部略呈拱形，并用粗帆布或等效物覆盖（要求接头处至少应重叠 1.8 m），其上密排底层横向铺设和上层纵向铺设并钉成一体的两层垫木，随后将两舷系索用松紧螺旋扣紧固。航行中应经常检查系索，必要时应予收紧。

用钢丝网固定谷物表面的方法与上述用系索固定基本相同，只是以两层增强钢丝网替代两层垫木，并在舱内两舷钢丝网边缘，用木板夹紧，最后用钢丝绳、双层钢带等捆索固定。

第十六章

散装固体货物运输

本章学习目标

1. 掌握海运散装固体货物的分类及特性；
2. 熟悉散装固体货物装载计划的编制；
3. 掌握散装固体货物的安全装运；
4. 了解SOLAS公约对散货船附加安全措施；
5. 熟悉IMSBC规则的内容及使用；
6. 掌握水尺计重计算原则及方法。

散装固体货物是指除液体或气体以外由粉状、球状、晶粒状、颗粒状或任何较大块状物质等构成的货物，其构成、成分基本均匀，不需要任何包装且不能按件计数，可直接装船运输，如粮谷、矿石、煤炭、水泥、化肥、饲料等。

散装固体货物运输具有运输批量大、货源充足稳定、大多货种单一并采用专用船舶整船单向运输、装卸效率高的特点。在国际航运业中，散货船运输占货物运输的30%以上。由于各类固体散货具有不同的货物特性，它们对安全运输都存在不同程度的影响，若采取措施不当，则会影响货物运输质量、危及船舶及人员安全，此类事故时有发生，应引起足够的重视。

第一节 散装固体货物分类及特性

一、散装固体货物分类

根据货物的运输特性，IMSBC规则将散装固体货物分成三类，即易流态化货物、具有化学危险的货物、既不易流态化又无化学危险的货物。

1. 易流态化货物 Group A

1）定义

固体流态化是指较细颗粒物质与流动的流体接触，使颗粒物质呈类似于流体的状态。

易流态化货物（cargoes which may liquify）的流态化是指该类物质在外在因素的作用下产生流态的趋势及可能性。它是易流态化货物最显著及最主要的特征。

易流态化货物是由至少一部分细颗粒的混合物构成且含有一定水分的物质；若水含量超过一定比例，在海上运输过程中受到外界各种力的作用，水分逐渐渗移而形成货物表面流态化，从而导致货物移动。

这类货物往往在装载时呈干燥的颗粒状，但却含有相当的水分，由于航行中出现的沉积和震动作用而流态化。

2）易流态化的成因及危害

装在船舱中的易流态化货物，由于船体的震动和摇荡，致使货物下沉，颗粒间空隙减小，当含水量高时，就会产生多余水分。若货物的透水性能好，多余的水分及空气能够渗出到货物表面而形成自由液面；若货物颗粒较小而使得透水性变差，货物下沉的全部压力首先由空隙间的水分承受，产生空隙水压力，这意味着货物颗粒间不能很好结合，导致内部摩擦力、黏聚力减小或丧失而使抗剪切强度消失而流动。

如果满足以下条件则不会流态化：

（1）货物含有非常细的颗粒，颗粒的运动受到黏性的限制，货物颗粒间的空隙的水压不会增加；

（2）货物由大颗粒和块体组成，水通过颗粒间的空隙，不会导致水压的增加；

（3）货物内含空气的百分比高，水含量低，抑制了任何水压的增加。

货舱内表层已流态化呈稠液状的货物在船舶横摇时会流向一舷，但在回摇时却不能完全流回，船舶会因此逐渐倾斜乃至倾覆。

3）分类

易流态化货物大致分成两类：一类是积载因数为 0.33~0.57 m^3/t 的各种精矿，如铁精矿、铅精矿、镍精矿、铜精矿、锌精矿、黄铁矿、闪锌矿（硫化锌）等；另一类是具有与精矿性质类似的其他物质，包括含有足够水分的细颗粒状物质、散装草泥、散装鲜鱼和据报能形成流态化的煤炭（细颗粒状）、煤泥（含水粉砂，颗粒粒度一般小于 1 mm）、焙烧黄铁矿、氟石等物质。

4）适运水分限的测定方法

易流态化货物的易流态性以流动水分点 FMP（flow moisture point）来表征，它是指货样在规定的试验条件下达到流态时的最小含水量。货物在装运时，其实际含水量 MC（moisture content）必须小于其流动水分点，否则，货物会因其流态化而产生移动，导致稳性减小或丧失。为保证安全，IMSBC 规则中取流动水分点的 90% 作为该货物的适运水分限 TML（transportable moisture limit）。适运水分限是固体散货适合海上运输的最大含水量，普通散装固体货船不得承运超过 TML 的货物；我国《水路运输易流态化固体散装货物安全管理规定》要求取流动水分点的 80%~90% 作为货物的 TML。

需要说明的是，即使货物的平均水分含量低于适运水分限，也并不意味着货物一定不会对船舶稳性造成影响。货物表面可能呈干燥状，但导致货物移动的不被察觉的流态化也可能出现，即水分渗移后形成危险的湿底，货物在舱内会出现滑动现象，尤其是高含水量的货物很浅且遇到较大倾斜角时。

易流态化货物的流动水分点应定期进行测定，即使货物成分均匀，测定试验也应至少 6 个月进行一次。如果货物成分或性质因某种原因发生了变化，则测定频度应增加，试验周期应为 3 个月或更短。测试含水量的采样时间和试验时间应尽可能与装货时间接近。除非对货物加以充分遮盖而使其含水量不发生变化，否则采样/试验与装货时间的间隔不得超过 7 天。

（1）IMSBC 规则推荐的试验室测定方法

目前，测定适运水分限 TML 有三种通用方法。

①流盘试验法

流盘试验法（flow table test）是利用流盘来测定易流态化货物的流动水分点，然后取其 90% 作为该货物的适运水分限的方法。流盘试验一般适用于最大粒度为 1 mm 的精矿或其他颗粒物质，也可用于最大粒度不超过 7 mm 的物质，但对于含有较高比例黏土的物质，测试结果不理想。

如图 16-1-1 所示，试验方法是将货样按要求置于流盘上，流盘以 25 次/分的速率自 12.5 mm 高处升落 50 次，若水分在紧凑的货样中达到饱和且货样产生塑性变形，出现湿痕，则认为货样的含水量达到了流动水分点，即原定形状的货样发生变形，形成凸面或凹面。

图 16-1-1　流盘试验

②沉降（插入度）试验法

沉降（插入度）试验法（penetration test）是德国提出的利用渗透式或沉降式测量仪来测定易流态化货物的流动水分点，然后取其 90% 作为该货物的适运水分限的方法。沉降试验一般适用于精矿、类似的物质及最大颗粒为 25 mm 的煤。试验方法是将货样按要求填装于测量仪的圆缸内捣实，以频率为 50 Hz 或 60 Hz，加速度为 2 g±10%，振动测量仪 6 min，若放在货样表面的沉降杆的沉降高度大于 50 mm，则认为货样已达到流态化，如图 16-1-2 所示。

 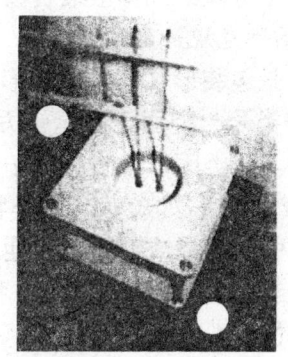

图 16-1-2　沉降试验

③葡氏–樊氏试验法

葡氏–樊氏试验法（Proctor-Fagerberg test）是丹麦提出的利用葡氏–樊氏测量仪来测定易流态化货物的饱和含水量，然后取其 70% 作为该货物的适运水分限的方法。葡氏–樊氏试验一般适用于细粒和粗粒精矿或最大颗粒为 5 mm 的类似物质的试验，但不适用于煤或其他多孔物质。如果对最大颗粒超过 5 mm 的较粗物质使用葡氏–樊氏试验法进行检测，则应在使用前进行仔细研究和适当改进。IMSBC 规则中针对直径小于 1 mm 的粉状颗粒占 10% 或以上的铁矿粉，及直径小于 10 mm 的颗粒占 10% 或以上的铁矿粉，建议采用适用于铁矿粉的改进的葡氏–樊氏试验法，取饱和含水量的 80% 作为其适运水分限。

试验方法是取一定量的货样均分成 5 份，填装入测量仪的铁模中，每装入一份后用带有导筒的冲压器反复捶捣 25 次，每次的升落高度为 0.2 m，如此进行直到 5 份全部完成，然后测算铁模内的空档比（空档体积与固体体积的比值）。按上述方法进行 5~10 次冲压试验，绘制出一条冲压曲线，冲压曲线与饱和度为 70% 的曲线交点即为适运水分限。

（2）易流态化货物含水量简易检验法

① 用坚固圆桶或类似容器装半罐货品，从离地面约0.2 m的高处猛力摔向坚硬的地面，以1~2 s的间隔重复25次，若货物表面出现游离水分或流动情况，应对货物进行含水量的正规检验。该方法又称圆筒实验法，为IMSBC规则中推荐船员在实践中使用的方法。

② 用手抓一把矿粉，从1.5 m高处自由落到地面或甲板上，若着地崩散说明含水量不超过8%，可以承运；若仍为一团，则说明含水量超过10%。

③ 手抓矿粉成团后，如用手能捏散，则说明其含水量低于8%，否则超过8%。

④ 货品放入平底玻璃杯或其他小容器内，来回摇动5 min，若明显有液体浮在货物表面，说明含水量太高，应要求进行含水量的正规检验。

⑤ 货品放在一平盘上压成锥形，用平盘抨击桌面，如锥形呈碎块或块状裂开而不流塌，表示适运；如坍塌呈煎饼状，则表明其含水量过高。

⑥ 人踩在矿粉上，如出现松软现象，呈流沙状流动，表明水量过高。

2. 具有化学危险的货物 Group B

具有化学危险的货物（materials possessing chemical hazards）是指由于自身的化学性质而在运输中会产生危险的固体散装货物。

1）已列入《国际危规》的固体散货

此类货物无论是包装形式还是散装形式运输，因本身的化学性质决定其都属于危险货物，具有相同的分类号，但由于其运输方式的不同，有关安全运输的要求存在一定差别，应查取不同的规则。该类固体散货分属于《国际危规》中的类别为：

第4.1类：易燃固体，如硫黄。本类物质具有易被火花和火焰等外部火源点燃、易于燃烧、受摩擦时易引起燃烧或助燃等特性。

第4.2类：易自燃物质，如干椰肉、种子饼、氧化铁、金属屑等。本类物质具有易自热并自燃的共同特性。

第4.3类：遇水放出易燃气体的物质，如废铝、锌渣、硅铁等。本类物质具有遇水产生可燃气体的共同特性。

第5.1类：氧化剂，如硝酸铝、硝酸铵、硝酸钙、硝酸镁等。本类物质尽管本身不一定可燃，但与其他物质接触时其产生的氧气或发生的类似反应会增加燃烧的危险和强烈程度。

第6.1类：有毒物质。本类物质如被吞咽、吸入或与皮肤接触，易造成死亡或严重损伤。

第7类：放射性物质。本类物质指含有放射性核素的任何物质，且托运货物的放射性强度和总量大于《国际危规》要求的数值。本类物质能释放出大量射线。

第8类：腐蚀性物品。本类物质具有在原来形态下在某种程度上严重损伤活体组织的共同特性。

第9类：其他危险货物，如鱼粉、蓖麻子肥等。本类物质具有上述各类未包括的危险。

2）仅在散装运输时具有危险的货物

未列入国际危规，但在散装运输中易产生危险而应予以特别关注的固体散货属于仅在散装运输时具有危险的货物（materials hazardous only in bulk，MHB），能减少舱内含氧量的物质、易自热物质、潮湿时会产生危险的物质等均属于此类。此类货物包括煤、木炭、油焦炭、沥青球、木屑片、锯末、动物肥、直接还原铁、磷铁、锰硅合金、锑矿、硌矿、钒土矿、生石灰、氟石等。

3）散装固体废物

散装固体废物是指一些固体物质，它们含有IMSBC规则中有关第4.1、4.2、4.3、5.1、6.1、8或9类危险货物的规定所适用的一种或多种成分或受其沾染，而且除了倾倒、焚烧或其他处理方法外无明确用途。值得注意的是，含有放射性物质或受到放射性物质沾染的散装固体废物不属于此类，应适用有关放射性物质运输的规定。

3. 既不易流态化又无化学危险的货物 Group C

此类物质通常称为普通固体散货。虽然它们当中有的与A类散货同名，但因其块状较大或含水量较低而不易流态化；有的与B类散货同名，但已经某种化学处理或因某些物质含量较小而不具有特别危险性；某些物质虽自身尚具有一定的毒性或腐蚀性，但较B类散货其危险性大为减小。具体包括水泥、滑石粉、石膏、黏土、硼砂、白云石、苜蓿粉、碳酸钡、重烧镁、盐、沙子、糖等。

该类固体散货在运输过程中应考虑以下特性：

1）扬尘性

若干固体散货在装卸时极易扬尘，如水泥、滑石粉、铁矿砂、花生果等，应采取一定措施保证人员健康及船舶设备不因粉尘而受损。

2）下沉性和散落性

固体散货装舱后颗粒间空隙随航行中船舶振动、摇荡等而减小，由此引起散货表面下沉，并具有自动松散流动的特性。对于非黏性固体散货，其散落性以静止角来表征。

静止角的测定，规则中推荐有倾箱法和船上测定法，前者适合于粒度大于10 mm的非黏性粒状物质，后者是作为无试验箱时测定静止角的替代方法或船用方法。

倾箱法是将试验箱装满货样并水平放置，将一端抬高使之倾斜，当箱内货物将要流出时，试验箱倾斜的角度即为该货物的静止角。船上测定法是将货样缓慢倒至一张置于平面上的粗质纸上，形成对称锥体，均匀测定12个锥面角度，并取平均值作为该方法测定的货物静止角，此静止角加3°则为倾箱试验测得的静止角。

就一般固体散货而言，散落性大小是影响船舶安全的重要因素。对于静止角较小的固体散货，应采取严格平舱等措施预防货物在舱内的移动。

3）怕杂质

某些耐火材料如重烧镁、矾土、耐火黏土、碳化硅等货物，在装运中应避免混入铁、煤、木屑、氧化镁、氧化钙等杂质，以防降低其熔点。黑钨矿不能混入锡、硫、砷、磷、铜、铝等杂质，否则会影响其品质和用途。

4）忌水湿

水泥、化肥、糖、磷盐岩等货物水湿后会结块变硬，使货物质量降低或失去使用价值。

5）毒性和窒息性

某些固体散货自身具有一定的毒性，它们虽未列入具有化学危险的货物，但在装运时亦应引起重视，采取相应的预防措施。如铅矿、铬矿、锑矿呈粉末状，粉尘吸入或吞入会引起铅中毒，锑矿潮湿时会产生锑化氢、胂、磷化氢等有毒气体。有些固体散货在运输中因氧化而使舱内缺氧，易造成窒息中毒。

6）腐蚀性

化肥等固体散货对船体具有一定的腐蚀性，或在一定条件下具有较强的腐蚀性。如在硫酸铵化肥运输中，若货舱内产生汗水，有对肋骨和边板等造成强烈腐蚀的危险，磷酸铵长时间运输会对船体造成损害，且潮湿时具有强烈的腐蚀性。

7）磨蚀性

固体散货均具有一定的磨蚀性，对那些磨蚀性较强的货物，应选择合适的装卸工具，采用合理的装卸方法和防护措施以减小对船体的磨蚀。

8）与危险货物的隔离

某些固体散货虽然自身无有害危险，但与某些危险货物接触却能增加危险或产生某种有害影响。如放热型铁铬合金、锰铁合金等，应与易自燃物质隔离；铅矿石应与酸类物质隔离，否则会产生剧毒气体。

值得一提的是，IMSBC规则中列出的固体散货有的同时既易流态化又具有化学危险，如煤炭、硫化金属精矿、铜精矿等，在运输时应兼顾这两种危险性的影响。此外有的物质在不同的条件下其性质会发生变化，可属于不同的类别。如煤炭、硫化金属精矿、铜精矿等既属于A类货物，也属于B类货物，所以运输这类货物时应兼顾其易流态化特性和化学危险性对安全运输的影响。

二、固体散装货物运输危险性

固体散货在运输中的危险性一般可归纳为：

1）由于货物重量分配不合理或平舱不当而造成船舶结构上的损坏

货舱内不适当的重量使承受该重量的结构超过允许负荷而导致变形或损坏；不适当的重量分布亦能使船体剖面上因应力过大导致纵向变形或断裂。未平舱或平舱不当实质是货物重量在某一局部上形成过大负荷，如图16-1-3（a）所示；还应认识到，平舱不当使货物在相邻货舱之间的横舱壁上形成压力差，可能导致舱壁的变形或损坏，如图16-1-3（b）所示。

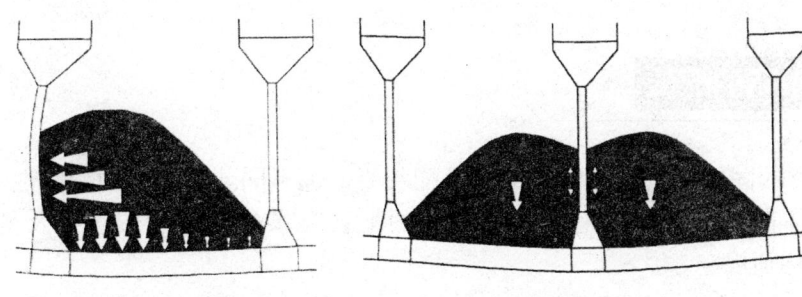

(a) 未平舱时船舶结构受力变形　　(b) 未平舱时船舶结构受力

图16-1-3　船舶结构受力变形

2）船舶在航行中稳性减小或丧失而造成危险

如图16-1-4所示，船舶稳性减小甚至丧失的原因主要有以下两方面：

（1）由于平舱不当或货物重量分配不合理而使货物在恶劣天气中移动。

从一般意义上讲，无论何种固体散货，在航行中都具有移动的可能性。粒度较小的固体散货移动表现为货物表面的滑动；粒度较大或块状的固体散货移动表现为货物的滑动或倾倒。

（2）由于船舶在航行中的振动和摇摆，使货物流态化而滑向或流向货舱一舷。

此种危险主要是含水量较高的易流态化货物所产生的，即使不在恶劣天气中航行，也存在货物滑动或流动的危险性，应引起足够重视。

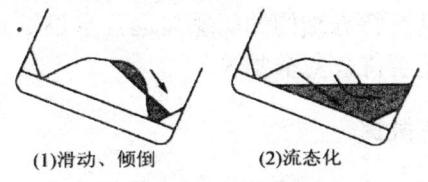

(1) 滑动、倾倒　　(2) 流态化

图16-1-4　舱内货物横移和流态化

3）由于散货的化学反应，如释放有毒或可燃气体，产生自燃或腐蚀等而造成事故

此类危险主要发生在具有不同化学特性的B类货物中，但应当清楚，不属于B类的其他类别货物在某些条件下也存在化学危险性。

第二节　散装固体货物装载计划编制

散装固体货物装载计划包括货物的配装及装载两个方面，结合船舶、货物、航线和港口的实际情况，散装固体货船的装载计划应满足的基本要求包括：充分利用船舶载货能力；满足船体强度要求并改善船体受力状态；保证船舶稳性；保证船舶具有适当的浮态；保证货物质量及防范货运事故发生；便于货物装卸及缩短在港停泊时间。

一、固体散货的配装

不同种类的固体散货，因特性的差异配装要求也不同。从货物的特殊性考虑，对于 A 类和 B 类固体散货，除满足一般固体散货的配装要求外，在舱位选择及货物相容性方面，规则有特别规定。

1. 易流态化货物

配装易流态化货物时应充分考虑到此类物质的易流态化特性，意识到其流态化后对船舶稳性的影响，配装时应注意如下事项：

（1）配装 A 类货物的舱室应能防止任何液体流入，即货舱应保持水密。

（2）避免将除罐状或类似包装的液体货以外的其他液货配装于 A 类散货的上面或附近，否则会增加货物流态化的危险。

（3）易流态化货物因含有水分，一般不能与怕湿的包装货物同舱。

（4）尽可能将易流态化货物集中配装，一旦货物流态化，可将对船舶稳性的影响降至最低。

（5）注意易流态化货物对某些危险品的影响。有些危险品遇水会发生有害化学反应，如产生易燃气体、有毒气体等，应将此类危险品与易流态化货物予以有效的隔离。

（6）装有特殊设备和具有特殊结构的船舶装运含水量较高的易流态化货物时，注意核算货物流态化时船舶稳性是否符合安全要求。

2. 具有化学危险的固体散货

在配载此类固体散货时应充分考虑到由于货物自身及外部因素影响而发生化学反应，可能产生危及船舶、货物和人员的事故。

1）配装

（1）货物的相容性

不同类别的货物配装在同一货舱时，应注意其相容性。

（2）可能产生的毒气足以危害健康的物质

该类物质不得积载于可能使毒气逸入起居处所或其通风设备与起居处所相连的货物处所。

（3）腐蚀性物质

对于腐蚀性足以危害人体组织或船舶结构的物质，在采取充分的预防措施之后方可在舱内积载。

（4）第 4.1 类、4.2 类、4.3 类物质

——装载该类别物质的货舱应"远离"一切热源和火源，尽量保持货物的凉爽和干燥；

——船舶电器和电缆状态良好，并有妥善的保护，避免短路和产生火花；

——易散发气体或蒸气并能与空气形成可爆混合物的物质，需配装在有机械通风处所。

(5) 第5.1类物质

——应"远离"热源、火源，尽可能保持货物处于清爽和干燥状态；

——与其他易燃物质"隔离"；

——使用不燃的系固和防护材料，尽可能少用干燥的木材衬垫；

——应采取防护措施，防止氧化物质渗入其他货物处所、污水沟和含有可燃物质的其他货物处所。

(6) LSA-Ⅰ和SCO-Ⅰ

用于装运低比度放射性物质（LSA-Ⅰ）和表面受到放射沾染的物体（SCO-Ⅰ）的货物处所，不得用于装载其他货物，除非消除了放射性污染，使任何表面上非固定污染平均每 $300\ cm^2$ 不超过规则所要求的标准值。

装载第8类物质或具有类似性质的物质时，舱位应清洁、干燥，并确保货物不会渗漏到邻近舱室、污水沟（井）及护板内。

2) 隔离

为保证货物安全，不同类别的B类散货与包装危险货物、B类散货之间都应适当隔离。

(1) B类固体散货与包装危险货物的隔离

B类固体散货与包装危险货物的隔离等级如图16-2-1所示。

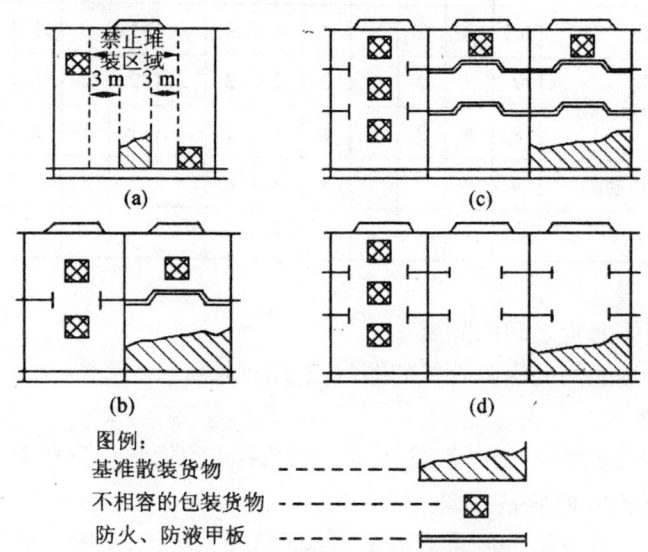

图16-2-1　B类固体散货与包装危险货物的隔离等级

①隔离种类

隔离1——"远离"：对不相容物质进行有效的分隔以使其发生事故时不能产生危险性反应，但是若最小水平分隔距离能达到3 m，则可以装在同一货舱或甲板上。

隔离2——"隔离"：舱内积载时，应装于不同的货舱。如果中间甲板是水火密的，垂直隔离即在不同舱室积载，可视为等效隔离。

隔离3——"用一舱室或货舱隔离"：垂向或水平向隔离。如果甲板不是水火密的，则只能用一介于中间的舱室做纵向隔离。

隔离4——"用一介于中间的整个舱室或货舱纵向隔离"：仅垂向隔离不符合这一要求。

②隔离表

表16-2-1为B类固体散货与包装危险货物之间的一般隔离要求。若无特别规定，它们之间应遵循表16-2-1的隔离规定。

表16-2-1 B类固体散货与包装危险货物隔离表

散装危险货物	类别	包装危险货物														
		1.1 1.2 1.5	1.3 1.6	1.4	2.1	2.2 2.3	3	4.1	4.2	4.3	5.1	5.2	6.1	6.2	7	8	9
易燃固体	4.1	4	3	2	2	2	2	×	1	×	1	2	×	3	2	1	×
易自燃物质	4.2	4	3	2	2	2	2	1	×	1	2	×	1	3	2	1	×
遇水放出易燃气体的物质	4.3	4	4	2	1	×	2	×	1	×	2	×	2	2	1	×	
氧化剂	5.1	4	4	2	2	×	2	1	2	2	×	2	1	3	1	2	×
有毒物质	6.1	2	2	×	×	×	×	1	×	1	1	×	1	×	×	×	
放射性物质	7	2	2	2	2	2	2	2	2	2	1	2	×	3	×	2	×
腐蚀品	8	4	2	2	1	×	1	1	1	1	2	×	3	2	×	×	
杂类危险物质和物品	9	×	×	×	×	×	×	×	×	×	×	×	×	×	×	×	×
MHB		×	×	×	×	×	×	×	×	×	×	×	×	×	×	×	×

（2）B类固体散货之间的隔离

B类固体散货之间的隔离等级如图16-2-2所示。

①隔离种类

隔离2——"隔离"：舱内积载时，应装于不同的货舱。只有中间甲板是水火密的才可接受垂向，即在不同的舱室积载。

隔离3——"用一舱室或货舱隔离"：垂向或水平向隔离。如果中间甲板不是水火密的，则只能用一介于中间的整个舱室做纵向隔离。

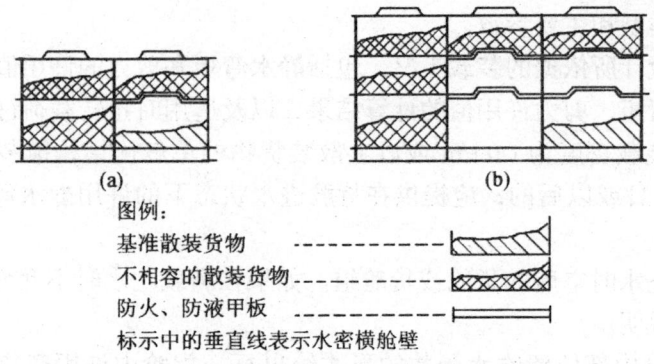

图 16-2-2 B类固体散货之间的隔离等级

② 隔离表

表 16-2-2 为 B 类固体散货之间的一般隔离要求。它们之间应按表 16-2-2 中的隔离规定予以隔离。

表 16-2-2 B类固体散货与B类固体散货隔离表

固体散货	固体散货								
	4.1	4.2	4.3	5.1	6.1	7	8	9	MHB
易燃固体 4.1	×								
易自燃物质 4.2	2	×							
遇水放出易燃气体的物质 4.3	3	3	×						
氧化性物质 5.1	3	3	3	×					
有毒物质 6.1	×	×	×	2	×				
放射性物质 7	2	2	2	2	2	×			
腐蚀性物质 8	2	2	2	2	×	2	×		
杂类危险物质和物品 9	×	×	×	×	×	2	×	×	
MHB	×	×	×	×	×	2	×	×	×

二、散装固体货船装载手册

根据 IACS 和中国船级社 CCS 的规定，对于船长 150 m 及以上的散货船、矿砂船和混装船，所配备的装载手册应便于船长掌握和控制船舶的装载，使船舶在核定装载状况下的稳性和强度处于许可范围内。

1）装载手册的内容

散装固体货船的装载手册应包括以下内容：

(1) 船舶类型和主要参数。

(2) 船舶设计所依据的装载工况,包括静水弯矩和剪力的许用值。

(3) 静水弯矩、剪力许用值的计算结果,以及适用时扭转载荷许用值的计算结果。

(4) 对拟装载密度为 1.0 t/m³ 或以上散装货物的单舷侧结构散装货船,其建造合同签于 1998 年 7 月 1 日或以后的,应提供在货舱进水状态下的许用静水弯矩和剪力及计算结果的包络线。

(5) 满载吃水时空舱的货舱或货舱组。如果在满载吃水时不允许空舱,则在装载手册中应有明确的说明。

(6) 以货舱中部位置吃水函数的形式给出每一货舱内许用载货量及所要求的最小载货量。

(7) 以两货舱相应范围的平均吃水函数的形式给出任意相邻两货舱内许用载货量及所要求的最小载货量;平均吃水为两舱各自中点位置吃水的平均值。

(8) 双层底的最大许用载荷以及除散货以外的货物性质说明书。

(9) 甲板和舱口盖的最大许用载荷。如果船舶未批准在甲板和舱口盖载货,则在装载手册中应予以明确说明。

(10) 最大的压载水变化率,以及以能达到的压载水变化率为基础的装载计划,应取得港口方面的同意和建议。

(11) 装/卸货顺序表。

(12) 稳性资料。

2)装载手册中的装载工况

(1) 无散货附加标志的船舶

对于无散货附加标志的船舶,手册中的装载工况主要包括:

——最大吃水时的均匀装载工况;

——压载工况;

——特殊装载工况,如重货、空舱或非均匀货物装载工况(如适用);

——短程航行或港内工况(如适用);

——坞内起浮工况;

——装卸瞬时工况(如适用);

——排空注入法更换压载水工况等。

(2) 附有散货附加标志的船舶

附有 BC-A、BC-B、BC-C 协调附加标志的散货船,装载手册中还应包括以下工况:

——最大吃水时,均匀轻货和均匀重货装载工况。

——最大吃水时,轻货和重货隔舱装载工况(如适用)。

——压载工况:对具有与顶边舱、底边舱和双层底舱相邻的压载货舱的船舶,当压载货舱灌满水而顶边舱、底边舱和双层底舱是空的时,应保证有足够的强度。

——船舶装货至最大吃水,但燃料有限的短途航行工况。

——多港装/卸工况。

——甲板载货工况(如适用)。

——典型装舱顺序：在均匀装载工况、相关的部分装载工况和隔舱装载工况（如适用）下，从开始装货到装至最大载货量的过程中的装舱顺序，这些工况下的典型卸货顺序也应包括在内。在确定典型的装/卸顺序时应不超过适用的强度限制，确定典型装/卸顺序时还应注意装/卸货速率和压载水排/注能力。

——海上交换压载水的典型过程（如适用）。

三、航次货运量的确定及各舱货物重量的分配

综合考虑船舶重量载货能力和容量载货能力，在货源充足的条件下，船舶具体航次最大货运量可根据式（16-2-1）计算：

$$\sum Q = \min\left\{NDW, \frac{\sum V_{ch}}{S.F}\right\} \qquad (16\text{-}2\text{-}1)$$

确定各货舱固体散货应分配的重量时主要应考虑船舶稳性、纵向强度和局部强度、吃水和吃水差等方面的要求。

1. 稳性的适度

当运输高密度散货时，一般宜装于底舱而不装于二层舱，但同时应兼顾防止稳性过大造成的船舶剧烈横摇，在分配各舱货物时应统筹考虑。若配装方案中将货物配置于二层舱或未使货物满舱，如货物具有潜在移动危险，应设置有效的防移装置。如果需要将高密度货物装载在二层舱或较高的货物处所内，应充分注意保证其下的甲板不得超负荷，并且船舶的稳性不得小于提供给船长的船舶稳性信息手册中规定的最小允许值。

对于专用散装固体货船，装运高密度固体散货时，通过隔舱装载可有效提高船舶重心，从而减小过大稳性。

2. 强度的保证

由于固体散货物的密度较大，不合理的重量分布或平舱不当可能会使承载货物的局部结构或整个船体的应力过大。特别是装载高密度固体散货时，更应注意货物重量的分布。由于每艘船舶结构布置千差万别，为包括货物在内的所有载荷分布做出明确的规定是不现实的。

1）总纵强度

船舶在总纵强度校核中，通常是将所校核剖面上实际承受的剪力和弯矩与该剖面所允许承受的最大剪力和弯矩相比较，只要前者不大于后者，则认为该装载状态下的船舶满足安全营运要求，即剖面实际剪力与许用剪力、剖面实际弯矩与许用弯矩的比值不超过100%，则认为船体总纵强度满足要求。

2）局部强度

各货舱货物的重量分布除满足舱底允许负荷外，根据IACS《散货船共同结构规范》及中国船级社CCS《钢质海船入级规范》的要求，船长150 m及以上的散装固体货船在营

运中不但要考虑船体的总纵强度，而且还要考虑其局部强度。

一个货舱或两个相邻货舱内的最大允许或最小要求载货量与双层底上的净载荷相关。双层底上的净载荷是吃水和货舱载货量及双层底舱所装燃油和压载水重量的函数。

为了清楚地表示船舶航行工况和港口装卸时的货舱最大允许载货量和最小要求载货量与吃水的函数关系，IACS共同规范和我国海船建造规范给出了根据局部强度设计装载衡准绘制的载货量曲线。对于设计装载工况规定以外的其他吃水，最大允许载货量和最小要求载货量应按作用于船底浮力的变化进行调整。浮力变化应按照吃水处的水线面面积计算。

3. 吃水差的需求

各货舱货物的重量分布还应满足航行对吃水差的需求。在未满舱条件下，可通过适当改变首尾货舱的重量来调整船舶吃水差，但应注意调整后的舱内货物重量需满足局部强度对装货量的要求。

各货舱的货物重量分配可参考船舶装载手册中的典型装载工况，结合航次货载的具体情况予以确定。

四、装载仪对船舶性能的核算

1. 散装固体货船装载仪

SOLAS 1974第XII章第11条规定：无论何时建造的船长150 m及以上的固体散货船均应配备装载仪，该装载仪应能提供主船体梁的剪力和弯矩资料。

IMO还针对散装固体货船装载仪的功能和使用通过了MSC/Circ.854决议和MSC/Circ.891决议，两决议分别是"船用装载稳性计算机程序指导方针"和"船上计算机使用和适用指导方针"。

装载仪应能迅捷地计算任何指定装载工况下的稳性、强度、吃水及吃水差等指标，核实是否符合要求，并提供包括输入、输出数据的图表。

对于BC-A、BC-B和BC-C船舶的装载仪还应按适用情况确定：

（1）每个货舱装货和其双层底内物品的重量与货舱中部吃水的函数关系；
（2）每两个相邻货舱装货和其双层底内物品的重量与货舱平均吃水的函数关系；
（3）货舱进水工况下，货舱的静水弯矩和剪力没有超过规定的许用值。

需要注意的是，装载仪是船舶规定的船载设备，其计算结果仅适用于其认可的船舶，经认可的装载仪不能取代经认可的装载手册。

2. 船舶性能的核算

各舱的货物重量预装后，将货物重量、油水及其他物品、船舶常数等输入，利用装载仪核算船舶稳性、强度及吃水差等指标是否满足要求。若不满足，则应利用移动货物或打、排压载水等措施来适当调整。

船长 150 m 及以上的固体散货船应使用装载仪校核船体主要剖面的静水剪力和弯矩是否超过相应的许用值，包括各横舱壁对应的横剖面和其他剖面。船舶在港内时按静水中许用剪力和弯矩校核，在航行中按波浪中许用剪力和弯矩校核。

如果船舶非 CSR 规范船舶，则使用者应根据实际情况适当降低剖面实际剪力与许用剪力、剖面实际弯矩与许用弯矩的比值，以策安全。

在装载仪中给出了各装载舱的最大装货量和最小装货量的曲线，以确定实际装货量是否满足要求。

五、制订货物装/卸货计划

散装固体货船一般吨位都较大，靠泊在具有专用装卸设备的码头进行作业，且装卸效率高，停泊时间短，因而在货物装卸前应制订装/卸计划，以保证货物的顺利装卸，应从开始装卸到装卸完毕逐步编写。装卸设备每次移至另一货舱，即为一步。每步的内容包括每个货舱装卸货量，压载水排注舱号及数量，每步结束时的最大剪力和弯矩、吃水差及吃水等。表 16-2-3、表 16-2-4 为散货船安全操作规程中提供的装卸货顺序格式表。其中，表 16-2-3 是双头作业时卸货顺序表，表 16-2-4 为单头作业时装货顺序表。

表 16-2-3 双头作业时卸货顺序表

装/御货港口	日期		货物	估计的货物积载因数	船舶				航次				观察值	
					压载系统排出量	装货设备/卸货设备数量	港口水密度		在泊位最大水上高度	最大前吃/到港吃水			吃水	
			IRON ORE	IRON ORE & COAL									前	后
卸货/来自港口			上次货物			2	1250	1025		17.35	7.59			

吨位	9	8	7	6	5	4	3	2	1
	14756 FINES	16910 LUMP	17382 LUMP	16382 LUMP	16382 LUMP	16900 FINES	15382 LUMP	15470 LUMP	13050 FINES

等级: FINES 吨: 44706 等级: LUMP 吨: 97908 等级: 吨: 合计: 142614

顺序号	货舱号	吨位	注入	所需时间(小时)	备注	计算值					
						吃水		变形		水上高度	纵倾
						前	后	BM	SF	中部吃水	
1A	2	15470	G1 1&2 DB'S Pt 2 UWT'S	13.1	LUMP 2&6 HOLDS MT	13.82	16.29	-72	48		-2.47
1B	6	46382									-1.10
2A	5	10000	G1 4 DB'S Pt 4 UWT'S	8.0	LUMP	13.44	14.54	71	56		
2B	8	10000									-1.49
3A	3	9000	G1 3 DB'S	7.2	LUMP	12.19	13.68	77	78		
3B	7	9000									-2.55
4A	5	6382	G1 5 DB'S	5.5	LUMP 5&8 HOLDS MT	12.67	15.22	68	38		
4B	8	6910									-2.89
5A	3	6382	Pt 6 HOLD TO 0.5M ULLAGE	6.7	LUMP 3&7 HOLDS MT	11.05	13.94	-91	59		
5B	7	8382									-4.26
			DRAUGHT SURVEY & CHANGE GRADE TO FINES								
6A	1	6000	Pt 1&5 UWT'S	4.8	FINES	9.75	14.01	83	42		
6B	9	6000									-1.26
7A	4	8756	G1 & Pt LOWER FOREPEAK	7.0	FINES	9.38	10.64	80	52		
7B	9	8756									-3.71
8A	1	7050	Pt UPPER FORE PEAK&3 UWT'S	6.5	FINES	7.59	11.30	84	-82		
8B	4	8144									
合计		142614			SEA GOING CONDITION	7.59	11.30	91	-90		-3.71

INSTRUCTIONS:
1. Please empty No.6 hold and leave as clean as possible. This will then be used for ballast during stage 4
2. Grab and bulldozer blades must not be allowed to strike the ship's structure. Please instruct drives to take special care
3. Please note there are bilge and eductor mates in the after corners of each hold. Care required in these areas
4. All damage to be reported. Holds to be surveyed on cargo completion

签名(码头):
签名(船方):

*弯矩(BM)致剪力(SF)以港内和航行中最大允许值的百分比来表示装货计划中的每一个步骤必须保持在每种船舶的船体努力、弯矩和剪力的适当限度内。为了保持在限度内的适当数值，暂时对操作应可以暂停以允许压载

未经事先许可不得违反本计划
当同时有两步同步卸货时应使用进入号应为：1A、1B、2A、2B等
缩写：Pt泵入 G1吸入 PO泵出 GO吸出 MT:空舱
简情内所有空格应尽量填写，表格外可选择性地填写

第十六章 散装固体货物运输

表 16-2-4 单头作业时装货顺序表

装/卸货计划		船向/来自港口		日期		船舶			港口水密度		舱次		
货物	上次货物			IRON ORE		估计的货物积载因数	压载泵的排水量				在泊位置最大水上高度		N/A
				IRON ORE & COAL		装货/卸货速度			1.025		最大航行/到港吃水		17.88

等级:

合计:	等级：LUMP 吨：98294; FINES 吨：44706			合计: 143000 吨				

舱号	9	8	7	6	5	4	3	2	1
	14756 FINES	17000 LUMP	17382 LUMP	16382 LUMP	16382 LUMP	16900 FINES	15382 LUMP	15766 LUMP	13050 FINES

					所需时间 (小时)	备注	计算值				计算值			观察值	
序号	货舱号	吨位					吃水		BM	变形	SF	水上高度	吃水	纵倾	吃水
							前	后					中部		前 后 中
1	4	10000			2.22	GO 1&3 UWT'S	9.99	10.77	73		49		10.38	-0.78	
2	1	7000			1.56	GO UPPER FORE PEAK	10.14	10.48	66		53		10.31	-0.34	
3	4	8000			1.78	GO SUWT'S PO AFT PACK	9.42	10.79	63		59		10.79	-2.73	
4	4	6900			1.53	PO 1DB'S	10.12	12.50	80		43		11.31	-2.38	
5	9	6756			1.50	PO SDB'S	9.56	13.74	80		45		11.65	-4.18	
6	1	6050			1.34	PO LOWER PP GO 2 UWT'S	9.61	13.57	75		49		11.59	-3.96	
7	7	10000			2.22	GO 6HOLD TO 50%	8.94	14.38	-58		55		11.66	-5.44	
8	5	10000			2.22	PO 6 HOLD	9.63	13.63	-67		49		11.63	-4.00	
9	3	7382			1.64	EDUCT 6 HOLD	9.57	15.24	-64		47		12.41	-5.67	
10	3	10000			2.22	PO 2&3 DB'S	10.41	14.65	-49		38		12.53	-4.24	
11	8	10000			2.22	GO 4 UWT'S	10.28	16.66	-50		43		13.12	-7.08	
12	5	6382			1.42	PO 4 DB'S	10.28	16.24	58		37		13.26	-5.96	
13	9	6000			1.33	EDUCT AS REQUIRED	9.90	17.88	53		38		13.89	-7.98	
14	2	8000			1.78	EDUCT AS REQUIRED	12.51	16.68	-65		46		14.60	-4.17	
15	6	9000			2.00	EDUCT AS REQUIRED	13.14	17.80	42		-21		15.47	-4.66	
16	2	6000			1.33	EDUCT AS REQUIRED	15.06	16.98	33		-14		16.02	-1.92	
17	6	7382			1.64	EDUCT BALLAST LINES	15.59	17.88	48		-30		16.74	-2.29	
18	3	5382			1.20	SHUT DOWN BALLAST	16.95	17.54	44		-27		17.25	-0.59	
						TRIM CARGOS									
19	8	1000			0.22	LUMP	16.94	17.72	49		-30		17.33	-0.78	
20	2	1766			0.39	LUMP	17.51	17.51	46		-27		17.51	0.00	
						SEA GOING CONDITION	17.51	17.51	62		-36		17.51	0.00	

合计: 143000

签名（码头）：
签名（船方）：
DRAUGHT SURVEY

未经事先允许可不得违反本计划
当时用两步选设备时注入号应为：1A、1B、2A、2B 等
缩写：PO 表示 GI:吸入 L:管 PO:泵出 GO:吸出 MT：空舱
表格内所有空格应尽量填写，表格外可视情况手写

"等距（BM）剪切力（SF）以在泊内和航行中最大允许值的百分比来表示
数据计划中的每一个步骤必须保证在每种船舶体剩力、弯矩和吨位的许可限
度内。为了保持在限度内的适当数值，装卸货操作可以暂停以允许压载
或排压载

利用装载仪制订装货计划时,主要应考虑以下因素:

1. 泊位水深和装船机高度

船舶在装货过程中,应使船首吃水或尾吃水不超过泊位水深的限制,以确保船舶的正常浮态和船体不因触底而遭受损伤。船方应通过代理或直接向港口当局了解港口及泊位的有关情况,取得装货当时泊位水深的确切资料。

有的装货港在船舶吃水较小时,会触及岸壁机械或装船机,因此,船舶在装货期间,尤其是装货开始前,必须注意调整船舶吃水,使之不小于装船机高度所允许的最小吃水。

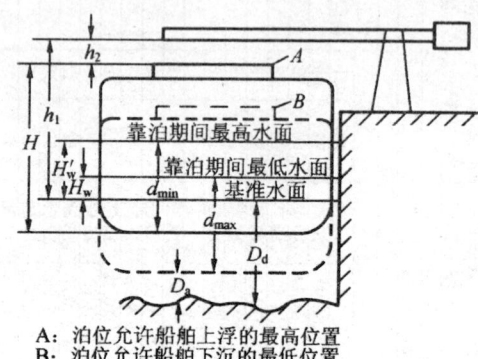

A:泊位允许船舶上浮的最高位置
B:泊位允许船舶下沉的最低位置

图 16-2-3　船舶最小吃水计算示意图

由图 16-2-3 可知,船舶最小吃水可用式(16-2-2)计算:

$$d_{min} = H - h_1 + h_2 + H'_w \tag{16-2-2}$$

式中:

H——船底至上甲板可能碰撞位置(舱口或甲板舱室等)顶端的垂直距离(m);

h_1——泊位基准水面至装船机头下端的垂直距离(m);

h_2——装船机下端和船舶碰撞位置间的安全距离(m);

H'_w——装货时的潮高(m),取靠泊期间最大潮高。

靠泊期间船舶的吃水既不超过最大吃水的要求,又不超过最小吃水的限制,一般通过边装货边排压载水的方法来保证。

2. 装货速度和压载水排放速度

装货速度是用于计算各舱装货时间及装货量的重要依据。船靠泊时所存压载水通常在装货过程中排放,压载水排放速度直接影响到船舶吃水变化、装货时间与装载顺序等。在制订装货计划时,应注意装货效率及压载水排放速度可能出现的变化给船舶装载带来的影响。

3. 船舶所允许的吃水差及强度状态

货物在装载过程中吃水差及强度状况变化较大,在停泊期间应防止船舶出现过大吃水差及过大剪力和弯矩,同时应满足货舱局部强度的要求。通过合理确定货物装载顺序和压载水排放顺序，尽量减小船舶剪力和弯矩，减小装载结束前吃水差的调整量，是装载计划制订时应主要考虑的问题。无论如何，在装货期间不允许船舶剪力和弯矩超过许用值、吃水差过大而影响船舶正常操作。

4. 各舱装载轮数及装货量

各货舱究竟几轮装完所配装的货物及每轮各舱装货量多少，取决于船舶结构强度、船舶允许吃水变化、码头装船机性能等方面的限制。从便利装载的角度考虑，除最后留出吃水差调整舱外，各货尽可能一次装完；但从船舶装载吃水和强度的优化考虑，每舱需分数轮装载。对于有岸上固定式装船机的泊位而言，每一轮次都需移泊一次，装货轮数越多，移泊也就越频。因此，在确定各舱装载轮数及每轮次各舱装货量时，应利用装载仪模拟并统筹考虑不同轮数及装货量对船舶性能及装载各方面的影响，找到各舱较合理的装载轮数和轮次装货量。

5. 同时作业的装船机数

岸上装船机同时开工的台数即同时作业的货舱数，对货物装载顺序的确定影响很大，制订装货计划时应充分考虑。若两台以上装船机同时作业，所装载的货舱应避免相邻；对于大多专业化码头，岸上装船机仅开一条作业线，确定货物装舱顺序的基本原则是先在船舶中部货舱开始装载，以减缓船舶中拱变形，然后首尾货舱交替装载，以使船舶在整个装载过程中不会产生较大的纵倾。

表16-2-5为某15万吨级矿石专用船装货及排水顺序表。该装货计划有如下特点：

（1）各货舱2~3轮装完，装载顺序是先中部，然后尾、首部货舱交替进行，有利于保证船舶纵向强度且不会产生较大尾倾。

（2）压载水舱的排放顺序基本上与装货一致，即装哪个货舱，就排放邻近压载舱的压载水。这样不仅可保持吃水差变化不大，而且还可保证船舶纵强度。

（3）除No.1货舱装货外，船舶均保持一定尾倾，这对压载水的排放有利。

（4）最后控制2500 t机动量，将船调整至平吃水。机动量预留大小需根据船舶吃水差调整能力及装货中可能出现的纵倾值确定。

卸货计划的制订原则同装货计划的制订原则类似，卸货结束时压载水应加到预定数量。

表 16-2-5 散货船装货及排水顺序表

装舱顺序	货舱No.	装货量(t)	装货时间	压载水排放	弯矩(%)	剪力(%)	首吃水(m)	尾吃水(m)	吃水差(m)
1	7	10000	1.8 h		40	38	6.69	10.67	3.98A
2	3	10000	1.8 h		35	41	8.97	10.17	1.20A
3	5	10000	1.8 h	CH4→3000 t	29	49	6.72	9.19	2.47A
4	1	10000	1.8 h	CH4→0	35	55	8.49	8.18	0.31F
5	5	10000	1.8 h	WBT1~5→8 m	37	48	8.16	9.21	1.05A
6	9	10000	1.8 h	FPT、WBT1→0	63	51	6.42	11.92	5.50A
7	7	10000	1.8 h	WBT2→0	37	40	6.55	12.71	6.16A
8	3	10000	1.8 h	WBT3→1 m	32	35	8.85	12.18	3.33A
9	7	8500	1.5 h	WBT3→0	28	63	8.70	13.94	5.24A
10	3	8500	1.5 h	WBT4→1 m	41	69	10.65	13.49	2.84A
11	9	7500		WBT4、5→0	25	59	9.67	15.87	6.20A
12	1	5000		排残余压载水	46	54	11.42	15.00	3.58A
13	5	8800			25	58	12.40	15.60	3.20A
14	1	5500			23	51	14.30	14.71	0.41A
15	1	1500			30	58	14.82	14.48	0.34F
16	9	1500			36	59	14.65	14.95	0.30A
Total		126800			36	59	14.65	14.95	0.30A

第三节 固体散装货物装运

由于固体散装货物自身的特性及运输保管要求不同，在装运过程中，为确保货物质量及人身、船舶和环境安全，应严格遵守有关国际规则及其他有关规定和要求，认真总结固体散装货物运输的经验，保障固体散货的安全运输。

一、装货准备

1. 有关货运资料的获取

装货前，船方应获取有关承运货物性质的一切资料。托运人或其指定的代理人应确切地向船长提供散货中每一种物质的特点和性质的详细资料，包括货物毒性、腐蚀性等化学危险性和流动水分点、积载因数、含水量、静止角等物理性质及其他应引起船方注意的性质。此种资料应在装船前以书面形式和适当的运输单证予以确认,货物信息见表16-3-1。下面列举了几种典型的固体散货在装运前船方应获取的资料。

表16-3-1 货物信息表

散装货物船运名	
托运人	运输单证编号
收货人	承运人
名称/运输工具	
出发港/出发地点	指南或其他事项
到达港/目的地	
货物一般性描述 (物质种类/颗粒大小)	总重(千克/吨)
散装货物说明,如适用: 积载因数: 静止角,如适用: 平舱程序: 如有潜在危险的,化学特性*: * 例如:类别和联合国编号或者仅在散装运输中具有化学危险的物质	
货组类别 □A组和B组* □A组* □B组 □C组 *易流态化合物(A组和B组及A组货物)	适运水分限 运输时水分含量
货物的相关特殊性质 (如:可快速溶于水)	补充证书* □水分含量和适运水分限证书 □风化证书 □免除证书 □其他(需要说明) * 如有要求
声明 　本人特此声明:对托运货物的说明全面而准确。据我所知,所给出的实验结果和其他说明准确无误,我也相信如此,该批货物可视为对拟装货物具有代表性	签字人姓名/身份,公司/组织名称 地点和日期 代表托运人签字

1) 易流态化货物

托运人应提供给船长所托运的易流态化货物如精矿粉或其他含水矿产品的平均含水量 MC、流动水分点 FMP、积载因数 SF、静止角、积水排放法、运输中存在的危险性及预防措施等。

2) 煤炭

所属种类（自热型煤或易产生甲烷气体的煤）、特性、岸上堆存时间、煤堆温度、湿度、开采季节等。

3) 种子饼

托运人应提供证明说明其实际含油量和含水量、杂质含量、出厂日期及货物在出厂后至装船前是否有2个月的氧化期、榨油方法（机械压榨或溶剂萃取）等。

4) 鱼粉

实际含水量、脂肪含量、存放超过6个月鱼粉的抗氧化处理的详细情况、运输时剩余抗氧化剂的浓度（应超过100 mg/kg）、货物总重量、鱼粉出厂时的温度、生产日期等。如果托运人提供了其所在国际主管机关签发的证书说明其在散装运输时无自热性，则该种鱼粉应属于既不易流态化又无化学危险的货物。装货时，货物温度不得超过35 ℃或高于环境温度5 ℃，取高者。

5) 硅铁铝粉末、无涂层硅铝粉、废铝、硅铁等

潮湿或发热货物不得装运。托运人应出具证明，说明装运前已以运输时的粒度在遮盖下露天存放不少于3天。

6) 直接还原铁 DRI

DRI 是在低于铁的流动点的温度下对氧化铁进行直接还原（除氧）而产生出的物质，可与水和空气发生反应，产生氢气和热量，引起燃烧爆炸。

装运时应由托运国家主管机关认可的有资格的人员向船长证明，所托运的直接还原铁当时适于运输。装运前，直接还原铁应存放至少72 h，或经空气钝化技术处理，或用其他等效方法使该物质的化学活性至少降低至经存放后的水平；若其温度超过65 ℃或150 ℉，不得装运。

2. 货物适运性鉴定

货物适运性鉴定是指根据货物资料、有关规定及本船的技术条件对是否能够安全装运托运人的货物所做出的估计。托运人应对货物进行采样和测试，并向船长提交适用于该货物的相应试验证书。不同种类的固体散货有不同的适运性要求，如易流态化货物含水量应低于适运水分限，某些具有化学危险的货物装运前温度、水分、露天或遮盖堆放时间、化学处理时间的限制条件是否满足，货物通风次数、货位选择条件等。船长应在取得货物资料的基础上，认真查阅有关规则和规定，结合船舶技术条件，做出是否承运的合理决策。

如果装运B类固体散装危险货物，则应根据船舶所持有的"固体散装货物适装证书"来确定是否能够承运该类固体散装危险货物。表16-3-2为某固体散货船的"固体散装货物适装证书"附录，附录中列出了该船可以承运的B类固体散装危险货物的具体名称及其对应的装载处所。如果托运人托运的具体B类固体散货没有列入附录，则说明船舶不能承运该货物。

表 16-3-2　固体散装货物适装证书

CERTIFICATE OF COMPLIANCE FOR THE CARRIAGE OF SOLID BULK CARGOES LIST OF CARGOES					
Bulk Cargo Shipping Name	UN No.	IMO Class	Group	Note*	Cargo Space
ALUMINIUM NITRATE 硝酸铝	1438	5.1	B	4*	All cargo spaces
BARIUM NITRATE 硝酸钡	1446	5.1	B	4*	All cargo spaces
BROWN COAL BRIQUETTES 褐煤砖		MHB	B	2.14	All cargo spaces
CALCIUM NITRATE 硝酸钙	1454	5.1	B	4*	All cargo spaces
CASTOR BEANS or CASTOR MEAL or CASTOR POMACE or CASTOR FLAKE 蓖麻籽或蓖麻饼或蓖麻油渣或蓖麻片	2969	9	B	9	All cargo spaces
CHARCOAL 木炭		MHB	B	5	All cargo spaces
COAL 煤		MHB	B and A	2.14	All cargo spaces
COPRA(dry) 干椰子肉	1363	4.2	B	6	All cargo spaces
DIRECT REDUCED IRON(A) BRIQUETTES, HOT-MOULDED 直接还原铁A		MHB	B	2	All cargo spaces
FERROUS METAL BORINGS, SHAVINGS, TURNINGS or CUTTINGS 黑色金属钻、刨、旋或切屑	2793	4.2	B		All cargo spaces
FISHMEAL (FISHSCRAP), STABILIZED 鱼粉(鱼渣),稳定的	2216	9	B		All cargo spaces
FLUORSPAR 氟石		MHB	A and B		All cargo spaces
IRON OXIDE, SPENT or IRON SPONGE, SPENT 氧化铁,废的或海绵铁,废的	1376	4.2	B	2	All cargo spaces
LEAD NITRATE 硝酸铅	1469	5.1	B	4*	All cargo spaces
LIME(UNSLAKED) 石灰(未熟化的)		MHB	B		All cargo spaces
MAGNESIA(UNSLAKED) 氧化镁(未熟化的)		MHB	B		All cargo spaces
MAGNESIUM NITRATE 硝酸镁	1474	5.1	B	4*	All cargo spaces
METAL SULPHIDE CONCENTRATES 硫化金属精矿		MHB	A and B		All cargo spaces
PEAT MOSS 草泥		MHB	A and B		All cargo spaces

续表

CERTIFICATE OF COMPLIANCE FOR THE CARRIAGE OF SOLID BULK CARGOES LIST OF CARGOES					
Bulk Cargo Shipping Name	UN No.	IMO Class	Group	Note*	Cargo Space
PETROLEUM COKE(calcined or uncalcined) 石油焦炭（煅烧的或未煅烧的）		MHB	B		All cargo spaces
PITCH PRILL 沥青球		MHB	B	6	All cargo spaces
POTASSIUM NITRATE 硝酸钾	1486	5.1	B	4*	All cargo spaces
RADIOACTIVE MATERIAL SURFACE CONTAMINATED OBJECTS(SCO-I), non-fissile or fissile-excepted 放射性物质，表面被污染物体	2913	7	B	16	All cargo spaces
RADIOACTIVE MATERIAL, LOW SPECIFIC ACTIVITY(LSA-I), non-fissile or fissile-excepted 放射性物质，低比活度	2912	7	B	16	All cargo spaces
SAWDUST 锯屑		MHB	B		All cargo spaces
SODIUM NITRATE 硝酸钠	1498	5.1	B	4*	All cargo spaces
SODIUM NITRATE AND POTASSIUM NITRATE MIXTURE 硝酸钠和硝酸钾混合物	1499	5.1	B	4*	All cargo spaces
TANKAGE 动物下脚肥料（或饲料）		MHB	B		All cargo spaces
VANADIUM ORE 钒矿		MHB	B		All cargo spaces
WOOD PELLETS CONTAINING ADDITIVES AND/OR BINDERS 木球团，含有添加剂和/或黏合剂		MHB (WF)	B		All cargo spaces
WOOD PELLETS NOT CONTAINING ADDITIVES AND/OR BINDERS 木球团，不含有添加剂和/或黏合剂		MHB (OH)	B		All cargo spaces
WOODCHIPS 木片		MHB	B	10	All cargo spaces

续表

	LIST OF NOTE
2	Electrical equipments and cables in the cargo spaces shall be the safe type for use in dangerous environments
4*	Alternatively, water supplies defined in SOLAS Reg.11-2/19.3.1.2 to be provided for cargo spaces
5	Charcoal in class 4.2 not to be carried in bulk and the moisture content not to be more than 10%
6	This cargo shall not be loaded in cargo spaces adjacent to fuel oil tank(s), unless heating arrangements for the tank(s) are disconnected and remain disconnected during the entire voyage
9	Castor meal castor pomace and castor flakes can not to be carried in bulk
10	Where the cargo with moisture of 15% or more is carried, the vessel may be excepted from the fixed fire-fighting system in cargo spaces
14	The cargo shall not be stowed adjacent to hot areas (For interpretation of hot areas, see MSC.1/Circ.1351)
16	The requirements of Flag State and competent authorities of the port of loading/unloading need to be met
Remarks:	
Nil.	

3. 货舱准备

在装货前应检查和准备货舱，保证设备处于良好的可用状态及货舱环境满足固体散货的要求，使货舱适货，必要时应取得验舱证明。高密度散货装舱时具有较大的冲击力，应注意采取措施防止对货舱造成损坏。

1）货舱检查

（1）舱口盖设备

① 保持所有舱口盖排水及其止回阀门（如果安装）处于正常的运转状态，注意如果在密封条内侧设有排水管，应同时设有止回阀，以防止甲板上浪的情况下货舱进水。

② 在诸如密封垫、橡胶垫、周边和交叉接头的舱口楔耳等部件更换之后应保持紧固载荷的均衡；如果所载运的货物范围需要不同的密封填料，除其他备件外，船上应备有可供选择的正确规格的密封填料。

③ 在舱口盖的每次操作中，舱口盖，特别是承压面和排水沟，应无杂物并应尽可能保持清洁，严防海水进入大舱。

应始终保持舱盖水密、坚固，防止雨水、海水进入货舱导致货损或储备浮力减少，或使货物形成流态威胁船舶安全。实践中，舱盖破损或密封不严使海水进入货舱导致货物水分增加是易流态化货物安全运输的重要隐患之一。

（2）污水系统

保证污水沟、污水井处于良好的状态，污水井和滤板畅通无阻并能防止散货流入污水排放系统，装载精矿粉类或煤炭类货物后应立即进行污水测量及抽水试验，以保证其畅通。

（3）通风系统

通风管道的检查主要保证其畅通性和可关闭性。前者保证管道能对货舱进行有效的通风，如运输鱼粉、种子饼、煤炭、谷物等，为了排出热量、降低舱温需要适当通风；后者保证在紧急情况下，能迅速将货舱封闭，如舱内发生火灾需要封舱以窒息舱内火焰，在风浪较大时关闭通风筒以防货舱进水。

（4）舱内管系及报警系统

舱内管系包括测温管等处于良好可用状态。凡通过货舱的蒸汽管路或机舱等热源处所均须用绝热材料与货舱隔开。舱内各种探测器、报警器系统及管路无损坏、状态良好，可正常使用。

（5）边压载舱

顶边舱的倾斜舱壁完好无破损，防止舱内压载水从破损处渗入大舱。顶边舱频繁更换压载水，导致腐蚀严重，经常出现破损。

（6）电缆、电气设备

电缆、电气设备的技术状况必须良好，并能在含有甲烷或粉尘的空间中安全使用，或有有效绝缘保护。照明设备应具有防爆性能。

（7）货舱内消防设备：应对舱内的消防用蒸汽管道及喷口、二氧化碳管道及喷口进行检查。管道的检查一般只用目视即可；进行喷口检查时，在管道中加风，用长杆系飘带在喷口试风，以判断喷口是否通畅。

2）货舱清洁

普通固体散货对货舱没有特殊要求，但某些散货由于其特殊性质的影响而对货舱提出清洁和干燥等方面的要求，实际工作中应具体货物具体对待，做好准备工作。

二、货物装卸

1. 一般注意事项

（1）认真填写散装固体货船装卸船/岸安全检查表，充分了解货物装卸操作一般要求。

（2）对高密度固体散货，装舱时具有较大冲击力，应注意防止货舱设备受到损坏，在货物未全部铺满舱底前，禁止将货物从舱口高处直接落下。装货后应测定货舱的污水深度，以确定船体或舱内管线是否仍处于良好状态。

（3）装卸时，应督促装卸工人及时调整装船机喷口位置，以尽可能保持船身正浮，即使存在短时横倾也不应超过3°，并应减少平舱工作量。

（4）装卸时应严格按装卸计划表进行，并应密切注意船舶吃水，如实际装卸效率和压载水排放流量与计划值出入较大时，应及时调整。

（5）防止散货粉尘对船员居住生活区、甲板机械及助航仪器的污染。在装卸期间，若可能，应关闭或遮盖通风系统，将空调系统调为内部循环，遮蔽甲板机械的活动部件及外部助航仪器。

（6）应根据货物静止角大小进行合理平舱。

（7）装货结束前，应精确测定压载水存量，并估算货物剩余量，以便安排装货结束前的准备工作。

（8）大型散货船满载时，一般存在一定的中垂变形，它使船中吃水增大，在限定吃水情况下，使装货量减小，故在装货结束前应注意观测吃水，防止吃水超出限定值。

（9）卸货开始时，若船舶富余水深较小，不宜立即用水泵加注压载水，可先利用海水压力自然注入，以防大量海底泥沙被吸入压载舱。

（10）卸货后的压载数量，应根据具体航线条件确定，及早估算出卸货结束的时间，以便安排开航前的准备工作。

（11）装货时做好货物的取样和样品封存，货物卸载前将货样交付收货人。

2. 平舱要求

平舱可以减少货物移动的可能性并最大限度地减少空气进入货物而防止自热，规则规定：

（1）货舱尽量装满以防止货物移动，但不超过底舱或甲板强度的货物需尽可能合理地散布到货舱边界。

（2）在考虑船舶特性和航线情况的前提下，当船长依据所获信息分析，认为事关船舶稳性时，有权要求货物平舱平整。

（3）对于多层甲板船，当仅在底舱装载货物时，需进行充分平舱以使货物重量均匀分布在舱底结构上。

（4）在二层舱中装载固体散货时，如果装载资料载明，敞开二层舱盖会使舱底结构的应力超负荷，则需关闭二层舱盖。货物须予以合理平舱并将货面平至两舷，或者利用具有足够强度的纵向隔板进行稳定。需注意二层甲板的安全荷载能力，保证甲板结构不超载。

（5）以平舱为目的，将固体散货分为黏性和非黏性的，静止角α是表示非黏性货物稳定性的指标，其对平舱的要求为：

①$\alpha \leq 30°$的固体散货，须按适用于谷物积载的规定进行运输。

②$30° < \alpha \leq 35°$的固体散货，经平舱后，货物表面的不平整程度即货堆表面最高点与最低点的垂直距离不超过船宽的1/10且不大于1.5 m，或装货中使用经主管当局认可的平舱设备。

③$\alpha > 35°$的固体散货，经平舱后，货物表面的不平整程度即货物表面最高点与最低点的垂直距离不超过船宽的1/10且不大于2.0 m，或装货中使用经主管当局认可的平舱设备。

三、航行中货物管理

固体散货在运送过程中，应做好以下几方面的管理工作，以确保货物和船舶安全：

（1）定期测定舱内的温度和湿度，进行适当的通风，防止舱内产生汗水而影响货物质量，或因汗水使货物发生化学反应而对船舶构成威胁，或因货温过高危及货物正常运输和船舶安全。

（2）按时测定污水深度，及时排出舱内污水，防止水湿舱内货物。

（3）对某些易产生有害气体的货物，航行中应注意适时通风换气，以排出货舱内存在的有害气体。

（4）检查货物在舱内的状况，检查是否存在某些异常现象，如需要应采取相应的措施。

（5）注意下舱安全，防止人员伤亡。

四、人身和船舶安全

无论何种固体散货，在整个运输过程中，如操作不当，都可能危及人身和船舶安全，为此应注意以下事项：

（1）在装货前、装货、运送和卸货过程中，应遵守所有安全注意事项，包括有关国际规则、国家规定和要求。

（2）某些散货易于氧化从而造成缺氧、散发毒气和自热；也有一些散货不易氧化，但能散发毒性气体，特别是在潮湿时；还有一些货物潮湿时对皮肤、眼睛黏膜或船舶结构具有腐蚀性。为此，应特别注意人身防护，遵守装卸货规定，并采取预防措施。

（3）很多物质散装运输时，常会造成货舱缺氧，如谷物、黑色金属、硫化金属、精矿和煤等。装有这类货物的货舱或相邻货舱中含有的氧气可能不足以维持生命，进入前必须进行充分的通风，并证明全舱氧气已重新达到正常水平。

（4）有些货物的粉尘不仅吸入有害，就是长时间附着在皮肤上也有某种有害作用。为了减小粉尘对人体的危害，应减少人体在粉尘中的暴露时间，穿防护服，涂抹防护膏，对身体的裸露部分及时冲洗，对粉尘污染的外衣及时清洗。

（5）紧急情况下进入货舱时，必须在驾驶员的监护下，由经过训练的人员使用自给式呼吸器进入，必要时还应穿防护服。

（6）船上应配备可测定货舱气体或氧气浓度的相应仪器，且船上人员应掌握其性能、使用方法并了解其局限性。

（7）某些货物粉尘与空气混合会形成可爆混合物，在装卸或清扫货舱时尤应注意。这期间应进行充分通风，防止空气中充满粉尘。以水冲洗代替清扫，可使爆炸危险减至最小。

（8）某些货物可产生足以形成爆炸危险的可燃气体，在一定条件下可与空气形成可爆混合气体，对装有此类货物的货舱及相邻的封闭舱柜应予以有效的连续通风。

（9）每艘船上应备有 WHO、IMO 和 ILO 制定的《应用于涉及危险货物意外事故的医疗急救指南》（MFAG），可从中查找医疗建议。

（10）装载可产生毒气和可燃气体的货物时，货舱中必须设有有效的通风系统。

（11）装运散装谷物的船舶，熏舱时应按 IMO《船舶安全使用杀虫剂的建议》规定操作。船上应备有该文件，供船员查用。

五、易流态化货物的装运

1. 装运注意事项

易流态化货物的主要危险在于它们的潜在移动性。另外，对某些物质尚具有某种化学危险性，在装运中除遵循固体散货装运的一般原则外，还应注意以下事项：

（1）托运人在装货时向船长提交适运水分限证书及含水量证明，并在其中声明，证书中的含水量是证书提交船长时的货物平均含水量。若货物拟装入一个以上货舱，含水量证明应分别说明装入每一货舱的每一种货物的含水量。若按 IMSBC 规则规定的采样方法证明货物的含水量是均匀的，则允许对所有货舱提交一份平均含水量证明。

（2）船长根据货物外表或状态，对货物是否可安全运输存有怀疑时，则应进行货物取样，并用简易方法检验其流动的可能性。如有问题，应及时通知货方申请重新检验。一般货船装运易流态化货物时，其含水量不得超过适运水分限。若含水量超出，则应拒装，但对具有特殊结构或装有特殊设备且经主管机关认可的船，其含水量可超出上述界限。

（3）装船前，做好货舱清洁，清除舱内杂物，保持货舱水密；做好舱内污水沟（井）及管系的清理工作，以防堵塞或受损；污水井（沟）上面铺垫透水性好的衬垫物，以利舱底渗水流入且不致堵塞，也可在污水井上设置"木井"排出。装货后应立即进行污水测量及抽水试验，以保证其畅通。

（4）装货过程中应防止混入杂质，特别是可燃物质。铁矿类货物，应严禁铜、锌、磷、矽、砷、铝等物质混入；锑精矿，应避免砷、硫、铅、铜、锌、铁等杂质混入。

（5）除有特殊规定外，不得在降水天气进行装卸作业。但含水量较低且不会由于降水而可能超过 TML 的情况下或舱内全部货物在一港卸完时，可以在降水天作业。

（6）在装卸期间，关闭装载或拟装载货物的不在使用中的所有舱盖。

（7）为了防止货物移动及降低具有氧化性质货物的氧化作用，不论其静止角大小，都应在装货后合理平舱。经平舱后使货物表面峰谷之间的高度差不超过船宽的5%，且货物从舱口的边界均匀坡向舱壁，在航行途中不出现剪切面坍塌现象，尤其是对长度等于或小于 100 m 的小船。

（8）在航行期间，不得对装载货物的货舱进行通风。

（9）对于易于氧化并有自热趋向的货物，如硫化金属精矿，可压紧货物或用塑料薄膜遮盖以阻止空气进入其内，从而抑制氧化，此类货物航行中更应禁止通风。

（10）航行中应定期检查货物表面情况。若发现货面上存在自由液面或流态货物，船长应采取适当措施以防止货物移动，并考虑驶至附近港口避难。

（11）航行中应采取措施，防止液体流入易流态化货物的舱室。对于某些接触海水会引起严重事故或腐蚀船体和机械的货物，采取严格的预防措施更为重要。

（12）当舱内局部起火时，宜用少量水雾喷洒灭火，不允许采用大量海水喷灌冷却的方法，因为这样极易使货物达到流态化。

（13）为保证人员安全，在装卸作业时，人员应佩戴气体防护口罩等防护用品。

六、具有化学危险的货物的装运

1. 装运注意事项

由于此类货物具有化学危险特性，它们属于危险货物，在装运中应严格遵守规则规定，谨慎操作。

（1）不同货物对货舱条件的要求不同，因此应据此做好货舱准备。就整体而言，应使货舱清洁、干燥、无油污，水密和舱内设备完好。对第4类货物，电气和电缆设备应处于良好状态，易散发易燃气体或蒸汽的货物应能保证机械通风系统正常运转。对第5类货物，应特别注意彻底清扫货舱，尽可能合理地使用非易燃固定防护材料，并仅可使用少量干燥的木质衬垫。对第8类货物，应采取措施，防止货物向其他货舱、污水沟（井）及护板内渗漏。

（2）尽管船长可从规则中查获所承运货物的理化特性及其运输注意事项，但在装货前，船方必须从托运人处获得其理化特性及装运要求的最新资料。如拟装货物未列入规则中，船舶必须持有主管机关对其运输的认可证明。

（3）在货舱及其附近设置醒目的警告标志。

（4）船方应对货物是否适运做进一步的考察，如货物对限制温度、露天堆放或陈放时间、潮湿程度的要求应予满足。

（5）性质不相容的货物不应同时装卸，特别要防止造成对仪器的污染。

（6）在装完一种货物后，应立即关闭装载该货物的每一货舱，并在装载其他不相容货物前清除甲板上的残余货物。卸货时也应如此。

（7）对于在紧急情况下需将舱盖打开的货物，货舱舱盖应保持随时可开状态。

（8）必须尽可能地保持货物的冷却和干燥，防止因温度升高或潮湿引起化学反应而导致危害。

（9）根据货物性质确定对装卸时天气条件的要求，如第4.3类和若干MHB，在雨雪天都应停止作业。

（10）装载第7类货物的货舱，不得再装载其他货物。

（11）卸货后应注意清理货舱，尤其是有毒货物和腐蚀性货物。当卸完有毒货物后，必须检查货舱是否被污染，对受到污染的货舱，在装下批货物尤其是食品以前，必须彻底清扫并验舱。腐蚀性货物卸完后，最好用水冲洗货舱再加以干燥处理，因为这些货物的残余物可能对船舶结构具有极强的腐蚀性。

（12）性质互抵的固体散装危险货物与包装危险货物间、固体散装危险货物间、固体散装危险货物与食品间应满足隔离要求。

2. 煤炭装运

煤炭是重要的能源之一，在固体散货的海上运输中占有较大比例。它属于仅在散装运输时具有化学危险的货物，煤泥同时又是易流态化货物。

1) 煤炭的主要特性

煤炭的主要成分是固定碳、挥发分、矿物质、水分、灰分等。煤炭与运输有关的主要性质有：

(1) 氧化性

煤在运输、保管中会和空气中的氧气发生缓慢的氧化作用，使煤堆发热，如果通风不良，煤温会不断升高。同时，氧化使舱内一氧化碳含量增加，氧气含量减少。影响煤氧化的主要因素有：

① 黄铁矿含量：硫化铁在潮湿时容易氧化而产生热量，故煤中黄铁矿含量多，则煤的氧化作用强。

② 粒度：块煤与空气接触面积小，易散热，氧化作用较末煤差。

③ 水分：水分多的煤容易堵塞空隙，使热量聚积而加剧煤堆氧化。

④ 碳化程度：碳化程度高的煤，挥发分和水分含量低，煤的结构紧密，不易氧化。

(2) 自热和自燃性

某些煤因氧化作用而易于自热，使舱内煤温升高，当升高到煤的自燃点时，就会发生自燃现象，挥发分含量越高的煤越易自燃，在自热过程中，会产生一氧化碳气体。它具有易燃和有毒的危害性，其可燃极限为12%~75%，吸入对人体有害。

(3) 易产生易燃易爆气体

煤炭会产生甲烷气体，它比空气轻，易积存于货舱或其他封闭空间的上部。当空气中甲烷含量达到5%~16%时，遇明火即会爆炸。另外，煤炭粉尘在空气中的含量达到10~30 g/m³时，遇明火也会爆炸。

(4) 与水反应性

某些煤易与水发生化学反应，生成酸和氢气。酸对船体造成腐蚀，氢气为易燃气体，其可燃极限为4%~75%。

2) 煤炭的分类

煤的主要成分是固定碳、挥发分、矿物质、水分及灰分等。通常按照含固定碳和挥发分的多少可将其分为四类。

(1) 泥煤

泥煤是呈黄褐色或黑褐色的泥状煤，质地很软，固定含碳量不高，一般为26%~31%，挥发分含量高达70%~75%。

(2) 褐煤

褐煤是一种呈棕黑色的煤，质地疏松，固定含碳量最高达75%，挥发分含量最高为75%。

(3) 烟煤

烟煤呈黑色有光泽或无光泽，结构较细，质地较脆，当受到碰击时会碎裂成块。固定含碳量为75%~95%，挥发分含量为5%~25%。

(4) 无烟煤

无烟煤是碳化程度最深、质地最硬的一种煤，具有黑色光亮的表面，硬度很大。固定碳含量最高可达93%~98%，挥发分含量仅为2%~7%。根据碳化程度可分为次无烟煤和无烟煤（又称白煤）。

3）煤炭的一般装运要求

（1）装运前

① 清除货舱内所有的废料和货物残渣，包括可移动的货舱护板，使货舱保持清洁干燥。

② 清理污水沟，保证污水排出系统畅通。

③ 检查舱内电缆及电器设备，保证其处于完好无损状态。这些电缆及电器设备应能在可爆气体中安全使用，或做了有效保护。

④ 船舶应装备不进入货舱即可测定有关参数的相应仪器。这些参数包括舱内的甲烷、氧气及二氧化碳的浓度，舱内污水井中污水试样的pH值。

⑤ 船上最好配备量程为0~100 ℃的测温仪。这种仪器能在装货或航行中不进入货舱即可测得煤温。

⑥ 船长应从托运人或指定代理人处获得待运货煤的有关资料，包括货煤的含水量、含硫量和粒度等特性，以及安全装载和运输的建议等。

⑦ 船上应配备自给式呼吸器。

（2）装载

① 不将货煤装在热区附近；

② 不在货区或毗邻货舱内吸烟和使用明火；

③ 禁止将第5.1类物质与煤积载在一起；

④ 与包装的第1.4、2、3、4和5类物质"隔离"，与第4和5.1类散货"隔离"；

⑤ 平舱，将货物表面整平至舱壁，以防形成积存气体的坑洼及空气渗入煤堆中。

（3）航行中

① 严禁烟火，除非货舱已完全通风且甲烷气体经测定表明安全，否则不得在货物处所及毗邻区附近进行燃烧、切割、铲削、焊接等作业。

② 各货舱完货后24 h内应进行表面通风。如果离港24 h之后甲烷含量低至可接受水平，则应关闭通风；否则，应继续表面通风。

③ 应定时检测舱内货物上部空间的甲烷、氧气和二氧化碳含量，并做好记录。

④ 应保证定时检测物料间、过道、轴隧等封闭处所中的有害气体浓度，保持这些处所经常通风。

⑤ 应定时对舱底污水进行检测，如果检测的pH值表明存在腐蚀危险，则应在航行中经常泵出舱底污水，以防内底和污水系统中积存酸性物质。

4）可产生甲烷的煤

若托运人已提出货物会产生甲烷，或舱内气体测定表明甲烷含量超过爆炸下限（LEL）的20%，则应另采取以下附加措施：

（1）保持对货物表面进行通风。

（2）卸货或其他原因开启舱盖前，应先将积存的气体排出，并小心开启，以防产生机械火花而引发事故。

（3）禁止吸烟和使用明火。

第十六章 散装固体货物运输

（4）人员进入货舱或封闭舱室前，应充分通风并经测试确认无有害气体及有足够的氧气，否则，应使用呼吸器并在专人监护下方可紧急进入。

（5）定时检测物料间、过道等封闭工作处所的甲烷含量，应经常充分通风。机械通风时，设备应能在可爆气体中使用。

5）自热型煤

若托运人已说明货物可能发生自热，或舱内气体分析表明一氧化碳含量在上升，则应采取以下附加措施：

（1）货煤装完后立即关舱，并用封舱胶带密封舱口盖板。

（2）只允许使用自然表面通风，且通风时间以排出可能积存的所需要的绝对最少时间为限，不得使用机械强力通风，不可将新鲜空气直对货堆吹送。

（3）装载期间，应监测货煤温度，煤温不超过55℃方可装载。

（4）按有关部门的规定，航行中定时测量舱内一氧化碳含量，并做好相应的记录。

（5）若舱内一氧化碳含量持续上升，则可能正在发生自热，在此情况下，应继续封舱并停止通风，立即请教有关专家。

（6）煤炭自热时，不能用水直接冷却货煤或灭火，但可通过冷却货舱外壁来间接降温。

（7）若货舱内的一氧化碳水平达到50 ppm，或连续3天稳定上升，则可能正在发生自热，船长在准确评估之后，最少将以下信息告知托运人和船公司：

① 明确所涉及的货物处所；
② 一氧化碳、甲烷和氧气含量的监测记录；
③ 如可能，应提供煤温、位置和取得测量结果的监测方法；
④ 舱内气体的监测时间（常规监测）；
⑤ 通风系统开/闭时间；
⑥ 舱内货煤的数量；
⑦ 每一货物信息中显示的货煤种类及信息中给出的特殊注意事项；
⑧ 装货日期和预计抵达卸货港时间（须具体说明）；
⑨ 船长的意见和看法。

3. 种子饼装运

种子饼是含油植物种子经机械压榨或通过溶剂萃取法提取油料后剩余的残渣，它主要用作饲料和肥料。其积载因数一般为1.39~2.09 m^3/t。最常见的种子饼有椰子饼、棉子饼、花生饼、亚麻仁饼、玉米饼、尼日尔草子饼、棕榈仁饼、菜子饼、稻糠饼、大豆饼和葵花子饼等，常以饼、片、球等形状交付运输。

1）种子饼的主要特性

由于种子饼内含有油和水，所以会自行缓慢地发热分解，并在遇潮或遇含有一定比例未经氧化的油类时会自燃，在长时间贮运过程中也易发热自燃，并能引起舱内缺氧，产生二氧化碳气体。上述所列种子饼中，葵花子饼最不稳定，最易发生氧化反应而发热自燃。《国际危规》中将种子饼列为4.2类危险货物，IMSBC规则将其归于具有化学危险的货物

（即B类）。

和其他物质一样，不饱和的有机物质较其饱和状态更易产生化学反应，放出热量。表示有机物质不饱和程度的一个指标是碘值。碘值越大，不饱和程度越高。种子饼是有机物质，因种类不同，其碘值也不同，碘值越大越易氧化发热自燃。

不同的种子饼所含油、水量不同，IMSBC规则中的种子饼分为三类：

（1）机械压榨的、含油量高于10%或含油水量合计高于20%的种子饼，联合国编号为1386。该类种子饼在装运前应适当陈放，所需陈放时间取决于含油量。只有当主管机关特许时方可散装运输。

（2）经溶剂萃取法和机械压榨的、含油量不高于10%的种子饼；若含水量高于10%，含油、水量合计不高于20%，联合国编号为1386。

（3）经溶剂萃取的、含油量低于1.5%且含水量不高于11%的种子饼，联合国编号为2217。

2）种子饼装运要求

（1）托运人应按规定提供准确的货物含油、水量，且含油量和含水量必须符合船运要求。种子饼应保持干燥。经溶剂萃取的种子饼应完全不含可燃溶剂。对结块、发霉、严重变色及含油、含水量超过标准的种子饼应拒装。

（2）如果航程超过5天，船舶应装设将二氧化碳或其他惰气引入舱内的设备。

（3）装运种子饼的船舶应按《国际危规》和IMSBC规则的要求，配备相应设备和监测仪器，具有良好的通风设备，具有二氧化碳灭火系统，货舱内管系、电缆状况良好，通风筒应装防火网罩。

（4）保证污水沟（井）清洁、通畅，应能随时排放。

（5）货物要保持干燥，不得在雨雪中装卸。

（6）装运第一类种子饼（UN 1386），当货物的温度为55 ℃或高于周围温度10 ℃（以低者为准）时，不得装载。

（7）如果货舱底是燃油舱，可垫木板和帆布隔热。机舱附近不要配货，如整船装运，应从远离机舱一端开装，并装成斜坡状。装货时要在货舱不同位置和不同深度安放温度计，以便测定货舱温度。装卸货过程中和进入货舱时，禁止吸烟和使用明火。

（8）种子饼本身含有油分，且有气味及具有吸味性，故不能与怕气味的和有气味的货物装在一起。同时应按要求与其他危险货物隔离。

（9）装卸期间，应显示规定信号。装卸作业区严禁吸烟和使用明火。

（10）航行途中，应每日测定各货舱不同深度处的温度，并做好记录。如果温度超过55 ℃并继续上升，应封闭货舱，停止通风；如果继续自热，对机械压榨法生产的种子饼，可以充入二氧化碳或其他惰气，并严密监测货物温度。但是对于经溶剂萃取的种子饼，未见明火之前不得使用二氧化碳，避免产生的静电将溶剂蒸气点燃。除非经过测试并确定氧气含量已经恢复到正常水平，否则禁止人员进入货物处所。

（11）航行中应根据外界气温变化进行通风，天气晴朗可以适时开舱晾晒，以散发舱内热气，避免产生大量汗水而造成货损。种子饼发热现象多是局部的，若发现冒烟，可把焦化冒烟及温度过高的种子饼清除出来抛入海中。

4. 直接还原铁装运

直接还原铁（DRI，direct reduced iron）是精铁粉或氧化铁在炉内经低温还原形成的低碳多孔状物质，又称海绵铁。它未经熔化，化学成分稳定，杂质含量少，主要用作电炉炼钢的原料。常以块状、颗粒状、冷模砖、热模砖、粉末状进行运输。

1）直接还原铁主要特性

直接还原铁属于IMSBC规则中的MHB货物，其主要特性有：

（1）自热性

在散装状态下直接还原铁易与空气中的氧气发生反应而自热，氧化反应产生的热量预计会使货舱内的货物温度暂时提高30 ℃，且造成载货处所缺氧。直接还原铁在本质上不是自燃物质，但在150~230 ℃范围内，直接还原铁有可能会燃烧。

（2）过热性

直接还原铁堆在一起而温度超过150 ℃时的状态称为过热。这时应将直接还原铁摊开，让其自然散热，而不应在冒热气的产品上浇水。

（3）与水反应性

直接还原铁与水（尤其是海水）或含有淡水或海水的空气反应生成热量和氢气，氢气是一种可燃气体，当与空气混合的浓度按体积比超过4%时可形成爆炸性混合物；反应产生的热量可达到很高的温度，足以点燃货物，导致危险的发生。该化学反应的强弱取决于矿石的来源、直接还原铁的种类、反应过程和温度及货物的老化程度。

2）直接还原铁分类

IMSBC规则根据直接还原铁的形状、密度、性质及生成时的温度将其分为三类：

（1）直接还原铁（A）

直接还原铁（A）是在温度高于650 ℃时压缩而成的、密度大于5 g/cm³的一种灰色枕状金属物质，其中粉末和小颗粒（6.35 mm以下）按重量比不超过5%，又称热模砖、热压铁块。

其高密度和枕状形状使其在处理、运输、储存及溶解过程中具有优势，性质较稳定，与水（特别是含盐水）接触后才可缓慢放出氢气，属于非易燃或具有较低火灾危险的物质。

（2）直接还原铁（B）

直接还原铁（B）是在低于铁的熔点温度下对氧化铁进行直接还原的过程中产生的多孔的黑灰色金属物质，多呈块状、颗粒状及冷模砖，其中粉末和小颗粒（6.35 mm以下）重量比不得超过5%。冷模砖是指在低于650 ℃温度下形成的密度小于5 g/cm³的铁块。

（3）直接还原铁（C）

该类货物是指在直接还原铁（A）和（B）制造和装卸过程中产生的多孔的黑灰色粉末状金属物质，其平均粒度小于6.35 mm，密度低于5 g/cm³。

此外，在实际生产和运输过程中，还存在一种直接还原铁铁粉，也是生产和加工直接还原铁（A）和（B）时产生的粒度较小的副产品。与直接还原铁（C）外形相似，但其含水量一般大于IMSBC规则规定的0.3%，有时高达12%，因此直接还原铁铁粉不在规则的货物清单内。

3) 直接还原铁装运要求

(1) 装货前，托运人应向船长提供货物的全面信息和在应急情况下的安全程序，并向船长提交经装货港主管当局授权人员签发的货物适运证书，证明装货时间适合装船并符合 IMSBC 规则的相关规定：

①粉末和小颗粒（6.35 mm 以下）：直接还原铁（A）和（B）中，按重量比不超过 5%；

②含水量：直接还原铁（A）低于 1.0%，直接还原铁（B）和（C）低于 0.3%；

③温度不超过 65 ℃（150 ℉）。

若不满足上述指标中的任一项，则不得装船。此外，变湿的直接还原铁（B）和（C）不得装船。

(2) 积载时应与包装形式的第 1.4S、2、3、4 和 5 类及第 8 类中的酸类货物"隔离"；与第 4、5 类固体散装货物"隔离"；直接还原铁（A）与除 1.4S 类以外的第 1 类危险货物"用介于中间的整个舱室或货舱纵向隔离"，直接还原铁（B）和（C）不得与 1.4S 类以外的第 1 类危险品同船装运；装载该类货物的货舱舱壁应为防火的，并有液体通道。

(3) 货舱应清洁、干燥，清除盐分和以前货物的残余物。装货前应拆除木质构件如板条、松散的垫舱物料、碎片和易燃物质。

(4) 直接还原铁在存储期间、装货前、装货中及航行的所有时间内应保持干燥，雨雪天禁止装船或过驳，但直接还原铁（A）在装货前可露天堆放。装卸货期间，应关闭已装货或拟装货舱室的不使用的所有舱盖。

(5) 装载直接还原铁（B）和（C）前，应按规定在货舱上部引入干燥的惰性气体，首选氮气；装货结束后，应对所有装货处所进行正确的密封和惰化，惰化结束后，货舱自由空间的氢气浓度应保持稳定且按体积比不超过 0.2%；整个航程中应能达到保持舱内含氧量低于 5%。

(6) 装船前，直接还原铁（B）至少应老化 3 天，直接还原铁（C）至少应老化 30 天，且由装货港国家主管当局授权人员签发证书予以确认。

(7) 货物装卸期间，应在货物区域及其毗邻处张贴"禁止吸烟"标志，并禁止使用明火。应采取适当措施对机械设备、船员住舱、雷达和暴露的无线电通信设备等进行粉尘防护。

(8) 装货期间，必须对货物的温度和含水量进行监测，并做详细记录，记录副本应提供给船长。装货后，装货港主管当局授权人员应签发证书，证明装船的所有货物的含水量和温度均满足规则要求。

(9) 船舶航行期间，如必要，仅能进行表面自然通风或机械通风，应保证空气不得进入货物内部。使用机械通风时，风扇须为防爆型的且能防止任何火花的产生。

(10) 船上应配备定性测量氢气和温度的测量仪，航行中对载货处所的氢气含量和货物温度进行监测，监测结果应记录并至少随船保留 2 年。当测量的氢气含量按体积比高于 1%（>25%LEL）或货物温度超过 65 ℃时，按照应急程序采取安全措施，若存在疑问，应征求专家的意见。发生火灾时，应封舱并使用氮气等惰气灭火，不得使用水、蒸汽及二氧化碳。

第四节 SOLAS公约对散货船附加安全措施

国际海事组织（IMO）于1997年11月召开的SOLAS第4次大会上通过了关于散货船结构安全的第十二章"散货船的附加安全措施"，该修正案于1999年7月1日生效。SOLAS公约第十二章共分14条，具体包括：

第1条定义；
第2条适用范围；
第3条实施计划；
第4条适用于散货船的破损稳性要求；
第5条散货船的结构强度；
第6条散货船的结构要求及其他要求；
第7条散货船的检验和维护保养；
第8条关于符合散货船要求的资料；
第9条对由于货舱结构设计的原因而不能符合第4.3条的散货船的要求；
第10条固体散货密度的申报；
第11条装载仪；
第12条货舱、压载舱和干燥处所进水报警装置；
第13条泵系的有效性；
第14条任何货舱空舱时的航行限制。

其中装载仪的配备要求，现有船第一货舱进水不沉及第一货舱进水后第一、二货舱之间槽形舱壁和双层底强度要求，新船任一货舱进水不沉的结构要求和稳性要求，单舷侧结构的货舱肋骨的结构要求，货舱舱口盖的强度和锁紧要求等引自IACS的船体结构安全要求。

2006年7月1日生效的SOLAS 2004修正案对整个十二章进行了全面的修订，并引入了新的散货船定义。

一、定义及适用范围

SOLAS公约对散货船的附加安全措施适用于运输散装干货的单舷侧结构和双舷侧结构散货船，包括矿砂船和兼装船等船型。

1. **单舷侧结构散货船**

所谓单舷侧结构散货船是指满足如下条件之一的散货船：

（1）货舱任何边界均为舷侧壳板。

（2）一个或多个货舱边界为双舷侧结构；2000年1月1日以前建造的散货船，该双舷侧结构宽度小于760 mm；2000年1月1日或以后，但在2006年7月1日以前建造的散货船，该双舷侧结构宽度小于1000 mm；该宽距按垂直于舷侧壳板量取。

该类船舶包括货舱任何边界均为舷侧壳板的兼装船。

2. **双舷侧结构散货船**

双舷侧结构散货船是指所有货舱边界均为双舷侧结构的散货船。

双舷侧指船舶每侧均由舷侧壳板与纵舱壁组成的构造形式，该纵舱壁连接双层底和甲板。底边舱和顶边舱（如设有）可为双舷侧构造的组成部分。

二、适用于散货船的破损稳性要求

根据船长、设计运载货物密度及建造时间在设计上应满足：

（1）船长150 m及以上，设计用于载运密度为1000 kg/m³及以上的固体散装货物，于1999年7月1日或以后建造的单舷侧结构散货船，当装载至夏季载重线时，应在所有装载工况下均能承受任一货舱进水，并能在令人满意的平衡状态下保持漂浮。

（2）船长150 m及以上，设计用于载运密度为1000 kg/m³及以上的固体散装货物，于2006年7月1日或以后建造，纵舱壁任一部分均在舷内$\frac{1}{5}B$或11.5 m（取较小者）范围内的双舷侧结构散货船，当装载至夏季载重线时，应在所有装载工况下均能承受任一货舱进水，并能在令人满意的平衡状态下保持漂浮。

（3）船长150 m及以上，设计用于载运密度为1780 kg/m³及以上的固体散装货物，于1999年7月1日以前建造的单舷侧结构散货船，当装载至夏季载重线时，应在所有装载工况下均能承受最前部货舱进水，并能在令人满意的平衡状态下保持漂浮。

（4）上述假定的进水只需考虑货舱处所进水至该进水状况下船舶的舷外水位。除非进水货舱容积中被货物占据部分的渗透率按该特定货物予以假定，并且该货舱所剩空余容积的渗透率假定为0.95，否则载货舱的渗透率应假定为0.9，空货舱的渗透率应假定为0.95。

三、散货船的结构强度

根据船长、设计运载货物密度及建造时间，散货船的结构强度在设计上应满足：

（1）船长150 m及以上，设计用于载运密度为1000 kg/m³及以上的固体散装货物，于1999年7月1日或以后建造的单舷侧结构散货船，应在所有装载和压载状态下有足够强度承受任一货舱进水至该进水状况下船舶的舷外水位，并计及舱内进水所产生的动力影响。

（2）船长为150 m及以上，设计用于载运密度为1000 kg/m³及以上的固体散装货物，于2006年7月1日或以后建造，纵舱壁任一部分均在舷内$\frac{1}{5}B$或11.5 m（取较小者）范围内的双舷侧结构散货船，应在所有装载和压载状态下有足够强度承受任一货舱进水至该进水状况下船舶的舷外水位，并计及舱内进水所产生的动力影响。

四、散货船的结构要求及其他要求

适用于1999年7月1日以前建造的船长150 m及以上、载运密度为1780 kg/m³及以上的固体散装货物的单舷侧结构散货船。最前两个货舱间的水密横舱壁及最前部货舱的双层底应符合散货船舱壁和双层底强度标准，有足够强度承受最前部货舱进水，并计及舱内进水所产生的动力影响。

五、散货船的检验和维护保养

（1）船长150 m及以上、船龄10年及以上，于1999年7月1日以前建造的单舷侧结构散货船，只有在满足下述条件之一时，才能载运密度为1780 kg/m³及以上的固体散装货物：

①按SOLAS公约第十一章相关要求的加强检验程序通过了定期检验；

②所有货舱按公约第十一章相关要求的加强检验程序通过了与定期检验同样范围的检验。

（2）散货船应符合SOLAS第二章规定的维护保养要求和国际海事组织MSC.169（79）决议通过并经修订的《散货船舱口盖船东检查和维护标准》，船东和船舶营运人应制订维护计划，养成在航行期间进行核查、当舱口盖被打开时进行检查的习惯。

六、关于符合散货船要求的资料

（1）SOLAS公约第六章货物运输第7.2条要求的散货船配备的货物装卸手册应由主管机关或其代表签署以表明其符合SOLAS公约第Ⅻ章第4条、第5条、第6条及第7条的适用要求。

该手册是为了防止正常营运散货船的船体结构产生过大应力，应使用负责货物作业的高级船员所熟悉的语言编写。如该种语言不是英文，则船上还应配备一份用英文写成的手册。该手册应至少包括下列内容：

①船舶稳性资料；

②压载水打排速率和能力；

③内底板上单位表面积的最大许用载荷；

④每舱最大许用载荷；

⑤有关船体结构强度的一般装卸须知，包括在装卸货物、压载作业及航行期间的最不利操作工况的任何限制；

⑥任何特别的限制，例如主管机关或由其认可的组织所施加的最不利操作工况的限制（如适用）；

⑦在货物装卸及航行期间船体上的最大许用载荷和力矩。

（2）按SOLAS第十二章第6条的要求对载运密度为1780 kg/m³及以上的固体散装货物的任何限制应在上述货物装卸手册上做出标识和记录。

（3）按SOLAS第十二章第6条的要求对载运密度为1780 kg/m³及以上的固体散装货物进行限制的散货船，应在船中部左、右舷侧外板上勘划一个实心的永久性等边三角形标志，其边长为500 mm，顶点在甲板线以下300 mm处，并漆成与船体有反差的颜色。

七、固体散货密度的申报

（1）船长为150 m及以上的固体散货船装货之前，托运人应按SOLAS公约第六章货物运输的相关要求提交货物积载因数、平舱方法、移动的可能性（包括静止角，如适用）以及任何其他有关特性的资料。对于浓缩物或可流态化的货物，还应提交货物含水量及适运水分限TML证书。除此之外，应申报货物密度。

（2）对于适用SOLAS公约第十二章第6条的散货船，如果不能满足有关装运密度为1780 kg/m³及以上的固体散货的所有相关要求，则申报密度在1250 kg/m³至1780 kg/m³范围内的任何货物时应由有资质的试验机构验证其密度。

八、装载仪

除另有规定外，下述要求适用于任何时候建造的固体散货船：

（1）船长为150 m及以上的固体散货船均应配备装载仪，该装载仪应能提供船体梁的剪力和弯矩资料。

（2）1999年7月1日以前建造的船长为150 m及以上的固体散货船，应不迟于1999年7月1日以后的第一次中间检验或定期检验之日符合配备装载仪的要求。

（3）2006年7月1日或以后建造的船长小于150 m的散货船应配备能提供船舶完整稳性资料的装载仪。计算机稳性计算的软件应经主管机关认可，该软件还应备有标准工况用于与批准的稳性资料有关的测试。

九、货舱、压载舱和干燥处所进水报警装置

下述要求适用于任何散货船：

（1）在每一货舱内，当水位达到高出任何货舱内底 0.5 m 时应发出听觉和视觉报警，并在水位高度达到不小于货舱深度 15% 但不超过 2 m 时也应发出听觉和视觉报警。水位探测器应安装在货舱的尾端。对于用作压载水舱的货舱，可以安装一个报警越控装置。视觉报警器应能将每一货舱中探测到的两种不同的水位明显区分开。听觉和视觉报警器应设于驾驶室。

（2）对 SOLAS 公约第二章相关条款所要求的防撞舱壁前方的任一压载舱，当舱内的液面达到不超过舱容的 10% 时应发出听觉和视觉报警。可安装一个报警越控装置，在使用该舱时启动。

（3）在除锚链舱以外的任何干燥处所或空舱内，延伸至首货舱前方的任何部位，在水位高出甲板 0.1 m 时应发出听觉和视觉报警。当围蔽处所内的容量不超过船舶最大排水量的 0.1% 时，不必安装此类报警器。

（4）2004 年 7 月 1 日以前建造的散货船，应在不迟于 2004 年 7 月 1 日后该船进行的年度检验、中间检验或换证检验时符合安装进水报警装置的要求，取早者。

十、任何货舱空舱时的航行限制

对船长为 150 m 及以上且所载货物密度为 1780 kg/m³ 以上的单舷侧结构散货船，如果不满足 SOLAS 第十二章第 5 条规定的承受任一货舱进水的要求，也不满足国际海事组织 MSC.168（79）决议通过的《单舷侧结构散货船舷侧结构标准和衡准》，则在船龄满 10 年之后，当任何货舱的载货重量低于该货舱在满载工况下最大许可载货重量的 10% 时，不得航行。该满载工况是指其载荷等于或大于在相应的核定干舷时的船舶载重量的 90%。

第五节 国际海运固体散装货物规则

为了保证除散装谷物以外散装固体货物的海上运输安全，国际海事组织 IMO 制定了《散装固体货物安全操作规则》（Code of Safe Practice for Solid Bulk Cargoes，BC Code），并于 1965 年开始出版，其后几经修订。

2008 年 12 月，IMO 海上安全委员会第 85 次会议以 MSC.268（85）决议通过了《国际海运固体散装货物规则》（International Maritime Solid Bulk Cargoes Code），简称 IMSBC 规

则，并经MSC.269（85）决议修正的SOLAS 1974第Ⅵ章（货物的载运）和第Ⅶ章（危险货物）装运的引用成为强制性规则，该规则取代了先前的BC规则，并于2011年1月1日起强制实施。

随后，海上安全委员会MSC在其第89、92和95次会议上通过了《国际海运固体散装货物规则》第01-11、02-13和03-15修正案，分别于2013年1月1日、2015年1月1日和2017年1月1日强制生效。因此现行的IMSBC规则为2015年的第三次修正案，规则包括正本和补充本。补充本包括《散货船安全装卸操作规则》（BLU规则）和《关于船上安全使用杀虫剂进行货舱熏蒸的建议书》等内容。

一、《IMSBC规则》的主要内容

IMSBC规则就散装固体货物积载和运输的安全标准向主管机关、船舶所有人、货物托运人及船长做出相关规定及提出相应指导。规则适用于载运SOLAS第Ⅵ章中所定义的散装固体货物的SOLAS公约适用的所有船舶以及小于500总吨国际航行的货船。规则共分14节及5个附录。

1. 一般规定

规则指出，对于各国及其他国际上的散装固体货物装运的相关规定，可认可规则的全部或部分内容。因此应该理解为，船舶在装运散装固体货物时，除遵守规则规定外，也应遵守各国主管机关及其他国际上的相关规定。

（1）对已列入规则通常散装运输的典型货物，在明细表中给出关于它们的特性和装卸方法的建议。但所述货物性质并非详尽无遗，仅用做指导。因此，装货前需从托运人处获得最新且有效的货物理化性质资料。托运人必须提供关于托运货物的详细信息。尚应清楚，明细表中每一种货物的相关规定，是规则中散装固体货物装运规定的补充而必须遵守。必要时，船长应该就有关可能是强制适用的载运要求咨询装货港和卸货港主管当局。

（2）对未列入规则的货物，托运人须向装货港主管当局提供货物的特性资料，由港口主管当局对货物安全运输的可行性予以评估。若货物经评估属于A类或B类货物时，应该征求卸货港和船旗国主管当局的建议，三方共同商定载运的临时适运条件。若货物经评估在运输中不会呈现特殊危险性时，即属于C类货物时，允许该种货物正常载运，但应该将评估结果和认可通报卸货港和船旗国主管当局。

对未列入规则的货物，装货港主管当局应该向船长签发一份陈述其特性、载运和装卸要求的证书。装货港主管当局自签发证书之日起1年内应向IMO提交一份申请，以便下次修订IMSBC规则时将货物列入规则的附录1各固体散装货物明细表中。申请表的格式与现行规则附录1中的货物明细表一样。

（3）一般规定还包括规则的适用和实施、SOLAS公约第六章和第七章的条款、免除和等效措施。

根据SOLAS公约，虽然规则从法律上是强制性的，但是有些内容依然是建议性的，具体包括：

①第4节评定货物的安全适运性：第4.2.2.2货物信息必须包括货物是否对海洋环境有害。

②第11节保安规定：11.2对岸基人员的一般规定；11.3对后果严重固体散装货物的规定。

③第12节积载因数换算表。

④第13节参考相关信息和建议。

⑤第14节防止船舶货物残余物污染。

⑥附录1（各固体散装货物明细表）中"描述""特性（除类别和组别）""危险性""应急程序"中的内容。

⑦附录2试验室测试程序、使用的仪器和标准。

⑧附录3固体散装货物的特性。

⑨附录4索引。

（4）规则涉及主要术语定义：

——散装货物运输名称（BCSN）：对于规则中的货物运输名称，以明细表或索引表为准；对于B类散装货物的运输名称，凡属IMDG规则定义的危险货物，规则采用与IMDG规则相同的货物名称，即以PSN为准。

——非黏性物质：指在运输期间，由于船舶运动导致易于移动的干燥物质，明细表中给出了该物质的静止角。

——黏性物质：指除非黏性物质以外的物质，可理解为凡明细表中未给出静止角的物质属于黏性物质。

——水分含量：指部分代表性样品中所含水分、冰或其他液体占试样潮湿重量的百分比。

——水分渗移：指由于震动和船舶摇摆，货物中的水分因沉淀和沉积所发生的移动。水分逐渐渗出，可导致部分或全部货物出现流态。

——流态：指大量的颗粒状物质内液体饱和到一定程度时，由于震动、撞击或船舶摇摆等外部因素影响，丧失其内部抗剪切强度而呈现出同液体一样的特性。

——流动水分点：指物质的代表性样品在规定的试验条件下出现流态时水分含量的百分比（按湿时质量计）。

——适运水分限：指货物在普通散货船运输时，安全的最大水分含量。

——潜在着火源：指不限于明火、机器废气、厨房用火、电源插座和没有经过安全认证的电器。

——热源：指加热的船舶结构，其温度可能会超过55 ℃。主要包括蒸汽管路、加热线圈、加热的燃料舱及货舱的顶壁和侧壁、机械处所的舱壁。

——平舱：指对舱内部分或全部货物进行平整。

——高密度散装固体货物：指积载因数≤0.56 m³/t的散装固体货物。

——通风：指从舱外向舱内交换空气，分为持续通风（所有时间不间断的通风）、机械通风（通过动力进行的通风）、自然通风（不需要动力进行的通风）和表面通风（货物表面进行的通风）。

2. 货物装运一般性预防措施

货物装运一般性预防措施包括两部分：

（1）货物分布应防止结构超负荷并维护船舶稳性。

（2）装载和卸载：货舱准备并使其适货；污水系统畅通并状态良好；采取措施防止对高密度散货落底对舱内设备的损坏；采取措施注意粉尘对机械和设备的影响。

3. 人身与船舶安全

对人身与船舶安全构成危害的主要方面包括：

1）中毒、腐蚀和窒息危险

对易于氧化物质，可能造成缺氧、散发毒气或烟雾及自热；某些物质虽不易氧化但可能散发有毒气体，尤其在潮湿时；还有一些货物潮湿时对皮肤、眼睛、黏膜或对船体具有腐蚀性，应采取特别措施。很多货物易在舱内造成缺氧。无论何种情况，应按规定的程序进入货舱或其他封闭处所。

2）粉尘对健康的危害

人体暴露于粉尘中会造成慢性或急性危害，应使用适当的呼吸器、防护服、防护膏、人体清洗、外衣清洁等防护措施。

3）易燃粉尘和气体

某些货物尤其在装卸、扫舱过程中产生粉尘，当浓度较高时具有爆炸危险，应通风降低浓度并用水冲洗货舱而不清扫。

某些货物可能释放大量的可燃气体，足以构成火灾或爆炸危险，应对货舱及毗邻处所进行气体监测并通风。

4）对通风的规定

（1）可能释放有毒气体货物，需使用机械通风或自然通风；可能释放易燃气体的货物，需使用机械通风。

（2）除可危及船舶及货物安全时可中断通风外，规则明细表或托运人提供的信息中要求持续通风时，货物装船后需保持该通风，但中断通风不应导致爆炸危险。

（3）通风需使危险性气体不能进入居住处所和工作区域。

（4）当货物自热时，不得采用表面通风以外的通风，不得将空气直接送入货堆内。

4. 评定货物的安全适运性

1）识别和分类

散装固体货物的正确识别是安全装运的必要条件。需根据货物的名称（BCSN）在规则中确定其类别；当货物未在规则中列明时，需根据IMO或原产地国主管机关认可程序进行测试，或由规则附录2提供的方法予以测定。

2）货物信息

托运人应以书面形式提供货物的相关信息，某些货物应提供相关的试验证书，如含水量证书、TML证书、风化证书及B类货物明细表中所要求的证书。

另外，规则中规定了试验货样的采样程序。

3）载运散装固体危险货物的船舶应配备的文件

（1）特别清单或舱单，但可用标明货物类别及装载位置的详细配载图来代替；

（2）EmS指南；

（3）运输第6.2类和第7类以外的固体散装危险货物时，应持有满足SOLAS公约第二章要求的固体散装危险货物适装证书。

5. 平舱措施及静止角的测定

规则给出了平舱的一般要求、非黏性货物平舱的特殊要求；推荐的静止角倾箱法（倾箱试验，适用于粒度小于10 mm的非黏性散装固体货物）、船上测定法。

6. 易流态化货物

规则在此提请船长和负责货物装运的其他人员关注货物流态化的潜在危险性并采取最大限度地降低此危险的防范措施。

货物移动可分为滑动和流态两种形式，而平舱是防止滑动的有效措施。

该部分描述了货物产生流态化和不会产生流态化的自身条件，可归纳为：含有一定比例的小颗粒并含水量超过TML的货物可能产生流态化；粉状或微颗粒状/大颗粒或块状、水分含量低的货物不会流态化。

应当注意的是，某些易于出现水分渗移的货物即使含水量低于TML，也可能出现危险的底部渗湿；当货物很浅且有较大倾角时，高含水量的货物特别易于滑动。

规则对A类货物的适运条件、配装、航行中货舱水密性保持、化学危险时采取的措施等做了规定。

7. 具有化学危险性的货物

规则中包括B类货物的类别、积载与隔离的一般要求和特殊要求。B类货物的类别包括列入《国际危规》中的固体散装危险货物和MHB。列入《国际危规》中的固体散装危险货物包括：第4.1类、第4.2类、第4.3类、第5.1类、第6.1类、第7类、第8类、第9类；MHB货物包括具有以下化学危险性的货物：易燃固体MHB（CB）、自热固体MHB（SH）、遇湿放出易燃气体的固体MHB（WF）、遇湿放出有毒气体的固体MHB（WT）、有毒固体MHB（TX）、腐蚀性固体MHB（CR）、其他危险性MHB（OH）。

分类为MHB的货物，在每个货物明细性质表中"类别"栏中的MHB分类应有一个符号引用。如果一种物质具有上述定义的一种或几种化学危险性，则"类别"中必须包括对每一种危险性的带标记的引用，如CB、SH、WF、WT、TX、CR、OH。

8. 防止船舶货物残余物污染

该部分为规则第14节的内容。所谓货物残余物是指除MARPOL公约附则Ⅴ外，其他附则未规定的、货物装卸后在甲板上或舱内留下的任何货物残留物，包括装卸过量或溢出物，不管其是在潮湿还是干燥的状态下，或是夹杂在洗涤水中，但不包括清洗后甲板上残留的货物粉尘或船舶外表面的灰尘。经修订的MARPOL公约附则V规定，除非明确允许，禁止向海洋排放所有类型的垃圾，其中就包括固体散装货物残余物。

该残余物按照联合国《全球化学品统一分类和标签制度》的规定，达到相关标准时，视为对海洋环境有害（HME）；反之，则视为无害（non-HME）。国际海事组织（IMO）海上环境保护委员会（MEPC）要求从2016年4月22日起，在任何情况下，不得将任何含有被分类为对海洋环境有害物质（HME）的货物残留物的冲洗水排放入海。

固体散装货物残留物大多是由于货物操作不规范、卸货不彻底导致，因此建议港口、码头和船舶应严格规范货物装卸程序以最大限度地减少货物残余的产生。船舶经营人应确保船舶适合装运所载货物，船岸双方应采用常规的卸货方法，充分利用安全有效的装卸设备及程序，并保持有效的沟通，最大限度地减少货物残余的产生以及货物在传输过程中的泄漏以及漏卸事故。

为了保证安全，防止污染海洋环境，根据IMSBC规则，发货人在装货前有责任向船长提供有关货物的详细信息。实际上，在多数情况下，船长无法得到有关货物是否对海洋有害的相关信息。海洋污染专家组为此专门公布了一个货物清单，该货物清单列举了可能对海洋环境有害的货物名称。但是需要注意的是，目前海洋污染专家组公布的货物清单只是参考性文件，在缺乏有关货物残余的详细信息的情况下，对货物残余是否对海洋环境有害的判断需要依赖于具体分析；在这种情况下，有关货物性质的判断需要申请符合联合国标准的实验室进行检验。对于清洗剂的成分确定，船长可以从清洗剂的化学品安全技术说明书（MSDS）中获得信息，当船舶在任何港口接收用来清洗货舱的清洗剂时，供应商应向船长提供一份完整的MSDS；有关装卸中可能混入的其他有害物质，可以通过船员正规严格的货物监管发现。

9. 附录

1）附录1 固体散装货物明细表

附录1中包含了300余种固体散装货物的明细表，各货物明细表的内容如表16-5-1所列。

表16-5-1 各固体散装货物明细表

椰子肉（干的）UN 1363		
描述		
经干燥的椰子肉，带有渗透性的陈腐脂肪臭味，可玷污其他货物		
特性		
静止角	散货密度（kg/m³）	积载因数（m³/t）
不适用	500	2.0
尺寸	类别	组别
不适用	4.2	B

续表

椰子肉（干的）UN 1363
危险性 易自热和自燃，特别是在遇到水时。易引起货物处所缺氧
积载和隔离 积载时不要与受热的表面，包括需加热的燃油舱柜接触
货舱清洁程度 按货物的危险性保持清洁和干燥状态
天气注意事项 该货物需尽可能保持干燥。该货物不得在降水期间装卸。在装卸该货物期间，需关闭装载或拟装载该货物的处所的不在使用中的所有舱盖
装载 按照《规则》第4和5节要求的有关规定进行平舱 禁止装载湿的椰子肉
注意事项 只有在装运前风干至少一个月，或由托运人向船长提供一份由原产国主管机关认可的人员签发的证书，证明该货物的最大水分含量不超过5%，才能装运该货物。禁止在货物处所和临近区域吸烟和使用明火，在对货物处所进行通风并测试氧气含量前，不许进入
通风 在航行期间，须根据需要仅对货物表面进行自然或机械通风
装运 在航行期间，须定期测量和记录货物温度以监测自热
卸货 没有特别要求
清扫 没有特别要求
需配备的专用应急设备 无
应急程序 无
火灾时的应急行动 封舱 使用船上固定式灭火装置（如果配备） 气封可以足够控制火灾
医疗急救 参考经修订的《危险货物事故医疗急救指南(MFAG)》

2）附录2 试验室测试程序、使用的仪器和标准

测试的固体散货的特性试验包括：测定静止角试验，精矿的含水量、流动水分点和适运水分限测定试验，含硝酸盐化肥自续放热分解试验、抗爆试验，木炭自热试验。

3）附录3 固体散装货物的特性

内容包括对非黏性货物的货种及是否具有黏性的划分、A类固体散货特性参数及B类货物注意事项的获取等。

本附录中给出了在干燥状态下不具有黏性的23种货物，包括：氟化铝、硝酸铵、硝酸铵化肥（A型、B型和无危险性的）、硫酸铵、无水硼砂、硝酸钙化肥、谷物筛选颗粒、粒状硫酸亚铁、磷酸二铵、磷酸一铵、硫酸镁化肥、氯化钾、钾碱、硝酸钾、硝酸钠、硝酸钠与硝酸钾混合物、锂辉石、过硫酸盐、木薯淀粉、尿素、木球团（含有添加剂和/或黏合剂）、木球团（不含有任何添加剂和/或黏合剂）、烘焙木材，在完成装货前，应测取其静止角，以便决定如何平舱。除另有说明外，上列货物以外的其他货物均为黏性货物，静止角对其不适用。

4）附录4 索引表

索引表形式如表16-5-2所示。

表16-5-2　索引表

散装货物运输名称	组别	参考
褐煤砖（BROWN COAL BRIQUETTES）	B	
煅烧黏土（CALCINED CLAY）	C	见矾土，经焙烧的
煅烧黄铁矿（CALCINED PYRITES）	A和B	见黄铁矿，经煅烧的
氟化钙（CALCIUM FLUORIDE）	B	见氟石
硝酸钙（CALCIUM NITRATE）UN 1454	B	
硝酸钙化肥（CALCIUM NITRATE FERTILIZER）	C	
氧化钙（CALCIUM OXIDE）	B	见石灰（未熟化的）
芥菜籽颗粒（CANOLA PELLETS）	B或C	见种子饼
碳化硅（CARBORUNDUM）	C	
蓖麻籽（CASTOR BEANS）UN 2969	B	
蓖麻片（CASTOR FLAKE）UN 2969	B	
蓖麻饼（CASTOR MEAL）UN 2969	B	
蓖麻油渣（CASTOR POMACE）UN 2969	B	
水泥（CEMENT）	C	
水泥烧结块（CEMENT CLINKERS）	C	
沉积铜（CEMENT COPPER）	A	见精矿明细表
黄铜矿（CHALCOPYRITE）	A	见铜精矿
耐火黏土（CHAMOTTE）	C	
木炭（CHARCOAL）	B	

5) 附录5 三种语言的散装货物运输名称

三种语言包括：英文、西班牙文和法文。

二、IMSBC规则的使用

船舶在运输散装固体散货之前，为取得所运载货物的装运规定和安全指导，应认真查阅并完整理解IMSBC规则的相关内容。

应该特别强调的是，虽然IMSBC规则为强制性规则，但其中的某些部分仍然为建议性的或非正式性的。在查阅时，凡规则中使用文字"须（shall）"，其规定为强制性的，使用文字"应（should）"，则要求为建议性的，使用文字"可（may）"则为选择性的。

（1）使用者应了解规则的整体内容和编排特点，阅读对整体固体散货运输具有指导意义的内容。

（2）当对拟装货物类别已知时，A类货物应阅读第7、8节的规定，B类货物相应的为第9节；当对拟装货物类别未知时，可从索引表中查得。

（3）根据货物名称查取明细表，获取货物装运的详细信息。

（4）若需获取规则中未包含的其他信息和建议，可首先由规则给出的参考清单（第13节）得到IMO相关参照文件后，具体查阅这些文件。如对人员防护的规定，可查阅清单列出的《危险货物事故医疗急救指南》（MFAG）相关条款和SOLAS公约、FSS规则有关章节。

第六节 水尺计重

水尺计重（draught survey）是利用船舶装卸货物前后水尺变化来计算载货重量的一种方法。虽然水尺计重存在误差，但简便可行，适用于煤炭、生铁、废钢、矿石、硫黄、盐、化肥等价格较低的散货计重。在船方协助下，水尺计重工作由公证鉴定机构（我国为商品检验局）的公估师（surveyor）承担，计重工作结束后出具船方认可的货物计重证明，作为货物重量交接凭证，出口时作为结汇凭据，进口时可作为到岸计价或短重索赔的依据。

进行水尺计重时，利用船舶吃水与排水量的关系，通过观测船舶载货时和无货时的各自吃水，查得相应的排水量，它们分别表示称重时的毛重和皮重，这两者之差扣除装（卸）货前后油水等重量的变化，就是所载货物的重量。

一、测定有关数据

为减小水尺计重的误差,应尽可能地提高每一项有关原始数据的测量精度。

1. 观测船舶六面吃水

装(卸)货前、后,船方会同鉴定人员,共同查看六面吃水。观测时,船上不得进行一切可能影响水尺观测的操作,如压载水的排注、吊杆移动等。有波浪时,尤其是伴有横摇时,应在较长时间的注视后取一瞬间静止状态吃水值,或读取水面最高和最低时的吃水,取其中间值。在有波浪的情况下,吃水至少观测2~3次,取它们的平均值。为提高船中吃水观测精度,应在船中吃水标志处安放滤波装置,使观测时减小波浪的影响。另外,在经常需要观测的水线附近的水尺标志,要常用油漆刷新,有助于准确读取数据。

2. 测定港水密度

当地港口当局虽然有公布的标准密度,但因水温变化,一般在观测吃水的同时,实测当时港水密度。港水取样时应避开船舶排水管口和码头下水道管口,通常在舷外船中部吃水深度1/2处选取水样用铅锤密度计测定。

3. 测定压载水数量及淡水数量

大型散货船的压载舱数量多且容量大,若测定不准,会使检测的货物重量产生较大的误差。一般情况下,鉴定人员不一定逐一对每个压载舱的水深亲自测定,若经检验后确认船上的测定记录准确,就直接使用船上的记录数值,因而船上的压载水深测量记录应该准确无误。若对压载水数量存有怀疑,应立即复查。大型货船淡水舱较少且舱内设有水位标志,可以直接读取读数。

4. 计算燃油存量

水尺计重时,一般不是通过测定油舱深度来计算燃油存量,而是根据机舱所报存油量加补给量再扣减停泊消耗量的方法求取的。尽管如此,船舶在到港前,轮机员应具体测深以确定存油量并报告大副,防止出现过大的误差。

在测定油水存量时,若船舶有纵倾或横倾且测深孔不在货舱的中心时,应进行纵、横倾修正,一般可从船舶资料中查取。

二、确定最终平均吃水

1. 计算水尺标志上的左、右舷平均吃水及吃水差

$$\begin{cases} d_F = \frac{1}{2}(d_{FP} + d_{FS}) \\ d_{\text{中}M} = \frac{1}{2}(d_{\text{中}P} + d_{\text{中}S}) \\ d_A = \frac{1}{2}(d_{AP} + d_{AS}) \\ t = d_F - d_A \end{cases} \quad (16\text{-}6\text{-}1)$$

2. 修正水尺标志的读取吃水

如图16-6-1所示，船舶的首、尾吃水线应以与首尾垂线的交点处的读数为准，而船舶的实际水尺标志却并不一定在首尾垂线上。因此，当船舶存在吃水差时，就需要对上述首尾吃水进行垂线修正。

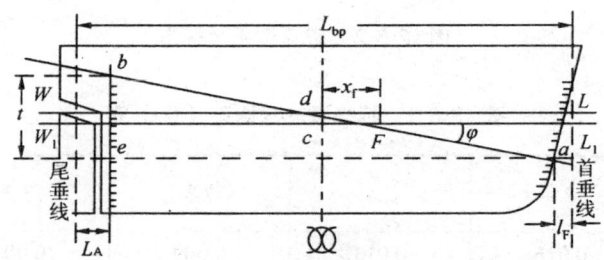

图 16-6-1 首尾标志吃水的修正

另外，由于中吃水标志可能不在船中处，船舶在纵倾条件下，也需要将标志吃水修正到 $\frac{1}{2}L_{bp}$ 处。中吃水标志通常位于船中后。

首、中、尾吃水修正量 C_F、C_M、C_A 的求算应按下式计算：

$$\begin{cases} C_F = \dfrac{t \cdot l_F}{L_{bp} - l_F - l_A} \\ C_M = \dfrac{t \cdot l_M}{L_{bp} - l_F - l_A} \\ C_A = \dfrac{\mp t \cdot l_A}{L_{bp} - l_F - l_A} \end{cases} \quad (16\text{-}6\text{-}2)$$

式中：

t——观测吃水条件下的吃水差（m），首倾时取（+），尾倾时取（−）；

l_F——观测首吃水点至首垂线的水平距离（m），由吃水标志位置图量取；

l_M——中吃水标志至船中的水平距离（m），其获取方法同 l_F；

l_A——观测尾吃水点至尾垂线的水平距离（m），其获取方法同 l_F。

当船尾吃水标志在尾垂线之前时，C_A 算式的分子中的符号为"−"；当船尾吃水标志

在尾垂线之后时，C_A 算式的分子中的符号为"+"。

某些船舶资料中给出了标志吃水修正量表，使用时可直接查取。水尺标志通常分为垂直勘绘（如在首柱后、船中后、尾柱前一定距离）和非垂直勘绘（如在首柱上）两种方式，当水尺标志非垂直勘绘（如在首柱上）时，其修正表如表 16-6-1 所示，可根据观测吃水和吃水差查出 C_F、C_A 值；当水尺标志垂直勘绘时，如图 16-6-2 所示，修正表如表 16-6-2 所示，使用时直接由吃水差查出 C_F、C_M、C_A 值。

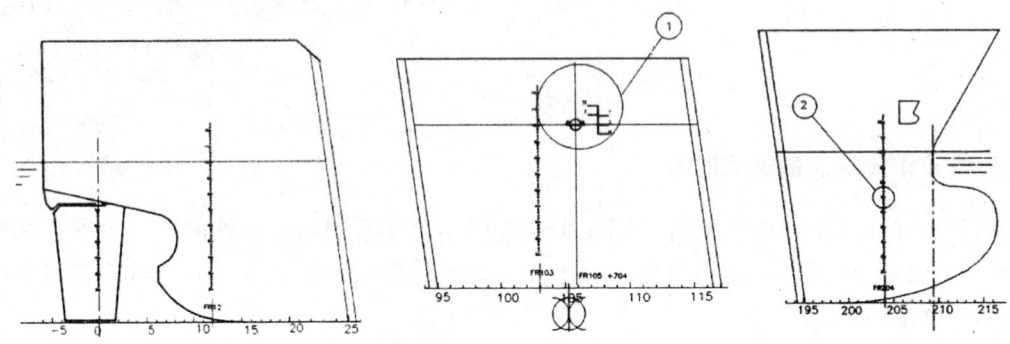

图 16-6-2　垂直型水尺标志

表 16-6-1　标志首吃水修正（C_F）表

t(m) \ d(m)	2.0	2.4	2.8	3.2	3.6
−1.5	0.016	0.013	0.009	0.006	0.003
−1.1	0.008	0.006	0.003	0.001	−0.001
−0.7	0.000	−0.001	−0.003	−0.004	−0.006
−0.3	−0.007	−0.008	−0.009	−0.009	−0.010
0.1	−0.015	−0.015	−0.014	−0.014	−0.014
0.5	−0.023	−0.022	−0.020	−0.019	−0.018
0.9	−0.030	−0.028	−0.026	−0.025	−0.023

表 16-6-2　标志吃水修正表

吃水差 t (m)	吃水修正值(m)			吃水差 t (m)	吃水修正值(m)		
	C_F	C_M	C_A		C_F	C_M	C_A
1.5	0.0329	−0.0181	−0.0730	−2.1	−0.0460	0.0253	0.1022
1.3	0.0285	−0.0156	−0.0633	−2.3	−0.0504	0.0277	0.1120
1.1	0.0241	−0.0132	−0.0536	−2.5	−0.0548	0.0301	0.1217
0.9	0.0197	−0.0108	−0.0438	−2.7	−0.0592	0.0325	0.1315
0.7	0.0153	−0.0084	−0.0341	−2.9	−0.0635	0.0349	0.1412

续表

吃水差 t (m)	吃水修正值(m)			吃水差 t (m)	吃水修正值(m)		
	C_F	C_M	C_A		C_F	C_M	C_A
0.5	0.0110	−0.0060	−0.0243	−3.1	−0.0679	0.0373	0.1509
0.3	0.0066	−0.0036	−0.0146	−3.3	−0.0723	0.0397	0.1607
0.1	0.0022	−0.0012	−0.0049	−3.5	−0.0767	0.0421	0.1704
0.0	0	0	0	−3.6	−0.0789	0.0433	0.1753
−0.1	−0.0022	0.0012	0.0049	−3.7	−0.0811	0.0445	0.1801
−0.3	−0.0066	0.0036	0.0146	−3.9	−0.0854	0.0469	0.1899
−0.5	−0.0110	0.0060	0.0243	−4.1	−0.0898	0.0494	0.1996
−0.7	−0.0153	0.0084	0.0341	−4.3	−0.0942	0.0518	0.2094
−0.9	−0.0197	0.0108	0.0438	−4.5	−0.0986	0.0542	0.2191
−1.1	−0.0241	0.0132	0.0536	−4.7	−0.1030	0.0566	0.2288
−1.3	−0.0285	0.0156	0.0633	−4.9	−0.1074	0.059	0.2386
−1.5	−0.0329	0.0181	0.0730	−5.1	−0.1117	0.0614	0.2483
−1.7	−0.0372	0.0205	0.0828	−5.3	−0.1161	0.0638	0.2581
−1.9	−0.0416	0.0229	0.0925	−5.5	−0.1205	0.0662	0.2678

经 C_F、C_M、C_A 修正后的首、中、尾吃水 d_{F1}、$d_{\otimes M1}$ 和 d_{A1} 为

$$\begin{cases} d_{F1} = d_F + C_F \\ d_{\otimes M1} = d_{\otimes M} + C_M \\ d_{A1} = d_A + C_A \end{cases} \quad (16\text{-}6\text{-}3)$$

3. 计算首尾平均吃水 d_{M1}

经吃水标志修正后的首尾平均吃水 d_{M1} 为：

$$d_{M1} = \frac{d_{F1} + d_{A1}}{2} \quad (16\text{-}6\text{-}4)$$

4. 计算六面平均吃水 d_{M2}

经吃水标志修正后的首尾平均吃水 d_{M2} 为：

$$d_{M2} = \frac{d_{M1} + d_{\otimes M1}}{2} \quad (16\text{-}6\text{-}5)$$

5. 计算最终平均吃水 d_{M3}

船舶出现拱垂变形后，其首尾平均吃水与船中吃水不等。如图 16-6-3 所示，船舶中拱时，首尾平均吃水 d_{M1} 要比船中吃水 $d_{\otimes M1}$ 大，此种情况下若不修正平均吃水，而以 d_{M1} 计算

排水量，就会多算了图中阴影部分的排水体积，也就是多算了货物装载量；反之，船舶中垂时则少算了装载量。为此，需对船舶吃水进行拱垂变形修正。

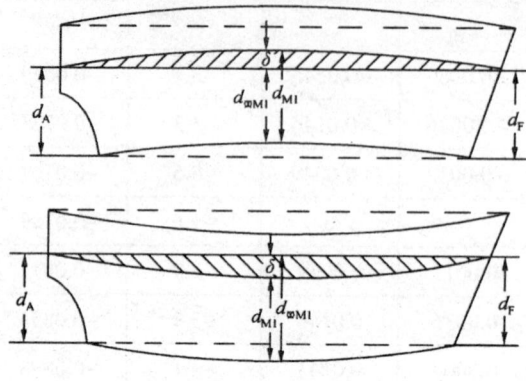

图 16-6-3 吃水的拱垂修正

在水尺计重中，通常将 d_{M2} 与 $d_{\infty M1}$ 再次平均，作为对船舶拱垂变形的修正，即最终平均吃水 d_{M3} 为：

$$d_{M3} = \frac{d_{M2} + d_{\infty M1}}{2} \qquad (16\text{-}6\text{-}6)$$

为减少计算层次，可将式（16-6-4）、式（16-6-5）和式（16-6-6）合并为下式形式而直接得到 d_{M3}：

$$d_{M3} = \frac{d_{F1} + 6d_{\infty M1} + d_{A1}}{2} \qquad (16\text{-}6\text{-}7)$$

三、求取船舶排水量

求取船舶吃水为 d_{M3} 对应的排水量时，可按下述步骤进行：

1. 由最终平均吃水 d_{M3} 查取排水量 Δ_0

根据 d_{M3} 可从载重表或静水力数值表中直接查出相应排水量。在查取时，先查得与 d_{M3} 邻近的整数吃水值对应的排水量作为基数，再将差额吃水乘以相应的 TPC 得出差额吨数，以排水量基数加（或减）差额吨数，即求得 d_{M3} 对应的排水量 Δ_0 值。

2. 求取纵倾修正后的排水量 Δ_1

由上求得的平均吃水 d_{M3} 是船中处的吃水，当船舶存在纵倾状态下的实际平均吃水即等容吃水因纵倾轴不在船中，两者往往不一致。因此，按 d_{M3} 查取的排水量并非船舶实际排水量，而应对此予以修正（见图 16-6-4）。排水量纵倾修正量 $\delta\Delta$ 通常按式（16-6-8）确定，其计算方法为：

$$\delta\Delta = \frac{100t \cdot x_f \cdot TPC}{L_{bp} - l_F - l_A} + \frac{50t^2}{L_{bp} - l_F - l_A} \cdot \frac{dM}{dZ} \qquad (16\text{-}6\text{-}8)$$

式中:

$\dfrac{dM}{dZ}$ ——在平均吃水 d_{M3} 处 MTC 的变化率,可取吃水为 $(d_{M3}+0.5)$ 与 $(d_{M3}-0.5)$ 时 MTC 的差值。

在式(16-6-8)中,等号右边第一项称为一次修正,第二项称为二次修正。一次修正的实质是假定纵倾轴过漂心的修正;二次修正为船舶大纵倾时纵倾轴不过漂心而需在一次修正的基础上,再对两者的差值予以修正。

于是,纵倾修正后的船舶排水量为:

$$\Delta_1 = \Delta_0 + \delta\Delta \qquad (16\text{-}6\text{-}9)$$

实际应用中,当 $t<0.3\,\mathrm{m}$ 时,不需进行纵倾修正;当 $0.3\,\mathrm{m}<t<1.0\,\mathrm{m}$ 时,仅需进行纵倾一次修正;当 $t>1.0\,\mathrm{m}$ 时,应同时进行一次修正和二次修正。

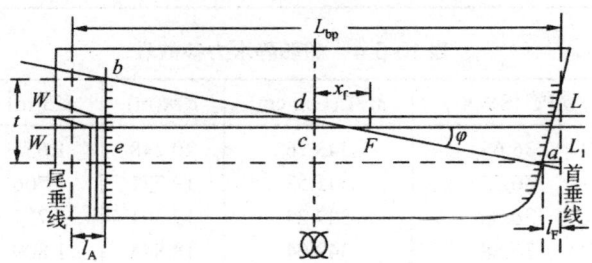

图 16-6-4　排水量纵倾修正

3. 求取港水密度修正后的排水量 Δ

当实测的港水密度 ρ 与船舶资料中所使用的标准海水密度不同时,应对排水量进行港水密度修正。修正后的船舶排水量 Δ 为:

$$\Delta = \rho\Delta_1/1.025 \qquad (16\text{-}6\text{-}10)$$

为便于区别,在货物装载量计算中,船舶装载(或卸载)前经水密度修正后的排水量用 Δ_F 表示,而装载(或卸载)后经水密度修正后的排水量用 Δ_A 表示。

四、计算货物装(卸)载量

设装(卸)货前的排水量为 Δ_F,全船燃油、淡水、压载水等储备总量为 G_F,装(卸)货后的船舶排水量为 Δ_A,全船储备总量为 G_A,则装(卸)货量 Q 可由下式求出:

$$\begin{cases} Q = (\Delta_A - G_A) - (\Delta_F - G_F) & (装货港) \\ Q = (\Delta_F - G_F) - (\Delta_A - G_A) & (卸货港) \end{cases} \qquad (16\text{-}6\text{-}11)$$

例 16-6-1:某船装运进口铁矿,已知 $L_{bp}=158.32\,\mathrm{m}$,卸货前、后观测的六面吃水如表 16-6-3 所示,测定卸货前的淡水存有量为 248.5 t,压载水存有量为 118.9 t,轮机部提供燃油存量为 230.1 t,柴油存量为 57.6 t,测定卸货后淡水存有量为 467.1 t,压载水存有量为 1633.5 t,轮机部提供燃油补给量为 231.7 t,柴油补给量为 47.1 t,在港消耗油水为 8.9 t,实测港水密度为 1.020 g/cm³,求该船卸货数量。

水尺标志位置如图 16-6-2 所示，静水力参数表见表 16-6-4；装卸货前后首、中、尾水尺标志位置与理论位置的水平距离分别为 $l_F = 3.24$ m，$l_M = 1.78$ m，$l_A = 7.20$ m。

表 16-6-3 观测吃水数据表

吃水(m)	卸货前	卸货后
d_{FP}	7.83	3.23
d_{FS}	7.83	3.23
d_{MP}	8.40	3.81
d_{MS}	8.41	3.81
d_{AP}	8.83	4.57
d_{AS}	8.83	4.58

表 16-6-4 船舶静水力参数表

d(m)	D (SW)(t)	TPC (SW)(t)	MTC(t·m/cm)	KM(m)	KB(m)	x_b(m)	x_f(m)
3.20	10961	36.65	343.76	20.248	1.654	5.728	5.127
3.30	11328	36.73	345.53	19.771	1.706	5.707	5.087
3.40	11696	36.80	347.29	19.301	1.757	5.687	5.045
3.50	12064	36.88	349.04	18.845	1.809	5.667	5.001
3.60	12433	36.95	350.80	18.408	1.861	5.647	4.956
3.70	12803	37.03	352.56	17.998	1.913	5.626	4.909
3.80	13173	37.10	354.33	17.621	1.964	5.606	4.861
3.90	13545	37.17	356.11	17.284	2.016	5.585	4.812
4.00	13917	37.24	357.91	16.993	2.068	5.565	4.762
4.10	14290	37.31	359.72	16.727	2.119	5.543	4.708
4.20	14664	37.38	361.52	16.462	2.171	5.521	4.648
4.30	15038	37.45	363.33	16.200	2.223	5.497	4.581
4.40	15413	37.52	365.13	15.943	2.275	5.473	4.509
4.50	15788	37.59	366.95	15.695	2.326	5.448	4.431
...	...	...	...	...	...	...	...
7.60	27798	40.01	436.16	12.188	3.942	4.148	−0.263
7.70	28198	40.11	439.18	12.146	3.995	4.084	−0.481
7.80	28600	40.21	442.29	12.106	4.047	4.020	−0.699
7.90	29002	40.31	445.50	12.071	4.100	3.953	−0.918
8.00	29405	40.41	448.81	12.038	4.153	3.884	−1.136
8.10	29810	40.52	452.36	12.008	4.206	3.813	−1.356
8.20	30216	40.63	456.17	11.980	4.259	3.742	−1.577
8.30	30622	40.75	460.09	11.953	4.312	3.670	−1.799
8.40	31031	40.87	463.96	11.928	4.365	3.597	−2.020
8.50	31440	40.98	467.62	11.906	4.418	3.522	−2.239
8.60	31850	41.08	471.12	11.886	4.471	3.447	−2.440
8.70	32261	41.19	474.58	11.867	4.525	3.370	−2.614
8.80	32673	41.29	477.94	11.849	4.578	3.294	−2.766
8.90	33087	41.39	481.14	11.834	4.631	3.218	−2.899
9.00	33502	41.48	484.12	11.821	4.685	3.143	−3.019

1) 计算卸货前的排水量
(1) 计算平均吃水 d_{M3}

$$t = \frac{d_{FP} + d_{FS}}{2} - \frac{d_{AP} + d_{AS}}{2}$$

$$= \frac{7.83 + 7.83}{2} - \frac{8.83 + 8.83}{2} = -1.00 \text{ m}$$

$$C_F = \frac{t \cdot l_F}{L_{bp} - l_F - L_A}$$

$$= \frac{3.24 \times (-1.00)}{158.32 - 3.24 - 7.20} = -0.0219 \text{ m}$$

或查表16-6-2得：

$$C_F = -0.0219 \text{ m}$$

$$C_M = \frac{t \cdot l_M}{L_{bp} - l_F - L_A}$$

$$= \frac{1.78 \times (-1.00)}{158.32 - 3.24 - 7.20} = -0.0120 \text{ m}$$

或查表16-6-2得：

$$C_M = -0.0120 \text{ m}$$

$$C_A = \frac{-t \cdot l_A}{L_{bp} - l_F - L_A}$$

$$= \frac{-7.20 \times (-1.00)}{158.32 - 3.24 - 7.20} = 0.0487 \text{ m}$$

或查表16-6-2得：

$$C_A = 0.0487 \text{ m}$$

$$d_F = \frac{d_{FP} + d_{FS}}{2} + C_F$$

$$= \frac{7.83 + 7.83}{2} - 0.0219 = 7.808 \text{ m}$$

$$d_{\text{空}M} = \frac{d_{\text{空}P} + d_{\text{空}S}}{2} + C_M$$

$$= \frac{8.40 + 8.41}{2} - 0.0120 = 8.393 \text{ m}$$

$$d_A = \frac{d_{AP} + d_{AS}}{2} + C_A$$

$$= \frac{8.83 + 8.83}{2} + 0.0487 = 8.879 \text{ m}$$

$$d_{M1} = \frac{d_F + d_A}{2}$$

$$= \frac{7.808 + 8.879}{2} = 8.344 \text{ m}$$

$$d_{M2} = \frac{d_{M1} + d_{\text{空}M}}{2}$$

$$= \frac{8.344 + 8.393}{2} = 8.369 \text{ m}$$

$$d_{M3} = \frac{d_{M2} + d_{\otimes M}}{2}$$
$$= \frac{8.369 + 8.393}{2} = 8.381 \text{ m}$$

或

$$d_{M3} = \frac{d_F + 6d_{\otimes M} + d_A}{8}$$
$$= \frac{7.808 + 6 \times 8.393 + 8.879}{8} = 8.381 \text{ m}$$

(2) 计算平均吃水 d_{M3} 所对应的排水量 Δ_0

由 $d_M = 8.40$ m 查静水力参数表得排水量为 31031 t, $TPC = 40.87$ t/cm, 则当 $d_{M3} = 8.381$ m 时对应的排水量 Δ_0 为:

$$\Delta_0 = 31031 - 40.87 \times (840 - 838.1) = 30953.3 \text{ t}$$

(3) 计算排水量纵倾修正值 $\delta\Delta$

由 $d_{M3} = 8.381$ m 查得：

$$x_f = -1.978 \text{ m}$$
$$d_M = 8.381 + 0.5 \text{ m 时对应的 } MTC = 480.53 \text{ t} \cdot \text{m/cm}$$
$$d_M = 8.381 - 0.5 \text{ m 时对应的 } MTC = 444.89 \text{ t} \cdot \text{m/cm}$$
$$\frac{dM}{dZ} = \frac{(480.53 - 444.89)}{8.881 - 7.881} = 35.64 \text{ t} \cdot \text{m/cm}$$

则

$$\delta\Delta = \frac{100t \cdot x_f \cdot TPC}{L_{bp} - l_F - l_A} + \frac{50t^2}{L_{bp} - l_F - l_A} \cdot \frac{dM}{dZ}$$
$$= \frac{100 \times (-1.00) \times (-1.978) \times 40.87}{158.32 - 3.24 - 7.20} + \frac{50 \times (-1.00)^2}{158.32 - 3.24 - 7.20} \times 35.64 = 66.72 \text{ t}$$

(4) 计算经港水密度修正后的卸货前排水量 Δ_F

$$\Delta_F = \frac{(\Delta_0 + \delta\Delta) \times \rho}{1.025}$$
$$= \frac{(30953.3 + 66.72) \times 1.020}{1.025} = 30868.7 \text{ t}$$

2) 计算卸货后的排水量 Δ_A

(1) 计算平均吃水 d_{M3}

$$t = \frac{d_{FP} + d_{FS}}{2} - \frac{d_{AP} + d_{AS}}{2}$$
$$= \frac{3.23 + 3.23}{2} - \frac{4.57 + 4.58}{2} = -1.345 \text{ m}$$
$$C_F = \frac{t \cdot l_F}{L_{bp} - l_F - L_A}$$
$$= \frac{3.24 \times (-1.345)}{158.32 - 3.24 - 7.20} = -0.0295 \text{ m}$$

或查表 16-6-2 得：

$$C_F = -0.0295 \text{ m}$$

$$C_M = \frac{t \cdot l_M}{L_{bp} - l_F - L_A}$$

$$= \frac{1.78 \times (-1.345)}{158.32 - 3.24 - 7.20} = -0.0162 \text{ m}$$

或查表 16-6-2 得：

$$C_M = -0.0162 \text{ m}$$

$$C_A = \frac{-t \cdot l_A}{L_{bp} - l_F - L_A}$$

$$= \frac{-7.20 \times (-1.345)}{158.32 - 3.24 - 7.20} = 0.0655 \text{ m}$$

或查表 16-6-2 得：

$$C_A = 0.0655 \text{ m}$$

$$d_F = \frac{d_{FP} + d_{FS}}{2} + C_F$$

$$= \frac{3.23 + 3.23}{2} - 0.0295 = 3.201 \text{ m}$$

$$d_{\otimes M} = \frac{d_{\otimes P} + d_{\otimes S}}{2} + C_M$$

$$= \frac{3.81 + 3.81}{2} - 0.0162 = 3.794 \text{ m}$$

$$d_A = \frac{d_{AP} + d_{AS}}{2} + C_A$$

$$= \frac{4.57 + 4.58}{2} + 0.0655 = 4.641 \text{ m}$$

$$d_{M1} = \frac{d_F + d_A}{2}$$

$$= \frac{3.201 + 4.641}{2} = 3.921 \text{ m}$$

$$d_{M2} = \frac{d_{M1} + d_{\otimes M}}{2}$$

$$= \frac{3.921 + 3.794}{2} = 3.858 \text{ m}$$

$$d_{M3} = \frac{d_{M2} + d_{\otimes M}}{2}$$

$$= \frac{3.858 + 3.794}{2} = 3.826 \text{ m}$$

或

$$d_{M3} = \frac{d_F + 6d_{\otimes M} + d_A}{8}$$

$$= \frac{3.201 + 6 \times 3.794 + 4.641}{8} = 3.826 \text{ m}$$

（2）计算平均吃水 d_{M3} 所对应的排水量 Δ_0

由 $d_M = 3.80$ m 查静水力参数表得排水量为 13173 t，$TPC = 37.10$ t/cm，则当 $d_{M3} = 3.826$ m 时对应的排水量 Δ_0 为：

$$\Delta_0 = 13173+37.10\times(382.6-380)=13269.5 \text{ t}$$

(3) 计算排水量纵倾修正值 $\delta\Delta$

由 $d_{M3}=3.826$ m 查得：

$$x_f = 4.848 \text{ m}$$

$d_M = 3.826+0.5$ m 时对应的 $MTC= 363.80$ t·m/cm

$d_M = 3.826-0.5$ m 时对应的 $MTC= 345.99$ t·m/cm

$$\frac{dM}{dZ} = \frac{(480.53-444.89)}{8.881-7.881} = 17.81 \text{ t·m/cm}$$

则

$$\delta\Delta = \frac{100t \cdot x_f \cdot TPC}{L_{bp}-l_F-l_A} + \frac{50t^2}{L_{bp}-l_F-l_A}\cdot\frac{dM}{dZ}$$

$$= \frac{100\times(-1.345)\times 4.848\times 37.10}{158.32-3.24-7.20} + \frac{50\times(-1.345)^2}{158.32-3.24-7.20}\times 17.81 = -152.69 \text{ t}$$

(4) 计算经港水密度修正后的卸货前排水量 Δ_A

$$\Delta_A = \frac{(\Delta_0+\delta\Delta)\times\rho}{1.025}$$

$$= \frac{(13269.5-152.69)\times 1.020}{1.025} = 13052.8 \text{ t}$$

3) 计算卸货前和卸货后淡水、压载水及燃油、柴油存量（G_F、G_A）

$$G_F = 248.5+118.9+230.1+57.6=655.1 \text{ t}$$

$$G_A = 467.1+1633.5+(230.1+57.6)+(231.7+47.1)-8.9=2658.2 \text{ t}$$

4) 计算卸货量 Q

$$Q=(\Delta_F-G_F)-(\Delta_A-G_A)$$

$$=(30868.7-655.1)-(13052.8-2658.2)=19819 \text{ t}$$

第十七章

散装液体货物运输

本章学习目标

1. 掌握油船配积载方案的编制；
2. 掌握石油安全装运；
3. 掌握油量计算的流程及方法；
4. 掌握散装化学品安全装运；
5. 掌握液化气体安全装运。

海运的散装液体货物包括石油及其产品、种类繁多的散装液体化学品及散装液化气体。其中石油是世界上的重要能源之一，也是我国重要的进口能源。随着石油产量和运输量的迅速增长，油船向专业化、大型化、现代化发展，逐渐成为一种重要的专用运输船舶。目前，石油运输已成为我国海上运输的一个重要组成部分。本章重点介绍石油类货物的安全运输，简要介绍散装液体化学品和散装液化气体的安全运输。

第一节 油船配载图编制

油船配装的要求、方法与普通货船基本相同，但由于其所运货物的特殊性和油船本身的结构特点，在配装时有自己的特殊之处。

一、航次货运量的确定

若油船所装运石油产品的密度小于船舶设计时选用的货物密度，则会出现满舱不满载的状态；若油船所装运石油产品的密度大于船舶设计时选用的货物密度，则会出现满载不满舱的状态。考虑到石油及其产品的胀缩性，在货源充足的前提下，航次货运量可根据式（17-1-1）来计算。

$$Q_\mathrm{m} = \min\left\{NDW,\ \rho' \sum V_{\mathrm{o.t}}(1-\frac{f\delta t}{1+f\delta t})\right\} \qquad (17\text{-}1\text{-}1)$$

式中：

ρ'——航次预计最高油温对应的货油密度（g/cm³）；

$\sum V_{\mathrm{o.t}}$——油船总舱容（m³）；

f——货油的体积温度系数（1/℃）；

δt——始发港油温与航程中预计可能达到的最高油温之间的差值（℃）。

结合油船营运的特点，在确定最大航次货运量时，还应考虑如下问题：

（1）在计算航次总储备量$\sum G$时，需包括为完成油船的特殊技术作业所需的燃料和淡水的数量，如加温石油货物及清洗油舱等燃料、淡水的消耗。

（2）确定航次货运量时应扣除油舱内残存的上航次油脚、残水或污油舱中的污油水，该项重量包含在船舶常数C中。

（3）确定航次货运量时还应考虑船舶压载舱内压载水的残存数量。需要特别注意的是，如果装货速度较快，船舶很难有足够的时间排净压载水，船舶最后残存压载水数量将直接影响船舶最大载货量。

在货源不足时，应根据货源的实际情况确定航次货运量。

二、膨胀余量及空档高度的预留

应根据航线及港口的实际情况来确定各油舱的膨胀余量δV及全船的膨胀余量$\sum \delta V$，膨胀余量δV与油舱容积之比（%）反映了油舱装满的程度。油舱的膨胀余量应力求合理，既要使货油不致因体积膨胀而溢出，又要避免空档过大，浪费运力。当船舶由气温低的港口装油驶往气温高的港口时，应留较大的空档；反之，考虑到气候的反常性或运输高黏度黑油时需要加温，也要留出空档，但可以适当小一些。根据经验，通常情况下油船留出的膨胀余量应不小于总舱容的2%，而运输需要加热的黑油（原油、重油、重柴油等）时膨胀余量应不小于总舱容的3%。

在整个航程中货油温差δt、体积温度系数f已知条件下，具有舱容为$V_{\mathrm{o.t}}$的油舱的膨胀余量δV及全船的膨胀余量$\sum \delta V$通常由下式求得：

$$\begin{cases} \delta V = V_{o.t} \dfrac{f\delta t}{1+f\cdot\delta t} \\ \sum \delta V = \sum V_{o.t} \dfrac{f\delta t}{1+f\delta t} \end{cases} \quad (17\text{-}1\text{-}2)$$

于是，可得到单一货油舱的最大装油体积 V_t 为 $V_t = V_{o.t} - \delta V$，全船最大装油总体积 $\sum V_t$ 为：

$$\sum V_t = \sum V_{o.t} - \sum \delta V$$

实际工作中每个油舱的膨胀余量均用空档高度（油面到测量孔上缘或主甲板下边缘的垂直距离）来表示。各装油货舱的空档高度由装油体积 V_t 查各舱的油舱容量表（如表17-1-1所示）即得。

表 17-1-1　某轮 No.2C 油舱容量表

空档(m)	装油体积(m³)	空档(m)	装油体积(m³)	空档(m)	装油体积(m³)
……	……	1.050	15456.95	1.110	15398.63
1.000	15503.44	1.060	15447.55	1.120	15388.34
1.010	15494.21	1.070	15438.12	1.130	15378.07
1.020	15484.95	1.080	15428.68	1.140	15367.78
1.030	15475.64	1.090	15419.18	1.150	15357.51
1.040	15466.31	1.100	15408.91	…	…

三、装货油舱及其装货量的确定

根据航次货运量，正确选择具体航次需要装载货油的液货舱；计算各货舱可装货油的最大体积，向各舱分配货油，通常用体积表示；根据实际装油体积查取该舱油舱容量表，确定该舱对应的空档高度，填写在配载图中。

选择装货油舱及分配装货量时应考虑的主要因素包括稳性、吃水差、纵向强度和均衡装载等，一个合理的配载方案应保证船舶稳性、浮态及纵向强度满足相关规则、规范或公约的要求。

1. 稳性

1）完整稳性

根据IMO2008年IS规则的要求，2002年2月1日及以后交付使用的5000 DWT及以上油船的完整稳性应符合MARPOL 73/78附则Ⅰ的要求。油船完整稳性衡准与普通干散货船的主要区别是：油船在港内时，仅限于对船舶初稳性的要求；在航行中，除对天气衡准不做要求外，其他各项指标基本相同。

2）破损稳性

MARPOL 73/78 附则 I 对 1979 年 12 月 31 日后交船的 150 GT 及以上油船的破损稳性提出了如下要求：

（1）考虑了下沉、横倾、纵倾后的最终平衡水线，应在可能发生继续进水的任何开口的下边缘以下。该类开口包括空气管和以风雨密门或风雨密舱口关闭的开口，但是以水密人孔盖和平舱口盖、保持甲板高度完整性的小水密货油舱口盖、遥控水密滑动门及永久关闭的舷窗等开口除外。

（2）在浸水的最后阶段，不对称浸水所产生的横倾角应不超过 25°，但如果甲板边缘无浸没现象，则这一横倾角最大可增至 30°。

（3）在浸水的最后阶段，剩余复原力臂 GZ 曲线的稳性范围对应的横倾角应不小于 20°，且剩余 GZ 曲线在该范围内的面积不小于 $0.0175\ m \cdot rad$。

（4）在 20°范围内的最大剩余复原力臂不小于 0.10 m。

3）自由液面对油船稳性的影响

考虑到石油及其产品的胀缩性影响，所有装载油品的液货舱均应留出一定的空档，导致每个货舱均存在自由液面的不利影响，因此如果舱容有剩余，在满足强度的前提下，应留出空舱，这样既能减少自由液面对稳性的影响，又可以减轻货油对舱壁的冲击。选择空舱时既要考虑保证船舶纵向强度，又要便于调整船舶吃水差。

双壳体油船的专用压载舱较多，装货时应尽量将压载水舱的压载水排净，消除自由液面，保证船舶稳性满足要求。

2. 船舶纵倾

大型油船满载出港时，一般要求平吃水。航行中，通过合理地使用油水，使船舶具有一定尾倾。装载单一油品时，在舱容富余的情况下，可在首、尾各留出一个油舱不装满，用于调整吃水差；装载多种油品时，既可采用上述方法，也可通过安排不同油品的前后舱位来满足吃水差的要求。

3. 船体强度

油船为尾机型船舶，满载时常处于较大的中垂状态，空载时处于较大的中拱状态。因此，装载时应尽量减少中垂弯矩。当需留空舱时，空舱位置应选在船中部附近。需留两个以上空舱时，空舱位置应适当隔开。现代油船多在船舶中部设置大型专用边压载舱使船舶的纵向受力均衡。

同时为了保证船舶在装卸过程中的纵向强度，应参照船上的装载手册，或参照以往的航次资料，或利用船上的装载仪进行模拟计算，制订出合理的装卸顺序。

4. 船舶横倾

对大型油船，配装及装载时要注意防止船体横倾，应避免单边配装或装载。大型油船因船宽较大，即使产生极小的横倾角，也会使船体一舷的吃水变化很大，使人员行走和工作不便，同时横倾角的存在也影响到船舶稳性。

四、配载图的绘制

油船的配载图为俯视图，每一装货的液舱内应填写空档高度、装货体积占舱容百分比、装货体积等，如图17-1-1所示。此外还应说明装货过程中应注意的事项，包括装载的货舱号、排放压载水的压载舱号、装舱顺序、使用哪条管线、开启哪些阀门、各货舱平舱前预留空档值、平舱步骤和顺序、船体所受剪力和弯矩的要求、紧急情况下的处理措施等内容。

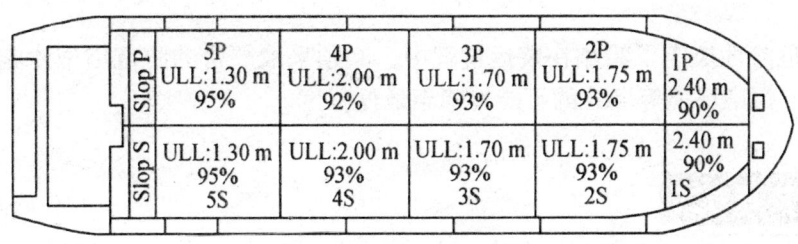

图 17-1-1　油船配载图

五、装卸顺序的确定

油船在装载时，由于受到许多因素的影响，各舱不可能同时装卸，需要合理确定装卸顺序。

1. 确定装卸顺序时应考虑的主要因素

（1）保证油船的纵向强度不受损伤；
（2）保证适当的吃水及吃水差；
（3）防止不同油种的掺混，保证货油质量；
（4）尽可能同时使用所有主要的货油干管，加速装卸。

2. 合理的装卸顺序

1）装载顺序

油船装货前，即空载时常处于较大的中拱状态和较大的尾倾，若优先考虑纵强度和吃水差，装货的大致顺序应是：先装中部货舱，以减轻中拱变形；其次装首部货舱，减小尾倾；最后各舱均衡装载。

在装载单一油品时，通常先由中部货舱开始，一切正常后，再进行普装作业。当各个油舱尚有1 m左右空档时，停止普装作业，按要求逐舱进行平舱作业。

2）卸货顺序

油船卸货前，即满载时通常处于中垂状态，并有较小的尾倾。所以卸货顺序与装货顺序相同，即先卸中部货舱，以减轻中垂变形；其次卸首部货舱，以形成较大的尾吃水差，利于卸货和清舱；最后各舱均衡卸货。

第二节 石油安全装运

石油的危险性决定了船舶在装运过程中，必须采取严密的防范措施才能将发生爆炸、火灾、中毒、污染环境等事故的可能性降至最低程度。

一、石油装卸方式

1. 船岸装卸方式

在国内外油港，石油装卸方式可分为：

1）靠泊码头直接装卸

目前我国大部分油码头均采用这种方式，码头规模一般由泊位水深所限定。

2）通过海上泊地装卸

对于大型油船，一般油船码头的水深和规模已经满足不了船舶吃水和长度的需要，因此出现了海上泊地装卸方式。海上泊地可理解为在离开陆域较大水深地点设置的靠船设施。油船的海上泊地，按其构造形式及输油管方式分类，具体见表17-2-1。

表17-2-1 油船海上泊地分类表

结构形式		输油管方式
固定式	靠船墩式	海上或海底油管
	栈桥式	海上油管
浮标式	单点系泊	海底油管
	多点系泊	海底油管

（1）单点系泊方式：是将油船的船首系在一个浮筒上的系泊方式。

（2）多点系泊方式：是将油船的船首与船尾用数个浮筒保持在一定方向上的系泊方式。海底输油管与油船的集合管由一根或数根软管相接。

2. 船/船装卸方式

在某些情况下，油船需要通过另一海上运载工具进行货油的交换，包括船/船直接装卸和船/油驳装卸。

二、装油前的准备工作

做好装油前的准备工作，是顺利、安全进行装货作业的保证。

1. 船岸双方进行资料信息交换

1）岸方应向船方提供的资料

岸方应向船方提供的资料包括：货油参数及特性，油舱通风要求，岸方最大的装货速率，正常停泵所需要的时间，船岸连接处可承受的最大压力，输油软管、输油臂的数量及尺寸，输油软管或输油臂的活动范围，货油控制的联络信号（包括紧急停止供油信号）等。

2）船方应向岸方提供的资料

船方应向岸方提供的资料包括：上航次所装运的货油品种、洗舱方法、货油舱和货油管线的状态，船舶可承受的最大装货速率，船舶可承受的最大蒸汽压力，能承受的最高货油温度，货油舱的通风方法，压载水的布置、数量、含油量及排放速率，污油的质量、数量及处理方式，惰气的质量，计划配载图及装货顺序等。

3）船岸双方对所交换的信息进行确认

落实本航次的油种和数量，各油舱装载顺序，装载初始速率、最高速率及平舱作业时的速率，变速及停止装油的联系方式；确定通信和使用的信号，以受油方为主；避免或减少油气在甲板扩散的方法，应急停止作业程序等。

2. 编制装载计划

大副应根据航次货运任务编制油船装载计划，并标明装油步骤及注意事项，经船长审批后执行。装载计划主要包括：每一货舱预定装载的油种及数量、空档高度，使用的货油管系，接管数量及规格，初始装货速率、正常装货速率及平舱作业时要求的装货速率，主管的最高压力和正常压力，停止和应急程序，装油及压载水排放顺序，强度校核数据，防止静电的措施、防止货油渗漏的措施、保证货油质量的注意事项，浮态调整和系泊管理等。

编制油船装载计划时，应考虑到保证货油质量。为防止不同油品的掺混，保证货油质量，减少洗舱工作量，油船多运输固定的单一油品。如果不同航次需要换装不同油品时，应根据原装油种和换装油种的不同理化特性以及要求的洗舱等级对油舱进行充分洗舱，以保证货油质量。

当油船同时承运多种油品时，应严防不同油品的掺混。利用不同的货油干管，装卸不同的油品。如果船上只有单一干管，则装油管系的使用顺序一般是先装白油，后装黑油；

卸货时按相反的顺序进行。

3. 根据需要尽量排净压载水及保持油舱及管系的清洁

油船在满载条件下，按排放顺序尽量排净压载水有利于增加货油的载货量，减少自由液面对稳性的影响。

由重油改装轻油时，应对通过冲洗和通风使油舱及管系达到清洁状态，以保持新装货油的纯洁度。

4. 接好地线

装油前要先接地线，后安装输油管臂。为了防止静电及杂散电流，有的油码头要求油船靠泊后在船岸间连接一根接合电缆给静电和电流提供电路，该接合电缆应装置一个封闭式的绝缘开关并在装接地线前将开关放在"断开"位置，装妥后再将开关放置于"连通"位置。

《国际油船与油码头安全指南》（ISGOTT）、我国《油船油码头安全作业规程》（GB 18434—2001）及我国《油码头安全技术基本要求》（GB 16994—1997）均不提倡这种做法，而且为了防止静电和船岸间的杂散电流，要求在岸上的输油管臂上安装一个绝缘法兰。该法兰是由绝缘垫片、衬套和垫圈组成的连接接头（如图17-2-1所示），用以防止电流在管线、输油管臂间的流动，保证安全。

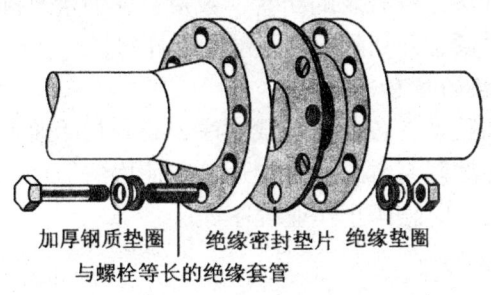

图17-2-1 绝缘法兰示意图

5. 连接输油管臂，放好盛油盘和盛油桶

1）使用前应检查软管

船方有权拒绝使用有任何缺陷的输油软管。软管每年应进行一次压力试验，试验数据应标示在软管上。每次使用前应检查其是否有膨胀、磨损、压扁、泄漏或其他缺陷。

2）软管连接、起吊和悬挂

软管连接时应谨慎操作。软管不应用力拖拉，不但要防止受到泊位与油船的扭转和挤压，还应防止弯曲至小于厂家规定的挠曲半径。在软管与泊位或船舶其他结构部件有摩擦及接触的部位应加以防护，同时避免软管与热金属表面接触，如蒸汽管线等。输油软管应有足够的松弛特性，以适应船舶的微小移动。输油软管连接方式如图17-2-2所示。

软管吊起时应绝对避免软管外表面与起吊钢索直接接触，不允许使用软管端头下垂的单点起吊，应采用多点起吊的方式，并使软管具有不小于厂家规定的挠曲半径。对使用悬臂式起货机等单起吊点的情况，整套软管应采用专门的吊索和支架予以支撑，加在货油总管上的重量不得过重。应用适当的方式将连接好的输油软管悬挂起来。

（1）软管调节

油船随潮汐和装卸货而升降时，应对软管进行相应的调整，避免软管和船舶总管连接处过分受力，发生意外。

（2）输油臂使用及调节

现在多数的新建油船码头，均使用金属输油臂，在使用时应注意：

① 输油臂应与油船管路成一直线。

② 防止因装卸和潮汐等的影响，使输油臂超过其自由转动限制而造成过载移位；

③ 如果装有紧急脱开连接装置，应随时检查，防止发生意外而断开；

④ 拆装时应注意防止管内残油流出；

⑤ 船岸接管下方应放置好盛油盘和盛油桶，以收集拆管时滴漏的货油或接头处封闭不严而泄漏的货油。

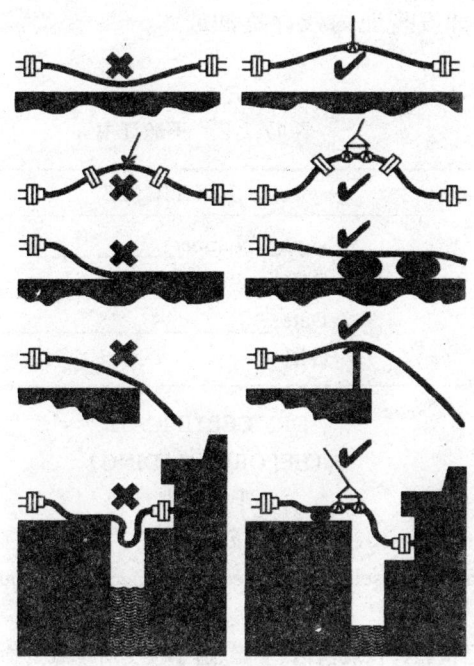

图 17-2-2　输油软管连接方式

6. 防止溢油，备妥消防器材

在装货之前，应把船上所有的甲板排水孔用木塞或水泥堵紧，防止溢油时流出舷外。应关闭通海阀，并始终监视，杜绝货油从通海阀漏出。

装油前，应把消防器材（包括灭火器、锯末、驱油剂等）放在接管处，并在附近接妥两根消防皮龙。

7. 接好应急拖缆（防火拖缆）

应急拖缆一般在油船外舷的首、尾部各带一根，一端系固在拖缆桩上，而带有连接眼环的另一端通过导缆器送至舷外，且在眼环上系一根引缆回甲板上进行操作。该缆绳总长约100 m，盘在甲板上的长度依各港口规定，通常为36.6 m，以备火灾应急使用。在货物作业期间，及时调整眼环与水面距离，使其始终保持距水面1~2 m；在需要拖带时，要求1个人能在15 min内把应急拖缆的眼环与拖船的拖索连接好。

8. 悬挂规定的号灯及号型

由于石油及其产品属于危险货物，油船在港期间，应按规定悬挂相应的号灯及号型，通常在白天悬挂"B"旗，夜间悬挂红灯。

9. 会同商检人员验舱

大副应会同商检人员验舱，验舱合格后由商检人员签发干舱证书（dry certificate），其格式如表17-2-2所示。如发现舱内残存货油或水分，要签发OBQ（on board quantity）和货舱适货证书。

表17-2-2 干舱证书

DRY CERTIFICATE	
M/T:_____ 船名：	Voyage Number:_____ 航次：
Port:_____ 港口：	Date:_____ 日期：
DRY CERTIFICATE （BEFORE LOADING） 干舱证书 （装货前） The undersigned certifies that the vessels tanks have been inspected and found clean, dry and in good order to receive the designated cargo. 下面署名确认船舶货油舱已检验并发现清洁、干舱、适于接受所承载货物。 Tank No. _____ 检验舱别：	
The Terminal Representative :_____ 码头代表： C/O:_____ 船舶大副：	Surveyor:_____ 商检：

OBQ是指装油前留在船舱内及管路系统中可测量的残油物质，包括水、油、油水、油气混合物等。

通常OBQ的数量仅包括货油舱底部自由流动的油、水以及残渣，而不考虑舱内壁附着的油泥、沉淀物及管路油泵内自由流动的油和水等。

10. 进行船/岸安全检查

船方应派人陪同港方主管人员按照"船/岸安全检查项目表"的内容对船舶情况进行检查、确认，并由双方主管人员签字。"船/岸安全检查项目表"共有三部分：A部分适用于普通散装液体货，油船、散化船、液化气船必须填写；B部分为散装液体化学品增加检查项目，散化船应加填该部分；C部分为散装液化气增加检查项目，液化气船应加填该部分。

三、油船装货作业

油船在装货过程中，通常应注意以下事项：

1. 掌握装油速度

装油全过程中应掌握"慢—快—慢"的装油速度。开始送油时速度要慢，检查输油管臂是否有油流入、管线连接处是否有泄漏、货油是否已进入拟装的货舱、泵浦间是否有货油泄漏、船边是否有油迹、透气系统是否处于正常状态等。当检查、确认一切情况正常时，通知岸方加速至双方商定的最大装货速度，为防止静电积聚过多，对该速度应加以控制。装油结束前要放慢速度，通知岸方做好准备，及时停泵避免溢油。

《国际油船与油码头安全指南》（ISGOTT）、我国《油船油码头安全作业规程》（GB 18434—2001）及我国《液体石油产品静电安全规程》（GB 13348—1997）均规定，装油开始时的初始速度应不超过1 m/s，正常作业流速应控制在7 m/s；而我国《装卸油品码头防火设计规范》（JTJ 237）对正常作业流速的要求是不超过4.5 m/s。

2. 注意装油进度，正确换舱操作

装油过程中要经常测定各舱装油进度，避免货油溢出舱外。值班船员应严密监视各舱液位变化，通常每小时记录一次并计算装货速率，每2 h实测货舱液位和船舶所配备的固定液位测量系统与装载仪比较。

应按规定的装油顺序进行换舱操作，当进油的一舱接近满舱（空档高度约1 m）时，应及时通舱，避免造成油管爆破事故。

3. 严格执行装载计划

装载计划的实施依赖于船岸双方的协调。在此期间，双方应认真执行装载计划的装舱顺序及装货数量，保证船舶装载过程中各剖面的剪力和弯矩不超出允许的范围。船方应对实施情况有效监督。

进行装货作业的同时排放压载舱内的压载水，应尽量将压载水排空，以保证最大装货量。

4. 注意装卸货过程中船舶稳性的变化

船舶稳性报告书通常只提供了船舶到/离港的稳性状态，事实上，在装卸货或货物内部转驳过程中也可能存在船舶稳性不足的问题。

货舱较宽的大型双壳油船在装卸货油过程中会排放或根据需要打入压载水，在某一时刻压载舱内压载水产生的自由液面和货油产生的自由液面对稳性的影响可能导致 GM 值过小或为负值，船舶可能出现短暂的较大横倾，特别是在多数货油舱和压载水并存的状态时，如图17-2-3所示。因此应采取相应措施，避免出现此种危险情况。

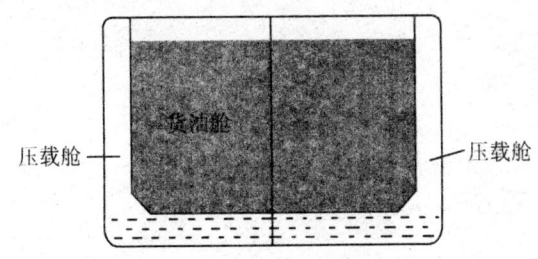

图17-2-3　自由液面影响

5. 调整缆绳

随着船舶吃水的增加，缆绳会松弛，值班人员应及时调整系岸缆绳，避免船舶外移，拉断或拉裂输油管臂，造成油污事故。

6. 意外情况应停止作业

装油或卸油作业时，如遇以下特殊情况，应立即停止作业，并将全部阀门关闭以防发生意外。

（1）停止装卸作业的条件：

——风速超过15 m/s（蒲氏风级约7级）、浪高1 m且预计将继续增大；

——雷暴天气；

——附近有火灾，危及本船；

——有船邻靠或邻驶，可能危及本船。

（2）停止靠泊作业的条件：

——6级以上风将穿越油区；

——风速超过15 m/s（蒲氏风级约7级）、浪高1 m；

——雷暴天气；

——油区海上能见度1000 m以下。

(3) 紧急驶离的条件：
——风速超过 18 m/s、浪高 1.5 m 以上；
——邻区有火灾，危及本船。

7. 平舱作业

在进行平舱作业前 10~30 min，船方应通知岸方减速到双方约定的平舱速度，并确认岸方已经减速至平舱速度，关闭其他油舱阀门留待平舱。当装载即将达到规定的空档高度时，应谨慎、正确地操作阀门，通常是先打开下一个预定进行平舱作业的油舱的阀门，然后再关闭平舱结束的货舱阀门。平舱时通常一次平一个货舱，最多可同时平两个货舱。平舱的顺序为先边舱，再中舱，为了便于调整吃水差，一般首部和尾部的中舱各留一个最后平舱。平舱时至少应备一个大空距的货舱常开，以防溢油。平舱时要注意观察已平完液货舱的空档是否有变化。

8. 扫线

当货油装载结束后，应进行拆管工作。在拆管之前进行吹扫输油管线内残油的作业。岸方借助于高压气体向船舶吹管线一般可分为两种情形：一种情况是在装完货后，只是简单地把输油臂内货油吹向船舶货舱，便于拆管；另一种情形是装完货后，岸上把货油管内的货油全部吹到船舶货舱内。因此在装货前大副一定要与 Loading Master 确认完货后岸上是否吹管线，吹到船上的货油量，防止最后少装货或装不下，甚至导致货油溢出。

9. 拆除地线与输油管臂

装油结束后，应先切断地线的气密开关，然后拆除管臂，最后拆除地线。拆管前应先排除管内的残油，以防止残油泄漏到甲板上。可开启进气阀和排泄管路上的阀，利用岸上的压缩空气将管线内的残油吹入指定的油舱内。

10. 货油计量

装货结束后，码头计量人员会同船上工作人员一起测定油舱的空档高度、货油的密度和温度，并按照规定的程序计算货油装载量。货油装载量多使用油舱空档报告书（Ullage Report）来计算，表 17-2-3 为国际上常用的空档报告书。

表 17-2-3　空档报告书

ULLAGE REPORT									
After LOADING/Before DISCHARGING									
VESSEL'S NAME:		M.T.				VOY No:			
CARGO GRADE:		BADIN C.O.				PORT :			
A.P.I./60 °F:		44.5				DATE :			
TANK	OBS	CORR	T.O.V.	FREE WATER	G.O.V.	TEMP	V.C.F.	G.S.V.	METRIC

续表

ULLAGE REPORT											
After LOADING/Before DISCHARGING											
No.	ULLAGE MTRS	ULLAGE MTRS	BBLS	DIP CM	VOL BBLS	BBLS	(°F)	TABLE 6B	60 °F BBLS	TONS	
1C	14.00	14.174	3826.4	Nil	Nil	3826.4	87.8	0.9860	3772.8	481.1	
1C	14.00	14.174	3826.4	Nil	Nil	3826.4	87.8	0.9860	3772.8	481.1	
3C	15.00	15.176	1899.6	Nil	Nil	1899.6	87.8	0.9860	1873	238.9	
4C	1.16	1.341	30342.9	Nil	Nil	30342.9	87.8	0.9860	29918.1	3815.2	
1P	15.00	15.120	764.4	Nil	Nil	764.4	87.8	0.9860	753.7	96.1	
1S	14.00	14.133	1840.3	Nil	Nil	1840.3	87.8	0.9860	1814.5	231.4	
2P	1.16	1.310	23268.4	Nil	Nil	23268.4	93.2	0.9835	22884.4	2918.2	
2S	1.14	1.290	23299.8	Nil	Nil	23299.8	87.8	0.9860	22973.6	2929.6	
4P	13.00	13.177	3145.7	Nil	Nil	3145.7	87.8	0.9860	3101.7	395.5	
4S	12.00	12.176	4336.5	Nil	Nil	4336.5	89.6	0.9853	4272.8	544.9	
SP	1.15	1.189	5539.1	Nil	Nil	5539.1	87.8	0.9860	5461.6	696.5	
SS	1.19	1.229	5523.5	Nil	Nil	5523.5	91.4	0.9843	5436.8	693.3	
TOTAL			107612.9		0.0	107612.9	88.7	0.9856	106035.8	13521.7	

Draft(Meters)		T.O.V.	107612.9	Vessel's Experience Factor Applied Figures
Fwd	6.50	Less Free Water	0.0	Vessel's Experience Factor
Aft	9.30	O.O.V	107612.9	G.S.V.@ 60 °F
Mid		G.S.V.	106035.8	Metric Tons
Trim	2.80	Less OBQ	117.52	Long Tons
		G.S.V. Barrels @ 60 °F	105918.3	Bill of Loading Figures
Ship/Shore Diff		WCF TABLE-13	0.12752	Gross Barrels @ 60 °F
Barrels		WCF TABLE-11	0.12551	Metric Tons
% of B/L		Metric Tons	13506.7	Long Tons
Ship Great		Long Tons	13293.8	B.S.&W. Percent

Remarks:

CARGO SURVEYOR	CHIEF OFFICER
Name in Block Letter	Name in Block Letter

11. 油样选取及封存

油船装油时应以适当的方法选取货油样品加以封存。船舶在卸货港卸货前,要选取货油样品进行化验。经过化验后,如果收货人对货油质量没有异议,则开始卸货;如果收货人对货油质量提出异议,则可以开启装船时封存的油样再次进行化验,以判别船方是否在航行中尽到了责任。油样作为质量交接的依据,具有法律效力,所以油样的选取和封存应有代表性并应由质量检验机关负责完成,且船方和货方必须共同参与。

1)油样选取方式

油样选取在装油港通常有两种方法:

(1)在装油过程中,从油码头装油管道末端的小开关处取样。装油开始取一次,以后每隔1~2 h取一次。

(2)从油舱中选取油样。一般油船至少要从25%的油舱内选取,其中首部和尾部各占5%,中部占15%。

在卸货港通常采用第二种方法选取油样。

2)油样封存

已选取的油样经充分搅拌均匀后装入两只容器内,其中一份用船上的火漆密封后交给收货人,作为发货的质量凭证;另一份用发货人的火漆密封后由船方保存,作为船方收货的凭证。

四、油船卸货作业

油船在卸货作业过程中应注意的事项,除同装货过程相同的要求,在某些方面还存在差异,主要体现在以下几方面:

1. 计量货油及分析油样

在货物卸载之前,应首先进行油品取样分析,以判明货物质量,并进行油量计算。在油量计算和油样分析结束前,不得进行卸货作业。

2. 安排货油扫舱作业

货油扫舱一般与卸油同时进行。通常先卸至卸油量的1/2左右时开始进入扫舱作业。为了加快卸货速度及便于卸净货油,扫舱时油船应保证较大的尾倾和一定的横倾。

3. 进行扫线作业及检查舱底油脚

在扫舱卸油完毕后,利用扫舱泵将主管线、扫舱管线、与喷射泵相连的管线中的货油一起扫至岸罐中。扫线完成后,利用顶水法或扫气法将输油管臂内的残油顶到岸上的油罐中去。

大副应会同岸方人员检查油舱是否卸空,签发干舱证书。卸货结束后,若货舱内有残余物（ROB），应按照 MARPOL 73/78 的要求将其记录在货物记录簿上。

ROB 是卸货后滞留留在船上的、可测量的油状残留物，包括油泥渣、沉淀物、油、水以及附在舱底的油状残留物。

五、原油洗舱

原油洗舱（crude oil washing，COW）是指利用船上所载货油中的一部分原油作为洗舱介质，在卸货的同时通过洗舱机以较高的压力喷射到货油舱内表面，依靠原油本身的溶解作用，将附着在舱壁、舱底及各构件上的油渣清洗掉，并同货油一起卸到岸上。

根据 MARPOL 73/78 的规定：总载重量 20000 t 及以上的新建原油船和 40000 t 及以上的现有原油船应装有原油洗舱系统和备有《原油洗舱系统操作与设备手册》。

原油洗舱具有以下特点：减少残油量；消除油脚，增加载货量；防止海洋污染；减少进坞前海水洗舱时间和费用；卸油时间变长；船员劳动量增加（因为在卸货期间额外增加了原油洗舱作业，所以导致船员的劳动量增加）。

1. 原油洗舱方式

原油洗舱主要有两种方式：一段式和多段式。方式的选择应以卸油时间延迟最短为前提，同时根据卸货港的受货能力、卸货港的数目、卸货港的顺序及原油洗舱机的类型等来决定。

（1）一段式：指在油舱卸空后，由舱顶洗到舱底，即上部和底部一起连续进行清洗的方式。

（2）多段式：指在卸油作业的同时，随着油舱内液位下降，同时从上部向下部进行清洗的方式。

不管哪种方式，洗舱的顺序都是从最前油舱开始向后洗。

2. 原油洗舱注意事项

因为原油洗舱是与卸货同时进行的，所以较海水洗舱而言是一项具有一定危险性的作业，操作者应严格按照相关规范的要求进行。

（1）通常情况下，每个货油舱每四个月进行一次原油洗舱或每航次洗舱的数量为货油舱总数的 1/4。

（2）根据 IMO 的要求，采用原油洗舱的油船必须装设惰气系统（IGS），目的是防止油船因原油洗舱而发生爆炸事故。

（3）进行原油洗舱的油船必须装设固定洗舱机和固定的附属管路，并与货油管系和机器处所隔离。原油洗舱时必须使用上述固定设备，防止洗舱系统由于承受高压而发生漏油。

（4）原油洗舱不应在装货港和最后的卸货港进行，即不应在压载航行的航次进行。

（5）当决定在卸货港实施原油洗舱后，船长应及早向港方以电报方式申报。申报的内容主要包括：船舶安全构造与设备证书和IOPP证书的号码、有效期限和签发地点，主管操作人员的相关信息，船舶具备的经船级社批准的《原油洗舱系统操作和设备手册》等。

抵港后船方应向港方提交一份"原油洗舱与卸货计划"。

（6）原油洗舱应由主管操作人员根据本船《原油洗舱系统操作和设备手册》，并结合本航次货载情况、港口卸货速率、预定洗舱数目及洗舱目的等编制"原油洗舱与卸货计划"，交由船长或监督员审核签字后实施。

（7）原油洗舱主管操作人员一般由持有主管机关签发的"原油洗舱监督员资格证书"的大副或船长担任，当该船主管操作人员不具备任职资格或该船为一艘新接船舶时，船公司或码头应指派一名监督员到船负责指导、监督原油洗舱作业。

其他参与原油洗舱的作业人员，至少应有6个月的油船工作经历，而且在船期间，应从事过原油洗舱作业或经过原油洗舱的训练，并熟悉船上《原油洗舱操作和设备手册》的相关内容。

（8）洗舱作业的时间，一般为日出到日落。洗舱油尽可能是新鲜原油，一般应将预定用作洗舱油的油舱卸掉1 m深度的货油后使用。

（9）原油洗舱过程中，舱内氧气浓度应始终保持在8%以下，充入的惰气中氧气含量不超过5%。

（10）为防止发生燃烧、爆炸，减少油气对大气的污染，保护人身健康，从货油舱放出的气体应尽可能少。

（11）应注意不要因原油洗舱使船体和船上任何设备受到损坏。

（12）原油洗舱过程中如果发生意外情况必须立即中止洗舱作业，若要重新开始，必须确认危险局面已经消除，原油洗舱作业和条件已经恢复，必要时须征得港方的同意。

（13）在进港前、原油洗舱开始前、原油洗舱过程中及原油洗舱结束后这四个阶段，应按照MARPOL 73/78及IMO的要求进行安全检查、确认。

六、油船安全防范

为了确保油船安全生产及防止油船对海洋环境的污染，在油船的装卸、运输及洗舱过程中应做好防火、防爆、防毒及防污染工作。

（一）燃爆及中毒防范

1. 严禁烟火

禁止外来人员随身携带火种和易燃物品上船；在指定房间内吸烟；厨房不得使用明火；烟囱要定期捅灰，防止冒火。

2. 防止金属摩擦或碰击发生火花

严禁使用钢丝绳；甲板上和泵舱不得使用铁制工具；装卸油或压载水时，禁止在甲板上拷漆；洗舱时洗舱机不能碰击金属舱壁或构件；船上严禁穿带铁钉的鞋子。

3. 防止电器火花

禁用明火，必须使用防爆式灯具；未经许可不得随意开启电气设备，在装卸、压载、除气作业时，不准进行无线电通信（可收不可发）及禁止电瓶充电。

4. 防止静电放电

防止静电放电的措施是减少静电积聚和防止尖端放电。

1) 减少静电积聚的措施

装油前排尽舱内残水；防止油水混合；装卸前接好地线；控制装油速度；切忌采取灌装作业方式；禁止工作人员在装卸油现场穿着和更换尼龙化纤服装；装载挥发性油品时，不用压缩空气将管内残油吹入油舱内（扫线）；洗舱时洗舱机接地良好。

2) 防止尖端放电的措施

装油完毕后，应静置 10 min，再进行采样、测温、检尺等操作。若油舱容积大于 5000 m^3 时，应静置 30 min 后作业；且必须使用非导电及不吸油和水的量油工具；伸入油舱的金属构件必须与油舱绝缘；消除舱内漂浮的金属物体。

5. 防止人员中毒

人员进入油舱或其他封闭场所前要进行彻底通风，并经仪器测定确认舱内氧气浓度足够（一般要在18%以上）；下舱工作时，应戴防护手套、口罩，穿好工作靴及工作服；进入未经排气的舱内工作，还必须戴好呼吸面具，系好保险带和救生索具。

（二）水域污染防范

1. 船舶造成海上油污的原因

1) 操作性排油

操作性排油包括向海上排放含油的压载水、含有大量污油的洗舱水和机舱含油污水。

2) 事故性溢油

造成事故性溢油的主要原因包括：

（1）船体的损坏

由于油船发生搁浅、触礁等海事事故，造成大量货油流入海中。

（2）装卸设施失效及作业操作失误

油船在装卸过程中，由于气候条件、设备及管系等的技术原因或工作疏忽而造成的跑、冒、滴、漏油事故，导致水域污染。其影响因素主要包括气候因素、设备因素、油品因素、船员因素等。具体原因可能是：

① 卸油中，海底阀未关或未关严。

② 由于输油管系内的压力过高，导致输油软管爆裂或法兰头脱落造成跑油。

若装油刚开始就发生溢油，原因可能是：受油方的进油阀门尚未开启；由于天气寒冷，输油软管中残油冻结；输油管受损或老化，经受不起压力；输油软管法兰头连接不善。若装载过程中，原因可能是盘舱失误。

③ 另一舷装油管阀门盲板未关或未关紧造成跑油。

④ 油舱或空气管溢油。这种情况常分为满舱溢油和未装满而由空气带出两种。

满舱溢油常见的原因有：供油量超过受油方的申请，造成溢油；受油方值班人员擅离职守；受油方量油不及时，造成满舱；装油中开错或关错阀门，导致满舱溢油；舱容计算错误或油舱中存油测量不准确，造成超量而溢油。

舱未满溢油的原因有：泵压过大，造成气体来不及排出；因船体倾侧，导致量油不准确；空气管堵塞，造成透气不畅；油温太高，油料产生气泡；船员责任心不强，相互间没有良好的联系和沟通。

2. 防止船舶污染水域的设置及措施

1) 以公约及法规约束操作性排油

严格执行MARPOL 73/78及各国对有关油类和油性混合物的排放规定。

2) 设置船舶、港口接收与处理含油污水的设施和装置

油船应具备的防污染设施及装置包括：

（1）专用压载舱

该舱应与货油及燃油系统完全隔绝并固定用于装载压载水。

（2）污油水舱

污油水舱是指专用于收集舱柜排出物、洗舱水和其他油性混合物的舱柜。油船应设置足够容量的污油水舱，其容积一般不小于液货舱容积的3%。

（3）滤油设备及排油监控装置

400 GT及以上但小于10000 GT的船舶应装有经主管机关认可的、保证排出物含油量不超过15 ppm的滤油设备。

10000 GT及以上的船舶除滤油设备外，还应装设当排出物的含油量超过15 ppm时能报警并自动停止排放的装置。

（4）原油洗舱COW系统

3) 防止操作性排油及事故性溢油

（1）防止操作性排油措施

① 使用专用压载舱和清洁压载舱：

清洁压载舱（clean ballast tank，CBT）是现有油船作为专用压载舱的临时替代措施。该舱是指船舶在营运中根据船型、航区特点及吃水要求，划定的某几个经清洗后专门用来装载清洁压载水的货油舱。

清洁压载水是指在晴天从一静态船舶将该舱中的排出物排入清洁而平静的水中，不会在水面或邻近的岸线上产生明显的痕迹，或形成油泥或乳化物沉积于水面以下或邻近的岸线上的压载水。如果压载水是通过经主管机关认可的排油监控系统排出的，而根据这一系统的测定查明该排出物的含油量不超过15 ppm，则尽管出现有明显的痕迹，仍应确定该压载水是清洁的。

② 采用装于上部法：

该法是指油船卸油后，直接向未经清洗的油舱内打入压载水，在压载航行中将货油舱底部含油量较低的压载水排放入海，将剩余的含油量较高的压载水和洗舱水集中到污油舱中。经静置后，靠重力达到油水分离，再将含油量低于 100 ppm 的水排出舷外。经过两三次静置处理后剩下的含油量高的污油水保留在污油舱内，在装货港将货油直接装在它的上部，一起在卸油港卸掉。

③ 采用原油洗舱法。

④ 在装油港把污油水排到岸上的污油处理中心，在卸油港洗舱后打入清洁压载水。

(2) 防止事故性溢油

① 油船设置双层底和双层侧壁，在船体外板或船底损坏后，避免货油溢出。

② 设置专用压载舱保护位置（segregated ballast tank/protection location，SBT/PL），将专用压载舱合理地布置在船体易损坏的部位，当油船发生事故时，它能最大限度地起到保护油舱的作用。它同专用压载舱是一个整体，也是双层底的一种替代措施。

③ 正确进行装（卸）油、加油及驳油作业，防止货油的跑、冒、滴、漏。

④ 谨慎驾驶，避免碰撞或触礁等事故的发生。

3. 污染事故的处理

1) 污染事故报告

(1) 国际公约要求：

① 发生或可能发生排油的船的船长或其他人员，应及时将该事件报告给最近的沿岸国主管机关。

② 船长或船上其他人员发现其他船舶或海上平台排油，或发现海面出现油渍，应及时报告最近的沿岸国主管机关。

(2) 按我国《防止船舶污染海域管理条例》，船舶在我国管辖的海域发生污染事故，应尽快向就近的海事局报告，在船舶进入第一港口后，应立即向海事局提交报告书，并接受调查处理。

(3) 船长在向主管部门报告的同时，也应尽快向会员公司和中国船东保赔协会报告，报告的内容包括：发生污染事故的时间、地点，及事故发生前后附近海域气象、潮流等；货油/燃油的名称、特性；跑油或误排油数量以及污染情况；污染的范围、污染程度及采取的措施；船舶及当地代理的联系方式等。

2) 污染控制

(1) 船舶发生污染事故后，应迅速有效地向主管部门报告，并立即采取控制和消除污染的有效措施，将污染损害降低到最低程度。

(2) 本船造成污染事故，船长应当立即指示有关船员，按溢油应变部署表中规定的职责，防止污染扩散，清除、回收污染物。如属于严重污染事故，中国船东协会将派员或聘请专业人员、律师赴现场协助处理。

3) 消除污染的方法

消除污染的方法主要有围栏法、燃烧处理法、化学处理法和生物处理法。

(1) 围栏法

围栏法是用围栏设备将海面浮油阻隔起来，以防油面蔓延，然后用吸油设备把浮油吸回的方法。它适用于少量油污染事故。

(2) 燃烧处理法

燃烧处理法是通过燃烧来减少存在于水域的溢油量的方法，它适用于大量溢油事故。

(3) 化学处理法

化学处理法即使用消油剂来处理溢油的方法。因为某些消油剂含有毒性，使用后会造成二次污染，所以不得擅自使用，如必须使用，应事先向主管部门申请，经批准后方可使用。

(4) 生物处理法

生物处理法是利用天然存在的微生物具有的较大的氧化和分解石油的能力来消除浮油的方法。它适用于被污染的海岸和水域的净化和复原。

第三节 油量计算

在石油的对外贸易中，船货双方为了分清货物交接的责任，规定有数量和质量的交接条款。货油质量可以通过选取油样及封存的方式来保证，而数量需要专门的计量标准来确定。

石油计量分为动态计量和静态计量两种方式，船运石油多采用静态计量方式。世界上除了ISO标准外，许多国家也制定了自己的计量标准。如我国的GB/T 1885—1998石油计量表；英国石油协会（IP）、美国石油协会（API）、美国实验与材料协会（ASTM）合作开发了石油计量表，并制定形成IP 200、API 2540及ASTM-D1250系列标准；日本JIS的K2250石油计量表。以上标准中对不同类别的石油产品（如原油、成品油、润滑油等）设置了不同的计量表格。

船方要向计量部门（我国为国家出入境检验检疫局负责）申请对装船的货油进行计量。船上人员应协助做好计量工作，掌握油量的计算方法，以便核对数量及划清责任归属。

一、货油计量中的相关术语

在进行货油数量计算时，为了保证计重的准确性及简化计算，世界各国均采用油量计算换算表。

在各国的石油计量换算表中，常用到一些说明石油液体性质的基本术语，主要有：

1. 石油密度

石油密度（petroleum density）是在温度 t 时，石油单位体积的质量。我国用符号 ρ_t 表示，其单位为 g/cm^3、g/mL 或 kg/L。

2. 石油标准温度

石油标准温度（petroleum standard temperature）是石油计量时规定的货油温度。我国、俄罗斯及东欧一些国家为 20 ℃，日本为 15 ℃，英、美等国为 15 ℃ 和 60 ℉。

3. 石油标准密度

石油标准密度（petroleum standard density）是标准温度时的石油密度。我国用 ρ_{20} 表示，欧美用标准比重。标准比重是指石油在温度 t_1 时的密度与等体积纯水在温度 t_2 时的密度比值。石油温度 t_1 通常取标准温度；纯水温度 t_2，我国、日本等国常取 4 ℃，英、美等国常取 60 ℉。

4. 石油密度温度系数

石油密度温度系数（petroleum density-temperature coefficient）亦称密度或比重修正系数，指在标准温度下，当石油温度变化 1 ℃ 时，其密度（比重）的变化量。

在标准温度为 20 ℃、15 ℃ 及 60 ℉ 时，修正系数分别用符号 γ、α 及 β 表示。我国的密度修正系数可用公式 $\gamma = \dfrac{\rho_{20} - \rho_t}{t - 20}$ 表示，γ 值也可用石油的标准密度为引数查石油密度温度系数表获得。表 17-3-1 为我国某类石油密度温度系数表。

表 17-3-1 石油密度温度系数表

$\rho_{20}(g/cm^3)$	$\gamma(g/cm^3)$
0.7318 ~ 0.7380	0.00083
0.7381 ~ 0.7443	0.00082
0.7444 ~ 0.7509	0.00081
0.7510 ~ 0.7574	0.00080
0.7918 ~ 0.7990	0.00074
0.7991 ~ 0.8063	0.00073
……	……
0.9952 ~ 1.0131	0.00052

5. 石油视密度

石油视密度（petroleum observed density）亦称观测密度，指在非标准温度下所观测到的石油密度计读数。我国用符号 ρ_t' 表示。石油标准密度是指油品在标准温度下的密度，我国规定 20 ℃ 油温时的密度为标准密度。我国油量计算换算表中规定，视密度不能直接用于油量计算，但它是石油计重的原始数据。可用视密度和观测油温作为引数，查取标准密度表获得标准密度。我国的成品油标准密度表格式如表 17-3-2 所示。

表 17-3-2 成品油标准密度表

$t(℃)$ \ $\rho_t'(g/cm^3)$ / $\rho_{20}(g/cm^3)$	0.7330	0.7370	0.7410	0.7450	0.7490
39.5	0.7503	0.7543	0.7582	0.7622	0.7661
40.0	0.7508	0.7547	0.7587	0.7626	0.7665
40.5	0.7512	0.7552	0.7591	0.7631	0.7669
41.0	0.7517	0.7556	0.7596	0.7635	0.7673
41.5	0.7521	0.7561	0.7600	0.7639	0.7676
42.0	0.7526	0.7565	0.7604	0.7644	0.7680

使用该表时应注意：视密度值在表列的相邻两列数值之间时应进行内插计算；但是温度不用内插，取其接近的表列温度即可。

6. 石油标准体积

石油标准体积（petroleum standard volume）为标准油温时的石油体积。我国用 V_{20} 表示，单位为 m^3。

7. 石油体积温度系数

石油体积温度系数（petroleum volume-temperature coefficient）亦称膨胀系数，指在标准油温下，石油温度变化 1℃ 或 1℉ 时其体积变化的比值，单位为 1/℃ 或 1/℉，我国用符号 f_{20} 表示。

f_{20} 可用标准密度 ρ_{20} 作为引数查表得到。表 17-3-3 为我国某类油品的石油体积温度系数表。

表 17-3-3　石油体积温度系数表

ρ_{20} (g/cm³)	f_{20} (1/℃)
0.6000 ~ 0.6006	0.00179
0.6007 ~ 0.6022	0.00178
……	……
0.8385 ~ 0.8425	0.00081
0.8426 ~ 0.8466	0.00080
0.8467 ~ 0.8509	0.00079
……	……
0.8641 ~ 0.8688	0.00075

8. 石油体积系数

石油体积系数（volume conversion factor，VCF）亦称石油体积修正系数，指在标准油温时的石油体积与非标准温度时的石油体积之比。我国用 K_{20} 表示，即 $K_{20}=\dfrac{V_{20}}{V_t}$，可用下式计算：

$$K_{20}=\frac{V_{20}}{V_t}=1-f_{20}(t-20) \tag{17-3-1}$$

石油体积系数可用货舱内的平均油温和石油标准密度查取石油体积修正系数表得到。表 17-3-4 为我国石油体积修正系数表。

表 17-3-4　石油体积修正系数表

K_{20} \ ρ_{20}(g/cm³) \ t(℃)	0.7500	0.7540	0.7580	0.7620	0.7660
38.0	0.9782	0.9784	0.9786	0.9788	0.9789
38.5	0.9776	0.9778	0.9780	0.9782	0.9784
39.0	0.9770	0.9772	0.9774	0.9776	0.9778
40.5	0.9752	0.9754	0.9756	0.9758	0.9760
41.0	0.9746	0.9748	0.9750	0.9752	0.9754

使用该表时应注意：标准密度或温度在表列的相邻两列数值之间时，不用内插，取其接近的表列数值即可。

9. 空气浮力修正值

石油在计量时，由于受空气浮力的影响，在空气中的重量小于在真空中的质量，两者之差称为空气浮力修正值（air buoyancy correction quantity）。它可以用空气浮力对石油密度的修正值（air buoyancy correction value）B 来表示。

对石油及其产品，空气浮力对其密度的修正值可取-0.0011 g/cm³。

二、各国石油标准密度（比重）换算

由于各国标准油温的规定不同，对于质量相同的货油，其标准密度可按下述方法进行换算。

1）我国石油在温度t时的密度与标准密度换算

$$\rho_t = \rho_{20} - \gamma_{20}(t-20)$$

2）我国石油标准密度与日本石油标准比重换算

$$\rho_{20} = S.G_{15/4} - 5\alpha_{15} \longleftrightarrow S.G_{15/4} = \rho_{20} + 5\gamma_{20}$$

3）我国石油标准密度与英、美等国石油标准比重换算

$$\rho_{20} = 0.99904 S.G_{60/60} - 8\beta_{60} \longleftrightarrow S.G_{60/60} = 1.00096(\rho_{20} + 4.44\gamma_{20})$$

式中：α_{15}、β_{60}、γ_{20} 分别为日、英、美等国和我国的标准比重（密度）时的石油比重（密度）温度系数。

4）日、英、美等国的石油标准比重换算

$$S.G_{60/60} = 1.00096(S.G_{15/4} - 0.56\alpha_{15}) \longleftrightarrow S.G_{15/4} = 0.99904(S.G_{60/60} + \beta_{60})$$

5）英、美等国的石油标准比重与API度换算

API度是美国石油协会（American Petroleum Institute，API）制定的用以表示石油及石油产品密度的一种量度。美国和中国以API度作为原油分类的基准。它与石油标准比重（相对密度）的关系为：

$$API = \frac{141.5°}{石油标准比重} - 131.5°$$

由上式可知，API度越大，石油比重越小，表示原油越轻。目前，国际上把API度作为决定原油价格的主要标准之一。英、美等国的石油比重与API度的关系可表示为：

$$S.G_{60/60} = \frac{141.5}{131.5 + API}$$

6）石油桶与公吨换算

石油桶BBL为美制桶US BARREL的缩写，是石油常用的容积计量单位。国际通用的油品计量与交易，一般是以60 ℉时体积为0.159 m³的石油作为一桶，即俗称的一桶原油。

桶和公吨（M/T）均是常见的原油计算单位。欧佩克组织和英、美等西方国家常用桶，而中国及俄罗斯等国家常用公吨。石油桶与公吨的关系为：

$$1 \text{ M/T} = 6.29\frac{1}{\rho} \text{ BBL}$$

三、油量计算

(一) 我国油量计算

我国以空气中的重量计算油量。油船装油量计算的基本方法是：根据油舱内货油的空档高度求出其标准体积，然后与经空气浮力修正的货油标准密度相乘，或将货油质量与换算系数 F 相乘，具体步骤如下：

1. 确定各油舱内的货油体积

1）测量空档高度

油船装好油后，应逐一测量每个油舱的空档高度。在测量货油空档时，由于船舶受天气、海况等影响产生摇摆而不准确，因此，应尽可能多测几次，取其平均值。货油舱空档值的测量根据所配置的设备及测量位置的封闭程度有三种方式：开放式测量、限制式测量及封闭式测量，如图17-3-1所示。

安装了固定式惰气系统的液货船应装设封闭式的液位测量系统，以免液舱内惰气减压，确保安全。货油舱装设封闭式测量系统时，还应配备限制式测量装置，以便检查封闭式测量系统的有效性和采样。

其中，人工直接测量法属于开放式测量，便携式油水界面探测仪属于限制式测量，浮子法和雷达法属于封闭式测量。

(1) 人工直接测量法：利用系有重锤的测深绳或米尺从测量孔测定液舱内油面的空档高度。这种方法麻烦、误差较大且具有危险性。

(2) 便携式油水界面探测仪：目前主要有两种，即便携式HERMETIC UTI型和MMC型。这两种类型的探测仪均由测量钢卷尺、感测头、显示面板等组成。从油舱测量管进行测量，既可以测出液舱的空档高度，又可以探测油水的分解面，同时还可以显示出不同液位上的温度。

(3) 浮子法测量：浮子随货油在舱内液面的升降而升降，将电信号传到接收器，接收器将电信号再转换成空档高度并在显示器上显示出来。在进行原油洗舱时应注意，避免损坏浮子设施。

(4) 雷达法测量：将简易雷达安装在各舱的甲板上，该装置向货舱内发射雷达波，经油面反射后被接收器接收。测出发出时间和收到时间的时间间隔即可转换成空档高度，并在显示盘面上显示出来。

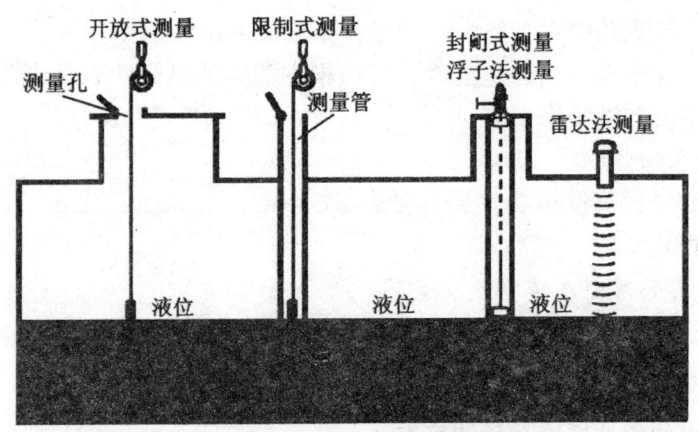

图 17-3-1　空档高度测量方式

2）空档高度修正

当油舱的测孔不在油舱的长度或宽度的中点上，且船舶又存在纵倾或横倾时，测得的空档值存在误差，应进行修正。空档修正分为纵倾修正和横倾修正。

(1) 纵倾修正

对于实船油舱，测孔中心到舱中心的纵向水平距离 AC 已知，由图 17-3-2（a）可见，空档修正值等于 AB，其值为：

$$AB = AC \cdot \frac{t}{L_{bp}}$$

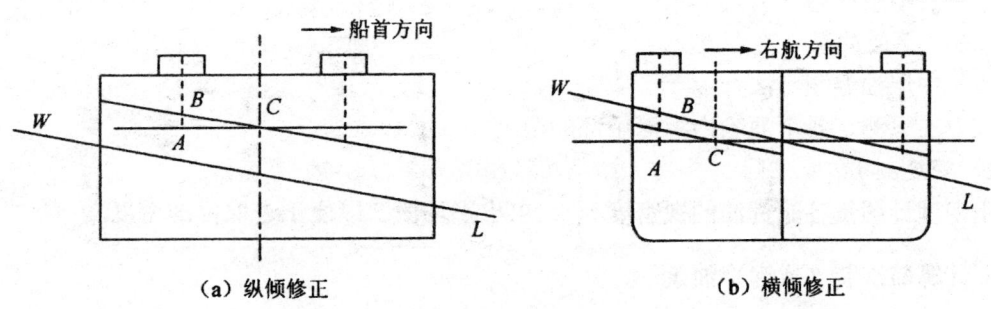

(a) 纵倾修正　　　　　　　　　　(b) 横倾修正

图 17-3-2　空档修正

分析图 17-3-2（a），当船舶尾倾时，若测孔中心在舱中心后，则空档修正值 AB 取正值；若测孔中心在舱中心前，则空档修正值 AB 取负值。船舶首倾时符号正相反。垫水、油脚等深度修正符号与上述正好相反。

(2) 横倾修正

同理，测孔中心到舱中心的横向水平距离 AC' 已知，由图 17-3-2（b）可见，横倾空档修正量 AB 值为：

$$AB = AC \cdot \tan\theta$$

分析图 17-3-2（b），船舶左倾时，若测孔中心在舱中心左边，则 AB 取正值；若测孔中心在舱中心右边，则 AB 取负值。船舶右倾时符号正相反。垫水、油脚等深度修正符号与上述正好相反。若测孔中心在舱中心位置，则不需要横倾修正。

现代油船上多提供有空档修正值表，可以根据船舶的纵倾状态和横倾角的大小查取空档高度的纵倾修正值和横倾修正值。

3) 查算各舱装油体积

根据修正后的空档高度由各油舱容量表（Capacity Table for Cargo Oil Tanks），查得各舱的实际装油体积 V_t。

4) 测量并计算各舱垫水体积

利用便携式油水界面探测仪或量水膏实测各油舱的垫水深度，利用油舱容量表查算出垫水的体积并扣除。

2. 测定货舱内的货油温度和货油密度

在测定各个货舱空档高度的同时，应测量货舱内的油温及货油密度。

1) 油温测定

（1）三层油温测定法

将一油舱分为上、中、下三层（上层距油面 1 m 处，中层在油深中部，下层距舱底 1 m 处）测量油温，计算其加权平均值，即

$$\bar{t} = \frac{t_u + 3t_m + t_d}{5} \tag{17-3-2}$$

式中：

t_u——上层油温（℃）；

t_m——中层油温（℃）；

t_d——下层油温（℃）。

（2）中层油温测定法

该方法只测定各个油舱内液深中部的温度。

2) 密度测定

用密度计测量各舱货油的视密度 ρ_t'，求出平均值，以便于查取标准密度。

3. 计算航次装（或卸）油量

1) 石油计量表

在油量计算中，我国采用的石油计量表适用于原油、润滑油及其他液体石油产品，主要包括：

（1）表59A、表59B、表59D 依次表示原油、成品油及润滑油标准密度表；

（2）表60A、表60B、表60D 依次表示原油、成品油及润滑油体积修正系数表；

（3）表E1、表E2、表E3、表E4 依次表示20 ℃密度到15 ℃密度换算表、15 ℃密度到20 ℃密度换算表、15 ℃密度到桶/t 系数换算表、计量单位系数换算表。

2) 油量计算步骤

（1）根据所测得的各舱货油视密度和货油温度平均值，查取标准密度表得到标准密度 ρ_{20}。

(2) 测量各货舱的空档高度并进行修正，利用修正后的空档高度查油舱容积表得到实际装油体积 V_t，累加后得到实际装油总体积 $\sum V_t$。

(3) 利用标准密度 ρ_{20} 和各货舱平均油温查石油体积换算系数表得到 K_{20} 或者利用标准密度 ρ_{20} 查表得到石油体积温度系数 f_{20}，代入公式 $K_{20}=1-f_{20}(t-20)$ 求得 K_{20}。

(4) 利用式 $\sum V_{20}=K_{20}\cdot\sum V_t$ 计算出标准体积 $\sum V_{20}$。

(5) 利用下式计算出货油质量。

$$m=(\rho_{20}-0.0011)\cdot\sum V_{20} \tag{17-3-3}$$

如果油舱内有垫水，应予以扣除。

需要说明的是，根据我国新修订油量计量表 GB/T 1885—1998 的规定，我国油船、油码头的油量计算只采用式（17-3-3）。

（二）日本的油量计算方法

日本采用日本油量计算表进行油量计算，计算步骤如下：
(1) 将货油测定比重换算成标准比重 $S.G_{15/4}$；
(2) 将油舱内的货油体积换算成 15℃时的体积 V_{15}；
(3) 根据公式 $m=(S.G_{15/4}-0.0011)\cdot K_{15}\cdot\sum V_t$ 可得货油在空气中的质量。

（三）英、美等国的油量计算方法

英、美等国利用 ASTM-IP 的油量计算表进行油量计算。计算步骤如下：
(1) 将实测油温时的比重换算成标准比重 $S.G_{60/60}$ 或标准温度 60°F时的 API 石油度；
(2) 根据标准比重将体积换算成 60°F时的标准体积（立方英尺、美国桶或美国加仑）；
(3) 根据公式 $m=\sum V_{60}\times\omega_{60}=\sum V_t\times K_{60}\times\omega_{60}$ 可得货油在空气中的重量。其中，ω_{60} 为标准温度下已经过空气浮力影响修正后的货油密度，可通过查取 ASTM-IP 计量表得到。

第四节 散装液体化学品装运

为了保证安全及促进散装液体化学品的海上运输，使其对船舶、船员及环境所造成的危险降至最低，IMO 制定了相关规则和公约，为散装液体化学品的安全载运提供一个国际标准，主要包括：

《国际散装运输危险化学品船舶构造及设备规则》（简称 IBC 规则），适用于 1986 年 7

月1日或以后建造的散装化学品船。

《散装运输危险化学品船舶构造及设备规则》（简称BCH规则），适用于1986年7月1日前建造的散装化学品船。

MARPOL 73/78附则Ⅱ"防止散装有毒液体物质污染规则"。

此外，中国船级社（CCS）依据IBC规则制定了《散装运输危险化学品船舶构造及设备规范》（简称《散化船规范》）。

一、IBC规则

IMO海上安全委员会第82届会议和海洋环境保护委员会第56届会议分别于2006年12月8日和2007年7月13日以MSC.219（82）号和MEPC.166（56）号决议通过了《国际散装运输危险化学品船舶构造和设备规则》（IBC规则）的修正案，并于2009年1月1日生效。

现行的IBC规则在SOLAS 1974和MARPOL 73/78下均为强制性规定，适用于各种尺度（包括小于500总吨）从事散装运输危险化学品或有毒液体物质的船舶，但不包括载运石油或下列类似易燃货物的船舶：

——具有重大火灾危险性的货物，其危险程度超过石油产品和类似的易燃货物；

——除具有易燃性外，还有其他重大危险性的货物，或虽然没有易燃性但有其他重大危险性的货物。

规则共21章，涵盖了船舶残存能力要求和液货舱位置的设计标准，船舶布置和货物围护系统，货物驳运要求，船舶构造、防护衬垫及涂层材料标准，货物温度控制和液货舱透气、除气要求，船舶设备配置及检查标准，人员保护和安全操作要求，适用的货物清单及运输注意事项，运输货物索引等内容。

其所列的液体是指在温度为37.8 ℃时，其蒸气压力不超过0.28 MPa绝对压力的散装液体，具体货物名称列入规则第17章（最低要求一览表）和第18章（不适用规则的货物清单），其中第17章中的散装液体化学品包括具有安全危害性的货物、具有污染危害性的货物及同时具有安全危害性和污染危害性的货物，共718种；第18章中的散装液体化学品包括经审查并确定其安全性和污染危害性尚不足以列入规则适用范围的液体物质，共41种。

第17章最低要求一览表共包括16栏，见表17-4-1。

表 17-4-1　最低要求一览表部分内容

No.	a	c	d	e	f	g	h	i'	i''	i'''	j	k	l	n	o
711	蜡 Waxes	Y	P	2	2G	Open	No	—	—	Yes	O	No	AB	No	15.19.6, 16.2.6
712	白节油,低于(15%~20%)芳香物 White spirit, low(15%~20%)aromatic	Y	P	2	2G	Cont	No			No	R	F	A	No	15.19.6, 16.2.6
713	二甲苯 Xylenes	Y	P	2	2G	Cont	No			No	R	F	A	No	15.19.6, 16.2.6
714	二甲苯/乙苯(10%或以上)混合物 Xylenes/ethy benzene(10% or more)mixture	Y	P	2	2G	Cont	No	—	—	No	R	F	A	No	15.19.6
715	二甲苯酚 Xylenol	Y	S/P	2	2G	Open	No		ILA	Yes	O	No	AB	No	15.19.6, 16.2.6
716	烷基锌二硫代磷酸盐（C7-C16）Zinc alkaryl dithiophosphate（C7-C16）	Y	P	2	2G	Open	No			Yes	O	No	AB	No	15.19.6, 16.2.6
717	烯基锌甲酰胺 Zinc alkenyl carboxamide	Y	P	2	2G	Open	No			Yes	O	No	AB	No	15.19.6, 16.2.6

表中栏目的注释如下：
（1）No. 栏：所列货物序号。
（2）a 栏：货物名称。
（3）b 栏：联合国编号（已删除）。
（4）c 栏：污染类别。
字母 X、Y 或 Z 是指按防污公约附则 Ⅱ 所确定的每一货物的污染类别。
（5）d 栏：危害性。
S——本规则所包括的具有安全危害性的货物；
P——本规则所包括的具有污染危害性的货物；
S/P——本规则所包括的同时具有安全危害性和污染危害性的货物。

(6) e栏：船型。

其中的数字1、2、3分别代表1型船、2型船和3型船。

(7) f栏：舱型。

舱型代表数码分别表示：

1——独立液货舱；

2——整体液货舱；

G——重力液货舱；

P——压力液货舱。

(8) g栏：液货舱透气。

栏中：

Cont——控制式透气；

Open——开式透气。

(9) h栏：液货舱环境控制。

栏中：

Inert——惰性法；

Pad——用液体或气体作隔绝的方法；

Dry——干燥法；

Ven——自然或强力通风法；

No——规则无特殊要求。

(10) i栏：电气设备。

本栏细分为：

i'——温度等级；

i''——设备分类；

i'''——闪点，其中：Yes代表闪点超过60 ℃，No代表闪点不超过60 ℃，NF代表非易燃货物。

(11) j栏：测量。

测量方式包括：

O——开式测量；

R——限制式测量；

C——闭式测量。

(12) k栏：蒸气探测。

栏中：

F——易燃蒸气；

T——有毒蒸气；

No——规则无特殊要求。

(13) l栏：防火。

栏中：

A——抗乙醇泡沫；

B——普通泡沫，所有非抗乙醇泡沫，其中包括氟化蛋白质和水膜泡沫（AFFF）；
C——水雾；
D——化学干粉；
No——规则无特殊要求。

（14）m栏：构造材料（已删除）。

（15）n栏：应急设备。

栏中：

Yes——见规则第14.3.1款；

No——规则无特殊要求。

（16）o栏：特殊要求及操作要求。

当专门参照第15章（特殊要求）和/或16章（操作要求）时，这些要求应为任何其他栏内的附加要求。

第18章是不适用规则的货物清单，具体内容见表17-4-2。

表17-4-2　不适用规则的货物清单部分内容

序号	货物名称	污染类别
1	丙酮 Acetone	Z
2	含酒精饮料，n.o.s Alcoholic beverages，n.o.s	Z
3	苹果汁 Apple juice	OS
4	正丁醇 n-Butyl alcohol	Z
5	仲丁醇 sec-Butyl alcohol	Z
6	硝酸钙溶液（50%或以下） Calcium nitrate solutions（50% or less）	Z
7	黏土泥浆 Clay slurry	OS

二、散装液体化学品

散装液体化学品主要包括石油化工产品、煤焦油产品、碳水化合物的衍生物（糖蜜与酒精制品、动植物油）、强化学剂等。

1. 特性及危险性

散装液体化学品具有多种理化特性，其中可能具有一种或多种危险特性，如易燃性、毒害性、腐蚀性和化学反应性及对环境造成的危害。

1）易燃性

散装液体化学品通常都具有易燃性，可用闪点、燃点、自燃点、沸点（汽化点）及可燃范围来衡量。

2）毒害性

散装液体化学品的毒害性将会造成人员由于直接接触而产生的健康危害性，或由货品溶于水中或混入空气中造成间接接触而产生的水污染或空气污染的危害性。直接接触毒害性可用半数致死量LD_{50}及半数致死浓度LC_{50}来衡量；间接接触毒害性可用紧急暴露限值EEL（指一次临时性接触的允许浓度）、货品的水溶性、挥发性等来衡量。

对海洋污染危害性包括：生物积聚性造成危害，缺乏生物易降解性造成危害，对水中有机体的急性毒性作用，对水中有机体的慢性毒性作用，对人类健康具有长期的不利影响，引起货物漂浮或下沉的物理特性并因此造成对海洋生物的不利影响。

3）腐蚀性

部分散装液体化学品具有很强的腐蚀性，不仅与人体皮肤接触会造成严重损伤，而且对货舱结构材料也有严重腐蚀作用。货舱结构通常采用不锈钢材料，不能使用黄铜、青铜或铝等材料。

4）化学反应性

散装液体化学品的化学反应性主要包括自身的分解、聚合、氧化、腐蚀反应并产生毒气和大量热量，与水发生反应，与空气发生反应，与其他化学品发生反应等。

5）黏度大，凝点高

部分货品装卸时需要加温降低黏度，保证货物顺利装卸，减少卸货后的残余量。但加温应适当，以防止加温过高产生气阻，导致流速降低。

6）具有热敏感性

有的化学品因受热会发生氧化、老化等反应而变质，如鱼油、糖浆、豆油等会因过热变质而影响品质。

7）忌杂质

液体散装化学品在装运过程中对纯净度有严格的要求，如果被杂质污染，则会导致货品丧失使用价值。

2. 散装液体化学品分类

1）MARPOL 73/78 中的类别划分

MARPOL 73/78 附则 Ⅱ "防止散装有毒液体物质污染规则"中，根据散装液体化学品的毒性和操作排放对环境污染造成的影响将其分为4大类：

(1) X类

X类指排放入海后将会对海洋资源或人类健康造成严重危害的有毒液体物质，因此有必要严禁将此类物质排入海洋环境。

(2) Y类

Y类指排放入海后将会对海洋资源或人类健康造成严重危害或对舒适性或其他合法利用海洋造成损害的有毒液体物质，因此有必要对排入海洋环境的此类物质的质量加以限制。

(3) Z类

Z类指排放入海后将会对海洋资源或人类健康造成较小的危害的物质，因此有必要对排入海洋环境的此类物质的质量加以限制。

(4) OS类

IBC规则第18章污染类栏中所示的物质OS经评估后发现其并不属于X类、Y类或Z类，将其排入海中后不会对海洋资源或人类健康造成危害或不会对舒适性或其他合法利用海洋造成损害的物质，因此排放含有OS类物质的舱底污水、压载水其他残余物或混合物不受附则Ⅱ和IBC规则要求的约束。

2) 美国海岸警卫队（USCG）按化学反应性的分类

美国海岸警卫队根据散装液体化学品的反应性不同，将其分为5类：

(1) 0类

0类物质是指几乎不发生化学反应的物质，但在某种条件下能与4类物质反应，如饱和烃等。

(2) 1类

1类物质是仅与4类物质反应的液体化学品，如芳香烃、烯烃、醚和酯等。

(3) 2类

2类物质是不能与0类和1类物质反应，或本类物质不能互相反应的液体化学品，但能与3类和4类物质反应，如醇、酮、聚合物等。

(4) 3类

3类物质是能与2类和4类物质反应，且本类化学品能相互反应，如有机酸、液氨、环氧衍生物等。

(5) 4类

4类物质是可以相互反应，并能与所有其他类的化学品反应的物质，如无机酸、强碱、磷、硫等。

3) 美国海岸警卫队（USCG）按化学相容性的分类

根据散装液体化学品的相容性，将其分为36类，1~22类为反应类，30~43类为相容类，并编制了货物相容性表，见表17-4-3、表17-4-4。

表 17-4-3　散装液体化学品分类表

	反应类		相容类
1	非氧化性无机酸	30	烯烃
2	硫酸	31	链烯烃
3	硝酸	32	芳香烃
4	有机酸	33	其他烃类混合物
5	苛性碱	34	酯
6	氨	35	卤代乙烯
7	脂肪胺	36	卤代烃
8	醇胺	37	腈
9	芳香胺	38	二硫化碳
10	酰胺	39	硫醚,二硫化物
11	有机酸酐	40	乙二醇醚
12	异氰酸盐	41	醚
13	醋酸乙烯酯	42	硝基化合物
14	丙烯酸盐	43	其他水溶液
15	烯丙基类取代物		
16	烷撑氧化物		
17	表氯代醇		
18	酮		
19	醛		
20	醇,乙二醇		
21	酚,甲酚		
22	己内酰胺溶液		

表 17-4-4 货物相容性表

	1	2	3	4	5	6	7	8	9	10	11	12	13	14	15	16	17	18	19	20	21	22
1		×			×	×	×	×	×	×	×	×	×			×	×		A	E		
2	×		×	×	×	×	×	×	×	×	×	×	×	×	×	×	×	×	×	×	×	×
3		×			×	×	×	×	×	×	×	×	×	×	×	×	×	×	×	×	×	
4		×			×	×	×	×	C			×				×	×			F		
5	×	×	×	×							×	×				×	×		×	×	×	×
6	×	×	×	×						×	×	×	×			×	×		×			
7	×	×	×	×							×	×	×	×	×	×	×		×	×	×	×
8	×	×	×	×							×	×	×	×	×	×	×	B	×			
9	×	×	×	C							×	×					×		×			
10	×	×	×			×						×									×	
11	×	×	×		×	×	×	×														
12	×	×	×	×	×	×	×	×						D					×		×	
13	×	×	×			×	×	×														
14		×				×	×															
15		×	×			×	×					D										
16	×	×	×	×	×	×	×	×														
17	×	×	×	×	×	×	×															
18		×	×			×	B															
19	A	×	×		×	×	×	×														
20	E	×	×	F	×		×						×									
21		×	×			×	×				×											
22		×			×		×					×										
30		×	×																			
31																						
32			×																			
33			×																			
34		×	×																			
35			×																			×
36		G	×		H		I															
37		×																				
38							×	×														
39																						
40		×										×										
41		×	×																			
42					×	×	×	×														
43		×																				

注:"×"为两者不相容

空格为两者可以装载

以下为反应性有偏差的注解：

A 丙烯醛(19)、丁烯醛(19)和2-乙基-3-丙基丙烯醛(19)与第1类非氧化性无机酸不相容；

B 异佛尔酮(18)和甲基异丁烯基酮(18)与第8类醇胺不相容；

C 丙烯酸(4)与第9类芳香胺不相容；

D 烯丙基醇(15)与第12类异腈酸酯不相容；

E 呋喃甲醇(20)与第1类非氧化性无机酸不相容；

F 呋喃甲醇(20)与第4类有机酸不相容；

G 二氯乙醚(36)与第2类硫酸不相容；

H 三氯乙烯(36)与第5类苛性碱不相容；

I 乙二胺(7)与二氯乙烯不相容。

三、散装液体化学品船

IBC规则中，散装液体化学品船是指建造或改建成用于散装运输规则第17章所列任何液体货物的货船（简称"散化船"）。

规则适用的船舶，应能承受某种外力作用下船体遭受假定破损后浸水的正常影响。此外，为了保护船舶和周围环境，船舶的液货舱应加以保护，以防船舶与码头或拖船等接触后产生较小破损而引起渗漏，并且应采取保护措施以防止船舶碰撞或触礁而引起破损，即把液货舱布置在船内距船体外板不小于规定的最小距离处。假定的破损以及液货舱与船体外板之间的距离均取决于所装货物的危险程度。假定的最大破损范围见表17-4-5。

表17-4-5 散化船假定破损范围表

舷侧破损	纵向范围	$L^{2/3}/3$ 或 14.5 m, 取小者	
	横向范围	$B/5$ 或 11.5 m, 取小者（在夏季载重水线平面上从舷侧沿垂直于船体中心线的方向向船内量取）	
	垂向范围	向上没有限制（从中心线的船底外板型线量起）	
船底破损		距船舶首垂线0.3 L范围内	船舶的其他部位
	纵向范围	$L^{2/3}/3$ 或 14.5 m, 取小者	$L^{2/3}/3$ 或 5 m, 取小者
	横向范围	$B/6$ 或 10 m, 取小者	$B/6$ 或 5 m, 取小者
	垂向范围	$B/15$ 或 6 m, 取小者（从中心线的船底外板型线量起）	$B/15$ 或 6 m, 取小者（从中心线的船底外板型线量起）

1. 船舶类型

根据所运输散装液体化学品的危险程度，散化船分为以下三种类型：

1) Ⅰ型船舶

Ⅰ型船舶是适用于运输对环境或安全有非常严重危险的货物的化学品船,该船型的结构要求能够经受最严重的破损,并需要用最有效的预防措施来防止货物的泄漏。因此Ⅰ型船的液货舱舱壁与船外板之间要求的间隔距离最大,左右间距不小于$B/5$或11.5 m,取小者;下边与船底板的间距不小于$B/15$或6 m,取小者;离船体外壳的任何位置处的距离都不得小于760 mm,如图17-4-1(a)所示。

2) Ⅱ型船舶

Ⅱ型船舶是适用于运输对环境和安全有相当严重危险的货物的化学品船,它需要用有效的预防措施来防止泄漏。因此Ⅱ型船舶的液货舱舱壁与船舶的外板之间,左右间距不小于760 mm;下边与船底板的间距不小于$B/15$或6 m,取小者;离船体外壳的任何位置处的距离都不得小于760 mm,如图17-4-1(b)所示。

3) Ⅲ型船舶

Ⅲ型船舶是适用于运输中对环境或安全有足够严重危险的货物的化学品船,它需要用中等程度的围护来增加破舱条件下的残存能力。船上液货舱的位置没有特殊要求,基本上与油船相同,如图17-4-1(c)所示。

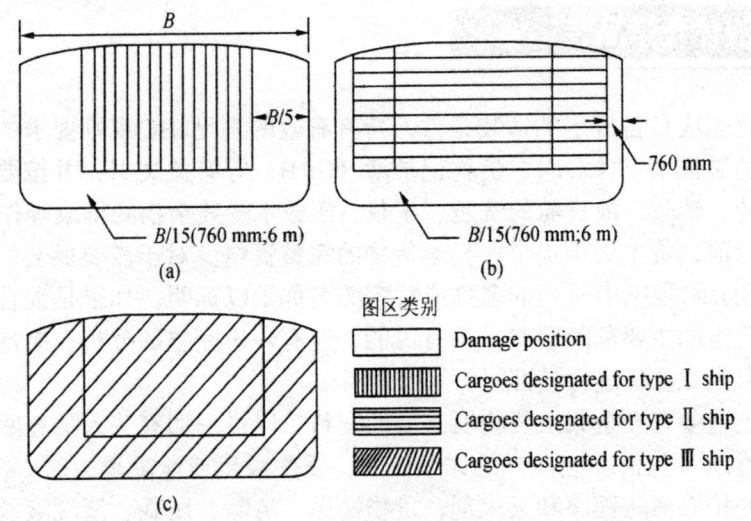

图17-4-1 散化船类型

2. 液货舱类型

根据IBC规则的规定,散化船液货舱的种类按与船体结构的关系及舱顶设计表压力的不同分为两组。

1) 按液货舱与船体结构的关系划分

按与船体结构的关系,散化船液货舱分为独立液货舱和整体液货舱。

(1) 独立液货舱

独立液货舱指不与船体结构相连接或不是船体结构的组成部分的货物围护容器。建造和安装独立液舱是为了在所有可能的时刻，能够将因相邻船体机构的应力或移动对液货舱所造成的应力消除或降至最小。独立液舱对船体结构的完整性不是必需的。

(2) 整体液货舱

整体液货舱是构成船体结构的一部分的货物容器，且以相同方式与邻近的船体结构一起承受相同的载荷。它对船体结构的完整性是必需的。

2) 按舱顶设计表压力划分

根据舱顶设计表压力大小，散化船液货舱分为重力液货舱和压力液货舱。

(1) 重力液货舱

重力液货舱指舱顶设计压力不大于 0.07 MPa 的液货舱。它既可以是独立液货舱，也可以是整体液货舱。对重力液货舱的建造和试验应按照认可的标准，且应考虑货物的载运温度和相对密度。

(2) 压力液货舱

压力液货舱指舱顶设计压力大于 0.07 MPa 的液货舱。它只能是独立液货舱，对其结构的设计应按照经认可的对压力容器的设计标准。

四、散装液体化学品装运要求

(1) 散化船应具备规定的适装条件，持有有效的满足 IBC 规则要求的"国际散装运输危险化学品适装证书"（COF）、货物记录簿（CRB）等有关文书，并按要求如实记录有毒货物装卸作业、转驳，液货舱的洗舱、压载、压载水及残余物的排放等作业情况。

(2) 承运前，货主必须提供所托运货物的完整资料。对于需要散装的任何货物，应在运输文件上用 IBC 规则中所列的名称或暂定的名称予以标明。如果是混合物，则还应标明使货品产生危害的主要危险因素；若有可能，应有一份完整的分析，制造厂家或经主管机关认可的专家对此分析进行核证。

(3) 船上应备有安全载运货物所必需的资料，以供一切有关人员查阅。如所载运货物的物理化学性质（包括反应性）的详细说明；发生溢出或泄漏事故时，需要采取的措施；对各种货物的相应消防程序和灭火剂；货物输送、清除、压载、清洗液货舱和变更货物的程序；防止人员由于意外接触而造成伤害的防范措施；安全装卸特定货物所需特殊设备的有关资料；应急措施等。

如果得不到安全运输货物所需的足够资料，则对该货物应拒运。

(4) 凡是放出察觉不到的剧毒蒸气的货物，除非在货物中放入了能觉察到的添加剂，否则一概予以拒运。

(5) 对于易改变形态或化学特性的散装液体化学品，应加入稳定剂延缓反应速率、保持化学成分平衡、防止氧化、保持颜色和其他成分的乳化状态或防止胶状颗粒受到冲击。对于加入稳定剂的货品在托运时，托运人应提供稳定剂证书。

(6) 装货前，应对液货舱进行环境控制。其方法有：

①惰化法：用不助燃也不与货物反应的气体或蒸气充入液货舱及其管系、液货舱周围

空间，并维持这种状态。

②隔绝法：将液体、气体或蒸气充入货物系统，使货物与空气隔绝。

③干燥法：将无水气体或在大气压力下露点为-40 ℃或更低的蒸气充入液货舱及其管系。

④通风法：进行强制通风或自然通风。

（7）各舱装货量不超出其最大允许载货量：Ⅰ型船舶的任一液舱所装货物数量不得超过1250 m³；Ⅱ型船舶的任一液舱所装货物数量不得超过3000 m³；液货舱在环境温度下载运散装液体化学品，应考虑所装的货物所能达到的最高温度，以避免在航行期间液货舱被液体胀满。

（8）装卸开始时应以低速进行（1 m/s以下），待经检查确认作业正常后才能按正常流速进行装卸。为防止产生静电，装卸的正常流速应限制在3 m/s以下。

（9）当风速超过1.5 m/s、浪高超过1.5 m时，不得进行靠泊和装卸作业。

（10）装卸前准备好应急缆，置放危险标志，与其他船舶保持30 m以上的安全距离。

（11）散化船在装卸散装液体危险化学品期间禁止进行以下作业：

①检修和使用雷达、无线电发射机和卫星导航仪。

②从事可能产生火星的作业及明火作业。

③供、受油（水）作业。

④进行吊运物件及其他影响安全的作业。

⑤其他影响船舶靠离泊及船舶装卸货安全的作业。

（12）为保护从事装卸作业的船员，船上应有合适的保护安全设备，包括大围裙、有长袖的特别手套、适用的鞋袜、用抗化学性材料制成的连衣裤工作服和贴肉护目镜或面罩、自给式空气呼吸器、防爆灯具等。用于保护人体的衣服和设备应围罩人体全身皮肤，使全部人体受到保护。保护安全设备应放置在易于到达的专用储存柜内。进入作业现场的船员，应按照规定穿着防护服和配置安全设备。

（13）2007年1月1日或以后建造的散化船，经排放压载以后的舱内或有关管系内的残留物的最大允许残留量，对X、Y和Z类物质均为75 L。

（14）散化船在港期间进行洗舱、污水排放、冲洗甲板、驱气等可能导致污染的操作，均需向主管机关提出申请，批准后方可作业。

（15）船方应逐项检查并填写"船/岸安全检查项目表"中的A部分和B部分。

五、散化船装货量的计算

散装液体化学品的装载量计算与油船货油装载量的计算步骤基本相同：

（1）根据实测液舱空档高度查液舱容量表得实际装货体积；

（2）实测货物温度和密度；

（3）将实测温度时的货物体积和货物密度换算成标准温度下的数值；

（4）考虑空气浮力的修正，求得货物装载量。

第五节 散装液化气体装运

为确保海上运输散装液化气体的安全，将其对船舶、船员及环境所造成的危险降至最低程度，IMO和散装液化气体运输国主管机关制定了相关规则和公约，主要有：

《国际散装运输液化气体船舶构造及设备规则》（简称IGC规则），适用于1998年7月1日或以后建造的液化气体船舶。

《散装运输液化气体船舶构造及设备规则》（简称GC规则），适用于1998年7月1日前建造的散装化学品船。

此外，中国船级社（CCS）依据IGC规则制定了《散装运输液化气体船舶构造及设备规范》（简称《液化气船规范》）。

一、IGC规则

IMO海安会第79届会议于2004年12月10日以MSC.177（79）号决议通过了《国际散装运输液化气体船舶构造及设备规则》修正案，并于2007年1月1日生效。

现行的IGC规则在SOLAS 1974下为强制性规定，适用于各种尺度（包括500总吨以下）从事散装运输本规则第19章所列的温度为37.8 ℃时，其蒸气压力超过0.28 MPa绝对压力的液化气体和其他货物的船舶。

IGC规则共19章，涵盖了船舶残存能力要求和液货舱位置的设计标准，船舶布置和货物围护系统，处理用受压容器及液体、蒸气和压力管路系统的设计要求，货物驳运要求，船舶构造材料标准，货物压力、温度控制及透气系统要求，船舶设备配置及检查标准，人员保护和安全操作要求，液货舱充装极限，用货物做燃料的要求及最低要求一览表等内容。

其中，第19章为最低要求一览表，表中共列出了32种液化气体。一览表共有15栏，见表17-5-1。

表中各栏的内容是：

(1) a栏：货物名称。
(2) b栏：联合国编号。
(3) c栏：船型。
(4) d栏：是否要求C型独立液货舱。
(5) e栏：液货舱内蒸气空间的控制，干燥或惰化。

(6) f栏：蒸气探测。

其中：

F——易燃蒸气的探测；

T——有毒蒸气的探测；

O——氧气分析仪；

F+T——易燃和有毒蒸气探测。

(7) g栏：测量。

所许可的测量类型：

I——规则13.2.2（1）和13.2.2（2）中所述的间接型或封闭型；

C——规则13.2.2（1）、13.2.2（2）和13.2.2（3）中所述的间接型或封闭型；

R——规则13.2.2（1）、13.2.2（2）、13.2.2（3）和13.2.2（4）中所述的间接型、封闭型或限制型。

(8) h栏：医疗急救指南（MFAG）表号。

任何所列货物在低温运输时可能发生霜冻，MFAG 620是适用的。

(9) i栏：特殊要求。

(10) CCSj栏/CCSk栏：相对密度。

给出的数据表示货物液态/蒸气相对水或空气的可能最大相对密度参考值。未列出者表示货物资料附件中没有提供相对密度值。在所有情况下，应以制造厂提供的货物相对水或空气的密度资料为准。

(11) CCSl栏：沸点。

给出的数据表示货物可能的最低沸点参考值，未列出者表示货物资料中沸点不确定。在所有情况下，应以制造厂提供的货物沸点资料和载运要求为准。

(12) CCSm栏：临界温度。

给出的数据表示货物可能的最高临界温度参考值，未列出者表示货物资料中的临界温度不确定。在所有情况下，应以制造厂提供的货物临界温度资料和载运要求为准。

表 17-5-1 最低要求一览表部分内容

序号	a 货物名称	b 联合国编号	c 船型	d 要求C型独立液货舱	e 液货舱内蒸气空间的控制	f 蒸气探测	g 测量	h 医疗急救指南表(MFAG)编号	i 特殊要求	CCSj 液体相对密度在大气压力沸点下 (水=1)	CCSk 气体相对密度 (空气=1)	CCSl 沸点 (℃)	CCSm 临界温度 (℃)
1	乙醛 Acetaldehyde	1089	2G/2PG	/	惰化	F+T	C	300	14.4.3；14.4.4；17.4.1；17.6.1	0.7827	1.52	2.08	
2	氨：无水的 Ammonia anhydrous	1005	2G/2PG	/	/	T	C	725	14.4.2；14.4.3；14.4.4；17.2.1	0.683	0.597	-33.4	132.4
3	丁二烯 Butadiene	1010	2G/2PG	/	/	F+T	R	310	17.2.2；17.4.2；17.4.3；17.6；17.8	0.653	1.88	-5.0	161.8
4	丁烷 Butane	1011	2G/2PG	/	/	F	R	310		0.600	2.09	-0.5	153
5	丁烷/丙烷混合物 Butane-propane mixtures	1011/1978	2G/2PG	/	/	F	R	310					
6	丁烯 Butylene	1012	2G/2PG	/	/	F	R	310	14.4；17.3.2；17.14；17.5；17.7；	0.624	1.94	-6.1	146.4
7	氯 Chlorine	1017	1G	是	干燥	T	I	740	14.4.2；14.4.3；17.10；17.11	1.56	2.49	-34	144
8	二乙醚 Diethyl ether	1155	2G/2PG	/	惰化	F+T	C	330	14.4.2；14.4.3；14.4.3；				
9	二甲基胺 Dimethyl amine	1032	2G/2PG	/	/	F+T	C	320		0.6615	1.55	6.8	
10	乙烷 Ethane	1961	2G	/	/	F	R	310		0.540	1.048	-88.6	32.1
11	氯乙烷 Ethyl chloride	1037	2G/2PG	/	/	F+T	R	340		0.9	2.2	12.3	

二、液化气体

液化气体包括液化石油气、液化天然气和液化化学气。

1. 液化气体特性及危险性

1）易燃易爆性

由于液化气体沸点低、挥发性大，一旦泄漏，其危险性比石油类物质更大，所以液化气必须在其可燃范围以外的状态下运输和装卸。

2）毒害性

液化气体的蒸气与人的皮肤、眼睛接触或被人体吸入会引起中毒。

3）腐蚀性

有的液化气本身具有腐蚀性，有的液化气能与容器、船体材料及其他物质发生反应，产生不同程度的腐蚀性。腐蚀性不仅对人体有害，而且还会对船体结构造成损伤。

4）化学反应性

化学反应性包括货物自身的分解、聚合反应，货物与水的反应，货物与空气的反应，货物与货物之间的反应，货物与冷却介质之间的反应，以及货物与船体材料之间的反应。

5）低温和压力危险性

低温运输液化气时，低温会对船体、设备造成脆性破坏，对人员则会有冻伤的危害。

2. 液化气分类

1）按液化气的主要成分划分

按液化气的主要成分可分为：

（1）液化石油气（LPG）：其主要成分为丙烷和丁烷。

（2）液化天然气（LNG）：其主要成分为甲烷。

（3）液化化学气（LCG）：其主要成分除了碳氢化合物外，还有氧化丙烯和聚氯乙烯单体等。

2）按液化气的沸点和临界温度划分

根据液化气的沸点和临界温度可分为：

（1）高沸点液化气体：沸点不低于-10 ℃的物质，如丁二烯、二氧化硫等。

（2）中沸点液化气体：沸点为-10~-55 ℃且临界温度在45 ℃以上的物质，如氨、丙烷等。

（3）低沸点液化气体：沸点低于-55 ℃或临界温度低于45 ℃的物质，如甲烷、乙烯、氮等。该类物质必须采用低温或低温加压方式贮运。

三、液化气船

IGC规则和《液化气船规范》规定：从事运输温度为37.8 ℃时，其蒸气绝对压力超过0.28 MPa的液体的船舶为液化气体船（简称液化气船）。

1. 按货物的危险程度划分

根据所运货物的危险程度，液化气船可分为：

1）ⅠG型船舶

ⅠG型船舶适用于运输危险性最大的货品，IGC规则中要求采取最严格的防漏保护措施。对液货舱的位置有严格的要求，对这种船破损后的残存能力要求最高，要求达到相邻两舱（包括机舱）同时破损情况下仍有一定的残存能力，即要满足有关破舱稳性的要求。该船舶的结构要求能够经受最严重的破损，船舶的液货舱舱壁与船舶的外板之间要求的间隔距离最大，横向上距离舷侧外板的距离不小于$B/5$或7.5 m，取小者；垂向上距离船底板的距离不小于$B/15$或2 m，取小者；但其任何部位与外板的距离都不得小于760 mm。结构图示基本同Ⅰ型散化船。

2）ⅡG型和ⅡPG型船舶

ⅡG型和ⅡPG型船舶适用于运输危险性次于ⅠG型船舶运输对象的货品。船上的液货舱舱壁与船舶外板之间要求的间距垂向上不小于$B/15$或2 m，取小者；其他部位与外板的距离不小于760 mm。结构图示基本同Ⅱ型散化船。其中，ⅡPG型船舶是指船长不超过150 m的具有C型独立液舱的船舶。

3）ⅢG型船舶

ⅢG型船舶适用于运输危险性最小的货品。其货舱在船上的位置与ⅡG型相同，但其船体结构经受破损的能力略低于ⅡG型船舶。

2. 根据运输对象被液化的方式划分

根据货物液化的方式，液化气船可分为：

1）压力式液化气船（亦称全加压式液化气船）

该型船主要用于运输液化石油气和氨，其液舱为圆柱形、球形或具有纵隔壁的双圆柱形及三圆柱形。

该型船的优点是液舱管系不需要绝热、船上不需要设置再液化装置且操作简便，缺点是船舶的空间利用率低、载货量较少、液舱的厚度随设计压力的增大而增加，所以规模一般较小。

2）低温式液化气船（亦称冷冻式液化气船）

该型船主要用于装运在常压下冷却至其沸点以下而液化的气体货物的船舶。该型船用于运输液化石油气时，冷却温度为-55 ℃；用于运输乙烯时，冷却温度为-104 ℃；用于运输液化天然气（只能采用常压低温方式运输）时，冷却温度为-162 ℃。目前世界上专门运输液化天然气的船舶根据货舱围护系统的不同共有三种形式，薄膜液舱型（membrane type）、球形液舱型（moss type）、SPB 棱形液舱型（self-supporting prismatic shape IMO type "B"）。

该型船舶因液舱多为棱柱形或梯形而使船舶的空间利用率提高，由于低温使液货的密度增大而使船舶载货量增加，从而提高其经济性。但该型船因液货舱必须采用耐低温材料并要求采取相应的绝热措施，液舱周围需用惰气保护且需设置再液化装置。

3）低温低压式液化气船（亦称半冷冻式液化气船）

该型船设计上采用压力式和低温式两种液化方式的折衷方案，采用在一定的压力下使气体冷却液化的方法。一般设计压力为 0.3~0.7 MPa，而冷却温度则随运输对象不同而异，较多的是在 -10 ℃左右。由于设计压力减小，液舱舱壁厚度可以相应减小，对材料的耐高压和耐低温的要求也降低，从而使建造成本降低。其液舱形状有圆柱形、圆锥形、球形或双凸轮形。

四、液货舱围护系统

1. 独立液货舱

独立液货舱即自身支持的液货舱系统。该液货舱本身是独立的，它不构成船体结构的组成部分。液货舱本身并不直接固定于船体的结构上，而是在受热时可自由伸长滑行于支撑座上，并由支撑座将力传递至船体，对船体强度不起作用。

根据其设计蒸气压力的不同，可分为以下三种类型：

1）A 型独立液货舱

A 型独立液货舱为棱柱型重力液舱，其设计蒸气压力不超过 0.07 MPa，货物在常压下以全冷冻方式运输。

2）B 型独立液货舱

B 型独立液货舱形状为球形罐状，液舱可以是重力液舱，也可以是压力液舱，其设计蒸气压力不大于 0.07 MPa 或大于 0.07 MPa，前者用于运输液化石油气，后者用于运输液化天然气。

3）C 型独立液货舱

C 型独立液货舱是设计蒸气压力高于 0.2 MPa 的球形或圆柱形压力容器，主要用于半冷冻式或全加压式液化气船上。用于全加压式船上时，其设计的最大工作压力应不小于 1.7 MPa；而用于半冷冻式或冷冻式船上时，其设计压力为 0.5~0.7 MPa 及 50% 真空。

2. 整体液货舱

整体液货舱为非自身支持的液舱，它构成船体结构的一部分，并且以相同方式与相邻船体结构一起受到同样载荷的影响。整体液货舱可用于载运其沸点不低于 -10 ℃的货品，设计蒸气压力通常不应超过 0.025 MPa，如果船体构件尺寸适当加大时可增加，但不超过 0.07 MPa。

3. 薄膜液货舱

薄膜液货舱为非自身支持的液舱，是船体结构的一部分，液舱结构直接固定在船体上，船体直接承受液舱及货物的重量。在船体和液货舱之间设置一层薄膜，液货舱依靠此隔热薄膜支撑。薄膜厚度一般不超过 10 mm。其设计蒸气压力通常不超过 0.025 MPa，如果船体尺寸有适当增加，并对支持的绝热层做了适当的考虑，则设计压力可增至 0.07 MPa。

4. 半薄膜液货舱

半薄膜液货舱在空载时为自身支持，在装载状态下为非自身支持。其设计蒸气压力通常不超过 0.025 MPa，如果船体尺寸有适当增加，并对支持的绝热层做了适当的考虑，则设计压力可增至 0.07 MPa。

5. 内层绝热液货舱

内层绝热液货舱是非自身支持液舱，由适合于货物围护的绝热材料组成，受其相邻的内层船体结构支持。其设计蒸气压力通常不超过 0.025 MPa，但对货物围护系统在设计时做了考虑，如果内部绝热液舱是由内部船体结构支持，则设计压力最大可增至 0.07 MPa；如果内部绝热液舱是受独立液货舱结构的适当支持，则主管机关可以接受设计蒸气压力大于 0.07 MPa。

五、液化气装运要求

（1）液化气船应具备规定的适装条件，持有有效的满足IGC规则要求的"国际散装运输液化气体适装证书"。

（2）为了保护从事装卸作业的船员，在考虑了货品的特性后，应对船员提供包括眼睛在内的合适的保护设备。

（3）船舶承运前，托运人必须提供所托运货物的完整资料。

（4）船上应备有可供所有有关方面使用的资料，这些资料能为安全装运货物提供必要的信息。其具体项目如下：

①关于货物安全围护所必需的理化特性详细说明书；
②发生溢漏事故时所采取的措施；
③人员偶尔与货物接触的防范措施；
④灭火程序与灭火剂；
⑤货物安全驳运、除气、压载、清洗货舱及更换货物的程序；
⑥内层船体钢材的最低需用温度；
⑦用于特殊货物安全操作所需要的特殊设备；
⑧应急程序。

（5）为了防止货物发生聚合反应，保证安全，在装运需要进行抑制的货物时，船上应备有生产厂家提供的证书，证书中应说明所添加的抑制剂的相关情况。若托运人不能提供证书，则不得装运该类货物。

（6）做好货舱的准备工作。受载前，必须对货舱进行以下特殊作业：

①惰化：用惰气替换货物系统中的空气或货物蒸气，降低含氧量。惰化后，一般要求货物系统中的氧气浓度不超过5%。

②驱气：装货前用待装货物的蒸气替换货物系统中的惰气或上航次装载货物的蒸气。

③预冷：在装载低温液货之前先将液货舱及管路系统慢慢冷却。

（7）装载时应注意各液货舱的允许充装极限不要超过液舱容积的98%。

（8）卸货时应防止液舱产生负压和超压。

（9）装卸作业应在白天进行，装卸期间应禁止一切明火作业并注意附近水域的安全。

（10）当风速超过15 m/s、浪高超过0.7 m时，应停止装卸作业。

（11）船舶白天应悬挂"B"旗，夜间显示红色环照灯，装卸作业时显示国际信号"RY"旗，甲板两舷醒目处放置告示牌。

（12）船舶生活区面向货物区域的门、窗与空调，通风入口应予关闭。烟囱上的火星熄灭器或金属网处于良好状态。

（13）卸货完毕后，必须进行扫线作业，把液货从所有甲板管路、岸上管路和软管或装卸臂中吹扫掉，然后才能排空和拆管。

（14）船方应逐项检查并填写"船/岸安全检查项目表"中的A部分和C部分。

六、液化气船装货量计算

液化气船液舱装货量的计算与油船装油量的计算原理是相同的，不同的是，液化气在运输过程中，液舱内始终是液体和蒸气并存的，计量时不仅要计算舱内液体的重量，而且要计算舱内货物蒸气的重量，因为后者也是货物的一部分。

具体的计算方法和步骤如下：

（1）由仪表测定舱内液体和蒸气空间的平均温度及蒸气压力。

（2）由液位仪测定舱内的空档高度，并对其进行纵、横倾修正。

（3）根据修正后的空档高度查取液舱容量表，得到标定温度下的液体体积 V_t。

（4）测定舱内液体密度，根据密度换算表查得货液的标准密度。

（5）根据船舶资料查得液舱从标定温度至货液测定温度时的体积热修正系数 K_1（即货舱体胀缩修正中的冷缩系数）；根据船舶资料查得液舱从标定温度至蒸气测定温度时的体积热修正系数 K_2；从货物计量表中查得货液从测定温度至标准温度时的体积温度系数 f。

（6）按下式计算货液的标准体积 V_{15}：

$$V_{15} = V_t \cdot K_1 \cdot f \tag{17-5-1}$$

（7）货液的质量 M 由式（17-5-2）计算：

$$M = \rho_{15} \cdot V_{15} \tag{17-5-2}$$

（8）测定温度时的蒸气体积 V_{t1} 由式（17-5-3）计算：

$$V_{t1} = K_2 \cdot (V - V_t) \tag{17-5-3}$$

式中：
　　V ——标定温度下液舱的容积（m³）。
　（9）计算测定温度时蒸气空间的蒸气密度 $\rho_{V,t}$（t/m³）：

$$\rho_{V,t} = \frac{T_S}{T_V} \cdot \frac{P_V}{P_S} \cdot \frac{M_m}{I} \cdot \frac{1}{1000} \tag{17-5-4}$$

式中：
　　T_S ——标准温度，用绝对温标表示，即 $T_S = 288$ K。
　　T_V ——蒸气空间温度（K）。
　　P_V ——蒸气空间的绝对压力（kPa）。
　　P_S ——标准压力，即 $P_S = 101.3$（kPa）。
　　M_m ——混合蒸气的摩尔质量（kg/mol）。
　　I ——混合蒸气的摩尔体积（m³/mol），即在标准温度 288 K 和标准压力 101.3 kPa 时的数值；由于蒸气的质量在液货质量中所占比例很小，所以一般没有必要精确确定蒸气的 M_m 值，可以取液体的摩尔质量。

（10）按式（17-5-5）计算蒸气质量 m（t）：

$$m = \rho_{V,t} \cdot V_{t1} \tag{17-5-5}$$

（11）按式（17-5-6）计算货物总质量 M_T（t）：

$$M_T = M + m \tag{17-5-6}$$

（12）利用式（17-5-7）将货物质量换算成空气中的重量（t）：

$$Q = F \cdot M_T \tag{17-5-7}$$

参考文献

[1] 杜嘉立，姜华. 船舶原理. 大连：大连海事大学出版社，2014.

[2] 国际海事组织. 国际海上人命安全公约综合文本. 北京：人民交通出版社，2009.

[3] 国际海事组织. 国际海运危险货物规则. 北京：知识产权出版社，2016.

[4] 舰船标准术语词典编写组. 舰船标准术语词典通用术语. 北京：中国标准出版社，1996.

[5] 李伟，薛满福. 船舶结构与设备. 大连：大连海事大学出版社，2011.

[6] 邱文昌，吴善刚. 海上货物运输. 大连：大连海事大学出版社，2010.

[7] 王建平. 船舶货运技术. 大连：大连海事大学出版社，2011.

[8] 王义源. 远洋运输业务. 北京：人民交通出版社，1997.

[9] 吴仁元. 船体结构. 北京：国防工业出版社，1992.

[10] 伍生春，邱文昌，田佰军. 海上货物运输. 北京：人民交通出版社，2012.

[11] 夏国忠. 船舶结构与设备. 大连：大连海事大学出版社，1999.

[12] 徐邦祯，邱文昌，田佰军，等. 海上货物运输. 北京：人民交通出版社，2008.

[13] 徐邦祯，田佰军. 船舶货运. 大连：大连海事大学出版社，2011.

[14] 徐邦祯，田佰军. 海上货物运输（二/三副用）. 大连：大连海事大学出版社，2011.

[15] 徐邦祯，王建平，田佰军. 海上货物运输. 大连：大连海事大学出版社，2001.

[16] 中国船级社. 泵与管系布置指南. 北京：人民交通出版社，1999.

[17] 中国船级社. 材料与焊接规范. 北京：人民交通出版社，2009.

[18] 中国船级社. 船舶与海上设施起重设备规范. 北京：人民交通出版社，2007.

[19] 中国船级社. 钢质海船入级规范. 北京：人民交通出版社，2015.

[20] 中国船级社. 钢质海船入级规范修改通报. 北京：人民交通出版社，2011.

[21] 中国船级社. 集装箱检验规范. 北京：人民交通出版社，2016.

[22] 中华人民共和国船舶检验局. 船舶倾斜试验与静水横摇试验实施指南. 北京：人民交通出版社，1996.

[23] 中华人民共和国海事局. 船舶与海上设施法定检验规则. 北京：人民交通出版社，2012.

[24] 中华人民共和国海事局. 国内航行海船法定检验技术规则. 北京：人民交通出版社，2011.

[25] 中华人民共和国海事局. 海船船员适任考试和评估大纲. 大连：大连海事大学出版社，2012.